中国各地区金融稳定报告摘要（2012）

ZHONGGUO GEDIQU JINRONG WENDING BAOGAO ZHAIYAO

中国人民银行上海总部金融稳定分析小组

中国金融出版社

责任编辑：王雪珂
责任校对：李俊英
责任印制：程　颖

图书在版编目（CIP）数据

中国各地区金融稳定报告摘要（2012）（Zhongguo Gediqu Jinrong Wending Baogao Zhaiyao）（2012）/中国人民银行上海总部金融稳定分析小组.—北京：中国金融出版社，2012.8
ISBN 978-7-5049-6475-5

Ⅰ.①中…　Ⅱ.①中…　Ⅲ.①区域金融—研究报告—中国—2012　Ⅳ.①F832.7

中国版本图书馆 CIP 数据核字（2012）第 147135 号

出版发行 中国金融出版社
社址　北京市丰台区益泽路 2 号
市场开发部　（010)63266347，63805472，63439533（传真）
网上书店　http://www.chinafph.com
（010)63286832，63365686（传真）
读者服务部　（010)66070833，62568380
邮编　100071
经销　新华书店
印刷　北京松源印刷有限公司
尺寸　210 毫米×285 毫米
印张　26
字数　676 千
版次　2012 年 8 月第 1 版
印次　2012 年 8 月第 1 次印刷
定价　98.00 元
ISBN 978-7-5049-6475-5/F.6035

目　录

北京市金融稳定报告摘要

2011年，北京市全年经济总体基本稳定，经济运行调整中保持活力，“转方式、调结构”取得积极进展，为北京市金融业平稳运行保驾护航。金融业总体运行平稳，经营效益明显提升，金融基础设施建设稳步推进，支付环境继续优化，社会信用体系进一步完善，反洗钱工作水平不断提升，跨境人民币业务稳步前行，外汇案件检查力度加大，金融业生态环境进一步改善，为确保北京金融体系稳健合规运行提供了有力保障，为北京市经济持续发展提供了良好条件。

一、区域经济运行与金融稳定

2011年是“十二五”开局之年，在复杂多变的内外部环境中，北京市坚决贯彻落实中央宏观调控政策，经济运行总体基本稳定，“转方式、调结构”取得积极进展，实现了“十二五”时期的良好开局。

（一）经济运行调整中保持活力，为北京市金融业平稳运行保驾护航

1. 全年经济回调中趋稳，居民收入继续快速增长

2011年，北京市地区生产总值达到16 000.4亿元，人均地区生产总值达80 394元。第一产业实现增加值136.2亿元，同比增长0.9%；第二产业实现增加值3 744.4亿元，同比增长6.6%，其中工业实现增加值3 039亿元，同比增长7.4%；第三产业实现增加值12 119.8亿元，同比增长8.6%。全年地方财政收入3 006.3亿元，比上年增长27.7%。城镇居民人均可支配收入和农村居民人均纯收入分别为32 903元和14 736元，分别比上年实际增长7.2%和7.6%。

2. 三次产业协调发展

2011年，北京市继续加快转变经济发展方式，主动调整经济结构。三次产业结构由上年的0.9:24.1:75.0变化为0.85:23.40:75.75，第三产业占比持续上升，产业结构调整走在全国前列。

3. 投资走势基本稳定，重点行业投资增长较快

2011年，北京市完成全社会固定资产投资5 910.6亿元，同比增长13.3%。其中，反映实际工作量的建安投资量明显提高，完成2 585.3亿元，比上年增长22.4%，占全社会固定资产投资的比重为43.7%，比上年提高3.2个百分点。

4. 消费品市场多点带动

全市实现社会消费品零售额6 900.3亿元，比上年增长10.8%，扣除价格因素，实际增长7.3%。其中，吃类、穿类和烧类商品分别增长17.3%、21.3%和27.4%，用类商品增长5%。从限额以上批零企业销售看，石油及制品类、金银珠宝类和文化办公用品类零售额分别增长30.3%、

54.8%和43.2%。

5. 进出口总值增长率有所回落，外资利用持续增长

2011年，北京地区进出口总值3 894.9亿美元，比上年增长29.1%。其中，进口总值3 304.7亿美元，增长34.2%；出口总值590.3亿美元，增长6.5%。2011年北京市实际利用外资共70.54亿美元，比上年增长10.9%，增幅高于上年6.9个百分点。

6. 各类价格涨幅得到有效控制

2011年，居民消费价格指数先升后降，涨幅为5.6%，工业生产者出厂价格同比上涨2.3%，工业生产者购进价格同比上涨8.4%，农产品生产价格指数同比上涨10.7%。12月份，居民消费价格同比上涨4.4%，较11月回落0.2个百分点，已连续4个月下降。

7. 保障房建设大力推进，房价涨幅持续回落

全年销售商品房1 440万平方米，同比下降12.2%，其中销售住宅1 035万平方米，同比下降13.9%。全年政策性住房完成投资746.1亿元，同比增长94.9%。

（二）区域经济运行中仍存在不利于金融稳定的因素

1. 国际金融体系动荡的背景下，北京承接着国际金融要素转移的压力

目前全球经济已步入一个新的危险阶段，发达国家金融体系的急剧动荡虽有所缓解，但实体经济仍然复苏缓慢，新的经济增长点不清晰，区域性政治经济不确定性仍然存在，国际金融资源迅速向新兴市场国家转移，市场、人才、技术、发展环境等各个层面的国际竞争更加激烈。北京作为中国首都，承接了各种国际高端金融要素的转移，但在要素转移的过程中，由于明显缺乏新的经济增长点，同时政府投资能力受限，蕴涵的金融风险对北京市的经济发展、金融稳定、金融软环境、民生保障等造成了各种压力。

2. 欧美债务危机对北京地区出口和资金流动的影响逐步显现

受欧美债务危机影响，欧美国家试图修正现有国际贸易格局、增加出口份额和就业岗位的努力，都将对我国出口部门造成冲击。2011年，北京地区进出口逆差2 714.4亿美元，同比增长42.5%。北京地区出口增长明显放缓，对最大贸易伙伴欧盟出口金额同比负增长，对美国出口金额同比增速也大幅下降。由于进口加工型贸易在我国贸易中占主导地位，间接也会导致进口贸易相应萎缩。随着欧美债务危机深化，欧美地区企业在本国经营状况受到影响，利润汇回本国情况明显增多。2011年北京地区外商直接投资企业利润汇出117亿美元，同比增长72.7%，其中欧资企业利润汇出47亿美元，同比增长103.5%。

3. 通胀预期不稳定，消费增速可能下降

2011年国家采取一系列宏观调控政策效果已初步显现，物价涨幅总体保持回稳态势，但未来通胀风险仍不容忽视。北京地区存在劳动力要素趋紧的结构性因素，生产成本、原材料成本和人力成本处于持续和刚性上涨过程中，煤炭、石油等资源性产品价格仍待理顺，这些都可能会固化通货膨胀，并使物价对总需求的变化更加敏感。此外，消费增速也可能下降。一方面，部分消费刺激计划于2011年底到期，汽车消费增速也已明显下降；另一方面，房地产调控将使装修、家电等相关领域的消费增长受到明显影响，受资产价格重估和收入增长预期偏负面的影响，居民的消费热情下降，这使消费增长可能在2012年趋缓。

4. 房价下跌预期明显增强，房地产市场“以价换量”，未来发展不明朗

2011年第四季度中国人民银行营业管理部城镇居民购房需求问卷调查结果显示，在有购房计划

的居民中，46.5%的居民选择暂时观望，占比较第三季度提高了11.2个百分点，推迟购房的居民占18.6%，占比较第三季度提高了2.4个百分点；正在租房的居民，在房价平均下跌26%时才考虑购房。在未来不确定因素增加、市场走势不明朗的情况下，房地产开发企业资金紧张状况短期内难以改善，越来越多的房地产开发企业将不得不选择"以价换量"，预计房地产开发企业会普遍放缓开工速度、缩减拿地规模，开发企业定价将更为理性，房地产市场未来发展不明朗，将进一步调整。

二、金融业与金融稳定

（一）银行业：整体保持平稳运行，信贷增长回归常态，经营效益显著提升，风险抵御意识与能力有所加强

2011年，北京市银行业运行稳健。辖内银行业金融机构资产负债规模继续平稳增长，利润水平大幅提高；资产质量继续改善，风险抵御能力进一步提高。

1. 银行业整体运行平稳，可持续发展基础进一步夯实

（1）信贷增长常态回归，资金配置效率继续提升。2011年，辖内金融机构（含外资，下同）本外币信贷增速呈稳态回落趋势，增速适度。截至2011年末，北京地区银行业金融机构本外币各项贷款余额同比增长8.72%，增速比上年同期下降8.76个百分点。其中，剔除个别金融机构调账等因素后，人民币各项贷款余额同比增长14.2%。

（2）资产质量继续改善，贷款损失准备充足。2011年，辖内金融机构不良贷款余额同比下降3.16%，不良贷款率同比下降0.09个百分点。辖内金融机构贷款损失准备较年初增长53.73%，贷款损失充足率比上年同期增长60.35个百分点。

（3）利润水平逐节攀升，中间业务得到迅速发展。2011年，偏紧的信贷规模并没有影响北京银行业的利润增长，辖内金融机构累计实现利润同比增长15.39%，较前四年再创新高。从利润构成看，利息收入仍是拉动利润增长的主要力量，但息差收窄，利息收入占比下降，中间业务得到迅速发展。辖内金融机构利息收入率同比大幅降低5.14个百分点，净息差同比降低0.22个百分点，中间业务收入率同比提高1.29个百分点。

（4）法人金融机构运行平稳，各项指标总体向好。北京市法人银行资产增长速度较快，北京银行、北京农商银行、外资法人银行和村镇银行资产总额同比分别增长30.32%、12.31%、32.62%和88.39%；法人银行各项资本充足指标超过监管要求且基本稳定，外资法人银行和村镇银行资本充足情况保持较高的水平；法人银行实现利润大幅增长，再创新高，村镇银行首次扭亏为盈。北京地区中资法人金融机构流动性全年有所收紧，但仍保持在监管标准之上，外资法人银行由于受存贷款比例2011年末达标的要求限制，流动性相对宽松。

（5）金融主体进一步完善，非银行金融机构发展迅速。截至2011年末，北京辖区金融主体进一步完善，非银行金融机构增长迅猛，业务创新有效推进，经营业绩长足提高，机构竞争力显著加强，有力提升了首都金融业竞争力。2011年末，非银行金融机构资产总额同比增长33.72%，超过全部金融机构资产增速14.19个百分点。

2. 银行业发展中值得关注的问题

（1）防范银行业部分类型贷款的到期违约风险。一是从贷款行业分布看，2011年房地产业是不

良贷款增加最多的行业，房地产贷款违约风险有所上升。2012 年房地产企业到期银行贷款增加，而且其他渠道的债务利率水平通常较高，可能挤占企业归还银行的贷款，致使贷款到期的还款压力加大。二是约 20% 的融资平台贷款将于 2012 年到期，届时市、区、县各级政府将面临约 700 亿元的还款压力，不排除部分贷款出现逾期的可能。此外，北京市人民政府规定支出的偿债资金必须纳入当年一般财政预算，银行融资平台贷款的合规风险将进一步上升。三是异地贷款授信集中度风险较高，多集中于优势和垄断行业，还款来源受地方政府财政和宏观调控措施等因素的影响较大，潜在风险不容忽视。

（2）理财业务高速增长，潜在的隐患需警惕。2011 年，北京辖内银行理财产品市场发行规模成倍增加，累计发行理财产品 4. 69 万亿元，同比增长 5. 94 倍。理财业务涉及内容广泛，涵盖银行资产、负债业务和中间业务等。同时，银行理财产品创新主体所面临的非独立性制约、同质化产品价格竞争加剧、成本控制难度增加、收益出现浮亏及监管博弈等问题值得关注。

（3）商业银行委托贷款风险意识有待加强。2011 年，金融机构委托贷款业务呈现快速增长之势，北京地区表现更为突出。北京市中资银行委托贷款占同期全市新增人民币贷款的比例约为 37. 4% 。调查中发现存在信贷资金用于委托贷款、部分委托贷款投向了受限制领域、商业银行风险意识不强等问题，需要加强对委托贷款的风险管理。

（4）关注民间融资对传统银行业务的冲击。2011 年，民间融资较快的发展规模和增长速度进一步深化了金融体制改革，在企业直接融资方面发挥了重要作用，但其对传统的商业银行业务也造成一定的挑战和冲击。首先，争夺正规金融的客户资源，为商业银行拓展个人及企业金融业务带来一定困难。其次，民间融资规模发展迅速，大量游离于金融监管范围之外的体外循环资金，对商业银行的规模融资形成竞争。最后，来自利率的挑战。正规金融面临的很多利率政策对民间融资基本上不存在，由于高利率的诱惑，存放在银行的存款将进一步寻求高额回报，使银行存款外流。

（5）银行业金融产品创新的效率虽高，但效果堪忧。2011 年北京辖内银行业金融机构在金融产品创新方面取得显著发展，如理财产品、贵金属业务、人民币“资金池”以及各种抵押担保贷款等。金融产品创新的效率高，为业务调整与转型提供了新思路，但仍存在金融产品创新层次低，创新产品的结构趋同、随机性强，产品创新的目标模糊、风险意识薄弱等问题，金融产品创新的效果有待持续考证。

（二）证券业：证券业市场活跃性下降，上市公司总股本与总市值全国领先

2011 年，北京市证券业稳步发展，上市公司数量有所增加，上市公司总股本与总市值继续在全国保持领先。受证券市场行情震荡下行影响，证券交易活跃性下降，证券公司盈利能力降低。

1. 证券市场行情震荡下行，基金份额有所增加

（1）证券市场活跃度下降，证券公司盈利能力降低。2011 年末，北京市共有正常经营的法人证券公司 18 家，比上年增加 1 家；证券公司在京营业部 262 家，比上年增加 32 家。受证券市场行情震荡下行影响，证券公司各项利润指标及证券市场交易额出现下降。全年实现营业收入同比下降 25. 67% ，全年实现净利润仅为 2010 年的一半。证券公司客户交易结算资金余额比上年下降 40. 78% ，证券市场交易额比上年下降 10. 01% ，其中股票基金交易额比上年下降 24. 08% ，证券市场活跃度下降。

（2）基金份额有所增加，基金净值出现缩水。2011 年末，在京注册的法人基金管理公司 9 家，

比上年增加 2 家。2011 年末，法人基金公司共管理基金 109 只，其中封闭式基金 6 只，开放式基金 103 只。管理基金份额规模合计 4 415.5 亿份，比上年增加 383.42 亿份，改变了连续两年的下降趋势。受证券市场行情震荡下行影响，2011 年末基金管理净值比上年大幅下降 14.44%。

（3）期货公司资产总额增速回落，代理交易额大幅下降。2011 年末，北京市共有期货经纪公司 20 家，资产总额和净资产同比增速分别比上年回落 89.41 个和 78.05 个百分点，主要是客户保证金水平增幅下降所致。受代理交易额大幅下降影响，期货公司经营状况有所下滑，2011 年实现利润比上年下降 29.11%。

（4）上市公司总股本与总市值全国领先，综合治理继续改善。2011 年末，北京市共有上市公司 194 家，数量名列全国第 2 位，包括 A 股上市公司 169 家、A + H 股上市公司 24 家、A + B 股上市公司 1 家。北京市上市公司已初步建立起较为完善的治理结构，治理层之间的制衡关系初步建立，独立董事和董事会各专门委员会作用逐步体现，股东利益能够得到有效维护。

2. 证券业发展中需要关注的问题

（1）证券公司盈利模式尚不完善。2011 年，北京市证券公司经纪业务手续费收入和证券发行收入占到全部营业收入的近 70%，受证券市场行情震荡下行影响，各项营业收入下降幅度均超过 20%，而利润下降幅度超过 50%。虽然未出现大面积亏损，但证券公司盈利模式单一、收入增长与资本市场行情相关性较高等问题仍然明显。

（2）对于证券投资咨询类的投诉仍将长期存在。目前，全国具有证监会批准从事证券投资咨询的合法机构 100 家左右，北京市有 19 家。与此同时以售卖荐股软件等形式，提供非法证券投资咨询业务的机构要数倍于合法持牌机构，其中不乏客户数量众多、市场影响较大的公司，但是多数无牌机构从事准投资咨询业务都涉嫌违法违规。

（3）证券机构信息系统安全依然存在较大隐患。证券公司交易系统一旦发生故障，很容易引发风险。从 2011 年信息系统发生的故障来看，证券公司由于自身交易系统故障导致的突发安全事故已不多见，但是第三方存管银行发生系统故障仍会引起安全事故。另外，期货公司客户保证金存管银行 2011 年也发生过类似的系统故障，需要继续引起关注。

（4）期货行业面临新的挑战。继 2011 年第一季度证监会颁布《期货公司期货投资咨询业务试行办法》之后，境外期货业务、CTA 业务也将陆续推出。创新带来了期货行业大发展，同时由于新业务的实施，风险也必将存在。北京地区期货机构数量众多、技术系统薄弱、期货机构扩张带来的人员素质降低等都有一定的风险隐患。

（三）保险业：行业发展增速放缓，主要指标保持稳健

2011 年，北京保险市场总体保持平稳发展态势，服务领域不断拓宽，行业风险基本可控，但仍存在行业经营不规范及粗放式发展等问题。

1. 保险机构数量稳中有增，服务领域不断拓宽

（1）产险、寿险公司有所增加，保费规模位居全国前列。2011 年末，共有在京保险分公司和直接经营业务的保险总公司 95 家。其中，产险公司 37 家，寿险公司 53 家，再保险公司 4 家，政策性保险公司 1 家。全行业管理保户储金及投资款较年初增长 5.7%，总资产较年初增长 22.4%。全年实

现原保险保费收入[①]同比增长2%，保费规模居全国第五位。保险赔付支出同比增长16.57%。

（2）产险、寿险业务结构趋于优化。2011年，财产险业务保费收入同比增长9.5%。其中，车险保费收入同比增长3.9%，保费收入占产险业务的68.3%，同比减少3.7个百分点；非车险保费收入同比增长24.1%，其中企财险、责任险和货运险占比分别为12.1%、4.5%和5.6%，同比分别提高2.4个、1.0个和1.7个百分点。2011年寿险业务保费收入中，分红险保费收入占比91.6%，同比基本持平；普通寿险、投连险、万能险占比分别为7.7%、0.1%、0.7%。寿险业务中银邮渠道保费收入占比50.4%，同比下降4.9个百分点；个人代理渠道占比36.3%，同比上升6.1个百分点；公司直销渠道和其他渠道占比分别为9%和4.3%。

（3）产险、寿险赔付支出较快增长，主要监管指标保持稳健。2011年，产险公司赔款支出同比增长26.7%，综合赔付率同比上升1.8个百分点；承保利润率同比减少0.7个百分点，综合费用率同比下降1.07个百分点，业务及管理费率同比提高0.43个百分点；寿险公司赔付支出同比增长20.8%，退保率为2%，低于全国0.5个百分点，寿险业务新单期交率同比提高4.4个百分点。

（4）保险产品创新多方面开展。一是针对长期以来企财险、家财险不涵盖与居民生活密切相关的资产、财产的情况，某财产保险公司开发了新型产品；针对境外购物可能产生的信用卡风险，相关财产保险公司在原有产品中增加了信用卡盗刷风险、ATM提款盗抢风险保障。二是自2011年6月起，北京地区2家寿险公司开始销售变额年金保险产品[②]。三是针对出境旅行风险多元化的特点，某财产保险公司在意外险产品中增加了滑雪等多种运动风险、恐怖袭击风险等保障。

（5）专项领域保险取得新进展。一是政策性农业保险发展状况。近年来，北京市政策性农业保险承保品种不断增加，保障范围逐步扩展。截至2011年末，北京市政策性农业保险已经覆盖全市13个郊区县和首农集团等国有涉农企业，险种扩大至19种，累计参保农户93万户次，受益农户50.9万户次，为北京都市型现代农业提供了有力的风险保障。二是商业健康险服务“新医改”工作情况。2011年4月，北京市推动行业建立北京商业健康险管理信息平台，截至年末，共有55家产险、寿险公司实现与平台的对接，44家上传了健康险信息数据。2011年，中国人民健康保险股份有限公司北京分公司与平谷区政府签订合作协议，启动“新农合共保联办”项目，截至2011年末，平谷区新农合参合人数23.4万，参合率99.9%，“共保联办”项目实现了政府部门、农民、医院和保险公司的多方共赢。

（6）外资保险机构经营快速发展。截至2011年末，北京地区外资产险公司10家，约占全国外资产险公司数量的1/3。近年来，外资产险公司发展速度快于中资产险公司，2007—2011年的保费市场份额由1.7%增长到3.9%。目前，在京经营业务的外资寿险公司共21家，其中分公司18家，总公司3家；外资寿险公司全年实现保费收入同比下降21.9%，市场份额同比下降3.4个百分点。

2. 保险市场中值得关注的问题

（1）受政策环境影响，行业发展增速放缓，不确定性增加。2011年，国内外经济金融形势复杂多变，国内物价水平上涨较快，货币政策趋紧，北京实施车辆限购政策等，导致保险行业增速放缓。一是业务稳定性受到影响，按旧口径计算，2011年北京市原保险保费收入同比下降2.2%；二是产险经营效益下滑，产险公司承保利润率3.6%，较上年下降0.7个百分点；三是寿险业务退保压力增

① 以下简称保费收入，是执行财政部《企业会计准则解释第2号》后的口径数据，与往年不具有可比性。

② 变额年金保险是全球保险市场的一款主流产品，指保险保障功能，保单利益与联结的投资账户投资单位价格相关联，同时按照保单约定具有最低保单利益保证的人身保险产品。

大，全年退保金支出同比增长 49.1%，退保率 4.3%，同比提高 1 个百分点。

（2）货运险、意外险等领域问题显现。近年来，随着货运险、意外险等业务的快速发展，暴露出许多问题。意外险业务违法违规问题主要表现在网络渠道销售不规范、团体业务管理不规范、不法机构非法经营意外险业务等方面。

（3）保险市场仍存在违规经营及侵害消费者利益的问题。一是销售误导，主要表现形式有隐瞒与保险合同相关的重要情况及进行与事实不符的宣传等；二是保险数据不真实，主要表现为虚列业务及管理费、编制虚假的财务报告报表资料等；三是理赔难，全年因拒赔、理赔金额争议引发的投诉同比分别增加 53.8% 和 80%，拒赔纠纷和价格争议是理赔难的焦点。

（4）保险行业粗放式发展模式仍未根本改变。保险行业各公司产品趋于同质化，依据客户特殊需求的产品创新不足；公司间的竞争大多体现在非理性价格竞争，依靠规模扩张的粗放式发展模式没有根本转变，服务能力仍然薄弱；公司内控体系仍不健全，人才队伍匮乏，发展质量不高。保险公司应注重产品创新，提升服务质量，逐步转变粗放式的发展模式。

三、金融市场运行与金融稳定

（一）金融市场运行平稳，继续呈现净融出资金格局

1. 货币市场交易规模稳步增长，净融出资金有所减少

2011 年，北京地区同业拆借成交量显著增长，金融机构①网上拆借累计成交同比增长 17.71%，占全国交易量的 55.14%，全年无网下拆借交易。债券回购交易小幅增长，累计成交同比增长 1.08%，占全国交易量的 42.22%。2011 年北京地区货币市场继续呈现净融出资金格局，净融出资金额同比下降 30.71%。

2. 现券交易略有减少，远期交易显著增加

2011 年，银行间市场流动性紧张导致现券市场低迷，现券买卖成交同比下降 1.08%，占全国交易量的 28.92%；由于信用债券到期收益率持续走高吸引金融机构投资，2011 年信用债券累计成交同比增长 63.39%，占全部现券交易量的 36.58%。远期交易成交量显著增加，累计成交同比增长 253.09%。

3. 资本市场活跃度大幅下降，债券市场继续为非金融企业直接融资主要渠道

受证券市场行情震荡下行影响，2011 年末北京地区法人证券公司客户交易结算资金余额出现下降。2011 年北京地区境内上市公司累计筹集资金额比上年下降 45.4%。其中，中小企业板筹资额和创业板筹资额同比分别下降 53.43% 和 28.35%。2011 年，北京地区非金融企业发行债券和股票融资额同比增长 41.73%，其中，发行债券融资同比增长 44.12%，占直接融资总量的 93.55%。

4. 结售汇总量扩大，外汇衍生品交易大幅增长

2011 年，北京地区结售汇占全国结售汇总量的 20.8%，继续居全国第一位。受“减顺差”工作举措、人民币汇率波动、欧债危机深化等因素影响，下半年售汇增速显著加快，2011 年全年，北京

① 指在北京地区营业的所有金融市场成员，包括各政策性银行、国有商业银行总行及北京市分行、各股份制商业银行总行及在京营业机构、北京银行、北京农村商业银行、中国邮政储蓄银行以及各外资银行在京营业机构，还有在京各证券公司、财务公司、基金、保险公司、信托投资公司、资产管理公司等。

地区结售汇逆差同比增长32.63%。2011年，即期外汇买卖成交量同比增长1.68%；受金融机构避险需求旺盛影响，外汇远期交易买卖成交额为2010年交易量的6倍；外汇掉期交易买卖累计成交同比增长54.50%；外币对买卖累计成交同比增长589.42%。

5. 黄金市场交易活跃

北京地区交易所会员全年黄金买卖累计成交同比增长34.84%。其中，黄金买入成交同比增长34.07%，卖出成交同比增长35.55%。自营交易和代理交易成交同比分别增长34.79%和34.92%，实际提货量同比增长43.55%。

（二）金融市场运行中值得关注的风险

1. 金融机构流动性紧张的状况值得关注

2011年，市场流动性呈现紧张态势，数次出现资金供需极度不平衡的情况。受此影响，金融机构的资金配置策略开始改变，一方面资金运用趋于谨慎，减少资金供给，净融出资金量大幅下降；另一方面对于资金可能紧张的时点，提前配置资金，导致中长端期限的交易占比有所增长。对此，应密切关注金融机构的流动性风险并予以指导，以免发生大范围的流动性风险。

2. 货币市场利率波动性依然很大

2011年，货币市场利率的波动幅度依然很大。从政策因素来看，货币市场利率受到存款准备金率、公开市场操作和基准利率调整等因素的影响；从外部因素来看，货币市场利率又受到外汇占款、节日资金需求、金融机构存贷比考核、大型机构IPO或配股，以及债券发行等因素变化的影响。利率波动幅度大加剧了金融机构资金管理的难度。

3. 非金融企业债券高增长、高收益背后潜藏风险

2011年，北京地区非金融企业通过发行债券融资同比增长44.12%，占直接融资总量的93.55%。2011年，信用债券到期收益率持续走高，吸引金融机构投资量显著增长，2011年信用债券累计成交同比增长63.39%。非金融企业债券融资快速增长及金融机构追求信用债券高收益的同时，应注意经济下行及企业经营问题可能引发的风险。

4. 银行间市场风险管理日趋复杂

2011年，北京地区陆续有金融机构、企业年金基金、非金融企业和信托财产等进入全国银行间债券市场，其中信托财产开户数量同比增长51.52%。银行间市场成员类型日益丰富，各新型成员的不同特点将使银行间市场的风险管理日趋复杂。

四、金融基础设施与金融稳定

2011年，北京市金融基础设施建设稳步推进，支付环境继续优化，社会信用体系进一步完善，反洗钱工作水平不断提升，跨境人民币业务稳步前行，金融业生态环境进一步改善，为确保北京金融体系的稳健合规运行提供了有力保障。

（一）支付体系不断完善，支付环境日益优化

2011年，北京市通过大额实时支付系统处理的业务仍占据主导地位，处理业务及金额同比分别增长25.48%和16.07%；小额批量支付系统处理业务及金额同比分别增长50.99%和21.01%。2011

年，北京市全年银行卡 POS 刷卡交易总笔数和总金额同比分别增长 55. 13% 和 28. 14%，银行卡服务民生、拉动内需的作用显著。北京市积极推进人民银行核准类银行结算账户电子化审批系统建设工作，系统于 2011 年 4 月 11 日正式上线，大大提高了核准类银行结算账户行政许可工作的效率和规范性。2011 年，北京市非金融机构支付服务行政许可工作全面展开，截至年末，已有 24 家机构获得支付业务许可证。

（二）征信服务及监管体系进一步完善，社会信用环境继续提升

2011 年，中国人民银行营业管理部共提供个人信用报告查询 6. 1 万份，办理贷款卡行政许可 9 113 户，受理金融机构及其分支机构接入个人征信系统 34 家、企业征信系统 54 家。2011 年，人民银行营业管理部与中信银行合作开通了网银查询个人信用报告业务，成为全国首项互联网渠道查询个人信用报告的项目。进一步加强对融资性担保机构的协作监管，与北京市金融局、银监局共同签署三方合作监管协议。结合北京实际，以中小企业、农村信用体系建设试验区为重点，确定将海淀区、西城区作为北京市首批、人民银行省级中小企业信用体系建设试验区。

（三）反洗钱监管机制不断完善，金融机构反洗钱水平逐步提升

2011 年，反洗钱非现场监管网络体系不断完善，自主创建完成反洗钱非现场监管系统，北京市银行业、证券期货业和保险业金融机构已全部纳入反洗钱非现场网络化监管体系。共对辖内 8 家金融机构实施了反洗钱现场检查，向被检查机构有效传导监管政策，树立其合规经营理念。2011 年，辖内金融机构一般可疑交易报告量同比下降 55%，金融机构可疑交易报告质量大幅提升。在重大典型案件破获上取得 3 项重大成果，其中一起某特大型地下钱庄案件，涉案金额高达数十亿元。在多部门密切配合下，北京市司法机关对北京地区首例洗钱案进行了宣判，在反洗钱司法实践上取得突破性成果，凸显了反洗钱工作合作成效。

（四）加大外汇案件查处力度，遏制异常跨境资金流动

2011 年，按照国家外汇管理总局部署，营业管理部参与对多家金融机构及企业总部外汇业务的合规性检查，开展北京地区外商投资企业资本金结汇业务合规性专项检查，震慑并遏制了“热钱”的流入、有效督促了市场主体的合法合规经营。对中国银行北京市分行雅宝路支行等开展了银行个人结售汇业务现场检查，严厉打击了外币现钞分拆结汇行为，对遏制跨境资金通过个人渠道违规流动发挥了重要作用。2010 年 12 月至 2011 年 11 月，外汇管理部共立案 146 件，结案 132 件，结案率 90. 4%，在打击异常跨境资金流入、净化北京地区外汇市场方面发挥了重要作用。

（五）跨境人民币业务稳步前行

2011 年，辖内银行跨境人民币收支总额 4 027. 11 亿元，较上年增加 2 879. 34 亿元，收支逆差为 2 748. 07 亿元。北京辖内共有 47 家银行开展跨境人民币结算业务，境外交易地域涉及 88 个国家和地区。2011 年，北京地区进口货物贸易跨境人民币结算金额 2 990. 01 亿元，占全部结算额的 74. 25%；进口主导的外贸特征决定出口项下人民币结算金额相对较小，占全部结算额的 0. 66%；服务贸易和其他经常项目人民币结算的特点是交易活跃，交易笔数占总笔数的 73. 27%，结算金额占全部结算金额的 20. 11%；辖内银行办理的资本项目人民币结算金额 200. 64 亿元，占全部结算金额的 4. 98%。

（六）首都金融生态环境建设稳步推进

2011 年，首都金融生态环境建设稳步推进。开展“科技金融创新年”系列活动，助力文化创新和科技创新双轮驱动的首都经济发展；大力推广金融 IC 卡应用和社保卡加载金融功能；北京人民币立体发行库成功启动试运行；开展“现金服务推动周”、“国债进乡村”、外汇市场“诚信兴商宣传月”等系列活动，提升社会公众的金融意识；成功举办北京国际金融博览会和国际金融论坛，强化金融交流与合作；严厉打击制贩假币等违法违规行为，成功破获特大虚开增值税专用发票案，有力维护了首都金融市场秩序。

五、总体评估和政策建议

（一）总体评估和定量评价

2011 年，北京地区经济增速有所放缓，银行业资产规模稳步增长，盈利水平持续增长；证券业及保险业平稳发展，金融市场运行基本平稳，融资结构进一步呈现积极变化，金融基础设施建设继续改善。

中国人民银行营业管理部 2011 年金融稳定定量评估模型结果显示，北京市 2011 年金融稳定状况综合得分较 2010 年略有下降，此次得分小幅下降是经济结构调整过程中的必然现象，并不意味着金融稳定水平下降。金融稳定综合得分下降主要有两个原因，一是经济增速放缓和通胀压力使宏观经济和企业部门相关指标出现下行趋势；二是稳健的货币政策调控下金融运行出现部分调整。值得注意的是，此次得分下降是经济结构调整过程中的正常现象，并不意味着金融稳定水平下降。

（二）政策建议

1. 贯彻落实稳健货币政策，积极配合首都经济发展

继续贯彻落实稳健货币政策，着力优化信贷结构，加大对实体经济，尤其是小微企业和“三农”等领域的支持力度，进一步提高金融服务水平，有效防范系统性金融风险，促进经济平稳健康发展和物价总水平基本稳定。北京市还需通过多种手段力促就业、提高居民收入，努力扩大消费需求，抓住金融要素向新兴市场国家转移的机遇，促进投资较快增长，优化结构，提高投资效益

2. 深化金融体制改革，引导非正规金融健康发展

继续推动大型商业银行、政策性金融机构、邮储银行深化改革，继续深化资产管理公司商业化改革等工作。积极配合地方金融监管部门，把非正规金融纳入规范运营的轨道，引导非正规金融在优胜劣汰中求得生存和发展。鼓励正规金融与非正规金融开展适度竞争和有效合作，为非正规金融发展提供良好的政策与制度保障，防范非正规金融和其他领域金融风险向金融体系的传导。

3. 切实防范房地产信贷违约风险和项目风险，加大保障性住房建设和重点村改造支持力度

一是辖内银行应加强信贷管理和压力测试，准确把握贷款项目的风险承受程度；加强对借款人的资格审查及贷后管理，推进利率覆盖风险的定价机制建设；完善预售资金监管制度，防范企业转移和挪用预售资金。二是北京市保障性住房特别是公共租赁住房信贷业务仍较薄弱，保障性住房建设面临持续的融资压力。辖内金融机构需加大对保障性住房领域的信贷投入，加快研发并推出保障

性住房尤其是公共租赁住房项目开发贷款产品。

4. 提高金融创新业务的监管水平，增强金融创新服务的能力

一是进一步完善法规体系，强化创新监管的协同联动，强化风险监测和风险提示，促进银行业金融创新的科学性、稳健性和可持续性，提高金融监管的有效性。二是增强金融创新服务实体经济的导向，增强业界联系和调查研究，更好地适应实体经济和金融创新的密切联系。一方面可以促进合理的跨市场金融产品创新，另一方面可以防范金融风险放大，保持促进金融创新与系统性风险防范的平衡。

5. 防范外汇资金和人民币跨境资金流动的潜在风险

在继续关注外汇资金和跨境资金长期流动趋势的同时，加强对短期资本流动的研究，对短期资金流入放缓或受欧美流动性紧张导致的资本回流问题进行预判，防止跨境资本流动对金融机构形成潜在风险。

6. 进一步推进人民币汇率形成机制改革，提升市场主体应对汇率波动的能力

国际金融市场的不断动荡，人民币汇率波动性明显增强，加大了涉外主体面临的汇率风险。在市场条件具备时应进一步推动人民币汇率形成机制改革，增强人民币汇率弹性，更应该引导市场主体提高应对汇率波动的能力。商业银行在加强汇率敞口管理的同时，应为其他市场主体提供更多更好的汇率风险管理产品。

总　　纂：贺同宝

统　　稿：刘　晔

执　　笔：齐　川　钱　珍　张素敏　田　娟

其他参与写作人员（按姓氏笔画排序）：

卜国军　王　瑞　王　栋　尹文诚　甘　瀛

刘　宁　李　媛　李瑞敏　李雪飞　李长卿

李天懋　张　丹　童怡华

天津市金融稳定报告摘要

2011年，天津市经济继续保持平稳较快发展态势，金融业在改革、创新中稳步发展，金融体系功能不断完善，运行质量和效益不断提高，整体抗风险能力进一步增强，金融市场平稳健康发展，金融基础设施建设稳步推进，金融体系稳健运行。

一、经济与金融稳定

（一）天津市经济继续保持平稳较快发展的良好态势

2011年，天津市完成生产总值11 190.99亿元，同比增长16.4%，增幅继续在全国保持前列。分三次产业看，第一产业增加值159.09亿元，同比增长3.8%；第二产业增加值5 878.02亿元，同比增长18.3%；第三产业增加值5 153.88亿元，同比增长14.6%。其中，滨海新区完成生产总值6 206.9亿元，同比增长23.8%，对天津市经济增长的带动效应明显。

1. 内部需求增长强劲，外部需求平稳增长

全年全社会固定资产投资7 510.67亿元，同比增长31.1%，比上年提高1个百分点。民间投资支撑有力，民间投资3 308.15亿元，同比增长47.5%，拉动全社会投资增长18.6个百分点。社会消费品零售总额3 395.06亿元，同比增长18.7%。进出口增长平稳，全年外贸进出口总额达到1 033.91亿美元，同比增长25.9%。其中，出口444.98亿美元，同比增长18.7%；进口588.93亿美元，同比增长32.0%，高于出口增速13.3个百分点。对美国、欧盟、韩国、日本四大传统市场出口保持稳定，分别同比增长1.7%、22.3%、10.9%和20.5%，合计出口占全市的53.8%；对东盟、俄罗斯、澳大利亚等新兴市场出口增势强劲，分别同比增长44.7%、38.5%和33.3%。

2. 优势产业快速增长，经济发展方式转变成效明显

2011年，天津市规模以上工业增加值增长21.3%，完成工业总产值20 857.72亿元，同比增长29.2%。其中，航空航天、石油化工、装备制造、电子信息、生物医药、新能源新材料、轻纺和国防八大优势产业完成工业总产值18 881.52亿元，同比增长29.0%，占全市规模以上工业比重为90.5%，对经济发展支撑作用明显。2011年，高新技术产业完成工业总产值6 487.93亿元，同比增长20.2%；规模以上工业新产品产值增长38.2%，高于全市平均增速9个百分点；新增2个国家高新技术产业化基地，累计达到16个；新增科技型中小企业8 500家，累计达到2.1万家，产业带动和辐射效应不断扩大。

3. 工业企业效益继续提高，财政和居民收入持续增加

全年全市规模以上独立核算工业企业完成主营业务收入20 711.91亿元，同比增长26.5%；实现

利税总额 2 777. 58 亿元，同比增长 42. 0%，其中利润 1 669. 26 亿元，同比增长 39. 5%。财政收入快速增长，全年地方财政收入 1 454. 87 亿元，增长 36. 1%，增幅比上年提高 6 个百分点。税收拉动财政增收作用明显，全市地方税收收入 1 004. 25 亿元，同比增长 29. 3%，占地方财政收入的 69. 0%。其中，企业所得税增长 45. 1%，营业税增长 24. 3%，增值税增长 18. 6%，个人所得税增长 21. 1%。居民收入稳步增长，全年城市居民人均可支配收入为 26 921 元，同比增长 10. 8%。其中，人均工资性收入 18 794 元，同比增长 12. 0%；人均养老金收入 7 752 元，同比增长 9. 1%。

4. 房地产市场调控成效显现，房价涨势放缓

2011 年，在房地产调控政策效应累加，货币政策转向，保障房建设规模加大、速度加快等综合因素影响下，天津市房地产市场呈现出投资建设持续增长、房价涨势趋缓、信贷总量平稳提高的局面。全年天津市房地产累计完成投资额 1 080. 04 亿元，同比增长 24. 6%；新建住宅销售同比价格指数 104. 1，比上年下降 8. 1 个百分点；二手住宅销售价格同比指数 102. 1，比上年下降 3. 4 个百分点。

（二）经济运行中需关注的方面

1. 国际经济形势依然严峻，外贸不确定性因素增多

欧债危机继续深化蔓延，主要发达经济体复苏缓慢，新兴经济体经济增长放缓，造成外部需求不足，出口难度加大。2011 年，天津市外贸出口增长 18. 7%，同比回落 6. 8 个百分点，低于全国平均水平 1. 6 个百分点，已连续 6 年低于全国出口增速。特别是 2011 年第四季度以来，外汇资金流出步伐加快，驻津跨国公司向境外母公司回流资金现象增多，导致滨海新区跨国企业经营及资金运作受到影响，滨海新区企业面临的困难和不确定性有所增加。

2. 淘汰落后产能制约因素较多，节能减排形势严峻

2011 年，天津市全年煤炭消费量达到 5 300 万吨，同比增长 10%，增幅比“十一五”时期平均水平高出 5. 2 个百分点，其中规模以上工业煤炭消费量 4 664. 61 万吨，同比增长 10. 8%，煤炭净增量 453 万吨。其中，大项目拉动工业能耗较快增长。在全市规模以上工业中，重工业产值占比达到 83. 1%，其中六大重点耗能行业能源消费占比达到 88. 1%，而轻工业比重偏低，占比不到 20%。这种重“大”轻“小”的行业结构也给节能减排任务的顺利完成带来较大的压力。

二、金融业与金融稳定

2011 年，天津市金融业认真贯彻落实国家金融调控政策和天津市委、市政府“转方式、调结构、惠民生、促和谐”要求，积极推进金融改革创新，不断改进金融服务水平，努力增强经营效益，有力地促进了经济平稳较快的发展。

（一）银行业发展势头良好，稳健性增强

2011 年，天津市银行业进一步优化信贷结构，不断完善金融服务体系建设，强化风险控制措施，各项经营指标保持稳定，整体实力和抗风险能力持续增强。

1. 银行业基本情况

截至 2011 年末，天津市共有银行业金融机构 69 家。其中，中资银行业金融机构 46 家，包括政策性银行 2 家，国有商业银行 5 家，股份制商业银行 11 家，城市商业银行 12 家，农村金融机构 6

家，信托投资公司2家，财务公司4家，金融租赁公司3家，邮政储蓄银行1家；外资银行业金融机构23家。

截至2011年末，天津市银行业金融机构资产总额28 110.69亿元，同比增长17.4%。其中，本外币各项贷款余额15 924.71亿元，同比增长15.7%，增幅同比下降了7.79个百分点；负债总额26 966.98亿元，同比增长16.8%。其中，本外币各项存款余额17 586.91亿元，同比增长6.7%，增幅同比下降了12.16个百分点。2011年，天津市银行业金融机构实现净利润390.46亿元，比上年增加123.26亿元，同比增长46.1%。

2. 银行业稳健性评估

2011年，天津市银行业金融机构稳健性指标总体保持良好，风险抵补能力持续增强，盈利水平进一步提高，但存款增速放缓，部分机构出现不良贷款反弹、存贷比过高的现象，需引起关注。

（1）资产质量整体保持提升。2011年，天津市银行业金融机构不良贷款余额和不良贷款率继续实现低位“双降”。截至年末，天津市银行业金融机构不良贷款余额140.88亿元，比年初减少2.29亿元；不良贷款率0.81%，比年初下降0.16个百分点，低于全国平均水平0.99个百分点。

（2）风险抵补能力增强。截至2011年末，天津市银行业金融机构贷款损失准备金余额共计369.20亿元，较年初增加72.82亿元，同比增长24.57%；贷款损失准备充足率293.87%，同比上升了53.73个百分点；拨备覆盖率262.06%，同比上升了55.04个百分点。

（3）盈利能力持续提高。2011年，天津市银行业金融机构资产利润率为1.98%，较上年提高0.12个百分点，成本收入比率为29.4%，较上年下降了0.68个百分点；中间业务快速发展，全年共实现中间业务收入110.10亿元，较上年增加36.13亿元；中间业务收入率为13.51%，较上年提高了1.56个百分点。

（4）存贷款结构调整明显。2011年，天津市银行业金融机构本外币单位存款余额10 458.46亿元，比年初仅增加361.15亿元，比年初增长3.6%，增幅较上年同期下降18个百分点。天津市银行业金融机构贷款结构出现调整，短期贷款所占比例明显提高，占比由年初的23.2%上升到年末的26.2%，提高了3个百分点，而中长期贷款占比在年内下降了4.45个百分点。

3. 国有商业银行管理创新不断深入

2011年，工商银行天津市分行完成了分行集中远程授权，深化了业务集中处理改革，提升了网点业务处理效率，有效地增强了操作风险防控能力。农业银行天津市分行优化了绩效考核指标体系，强化资本约束要求，突出对经济增加值以及主要业务市场份额的考核，加强了经济资本预算管理，资源配置效率得到了进一步提高。中国银行天津市分行通过深化个人金融板块架构调整、推进中后台业务流程改革、加强渠道建设提升网点效能、优化资源管控机制、创新人才培养机制等一系列措施，提升了内部运营效能。建设银行天津市分行推出了新农村建设贷款以及境外结汇代付盈等产品和业务，提高了市场响应能力和业务的持续发展能力。交通银行天津市分行继续坚持“流程为本、程序至上”的理念，细化各类风险管理制度和管控流程，树立了“风险制约、合规操作、双线控制、换手监督”的风险管理理念，提高了发展质量。

4. 银行业发展中需要关注的问题

（1）关注存款少增对银行负债稳定性的影响。2011年，天津市银行业金融机构存款少增较多，甚至有部分银行出现负增长。当年天津市银行业金融机构本外币存款余额仅增长6.7%，增速较上年下降了12.2个百分点。在目前存款资源稀缺的情况下，金融机构间竞争更加激烈，使银行负债业务变得不稳定。同时，较大的揽存压力也将进一步增大商业银行的资金运用成本，影响其收益。

（2）关注表外业务快速发展可能引发的风险。自2010年以来，天津市银行业金融机构表外业务快速发展。截至2011年末，天津市银行业金融机构表外业务中等同于贷款的授信业务、与交易相关的或有项目以及与贸易相关的或有项目余额共计5 706.88亿元，较年初增加了1 643.29亿元，增速连续两年保持在40%以上。目前，我国银行业金融机构尚未建立起完善的表外业务风险管理体系，现阶段的快速发展容易引发流动性风险、声誉风险等，并可能通过与表内资产或负债的转换造成风险的传播与扩散。

（二）证券期货市场活跃度下降

2011年，天津市证券市场合规意识与规范运作水平不断提高，受证券市场行情低迷的影响，证券市场交易活跃度下降。

1. 证券业基本情况

截至2011年末，天津市共有法人证券公司1家，证券分公司2家，证券营业部102家，证券投资咨询公司2家，资信评级公司1家，基金管理公司1家，期货公司6家，期货营业部20家。天津市开展融资融券业务的证券营业部44家，累计开户2 546户，收入0.22亿元，为期货公司提供中间介绍业务的营业部有27家，累计开户544户。

2. 稳健性评估

（1）法人证券公司业务种类不断增加。截至2011年末，渤海证券资产总额107.56亿元，同比减少20.89亿元；负债总额66.32亿元，同比减少33.35亿元；净资本29.3亿元，比年初增加9.39亿元。全年累计承销证券119.81亿元，其中股票承销19.5亿元，债券承销100.31亿元。2011年，渤海证券新业务种类不断增加，建立了2只集合资产管理计划，累计募集资金24.7亿元；设立了直投子公司——博证资本投资有限公司，公司总资产2.28亿元；取得了为期货公司提供中间业务介绍的资格。

（2）基金管理公司运行平稳。截至2011年末，天弘基金管理公司资产总额1.5亿元，比年初增加0.76亿元；负债总额0.47亿元，比年初增加0.29亿元；净资产1.04亿元。本年度该公司共管理7只基金，基金总份额98.89亿份，总规模73.97亿元，2011年新发1只证券投资基金。

（3）期货公司经营规模收缩。截至2011年末，天津市共有6家法人期货公司，20家期货营业部，从业人员673人，保证金23.09亿元，代理交易量3 421.61万手，代理交易额41 574.31亿元。其中，6家法人期货公司资产总额20.46亿元，比年初减少4.75亿元；负债总计14.71亿元，比年初减少4.8亿元；客户保证金余额14.36亿元。

（4）公司上市步伐加快。截至2011年末，天津市境内上市公司37家，上市公司资产总额共计4 047.91亿元，总股本404.47亿股，总市值2 564.8亿元，其中流通市值2 250.73亿元。2011年，上市公司累计融资32.24亿元，其中首发上市1家，融资10亿元，定向增发1家，融资22.24亿元。目前，天津市只有SST天海（600751）1家公司未完成股权分置改革。2011年，天津市有6家公司的上市方案报中国证监会审批，22家公司基本具备报会审批条件。

3. 证券业发展中需要关注的方面

（1）证券公司应密切关注新业务开展中的问题。2011年，天津市证券公司初步开展了资产管理、直投业务，以及为期货公司开展中间介绍业务，并完成融资融券业务的筹备工作，需高度关注这些新业务开展过程中出现的新情况、新问题。

（2）期货公司盈利能力需进一步加强。目前，期货公司仍存在资本金偏少，公司研发能力较弱，股指期货等业务开展缓慢等问题。

（三）保险业综合实力显著增强，社会保障功能不断提高

2011 年，天津市保险业继续保持良好发展势头，保险保障功能不断提高，对经济社会的支持力度进一步增强，较好地发挥了经济补偿和社会风险管理功能。

1. 保险业基本情况

（1）资产规模迅速增长。2011 年，中荷人寿、国寿财险、光大永明和三星财险 4 家保险公司先后在津设立分支机构。截至 2011 年底，天津市共有保险总、分公司 50 家，保险中介公司 91 家，兼业代理机构 2 800 余家。截至 2011 年末，天津市保险公司总资产为 736.56 亿元，同比增长 20.3%。其中，财产险公司资产总额为 51.48 亿元，同比增长 16.0%；寿险公司资产总额为 685.08 亿元，同比增长 25.4%。

（2）保险保障覆盖面扩大。截至 2011 年末，天津市保险业为经济社会发展和人民生产生活提供了 4.28 万亿元的新增保险金额，较上年同期增长 20.7%，高于保费收入增速 7.16 个百分点。其中，财产险公司累计新增保险金额 34 869.38 亿元，较上年同期增长 16.3%；人身险公司累计新增保险金额 7 882.35 亿元，较上年同期增长 44.9%。2011 年，天津市保险公司累计赔付 66.17 亿元，同比增长 27.5%。其中，财产保险业务累计赔付 35.51 亿元，同比增长 11.2%；人身保险业务累计赔付支出 30.66 亿元，同比增长 53.6%。

（3）服务社会和经济的作用进一步增强。一是积极支持新农村建设，扎实做好政策性农险"五大统保"工作，拓展农村保险服务网络。2011 年，政策性农业保险共为广大农户提供了 57.79 亿元的风险保障。二是积极发展医疗责任保险，建立健全利用费率浮动奖优罚劣的长效机制。2011 年，天津市保险业为各级医院提供风险保障 9 750 万元，处理各类医疗纠纷案件 870 起，累计支付赔款 2 191.79万元。三是积极支持全民意外保险制度实施。截至 2011 年底，全民意外保险实际赔付 12 669人次，赔付金额 6 794 万元。

（4）保险市场监管力度不断加强。一是制定《事故车辆修复工时定额标准》和《车险查勘定损人员管理办法》，印发《关于加强车险理赔服务时效管理工作的通知》，进一步规范车险理赔服务，加强查勘定损人员管理，完善理赔服务监督机制。二是积极推进"店面直销"机动车保险试点工作。截至 2011 年末，天津市已有 16 家"店面直销"网点，承保车辆 9 301 辆。三是加强销售行为监管。建立天津市人寿保险公司银管员管理信息系统。加强银管员管理，落实寿险产品销售服务确认制度，深入开展银邮代理市场误导销售行为专项治理。

2. 保险业发展中需要关注的方面

（1）法人公司盈利能力有待提高。2011 年，天津市 4 家法人保险公司仅 1 家盈利其余 3 家均亏损，造成法人机构亏损的原因一方面是 4 家公司筹建分支机构使法人机构的费用增长较快，出现费差损；另一方面是保险业务质量不高造成寿险公司退保率居高不下。

（2）保险业结构性矛盾仍然存在。2011 年，天津市产险公司车险保费收入 57.40 亿元，占产险公司保费收入的比重为 74.9%，同比增长 20.7%，对产险公司保费增长的贡献率达 97.2%，这种失衡的业务结构，不利于保险业从整体上发挥服务社会稳定的功能。

三、金融市场与金融稳定

2011 年，天津市金融市场总体呈现健康发展态势，货币市场交易量稳步增长，债券市场交易活跃，外汇市场交易量增长迅猛，黄金市场交易量持续提高。

（一）金融市场运行平稳

1. 货币市场交易量持续增长

2011 年，天津市银行间同业拆借市场累计完成信用拆借 2 318 笔，同比增长 58.1%；累计拆借金额 9 617.6 亿元，同比增长 86%；净融入资金 6 288.3 亿元，同比提高 57.1%。债券回购交易量继续保持快速增长，累计成交额达到 35 540 亿元，与上年同期基本持平。其中，质押式回购累计成交 35 458.4亿元，同比下降 2.4%，占全部回购交易的 99.8%，与上年持平；买断式回购累计成交 81.6 亿元，在债券回购交易整体中占比仍较小，但与上年同期 3.6 亿元的买断式回购交易量相比，增长迅猛。

2. 银行间债券市场交易量下降

2011 年，天津市银行间债券市场成员现券买卖成交金额为 12 573.6 亿元，同比下降 46.3%。其中，现券买入量为 6 065.1 亿元，同比下降 46.9%；现券卖出量为 6 508.5 亿元，同比下降 45.8%。在市场流动性持续收紧的影响下，货币市场利率持续高位波动，市场成员纷纷将交易重心向货币市场偏移。

3. 外汇市场交易量增长迅猛

2011 年，天津市银行间即期、远期外汇市场成交量大幅增长。全年人民币外汇即期成交额同比增加 94.1%，受人民币升值预期影响，人民币远期市场成交额大幅增加，同比增长 111.0%。外币买卖市场交易趋于活跃，全年成交额同比增加 201.9%；人民币外汇掉期交易累计成交折合 0.22 亿美元，同比减少 1.6 亿美元。

（二）金融市场运行中需要关注的方面

1. 货币市场利率持续上升，市场集中度依然较高

从资金价格看，受市场融资需求不断加大的影响，2011 年，天津市银行间市场同业拆借利率继续上扬。同业拆借拆入加权平均利率为 3.3874%，较上年提高 1.7161 个百分点。资金拆借量依然集中于天津银行和渤海银行两家规模较大的地方法人金融机构。2011 年，两家机构合计拆借资金 8 873.1亿元，约占全市拆借总量的 92.3%，与上年持平。

2. “纸黄金”交易量大幅上升，实物黄金交易成交量有所下降

2011 年，天津市黄金市场交易量 38 527.6 公斤，与上年基本持平；成交金额 131.9 亿元，比上年增长 30%。天津市“纸黄金”买卖业务累计交易量 27 057.9 公斤，同比增长 51.4%；交易金额 93.6 亿元，同比增长 93.0%。由于年内国内 CPI 指数连创新高，股市、楼市持续低迷，而国际金价屡次突破历史高点，特别是以美元计价的“纸黄金”产品价格持续攀升，使“纸黄金”受到普通投资者的青睐。实物黄金交易量 11 469.7 公斤，成交金额 38.3 亿元，同比分别下降 42.8% 和 27.4%。

四、金融基础设施与金融稳定

2011年，天津市金融基础设施现代化稳步推进，支付体系建设取得新进展，征信体系建设步伐加快，反洗钱工作成效显著，在营造安全有序的金融环境、促进金融业稳健运行方面发挥了重要作用。

（一）支付体系建设取得新进展

1. 支付系统功能进一步拓宽

一是在滨海新区扩大支票截留业务试点。将试点范围推广至滨海新区以集中直联模式接入全国支票影像交换系统的全部银行，采取适当的形式开展业务宣传，引导公众正确办理业务。全年支票截留业务共清算资金87 386笔，清算金额39.32亿元，缓解了中小企业资金周转的困难。二是积极促进支票圈存业务发展。组织商业银行集中升级支票圈存电话线路，开通“联选功能”，开展新版票据圈存业务的调查和测试，开通POS终端的支票圈存功能，同时对已完成POS终端圈存功能改造的商户进行摸底调查，组织“有奖圈存”等活动，有效地拓展了圈存业务量。

2. 农村地区银行卡受理环境持续改善

一是启动银行卡助农取款服务。组织农业银行天津市分行在农村乡（镇）、村的合作商户服务点布放银行卡受理终端，向借记卡持卡人提供小额取款和余额查询业务，消除基础金融服务空白乡镇。二是加强观光农业银行卡支付渠道建设。适当降低农村地区特约商户的准入条件、下调观光农业项目及助农取款项目商户手续费，在涉农区县积极发展银行卡受理商户，拓宽了观光农业项目银行卡受理渠道。

3. 金融IC卡产业发展加速

一是金融IC卡应用取得突破性进展。发行了全国首款集社会保障与金融服务功能于一体的社保金融IC卡，在公共服务领域应用取得重要突破。2011年12月，举行天津城市一卡通领域全面受理金穗IC卡首发仪式，在全国范围内首创了金融机构与城市一卡通合作的新模式。二是金融IC银行卡发卡量扩大。截至2011年末，累计发放“津通卡”近103万张，社保金融IC卡发行近170万张。三是机具改造速度加快。天津市金融IC卡的受理终端改造基本完成，直联终端改造38 715台，改造率82%；间联终端改造25 338台，改造率97.72%。

4. 监督管理不断加强

一是加强账户管理。对全市23.86万个单位银行结算账户完成年检工作，年检率达到70.9%，进一步落实账户实名制，防范了支付结算风险。二是开展支付清算业务考核。制定《天津市银行机构支付结算业务考核管理办法》及其实施细则，对天津市各商业银行的日常支付结算业务办理情况、支付清算纪律执行情况、支付结算各报表及调研报送情况以及会计从业人员考核管理情况等进行考核。三是加强流动性风险管理。制定《天津市银行业金融机构临时资金头寸拆借公约》，截至2011年末，天津市共有28家商业银行签约，签约金额累计达31亿元。

（二）征信体系建设步伐加快

1. 地方信用体系建设稳步推进

建立了社会信用体系建设联席会议，与政府有关部门共同研究制定了《天津市社会信用体系建设实施方案》，确定天津市社会信用体系建设基本框架体系。截至2011年末，天津市环保局、市农委、市建委、市规划局陆续将本部门在行政管理中形成的企业和个人资质信息、行政奖励和处罚信息等接入征信系统。企业和个人信用报告在天津市金融办、市委统战部、天津海关等相关部门履职过程中得到应用。

2. 中小企业和农村信用体系建设取得成效

以建立中小企业信用档案为重点，协调相关部门出台政策措施，推动滨海高新技术产业开发区中小企业信用体系试验区建设，构建优质企业筛选推荐和培养扶持机制，促进银企有效对接。截至2011年末，累计为12.7万户未贷款中小企业建立信用档案，其中2 400余户企业获得银行授信支持，累计贷款金额2 570亿元；指导涉农金融机构完善、应用农户电子信用档案，协调解决农户融资需求，组织涉农金融机构为全市33万户农户建立了电子信用档案，累计提供信贷支持481.4亿元。

3. 征信市场稳步发展

以信用评级为切入点，加大对信用服务市场的扶植力度，2011年，全市3家信用评级机构完成对330户借款企业和担保机构评级，比2010年增加了138户，参评企业数量显著增加。积极培育信用评级有效需求，联合天津市科委推动将企业信用评级报告作为中小企业申报天津市科技“小巨人”企业的重要认定条件；依托中小企业信用体系试验区建设，推动信用评级报告成为试验区中小企业申报政府贷款贴息、享受信用贷款和信用担保的必备要件。

4. 征信宣传教育工作持续推进

集中开展了全国统一的征信知识宣传月、信用记录关爱日等专项活动，借助新闻媒体，组织金融机构，深入中小企业、农村信用户等社会人群开展了形式多样的宣传活动，普及征信知识，营造“守信激励、失信惩戒”的社会信用环境；探索推广征信知识宣传教育新模式，在稳步推进天津商业大学、天津财经大学开展征信知识选修课基础上，协调全市8所高校确立开设该选修课合作意向，为征信知识在高等教育全面推广进行了有效实践。

（三）反洗钱工作成效显著

1. 反洗钱协调机制进一步深化

一是反洗钱工作联席会议对全市反洗钱工作的指导作用持续增强。成功召开了天津市反洗钱工作联席会议全体会议，确定了切实增强反洗钱工作有效性、不断提高反洗钱监管水平、积极探索建立反洗钱激励和约束机制、进一步深化协作与配合、认真做好可疑交易线索的搜集和报告工作、继续加强反洗钱宣传培训工作六项科学推进天津市反洗钱工作的措施。二是相关部门间的反洗钱合作不断加深。人民银行天津分行与检察院、公安局等部门全年共召开反洗钱司法会商会议15次，会商研判可疑交易和案件线索；分别与纪委、检察院、公安局等部门联合举办反洗钱培训，培训纪检监察、起诉、侦查一线工作人员200余名；分别与公安局、禁毒办等部门举办了打击经济犯罪宣传和防范涉毒洗钱犯罪宣传等活动。

2. 金融机构反洗钱工作水平持续提升

2011年，天津市金融机构突出反洗钱工作“稳”、“准”、“狠”的特性，稳步推进体制机制优化，准确把控洗钱风险，狠抓洗钱案件防范和识别。全年有41家机构增定或修订了反洗钱内控制度或工作规程，125家机构开展了反洗钱内部审计。所有机构均按照人民银行的进度要求完成了客户洗钱风险等级三年集中划分工作，三年间累计划分客户/账户7 362万多个。针对办理新开户、新订立合同和各类一次性交易的客户，全年共实施客户身份初次识别1 432万多次，针对客户要求变更信息或者有可疑事项发生等情况，对已有客户实施身份重新识别172万多次。

3. 反洗钱监管工作不断加强

2011年，对银行、证券、信托以及特定非金融机构的10家反洗钱义务主体实施了执法检查。非现场审核了77家金融机构的反洗钱内控制度或内部审计报告，向9家机构下发了《反洗钱非现场监管质询通知书》。完成了对170家金融机构的反洗钱工作测评，对测评等级较差的27家金融机构实施了通报批评或约见高管谈话。制定实施了《天津市银行机构反洗钱工作考核办法（试行）》，并举办银行机构反洗钱工作经验交流会，加强反洗钱激励机制建设。启动对特定非金融机构的反洗钱监管，完成了对3家特定非金融机构许可证审批中的反洗钱内控制度审查，对4家机构实施了反洗钱走访。制定或修订了《人民银行天津分行反洗钱执法检查操作规程》等规章制度，形成了包括35项制度、办法、规程在内的较为完整的反洗钱监管内控制度体系。

4. 反洗钱宣传培训工作深入推进

2011年，全市金融系统共组织反洗钱专项培训1 464次，培训对象总计52 800余人。其中，人民银行天津分行举办的金融机构高级管理人员反洗钱培训系列活动，共包括培训班近60期，实现了对全市金融机构所有高级管理人员的全覆盖。天津市金融系统反洗钱专、兼职工作人员有7 652人。全年举办纪念《反洗钱法》颁布五周年等反洗钱宣传活动共计440次，发放宣传材料120余万份。同时，通过发放宣传材料、设立讲解咨询台、播放多媒体等形式对超过60万公众进行反洗钱宣传。

五、政策建议

1. 扩大内需，稳定外需，保持经济平稳较快增长

一是以扩大投资和消费需求为重点，推进重点项目和基础设施建设，不断优化投资结构，发挥政府投资导向作用，鼓励民间资本进入基础设施、社会事业、市政公用等领域，促进民间投资快速增长，切实提高投资效益。改革收入分配制度，引导合理消费和新型消费，促进消费总量快速增长。二是要加大对出口企业的扶持力度，鼓励和引导企业加快产业、产品、技术水平的调整和提高，优化出口产品结构，继续实施市场多元化战略和以质取胜战略。加强国际贸易相关信息研究和发布，引导企业及时调整出口战略和方向，规避出口风险，努力实现出口增幅的持续回升。三是要进一步完善引资促进机制，构建高水平引资平台，加快“走出去”步伐，努力保持吸引内外资的活跃态势。整合招商信息资源，将目光瞄准大企业、大项目，鼓励外资投向高端制造业、高技术产业、现代服务业、节能环保等领域。

2. 深化改革，强化内控，提升金融风险管理水平

银行业要按照总量适度、结构合理、机构优化、定向支持、防范风险的要求，科学把握信贷投放规模、节奏、力度，加大对经济增长、产业结构调整和经济发展方式转变的信贷支持，落实好对社会重点领域、在建项目和薄弱环节，特别是“三农”、中小微企业、保障性住房和普通商品房的信贷支持政策；应密切关注经营环境的变化，进一步加强资产负债的管理水平，提高主动负债的能力，加大对重点领域信用风险的管理力度，强化对地方政府融资平台、房地产贷款、表外业务的风险管理；应加快转变发展方式，大力发展中间业务，改善收入结构，增强综合盈利能力。证券期货业经营机构要强化公司治理，加快改革创新的步伐，实现依法运营和持续发展；转变经营理念，培育核

心竞争力，提高公司实力和行业地位；扩大直接融资规模，促进资本市场更好服务经济社会发展全局。保险业要深化结构调整，继续培育和发展新型保险保障产品和保险投资产品，加快保险产品和服务创新步伐，努力满足不同群体的保险需求；提高资金运用水平，防范资金运用风险，防范投资风险，规范市场秩序，更好地发挥经济补偿和社会风险管理功能。

3. 调整结构，优化功能，做大做强金融产业

一是积极吸引国外实力强、管理先进的金融机构在天津设立分支机构，促进市场主体多元化。大力发展与期货交易市场相匹配的以现货贸易、实物交割和物流配送为主业的现货交易市场，发展与场内交易市场相匹配的以股权交易为主体包括产权、物权和知识产权在内的场外交易市场，发展金融资产交易所和排放权交易所，建立场外交易市场体系。二是建立健全资本市场体系，大力发展创业风险投资基金、股权投资基金、物权投资基金，增加直接投资和直接融资规模，提高实体经济投资效益。三是全面发展消费金融、科技金融、农业金融、航运金融，使产业资本与金融资本有效结合，增强金融对产业的拉动作用。

总　　纂：李文茂
统　　稿：李泽军　夏江山
执　　笔：夏江山　刘丹丹　李晓迟
其他参与写作人员：么英莹　王　彬　冯　怿　安瑞萍　李晓迟
苏　颖　杨冬梅　周中明　钟　辉　侯玉玲
贾　科　管晓明　崔　乐

河北省金融稳定报告摘要

2011年，河北省经济保持了平稳较快发展，为金融业安全稳健运行创造了有利环境。金融业攻坚克难，不断优化结构、深化改革、改善服务、加快创新，总体运行健康平稳，在有效防范风险的前提下，大力支持了河北经济发展，实现了经济金融的良性互动。

一、河北省金融体系安全稳健运行

（一）经济增长稳中见好，发展后劲不断增强

河北省认真贯彻落实国家各项方针政策，以科学发展为主线，加快经济发展方式转变，继续保持经济平稳较快增长，为金融业提供了有利发展机遇，为金融机构稳健运行创造了良好的外部环境。

经济整体态势向好发展，逐步趋向正常稳定。2011年，河北省实现国民生产总值24 228.2亿元，同比增长11.3%，接近河北省近十年来11.5%的年均增速，基本恢复到国际金融危机以前的正常水平，实现了由政策刺激向自主增长的有序转变。

三次产业平稳较快增长，工业支撑作用得以加强。三次产业对经济增长的贡献率分别为4.7%、62.7%和32.6%。农业生产形势良好，粮食生产连续八年丰收，总产量突破600亿斤，再创历史新高。工业对经济支撑作用进一步加强，全年完成增加值13 098.1亿元，同比增长13.4%，其中，规模以上工业增加值首次突破1万亿元大关，达到10 509.4亿元，同比增长16.1%，高于全国平均增速2.2个百分点。服务业平稳发展，全年服务业完成增加值8 224.4亿元，同比增长10.5%。

三大需求协调增长，进出口贸易规模扩大。三大需求对经济增长的拉动作用总体呈现“消费提高，投资、外需回落”态势。消费对经济增长的拉动作用提升，贡献率同比增加5.5个百分点。全社会固定资产投资平稳较快增长，共完成16 404.3亿元，同比增长24.3%，其中，工业和技改投资比重提高，房地产开发投资快中有落，民间投资增长35.2%，占固定资产投资的73.2%，投资结构继续改善。进出口基本保持平衡，贸易规模继续扩大，对外资的利用快速增长，全年进出口总值536.0亿美元，同比增长27.4%，其中，出口总值285.8亿美元，同比增长26.7%；进口总值250.2亿美元，同比增长28.3 %；实际利用外资52.6亿美元，同比增长20.5%，增速比上年同期增加2.3个百分点。

经济运行质量较好，城乡居民收入较快增长。2011年，河北省财政收入3 020.1亿元，同比增长25.4%。企业效益继续提高，规模以上工业实现利润2 255.5亿元，连续两年保持2 000亿元以上水平。城乡居民收入不断增长，且农村增速快于城镇。居民消费价格同比上涨5.7%，物价水平在控制范围之内。

（二）银行业主要指标稳步向好，金融服务质量和水平不断提升

河北省银行业金融机构认真落实稳健的货币政策，保持了较强的盈利能力和较好的管理水平，综合竞争力和抵御风险能力进一步提升，总体保持安全稳健运行，有力支持了经济增长。

资产负债规模继续扩大。2011 年末，河北省银行业金融机构资产总额 35 530.50 亿元，居全国第 9 位，较年初增加 4 863.92 亿元，增长 15.9%。其中，各项贷款余额 18 461 亿元，居全国第 10 位，新增贷款 2 546 亿元，增幅 16.0%，高于全国平均增速 0.3 个百分点；各项存款余额 29 750 亿元，比年初增加 3 502 亿元，居全国第 9 位；新增存贷比 72.7%，同比上升 1.6 个百分点，对经济发展的支持力度加大。

信贷结构进一步优化。从贷款投放对象看，绿色信贷、涉农和小企业等薄弱领域和行业得到大力支持，2011 年末，河北省小企业贷款余额 3 986 亿元，比年初增长 27.2%，涉农贷款余额 6 808 亿元，比年初增长 26.0%，分别高于全部贷款平均增速 11.2 个和 10.0 个百分点；房地产开发贷款得到有效控制，2011 年末，房地产业贷款余额 875 亿元，占全部贷款的 4.7%，比年初下降 0.2 个百分点，低于河北省贷款平均增速 4.9 个百分点。从贷款投放主体看，地方法人金融机构对实体经济支持力度显著增强，2011 年，河北省农村金融机构和城市商业银行新增贷款 707.4 亿元，贷款增速高于全部贷款增速约 2 个百分点，新增贷款占全省金融机构新增贷款的比重由年初的 27.1% 提高到 30.4%。

组织体系逐步完善。城市商业银行向县域拓展取得新进展，县域分支机构全省覆盖面达到 51.47%。股份制商业银行在河北省的网点布局大为改善，9 家股份制商业银行分支机构相继开业，覆盖了全省 11 个设区市的 8 个市。新型农村金融机构蓬勃兴起，农村金融服务体系逐步完善，全年共批准筹建农村商业银行 6 家，新增村镇银行 14 家。非银行金融机构设立取得突破性进展，财务公司新开业 2 家，获准筹建 1 家。

金融改革不断深化。国有控股商业银行河北省分支机构改革效果明显，积极发挥金融服务主力军的作用，2011 年，国有商业银行新增各项贷款 1 065 亿元，占河北省贷款增量的 41.8%。政策性银行稳步推动金融改革，集中资源保障重点建设和保障性安居工程建设。农村合作金融机构改革取得重大进展，截至 2011 年末，已有 136 家县联社消灭资格股，河北省农村信用社投资股占比达 98.7%，较年初提高 31.2 个百分点。城市商业银行改革取得显著效果，主要监管指标表现良好，2011 年末，河北省 11 家城市商业银行法人机构总股本 99.5 亿元，同比增加 8.1 亿元，实现利润 40 亿元，同比增长 44.0%。

（三）证券期货业平稳发展，直接融资创历史最高

河北省证券期货经营机构坚持合规运作、规范发展，经营保持总体稳健，直接融资创历史纪录，资本市场规模稳步扩大，融资功能显著增强，投资者教育和打击非法金融活动力度加大，对经济发展的贡献作用逐步增强。

证券经营机构数量不断增加，业务不断拓展。截至 2011 年末，河北省辖内共有 1 家法人证券公司，2 家证券机构河北分公司，2 家证券投资咨询机构，160 家证券营业部，从业人员 3 906 人。其

中，有14家证券营业部获得IB业务[①]资格，32家证券营业部获得融资融券业务试点资格，累计融资融券交易额206 172.11万元。

证券机构经营效益大幅下滑，证券市场交投萎缩。全年营业收入18.3亿元，同比下降42%，利润总额6.47亿元，同比下降60.64%，净利润6.04亿元，同比下降62.21%，降至近五年来最低，56家证券营业部亏损，亏损额达1.3亿元。全年实现证券交易额11 065.57亿元，同比下降22.84%，客户资产1 614.2亿元，同比下降14.4%。

期货经营机构业务平稳，股指期货发展迅速。截至2011年末，河北省辖区共有1家法人期货公司，31家期货营业部，12家期货交割库，从业人员375人。2011年，河北省期货经营机构全年营业收入8 512.20万元，同比增长2.17%，手续费收入8 208.17万元，同比增长1.88%，净利润223.28万元，同比下降75.41%。股指期货累计客户数681人，比上年增长62.5%，累计代理交易额4 390.19亿元，占全部代理交易额的23.0%。

证券期货法人机构不断规范发展。财达证券有限责任公司继续保持A类证券公司，综合竞争力和风险控制水平不断提升。河北恒银期货经纪有限公司主要风险指标虽有所降低，但均高于监管最低标准，公司仍具有较好的流动性及抗风险能力，通过加强风险控制和综合治理工作，公司合规管理水平得到有效提升。

上市公司数量和直接融资额大幅提升。新增境内外上市公司25家，境内上市公司达46家，占全国境内上市公司规模的1.96%。直接融资442.40亿元，创历史最高，相当于2000—2010年11年直接融资总和，占新增贷款的18.3%。9家上市公司进行并购重组，公司风险逐步化解。

（四）保险业整体实力增强，保障功能和服务作用进一步发挥

河北省保险业金融机构认真落实各项监管要求，通过不断调整业务结构，创新服务产品，改善服务质量，强化风险管理，较好地服务了经济社会发展。

保险市场主体不断增加。2011年新增6家省级分支机构，截至2011年末，河北省保险机构共有省级分公司53家。其中，财产保险省公司25家，人身保险省公司28家，中资保险省公司50家，外资保险省公司3家，专业中介法人机构107家，专业中介分支机构469家，兼业代理机构11 504家，营业网点遍布城乡。

资产实力不断壮大。总资产1 587.72亿元，比年初增加279.71亿元。其中，财产保险公司总资产87.96亿元，比年初增加11.73亿元，增长15.39%；人身保险公司总资产1 499.76亿元，比年初增加267.98亿元，增长21.76%。

保险业务平稳健康发展。累计实现原保险保费收入732.89亿元，同比增长6.09%，居全国第8位，与2010年持平。财产险业务原保险保费收入222.92亿元，同比增长15.56%，其中，机动车辆保险业务原保险保费收入占全部财产保险的85.43%；人身险业务原保险保费收入509.97亿元，同比增长2.42%，其中，寿险业务原保险保费收入470.21亿元，占全部人身保险的92.20%。

保险渗透力减弱。2011年，河北省保险深度为3.02%，自2006年以来首次出现下降，较上年同期下降0.68个百分点，降幅高出全国0.07个百分点。保险密度为1 016.07元/人，较上年同期下降40.69元/人，下降幅度高于全国19.13元/人。

---

① 证券公司IB业务是指证券公司接受期货经纪商的委托，为期货经纪商介绍客户的业务。

保障和服务功能进一步增强。2011 年，河北省保险业累计承担风险总额 7.87 万亿元，同比增长 9.46%。其中，财产保险业务承担保额 4.29 万亿元，同比增长 1.04%；人身保险业务承担保额 3.58 万亿元，同比增长 21.59%，增速大大高于财产险。

新业务发展取得成效。实施“保险信誉工程”、“保险护城河工程”和“绿色保险工程”，行业的服务质量和可持续发展得到加强。抗风险能力不断提升，退保风险、资金风险、案件风险等行业风险得到有效防范。

（五）金融基础设施不断完善，金融生态环境继续优化

河北省各级政府对金融业的重视程度日趋增强，积极营造有利于河北金融产业发展的环境和氛围，为经济持续健康发展和金融体系安全稳健运行提供了良好的基础和保障。

行政环境进一步优化。河北省委、省政府不断加强对金融工作的统筹协调，并出台政策文件指导和支持金融发展，开展“金融贡献奖”和“金融生态市”评选，对贡献突出的金融机构和地市进行表彰，大力推进金融生态市、县建设，行政环境继续优化。

金融基础设施不断完善。社会信用体系建设取得新突破，中小企业和农村信用体系建设加速推进；支付清算体系建设稳步推进，现代化支付服务功能日益显现；反假币工作有效开展，反假意识、识假技能日益提高；反洗钱工作成效显著，公信力不断提升。

金融环境进一步净化。金融监管机制不断健全，监管力度持续加大，风险防范能力和监管有效性显著增强，金融秩序更加规范。多层次的金融稳定协调机制健康运转，整体合力进一步发挥。坚决查处和打击非法金融活动，不断加强舆论宣传引导，从源头上遏制违法犯罪活动蔓延，区域金融安全稳定。

二、维护河北省金融稳定需关注的问题

目前，国内外经济金融形势依然较为复杂，存在一系列需要密切关注的风险隐患。国际上，本轮国际金融危机深层次的影响继续显现，发达国家主权债务等问题持续恶化，财政风险和金融风险交替上升，全球经济复苏过程不稳定、不确定因素增大，并可能通过贸易、资本流动以及预期等渠道影响包括我国在内的新兴市场经济体。从国内看，经济发展中不平衡、不协调、不可持续的矛盾和问题仍很突出，经济增长存在下行压力，物价上涨压力仍然存在，部分行业产能过剩问题凸显，部分企业经营困难。受此影响，河北省金融稳定整体形势仍然比较复杂，老风险和新问题都将对金融体系的稳健运行产生较大影响，金融业面临新的挑战。

（一）经济持续稳定增长存在一定压力

三大需求增长存在下行压力。受企业投融资能力减弱等多种因素制约，投资增长乏力；消费热点尚待培育，消费需求增速趋缓；外部需求萎缩，外贸出口形势严峻。受市场需求下降和生产成本上涨的影响，部分企业生产经营困难，风险上升，成本推动和输入性通胀因素使得物价上涨压力仍然较大。能源资源供需矛盾日趋突出，能耗污染出现反弹，节能减排任务艰巨。与此同时，经济结构不合理、区域发展不平衡、自主创新能力弱等深层次矛盾日益凸显。

（二）金融业运行存在诸多不稳定因素

一是银行业潜在信贷风险上升。法人银行业机构资金面趋紧，流动性风险潜在压力加大；理财产品市场存在高息揽存等监管套利行为；房地产行业的持续调控可能诱使房地产相关贷款风险加大；不良贷款反弹压力加大，信用风险管理仍需加强。二是资本市场发展与经济发展不匹配。法人类证券期货机构较少，总体盈利能力较弱，业务创新和结构调整产生了一些新的风险隐患；上市公司数量较少，仅占全国的1.96%，且产业机构不尽合理，高新技术企业、创新型企业数量偏少，后续发展动力不足，个别上市公司在公司治理、资金募集、信息披露、会计处理等方面存在违法违规现象。三是保险业行业发展和风险防范的压力与难度增大。保险产品同质化严重，竞争力不强；市场秩序不规范问题有所抬头，非理性竞争现象时有发生，销售误导和理赔难问题仍较为突出；保险代理机构规范化、专业化程度较低，个人营销渠道转型压力较大。

（三）金融改革与创新发展中存在不规范行为

地方中小金融机构资本金实力不足、法人治理和体制机制不完善等问题仍然存在，城市商业银行快速扩张、跨区域经营潜藏风险隐患。银行代售保险、证券公司代销基金等交叉性金融业务存在监管真空，如不规范发展，极易引发跨行业、跨市场风险。影子银行体系对实体经济和正规金融体系的影响日益加深，其脱离监管约束的商业运作模式潜藏较大风险隐患，需高度重视。当前民间融资活动非常活跃，部分小额贷款公司、担保典当机构违规从事高利贷业务，部分地市农民专业合作组织、投资咨询公司等经济组织高息揽储，违规放贷，干扰了正常的金融秩序。

（四）金融生态环境尚需进一步优化

金融基础设施有待进一步完善，征信系统服务能力不能满足融资机构快速增长需求，因信用信息征集、使用不当而引发的金融消费者权益纠纷呈多发趋势；支付工具和支付方式的迅猛发展和创新使支付系统存在的潜在风险上升；随着村镇银行、小额贷款公司等新型金融机构的不断出现，洗钱活动范围和领域有扩大趋势。金融犯罪仍呈现多发态势，非法集资等非法金融活动仍然活跃，对河北省的金融和社会稳定产生了影响和冲击。外部经济金融形势不断变化和金融行业的快速发展，使金融监管能力面临着挑战。

三、推进河北省金融业持续健康发展的建议

（一）加快转变经济发展方式，保持经济平稳较快增长

突出把握稳中求进的工作总基调，大力实施“一产抓特色、二产抓提升、三产抓拓展”的经济发展战略，加快产业结构调整步伐和发展方式转变。以发挥投资拉动和扩大消费需求为重点，推动重大产业项目和基础设施建设。加快实施河北沿海地区发展规划，加快建设环首都绿色经济圈，推动冀中南经济区加快发展，发挥重点区域带动作用。深化国有企业改革，大力推进企业兼并重组，做优做强一批企业集团，支持河北钢铁、开滦、集中能源、河北建投、河北港口等大型企业开展省内外、境内外的联合并购，加快河北航空集团发展。加强基础产业改造，培育和发展战略性新兴产

业，深化重点领域改革，加大节能减排力度，大力发展园区经济，力促城镇建设改造上水平，努力保持河北省经济平稳、协调、可持续增长。

（二）大力发展实体经济，促进金融支持实体经济发展

牢牢把握发展实体经济这一坚实基础，鼓励推动实体经济发展。加强政策引导，督促和引导金融机构主动贴近市场和企业，敏锐把握金融需求，将资金投向实体经济。促进银行业机构进一步深化改革，加快推进产品和服务创新，进一步提高服务实体经济的能力；积极拓展资本市场的覆盖面和包容能力，不断完善资本市场服务实体经济的体制机制；推动保险业以市场需求为导向积极创新，培育新的业务增长点，为实体经济发展提供保障和服务。各类金融机构要牢固树立服务实体经济的指导思想，全面提高服务实体经济的质量和水平，要注意突出重点、突破难点，重点支持经济结构调整、节能减排、环境保护和自主创新，推动传统产业改造提升；持续加强对小微企业、“三农”等薄弱环节的金融服务，增强支农和服务小微企业功能。

（三）做大做强金融产业，提升金融风险管理水平

一是增多做强金融主体，壮大金融业整体规模。加快推进“引银入冀”工程，进一步建立健全具有河北特色的环京津、沿渤海发展的银行业组织体系；推进企业上市融资和并购重组，扩大债券融资规模，积极发展股权投资基金；引进和鼓励各种资本通过控股、参股等多种方式在河北省投资设立保险法人机构，加大辖内法人机构建设速度，积极引进专业化保险机构和各种后台服务基地；继续支持小额贷款公司、村镇银行和担保公司等新型金融组织规范发展。二是鼓励经营方式和产品创新，提升金融业核心竞争力。引导银行业立足地区实际，科学配置信贷资源，有效把握信贷投放节奏；完善证券期货业盈利模式；支持保险资金在风险可控前提下拓宽投资渠道。三是强化风险管理，提高金融风险防范的针对性和前瞻性。监测银行业机构不良贷款率等指标变化，防范潜在信用风险和流动性风险的发生；提高上市公司治理水平和透明度，严惩各种违法违规行为；规范市场秩序，解决保险业销售误导和理赔难等突出问题。

（四）加强重点领域风险管控，突出防范区域性、系统性风险

关注重点业务领域和环节以及金融创新业务中可能存在的风险隐患，坚持创新与监管协调发展，把防范风险贯穿金融创新全过程。加强金融机构公司治理，健全资本约束机制，建立与机构和业务扩张相适应的风险管理体系，防范跨区域风险。重点关注银行、证券、保险等各类理财产品的发展及风险隐患，防范跨行业风险。加强影子银行体系风险监测，防范非正规金融及其他相关领域风险向金融体系传导。规范和引导民间借贷，坚决禁止各种形式的违规担保，及早发现风险隐患，推动风险早处置，防止风险通过资金链、担保链扩散蔓延，使局部风险演化为区域性乃至系统性风险。

（五）加强部门协调合作，进一步优化金融生态环境

发挥政府职能作用，通过行政、经济和市场手段，大力推动金融生态环境改善。继续优化金融司法环境，严厉打击逃废金融债务行为，维护金融机构合法权益。继续推进金融基础设施建设，加强社会信用和担保体系建设，强化支付清算监督管理，探索非金融行业反洗钱制度。净化金融市场秩序，严厉打击高利贷和非法集资、地下钱庄、非法证券等非法金融活动，积极开展投资者教育宣传，建立防范非法金融活动的长效机制。探索做好金融消费者权益保护工作，维护金融消费者合法权益。完善综合监管机制，探索宏观审慎管理，防范系统性金融风险。进一步完善多层次的金融稳定协调机制，加强信息共享，合力维护河北省金融秩序稳定，为河北省经济金融健康发展创造良好的环境。

总　　纂：贾广军
统　　稿：文洪武　陈　芳　王丽英
执　　笔：杨辉平　孟会娟　李　鹏　林红家　冯　蕴　白　倩
杨　冀　靳凤菊
其他参与写作人员：尚　楠　任珍珍　杜彦尊　高宏业　赵　娜
黄艳霞　崔　娟　谢瑞芬　肖正午　韩艳霞

山西省金融稳定报告摘要

2011年是山西省全面推动转型跨越发展的关键之年，是国家资源型经济转型综合配套改革试验区起步之年。面对依然严峻的国内外经济金融形势，山西省积极贯彻落实各项宏观调控政策，实现了“十二五”的良好开局，经济总体平稳发展，各项主要经济指标较快增长，为区域金融稳定运行奠定了稳固的基础。金融业保持了稳步增长的势头，资产质量整体提升，业务结构不断优化，金融改革不断深化，风险防范及金融服务能力稳步提升，行业秩序得到有效规范。金融法制建设进一步完善，金融业运行的法律环境持续改善，支付体系运行良好，征信系统应用功能有效发挥，反洗钱工作水平提升，全省金融生态环境持续改善。

一、区域经济运行与金融稳定

2011年以来，面对物价水平较高、经济转型压力加大等复杂经济金融形势，山西省经济运行总体保持良好态势，主要经济指标较快增长，综合配套改革试验区建设取得良好开局，区域金融稳定运行的基础得以稳固。

（一）区域经济稳步增长

1. 经济总量稳步提升

2011年，山西省生产总值11 100.2亿元，首次突破万亿元，增长13%。第一、第二、第三产业增加值分别完成641.4亿、6 577.8亿和3 880.94亿元，分别增长5.9%、16.5%和8.6%。第二产

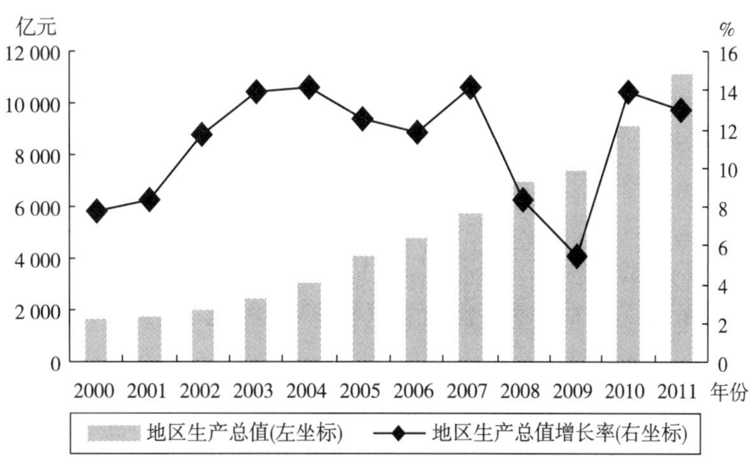

数据来源：山西省统计局。

图1　山西省生产总值及其增长率

业引领地区经济总体增长，其中，规模以上工业增加值完成5 944.7 亿元，比上年增长 19.7%。

2. 投资增速持续，消费运行平稳，进出口再创新高

2011 年，全省固定资产投资 7 137.7 亿元，同比增长 28.1%，增幅较上年提高 1.9 个百分点。全年实现社会消费品零售总额3 773.6 亿元，同比增长 17.6%，较上年回落 0.8 个百分点。全省进出口总额147.6 亿美元，突破2008 年143.9 亿美元的历史峰值，同比增长 17.4%。贸易差额由2008 年41.9 亿美元的大顺差转变为2011 年39 亿美元的大逆差，金融危机对出口经济的影响仍未消除。

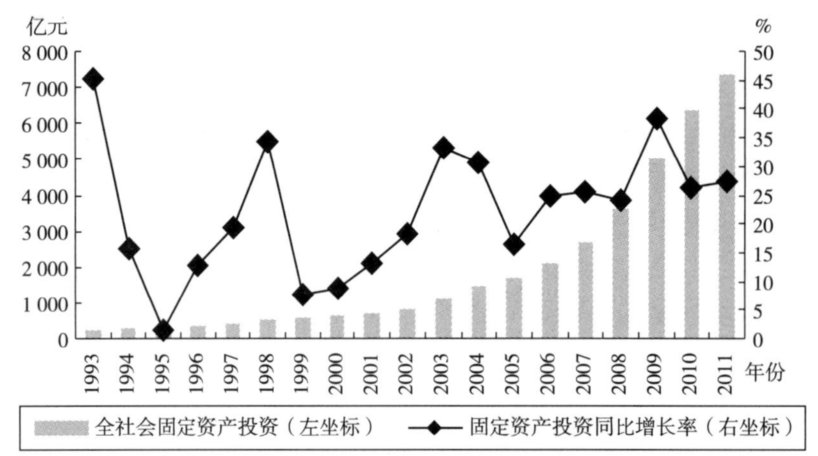

数据来源：山西省统计局。

图2 山西省固定资产投资及其增长率

3. 财政收入快速增长，支出侧重民生领域

2011 年，全省财政收入 2 260.6 亿元，同比增长 24.9%，增幅比上年加快 7.1 个百分点。一般预算支出 2 368.89 亿元，同比增长 22.8%。支出结构进一步向促进就业、完善社会保障及“三农”等领域倾斜，支出规模和增支额分别占全省一般预算支出总量和增量的 60.1%、71.3%。

4. 价格高位运行，通胀压力持续

全年居民消费价格水平累计上涨 5.2%，涨幅比上年扩大 2.2 个百分点；工业品出厂价格上涨 7.5%，涨幅较上年缩小 2 个百分点，通胀压力依然存在。

5. 国际收支稳步增长，对外经济发展支持有力

2011 年，山西省国际收支总额 189 亿美元，同比增长 30.3%，是 2008 年历史峰值的 1.18 倍。其中，外汇收入 84.6 亿美元，同比增长 31.2%；外汇支出 104.5 亿美元，同比增长 29.6%；收支结构变化较大，外汇收入占收支总额的比重由2008 年的65%下降为44.8%，支出增长较为突出，逆差同比增长 23%。为支持全省对外经济发展，出台《外汇管理支持全省资源型经济转型综合配套改革试验区建设的指导意见》，新批准 57 家银行机构经营结售汇业务，银行结售汇总额 145.3 亿美元，同比增长 21.3%；全省银行为涉外经济主体新增贸易融资 107.2 亿美元，其中，新推出外汇业务产品融资 10.5 亿美元。

6. 房地产调控效应显现，保障性住房供应增加

2011 年，山西省房地产开发投资 789.92 亿元，同比增长 33.4%，增速同比加快 9.3 个百分点。全省商品房施工面积同比增长 22.7%，商品房销售面积同比增长 7%，商品房销售额同比增长 5.6%，增速比上年分别回落 16.1 个、5.5 个和 38.9 个百分点。金融机构房地产开发贷款余额

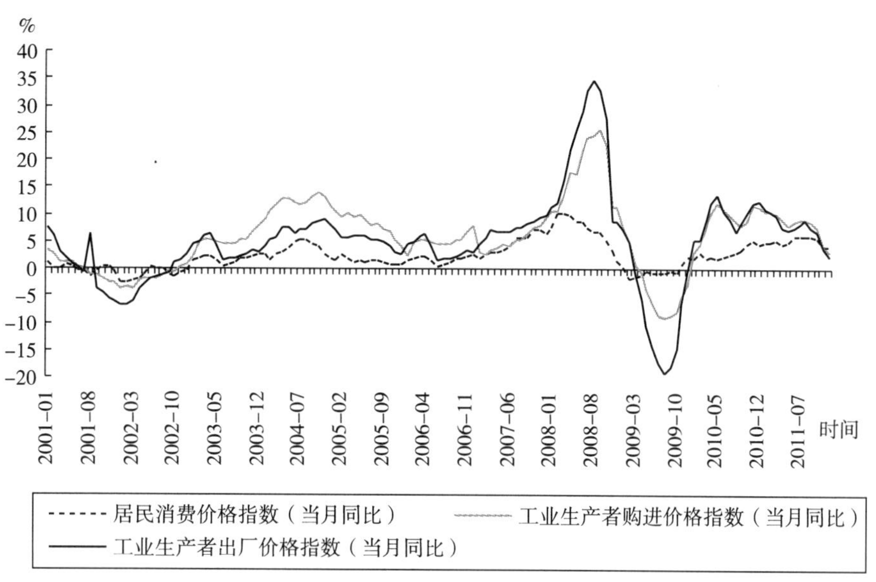

数据来源：山西省统计局。

图3 山西省居民消费价格和生产者价格变动趋势

199.84 亿元，比年初增加 63.6 亿元，增长 46.7%；个人住房贷款余额 329.13 亿元，比年初增加 72.22 亿元，增长 28.11%；保障性住房开发贷款余额达 66.77 亿元，比年初增加 55.71 亿元，增长 5.04 倍。

（二）经济运行中需关注的问题

1. 经济下行压力加大

目前，山西省正处于结构转型调整的关键时期，面临的困难和障碍很多，加上复杂的外部环境影响，经济下行因素正在积累。生产领域，2011 年全省规模以上工业增加值同比增长 17.9%，处于低位，年内 8～11 月连续 4 个月增速回落；工业企业应收账款大幅增长，企业经营压力加大。2011 年，山西省新开工项目数连续 9 个月同比增速为负，1～12 月新开工项目计划总投资 6 104 亿元、同比下降 23.9%。物价层面，受国际油价不确定和劳动力成本上升的影响，通胀上行的压力仍存在。外部环境中，欧债危机持续恶化、全球经济复苏受挫，导致外需下滑，山西省涉外实体经济增势随之减缓。

2. 中小企业可持续发展问题较大

2011 年，山西省民营企业、中小企业完成增加值同比增长 21%，中小企业持续快速增长，但同时也存在生产成本快速上升、市场竞争加剧、融资难、生产要素供需矛盾等诸多问题。一是企业亏损面高。山西省中小企业局重点监测的 321 家企业中，亏损企业数量占比 32.5%。二是一些行业企业开工不足或被迫停产。某市 210 户液压纺机企业中，90% 以上企业靠民间借贷维持运转，时开时停。三是因资金落实困难，一些调产转型项目难以尽快投产。四是中小企业贷款大多执行上浮利率，融资成本不断增加。2011 年，中小企业贷款执行上浮利率的占比为 82.7%，高出大企业 36.2%，且较上年同期提高 13.82 个百分点，其中上浮超过 30% 的比例为 34.1%，而大企业仅为 1.78%。个别企业从银行体系外进行融资，企业经营面临较大压力。

3. 重点工程建设后续资金紧张

2011 年山西省重点工程续建和新开工项目较为集中，受多种因素影响，部分重点项目工程款支付出现严重困难，资金链断裂问题凸显。一是重点项目多，资金需求量大。全年重点工程 240 项，需要资金 2 600 多亿元。二是监管部门对地方政府融资平台实行严格监控、降旧控新和不得借新还旧、不得展期等措施，加大了重点工程的融资难度。从 2011 年 5 月开始，山西省交通厅投资项目工程计量资金已不能全额支付。三是土地正式审批手续尚未完善。如山西省交通厅开工的 43 个项目中，取得正式土地批复手续的仅有 4 个，一定程度上影响了项目融资进度。四是银行流动性进一步收紧，部分银行从重点项目退出，导致部分已签订贷款合同的项目资金难以到位。

二、金融业与金融稳定

2011 年，山西省金融业积极贯彻落实宏观调控政策，围绕山西经济转型跨越发展，合理把握信贷投放节奏，不断优化信贷结构，改善融资方式和结构，创新服务手段，金融服务能力得到有效提升，金融运行健康稳定。截至 2011 年末，全省社会融资总量 3 105.88 亿元，其中，信贷投放占比 51.3%，同比下降 6.92 个百分点，直接融资等其他方式占比上升。

（一）银行业

1. 银行业发展和运行状况

（1）资产负债规模稳步增长，贷款余额首次突破万亿元。截至 2011 年末，山西省银行业金融机构资产总额 2.51 万亿元，同比增长 12.86%；负债总额 2.45 万亿元，同比增长 12.62%。本外币各项存款余额 2.10 万亿元，比年初增加 2 408.53 亿元，同比增长 12.68%，增幅比上年同期下降 5.59 个百分点；本外币各项贷款余额 1.13 万亿元，首次突破万亿元，比年初增加 1 595.12 亿元，同比少增 148.81 亿元，同比增长 15.80%。

（2）市场集中度进一步降低，农村金融服务不断增强。截至 2011 年末，5 家大型商业银行贷款占比为 39.72%，同比下降 1.75 个百分点；城市商业银行贷款占比 5.44%，同比上升 0.09 个百分点；农业银行“三农金融事业部”改革试点不断深化，农村信用社改革继续推进；新型农村金融机构快速发展，农村金融机构设置不断完善、服务能力不断提高，2011 年新增 12 家村镇银行、3 家农村资金互助社，4 家农信社分别改制为农村商业银行，农村中小金融机构贷款占比 19.93%，同比上升 1.19 个百分点。

（3）不良贷款实现“双降”，资产质量整体提升。截至 2011 年末，山西省银行业不良贷款余额 458.30 亿元，比年初减少 55.67 亿元；不良贷款比例为 4.06%，比年初下降 1.27 个百分点。其中，次级类贷款、可疑类贷款分别比年初减少 11.26 亿元、49.74 亿元。

（4）净利润持续增加，盈利水平稳步提高。2011 年，山西省银行业净利润继续保持增长态势，实现税后利润 238.61 亿元，比上年同期增加 49.55 亿元，增长 26.21%，为消化不良资产、增强抗风险能力提供了有力支撑。

2. 银行业稳健性评估

（1）资产质量持续改善，不良贷款反弹压力较大。截至 2011 年末，山西省银行业不良贷款余额和不良贷款率整体实现双降，但损失类贷款、关注类贷款分别比年初增加 5.33 亿元和 118.27 亿元，潜在信用风险加大；2家国有商业银行、1家股份制商业银行不良贷款余额反弹；地方法人金融机构不良贷款率较高，高于全省平均水平4.49个百分点；城市商业银行不良贷款余额继续反弹，比年初增加0.21亿元。

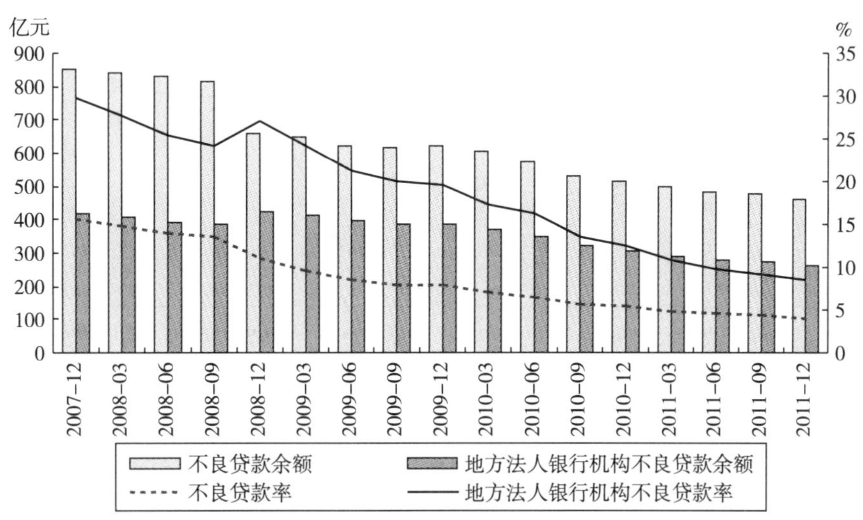

数据来源：山西银监局。

图4 山西省银行业金融机构不良贷款余额及增长率

(2) 贷款投放日趋合理，部分领域风险防控仍需加强。信贷增长回归常态水平，银行业金融机构坚持区别对待、有扶有控的原则，对中小企业、涉农、保障性住房的信贷支持力度进一步加大。截至2011年末，中小型企业贷款占全部新增贷款的40.4%，较上年同期提高了4.8个百分点；涉农贷款占新增贷款的64%；保障性住房开发贷款比上年增加56亿元。同时，在经济结构调整、经济下行因素积累、强化合规经营和风险管理等背景下，中长期来看，信贷风险的管控压力可能加大。一是下半年以来，山西规模以上工业增加值连续回落，涉外实体经济增势减缓，工业企业应收账款大幅增长，一些行业企业亏损面高，企业经营压力加大，偿债能力受到影响。二是贷款投向行业和客户仍然集中，采矿业、制造业和电力、燃气及水的生产供应业五个重点行业贷款，较年初增加2 857亿元，占全部新增贷款的74.06%；中小企业贷款虽增长较快，但仍有大量企业依靠民间借贷，部分民间借贷与正规金融之间存在一定的资金关系和风险关联性。三是二级公路收费权取消，相应贷款还款风险增加；随着房地产调控政策力度的加大和地方政府融资平台的清理，房地产企业资金链紧绷，地方政府融资平台贷款进入集中偿付期，相关风险需持续关注。

(3) 盈利结构有所改善，成本管理效率有待提高。2011年山西省银行业金融机构经营效益继续保持较快增长，从盈利结构看，利润增长主要源于净利息收入和中间业务收入的较快增长。截至2011年末，累计实现净利息收入606.44亿元，同比增长21.46%；手续费净收入60.13亿元，同比增长80.57%；中间业务收入占比同比上升0.70个百分点。2011年山西省银行业金融机构净息差为4.10%，与上年持平，资产利润率继续保持上升态势，比上年末提高了0.08个百分点，但成本收入比率比上年末上升了0.77个百分点。

(4) 期限错配有所改善，流动性总体充足。2011年，山西省银行业贷款长期化趋势好转，贷款期限结构优化，人民币中长期贷款新增964.41亿元，占全部新增贷款的60.5%，同比下降21.7个百分点；流动性贷款新增620.56亿元，占全部新增贷款的38.94%，同比提高25.2个百分点；存贷比水平较低，年末存量存贷比为53.64%，信贷支持地方经济发展的力度有待进一步提升；法人银行业机构流动性比例为61.01%，农村合作金融机构流动性缺口率为47.90%。

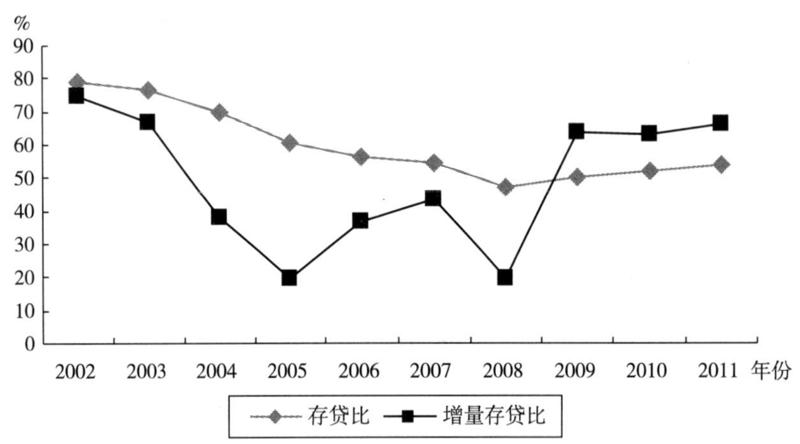

数据来源：中国人民银行太原中心支行。

图5　山西省银行业金融机构存贷比情况

（5）资本充足和贷款损失准备水平明显提高，抗风险能力有待进一步增强。地方法人银行机构多渠道补充资本金，不断弥补贷款损失准备金缺口。截至2011年末，城市商业银行资本充足率和核心资本充足率分别为15.02%和13.36%，农村中小金融机构分别为9.13%和6.97%，其中农信社分别比上年末上升3.17个和2.31个百分点，但资本充足率仍未达到8%的水平；城市商业银行贷款损失准备充足率为346.54%，农信社贷款损失准备充足率为83.72%，比上年末上升17.74个百分点，农信社抵御风险的能力仍有待进一步加强。城市商业银行跨区设立村镇银行增势强劲，资本和风险管理中潜在风险不容忽视。

（6）理财产品发展迅速，影子银行风险不容忽视。截至2011年末，山西省银行业机构累计发售理财产品6 434款，同比增长89.29%，期末金额同比增长105.6%。一些理财产品在失去代客进行资产管理本色的同时，往往成为商业银行突破信贷控制、规避风险监管、谋求高额利润的工具，积累了风险。一是表外理财产品期末余额占理财产品总额的87.5%，表外理财产品监管有限，风险难以得到真实反映和监控；二是有的银行将理财产品筹集资金发放委托贷款、通过信托产品投入项目等，规避信贷规模限制；三是有的银行在考核时点前竞相抬高收益率，发行短期理财产品，将所筹资金计入存款以应对存贷比约束和业绩考核，理财产品生效后存款转至表外，容易造成存款在月度之间、行际之间大幅波动，不利于金融市场的健康发展。同时，小额贷款公司发展迅速，典当、担保稳步发展，但对其法律制度保障不足，监管有限甚至缺失，加之员工素质较低、风险防控能力较弱，潜在风险较大，它们与正规金融的关联性需要得到高度重视。

（二）证券业

1. 证券业运行和发展情况

（1）证券营业机构稳步增加，网点布局不断优化。截至2011年末，山西省共有法人证券公司2家；证券营业部111家，其中法人证券营业部63家，异地营业部48家，分别比上年末增加12家和3家；期货经纪公司4家，期货营业部26家，比上年末增加8家。

（2）证券交易额下降，期货市场竞争力有限。2011 年 A 股市场低迷震荡，山西省证券业交易额下降，期货公司交易额和盈利水平均出现下滑。截至 2011 年末，山西省投资者资产账户 156 万户，同比增长 9.09%；证券交易额 9 233.10 亿元，同比下降 14.32%；代理买卖证券款 95.67 亿元，同比下降 43.5%。法人期货公司减少 1 家，即使剔除机构减少的影响，除资本实力有所增强、投资者账户数同比增长外，其余指标出现下降。

（3）上市公司资产重组有效推进，融资方式多样化。省内 3 家上市公司完成重大资产重组，漳泽电力与同煤集团及中电投、山西国际电力进行的重大资产重组已发布公告。截至 2011 年末，山西省共有境内上市公司 34 家，比上年增加 3 家上市公司；上市公司累计筹集资金 936.97 亿元，同比增长 19.97%；2011 年募集资金 156.06 亿元，同比下降 33.03%，其中 IPO 融资 22.66 亿元，再融资 88.40 亿元，发行公司债 45 亿元，已批准发行公司债 90 亿元。

（4）资本市场环境建设优化，行业规范进一步加强。结合山西省综合配套改革区建设的推进，资本市场相关的意见方案、座谈会、宣讲、刊物、培训工程相继启动，调动了企业利用资本市场的积极性；省内第一只大型私募股权投资基金成立，资本市场的软环境不断改善。同时，上市公司信息披露及股价异动监管、期货公司净资本风险监管得到强化，期货公司法人治理结构和内控制度进一步完善，并实施分类监管评审工作；证券公司信息隔离制度和压力测试机制进一步健全，实施证券营业部分类监管办法，加大对资本市场违法违规行为打击力度，建立防控机制。

2. 证券业稳健性评估

（1）证券公司业务规模萎缩，风险控制指标执行良好。受股市行情影响，2011 年山西省证券公司经纪业务、自营业务下滑幅度较大，相应的业务规模出现萎缩。法人证券机构净资本同比下降 9.76%，但净资本与净资产的比率、净资本与负债的比率、净资产与负债的比率均远高于监管标准。

（2）证券公司经营机构盈利水平下降，收入结构单一。2011 年，山西省证券机构营业收入 13.62 亿元，同比下降 29.57%。其中，法人证券机构实现营业收入同比下降 30.34%，净利润同比下降 56.86%。截至 2011 年末，2 家法人证券公司经纪业务手续费收入占比 71.1%，比上年末下降 6.16 个百分点，但经纪业务仍占绝对比例；自营投资业务出现亏损，资产管理、财务顾问等业务规

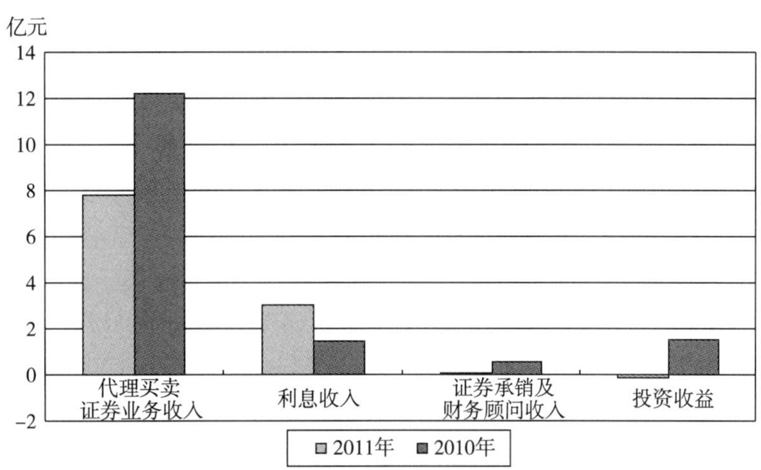

数据来源：山西证监局。

图 6　山西省证券公司收入结构对比

模较小；暂时闲置募集资金的定期存放使利息收入增加，利息收入占比为27.35%。

（3）证券公司创新发展，经营实力不断增强。证券公司不断扩大业务范围，创新业务模式。山西证券股份有限公司年内发行两只集合理财产品，资产管理业务实现营业收入719.25万元；投资1亿元成立全资直投子公司——龙华启福投资有限责任公司，增资旗下大华期货公司1.7亿元，旗下中德证券稳步推进股权融资、债权融资和财务顾问业务；正式开展股指期货套期保值业务，已向证监会申请融资融券业务资格。

（4）部分上市公司存在较大风险，融资能力有限。截至2011年末，山西省有7家ST类公司，比上年末增加2家。上市公司拥有众多投资者，无论是被退市还是被暂停上市均会给投资者带来较大的经济损失，容易引发投资者上访、闹事、追偿损失等众多社会不稳定因素。部分企业上市融资和再融资工作存在土地、税收、环保、关联交易、同业竞争等问题，部分企业具有再融资条件，但缺乏项目配套，有近一半上市公司首次公开发行后没有进行过再融资。

（5）私募股权投资实现零突破，发展中存在的风险应及时防控。2011年2月由山西省中小企业基金发展集团有限公司等4家单位发起设立第一家私募股权投资基金——蓝天私募股权投资基金，发起规模20亿元。山西民间资金规模较大，随着推动力度的加大，私募股权投资基金将持续发展，但目前私募股权投资基金操作层面的法规和配套政策不完善，监管主体不明确，退出渠道单一，在吸纳民间资金、便利中小企业发展和完善金融体系的同时，潜在的投资人与管理人之间纠纷等问题不容忽视。

（6）基础建设相对滞后，内幕交易警钟长鸣。与山西资本市场快速发展相比，资本市场基础建设相对滞后，一些证券期货经营机构存在信息系统机房设备陈旧，电力、消防设施保障不足，部分从业人员经验和素质有限等薄弱环节。另外，上市公司并购重组中内幕交易需要进一步健全制度和严格管理。

（三）保险业

1. 保险业运行和发展情况

（1）主体建设步伐明显加快，地区发展不均衡情况有所改善。截至2011年末，全省共有保险法人机构1家，保险公司省级分公司41家，新增11家；地市级保险机构191家，县支公司、营销服务部1 821家，新增地市及以下分支机构117家。基层保险市场规模进一步扩大，区域、城乡市场的发展差距进一步缩小。

（2）保险业平稳发展，赔付支出快速增长。2011年全省保险公司总资产达到795.46亿元，较2011年初增长17.37%。原保险保费收入364.67亿元，同比增长6.65%。全省共发生赔款与给付支出103.53亿元，同比增长33.37%。

（3）保险覆盖面显著拓宽，服务经济社会发展的能力稳步提高。2011年，我省保险覆盖面进一步拓宽，其中，农业保险累计实现保费收入2.59亿元，同比增长345.28%；信用保险累计实现保费收入2 646.12万元，同比增长76.62%；责任保险累计实现保费收入3.17亿元，同比增长38.97%。

（4）市场秩序持续规范，消费者权益保护机制建设稳步推进。2011年，山西保险监管部门加大现场检查力度，有效规范了市场秩序。山西保险业加强消费者权益保护机制建设，一是初步拟定车险理赔难和寿险销售误导问题的解决方案；二是组织开展车险理赔服务质量测评和通报，加强财险公司承保理赔信息客户自主查询制度实施情况的监督检查；三是督促完善保险消费者投诉调处机制，推动建立保险纠纷裁前调解机制。

2. 保险业稳健性评估

（1）外部环境比较严峻，保险业较快发展的压力增加。2011 年，复杂多变的经济发展形势对山西省保险业发展产生诸多影响，保费收入增速自 2009 年以来一直低于全国平均水平，保险业增速滞后于经济增速。全省累计实现原保险保费同比增长 6.65%，低于全国同比增长 10.04% 的平均水平。此外，银保新规规范了银保业务，但保险营销员离开银行网点降低了银保销售能力，多数公司的银保渠道业务出现下滑。

（2）市场集中度较高，主体发展不均衡状况有待改善。全省保险业市场集中度依然较高。财产险市场共有 22 家公司，其中，人保财险 1 家市场份额占比 50.07%，最大 5 家市场份额占比 88.33%，而最小 10 家占比仅 3.08%（见图7）；寿险市场共有 16 家公司，其中，中国人寿 1 家市场份额占比 46.28%，最大 5 家市场份额占比 89.30%，而最小 10 家的市场份额仅占 2.57%（见图8）。

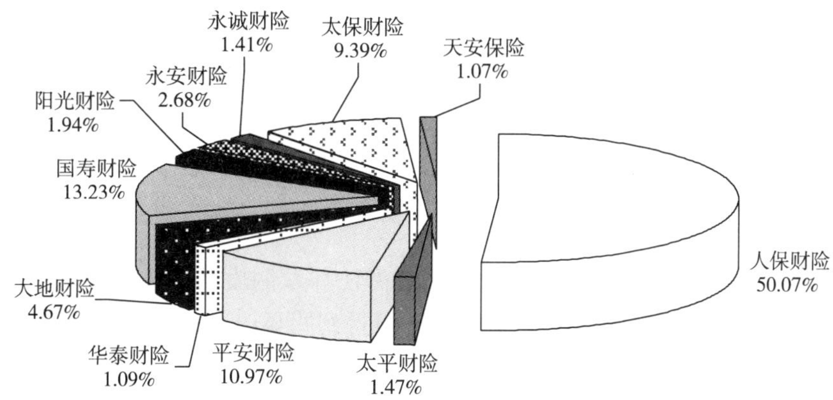

数据来源：山西保监局。

图7 2011 年山西省主要财产险公司市场份额

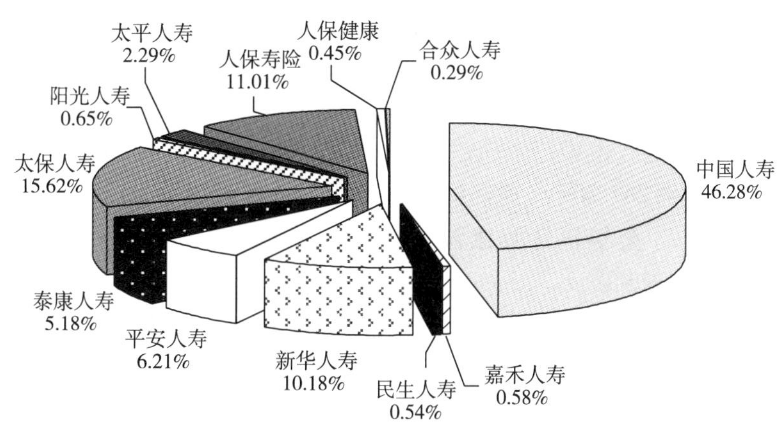

数据来源：山西保监局。

图8 2011 年山西省主要寿险公司市场份额

（3）单一险种和渠道占比较高，业务结构不合理。截至2011年末，山西省财产险公司车险比重为82.3%，寿险公司分红险比重为0.3%（见表1）；在销售渠道上，银邮占比依然较高，新兴渠道拓展有限。

表1　　寿险与非寿险保费收入中主要险种占比　　单位：%

险种/年份	寿险					财产险				
	普通险	分红险	万能险	健康险	意外险	车险	企财险	责任险	农业险	工程险
2010	12.3	76.5	5.2	4.7	1.2	84.2	6.2	2.4	0.6	1.9
2011	13.0	80.3	0.6	4.6	1.6	82.3	6.2	2.7	2.2	2.0

数据来源：山西保监局。

（4）保险业监管体系不够完善，监管能力有待强化。一是目前基本的保险监管制度架构、体系已经形成，但在一些新的业务领域、薄弱环节，监管制度尚未及时跟进，如对"服务外包"、电话营销、网络销售等还缺乏相应的制度约束。二是监管的方式方法有限，非现场监管相对滞后，对市场存在的问题及其深层次原因研究不够，创新解决问题的方法不多、措施不新，屡查屡犯仍然是监管面临的难题。

三、金融基础设施与金融稳定

2011年，山西省金融基础设施建设不断加强，金融法律及制度基础进一步完善，金融业依法经营氛围进一步趋好；支付体系运行良好，农村支付环境得到明显改善；征信系统应用功能有效发挥，反洗钱工作水平显著提升，金融生态环境持续改善。

（一）金融管理手段拓展，法制环境持续改善

金融业运行的法律及制度基础进一步完善。《刑法修正案（八）》《行政强制法》等法律的颁布为金融业持续、健康发展创造了更为公平的市场环境。人民银行太原中心支行在全省实施《山西省金融服务与管理指引》《中国人民银行太原中心支行　国家外汇管理局山西省分局综合执法检查管理办法》《山西省金融机构综合评价办法》，加强金融机构开业管理和营业管理，开展综合执法检查和综合评价，规范人民银行金融服务与管理程序，促进金融机构依法合规经营。

金融执法成效显著。严厉打击银行卡违法犯罪，2011年全省共立案33起，破案40起，抓获犯罪嫌疑人28名，涉案金额约267万元，挽回损失约62万元；反假货币工作以金融机构柜面收缴和公安部门破案查获双管齐下，全年累计收缴假币815.9万元、99 853张，同比分别下降22.1%、34.7%，假币违法行为得到遏制。

探索开展金融消费者权益保护工作。在人民银行长治、晋中、临汾三市中心支行试点基础上，印发《山西省人民银行金融消费者权益保护办法（试行）》，初步形成人民银行主导、金融机构参与、社会公众认同的金融消费者权益保护工作格局。

（二）支付体系运行稳定，新业务有序开展

支付业务量大、资金结算活跃。继2010年现代化支付系统实现金融机构全覆盖后，2011年全省新增62家机构加入支付系统，新增43家机构加入账户管理系统和联网核查系统，多家机构加入同

城票据交换、电子商业汇票系统等。大额支付系统全年处理业务笔数和金额分别同比增长 26.3% 和 19.56%，小额支付系统处理业务笔数和金额分别同比增长 51.69% 和 22.53%，支票影像交换系统发生业务笔数和金额分别同比增长 949.02% 和 231.48%。

非现金支付方式进一步延伸。以电子商业汇票为载体的非现金支付业务快速发展，截至 2011 年底，电子商业汇票承兑业务量笔数和金额分别同比增长 60%、98.43%，融资业务（买入、卖出）笔数和金额分别同比增长 173.57%、138.6%。银行卡市场发展迈上新台阶，2011 年全省银行卡发卡量同比增长 30.34%，特约商户、POS 机、ATM 同比分别增长 86.33%、65.6% 和 24.07%，用卡规模和受理环境同步改进。农村支付服务持续优化，2011 年 10 月底，山西省在全国率先实现以“银行卡＋转账电话”为业务模式的小额转账电话“村村通”工程村级全覆盖。

第三方支付业务有序发展。全年共受理 11 家非金融机构支付业务开办申请，获得总行颁发执照的 1 家；加强支付业务服务市场纪律整顿，对已开办跨法人支付业务的非金融机构进行资质审核，就 19 家不符合规定的机构采取退市处理。

（三）征信系统运行平稳，社会影响力不断扩大

征信系统容量、查询量持续扩大。截至 2011 年末，山西省企业和个人征信系统收录基本信息的企业和自然人分别同比增加 5 752 户和 56.4 万人；信贷余额分别同比增加 1 994.5 亿元和 192 亿元。全省 2 728 个有查询权限的金融机构营业网点查询企业系统 38.6 万次，全省人民银行共受理企业信用报告查询申请 3.6 万笔；金融机构个人信用报告查询量达 166 万笔，全省人民银行共受理个人信用报告查询申请 2.6 万笔，比上年同期有明显上升。

系统应用和服务功能不断增强。金融机构通过查询征信系统分别批准个人贷款 485 313 笔、金额 256.2 亿元和企业贷款 24 470 笔、金额 1 608.9 亿元，分别拒绝有潜在风险的个人贷款申请 11 700 笔、金额 39 050.15 万元和企业信贷业务申请 1 970 笔、金额 206.25 亿元。系统异议解决率和回复率得到保障，2011 年全省共登记异议申请 30 笔、回复率和解决率均达到了 100%，协助客户督促商业银行处理各类异议 100 余笔，未发生任何诉讼案件。

（四）反洗钱工作水平提升，工作效能彰显

一是引进激励机制，按照《山西省金融机构反洗钱工作评估办法》，首次在全省范围内对金融机构反洗钱工作进行全方位评估，激发金融机构履行反洗钱义务的积极性和自觉性。二是拓展工作领域，首次开展对金融资产管理公司、信托公司等六类公司的反洗钱现场检查；探索核查内容和方法，对申报预付卡发行和清算资格的非金融机构进行严格审核。三是深化跨部门、跨区域合作，修订《山西省反洗钱工作联席会议制度》和《山西省金融监管部门反洗钱工作协调机制》；在与公安、检察、法院、海关等签订合作协议的基础上，2011 年人民银行太原中心支行与山西省安全厅签署了《关于可疑交易及涉恐资金线索调查合作备忘录》；指导辖内晋中市中心支行与河北省邢台市中心支行建立了跨省跨区反洗钱合作机制，拓宽联合打击途径，扩大情报交流。四是反洗钱调查作用日益彰显。全年共接收重点可疑交易线索 21 条，对不能排除洗钱嫌疑的 1 条线索移交公安机关；协助总行反洗钱局及其他部门查办涉嫌洗钱案件 5 起、成功破获 2 起，获得总行反洗钱局的通报表扬。

四、总体评估与政策建议

（一）总体评估

参照人民银行上海总部定量评估方案，采用专家调查法、层次分析法等技术方法，对山西省金融稳定状况进行了综合评价。结合山西省经济金融发展，对部分指标阈值进行了修正，在纵向比较中为排除指标权重变化对评价结果的影响，全部采用2012年专家调查的权重进行计算。评估结果表明，2011年山西省金融稳定定量评估综合得分保持在等级B类，与2010年及危机前的2008年位次相同。对比三年的评估结果，区域经济和金融业逐步摆脱了金融危机的严重打击，进入持续稳定发展的通道，相对于2010年的恢复性快速增长，2011年各项指标表现更具有可持续性和稳健性，金融生态环境也显示了持续向好的发展势头。总体上，区域金融稳定基础稳固、状况良好，但经济转型发展的紧迫性加大，经济下行和通胀压力依然较大，重点工程建设后续资金较为紧张；银行业中长期信贷风险的管控压力加大，表外业务发展较快，民间融资与银行业的风险关联性增大，房地产企业资金链绷紧，地方政府融资平台贷款进入集中偿付期，潜在风险不容忽视；资本市场震荡低迷，证券业“靠天吃饭”局面犹存，基础设施建设滞后，上市公司融资能力有限；保险业规模增长和结构调整压力依然较大，监管体制、手段和能力仍需改进，服务功能有待进一步发挥。

（二）政策建议

1. 推进经济转型跨越发展，实现经济平稳较快增长

优化投资结构，加大以结构优化升级为主的产业投资，加强社会事业、民生改善和薄弱环节的投资，努力构建扩大消费的长效机制，加快转变外贸发展方式，充分发挥投资、消费和出口“三驾马车”的作用。深入推进资源型经济转型发展综合配套改革试验区建设，大力发展循环经济，加大工业新型化、农业现代化、市域城镇化、城乡生态化推进步伐，转变经济发展方式，熨平经济增长大幅波动态势。

2. 加强宏观审慎管理，实现信贷结构调整与风险布控的双赢

一是积极支持重点产业调整振兴和新兴产业发展壮大，支持高新技术产业和文化旅游、会展物流等服务业及第三产业发展；二是合理使用差别存款准备金、再贴现等货币政策工具，全面支持中小企业、“三农”等薄弱环节，加大金融服务和产品创新力度，提升中小企业、“三农”和民生领域服务水平；三是有效实施准备金动态调整政策，将机构经营实力与放贷能力有机结合，避免超过风险承受能力盲目扩展；四是明确监管主体，严格监管要求，加大检查力度，指导金融机构规范、稳步发展金融创新业务和跨行业、跨市场业务。

3. 加大金融业转型发展力度，提升风险防范及金融服务能力

一是继续深化金融机构改革成果，完善农业银行“三农”事业部制改革，坚持和推进农村信用社股份制改革，增强服务“三农”、县域经济的能力。二是规范金融机构经营行为，转变金融机构经营模式。银行业要加强风险防范体系和内控建设，提高操作风险防御能力，警惕铁路和公路贷款、信托贷款、融资平台贷款、理财产品等重点领域潜在风险，构筑与民间融资的风险隔离墙；优化战略定位，实现差别化经营；优化资产流动性和负债来源的稳定性，规范业务经营与考核行为，坚持

服务实体经济的本质要求。加快非银行业发展力度，提高证券期货机构和上市公司经营实力，推动焦炭期货上市；开展煤炭领域保险品种试点，拓宽涉农保险领域，完善环境污染责任保险制度，积极参与综合配套改革试验区环境保护专项行动，改变业务结构单一的现状，不断扩大保险覆盖面。

4. 扩大直接融资占比，推动融资方式多样化

在货币市场直接融资快速发展的基础上，建立健全资本市场拉动经济发展的体制和机制，进一步创优资本市场发展环境，加大后备资源培育力度，加快企业上市步伐。加强上市公司规范管理，发挥上市公司优势，实施资本运营工程，服务实体经济发展。用好债券融资平台，规范整合现有各类产权交易所。推动创业与股权投资企业发展，培育新型投资主体。

5. 改善金融基础设施建设，优化金融生态环境

一是持续改善金融法制环境，进一步完善金融业运行的法制及制度基础，加强金融执法，开展金融消费者保护权益工作；二是加快支付清算系统建设，进一步延伸非现金支付方式，有序发展第三方支付业务；三是加强企业、个人、农村信用体系建设，加强征信宣传，持续扩大征信系统容量和查询量，不断增强征信系统的应用和服务功能，提升社会影响力；四是扎实推进反洗钱工作，引进激励机制，拓展工作领域，深化跨部门、跨区域合作，依法履行反洗钱监管职责。

总　　纂：赵志华　熊　俊
统　　稿：孟来亮
执　　笔：任桂花　张晓红　李坚强　吴晋科
其他参与写作人员：王　军　武　洋　刘仕俊　苏和平　高　鹤
薄利华　武宏波　余海霞　刘　飞　马儒静

内蒙古自治区金融稳定报告摘要

2011年，全区深入贯彻落实科学发展观，着力“调结构、转方式、惠民生、促和谐”，有效应对物价上涨过快、进出口形势堪忧等复杂严峻的经济形势，经济社会又好又快发展的势头得以继续保持，实现了“十二五”的良好开局。经济平稳增长的同时，金融业也呈现出好的发展势头。金融基础设施建设稳步推进，金融生态环境逐步优化，全区金融体系抗风险能力进一步增强。

一、区域经济运行与金融稳定

2011年，全区经济总量在达到万亿元大关后，经济的稳定性、自主增长性、市场化程度都有进一步的提高，发展方式继续朝着预期方向转变，实现了“十二五”的良好开局。

（一）经济运行基本情况及特点

1. 经济总体平稳较快增长

2011年，全区完成生产总值14 246.11亿元，比上年增长（以下简称“增长”）14.3%，增速高于全国平均水平5.1个百分点，居全国第5位，增速回落0.6个百分点；人均生产总值近9 000美元，增长超过28%。

财政收入总量实现新突破。2011年，全区地方财政总收入实现2 264.06亿元，增长30.3%；全区地方财政支出2 989.5亿元，增长31.5%。

城乡居民收入增长加快。2011年，全区城镇居民人均可支配收入突破两万元，达20 408元，增长15.3%；全区农牧民人均纯收入达6 642元，增长20.1%，是近十年增速最快的一年。

2. 经济结构继续向优调整

第一产业和第三产业占比继续下降，第二产业占比明显提高。第一产业增加值1 304.91亿元，增长5.8%；第二产业增加值8 092.07亿元，增长17.8%；第三产业增加值4 849.13亿元，增长11.0%。三次产业结构由上年的9.4∶54.5∶36.1调整为9.2∶56.8∶34.0，其中工业占地区生产总值的比重首次超过50%达到50.3%。三次产业对经济增长的贡献率由上年的3.6%、67.1%和29.3%调整为7.9%、66.6%和25.5%，其中工业增加值对经济增长的贡献率由上年的60.7%降至59.5%。

农牧业生产稳中有升。2011年农牧业生产稳步发展，全区粮食总产量477.5亿斤，增长10.6%，居全国第11位。畜牧业总体稳定，牧业年度全区猪存栏684.2万头，与上年持平；牛存栏634.5万头，比上年下降（以下简称“下降”）6.2%；羊存栏5 275.95万只，与上年持平。

工业企业经济较快增长，结构优化，效益提高。2011年，全区全部工业完成增加值7 158.94亿元，增长18.2%，其中规模以上工业企业增加值增长19%，比全国平均增速高5.1个百分点。工业

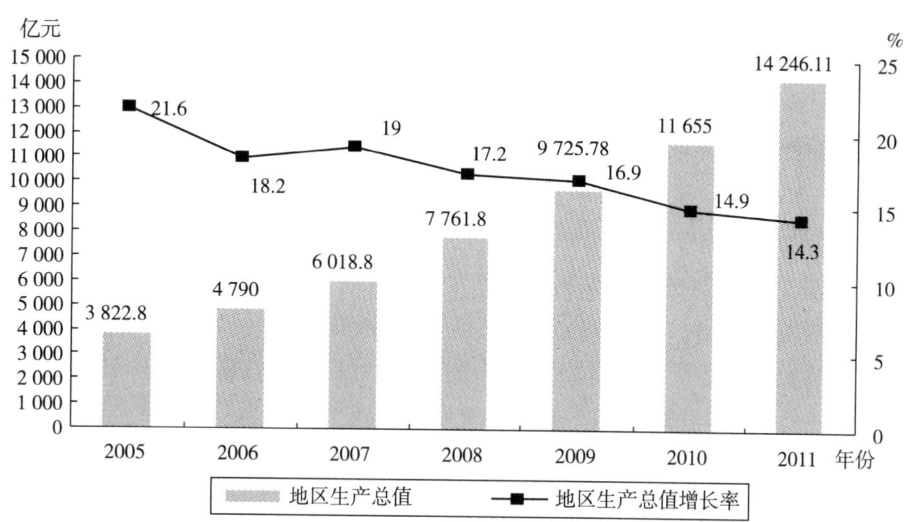

数据来源：内蒙古统计局，《内蒙古统计年鉴》。

图1 2005—2011 年全区年度生产总值及其增长率变化图

运行的特点一是启动实施“双百亿工程”，贡献突出；二是高端制造业十分抢眼，增长普遍较快；三是部分产品产量再获新突破；四是经济效益较好，企业利润增长较快。

第三产业稳步发展。全区第三产业增长平稳，各季度间增速均衡，房地产业带动作用明显。2011 年，全区房地产开发投资完成 1 650.02 亿元，增长 47.3%。商品房销售面积 3 620.12 万平方米，增长 19.9%，商品房销售额 1 360.82 亿元，增长 27.8%，增速分别回落 2.7 个和 17.5 个百分点，但总体仍呈供销两旺的格局。

3. 投资实现新突破，消费市场增长稳定

2011 年，全区全社会固定资产投资实现了新的突破，总额超越万亿元达 10 900.1 亿元，居全国第 12 位，增长 21.5%；其中 50 万元以上项目固定资产投资额为 10 787.9 亿元，增长 21.5%。

2011 年，全区消费需求总体旺盛，乡村增速快于城镇。全区社会消费品零售总额接近 4 000 亿元，达 3 936.61 亿元，增长 18%，高于全国平均增速 0.9 个百分点。分城乡看，乡村市场消费增速快于城镇，城镇社会消费品零售额实现 3 439.92 亿元，增长 17.9%，乡村社会消费品零售额实现 496.69 亿元，增长 18.3%，高于城镇增速 0.4 个百分点。

4. 居民消费价格涨幅较高，年末开始趋稳

2011 年，全区物价涨幅在高位上运行，超出了年初 4% 左右的涨幅控制目标。全区居民消费价格涨幅达 5.6%，高于全国平均涨幅 0.2 个百分点。

5. 对外贸易再上新台阶，利用外资规模稳步增长

2011 年，海关进出口总值首超百亿美元关口达 119.39 亿美元，增长 39.1%，高于全国平均增速 16.6 个百分点，其中出口总值 46.87 亿美元，增长 40.6%，进口总值 72.52 亿美元，增长 38.2%，贸易逆差 25.65 亿美元，扩大 5.16 亿美元。全区边境小额贸易进出口总额 46.5 亿美元，增长 39.2%。在主要贸易伙伴中，与蒙古国的贸易增势较猛，总额直逼第一大贸易伙伴俄罗斯，贸易总值为 28.45 亿美元，比与俄罗斯的贸易总值低 0.48 亿美元，增长 68.3%。

6. 跨境贸易人民币结算稳步推进，蒙古国成为主要人民币结算国

2011 年，全区累计完成跨境人民币结算业务 158.84 亿元，其中，收入业务 62.01 亿元，支出业

务96.83亿元；全区共有319家进出口企业参与跨境人民币结算业务，比2010年增加227家，覆盖了全区12个盟市，涉及黑色金属矿采选业、食品加工业、纺织业、地质勘察业等近200种行业类型。

蒙古国为本区最大跨境人民币结算国家。2011年，全区对蒙跨境人民币结算业务量达97.94亿元，占全区跨境人民币结算业务量的61.7%，其中，对蒙货物贸易人民币结算量为91.63亿元，占全区对蒙进出口总值的50.8%。

7. 房地产市场升中有降，房产调控政策的叠加效应有所显现

房地产开发投资增速加快，全年房地产开发投资1 650.02亿元，增长47.3%，增速上升9.95个百分点。房地产市场供销增势犹存，房屋施工面积16 378.1万平方米，增长42.2%，增速上升3.2个百分点；商品房销售面积3 620.1万平方米，增长19.9%，增速上升2.9个百分点；商品房销售额1 360.8亿元，增长27.8%，增速下降11个百分点。随着各项房产新政的相继落实，政策叠加效应在房价增速等方面有着明显体现，截至2011年末，全区商品房平均销售价格为3 759.0元/平方米①，增长6.6%，增速下降11.8个百分点。

房地产金融市场方面，截至2011年末，全区房地产开发贷款余额322.0亿元，增长55.2%，增速上升17.2个百分点。全区购房贷款余额934.2亿元，增长42.1%，增速下降26.8个百分点，其中个人住房贷款余额803.6亿元，增长39.6%，增速下降27.4个百分点。

（二）经济运行中需关注的问题

1. 经济增长下行压力和物价上涨压力并存

一是从全区全年经济发展的走势看，第四季度主要经济指标增速普遍放缓，经济增长的下行迹象日趋明显，下行压力不断加大，给2012年全区经济“稳增长”带来了较大压力。二是从物价上涨形势看，2011年前三个季度，全区物价上涨幅度逐渐攀升，1—10月居民消费价格达到了5.8%的高位，后两个月逐渐回落，但市场上一些商品和服务价格上涨的动因依然强烈，许多生活物资的价格还在高位运行，物价上涨的压力依然存在。如何规避、平衡、协调好上述两种压力并存的局面，是2012年全区宏观经济调控面临的重大考验。

2. 节能减排形势较为严峻

2011年，全区节能减排完成情况不容乐观。经济增长回调对单位生产总值能耗的分母做大形成了制约，加之2010年全区各地为完成“十一五”节能目标采取了一些临时性的节能措施，使2010年同期的基数较低，无形中助推了2011年的同比增速。

3. 房地产发展后劲堪忧，潜在风险值得关注

一方面全区房价整体出现增速回落迹象；另一方面，房地产市场需求的饱和点正日趋临近，未来房地产市场发展的不确定因素正在增多。在此形势下，房地产市场中的企业资金流动性风险和银行的信贷风险将有可能进一步放大和暴露，潜在风险值得关注。

4. 经济与金融之间的良性互动仍有待提高

全区金融业总体实力不断增强，对经济社会发展发挥了有力的支持作用，主要表现为一是银行业贷款投入继续实现较大幅度增长，对经济的支持力度不断加大。2011年末人民币各项贷款增长

① 平均价格由销售总额除以销售总面积得到，数据来源于全区统计局。

23.6%，高于各项存款增速6.2个百分点，高于经济增速9.3个百分点，高于全国贷款增速7.56个百分点，增速居全国第3位。二是金融支持产业、行业结构不断优化，农牧业、工业、基础设施和中小企业、民生等领域得到重点支持，2011年末金融机构涉农贷款余额3 127.7亿元，同比增长27.8%，高于各项贷款增速4.2个百分点。三是金融机构贷款继续向中小微企业倾斜，全年新增中小微企业贷款894.9亿元，占全部企业新增贷款的64.2%；2011年末中小微企业贷款余额3 620.5亿元，同比增长41.2%，占全部企业贷款余额的54.5%，增速高于全部贷款增速17.6个百分点，高于全国15.4个百分点，中小企业贷款满足率进一步提高。四是地方金融机构进一步发展壮大，对经济发展发挥着越来越重要的作用。全区地方性银行业金融机构贷款余额达2 102亿元，占比21.2%，同比提高2个百分点。五是农村牧区普惠金融服务范围逐步扩大，有效促进了城乡协调发展。2011年全区县及以下地区新增ATM500多台、POS机1 500多台，新开办“流动银行”6家，农村牧区金融服务水平得到不断改善。

同时，金融在支持经济发展中仍存在一些问题。第一，金融对拉动经济增长的效能小幅下降。2011年，全区人民币贷款增速高于生产总值增速9.29个百分点，增速差比上年下降1.66个百分点。第二，贷款投向与产业发展不匹配。2011年，全区人民币新增贷款中工业贷款占比为25.04%，与工业对经济增长的贡献率相比，相差34.46个百分点。第三，金融对中小企业的支持出现新的问题。主要表现为企业融资成本有所上升，中小企业贷款满足率有所下降，部分中小企业为缓解融资难不得不转向民间借贷。第四，金融对国家调控产业的正向引导作用不突出。以房地产业为例，2011年，全区房地产开发贷款增速高于房地产开发投资增速7.9个百分点，购房贷款增速分别高于商品房销售面积增速和商品房销售额增速22.2个百分点和14.3个百分点。第五，资源型产业导致金融锁定。内蒙古资源丰富，“原子号”产品和初级产品比重大，资源型产业对经济增长贡献率较高，这种由资源禀赋产生的产业锁定进一步导致了金融锁定，即金融资源的配置高度集中于某类产业或企业，对其他产业或企业存在一定的挤出效应。

二、金融市场运行与金融稳定

2011年，全区金融市场总体运行平稳。货币市场交易活跃，票据市场快速发展，企业债券发行量增加，直接融资渠道拓宽，外贸进出口增势明显，黄金市场继续保持增长态势，同业拆借交易量同比减少，债券市场交易量小幅下滑。

（一）金融市场运行总体态势

1. 同业拆借交易量同比减少，同业拆入价格同比上涨

2011年，全区全国银行间同业拆借市场成员只有包商银行、内蒙古银行发生了同业拆借业务。包商银行从全国银行间拆借市场拆入资金101笔，同比增加（以下简称增加）28笔，累计成交量140.35亿元，同比减少（以下简称减少）301.35亿元，加权平均利率4.41%，上升2.79个百分点；内蒙古银行只拆入资金1笔，拆入金额1亿元。

2. 债券市场交易量小幅下降，质押式回购交易成为债券市场的主流

2011年，全区债券市场累计实现交易额11 821.30亿元，减少1 270.93亿元，下降9.71%。质押式回购交易依然是债券市场的主流，全年债券质押式回购业务融资总额达到8 170.89亿元，减少

1 184.47 亿元，下降 12.66%，质押式回购交易量占债券市场交易量的 69.12%；买断式回购成交总额 261.73 亿元，下降 23.69%；现券交易活跃，全年成交量 3 388.68 亿元；债券结算代理业务有所减少，现券交易 656 笔，减少 313 笔，成交量 363.3 亿元，下降 49.59%。

3. 企业债券融资方式呈多元化，直接融资渠道进一步拓宽

2011 年，全区非金融机构通过贷款、债券和股票共融资 2 107.95 亿元，直接融资和间接融资比为 10.85:89.15，直接融资占比上升 1.32 个百分点。其中，4 家企业发行短期融资券 30 亿元，4 家企业发行中期票据 97 亿元，6 家企业发行企业债 70 亿元，债券融资规模达 197 亿元；2 家企业成功上市，筹资额为 31.6 亿元。

4. 银行承兑汇票和贴现业务同比均大幅增加，票据业务向中小股份制商业银行集中

由于信贷资金趋紧，金融机构为增加收益，不断扩大票据业务签发和交易量，票据流通加快，票据承兑及贴现业务大幅增加。2011 年全区金融机构累计签发银行承兑汇票 2 896.5 亿元，增加 1 137.8亿元，增长 64.7%；12 月末银行承兑汇票余额 1 362.6 亿元，增加 347.3 亿元，增长 34.2%。商业银行累计办理商业汇票贴现 1 274.0 亿元，增加 416.6 亿元，增长 48.6%；贴现余额 84.1 亿元，增加 10.2 亿元，增长 13.8%。从业务开展机构看，承兑、贴现向中小股份制商业银行和地方法人金融机构集中倾向明显。2011 年，全区中小股份制商业银行和地方法人金融机构票据承兑累计发生额为 2 621.9 亿元，占银行业金融机构票据累计承兑额的 90.5%，累计办理贴现 1 131.2 亿元，占全部银行业金融机构的比重为 88.8%。尤其是自治区内 4 家城市商业银行，承兑和贴现业务比重分别占到全区银行业的 54.8% 和 59.9%。

表 1　　2011 年全区金融机构票据业务量统计表　　单位：亿元

季度	银行承兑汇票		贴现			
			银行承兑汇票		商业承兑汇票	
	余额	累计发生额	余额	累计发生额	余额	累计发生额
1	1 117.2	561.9	86.0	280.1	0.2	0.2
2	1 340.3	1 424.6	64.2	647.9	0.3	0.5
3	1 515.4	2 188.8	75.7	970.9	8.5	0.7
4	1 362.6	2 896.5	83.9	1 273.1	0.2	0.9

数据来源：人民银行呼和浩特中心支行。

5. 银行间外汇市场交易增加，个人实盘外汇买卖大幅增长，外贸进出口增势明显

全区有包商银行和内蒙古银行 2 家全国银行间外汇市场成员，2011 年，内蒙古银行在银行间外汇市场累计参与询价交易 93 笔，交易量 0.5 亿美元，增长 96.88%；包商银行全年外汇交易量达到 52.2 亿美元，增长 77.1%。

个人实盘外汇业务迅速发展。2011 年全区对公（企业）外汇买卖累计交易 126 笔，累计交易总量 0.73 亿美元；个人实盘外汇买卖累计交易 41 752 笔，累计交易总量 1.34 亿美元。

2011 年全区涉外收支呈现快速增长态势，全区涉外收支总额 154.45 亿美元，增长 43.62%。银行结售汇总额大幅上升，结售汇逆差大幅下降，全年银行结售汇总额 113.62 亿美元，增长 34.33%，结售汇逆差 2.82 亿美元，下降 70.28%。

6. 黄金价格高位震荡，“纸黄金”交易量大幅提升

2011 年，黄金投资不断升温，实物黄金价格较上年涨幅在 15% 以上。上海黄金交易所综合类会

员内蒙古乾坤金银精炼股份有限公司全年在黄金交易所累计自营交易 1 561 公斤，交易金额 5. 66 亿元，增长 13. 65%；实现代理交易 559. 7 公斤，交易金额 1. 85 亿元，下降 52. 56%。全区人民币“纸黄金”业务交易量 13 328. 28 公斤，是 2010 年交易量的 5. 19 倍，交易金额 76. 25 亿元，增长 15. 63%；美元“纸黄金”业务交易量 6 811. 36 盎司，增长 5. 9%，交易金额 0. 09 亿美元，增长 16. 89%。

（二）金融市场发展中需关注的问题

1. 金融市场功能尚未有效发挥

一是银行间同业拆借市场不活跃，债券交易发展缓慢。2011 年全区仅 2 家机构发生了拆借业务，鄂尔多斯市 2 家金融机构早在 2008 年就加入了全国银行间同业拆借市场和债券市场，但从未办理全国银行间同业拆借和债券业务。同时，由于多数债券产品都在全国债券市场发行和交易，金融机构、企业、个人可在场外购买的债券品种单一，收益率低，流动性差，地区的债券场外交易、柜台交易市场因受多种因素的制约，尚未开展和形成，造成地区债券交易发展缓慢。二是黄金交易专业知识培训处于空白。黄金交易与国际市场密切接轨，对投资者的投资风险意识及投资知识水平的要求比较高，而目前黄金交易专业知识（尤其是“纸黄金”交易专业知识）培训基本处于空白，限制了投资队伍的扩大，抑制了黄金市场发展。

2. 直接融资规模仍需扩大

由于企业经营状况不稳定、财务规范性差、公司治理机制不完善、融资规模小、信用水平低等问题，辖内企业仍以间接融资为主，直接融资占比较低。并且，企业融资渠道狭窄，对银行体系依赖性仍较强，直接导致金融风险集中，影响全区金融业的健康发展。

3. 票据市场潜在风险不容忽视

一是票据业务风险与收益不对称。对于超过保证金的部分，金融机构实际承担着与发放贷款同样的风险，但其承兑手续费仅为 5‰，与贷款利率相差悬殊，造成银行承兑汇票的风险与收益不相适应。二是民间票据市场异常活跃。由于中小企业办理贴现业务要受银行票据融资准入范围及各种条件的限制，一些企业不得不支付高利息到民间贴现，不但扰乱正常的票据市场秩序，也不利于票据市场的健康规范发展，影响国家宏观货币信贷政策作用的发挥。三是风险控制体制不健全，风险防范意识差。一些效益好的企业成为银行争夺的对象，各家银行争相对同一企业签发承兑汇票，不利于分散和降低风险。

三、银行业与金融稳定

2011 年，全区银行业金融机构积极贯彻落实国家和地方宏观调控政策，行业发展性指标稳步增长，稳健性指标明显优化，呈现出资产规模稳步扩大、盈利能力大幅提升、资产质量明显优化、流动性较为充足、资本充足水平逐年改善的特点，为经济实现平稳较快发展提供了有力支持。

（一）银行业总体运行情况

1. 机构种类不断丰富

近几年，随着外资银行机构逐步进入，新型农村金融机构快速发展，全区已初步建立起门类较为齐全的银行业金融机构体系。2011 年，全区银行业金融机构及营业网点 4 691 个，从业人员85 250 人。

2. 资产负债规模稳步扩大

2011 年末，全区银行业金融机构资产总额为 16 304.56 亿元，新增 3 178.45 亿元，增长 24.21%；负债总额为 15 656.24 亿元，新增 2 931.32 亿元，增长 23.04%。人民币各项存款余额 12 063.72亿元，增长 17.37%，增速下降 5.38 个百分点，高于全国同期 3.83 个百分点，居全国第 8 位，西部第 6 位；各项贷款余额 9 727.7 亿元，增长 23.56%，增速下降 2.23 个百分点，高于全国同期 7.53 个百分点，居全国第 3 位，西部第 3 位。

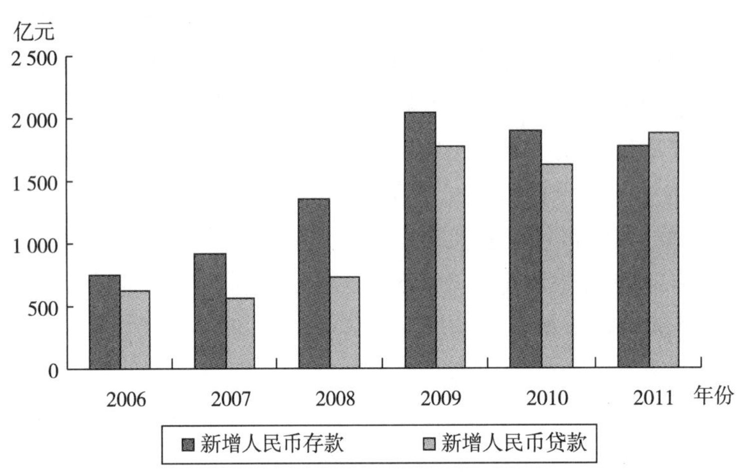

数据来源：人民银行呼和浩特中心支行。

图2 2006—2011 年全区银行业新增人民币存贷款图

3. 盈利能力大幅提升

2011 年全区银行贷款增速明显回落，但通过提高资金周转率和中间业务的发展，盈利能力和水平大幅提升。2011 年，全区银行业金融机构中间业务收入比率为 9.77%，上升 0.72 个百分点；资产利润率 1.80%，上升 0.15 个百分点；实现税后利润 265.34 亿元，增长 36.55%。

4. 地方法人银行机构金融总量占比逐步攀升

2011 年，全区地方法人银行机构新增人民币存款 791.56 亿元，占全部新增额的 44.75%，占比上升了 8.75 个百分点；新增人民币贷款 452.65 亿元，占全部新增额的 24.23%，占比上升了 3.23 个百分点。

5. 信贷投向重点突出，贷款结构逐步优化

2011 年，全区信贷投放主要有以下特点。一是贷款期限结构明显改善，各商业银行加强了对“两高一剩”行业、房地产业以及地方政府融资平台的信贷管理，将更多资金投向周转快、收益率高的短期贷款。全年新增流动性贷款 930.59 亿元，占全部新增额的 49.80%，同比上升 23.2 个百分点；新增中长期贷款 933.49 亿元，占比为 49.96%，同比下降 23.43 个百分点。二是贷款机构分布趋于合理，中小型银行和地方法人金融机构信贷投放占比上升。2011 年，中资全国性大型银行新增贷款 826.06 亿元，占全部新增额的 44.21%，同比下降 15.34 个百分点；中资全国性中小型银行新增贷款 843.16 亿元，占比为 45.13%，同比上升 22.39%；农村合作机构和城市商业银行新增额占比

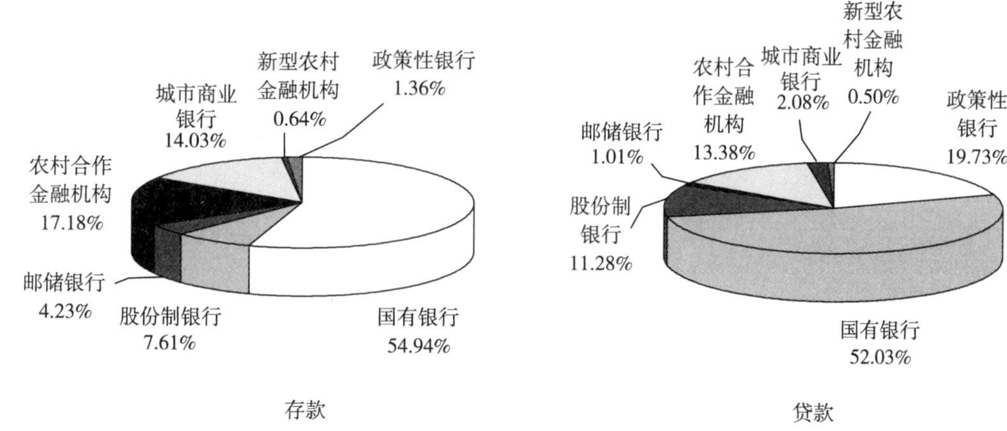

数据来源：人民银行呼和浩特中心支行。

图3 2011 年全区各类银行业金融机构存贷款占比图

分别同比上升 0.55 个和 3.06 个百分点。三是贷款行业投向重点突出。一方面不断加大对“三农三牧”的信贷投入，2011 年全区累计发放支农再贷款 89.99 亿元，涉农贷款余额 3 127.73 亿元，同比增长 27.81%，高于全区同期 4.22 个百分点；另一方面继续加大对非资源型产业和服务业的信贷支持，构建多元化现代产业体系。2011 年，全区服务业人民币贷款余额 3 440.16 亿元，同比增长 22.89%，新增服务业贷款 690.48 亿元，占全部行业新增贷款的 53.42%。

（二）银行业稳健性评估

1. 资产质量明显优化，不良贷款指标“双降”

2011 年末，全区银行业金融机构不良贷款余额为 184.01 亿元，下降 66.43%；不良贷款率为 1.86%，下降 1.25 个百分点。其中，政策性银行不良贷款 87.08 亿元，减少 60.75 亿元，不良贷款率 4.70%，下降 4.85 个百分点；农村信用社不良贷款合计 52.84 亿元，减少 0.9 亿元，不良贷款率 6.25%，下降 1.21 个百分点。

2. 流动性整体较充足

2011 年末，全区银行业法人金融机构流动性比例为 46.23%，下降 6.56 个百分点，但仍高于 25% 的监管阈值，其中，城市商业银行和农村合作金融机构的流动性比例分别为 39.71% 和 49.07%。全区银行业法人金融机构存贷款比例为 52.51%，上升 1.32 个百分点，低于 75% 的监管阈值，其中，城市商业银行和农村合作金融机构的存贷款比例分别为 43.17% 和 62.01%。

3. 资本充足水平稳步提高

2011 年末，全区银行业法人金融机构平均资本充足率为 13.84%，上升 2.82 个百分点；平均核心资本充足率为 13.56%，上升 3.15 个百分点；资本净额 417.72 亿元，新增 195.78 亿元，增长 88.21%。其中，城市商业银行和农村合作金融机构的资本充足率分别为 14.91% 和 12.1%，核心资本充足率分别为 14.46% 和 12.12%，资本净额分别为 251.83 亿元和 164.12 亿元。

4. 银行理财产品大幅增加，存款稳定性有所下降

2011 年商业银行为缓解资金压力、降低存贷比以满足监管考核要求，在存款资源稀缺的情况下，通过发行理财产品、信托产品等方式竞相揽储，市场过度竞争导致存款波动较大，存款稳定性均有

所下降。一是各商业银行在考核时点前竞相抬高收益率，发行短期理财产品来吸引存款，考核时点过后理财产品生效，存款转至表外，造成存款在月度之间、行际之间大幅波动，不利于存款市场的健康发展和系统性风险的防范。二是2011年，全区人民币存款增长17.37%，为近三年新低，存量存贷比为80.66%，上升0.32个百分点；增量存贷比为105.63%，上升21.51个百分点。存款增速减缓、大幅少增将对商业银行未来的贷款投放能力产生较大影响。

5. 影子银行快速发展，隐含的风险不容忽视

一是影子银行体系的快速扩张，增加了实体经济融资总量，改变了市场资金结构和流向，且大量资金投向房地产等国家产业政策限制行业，在一定程度上影响了国家宏观调控效果。二是影子银行体系参与主体众多，其资金来源与传统银行体系高度关联，资金运用大量投向资本市场、投机性的交易活动及实体经济部门，大大提高了整体金融体系的关联度，潜在系统性风险值得关注。三是部分影子银行机构和业务内在脆弱性凸显。特别是大量融资性中介机构快速扩张，违规经营现象较为普遍，民间借贷市场投注性和波动性明显加大，局部地区风险呈蔓延扩大态势。此外，近年来全区民间融资持续活跃，一方面企业通过民间融资市场的高成本融资，稀释了利润空间，极易引发非法集资案件；另一方面民间融资对实体经济存在一定的挤出效应，由于参与民间融资的群体广泛，个别实体企业抽出生产资金进行放贷或投入股票、房地产等高风险行业，或在正规或非正规金融体系内部"空转"套利，甚至有部分民间放贷人的资金直接或间接来源于银行体系，将风险转嫁给银行，民间融资日趋活跃潜在风险不容忽视。

6. 融资平台贷款蕴含着较大的流动性风险，应高度重视

自2010年政府融资平台贷款清理工作开展以来，地方政府融资平台规范平稳运行，不良贷款和不良贷款率呈"双降"态势，融资平台风险显著降低。截至2011年末，全区地方政府融资平台贷款余额1 676.29亿元，增长4.37%；不良贷款余额7.65亿元，下降29.55%；不良贷款率0.46%，下降0.22个百分点。同时，其蕴含的风险仍不容忽视，主要表现在两方面。一是贷款质量具有很大不确定性。在全区的融资平台贷款中，土地抵押贷款和土地收益权质押贷款的比重较大，土地交易价格易受下游房地产市场的影响，随着国家对房地产调控力度的不断加大，依靠土地抵质押的平台贷款风险可能进一步显现。二是就已经发生不良的平台贷款情况来看，交通类占了绝大部分，对不良贷款的消化、清理还需要采取积极的措施，如不能及时处置不良贷款，可能面临银行停贷危机和政府信用危机的局面，地方金融生态环境也将受到影响。

7. 区域间金融发展不均衡

呼包鄂（呼和浩特、包头、鄂尔多斯）具有极强的区位优势、产业优势和集群优势，被称为西部经济区的"金三角"，三市人口和面积分别占全区的1/3和1/10左右，经济总量和财政收入均占全区一半以上，集聚经济效应导致金融资源在呼包鄂地区高度集中，东西部发展差距较大。2011年，呼包鄂新增贷款占全区的67.80%（分地区贷款统计，不包括国家开发银行），通过债券和股票融资156.49亿元，占全区直接融资总额的68.74%。金融资源分布不均衡不利于全区整体金融竞争力的提高，而且会影响区域金融的协调发展。

四、证券业与金融稳定

2011年，全区资本市场总体保持稳健，证券期货业稳步发展，上市公司合规意识增强，业务运

作进一步规范，直接融资规模增长较快，融资方式趋向多元化。

（一）证券业运行情况

2011 年，全区有法人证券公司 2 家（恒泰证券股份有限公司、日信证券有限责任公司）、法人期货公司 1 家，证券营业部 56 家（含区外 16 家），增加 4 家；证券期货经营机构员工总数 1 748 人，增加 263 人。证券期货经营机构各项风险控制指标均在安全线以内，整体运行正常。

1. 证券、期货经营机构资产负债规模增速放缓，盈利能力下降

截至 2011 年末，2 家法人证券公司总资产 97. 80 亿元，总负债 51. 14 亿元，净资产 46. 66 亿元，净资本 34. 76 亿元，分别下降 15. 46%、24. 33%、2. 99% 和 5. 44%；实现营业收入 6. 19 亿元，下降 46. 14%；营业支出 6. 39 亿元，增长 5. 20%；利润总额 -0. 16 亿元，下降 102. 86%；净利润 -0. 36 亿元，下降 108. 27%。

截至 2011 年末，辖区内法人期货公司资产总额 0. 52 亿元，增加 0. 10 亿元，增长 23. 81%，实现利润 -0. 06 亿元，减少 0. 04 亿元，一直处于亏损状态。

2. 证券市场投资者队伍不断壮大，但成交量大幅萎缩

2011 年末证券投资者开户数为 63. 43 万户，增长 15. 37%。但受股市行情低位震荡的影响，证券公司成交量大幅下降，全年累计成交额为 4 280. 74 亿元，减少 578. 42 亿元，下降 11. 90%。

3. 上市企业市值不断增加，后备资源充足，直接融资规模持续扩大

2011 年末，全区境内上市公司 22 家，同比增加 2 家，另有拟上市企业 7 家。22 家上市公司总市值 2 543. 94 亿元，同比增加 337. 34 亿元，增长 15. 29%；流通市值 1 818. 19 亿元，同比减少 270. 87 亿元，下降 12. 97%；累计募集资金总额 502. 81 亿元，同比增加 60. 65 亿元，增长 13. 72%。2011 年全区资本市场融资规模明显增加，新增直接融资 228. 7 亿元，2 家企业通过 A 股首发上市融资 31. 7 亿元，其中东宝生物在创业板发行上市，IPO 融资 1. 6 亿元。通过发行债券（含企业债、中期票据、短期融资券等）融资 197 亿元。

（二）证券业稳健性评估

1. 证券业盈利模式单一，收入增长与资本市场行情相关性较高的问题突出

全区两家证券公司主要以经纪业务为主，利润来源主要是手续费和佣金，因此收益一直受资本市场变化的影响，起伏较大。2011 年，两家证券公司经纪业务手续费及佣金收入为 5. 55 亿元，占全部营业收入的 89. 66%，利息收入为 0. 31 亿元，占全部营业收入的 4. 93%，证券发行收入仅为 650 万元，占全部营业收入的 1. 05%。受市场行情震荡的影响，2011 年证券公司营业收入下降幅度超过 45%，利润总额由 2010 年盈利 5. 75 亿元转变为 2011 年亏损 0. 16 亿元，下降幅度高达 102. 86%，证券公司盈利模式有待进一步优化。

2. 证券业稳健性不足，抵御风险能力存在缺陷

全区证券公司规模较小，公司在行业内竞争实力尚显不足。证券期货机构新设营业网点覆盖面较小，布局亦不合理，多数处于培养期；证券市场直接融资比例依旧较低，再融资为空白。从可持续发展和抗风险角度分析，证券公司市场适应能力较差，稳健性不足，抵御风险的能力存在缺陷。

3. 证券公司管理长效机制亟待健全

随着融资融券、股指期货等新业务、新产品的不断推行，影响证券公司发展的因素更加复杂，

亟待建立健全长效管理机制。

五、保险业与金融稳定

2011 年，全区保险业继续保持健康较快发展，市场体系更趋完善，保险市场有序竞争格局初步形成，行业风险得到了有效控制，保障功能和经济补偿功能不断增强。保险密度 926 元/人，增加 63 元/人，保险深度 1.61%，下降 0.24 个百分点。

（一）保险业总体运行情况

1. 保险市场主体不断增加

2011 年末，全区已开业保险省级分公司 32 家，增加 3 家，其中财产险公司 17 家，人身险公司 15 家，保险公司分支机构 1 734 家，增加 118 家。

2. 保险业务总体平稳增长

2011 年，全区保险公司资产总计 416.09 亿元，增长 17.80%，累计实现原保险保费收入 229.78 亿元，增长 15.56%，高于全国平均增速 5 个百分点；累计赔付支出 71.22 亿元，增长 19.80%，低于全国平均增速 7.79 个百分点。手续费及佣金支出 23.30 亿元，增长 11.56%。

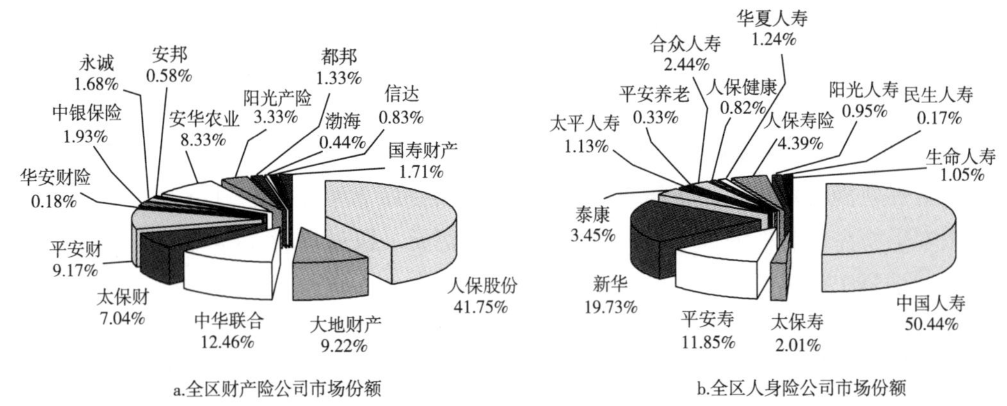

数据来源：内蒙古保监局。

图 4　2011 年全区财产险公司、人身险公司市场份额图

3. 风险补偿作用进一步发挥，保险保障作用得以增强

2011 年，全区财产险公司赔款支出 52.07 亿元，增加 9.07 亿元，增长 21.11%，占总赔付支出的 73%；人身险公司赔付支出 19.16 亿元，增加 2.70 亿元，增长 16.38%，占总赔付支出的 27%。

4. 财险公司险种集中情况略有好转，人身险业务结构调整初见成效

财险公司车险与非车险协调发展，车险业务实现保费收入 86.51 亿元，增长 21.02%，非车险业务实现保费收入 33.31 亿元，增长 21.93%，占比 27.8%，较上年同期小幅上升 2.02 个百分点。人身险公司标准保费增速提高，缴费结构改善尤为明显，新单期缴保费占比为 54.61%，十年期以上新单期缴保费占比为 67.56%；渠道结构不断向好，个人代理渠道占比 73.17%，银邮渠道新单期缴率继续提高，达到 28.11%。

5. 农村牧区保险受益面继续扩大

2011 年农业保险实现保费收入 17 亿元，增长 14.2%，保费规模延续全国第一位；农业保险累计赔付支出 10.07 亿元，增长 3.01%。财险公司、寿险公司联合农业银行、农村信用社、邮政储蓄银行、村镇银行等多家金融机构创新业务品种，在农村牧区积极拓展业务，农村牧区保险受益面继续扩大。

（二）保险业稳健性评估

1. 外部形势复杂多变，行业发展面临较大压力

一是经济金融形势的变化，货币政策、财税政策的调整，利率、汇率市场以及资本市场的波动，都将对保险公司的产品定价、资金运用、偿付能力等产生影响，相关风险也将传递到基层保险机构，给保险经营带来不确定、不稳定因素。二是劳动力成本和企业经营成本的上升，房地产市场、民间借贷等领域的风险和隐患，对保险业营销队伍稳定以及防范集中退保风险提出挑战。三是随着社保、医保、新农村合作医疗等社会保障的逐步完善，也会影响到人身险公司业务的开展。

2. 财险公司业务结构不够优化，风险较为集中

2011 年末全区财险公司车辆险保费收入 86.51 亿元，占财险公司保费总收入的 72.2%，增长 21.02%。保费收入过于集中于风险大、赔付率高的险种，这不利于企业分散风险和健康发展，也会影响企业的盈利能力。

3. 人身险销售渠道结构有待优化

2011 年，全区人身险保险销售个人代理渠道销售占比 73.17%，专业保险中介和公司直销占比过低。由于保险营销员并不是保险公司的正式职工，其流动性较大，保费收入过于依赖营销员将使保费收入随营销员的流动而波动，不利于保险公司正常可持续经营。

4. 基层保险业务监管弱化，保险市场不规范竞争等问题仍然存在

一方面基层保险机构不断增加，但保险监管机构只设在省一级，对基层保险机构业务开展中存在的问题难以及时发现并采取相应的监管措施；另一方面保险市场竞争中销售误导、弄虚作假、理赔难等问题仍然存在，影响了保险业的社会形象和认同程度。

六、金融基础设施与金融稳定

2011 年，全区金融基础设施建设稳步推进，支付体系建设取得新进展，反洗钱工作继续向全面和纵深推进，征信体系建设和服务水平不断提高，反假货币措施手段进一步强化，金融法律环境建设不断加强，全区金融生态环境逐步优化。

（一）支付体系基础设施建设全面推进

2011 年，全区各类支付系统共处理支付业务 18 213.91 万笔，同比增长 50.61%，金额 345 075.29亿元，同比下降 15.52%。积极推广非现金支付工具，促进电子支付业务迅速发展。推动辖内捷付睿通股份有限公司和中付通信息服务股份有限公司获得中国人民银行颁发的“支付业务许可证”。

有效推动农村牧区金融机具的普及，截至 2011 年底，内蒙古农村牧区现代化支付系统覆盖率达

84%，农信银支付清算系统县城、乡镇合计接入比率为100%，支付系统直通旗、县、乡镇工作成效显著。在全区范围内全面推动银行卡助农取款服务业务；指导农村信用社发行兼具小额循环信贷及借记功能的“福农卡”22万张；农牧民工银行卡特色服务实现了乡镇全覆盖，业务量突破6亿元；通过银行卡发放的财政补贴资金达到181.41亿元，涉及38类140余项补贴，436.08万户城乡居民受益。

推动银行卡产业实现跨越式发展。积极拓展银行卡在乳业、税收、保险等行业的应用，推动金融IC卡、社保卡加载金融功能等业务的开展。深入推动人民币银联卡业务在蒙古国的发展，蒙方发行的银联标准卡在全球累计交易笔数18.39万笔，金额1.44亿元，银联卡在蒙古国境内近机80%的ATM和近70%的商户实现受理。截至2011年底，全区累计发行银行卡4 654.91万张，同比增长26.62%，人均1.93张；联网商户69 178户，POS机具90 591台，ATM机具5 352台。全区全年累计银行卡消费交易6 227万笔，金额2 396亿元，银行卡渗透率为38%。

全区财税库银税收收入电子缴库横向联网系统在2011年6月27日实现全部上线运行以来，实现了纳税人在联网方式下申报、缴款电子化，财政、国库、税务、银行各联网部门间实现了信息共享，达到了各方面的共赢，取得了很大的成效。

（二）反洗钱工作继续向全面和纵深推进

不断完善反洗钱制度办法，积极探索反洗钱合作模式。制定了《内蒙古自治区金融机构重点可疑交易报告管理办法》和《反洗钱调查工作指导意见》，以制度的形式加大对内蒙古自治区反洗钱调查工作以及可疑交易报送工作的监管力度。

与内蒙古自治区安全厅签署了反洗钱工作协作意见，进一步加强和深化人民银行和安全厅在预防打击恐怖融资及洗钱犯罪领域的协调合作。同时主动走访侦查机关，分别与自治区公安厅、检察院、法院、安全厅、海关召开会议，就反洗钱合作进行商讨，为洗钱风险防范提供组织保障。

反洗钱监管方式不断改善。改变了以往主要靠现场检查实现反洗钱监管目标的工作方法，秉持监督与管理并重的理念，扩大窗口指导工具的使用范围，改进非现场监管方式，在提高针对性的基础上探索以教育为主、处罚为辅的监管工作新机制。

反洗钱调查和案件协查工作力度不断加大。积极配合监察厅、公安厅等部门工作，全年发现线索15个，调查线索5起，调查次数10次，调查账户122个；报案数4起，侦查机关立案1起，报案涉及金额22.4亿元；案件协查4起，协查次数8次，协查案件涉及账户467个，协查案件涉及金额1.1亿元。协助检察机关对涉嫌洗钱的非法集资案以洗钱罪提起诉讼，协调机制作用日益显现，同时也发挥了反洗钱工作在配合国家反腐败斗争和打击非法集资等违法犯罪行为中的积极作用，为全国类似洗钱案件的查处提供了宝贵经验。

（三）征信体系建设和服务水平不断提高

开展制度创新，探索征信管理新思路。研究制定了《全区金融机构征信业务管理指引（试行)》，通过制度建设，从源头上规范商业银行征信业务，维护信息主体权益，突出强化央行的地位和权威，为有效提高全区征信业务管理水平奠定了良好的基础。

继续扩大商业银行对系统的使用范围，充分发挥征信系统防范信贷风险的功能。2011年，通过查询企业和个人征信系统，被调查的10个金融机构网点共拒绝企业贷款459笔，金额369 764万元；

共拒绝个人贷款923笔，金额10 523万元。

信用报告应用范围不断扩大，公众信用意识显著提高。信用报告已开始应用于资质认定、行政许可、招投标、诚信企业评比、公务人员招聘等方面，且部分地方政府出台了在政府公务活动中推广使用信用报告的相关文件。2011年，个人主动查询本人信用报告的次数累计达98 000人次，增长50%。

征信系统覆盖面持续扩大。截至2011年12月末，全区企业系统为13.7万户企业建立了信用档案，入库贷款余额8 531.9亿元，全年累计查询次数27.6万次。个人系统为1 030万个自然人建立了信用档案，个人信用报告查询量大幅增长，全年累计查询354万次。

进一步完善异议处理监督制度和工作组织体系，切实做好企业和个人信用信息主体权益维护工作。建立了异议处理限时督办、专人跟踪管理制度，强化对金融机构信用报告查询、异议处理等方面的监督检查，提高异议处理等征信业务的高效性、合规性，提升保护征信主体权益的工作水平。2011年，分别受理个人和企业异议申请138笔和4笔，全部进行回复解决，通过提高服务水平，加强监督管理，强化了信用报告查询、贷款卡管理等各方面征信主体权益的保护，实现了征信零投诉的目标。

（四）反假货币措施手段进一步强化

假币违法犯罪案件大幅减少。2011年自治区各级公安机关依法从重从严打击假币犯罪，共破获假币案件3起，涉案面额合计35.7万元，是近10年来假币案发数量最少的一年。

反假货币宣传力度不断加大。充分发挥反假货币宣传网络和新闻媒体的覆盖作用，组织了形式多样的宣传活动，全区城乡居民反假货币知晓率进一步提高。

反假货币专业队伍进一步壮大。对12 153名金融机构临柜人员进行了反假货币业务培训，组织了金融机构从业人员反假货币上岗资格考试，为合格人员颁发了上岗资格证书。

加强对金融机构的检查督导。会同自治区公安厅、人民检察院、高级人民法院单位，组成联合督导组，对锡林郭勒盟打击假币犯罪、防范假币侵害工作进行了联合督导，确保反假货币工作长效作用的发挥。

积极与地方党政协调，将反假货币工作纳入社会管理综合治理考核评价体系，借助社会管理综合治理考核系统平台，促进反假货币工作向纵深发展。

据统计，2011年全区金融机构和公安机关共收缴假人民币6.63万张，面额合计575.83万元，收缴张数和面额较上年同期分别减少18.95%和8.28%。从总体情况看，2011年全区假人民币收缴总量较2010年有所减少，没有发生假人民币大量集中出现的情况，但从假人民币案发特点和社会关注度等多方面因素看，反假货币工作形势仍然较为严峻。

七、总体评估

（一）总体评估

参照人民银行上海总部的定量评估方案，从宏观经济、金融机构和金融生态环境三方面对全区金融稳定状况进行定量评估，结果显示，2011年全区金融稳定综合评估值继续较上年增加，全区金融稳定综合评估值自2007年以来已经连续五年呈现上升态势，区域金融稳定总体状况不断优化，整体金融稳健程度处在一个比较稳定的水平。

宏观经济评估值与去年持平。地区生产总值增速、第三产业增加值增速继续放缓，全社会固定资产投资增速、进出口增速平稳增长，经济发展的整体协调性进一步提高，国民经济运行结构更加合理。民生不断改善，城镇登记失业水平和房屋销售价格指数持续降低，城镇居民可支配收入和农牧民人均纯收入快速增长，经济发展速度与居民收入水平之间的匹配程度不断提高。

金融机构评估值同比提高。银行业金融机构不良贷款实现双降，资产质量不断改善，盈利水平不断提升，抗风险能力不断增强，2011年银行业评估值增长14.2%；受欧债危机、美债危机及复杂的国际国内经济金融环境的影响，证券业净资本充足率和资产利润率下降，导致证券业评估值下降；保险业保费收入继续增长、机构数量不断壮大，资产总额持续增加，但受退保率、应收保费率上升的影响，保险业评估值小幅下降。

金融生态环境的综合评估值大幅上升，达20.72%，已连续三年大于20%。法制环境不断好转，银行服务密度不断提高，金融服务的效率和质量不断优化，使区域金融生态环境日趋优化和完善。

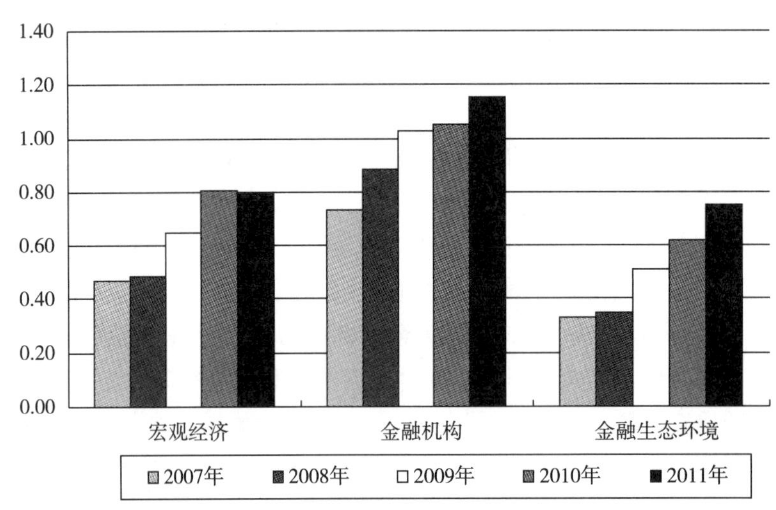

数据来源：根据内蒙古统计局、内蒙古银证保监管局数据计算。

图5 2007—2011年全区分项目金融稳定综合评估值图

（二）全区各盟市金融稳定定量评估

1. 总体分析

对全区11个盟市的金融稳定状况进行定量评估，结果表明有3个盟市的综合评估值较上年上升，4个盟市与上年基本持平，4个盟市下降。持平或下降的主要原因是受部分地区经济增速放缓、固定资产投资减少、不良贷款率上升和地方财政收入占地区生产总值比重下降等因素影响。各盟市、各项指标的分布及指标值的大小呈现出不同变化。

2011年综合评估值排在前五位的依次是鄂尔多斯市、阿拉善盟、乌海市、赤峰市和锡林郭勒盟，这5个盟市中有4个盟市在上一年也排在前五位之内。评估结果表明，5个盟市的评估值差距非常小，这几个盟市的金融稳定状况基本处于同一等级，相对较好且具有较高的稳定性。赤峰市和锡林郭勒盟由于近几年经济发展速度不断加快而使其宏观经济模块评估值名列前茅，其金融机构和金融生态环境模块亦表现较好，因而综合评估值排在前列；乌海市和阿拉善盟则由于金融机构和金融生态环境模块表现稍好于其他盟市而排名始终领先。

2011 年综合评估值涨幅较大的是乌兰察布市和锡林郭勒盟，分别较上年上涨 197.72% 和 26.23%，这两个盟市综合评估值大幅上涨主要得益于银行业金融机构资本充足率提高、不良贷款率下降、资产利润率提升、资产规模不断扩大、银行服务密度和征信覆盖率不断提高。

2011 年综合评估值降幅较大的是鄂尔多斯市和包头市，分别下降 17.63% 和 8.97%。受经济增速放缓、固定资产投资回落、银行业金融机构不良贷款率上升、银行服务密度下降等影响，鄂尔多斯市综合评估值大幅度下降；包头市受经济增速放缓、进出口总额增速下降和地方财政收入占地区生产总值比重下降等因素影响，综合评估值呈现下降趋势。鄂尔多斯市和包头市作为内蒙古经济发展重点拉动地区，其综合评估值排名始终在全区前列，但综合评估值出现下降应引起关注。

2. 各模块分析

从宏观经济来看，除了呼伦贝尔市、乌兰察布市和巴彦淖尔市外，受地区生产总值增长率、固定资产投资增长率和进出口总额增长率增速减慢等因素的影响，其他 8 个盟市宏观经济模块评估值较上年下降，表明大部分盟市的经济增速放缓。

从金融机构来看，评估值较上年增加的有 8 个盟市，这主要得益于银行业机构资本充足率和不良贷款率、证券业机构新增开户数和资产总额以及保险业机构的应收保费率和保费收入增长率等指标向好的影响，表明全区各盟市在金融机构方面的稳定性逐步在加强。

从金融生态环境来看，受地方财政收入占地区生产总值比重和法治环境调查综合评估值下降的影响，8 个盟市金融生态环境评估值出现不同程度的下降，亟需进一步加强金融生态环境建设。

总　　纂：王景武　朱新春
统　　稿：亢　林　赵建国
执　　笔：郭　研　张欣欣　王莹春　潘　博
其他参与写作人员：道日娜　方松叶　侯　伟　乔海滨　赵　婧
郭　瑶　李英俊　王禹人　王　璐　张海霞
王立新　王志鹏　李　岩　肖　文

辽宁省金融稳定报告摘要

2011年，面对国际经济动荡、国内物价高企、经济增速放缓的严峻形势，辽宁省积极贯彻落实国家各项宏观调控政策，加快转变经济增长方式，深入推进三大区域发展战略，经济实现平稳较快增长，金融业运行态势良好，金融服务质量不断提升，抵御风险能力进一步增强，为老工业基地振兴提供了有力的金融保障，实现了“十二五”规划的良好开局。

一、经济运行与金融稳定

（一）辽宁省经济运行情况

1. 国民经济平稳较快增长，经济总量跃上新台阶

2011年，辽宁省地区生产总值突破2万亿大关，达到22 025.9亿元，同比增长12.1%，增速高于全国2.9个百分点。从产业结构上看，第一、第二、第三产业增加值同比分别增长6.5%、14.1%、10.5%，增速较上年有所回落，但仍保持了快速增长；第一、第二、第三产业增加值占地区生产总值比重分别为8.7%、55.2%、36.1%，第二产业比重较上年提高1.2个百分点，第一产业、第三产业比重较上年分别下降0.2个、1个百分点。

2. 三大需求较快增长，投资占据主导地位

固定资产投资增长较快。2011年辽宁省完成固定资产投资17 431.5亿元，同比增长30.2%。消费增长低于上年但好于全国，2011年，辽宁省名义社会消费品零售总额8 003.6亿元，同比增长17.5%，增速高于全国平均水平0.4个百分点。利用外资继续增长，2011年，实际使用外商直接投资242.7亿美元，同比增长17%。对外贸易增速回落，出口510.4亿美元，同比增长18.4%，比上年下降10.6个百分点；进口449.2亿美元，同比增长19.6%，比上年下降7.8个百分点。

3. 市场价格高位运行，涨幅逐步回落

2011年辽宁省物价涨幅高位运行。CPI同比上涨5.2%，PPI同比上涨6.5%，工业生产者购进价格上涨8.3%。第四季度，稳健货币政策调控效果显见，加上国际大宗商品价格下降的影响，CPI、PPI以及工业生产者购进价格指数涨幅开始呈现逐步回落态势。

4. 跨境人民币结算业务量快速增长，业务领域不断拓宽

2011年，辽宁省跨境人民币结算业务加快推进，结算量快速增长，业务领域不断拓宽。全省跨境人民币累计结算金额322.6亿元，是上年业务量的6.7倍，已有33家银行的203家分支机构办理了跨境人民币结算业务，试点以来累计结算额达到371.2亿元，涉及企业619家，涉及国家和地区55个。

5. 企业效益继续提高，居民和财政收入加速增长

2011 年规模以上工业企业实现主营业务收入 44 065.9 亿元，比上年增长 28.8%；利税总额 3 496.8亿元，增长 22.4%；实现利润 1 862 亿元，增长 28.7%。辽宁省城镇居民人均可支配收入同比增长 15.5%，分别高于全国和上年 1.4 个和 3.1 个百分点；农村居民人均纯收入同比增长 20.1%，高于全国 2.2 个百分点，高于上年 4.2 个百分点。全年财政收入 2 640.5 亿元，同比增长 31.7%，比上年提高 5.7 个百分点；财政支出 3 902.1 亿元，同比增长 22.1%，比上年提高 3 个百分点。

6. 房地产市场平稳运行，主要城市房价涨幅回落

2011 年，辽宁省房地产市场开发投资 4 487.6 亿元，同比增长 29.5%，比全国高 1.6 个百分点，同比少增 1.8 个百分点。辽宁省商品房销售面积 7 561.4 万平方米，增长 11.2%，增速比上年下降 15.3 个百分点，房价上涨趋势得到遏制。根据全国 70 个大中城市房价指数，沈阳、大连、丹东、锦州等市住宅价格指数同比逐月回落，12 月 4 个监测城市房价环比分别下降 0.2 个、0.1 个、0.2 个和 0.1 个百分点。

（二）区域经济运行中需要关注的问题

1. 固定资产投资比重较高，经济增长模式有待转变

2011 年，辽宁经济受固定资产投资驱动的作用非常明显，全年固定资产投资额居全国第三位，占地区生产总值的比重接近 80%，高出全国 14 个百分点，固定资产投资增速高于地区生产总值增速 18 个百分点，辽宁经济增长对固定资产投资具有较高的依赖性。与东部地区相比，辽宁固定资产投资的质量和效益有待提高，应改变总量扩张的投资方式，通过提高投资质量和效益来实现经济的持续增长。

2. 世界经济形势复杂多变，辽宁外贸出口面临诸多挑战

2011 年，辽宁省外贸出口虽然实现了较快增长，但增速低于全国 2 个百分点，受此影响，辽宁省外汇收支顺差增速放缓，增速同比下降 29 个百分点。对发达国家的出口依赖程度较高，占出口总额的 66.2%，发达国家经济增长的不确定因素较多，辽宁外贸出口面临着较大的外部风险。低附加值和低技术含量的商品占出口份额较大，高新技术产品所占份额较少，徘徊在 10% 左右。

3. 第三产业占比持续下降，结构调整的矛盾依然突出

辽宁省第三产业占地区生产总值的比重连续三年下降，从 2009 年的 38.7% 下降到 2011 年的 36.1%，第三产业占比还未达到全国平均水平，与发达省市还有较大差距，低于全国平均水平 7 个百分点，与北京、上海分别相差 40 个、22 个百分点，也低于广东、江苏等发达省份。

4. 部分工业行业增速减缓，利润空间缩小甚至亏损严重

2011 年，装备制造业、农产品加工业实现了较快增长，但冶金和石化工业增速减缓。冶金、石化行业增加值增速同比分别下降 4%、5.3%，分别低于全省平均水平 4.1 个和 6.8 个百分点。除了增速减缓，部分企业也出现了亏损。石油加工业、炼焦及核燃料加工业、化学原料及化学制品制造业和黑色金属冶炼及压延加工业企业亏损严重。

5. 房地产调控政策持续深入，开发商资金压力不断加大

2011 年，辽宁省房地产市场在限购、限贷、限价等多种手段打压下，调控效果明显。在严厉的宏观调控下，房地产开发企业资金回笼速度受到影响，部分房地产开发企业的资金压力较大，一些实力较弱的房地产开发企业可能面临着被兼并重组的命运。

6. 地区经济发展不平衡，区域经济协调发展任务艰巨

自实施开发开放沿海经济带、建设沈阳经济区、突破辽西北战略以来，辽宁省加快了发展步伐，但是区域之间的发展出现了分化。一方面表现为县域经济之间的差距，最强县与最差县之间地区生产总值差距达10倍之多；另一方面表现为三大区域之间的差距，沿海经济带是三大区域中的龙头，与其他区域之间的差距逐渐拉开。

二、金融业与金融稳定

（一）银行业稳健性评估

1. 银行业运行状况

（1）资产负债规模平稳增长。2011年末，辽宁省银行业金融机构资产总额40 067.2亿元，比上年同期增长14.4%；负债总额38 784.8亿元，比上年同期增长14.1%。

（2）存款大幅少增，信贷投放回归常态，现金净投放量创历史新高。2011年末，辽宁省金融机构本外币各项存款余额30 832亿元，同比增长10%；比年初增加2 843亿元，同比少增1 822亿元。2011年末，辽宁省金融机构本外币贷款余额22 832亿元，同比增长17.2%；比年初增加3 359亿元，同比少增2亿元，信贷投放逐步回归常态。2011年，辽宁省现金投放较上年同期增长18.1%，回笼同比增长18.5%，现金净投放同比增长15%，净投放量创历史新高。

（3）贷款利率水平总体呈上升态势。2011年，银行体系流动性“前松后紧”，贷款利率较上年有所提高，但幅度不大。受人民银行连续6次上调准备金率、3次上调金融机构存贷款基准利率累积效应的影响，4月起，人民币贷款利率水平稳步上升，紧缩性政策的累积效应逐步显现，银行体系流动性收紧。

2. 银行机构的审慎性分析

（1）资产质量持续改善。2011年末，全省银行业金融机构不良贷款余额563亿元，比年初减少142亿元；不良贷款率2.5%，比年初下降1.1个百分点，继续保持不良贷款余额、不良贷款率“双降”态势。

（2）盈利状况保持良好。2011年，辽宁省银行业金融机构累计实现利润总额443.5亿元，较同期增加101.8亿元，同比增长29.3%。5家大型银行盈利177.1亿元，同比增长29.4%；10家股份制银行盈利93.6亿元，同比增长45.6%；城市商业银行盈利76.5亿元，同比增长27.4%；农村信用社盈利16.8亿元，同比增长15.3%。

（3）信贷结构不断优化。2011年，辖内银行业合理调整信贷结构，小微企业和农业贷款得到极大改善，老工业基地的信贷投入增强。中小企业贷款余额8 383亿元，占全部企业贷款的58%，同比增长20.6%，高于全省贷款平均增速3.4个百分点。涉农贷款余额3 866亿元，比年初增加862.9亿元，占全部贷款增量的26.4%，同比增长31.8%，有效支持了“三农”发展和新农村建设。制造业等五大行业占全年各项新增贷款的74.1%，老工业基地振兴、商业和物流等行业得到重点支持。

（4）法人机构快速发展。2011年末，辽宁省共有银行业地方法人金融机构5类160家，较上年增加26家。城市商业银行跨区域经营呈现快速发展态势，营口银行成为继盛京银行、大连银行、锦

州银行之后第4家跨省设立分支机构的城市商业银行，有10家省内外城市商业银行在省内跨地区经营。新型农村金融机构发展迅猛，2011年末，辽宁省村镇银行达到55家，比年初增加13家。村镇银行保持资本充足率较高、流动性比较充足、经营状况良好的态势。

3. 需要关注的问题

（1）地方融资平台贷款风险隐患不容忽视。2011年，平台贷款逾期状况陆续显现，各月均有到期却不能按时偿还的平台贷款。未来三年辽宁将有1/3的平台贷款集中到期，偿债风险突出。由于部分地方政府无力为平台公司提供有效的抵质押担保，或将部分有效资产用于新增贷款的抵押担保，导致抵质押担保整改工作推进缓慢。

（2）房地产贷款潜在风险加大。2011年末房地产贷款占各项贷款比重达到16.17%，房地产贷款集中度增大，易受宏观经济波动和房地产行业周期变化的影响，行情恶化时有可能引发系统性风险。

（3）流动性风险管理水平有待提高。2011年，辖内法人机构整体流动性水平略有下降，年末平均流动性比例为51.8%，比年初下降0.4个百分点；存贷款比例为63%，比年初下降0.4个百分点；核心负债依存度为59.9%，比年初上升5.2个百分点。与年初相比，15家城商行中，7家流动性比例出现下降、8家超额备付率下降、5家核心负债依存度没有达到监管标准。

（4）贷款集中度风险仍需关注。大额贷款客户共形成2 117个关联企业群（由2户以上关联企业构成），占所有大客户数量的59.4%；贷款余额12 117亿元，占所有大额客户贷款余额的76.1%，容易引发企业群的财务风险。105个关联群存在不良贷款，52个关联群不良率达100%，76个关联群存在银行预警。

（二）证券业稳健性评估①

1. 证券业经营情况

2011年末，辽宁共有39家境内上市公司，总股本302.4亿股，同比增长8.2%，总股本占沪深上市公司总和的1.7%；总市值1 698亿元，同比下降33.4%，总市值占沪深上市公司的0.8%。2011年，辽宁共有5家公司通过证监会审核，其中2家公司上市；有4家公司再融资，融资和再融资额为75.5亿元。

2011年末，辽宁共有2家证券公司，1家证券投资咨询公司，6家证券分公司，3家基金分公司，1家投资咨询公司分公司，1家证券外资代表处，157家证券营业部。2家证券公司总资产59.1亿元，同比下降16.2%；净资本18.1亿元，同比下降8.6%；利润总额为-0.5亿元。

辽宁共有3家期货公司，26家期货营业部。期货公司资产总计6.4亿元，同比下降10.6%；净资本1.5亿元，同比增长7.1%；利润由上年的盈利转为亏损787.9万元。

2. 证券业发展状况

（1）企业上市积极性提升，备案企业数再创新高。2011年，辽宁企业上市工作迎来新的发展阶段。森远路桥、聚龙股份在深交所成功上市，截至2011年末，辽宁有9家企业发行上市申请进入证监会审核程序，还有17家公司在辽宁证监局辅导备案。通过审核企业数量和备案企业数量均达到历史最好水平。

① 本部分内容不包括大连的情况。

（2）并购重组再融资活跃，上市公司质量不断提升。辽宁上市公司抓住行业整合有利时机，实施有效兼并和整合，壮大了整体实力。百科集团重大资产置换及发行股份购买资产方案获得证监会审核通过，方大化工顺利完成破产重组，和光商务进行了债务剥离和资产注入，金城股份等企业破产重组工作有序开展。再融资工作取得新进展，凌钢股份完成了14.8亿元公司债发行，百科集团、奥维通讯、和光商务3家公司非公开发行达51.8亿元。

（3）证券公司壮大资本实力，证券机构创新发展。辽宁2家法人证券公司通过增设营业部、设立分公司和开展新业务，扩大了市场覆盖面。中天证券通过借入6亿元次级债务，提升了净资本。2011年辽宁新设证券分公司2家，证券投资咨询公司分公司1家，证券营业部2家，证券营业网点有序增长，布局结构不断优化。证券投资者队伍不断壮大，投资者累计开立股票投资账户463.8万户，同比增长6.2%。证券经营机构进一步落实经纪业务规定，加强合规建设，积极开展融资融券等创新业务，为今后的规范发展奠定了良好基础。

（4）期货机构质量提升，服务经济功能显现。2011年，辽宁期货市场由量的积累走向质的转变。3家期货公司注资重组工作全部完成，实力明显增强；2家期货营业部获准筹建，期货营业部增至27家（含1家尚未开业）。随着期货新品种的不断推出，期货保证金持续增长，企业客户稳步增加，服务功能逐步发挥。

3. 证券业发展需要关注的问题

上市公司发展不能满足东北经济振兴的需要。与东部发达地区相比，辽宁上市公司不多，上市速度不快，资产证券化率偏低，上市公司整体质量和再融资能力也不容乐观。证券公司发展速度缓慢，市场份额逐年下降，证券公司数量仅占全国的1.8%，总资产仅占全国的0.3%，利润主要来自经纪和自营业务，靠天吃饭的状态仍未改变，服务水平和创新能力也有待提高。辽宁期货公司经过重组，实力有所增强，但创新能力不足，经营发展能力受限。期货营业部88%集中在沈阳，过半期货营业部亏损，真正利用期货市场套期保值和价格发现功能提升风险管理和盈利水平的企业不多，期货市场服务实体经济的能力还有很大发展空间。

（三）保险业稳健性评估①

1. 保险业经营情况

2011年末，辽宁共有保险经营主体56家，其中，财产险公司20家，人身险公司36家，包括外资人身险公司9家；共有保险公司法人机构1家，分支机构1 817家，其中，省分公司55家，中心支公司313家，支公司431家，营销服务部1 018家；共有保险专业中介法人机构101家，分支机构128家，保险兼业代理机构5 565家，保险中介从业人员9.6万人。

2011年，辽宁省全年累计实现保费收入376.3亿元，同比下降5.1%；共发生赔付支出130.9亿元，同比下降23.7%。保险密度（含大连）为1 221元/人，同比下降12.8%；保险深度（含大连）为2.4%，同比下降27.2%。全省保险业总资产达1 024.9亿元，同比增长13.6%。

（1）财产险保费收入逆势增长，赔付支出增幅较大。2011年财产险公司共实现保费收入140亿元，同比增长14.3%。在业务平稳较快发展的同时，财产险公司累计支付各项赔款71.4亿元，同比增长23.6%，与全国同期增速持平，整体态势较为稳定。

① 本部分内容除特别标注外，均不包含大连。

（2）寿险保费收入负增长，赔付支出增长态势平稳。辽宁省寿险公司共实现保费收入236.3亿元，同比下降13.8%，低于全国20.7个百分点，共支付赔款与给付59.5亿元，同比增长23.9%，赔付支出增长态势较为平稳。

2. 保险业发展状况

（1）风险保障功能有效发挥。2011年，辽宁保险业累计为社会提供风险保障7.8万亿元，累计赔付支出130.9亿元，责任险保费收入达3.6亿元，同比增长47.4%。农险业务规模已达5.5亿元，参保农户已达202.7万户；城镇职工补充医疗保险实际参保人数达821.3万人，总补偿金额达1.6亿元；各专业养老保险公司累计管理受托资产到账规模62.6亿元，签约规模超过59.5亿元，签约客户数达到430户。

（2）结构调整稳步推进。非车险对整体业务的贡献和影响逐步增强。全省非车险共实现保费收入31.5亿元，同比增长36.9%；寿险业务结构调整正向预期方向转变。从期限看，新单期缴业务占比持续提高，占比为28.9%，同比提高7.1个百分点，高于全国1.3个百分点。效益贡献度较高的个人代理渠道共实现保费收入115.7亿元，同比增长10%，个人渠道占比达到49%，同比上升了10.6个百分点。

（3）业务质量持续提升。2011年，财产险公司业务质量得到进一步提升。虽然受到万鑫火灾大额赔付的影响，但全省财产险公司综合赔付率降至58.1%，同比下降4.8个百分点，低于全国3.1个百分点；全年累计实现承保利润12.5亿元，承保利润率为10.6%，同比上升4.8个百分点，高于全国5.9个百分点。人身险业务内涵价值大幅提高，新单业务中，品质较高的中长期业务持续提升，其中10年期以上业务占比为17.3%，同比上升5.5个百分点。

（4）市场秩序持续向好。财产险市场恶性竞争行为得到严厉打击，市场经营环境进一步净化。保费批退行为得到有效遏制，车险批退率为1.4%，保持历史低位水平。应收保费得到合理控制，全省平均应收保费率为1.8%，车险应收保费已连续多年实现零增长。费用水平得到严格管控，全省综合费用率为31.3%，低于全国2.7个百分点，虚列营业费用的现象明显减少，手续费数据真实性大幅提高。人身险行业合规意识明显增强，市场销售行为进一步规范。

3. 需要关注的问题

（1）费用成本出现上升倾向。2011年，辽宁省财产险业务及管理费用增幅高于保费增幅16个百分点，业务及管理费用率同比上升2个百分点；手续费增幅高于保费增幅9.1个百分点，综合费用率逐渐走高，展业成本出现回升趋势。人身险领域保单获取成本有所提高，全省寿险公司手续费及佣金费用率同比上升0.9个百分点；业务及管理费用支出同比增长5.6%，业务及管理费用率同比上升1.7个百分点。

（2）非车险业务经营行为亟待规范。2011年非车险业务始终保持快速增长态势，发展成果较为突出，但其经营行为亟待规范。部分险种费率水平较低，其中，责任险费率低于全国水平20.9%；工程险费率为0.134%，低于全国水平25.1%。非车险批退率显著提高，非车险批退率高于同期车险批退率5.3个百分点，一年来始终保持高位态势。

（3）人身险退保状况依然严峻。2011年，在业务下滑的同时，辽宁人身险呈现出退保金高速增长的趋势。累计退保支出29亿元，同比增长65.8%，退保率为2.6%，同比上升1.1个百分点，其中，分红险退保金额度最高、增速最快，高达26.5亿元，同比增长74.5%。

三、金融市场运行与金融稳定

（一）金融市场运行状况

1. 同业拆借较为活跃，拆借利率波动较大

2011 年，辽宁省同业拆借市场累计拆借金额 3 151.2 亿元，同比增长 29.9%。资金流向以拆入资金为主，净融入资金 2 724.7 亿元。拆借利率较上年同期大幅上升，加权平均拆借利率最高达 5.1%，比上年同期高出 2.8 个百分点。交易主体仍集中于城市商业银行，其中盛京银行拆入资金占全省拆借总量的 89.7%。

2. 债券市场保持弱市，国债发售量增长迅猛

2011 年，辽宁省债券市场整体保持弱势小幅震荡走势，全年交易总量 61 376.7 亿元，同比下降 1.45%。其中债券回购交易最为活跃，成交 39 709.4 亿元，同比增长 11.5%；现券买卖交易大幅萎缩，成交 21 188.9 亿元，同比下降 19.2%。债券结算代理业务出现下滑，代理结算量 148.8 亿元，同比下降 70.1%。发售储蓄类国债 99.7 亿元，同比增长 39.5%。记账式国债交易额有较大幅度上升，柜台交易量 6 424.1 万元，其中第四季度销售 4 319.1 万元，环比增长 9.7 倍。

3. 票据融资余额持续下降，票据贴现利率上升较快

由于信贷规模受到严格控制，金融机构开始主动压缩票据业务，且随着贴现利率走高，企业贴现票据意愿降低。2011 年，辽宁省金融机构人民币票据融资余额 779 亿元，同比减少 19%，降幅较同期缩小 8 个百分点。

4. 黄金市场发展迅猛，商业银行黄金交易增长强劲

2011 年，辽宁省黄金市场迅猛发展。辽宁省商业银行代理上海黄金交易所业务累计成交金额 69.9 亿元，同比增长 26.1%；成交品牌金 6 331 千克，成交金额 21.2 亿元，同比分别增长 72.5% 和 100.3%；个人账户金本币累计成交 45 598 千克，成交金额 154.3 亿元，同比分别增加 61.4% 和 100.4%；美元金累计成交 150 713 盎司，成交金额 24 489 万美元，同比分别增加 114.5% 和 177.8%。

5. 外汇市场平稳运行，即期交易和外币对交易大幅上升

2011 年，辽宁省银行间外汇市场即期交易同比大幅增长，全年共成交 3 623 笔，成交金额折合 873 023 万美元，同比增加 30.7%。外币对交易增长迅猛，全年共成交 4 437 笔，成交金额 607 115 万美元，同比增长 105.3%，其中盛京银行交易量占总交易量的 99.4%。

6. 民间融资活跃度减弱，融资规模降低

2011 年，辽宁省民间融资趋于谨慎，在融资发生额、融资余额等方面均出现明显下降趋势。据测算，辽宁省民间融资规模约为 867.9 亿元，同比减少 175.1 亿元，利率总体水平高出银行最高利率 2 ~ 8 个百分点。调查显示，民间融资主要投入实体经济，65.6% 的农户融资用于农业生产，89.2% 的企业及 68.5% 的个体工商户的融资用于生产经营。

（二）金融市场运行与发展中的问题

1. 农村金融市场发展相对缓慢，融资渠道单一

目前农村金融市场仍然以传统的存、贷、汇业务为主，金融工具单一，服务品种较少，市场体

系尚不完善。尤其是村镇银行等新型农村金融机构仍未允许加入同业拆借市场，面临吸储难度大、融资渠道少、资金调剂难等问题，导致农村经济多元化的金融需求得不到有效满足，影响农村经济的良性发展。

2. 民间融资缺乏有效监管，潜在风险不容忽视

由于民间融资具有交易随意性和高利率的特征，一方面在一定程度上扰乱了金融秩序，加大了货币政策执行难度，削弱政策针对性和有效性；另一方面高额借款利息加重了企业财务负担，违约风险可能加大，潜在风险应引起重视。

3. 黄金市场法规建设滞后，监管体系亟待完善

黄金市场放开后，新业务和新产品不断推出，导致现行的黄金市场监管法规已明显不适应新形势下黄金市场管理的需要；目前黄金市场存在多头监管的现象，在监管权力的界定、监管手段的区分等方面存在分歧，极易出现监管重叠和监管真空。

四、金融基础设施与金融稳定

（一）支付结算体系

1. 辽宁省支付结算体系现状

2011 年，辽宁省共处理大额支付系统业务 2 155.4 万笔、金额 73.8 万亿元，同比分别增长 43.8% 和 23.8%；小额支付系统共处理业务 2 387.7 万笔、金额 2 906.7 亿元，同比分别增长 45.2% 和 2.4%；支票影像交换系统共处理支票业务 6.05 万笔、金额 51.08 亿元，同比分别增长 2.7% 和 7.8%。稳步推进新版票据实施，积极推动“中职卡”发放。大力推进农村支付服务环境建设，农信银清算系统实现农村地区全覆盖。银行卡助农取款服务业务取得较大进展，各县农村地区 ATM 及 POS 机布放实现零突破，农村地区人均持卡 0.99 张，持卡消费金额占社会消费品零售总额的比重达到 21.7%。

2. 支付结算体系建设中需要关注的问题

一是支付结算法规体系亟待完善。应尽快启动《支付系统管理条例》以及《票据法》《票据管理实施办法》《支付结算办法》《银行卡条例》《人民币银行结算账户管理办法》等法律法规的制定和修改工作，提高支付体系的监管层次，完善支付系统的制度性安排，防范系统性风险。二是许多未取得支付业务许可证的非金融机构仍从事支付业务潜在风险较大，亟待加强监管，适时清理。

（二）法律环境

1. 辽宁省法律环境现状

2011 年，辽宁省金融业运行法制基础进一步加强，法律环境持续改善。立法工作取得新成效，行政执法水平进一步提升，执行工作进一步加强，债权人合法权益得到有效保护，全年执结案件 98 732件，执行金额 418.2 亿元。全省金融债权保护力度加大，金融维权案件审判独立性增强，金融债权得到及时有效的维护。通过多种形式的金融法律宣传，各类金融机构和广大人民群众的金融风险防范意识、法律意识和维权意识进一步提高。

2. 法律环境建设需要关注的问题

一是黄金市场规范制度缺失，建议尽快制定出台《黄金市场管理条例》，以适应我国黄金管理体

制的迅速变化及黄金市场高速发展的需要，提高我国金融市场以及黄金市场的综合竞争力。二是金融消费者权益保护法律法规不健全，金融消费者权益被侵害的情况普遍存在，消费者维权难度较大。

（三）反洗钱工作

1. 辽宁省反洗钱工作现状

反洗钱监管工作创新发展，成效显著。一是以强化非现场监管为核心，多维度同步优化监管措施，非现场监管手段进一步完善，监管的效率和效果显著增强。二是实施洗钱风险评估，为反洗钱工作健康持续发展奠定基础。反洗钱案件侦破工作取得新进展，完善了与公安机关的情报会商制度，建立了与辽宁证监局的信息共享制度；加大了反洗钱非现场监管工作力度，提高了风险识别能力。全年共上报重点可疑交易报告 1 488 份，向公安机关移交线索 11 条，协助破获包括克隆境外银行卡提现等新形式犯罪在内的案件 2 起，涉案金额 8 亿多元，协查案件 4 件，涉及金额 6 亿元。

2. 反洗钱工作需要关注的问题

一是第三方支付组织的增加、保险机构的扩张、城市商业银行异地分支机构的设立，使监管资源和被监管对象不匹配的矛盾加剧，如何有效配置监管力量是现阶段反洗钱事业发展的关键。二是行业间、机构间以及地区间的业务种类、规模以及反洗钱工作水平存在较大差异，成为监管工作中的难点。

（四）征信体系

1. 辽宁省征信体系建设现状

征信系统建设继续平稳推进，数据质量进一步提高，全省地方性金融机构征信数据质量综合评分均达到 98 分以上，居全国前列。征信系统服务水平进一步提升，创新开发征信业务电话语音和网络咨询服务，为社会公众提供优质征信服务。中小企业信用体系建设继续深化，全省累计建立中小企业信用档案 53 619 户，同比增长 30%，已有 14 840 户中小企业取得了金融机构的授信意向。信用体系建设继续向农村延伸，全省共征集农户信用档案 453 万户，并对其中 346 万农户进行了初步信用评价，对已进行信用评价的 340 万农户累计发放贷款 1 281 亿元，贷款余额 663 亿元，基本形成了“农户 + 征信 + 信贷”的业务模式。信用评级市场监管手段不断完善，评级业务质量稳步提高。2011 年辽宁省实现借款企业评级业务 703 笔，担保机构评级业务 279 笔，担保机构信用评级长效机制已基本形成。

2. 征信体系建设中需要关注的问题

一是征信法律法规建设滞后，履行征信管理职责缺乏法律保障。二是社会信用体系建设缺乏统一规划，征信体系建设、地方信用体系建设和行业信用建设尚未形成有效合力。三是信用评级机构的监管框架需要进一步完善，信用评级行业自律组织亟待建立。

（五）金融生态环境

2011 年，随着辽宁省沿海经济带开发建设、沈阳经济区一体化与西北突破三大战略的实施，全省区域经济实力大幅提升，经济金融运行环境持续改善，金融债权法律和执法体系不断完善，金融生态环境建设向纵深方向发展。

1. 辽宁省金融生态环境建设情况

2011 年，辽宁省继续加大政府关联类不良贷款清理力度，重点清理了公益事业、国有企业及其他类不良贷款，基本完成了政府关联类不良贷款清理任务。省属企业历史工资拖欠问题已全部妥善处理，提升了国有企业的诚信度。完善信用奖惩联动机制，曝光了第三批6起典型失信案件。

2011年，全省清理政府规章、规范性文件2 033件；辽宁大连经济技术开发区被评为中国最佳投资环境开发区；加强区域信用信息共享，召开了东北四省（区）信用体系建设工作会议，辽宁、吉林、黑龙江、内蒙古自治区签署了企业信用信息互查协议，与深圳、浙江实现了信用信息共享。

2. 金融生态环境建设中需要关注的问题

一是基层信用数据交换平台建设有待进一步推进和完善；二是信用信息的质量和应用性有待进一步提高；三是信用建设的法制保障有待加强。

五、金融稳定总体评估及政策建议

（一）总体评估

2011年，人民银行沈阳分行继续采用层次分析法和专家评价法相结合的多指标综合评价法，从宏观经济、金融机构和金融生态环境三方面对辽宁省的金融稳定状况进行定量评估。经过计算，2011年辽宁省金融稳定状况综合得分为79.5分，较上年的77.4分上升2.1分，稳定状况良好，属B类地区。辽宁省金融稳定状况出现好转的主要原因，经济方面，虽然2011年地区生产总值增速比上年有所回落，但城镇居民和农村居民收入继续保持高速增长，增速比上年分别提高3.1个和4.2个百分点；金融方面，银行业金融机构的核心资本充足率提高，不良贷款率降低，银行服务密度增加，金融服务效率和质量显著提升。

（二）政策建议

1. 积极转变经济增长方式，推动经济可持续发展

注重投资、消费、出口的协调增长，注重实体经济投资，提高投资效率。大力发展民营经济和中小微型企业，全面落实各项扶持政策，进一步加大国有企业改革力度，完善国有资产管理体制。坚持扩大内需战略，充分发挥消费对经济的拉动作用，深入挖掘新的消费增长点，制定刺激消费的新政策，提升消费对经济增长的贡献率。加大对外开放力度，优化外贸结构，提升出口企业的竞争力。充分利用国家各项扶持政策，发挥沿海经济带和沈阳经济区的带动和辐射作用，促进区域经济协调发展。

2. 强化理性经营理念，不断完善地方法人金融机构风险管理体系

稳步实施新监管标准，强化商业银行理性经营意识，加强流动性风险管理体制建设，切实做好前瞻性的风险防范。银行机构要结合自身业务特点及风险偏好，制定流动性风险管理政策和程序，改进管理方式，提高流动性风险管理的精细化程度和专业化水平；改进负债考核方式，杜绝冲时点等不审慎行为，防止存款规模大起大落；拓宽资金来源渠道，增加稳定的资金来源，合理配置资产期限；适当增加高流动性资产的持有量，优化资产负债期限结构。

3. 继续贯彻房地产调控政策，促进房地产市场健康发展

继续贯彻落实各项调控政策，巩固宏观调控成果，确保调控政策的稳定和延续性。研究实行更多的经济政策和经济手段遏制投资投机性需求，促进房价合理回归。合理规划土地供应，避免土地

市场大起大落所造成的房地产市场波动，加快普通商品住房建设，扩大有效供给，促进房地产市场健康发展。进一步完善住房供应体系，坚持市场供给的同时扩大政府保障性住房的供应。

总　　纂：李立君　薛　静
统　　稿：王庆国　刘　涛　谭福梅
执　　笔：谭福梅　许　胜　由　华　高　鹏　金庆鹏　姜　林
其他参与写作人员（按姓氏笔画排序）：
王　勇　卢心慧　安英俭　刘　萍　刘昊然
纪瑞朴　宋　刚　李士涛　李贵德　张冰莹
张次兰　张晓玲　张　莉　陈秀龙　陈庆海
苗丽光　郭宝华

吉林省金融稳定报告摘要

2011年吉林省经济金融运行保持了总量稳定增长、质量不断提高的良好态势，经济总量跨上万亿元新台阶，经济结构调整步伐加快，带动金融业快速成长。金融体制改革不断深化，银行业经营效益大幅提升，公司上市融资取得新进展，保险业社会保障功能进一步发挥。金融市场加快发展，金融基础设施建设不断完善。在金融稳健运行的同时，吉林省区域金融市场规模较小、发展相对缓慢、竞争力不足等问题仍然存在。

一、区域经济运行与金融稳定

2011 年，吉林省实现地区生产总值 10 530. 71 亿元，同比增长 13. 7%，经济实力达到新的水平；按常住人口计算，人均地区生产总值达到 38 321 元，以年末汇率折算，超过 6 000 美元。

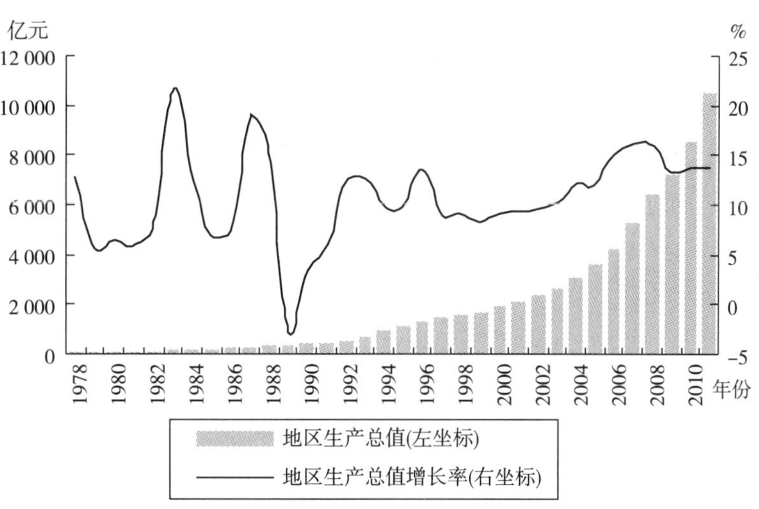

数据来源：吉林省统计局。

图 1　1978—2011 年吉林省地区生产总值及其增长率

1. 三次产业结构进一步优化

2011 年，吉林省第一、第二、第三产业分别增长 5. 1%、17. 5% 和 10. 9%，三次产业比重由 2010 年的 12. 1:52. 0:35. 9 调整为 11. 5:53. 9:34. 6。近 5 年来，吉林省第二产业比重提高了 8. 2 个百分点，工业化进程稳步深入。其中，粮食生产获得特大丰收，粮食总产量 634. 2 亿斤，增长 11. 6%；吉林省规模以上工业增速 18. 8%，利润增长 44. 6%，重点产业得到优化发展；服务业增加值增长 10. 9%，计算机服务和软件业、文化产业等现代服务业实现较快发展。

2. 投资拉动效果显著

从2005年以来，吉林省投资增速已连续7年实现高位运行，2011年，吉林省完成全社会固定投资7 441.71亿元，同比增长30.3%；城镇固定资产7 221.6亿元，增长30.4%，第一和第三产业投资比重分别提高1.1个和0.3个百分点。农业方面，实施增产百亿斤商品粮能力建设，西部土地整理和中东部土地治理示范项目进展顺利。工业方面，以战略性新兴产业重大专项、高新技术产业重大专项和产业计划研发专项为代表的战略性新兴产业投资增长27.2%。

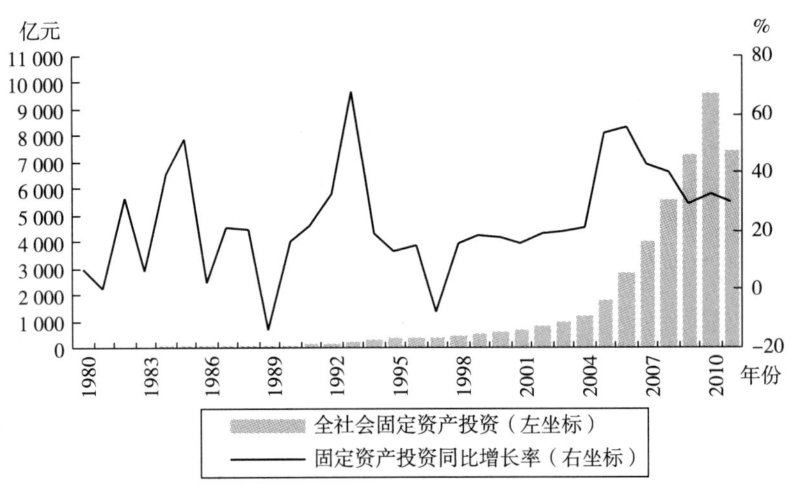

数据来源：吉林省统计局。

图2 1980—2011年吉林省全社会固定资产投资总额及其增长率

3. 消费市场不断扩大

2011年，吉林省社会消费品零售总额增长17.5%，全年消费热点集中在汽车类、建筑装饰材料类、家具类等产品，其零售额分别增长25.5%、37.3%和34.5%。到2011年末，全省限额以上零售企业个数达到1 711个，比年初增加了近100个。全省投资总量与消费总量之比由2010年的2.75:1调整为1.81:1，消费对经济增长的贡献度逐渐提高，需求结构正在向均衡方向调整。

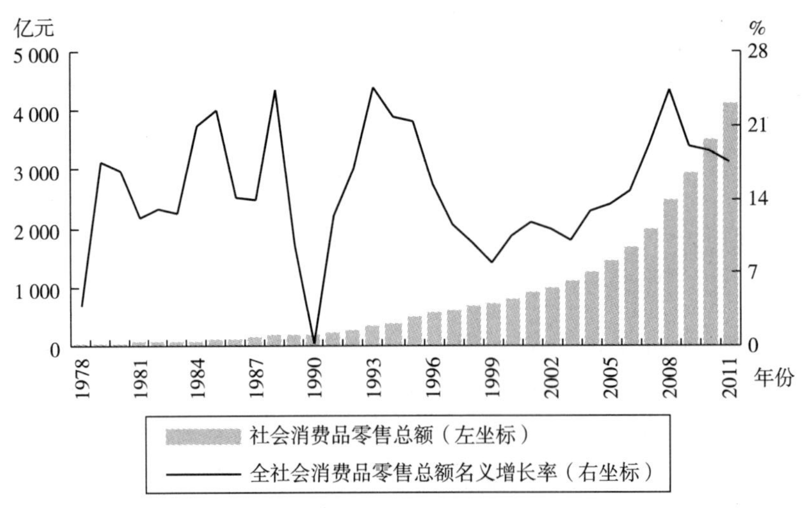

数据来源：吉林省统计局。

图3 1978—2011年吉林省全社会消费品零售总额及其名义增长率

4. 对外经济总体增长强劲

2011 年，吉林省外贸进出口总值完成 220 亿美元，同比增长 30.9%。其中，出口总额 49.98 亿美元，增长 11.7%；进口总额 170.49 亿美元，增长 37.8%。

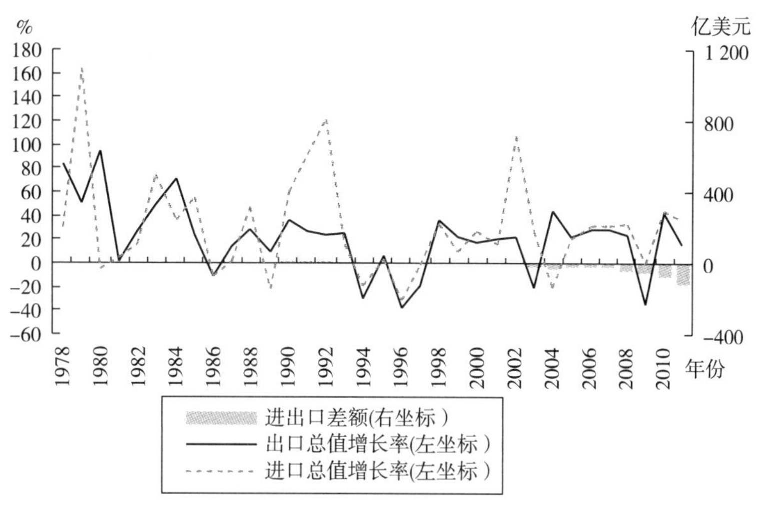

数据来源：吉林省统计局。

图 4 1978—2011 年吉林省外贸进出口变动情况

5. 城乡居民收入水平提高较快

2011 年，吉林省城镇居民人均可支配收入为 17 796.6 元，同比增长 15.5%；农民人均纯收入 7 509.9元，同比增长 20.4%。为促进农民工就业，全省新建农民工返乡创业基地 21 个，总量达到 110 个，农村劳动力转移就业 372.3 万人，实现劳务收入 314 亿元，农民人均劳务收入 2 100 元。

6. 财政收支运行平稳

2011 年，吉林省一般预算全口径财政收入和地方级财政收入分别为 1 620.1 亿元和 850.1 亿元，分别增长 34.3%、41.1%；地方级一般财政预算支出 2 201.74 亿元，增长 23.2%。

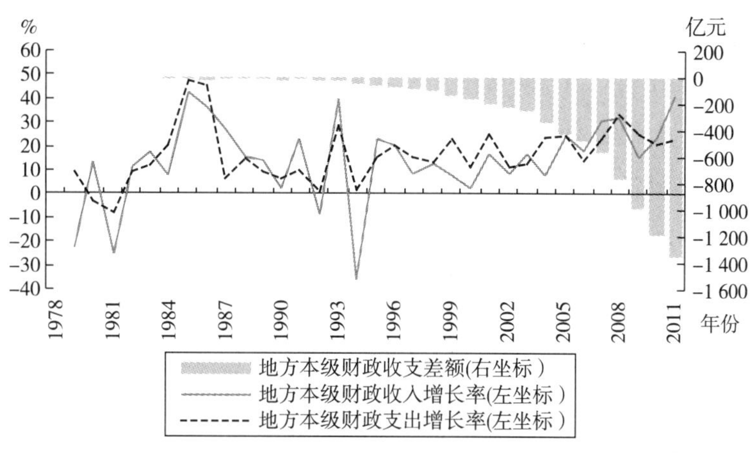

数据来源：吉林省统计局。

图 5 吉林省财政收支状况

7. 节能减排取得实际成效

吉林省经济运行质量在今年得到明显提升，万元地区生产总值能耗下降3.48%，技术改造经费继续增加，技改对工业经济新增效益的贡献率超过50%。化学需氧量、氨氮以及二氧化硫排放量分别同比下降1.8%、1.0%和1.1%，氮氧化物排放量同比上升3.9%，全部实现了2011年的减排目标。在投资方面扎实推进节能减排工作，全省高耗能行业投资同比下降10%左右。金融支持企业节能减排和环保产业，“绿色信贷”理念进一步加强。

在经济保持平稳较快发展态势的同时，一些长期积累的体制性、结构性矛盾仍然需要解决。物价总水平高位运行，通胀调控难度较大；工业企业产品资金和应收账款净额两项资金占用上升，亏损企业亏损额增加，企业资金回流缓慢，资金明显紧张；房地产市场热度减退，投资投机购房需求受到抑制，房地产商在资金流转、市场销售等方面面临较大的压力。

二、金融业与金融稳定

2011年，吉林省金融业稳健性总体提高，但是仍需注意防范当前复杂多变的经济形势对金融体系中存在的脆弱环节进行冲击而造成不利的影响。

（一）银行业分析

银行业运行整体情况表现在以下几个方面。

（1）经营规模稳步扩大，机构改革取得成效。2011年，吉林省银行业金融机构资产总额14 981.26亿元，同比增长13.01%；负债总额14 591.79亿元，同比增长12.85%。银行业金融机构改革逐步推进，农业银行“三农事业部”改革试点效果明显，华夏银行和盛京银行在长春设立分支机构。地方法人机构改革成果明显，一汽财务公司与吉林银行共同筹建一汽汽车金融公司工作基本完成；舒兰、榆树、长白山保护开发区农村信用合作社和延边农村合作银行先后转制成为农村商业银行，吉林省农村商业银行数量达到6家；农村新型金融机构进一步增加，全省新设村镇银行8家，2011年末村镇银行数量达到20家。地方法人机构继续实现跨区域发展，吉林银行、长春农村商业银行、九台农村商业银行分别在辽宁、黑龙江等地跨省设立了分支机构。

（2）存贷款规模适度增长，信贷投放结构得到优化。2011年，吉林省银行业金融机构本外币各项存款余额10 961.95亿元，同比增长12.92%，当年新增存款1 196亿元，同比少增91.2亿元。本外币各项贷款余额8 240.92亿元，同比增长15.52%。当年新增贷款1 129亿元，同比多增142亿元。贷款重点投向重点项目和重大工程建设、“三农”领域和消费、民生等领域。

（3）资产质量提高，利润大幅增加。2011年末，吉林省银行业金融机构五级分类不良贷款余额比年初减少237.1亿元，不良贷款率比年初下降4.14个百分点。全省银行业金融机构全年实现净利润合计163.1亿元，同比增盈99.1亿元，是上年的2.6倍。

（4）业务多元化发展，表外业务和中间业务增长迅速。2011年，吉林省银行承兑汇票、委托贷款、跟单信用证、保函和承诺等表外授信业务余额达到2 163.5亿元，同比增长41.99%，新增639.9亿元。同时，银行机构基金、银行卡、电子银行等中间业务收入大幅增长，对增加利润来源贡献度提高，全年累计实现中间业务收入58.5亿元，同比增加22.4亿元，增长62.04%。

尽管2011年吉林省银行业发展取得了显著进步，但是仍然存在着一定的风险隐患，需要密切关注。银行机构存款增长乏力，波动性加强，流动性管理面临挑战；未来3年政府融资平台贷款集中进入本金偿还期，临近到期的平台贷款还款压力将会较大；部分法人机构风险管理能力仍需加强，资本金补充需求强烈，抵御风险能力需要进一步提升。

（二）证券业分析

2011年，吉林省证券业市场交易规模下滑幅度明显，法人证券公司资产规模、收入水平和盈利能力均不同程度地下滑，但总体风险安全、可控；资本市场融资功能进一步提高，首发上市数量稳步增加，上市公司保持稳定盈利能力，质量继续显著提升。

1. 证券交易规模下滑幅度明显

2011年吉林省证券交易总额5 883.88亿元，同比减少35.55%。其中，股票交易额（A股、B股）为5 556.43亿元，同比减少35.69%；基金交易额55.25亿元，同比增加42.62%；债券交易额10.79亿元，同比减少18.31%；权证交易额17.67亿元，同比减少86.12%。

2. 法人证券公司资产规模、收入水平和盈利能力均不同程度地下降，抗风险能力亟需加强，但总体风险安全、可控

受资本市场行情和外部不利因素的影响，吉林省法人证券公司相关业务指标均受到较大冲击。一是资产负债规模方面，截至2011年末，吉林省法人证券公司资产总额合计130.96亿元，同比下降35.45%；负债总额合计96.7亿元，同比下降41.31%；净资产总额34.26亿元，同比下降10.15%。二是收入水平方面，法人证券公司全年实现营业收入8.38亿元，同比下降52.08%。三是盈利能力方面，2011年，法人证券公司预计利润总额为-1.6亿元，东北证券自上市以来首次出现年度亏损，但法人证券公司净资本等风险控制指标总体仍处安全范围。其中，净资本充足率为92.44%，同比减少5.27个百分点；净资本负债率为305.34%，同比减少31.05个百分点。

3. 资本市场融资功能进一步提高

截至2011年末，吉林省辖区内共有A股上市公司37家，2011年新增上市公司2家，首发募集资金合计18.61亿元。至此，辖区内A股上市公司总股本198.48亿股，累计募集资金312.17亿元。

4. 债券直接融资实现增长

截至2011年末，吉林省企业债务融资余额达到262亿元，同比增长55.95%；全年新增债券融资量为126.7亿元，较上年同期多增84.7亿元，同比增长逾2倍。其中，中期票据64亿元，短期融资券12亿元，市政项目建设债券43亿元，公司债7.7亿元。同时，从融资结构看，银行贷款间接融资方式仍为主导，全年贷款新增150.1亿元，是债券、股票两者的1.7倍；直接融资比重持续提高，融资结构进一步改善，债券与股票两者合计占全年融资量的11.4%，创2001年以来的历史最高。

在吉林省证券业发展过程中，仍然存在很多问题，需要关注和重视。一是国内外经济形势更趋复杂，国际上欧债主权危机顺利解决的前景堪忧，国内经济增长下行和通胀上涨的压力不断加大，这些问题都将通过实体经济、金融市场和投资者预期等各种渠道对证券行业产生负面影响，直接增加了辖区证券业持续发展和风险防范的压力和难度。二是与国内发达地区相比，吉林省资本市场募集资金总量偏低，多层次资本市场体系建设程度较弱，促进实体经济发展、弥补实体经济短板的功能有待进一步加强。2011年，全省新增上市公司家数占全国的比重为0.7%，债券融资额比重为0.45%，股票融资额比重仅为0.37%。三是吉林省法人证券公司净资本水平较低，缺乏长效稳定的资本补充机制，与国内一流券商差距较大。净资本规模的低水平已经对证券公司分类评级、营业网

点拓展、融资融券和直投等业务的拓展和规模扩大产生了滞后影响。四是当前证券行业人才在数量和质量方面均无法满足市场快速稳定发展的需要，亟需搭建人才培养和流通平台，完善人才储备和培养长效机制。

（三）保险业分析

2011 年，吉林省保险机构数量稳步增加，市场主体呈现多样化，保费收入规模小幅增长，赔付支出略有增加，财产险保险公司盈利能力持续提高，人身险保险公司结构调整稳步推进，法人保险机构抗风险能力进一步提升，行业整体保持平稳健康发展态势。

1. 保险机构数量稳步增加，市场主体呈现多样化

截至 2011 年末，吉林省共有保险公司 25 家，同比增加 2 家，并且首次新增外资保险公司。其中，财产险保险公司 11 家，人身险保险公司 14 家，两者各新增保险公司 1 家。安盟保险公司作为吉林省辖内首家外资保险公司成立并开业，标志着吉林省保险市场主体进一步多样化。此外，吉林省辖内设有专业中介法人机构 39 家。

2. 保费收入规模小幅增长，赔付支出略有增加，保险保障功能进一步完善

2011 年，全省保险收入实现 223. 36 亿元，同比增长 6. 67%。其中，财产险保险收入为 69 亿元，同比增长 13. 33%；人身险保险收入为 154. 36 亿元，同比增长 3. 94%。全年累计赔付支出 59. 97 亿元，同比增长 11. 36%，保险保障功能进一步完善。其中，财产险赔付支出为 30. 96 亿元，同比增长 7. 8%；人身险赔付支出为 29. 01 亿元，同比增长 15. 43%。保险密度和保险深度均出现不同程度的下降，保险密度达到 809 元/人，同比下降 7. 33%；保险深度为 2. 15%，比上年下降 0. 64 个百分点。

3. 财产险保险公司盈利能力持续提高，承保利润率全国排名居首

2011 年，吉林省辖区财产险公司累计实现承保利润 7. 27 亿元，同比增长 45. 69%，净增加 2. 28 亿元。承保利润率 12. 44%，同比提高 2. 48 个百分点，比全国平均水平高 7. 7 个百分点。机动车辆保险承保利润 4. 91 亿元，成为财产险公司利润的主要来源，车险承保利润率达 12. 44%，比全国同期平均水平高 8. 35 个百分点。

4. 人身险保险公司结构调整稳步推进，保障人身险业务平稳增长

2011 年，吉林省人身险保险公司稳步推进结构调整，传统保障性险种占比提高。意外险和健康险分别实现保费收入 2. 74 亿元和 9. 4 亿元，同比增长 31. 14% 和 24. 67%，两者合计占比 7. 93%，较上年提高 1. 4 个百分点。

5. 政策性农业保险规范发展，为服务“三农”发展起到了积极作用

2011 年，吉林省共有 225. 95 万农户参加农业保险，占全省农户总数的 61. 4%；五大作物参保总面积达到 239. 6 万公顷，占五大作物二轮土地承包面积的 67. 1%；全年政策性农业保险实现承保利润 2. 09 亿元。同时，吉林省农险经办机构还积极开展政策性辣椒保险和农业设施保险试点工作，为扩大农业保险覆盖面，推动特色农业发展和农业产业化进行积极且有益的探索，为服务“三农”发展起到了积极作用。

2011 年，国内外经济形势动荡增加了区域保险业持续发展和风险防范的压力和难度，尤其是与发达地区相比较，吉林省保险业发展水平仍然较低，当年保费收入增速低于全国平均水平，业务结构比较单一，粗放式的行业发展方式仍需转变，农业保险虽然取得了明显成效，但发展上仍然需要政策支持。

三、金融市场与金融稳定

（一）信贷投放与资金价格

2011 年，吉林省金融机构认真贯彻落实国家宏观调控政策，主动调整经营理念和信贷行为，有效保持信贷合理适度增长。截至年末，全省金融机构人民币贷款余额 8 126 亿元，同比增长 15.11%，较同期回落 0.47 个百分点。信贷结构得到进一步优化，一是重点支持了“三农”经济发展。全省涉农贷款新增 345.6 亿元，占各项新增贷款 30.6%，优先保证备春耕生产和粮食收购资金需求。二是重点支持了重点项目和重大工程建设。全省固定资产贷款新增 356.4 亿元，占全部新增贷款的 31.6%。三是加大企业生产经营支持力度。全省单位经营贷款新增 177.5 亿元，同比多增 39.1 亿元，上年度企业经营贷款投放较少的状况得到明显改善。四是积极支持战略性新兴产业发展。16 家金融机构调度数据显示，新能源、生物医药及轨道客车等战略性新兴产业贷款余额 460.9 亿元，新增 23.9 亿元。五是积极支持居民扩大消费。全省个人消费贷款新增 173.4 亿元，余额同比增长 18.2%，高于各项贷款平均增速 2.7 个百分点，重点满足居民购房、购车等消费需求。六是民生领域贷款稳步增加。全省累计发放小额担保贷款 11.5 亿元，直接支持 2.3 万余人，间接带动 9.5 万余人实现就业再就业；新增棚户区、廉租房、农村泥草房改造等“八路安居”工程贷款 31.4 亿元。

2011 年，人民银行 3 次上调人民币存贷款基准利率，银根收紧与市场资金需求紧张的局面通过利率水平总体升高反映了出来。12 月吉林省银行业金融机构新发放贷款中利率上浮的比例比上年同期提高了 21 个百分点，利率下浮的比例则下降 12 个百分点。1 月、3 月、6 月、9 月和 12 月，全省金融机构各期限贷款加权平均利率分别为 6.96%、7.44%、7.51%、7.88% 和 8.17%，利率水平呈稳步走高态势。其中，6 个月（含）以下短期贷款和个人住房贷款利率上升较多，分别较上年末提高了 1.8 个百分点和 2.2 个百分点。

（二）主要金融市场交易

2011 年，随着稳健货币政策的实施，吉林省金融机构流动性水平相对趋紧，金融市场继续平稳运行，各市场交易量活跃，交易额稳步攀升。全省拥有全国银行间同业拆借市场会员机构 21 家，场外融资电子备案系统备案的会员机构 78 家，全国银行间债券市场会员机构 29 家，上海黄金交易所会员机构 2 家，约 40 万个人投资者通过商业银行网点和电子银行业务参与国债、黄金、外汇等产品的二级市场柜台交易。

1. 同业拆借市场流动性趋紧，机构融资意愿整体增强，利率水平持续走高

全年 16 家机构累计成交 765.09 亿元，同比增长 1.1 倍，成交量创历年新高。随着存贷款基准利率和存款准备金率上调的影响，全年同业拆入加权利率 3.87%，同业拆出加权利率 3.92%，同比分别提升了 208 个和 183 个基点。

2. 银行间债券市场加速发展

吉林省银行间市场全年累计成交 4.98 万亿元，比上年翻倍，累计净融入资金 2.34 万亿元，资金流向净融入特征明显。市场结构和功能进一步优化，受流动性趋紧影响，回购交易继续大幅增长，累计成交 2.78 万亿元，同比增长 1.26 倍，均创历史新高。现券交易全年累计成交 2.13 万亿元，同

比增长 67%，为应对存款准备金率上升对流动性的冲击，全年机构大幅减少债券资产，净卖出债券 466 亿元。受央行加大流动性回收力度、上调存款准备金率等政策因素影响，市场流动性相对趋紧，全年回购平均利率为 3.89% 和 3.52%，同比提高 112 个和 93 个基点。

3. 票据承兑和贴现业务较快增长

2011 年末，吉林省商业汇票余额 349.34 亿元，同比上升 34.6%，累计签发商业汇票 899.8 亿元，同比上升 53.7%。受制于银监部门实施均衡放贷的监管，金融机构普遍采用通过缩减票据融资量及转贴现方式降低票据融资占比，以腾挪信贷规模，票据贴现全年累计 8 860.6 亿元，同比增长 6.9%，在贷款规模总量一定的情况下，金融机构将更多的信贷资金投向高收益的贷款中，支持实体经济发展。

4. 银行结售汇交易增幅放缓，黄金市场交易继续平稳增长

全年外汇收支形势整体稳中有进，银行结售汇规模突破 200 亿美元，同比增长 20.91%，但增速趋缓。2011 年，黄金价格高位波动，2 家上海黄金交易所会员机构惜售意愿增强，全年销售黄金 3.48 吨，同比下降 19%；商业银行“纸黄金”业务发展势头良好，全年累计成交 66.19 亿元人民币，同比增长 65.6%。

四、金融基础设施与金融稳定

（一）支付体系建设

2011 年，吉林省支付体系继续保持平稳高效运行，各项支付业务量持续增长。各类支付系统全年共处理支付业务 19 410.07 万笔，金额 37.93 万亿元，同比分别增长 41.24% 和 46.9%。

非现金支付工具业务量稳步增长，社会资金交易愈加活跃。全年使用票据、银行卡、汇兑等支付工具办理支付业务 5.34 亿笔，金额 132 846.02 亿元，同比分别增长 18.01% 和 43.02%，增速比上年减缓 22.13 个和 0.49 个百分点。

银行卡业务量继续保持增长态势，受理环境持续得到改善。2011 年，吉林省共发生银行卡交易 5.13 亿笔，金额 47 278.94 亿元，同比分别增长 18.78% 和 23.38%，增速分别较上年减缓 23.41 个和 46.85 个百分点。其中，随着银行卡消费功能逐渐得到社会公众的接受和认可，消费业务量继续保持较快增长，全年实现银行卡消费 8 973.81 万笔，金额 1 615.34 亿元，同比分别增长 43.82% 和 42.17%。截至 2011 年末，吉林省共计布放 ATM 6 176 台、POS 机 42 858 台，特约商户 34 181 户，比上年分别增长 33.88%、30.84% 和 34.01%，银行卡受理环境得到进一步优化和改善。

信用卡业务持续较快发展，逾期半年未偿信贷金额连续三年快速增长，信用卡资金风险值得关注。2011 年末，吉林省信用卡信贷总额 281.58 亿元，同比增长 39.51%；应偿信贷总额 56.22 亿元，同比增长 111.91%；逾期半年未偿信贷总额 7 205 万元，同比增长 92.96%。虽然逾期半年未偿信贷总额占期末应偿信贷总额的比重连续三年下降，但逾期半年未偿信贷金额同比增长 92.96%，增速比上年加快 48.46 个百分点，连续三年大幅上升。

（二）金融法制环境建设

2011 年，吉林省金融司法环境和监管体系建设进一步改善。2011 年，吉林省法院系统审结涉及

融资、借贷、证券、保险、票据、担保等金融案件14 596件，为吉林省加快经济发展方式转变、保持经济持续平稳较快发展提供了有效的法律服务和司法支持。

人民银行长春中心支行等金融监管部门进一步加强调控、指导和监督管理力度，强化监管手段，打击违法违规行为，有效保障各项金融政策法规的贯彻落实，促进吉林省金融业健康发展。人民银行长春中心支行全面推进“两管理、两综合、一保护”工作，组织制定金融机构综合评价管理办法、综合执法检查办法、重大事项报告制度、新设机构管理与服务指引四个规范性文件，形成了较为完备的“两管理、两综合”制度体系。全年收到金融机构报告重大事项523项，受理审核49家机构新开业申请。启动金融消费者保护试点，出台了《关于加强金融消费者保护工作的意见》。

（三）征信体系建设

2011年，征信系统覆盖面和信息采集量不断扩大，中小企业和农村信用体系深入推进，信用环境继续改善。截至2011年末，人民银行企业和个人信用信息基础数据库收录吉林省企业14万户，自然人1 655万人，全省金融机构全年查询量298万次，为金融机构有效防范信贷风险提供了有力支持。根据省内10家金融机构信贷监测网点统计，2011年通过查询征信系统拒绝高风险贷款252笔，涉及金额2 118万元。中小企业和农村信用体系建设工作继续深入推进，组织研发“吉林省中小企业融资超市”和“吉林省农村信用信息数据库”，多渠道采集中小企业和农户信息并面向金融机构提供查询，为解决中小企业和农户融资难问题提供信息服务和支持。区域信用体系建设的不断加强，对提高社会信用意识，帮助金融机构有效防范信用风险，改善区域金融生态环境，扩大信贷投入，促进经济健康快速发展发挥了积极作用。

（四）反洗钱体系建设

吉林省创新反洗钱工作理念，完善制度机制，有效传导反洗钱监管政策动向，依法合规开展现场检查，完善非现场监管方式方法，积极探索现场走访工作制度，深化反洗钱调研，不断加大宣传与培训力度，着力提高反洗钱行政调查与案件协查效果。全年共协助省公安厅、省检察院等单位开展反洗钱调查和协查364次，涉及账户2 000余户，协查涉案人员241人，涉案资金13.6亿元，成功破获职务犯罪、地下钱庄等多起案件。

五、总体评估和政策建议

（一）总体评估

2011年，面对复杂多变的经济环境，吉林省金融体系实现了稳健运行，综合实力和抗风险能力有效提升。社会融资规模进一步扩大，金融产品和服务创新活跃，有力支持了社会经济实现平稳较快发展。金融业呈现出规模、结构和效益同步提升的良好态势，抵御风险的能力进一步增强，金融体制改革深化，金融机构经营质量不断提高，盈利水平大幅提高，金融市场发展步伐加快，金融基础设施建设不断完善。各方面有利因素为实现区域金融稳定提供了较强的支撑，各方面潜在风险得到有效的控制和化解。

虽然吉林省金融体系发展取得了较大的成绩，但是在国际国内经济环境不确定性上升的情况下，还需密切注意防范金融体系中潜在的结构性和历史性问题可能造成的冲击。区域金融业规模较小，竞争力不足，内部风险控制不完善等问题仍然不同程度地存在，通货膨胀和企业资金面紧张的形势并存，房地产贷款和政府融资平台贷款面临行业调控压力等风险因素的暴露将可能影响区域金融业健康发展的趋势。

（二）政策建议

1. 贯彻落实国家积极的财政政策和稳健的货币政策，加快实现经济转型和结构调整

按照总量适度、审慎灵活的要求，兼顾促进经济平稳较快发展、保持物价稳定和防范金融风险。综合运用各种货币政策工具，调节好货币信贷供求，保持社会融资规模合理增长。发挥金融系统资源导向功能，优化金融资产配置，促进经济结构调整，转变发展方式，加大对实体经济的融资支持力度，探索和建立有效服务小微企业和“三农”经济的经营模式。

2. 深化金融改革，提高金融系统的抗风险能力

继续深化和完善政策性银行和大型国有商业银行股份制改革，扎实推进农业银行“三农金融事业部”改革试点。促进吉林银行、长春农村商业银行、东北证券等法人金融机构进一步充实资本金，加快推进农村信用社向农村商业银行转型，稳步推进新型农村金融机构建设。提高辖区上市公司经营质量，加快构建多层次资本市场体系，充分发挥保险业保障功能，完善农业保险机制建设。金融机构要向重视平衡风险与利润、重视质量与效益的集约型模式转变，在完成利润目标与风险控制之间取得平衡，实现可持续发展。

3. 构建宏观审慎管理框架，加强对区域系统性风险的监测评估，加强政府及监管部门之间的协调沟通，健全金融稳定协调机制

金融监管部门应进一步强化对金融机构的监督指导作用，督促金融机构树立审慎经营理念。密切关注经济增长减缓、物价上涨等不确定因素引起实体经济风险对金融体系造成的影响，加强对非银行金融机构和影子银行体系的监测，及时应对金融突发风险。

4. 完善和健全金融生态环境和金融基础设施建设

依法维护金融系统正常运转秩序，加大打击非法集资、高利贷等非法金融活动力度。强化信用卡风险管理，大力推进农村地区支付结算服务网络建设。完善社会信用体系建设，健全中小企业和农户征信信息系统。完善对证券、保险、村镇银行等后纳入管理范围的金融机构的反洗钱系统建设，建立全方位的反洗钱体系，严厉打击洗钱犯罪。打造健康、高效、稳定的金融生态环境，为区域金融业稳健运行打造良好的基础。

主　　任：张启阳
副 主 任：王春生
总　　纂：刘仁龙　李柏秋
统　　稿：刘　健
执　　笔（按姓氏笔画排序）：
王春萍　王景瑞　刘大为　刘　健　刘　镇　吕　斌　安立环
李红梅　陈　岩　宋　歌　吴　越　杨　珩　赵　锋　赵新欣
赵文瑞　高　歌　唐　欣　唐　珂　袁春旺　董凯军

黑龙江省金融稳定报告摘要

2011年，黑龙江省全面贯彻落实国家宏观调控政策，坚定不移地推进“八大经济区”和“十大工程”战略，加快发展“十大重点产业”，全省经济社会呈现增长加快、结构转优、质量向好、民生改善的良好发展态势。全年地区生产总值增幅超过预期，连续十年保持两位数增长；农业生产迈上新台阶，粮食产量、商品量居全国第一；固定资产投资保持较高增速，拉动经济增长作用显著；外贸进出口实现跨越式发展，对俄贸易优势明显；居民消费能力不断提升，物价总水平逐渐趋于稳定。金融业积极贯彻稳健货币政策，银行业存贷款规模合理增长，资本市场发展有所突破，保险市场平稳发展，金融稳定形势总体趋好。

一、经济运行与金融稳定

（一）经济运行基本情况

1. 经济实现平稳较快增长

2011年是“十二五”规划的开局之年。黑龙江省经济保持稳步较快增长，全年共实现地区生产总值12 503.8亿元，同比增长12.2%，高于全国平均水平3个百分点。

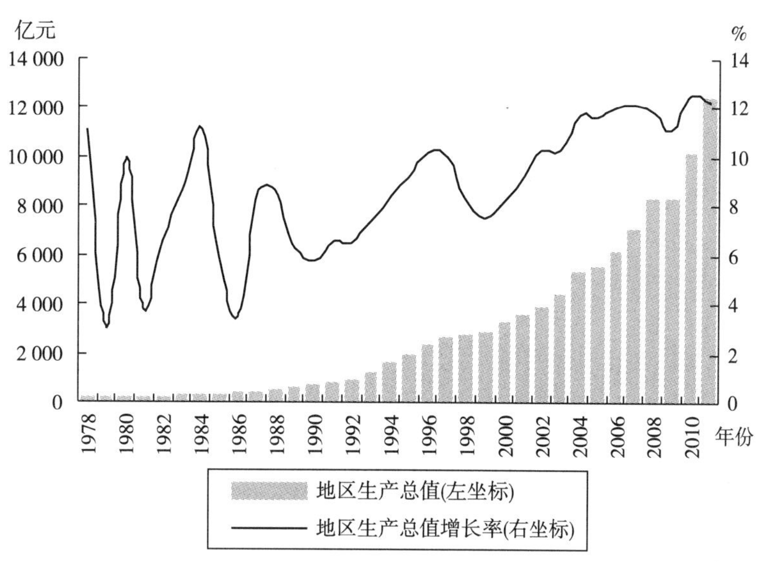

数据来源：《黑龙江统计年鉴》《黑龙江统计月报》。

图1　1978—2011年黑龙江省地区生产总值及其增长率

2. 转方式、调结构取得积极进展

全省第一、第二、第三产业分别实现增加值1 705.6亿元、6 317.3亿元和4 481亿元，同比分别增长6.2%、13%、13.1%。全省规模以上工业完成增加值4 808.6亿元，同比增长13.5%。工业运行的主要特点一是轻工业增幅高于重工业。轻工业实现增加值894.4亿元，同比增长13.9%，重工业实现增加值3 914.2亿元，同比增长13.4%。二是集体企业增幅高于国有企业。集体企业实现增加值153.9亿元，增长14%，国有及国有控股企业增加值3 443亿元，增长12.9%。三是石化、能源、食品及装备四大支柱产业实现总产值9 825.5亿元，增长24.6%，其中，石化工业、能源、食品工业分别增长24.6%、27.5%和33.3%，装备工业增长6.9%。

"三农"发展迈上新台阶。2011年，全省粮食生产再获大丰收，总产量达到1 114.1亿斤，同比增长11.1%，跃居全国第一位，占全国的比重达到9.8%，比上年提高0.6个百分点。新农村建设稳步推进，小城镇建设提档升级。

专栏1　粮食产量、商品量居全国"双第一"

2011年，黑龙江省粮食生产再创历史新高，总产达到1 114.1亿斤，商品量达到893.2亿斤，同比分别增长11.1%和13.7%，成为粮食总产和商品量"双第一"的省份。

一是增加播种面积。大力宣传并落实中央和省各项强农惠农富农政策，制定了粮食生产表彰奖励政策，播种面积达到20 637.8万亩，比上年增加314.5万亩。

二是种植结构优化。大力宣传国家提高水稻最低收购价政策和玉米市场前景看好的形势，全省水稻、玉米播种面积分别发展到5 171.3万亩、8 856.1万亩，比上年分别增加708.6万亩和1 008.3万亩。

三是种植标准提高。引导农民增加生产投入，协调金融机构加大信贷投放，全省春耕生产投入540亿元，比上年增加31.8亿元。落实国家级粮食高产创建万亩示范片682个，比上年增加149个。

四是落实抗灾措施。牢固树立减灾就是增产的思想，把抗灾夺丰收贯穿粮食生产全过程，制定了田管升级、防虫灭病、促熟提质等工作预案，提高了重大农业灾害应急处置能力。

服务业发展较快。全省实现第三产业增加值4 481亿元，同比增长13.1%，高于上年1.5个百分点。不断完善冰雪旅游、生态旅游、边境旅游等产品体系，全年接待国内旅游人数和实现旅游收入再创新高。推进现代物流与商贸流通、信息、旅游、金融等71个现代服务业重点项目。

3. 财政收支较快增长

受物价上涨、税收政策变化和征管水平提高等因素的影响，全省税收收入和非税收收入实现较快增长，全年共实现地方财政收入1 620.3亿元，同比增长32.5%。其中，一般预算收入997.4亿元，同比增长32%；基金预算收入622.9亿元，同比增长33.2%。全年完成地方财政支出3 398亿元，同比增长26.3%。其中，一般预算支出2 794.1亿元，同比增长24%；基金预算支出603.9亿元，同比增长38.1%。城镇居民人均可支配收入15 696元，比上年增长13.3%，农村居民人均现金收入7 591元，比上年增长22.2%。财政支出重点向经济结构调整、民生保障、支农惠农和公共投资等领域倾斜。

4. 固定资产投资继续保持高速增长态势

全省实现全社会固定资产投资 7 523.8 亿元，同比增长 31.8%，增幅高于全年目标 1.8 个百分点。其中，城镇固定资产投资（不含农户）7 206.3 亿元，同比增长 33.7%，增幅高于全国平均水平 9.9 个百分点。全省施工项目 8 844 个，同比增长 25.6%，其中新开工项目 7 191 个，同比增长 24.6%。

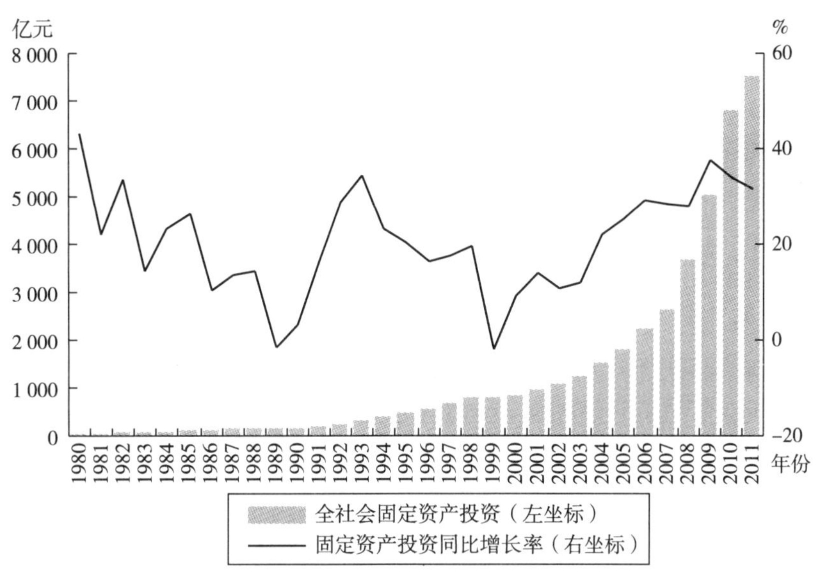

数据来源：黑龙江省发展与改革委员会。

图 2　1980—2011 年黑龙江省固定资产投资及其增长率

5. 外贸实现跨越式发展

黑龙江省外贸进出口总值 385.1 亿美元，同比增长 50.9%，高于全国外贸进出口增速 28.4 个百分点。其中，对俄出口额 43.5 亿美元，同比增长 1.5%；自俄进口额 146.4 亿美元，同比增长 3.6 倍（含俄罗斯原油管道进口 122 亿美元）。加入世界贸易组织 10 年以来，全省外贸进出口总额增长 10 倍以上，实际利用外资增长 3 倍，实现了跨越式发展。

6. 房地产业稳中有降

全省完成房地产开发投资 1 219.4 亿元，同比增长 44.6%，增速比 2010 年下降 4.9 个百分点；商品房施工面积 12 065.3 万平方米，同比增长 59.9%；商品房销售面积 3 395.4 万平方米，同比增长 24.9%，增速下降 10 个百分点；商品房销售额 1 357.5 亿元，同比增长 34.4%，增速下降 20.4 个百分点。

（二）宏观经济金融运行中需要关注的问题

1. 经济发展结构性矛盾依然突出

产业投资占固定资产投资比重小，产业对经济的支撑力度不强，经济发展的质量和效益有待提高，消费和出口对经济发展的贡献率仍然不足。工业经济发展对资源的依存度仍然很高，资源型城市经济转型和结构调整任务艰巨。

2. 对俄边境贸易对经济发展的拉动力需进一步增强

对俄出口产品竞争力不强，本土产品对俄出口份额占比不高。进口品种单一，对俄合作主体弱小，投资领域窄，进口产品加工基础薄弱，农业合作缺少政策支持。

3. 制约“三农”发展的突出问题没有根本解决

农业基础设施建设规模仍然不能满足农业发展的需要，资金投入不足是制约大农业发展的重要因素；农业产业化水平不高，农民持续增收的基础还不够稳固。

4. 物价仍然面临一定的上涨压力

虽然物价翘尾影响逐月回落，但是食品、烟酒及用品、医疗保健及个人用品、居住等与百姓基本生活休戚相关的 CPI 指标走势仍然较强；劳动力成本的普遍提高也在不断推动物价上涨。

二、金融业与金融稳定

（一）银行业

1. 银行业基本情况

全省银行业认真贯彻落实稳健的货币政策，运行态势总体良好。银行业金融机构业务平稳较快发展，经营效益持续向好，风险管理加强，改革不断深化，整体竞争力进一步提高，对经济支持力度持续加大。

经营规模和盈利能力不断提高。截至 2011 年末，全省金融机构本外币各项存款余额 14 416. 4 亿元，同比增长 11. 1% 。本外币各项贷款余额 8 761. 1 亿元，比上年增加 1 483. 3 亿元，同比多增 238. 3 亿元，同比增长 20. 1% ，其中，人民币各项贷款余额为 8 549 亿元，同比增长 19. 8% ，高于全国平均水平 3. 8 个百分点。全年全省银行业实现净利润 213. 1 亿元，同比增盈 97. 9 亿元。

“三农”和小微企业贷款稳步增长。截至 2011 年末，全省涉农贷款余额 3 301. 6 亿元，比上年增加 620. 6 亿元，同比增长 23. 8% ；全省小微企业贷款余额 1 249 亿元，比上年增加 262 亿元，同比增长 28. 4% 。

不良贷款持续“双降”。截至 2011 年末，全省银行业金融机构不良贷款余额 566. 8 亿元，比上年减少 41. 8 亿元；不良贷款率为 6. 4% ，同比下降 1. 8 个百分点。

金融改革发展不断深化。农村信用社改革和达标升级稳步推进，首批 4 家试点的农村商业银行全部开业，友谊农村联合社改制为农村商业银行也已获批筹。农业银行“三农金融事业部”改革稳步推进，批准村镇银行开业 9 家，农村资金互助社开业 1 家。摩根大通、东亚、广发、内蒙古、营口银行等机构顺利开业，汇丰银行哈尔滨分行筹建、邮储银行二类支行改革、大型银行网点升级改造等工作有序推进。龙江银行成立省内首家持牌小企业专营中心，哈尔滨银行成为全国首家发行小企业金融债券的城市商业银行。

2. 银行业面临的主要问题

部分中小金融机构资金仍然紧张。目前金融机构的存款准备金率仍然较高，冻结了相当一部分可用资金，使部分金融机构尤其是中小金融机构资金供给依然偏紧。

房地产还款压力上升。伴随房地产调控政策的持续发展，开发商资金回笼困难、资金链断裂的风险压力明显加大，对银行业信贷资产质量将产生负面影响。同时，全省房地产信托业务到 2011 年末存续 99 只、规模 529 亿元，其中，2012 年到期 58 只、规模 303 亿元，只数和规模占比分别为 58% 和 57% ，存在一定的兑付风险压力。

非法集资案件上升。2011 年，全省非法集资案件上升趋势明显，2011 年立案 39 件，比上年增加 17 件，非法集资案件防范形势依然严峻。

（二）证券期货业

1. 证券期货业基本情况

上市公司平稳运行。截至 2011 年末，黑龙江省共有境内 A 股上市公司 30 家、总市值 1 389.6 亿元。截至 2011 年第三季度末，辖区 30 家上市公司累计净利润 31.1 亿元，27 家上市公司盈利，共实现盈利 37.8 亿元，3 家上市公司亏损，共亏损 6.6 亿元。30 家上市公司中 28 家公司完成股改，1 家公司进入股改程序，1 家公司尚未启动股改程序。2011 年，首次在国内 A 股市场上公开发行（IPO）公司数量为 1 家，首发募集资金 17.5 亿元。

法人证券公司业绩下滑。截至 2011 年末，辖区只有 1 家证券公司法人，总资产 60 亿元，同比下降 35.5%；净资产 21 亿元，同比下降 8.4%；负债 39 亿元，同比下降 44.3%；净资本 13.8 亿元，同比下降 27.2%。2011 年全年实现营业收入 21 041.6 万元，同比下降 66.3%，亏损 16 134.9 万元。

期货公司稳健运行。辖区正常经营的期货公司 2 家，期货营业部 13 家。截至 2011 年末，2 家正常经营的期货公司资产总额为 22 834.7 万元，同比增长 13.9%，全年营业收入 606.5 万元。期货投资者开户数、代理期货交易额均有所增加。

2. 证券期货业面临的主要问题

资本市场与经济发展不相适应。从上市公司来看，全国上市公司 2 338 家，黑龙江省只有 30 家，全国排名 22 位，仅占全国总数的 1.3%，远远低于全国平均 75 家的水平；2011 年，全省累计募集资金 375.6 亿元，仅占全国募集资金总额的 1%，远远低于全国平均 1 230 亿元的水平。

运行质量和效益不高。2011 年前三个季度上市公司实现净利润 31.1 亿元，平均每股收益 0.13 元，远低于全国平均 0.44 元的水平。

（三）保险业

1. 保险业基本情况

2011 年，黑龙江省保险业按照“转方式、促规范、防风险、稳增长”的总体要求，稳健发展，严控风险，规范自律，保障民生，实现了保险业“十二五”规划的良好开局。

市场主体多样化特征明显。截至 2011 年末，全省保险市场主体 38 家，其中财产险公司 16 家（含 1 家法人机构），寿险公司 22 家。中心支公司 253 家，支公司及以下分支机构 2 479 家。专业中介法人机构 61 家，兼业代理机构 5 829 家。

保险业经营实力明显增强。2011 年，全省实现保费收入 317.8 亿元①，同比增长 13.3%；规模列全国第 18 位，比上年同期上升 1 位，增速列全国第 16 位。全省发生赔付支出 86.8 亿元，同比增长 13.6%；其中财产险公司赔付支出 36.5 亿元，同比增长 8.5%；寿险公司赔付支出 50.3 亿元，同比增长 17.5%，提供风险保障 40 404.1 亿元，同比增长 37.5%；保险公司资产合计 801.9 亿元，同比增长 16.8%。保险深度 2.5%，保险密度 833.4 元/人。

农业险规模进一步扩大。2011 年，农业险实现保费收入 16.4 亿元，较上年增加 2.4 亿元，同比

① 特别说明的除外，分析中使用实施《企业会计准则解释第 2 号》后的新口径统计数据。

增长 17.3%，高于上年同期 9 个百分点，业务占比 19.1%。参保农户达 75.9 万户次。

2. 保险业面临的主要问题

保险业区域发展不均衡。2011 年，哈尔滨、大庆、齐齐哈尔、牡丹江 4 个地级市保费收入占全省的比重达 62.3%。其中，哈尔滨市实现保费收入 103.2 亿元，同比增长 14.9%，占全省的比重为 32.5%。

市场集中度仍偏高。财产险方面，2011 年，人保财险市场份额达 30.7%，阳光农业市场份额达 19.7%，平安财险市场份额达 14.8%，太保财险市场份额达 9.7%，上述 4 家公司市场份额达 75%。

三、金融市场与金融稳定

（一）金融市场交易活跃

2011 年，全省社会融资总量平稳增长，直接融资工具发展迅速，各类金融市场交易状况良好，资金融通效果显著。

1. 直接融资手段呈多元化发展

全年债券融资大幅增长，银行间债券市场融资 70.24 亿元，同比增长 3.8 倍。

表 1　　2001—2011 年黑龙江省非金融机构融资结构表

	融资量（亿元人民币）	比重（%）		
		贷款	债券（含可转债）	股票
2001	214.8	100.0	0.0	0.0
2002	156.7	88.8	0.0	11.2
2003	264.1	100.0	0.0	0.0
2004	99.1	100.0	0.0	0.0
2005	138.3	82.6	17.4	0.0
2006	323.8	97.3	2.7	0.0
2007	339.0	89.4	8.3	2.3
2008	760.9	93.8	1.6	4.6
2009	1 619.4	96.7	3.0	0.3
2010	1 407.1	88.4	1.8	9.8
2011	1 626.5	91.2	7.3	1.5

数据来源：中国人民银行哈尔滨中心支行。

2. 货币和债券市场融资能力增强

全年债券市场共交易债券 39 552.9 亿元，同比增长 7.2%，融入资金占比 62%。同业拆借市场交易量大幅增长，全年完成信用拆借 798.1 亿元，同比增长 4 倍，其中，拆入资金 728.2 亿元，同比增长 18.9 倍。

3. 票据市场融资规模减小

受存款准备金率上调等因素影响，全省票据融资业务整体呈现萎缩态势，累计票据贴现小幅下降。

（二）黑龙江省金融市场发展需关注的问题

总体上全国性商业银行为资金的拆出方，中小金融机构为资金的拆入方。大银行之间、中小金融机构之间由于各自的同质性如信用相当、规模相当等，相互拆借比较频繁，但大、小金融机构之间存在大银行从小金融机构拆入资金容易，而小金融机构从大银行拆入资金相对困难的问题。直接融资比重偏低，发展速度缓慢迫切需要解决。

四、金融基础设施与金融稳定

（一）金融基础设施运行情况

1. 支付清算体系

截至2011年末，黑龙江省共有商业银行支付系统直接参与者23家、间接参与者2 660家、无户特许直接参与者1家。系统运行稳定，业务处理准确，大额实时支付系统业务量稳步增长。2011年，全年共处理业务1 002.4万笔，金额24.9万亿元，同比分别增长29.3%和30%，增速较上年同期分别提高14.1个百分点和4.4个百分点。小额批量支付系统业务量增幅较大。2011年，全年共处理业务1 170.9万笔，金额1 543.5亿元，同比分别增长44.7%和22.2%。同城票据清算系统业务笔数小幅下降，金额有所增加。2011年，共处理业务1 136.4万笔，同比下降2.1%；金额2.6万亿元，同比增长18.2%。电子银行业务保持快速增长态势。截至2011年末，黑龙江省内各银行机构电子商务客户、其他单位客户和个人客户分别发展到30.7万个、31.4万个和4 506.3万个；同比分别增长322.8%、131.3%和416.6%。

2. 征信体系

2011年，征信体系建设持续深入，征信系统管理与服务、市场监管以及宣传力度不断加强，信用环境得到进一步优化，征信系统运行平稳。截至2011年末，企业征信系统已收录企业及其他组织14.9万户，同比增长4.9%；表内信贷业务余额6 044亿元，同比增长18.3%；全省接入企业征信系统金融机构网点共计2 142个，开通查询用户3 656个；个人征信系统共收录全省2 195万自然人信息，同比增长3.1%，其中有信贷业务记录的924万人，信贷业务余额2 772亿元，同比增长37.5%。中小企业信用体系稳步发展。截至2011年末，全省各级人民银行共为3.2万户中小企业建立了信用档案，有6 631户取得了银行授信意向，其中，2 949户中小企业获得银行贷款，贷款余额689.9亿元。农村信用体系建设取得新进展，出台《黑龙江省农村信用体系建设重点推进县工作实施意见》。截至2011年末，全省涉农金融机构为384万户农户建立了信用档案，对其中104万户农户发放贷款529亿元。

3. 反洗钱监管

2011年，黑龙江省各级人民银行加强反洗钱风险防范，优化监管方式，切实提高反洗钱监管实效。深入开展反洗钱现场检查，组织全省各级人民银行在全省范围内对146家金融机构分支机构开展了反洗钱现场检查，对4家金融机构下发了处罚通知书，及时发现并纠正金融机构在反洗钱工作中存在的问题。加强对地方性金融机构反洗钱监管，开展黑龙江省农村信用社反洗钱专项检查，对全省85家农村信用社分支机构开展反洗钱现场检查，规范了对客户尽职调查不到位、客户身份信息留存不完整、大额交易和可疑交易迟报漏报等行为。广泛开展反洗钱宣传，组织开展“《反洗钱法》颁布五周年”等系列宣传活动，提高社会公众对反洗钱工作的理解和认知。

4. 金融生态环境

2011 年，黑龙江省坚持以科学发展为主题，以转变经济发展方式为主线，以打造诚信黑龙江为主旨，认真贯彻落实中央经济工作会议的决策和部署，建立科学的区域经济发展战略，有效地提升了本土金融生态环境的经济基础；因势利导，促进产业结构调整，淘汰落后生产力，提升龙江品牌产业的层次和地位；不断优化金融法制环境，全年共审结在经济建设中发生的各类矛盾纠纷案件 68 139件，结案标的额 91. 2 亿元。同时，出台了一系列改善金融生态环境，扶持金融业发展的政策措施。

（二）金融基础设施建设需要进一步完善

1. 支付体系管理法规制度不完善，农村地区支付环境仍需改善

支付体系的巨大变化，支付工具的广泛应用，使现有的法律制度在一定程度上不能适应支付体系快速发展的需要。支付结算系统相互依赖性的加深和支付体系复杂性的增强，突显了加强支付系统监管透明度的重要性，支付系统风险防范亟待加强。农村支付环境建设工作还存在不足，农民群众有关非现金支付知识较为缺乏。

2. 征信产品开发与应用相对滞后，失信惩戒制度体系尚未充分建立

现有的征信产品难以满足社会信用评分的需要，进而影响了征信的信用激励和约束作用的进一步发挥。征信体系建设法律法规尚不健全，失信成本较低难以充分发挥警示作用。

3. 反洗钱监管体系建设亟待深化，非现场评估体系有待完善

随着金融业务的发展、金融产品的创新，现金业务、网上金融业务、团险业务等案件多发领域的反洗钱工作开展情况需要进一步关注，反洗钱非现场评估体系中指标体系的设置和评估结果的运用还需优化。

五、总体评估与对策建议

（一）金融稳定状况总体评估

通过黑龙江省金融稳定监测评估系统运算分析评价，黑龙江省 2000—2011 年的经济金融运行趋势线平稳上行，其中，经济发展状况评价分值为 33. 7 ~ 55. 6；金融资源评价分值为 22. 5 ~ 63. 3（具体运行趋势见图 3），图 3 中趋势线 1 和趋势线 3 显示经济与金融运行态势良好。2011 年全省经济继续保持企稳回升势头，经济发展总计曲线呈现上升。经济发展总计 6 个准则层，导致评价分值上升的因素有 5 个方面，分别是经济总量、集约水平（工业经济效益）、可持续发展能力、经济开放度（进出口）和居民生活水平，同比分别增加 20. 1 分、8. 5 分、12. 2 分、17. 5 分和 2. 1 分。根据各自所占权重，影响经济发展总计上升的分值分别为 4 分、1. 3 分、3. 2 分、1. 8 分和 0. 5 分，5 个因素拉动经济发展上升的分值合计为 10. 7 分。准则层产业结构的分值与上年大体持平。推动趋势线向上的主要指标是准则层经济总量中的 GDP 增速、财政收入增速、税收增速和准则层可持续发展能力中固定资产投资增速这四项指标。金融稳定评估分值由 2010 年的 55 分升至 2011 年的 59. 1 分，上升

7.5%。其中，经济发展总计分值由48分升至57.4分，上升19.5%；受宏观调控政策影响，金融资源总计分值由61.9分微降至60.8分，降幅1.8%，金融稳定形势总体趋好。

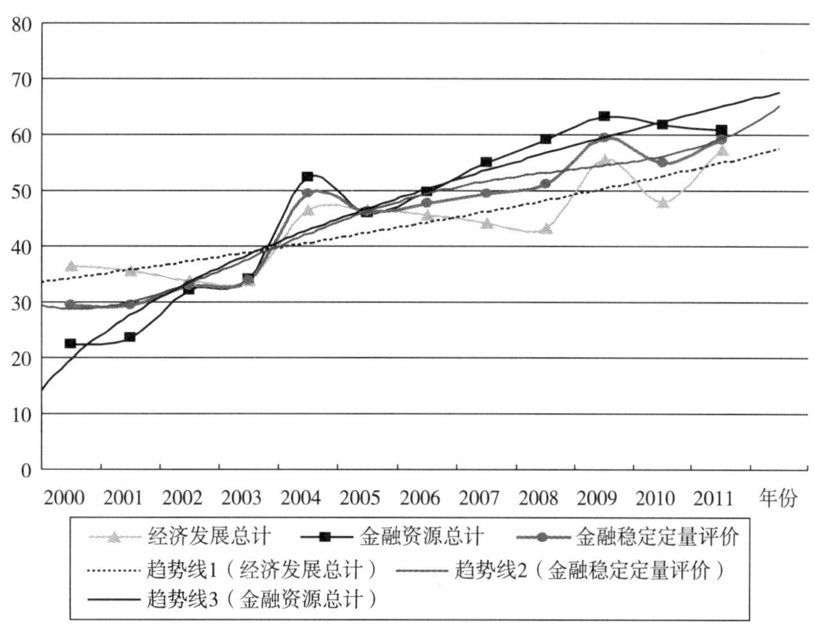

数据来源：黑龙江省金融稳定监测评估系统。

图3 2000—2011年黑龙江省金融稳定评价图

（二）政策建议

1. 充分发挥金融促进经济结构调整的作用

要紧紧抓住国家对东北“老工业基地”政策支持的难得机遇，使信贷政策与财政政策、产业政策协调配合。支持做大做强优势产业，继续加大对“八大经济区”、“十大工程”建设的重点支持；支持发展壮大战略新兴产业；支持推进农业产业化，加快发展现代农业；支持发展现代服务业；支持小微企业发展壮大，从而推动经济结构调整，促进经济发展方式转变。

2. 积极推进金融产品创新

积极推进金融产品创新，满足经济发展的有效需求。稳步推进资产证券化等金融产品创新，要把对大企业项目建设通过证券化分离出来，腾出钱支持小微企业；探索建立期货、担保、保险风险补偿的风险分担机制，为企业创造更多的融资机会。

3. 进一步加大金融风险管理力度

强化内部控制和风险防范机制，建立科学的风险防控体系，加大重点领域、非正规金融的监测力度，密切关注银行业机构信贷资产质量变化情况及重大突发事件。进一步加强“一行三局”金融稳定信息共享机制工作效率，提高金融监管联动合作水平，防范跨机构、跨行业、跨市场的风险传导。

六、预测与展望

2012 年，黑龙江省面临着国内外形势复杂多变、结构性问题突出、通胀压力较大等不利因素的考验。国家宏观调控政策取向保持基本稳定，积极的财政政策和稳健的货币政策将进一步促进黑龙江省经济增长方式转变和经济结构调整。全省将继续推进“八大经济区”、“十大工程”发展战略，抓住实体经济建设这一工作重心，推动经济平稳较快增长，促进社会和谐健康发展。预计全省地区生产总值增长 12% 以上，CPI 涨幅控制在 4% 左右。

2012 年，全省金融机构将按照党中央的部署，结合黑龙江省发展实际，继续贯彻落实稳健的货币政策，在保持信贷规模稳定增长的同时，加快调整和优化信贷结构，增强风险防范意识，加快金融产品创新，不断提高金融服务地方经济发展的能力和效果。

总　纂：刘希忠
统　稿：关立群
执　笔：梁　蒙
其他参与写作人员（按姓氏笔画排序）：
卢　刚　孙丽颖　刘　恕　刘　爽　那　颂
李丹丹　别丹丹　杜志文　杨　冰　杨　捷
姜天怡　高　扬　窦凌蛟　蔡志力

上海市金融稳定报告摘要

2011年是“十二五”规划的开局之年，上海市积极推进创新驱动和转型发展，经济结构调整呈现积极变化。国际金融、航运中心建设稳步推进，第三产业成为拉动经济增长的主动力，工业结构调整步伐加快，物价涨幅回落。上海市金融机构认真贯彻稳健的货币政策，在发展中创新，运行质量和效益不断提高，保持良好的发展态势，为上海经济转型提供了有力支持，风险抵御能力持续增强。

一、经济与金融环境

（一）上海市经济①运行总体平稳

2011年，上海市实现生产总值19 195.69亿元，按可比价格计算，同比增长8.2%。

1. 固定资产投资总体持平

2011年，上海市完成全社会固定资产投资总额5 067.09亿元，同比增长0.3%。其中，城市基础设施投资1 157.34亿元，同比下降16.9%；房地产开发投资2 170.31亿元，同比增长9.6%。全年战略性新兴产业投资507.19亿元，同比增长9.5%。

2. 消费增速有所加快

2011年，上海市商品销售总额46 075.87亿元，同比增长23.3%；社会消费品零售总额6 777.11亿元，同比增长12.3%。

3. 对外贸易增长放缓

2011年，上海市进出口总额4 374.36亿美元，同比增长18.6%，增速较2010年回落14.2个百分点。其中，进口总额2 276.47亿美元，同比增长21%；出口总额2 097.89亿美元，同比增长16%；贸易逆差178.58亿美元。

4. 财政收入保持增长

2011年，上海市完成地方财政收入3 429.83亿元，同比增长19.4%。全年地方财政支出3 914.88亿元，同比增长18.5%。

5. 企业利润略有下降

2011年，上海市规模以上工业企业实现利润总额2 176.13亿元，同比下降1.3%；实现税金总额1 508.85亿元，增长12.5%。其中，国有控股工业企业实现利润1 114.47亿元，增长3%；实现

① 此部分数据来源为《上海市国民经济和社会发展统计公报》。

税金 1 155.88 亿元，增长 15.3%，占税金总额的比重为 76.6%。

6. 居民收入增长较快

2011 年，上海市城市和农村居民家庭人均可支配收入分别为 36 230 元和 15 644 元，同比增长均为 13.8%，扣除物价因素后的增幅略高于全市生产总值增幅。全年新增就业岗位 64.16 万个，其中农村富余劳动力实现非农就业 13.03 万个。

（二）促进经济增长和金融稳定的重要举措

1. 房地产市场调控成效逐步显现

2011 年初以来，上海市政府积极贯彻落实中央出台的一系列房地产调控政策，把加大保障性住房建设与控制房价上涨作为“惠民生、促和谐”的重要抓手。新开工面积与竣工面积均保持两位数增长，新建商品住宅平均销售价格略有下跌，商品房销售面积和销售额下跌，保障性住房建设全面推进。

2. 加快经济结构战略性调整

第三产业引领发展，2011 年，上海市第三产业增加值占全市生产总值的比重达到 57.9%，较 2010 年提高 0.6 个百分点。工业结构调整加快，战略性新兴产业（制造业部分）产值增长快于全市工业增长速度，高载能行业增速减缓。

3. 实施稳健的货币政策，适时适度进行预调微调

2011 年，人民银行上海总部认真贯彻落实稳健的货币政策，结合差别准备金政策开展货币信贷政策导向效果评估，引导金融机构合理把握贷款投放节奏，不断优化信贷结构，加大对上海创新驱动和转型发展的支持力度，取得了较好效果。目前，上海市信贷投放自我约束机制基本建立，存贷款增速回归常态，贷款结构明显改善。

4. 深入推进上海国际金融中心建设

上海金融要素市场功能显著提升，金融机构加快集聚，金融产业得到较快发展。上海银行间同业拆放利率、跨境贸易人民币结算、沪深 300 股指期货、融资融券、信贷转让市场、境外机构投资境内银行间市场等一批金融创新业务取得突破。全年实现金融业增加值 2 240.47 亿元，在全国各大中城市中占据首位。

（三）经济金融运行中需要关注的方面

1. 关注复杂的国际经济金融形势对上海的溢出效应

国际金融危机爆发以来，国际经济金融局势持续动荡，部分发达国家经济增长复苏乏力，甚至停滞和衰退。外部环境的复杂多变将给上海的经济金融发展带来不利影响，需保持高度关注。一是美欧国家经济增长放缓将对上海的出口产生不利影响；二是国际金融危机对金融体系的冲击可能波及上海。

2. 关注经济增长放缓可能引发的金融风险

近期国际国内经济金融形势复杂多变，上海将以转变经济增长方式、调节经济结构作为根本任务。在此形势下，上海经济增长有所放缓，要密切关注实体经济与金融体系的关联影响，重点监控部分领域和行业的潜在风险隐患，努力维护上海金融稳定。

3. 关注通货膨胀压力

2011 年，上海居民消费价格同比上涨 5.2%，其中服务项目价格上涨 3.9%，食品类价格上涨

10.8%。全年工业生产者出厂价格比上年上涨2.9%，工业生产者购进价格比上年上涨7.5%。总体上，上海物价水平上涨压力较大。受前期国内外多重因素的共同影响，当前通胀预期有所加大，未来一段时间内将面临一定的通胀压力。在此形势下，应重点关注通胀压力加大对上海居民生活的影响，着重把握通货膨胀对上海经济金融的影响及潜在风险。

二、银行业

2011年是“十二五”开局之年，上海市银行业在复杂的国际国内经济环境下，认真贯彻执行稳健的货币政策，以调整结构促进稳定增长、以改革创新增强发展活力，保持稳健发展态势，抗风险能力持续提高，有力地促进了上海市的金融稳定。

（一）上海银行业发展运行情况

1. 资产、负债规模稳中有升

2011年，上海银行业资产、负债规模稳中有升。截至2011年末，上海市银行业金融机构本外币资产总额8.07万亿元，同比增长16.11%，比年初增加1.12万亿元。负债总额7.81万亿元，同比增长16.04%，比年初增加1.08万亿元。

2. 银行贷款增长放缓，贷款结构持续改善

截至2011年末，全市金融机构本外币各项存、贷款余额分别为5.82万亿元和3.72万亿元，同比分别增长12.3%和10.3%，增幅比2010年末分别下降4.7个和4.8个百分点。2011年，上海市银行业金融机构本外币贷款增加3 654.3亿元，同比少增752.6亿元。从贷款投放节奏看，受存贷比考核、资金面趋紧和季节性因素的影响，贷款增长逐季趋缓。贷款结构明显改善，中长期贷款过快增长势头得到明显遏制，短期贷款与中长期贷款增长走势差异明显。

3. 银行业金融机构集聚上海，增强了上海金融的全国辐射力

上海作为中国对外开放的前沿，各类金融机构集聚上海，呈现外资金融机构多、非银行金融机构多、专营机构多的“三多”特征。2011年，中国银行上海人民币交易业务总部获准筹建，进一步提升了上海银行业的全国辐射效应；年内1家外资法人银行和外资分行获准筹建，2家外资分行获准开业，1家外资银行代表处获准成立。截至2011年末，上海非银行金融机构数量达31家，其中法人机构29家，上海拥有国内门类最为齐全的非银行金融机构。

4. 资产质量不断提升

2011年，上海银行业不良贷款余额及比例继续保持2003年以来的“双降”态势。截至2011年末，上海市银行业金融机构不良贷款余额223.8亿元，比年初减少48.14亿元，同比下降17.7%；不良贷款率0.6%，同比下降0.2个百分点，不良贷款率创历史新低。

5. 拨备覆盖率大幅提高，风险抵补能力进一步增强

上海银行业金融机构在提升贷款质量的同时，继续提高拨备覆盖率，抗风险能力进一步增强。截至2011年末，上海市银行业金融机构拨备覆盖率平均达到296.23%，同比上升82.81个百分点；贷款损失准备充足率平均达到285.13%，同比上升49.4个百分点。

6. 盈利水平大幅提高，结构有所改善

截至2011年末，上海市银行业金融机构累计实现净利润954.7亿元，同比增长19.7%。上海法

人银行累计实现净利润982.69亿元，同比增长35.9%。

（二）上海银行业金融机构稳健性评估

1. 资本充足率和贷款损失准备充足率保持较高水平，抗风险能力持续增强

截至2011年末，上海中资法人商业银行平均资本充足率达12.48%，同比提高0.33个百分点；外资法人银行平均资本充足率达16.96%，同比降低0.04个百分点。上海法人银行拨备覆盖率平均达到291.09%，同比上升80.67个百分点。贷款准备金充足率达到297.21%，同比上升99.07个百分点。银行业金融机构整体风险抵御能力大幅提高。

2. 资产质量保持稳定，但不良贷款存在一定反弹压力

截至2011年末，上海银行业金融机构不良贷款余额和不良贷款率持续下降，但各类商业银行不良贷款余额和不良贷款率的变化存在一定的差异。目前，上海银行业不良贷款率已降至0.6%的历史低点。随着上海经济增长放缓，经济结构调整力度加大，平台贷款和房地产贷款集中还款期的到来，贷款质量存在向下迁移的风险。

3. 盈利结构有所改善

2011年，上海银行业金融机构经营效益提升较快，上海银行业金融机构累计实现净利润954.7亿元，同比增长19.7%。截至2011年末，累计实现中间业务收入362.56亿元，同比增长31.4%。中间业务收入占比达20.1%，同比提高1.45个百分点。此外，在信贷规模控制下，银行积极开展资金业务，发掘新的利润来源，以做大资金业务规模赚取资金差价，投资业务规模迅速增长，截至2011年末，投资收益同比增加21亿元，增长26.03%。

4. 银行流动性总体适当

截至2011年末，全市中外资法人金融机构人民币超额备付率为3.6%，同比略降0.9个百分点，备付率总体合适。全市中外资法人金融机构贷存比为72.3%，同比微降0.52个百分点，其中，外资法人银行为65.8%，同比下降9.2个百分点，存贷比基本平稳。全市中外资法人金融机构流动性比例为40.7%，同比提高4.2个百分点。

（三）上海银行业发展中需要关注的方面

1. 关注政府融资平台的信贷风险

2011年，地方融资平台贷款的规范整改卓有成效，但随着2012年、2013年平台贷款集中到期、加上地方政府换届等因素，平台贷款风险缓释过程将面临较大压力。在实际操作中，政府往往通过多个融资平台公司从多家银行获得信贷，形成“多头融资、多头授信”的格局，银行对于融资平台的资金监管较为困难，对银行信贷资金的安全应予以高度关注。

2. 关注房地产政策变化对行业贷款产生的影响

上海市房地产贷款质量总体稳定，截至2011年末，上海市中外资银行房地产贷款不良率为0.4%，同比下降0.01个百分点。其中，房地产开发贷款（含土地储备贷款）不良率为0.41%，同比下降0.15个百分点；个人住房贷款不良率为0.29%，同比下降0.02个百分点。当前，房地产调控取得了一定成效，投资投机性需求受到一定抑制，但通货膨胀预期仍较强，房地产调控形势依然严峻。

3. 关注银行理财业务快速增长下的风险隐患

2011年银行业信贷投放规模受资本充足率和存贷比指标的双重约束，上海银行业理财业务继续

保持快速增长态势，呈现“量多、期短、收益高”的特点。2011 年，上海银行业共发行理财产品 25 019 款，同比增长 95.83%。目前，上海银行业理财仍处于初级阶段，各种法律制度和信息披露并不完善，容易产生风险隐患，应密切关注理财产品对储蓄的替代效应和表外理财产品潜在的风险。

4. 关注中小银行的可持续经营

上海部分中小银行定位不清晰，与国有、股份商业银行存在业务上的同质化趋势，信用风险和贷款集中度风险隐患开始显现，内控管理薄弱，操作风险加大。部分城市商业银行上海分行机构扩张过快，管理半径拉大，资本消耗较多，给总行的风险管理、成本控制以及信息支持带来了严峻挑战。

三、证券业

（一）上海证券业发展运行情况

1. 上海证券期货经营机构种类齐全，数量位居全国前列

2011 年，上海共新增各类证券期货经营机构及其他持牌机构 46 家。截至 2011 年末，上海市证券公司（含资产管理子公司）总资产 3 271.3 亿元，净资产 1 359.9 亿元，净资本 995.7 亿元。基金公司管理公募基金 412 只、基金总份额 8 529 亿份，基金总净值 6 844 亿元。期货公司注册资本 58.1 亿元，净资产 74.4 亿元，净资本 71.9 亿元，客户保证金余额 340.5 亿元，商品期货代理交易额 31.7 万亿元，股指期货代理交易额 25.7 万亿元。

2. 基础制度建设有序推进，行业规范进一步加强

重要基础制度建设取得新进展，保荐业务经营风险监管制度进一步完善，融资融券业务进一步深入开展，创业板退市制度初步建立。证券机构的内部管理与合规情况进一步改善，合规运作水平进一步提升，风险防控能力不断加强。

3. 行业创新取得新进展

证券公司融资融券业务不断发展，融资融券转常规业务已在各公司逐步推进。基金公司专户理财业务发展较快，电子商务广泛开展。证券经营机构国际投资进展加快，积极拓展海外业务，人民币国际化业务取得突破。2011 年，人民币合格境外机构投资者境内证券投资试点（RQFII 业务）推出后，上海有 4 家证券公司、3 家基金公司首批获准开展 RQFII 业务。

4. 证券市场融资功能继续增强

截至 2011 年末，上海共有上市公司 196 家，占全国 8.4%，市值约占全国 9%。2011 年，上海上市公司境内资本市场直接融资 835.4 亿元，其中，首发上市融资 156.7 亿元，股票再融资 552.3 亿元，债券融资 126.5 亿元。上海上市公司直接融资呈现出 IPO 融资持续增长、有力地支持了上海中小企业发展和债券融资显著提升三大特点。

（二）上海证券业金融机构稳健性评估

1. 证券公司总资产规模有所下降，证券公司风控体系运行良好

2011 年，上海证券公司总资产 3 271.3 亿元，同比减少 17.5%；净资产 1 359.9 亿元，同比增长

5%。截至2011年末，上海17家证券公司的负债比率①由2010年的67.36%下降到58.43%，资本杠杆倍数②由3.06倍下降到2.41倍，证券公司资产负债结构更为稳健。上海辖区证券公司的净资本总额近三年来保持平稳，各项风控指标显示证券公司整体风险较小。

2. 盈利水平明显下降，盈利模式有待多元化

2011年，上海17家证券公司实现营业收入276.7亿元，同比下降19.1%；实现净利润103.7亿元，同比减少31.6%。5家证券公司出现亏损，亏损总额为3.1亿元。总体来说，经纪业务收入的大幅下降是上海证券机构净利润下滑的主要原因。

3. 经纪业务收入大幅下降，但仍为最主要收入来源

2011年，上海证券公司经纪业务收入为130.1亿元，同比减少36.6%。从业务收入占比来看，经纪业务收入占总营业收入的比重为47%，比2010年的60%有较大幅度的下降，但仍为证券公司最主要的收入来源。

4. 自营业务收入及占总收入比重均有所下降

2011年，上海证券公司自营业务收入为32.5亿元，同比减少23.1%。自营业务收入占总营业收入的比重为11.8%，较2010年的12.4%有所下降，尽管证券公司金融资产规模较2010年上涨了39.3%，但受行情影响，自营业务总收入仍大幅下滑。

5. 证券承销、资产管理及融资融券业务收入占比均有上升

2011年，上海证券公司证券承销业务收入为39.1亿元，同比减少5.7%。资产管理业务收入为6.4亿元，同比上升52.2%。融资融券业务收入为9.7亿元，同比上升410.5%。从业务收入占比来看，承销业务、资产管理及融资融券业务收入占总营业收入的比重分别为14.1%、2.3%和3.5%，较2010年的12.1%、1.2%和0.55%均有不同程度的上升。

（三）上海证券业发展中需要关注的方面

1. 关注证券业系统性风险的防范

目前证券市场内在稳定机制还不够完善，证券行业同质化竞争且收入严重依赖传统业务，行业的经营业绩与市场高度相关，受各种因素影响，市场大幅波动及成交量大小都会给行业带来较大的经营风险。有必要放松对机构创新的管制，推动开展多元化创新业务，打破同质化竞争格局。

2. 关注创新业务发展中存在的风险

在金融创新层出不穷、金融市场不同类型机构相互渗透的背景下，要高度关注金融市场内部风险的传递和叠加。一方面金融机构服务领域相互渗透，投资者投资领域也相互渗透；另一方面在现有分业经营、分业监管的体制下，不同监管部门的监管目标、手段和标准不一致，容易导致缺乏对金融体系整体风险的监测和判断。

3. 关注基金公司面临的赎回压力

2011年末，上海基金公司管理公募基金份额同比仅增长6.9%，净值同比下降约15%，总体面临较大的赎回压力。个别基金公司由于首发规模缩小，持续营销日益困难而导致经营状况不佳。同时，基金行业还面对较大的挑战，一是基金销售渠道过于依赖商业银行而导致基金销售费用较高；二是高端基金管理人才流动性较大，激励约束机制尚不完善。

---

① 负债比率=负债/资产。

② 资本杠杆倍数=总资产/股东权益。

四、保险业

2011 年，上海保险业按照“转方式、促规范、防风险、稳增长”的目标任务，着眼于服务上海“两个中心”建设和经济社会发展需要，着力于促进保险行业结构转型、发展方式转变、服务能力提高三个方面，在科学发展、规范自律、保障民生、加强监管等方面取得较好的成效。

（一）上海保险业发展运行情况

1. 市场主体数量继续增加，各项业务平稳发展

截至 2011 年末，上海共有 115 家保险公司，较 2010 年末增加 5 家。法人保险公司共有 48 家，其中，中资保险机构 25 家，外资保险机构 23 家。2011 年，上海原保险保费收入累计 753.11 亿元[①]，同比增长 8.26%；全年赔付支出累计 260.71 亿元，同比增长 50.04%。

2. 保险业改革继续稳步推进

一是上海保险业以保险消费者利益保护为中心，构筑监管部门、行业协会、保险机构和社会公众“四位一体”的惩防体系，行业规范逐步完善。二是以保险风险防范化解为导向，积极运用现场监管和非现场监管手段，不断夯实行业发展基础。三是以“两个中心”建设为契机，逐步拓宽保险覆盖领域，充分发挥保险保障国计民生的积极作用，提高保险服务大局的能力。

（二）上海保险业金融机构稳健性评估

1. 总资产持续增长，盈利能力略有下降

截至 2011 年末，上海法人保险公司[②]总资产共计 3 355.16 亿元，同比增长 19.1%。2011 年，上海法人保险公司共实现净利润 17.46 亿元，同比减少 3%。8 家中资人身险公司仅 3 家实现盈利；21 家外资产险、寿险公司扭亏为盈，共实现净利润 4.1 亿元；5 家资产管理公司盈利状况良好，净利润同比增长 15.9%。

2. 保险资金运用余额稳步增长，投资收益率下降

截至 2011 年末，上海法人保险公司保险资金运用余额 2 746.9 亿元，同比增长 25.2%。2011 年，上海法人保险公司实现投资收益 85.47 亿元，同比减少 6.7%；投资收益率达到 3.11%，同比下降 1.06 个百分点。

3. 偿付能力充足率整体良好

按照保监会《保险公司偿付能力管理规定》的划分标准，截至 2011 年末，上海 31 家法人保险公司[③]偿付能力充足率情况整体良好，有 28 家保险公司偿付能力充足率高于 150%，属于充足 II 类公司。

4. 寿险业务结构不断改善，退保率上升

2011 年，上海法人人身险公司普通寿险、意外险、健康险保费收入同比增长分别为 34.3%、

---

① 本章数据均适用新会计准则。下同。

② 包括法人注册地在上海的 35 家保险公司和 5 家保险资产管理公司全国分支机构的汇总数据，未包括东方人寿保险股份有限公司和 2011 年新设立的 1 家保险公司。由于太保集团尚未披露 2011 年年报，因此太保寿险和太保产险也未包括。下同。

③ 不含 3 家养老保险、1 家健康保险公司和 5 家保险资产管理公司。

28.6%、25.6%，远高于保费收入的增速；保费收入合计占比为29.5%，较2010年上升4.5个百分点。2011年，上海法人寿险公司退保金共计64.24亿元，同比增长96.4%；退保率为3.98%，较2010年上升1.34个百分点。

5. 产险综合成本率继续下降，风险管理水平不断提高

上海法人财产险公司风险管理水平不断提高，截至2011年末，产险公司平均综合成本率97.9%，较2010年末下降2.64个百分点。其中，费用率41.95%，上升0.36个百分点；赔付率55.93%，下降3个百分点。2011年，产险公司自留保费同比减少7.3%，风险留成率为80.4%，较2010年下降2.5个百分点。

（三）上海保险业发展中需要关注的方面

1. 关注新会计准则实施对保险公司的影响

2011年，上海保险业全面实施新会计准则。短期来看会对寿险公司的保费收入规模产生一定程度的负面影响。从长远来看，新会计准则的实施有利于引导保险公司大力发展普通寿险和期缴型保险，回归保障功能；有利于促使保险公司进一步调整业务结构，加大创新力度，积极开拓新型保险产品，不断提高行业核心竞争力。

2. 关注中小保险公司的盈利能力

上海法人保险公司中，截至2011年末，总资产规模超过100亿元的公司仅有7家。虽然数量少，但这7家公司总资产合计占上海法人保险公司总资产规模的76.8%，且2011年仅有2家公司亏损。其他33家中小保险公司虽然在数量上占有绝对优势，但是却面临市场份额较小、盈利能力较差等不利的市场竞争局面。2011年，33家中小保险公司合计亏损1.23亿元，近半数机构亏损。

3. 关注保险业发展面临的新挑战

2011年，上海保险业在改革与创新中稳步发展，行业规范不断完善，在银保渠道受到一定限制的情况下，个人营销、电销等多样化销售手段逐步发展；业务结构得到优化，普通寿险、意外险、健康险在寿险中的占比不断提高，航运保险的集聚提升了产险市场非车险业务的发展速度；变额年金等新型产品的推出丰富了保险市场产品的品种。但是同时，保险业发展也面临一些不利的因素，新会计准则和银保新政的实施，短期内对寿险保费收入的影响较大；资本市场持续低迷，在其他投资手段不够成熟的情况下，保险资金的投资收益率有所下降；偿付能力充足率虽然总体保持在较高水平，但由于保费收入的下降和投资收益的减少，也面临下降的风险；保险公司的盈利能力有待提高，尤其是中资保险公司和中小保险公司；产险公司的经营状况逐步好转，而人身险公司面临更多的问题，退保率有进一步上升的风险。新的一年，这些影响因素仍将存在，保险业发展可能面临挑战，应当引起重点关注。

五、基础设施建设

2011年，人民银行上海总部立足服务上海实体经济建设，继续加强支付清算系统建设，推动支付结算环境持续优化，支付体系风险管理水平进一步提高；深入推进企业和个人征信系统建设，拓展征信系统应用和服务范围，加大对上海中小企业和农村经济的支持和服务力度，深化评级市场的培育与管理，不断完善上海征信体系建设，优化上海金融生态环境；规范开展反洗钱执法检查，加

强反洗钱业务培训，不断推进反洗钱宣传工作。

（一）支付体系建设稳步推进

2011 年，人民银行上海总部加强支付清算系统建设，确保主要支付清算系统平稳运行。以技术进步为依托，以支付工具为载体，推动支付结算环境持续优化；依法行政，合规开展行政许可、行政处罚和业务考评，加强支付结算业务监管；及时稳妥处置新版票据渗透性问题，以存款实名制为核心，认真贯彻总行各项账户管理政策，全面梳理、评估和修订支付结算相关应急预案，进一步提升支付清算系统应急管理水平；继续深入开展银行卡违法犯罪联合整治，营造银行卡安全支付的外部环境，加快支付密码推广，促进支付安全，提高支付效率，支付体系风险管理水平进一步提升。

（二）征信体系建设不断完善

2011 年，人民银行上海总部继续深入推动企业和个人征信系统建设，确保系统稳定运行，进一步加强征信系统数据质量管理，构建数据质量管理长效机制；大力推广应收账款质押和融资租赁登记系统应用，积极服务上海实体经济发展，组织开展中小企业信用体系建设，改善中小企业融资环境；不断探索农村信用体系建设，支持“三农”经济发展。不断深化评级市场的培育与管理，促进评级市场的健康发展；稳步开展信贷市场借款企业、担保机构和集团企业评级，加大对信用评级市场、评级机构和从业人员的监督管理；深化长三角评级市场一体化进程，推动长三角金融协调发展；完善企业信用评级信息查询系统，有效扩大评级结果应用。

（三）夯实反洗钱基础，突出反洗钱实效

2011 年，人民银行上海总部规范开展反洗钱执法检查，依法实施行政处罚，加强非金融支付机构业务培训辅导，加强非现场监管基础；试点开展非现场监管走访，提升重点可疑交易报告质量，及时处置潜在洗钱风险，规范开展行政调查工作；加强跨部门反洗钱合作，开展金融业反洗钱业务培训，推进反洗钱调研宣传工作。

总　　纂：凌　涛
统　　稿：杜要忠　王新东
执　　笔：王新东　谢　斌　姚　斌　张雅楠
其他参与写作人员：张永江　刘　鑫　叶　芳　司　巍　施一扬
童士清　童文俊　钱国根　董宝茹

江苏省金融稳定报告摘要

2011年以来，江苏省经济继续保持创新引领、增长较快、质量提升、结构优化、后劲增强、民生改善的良好态势，实现了“十二五”时期经济社会发展的良好开局。工业生产运行良好，企业效益大幅增长；固定资产投资增长较快，消费品市场稳步增长，对外贸易呈现增长态势，逐步迈上新台阶；财政收入增长较快，城乡居民收入持续增加。全省金融机构综合竞争力和影响力进一步扩大，经营效益和风险控制能力稳步提高；金融基础设施不断完善，金融生态环境创建工作继续深入推进；金融服务实体经济的效率和安全性稳步增强，整个金融体系呈稳健运行态势。

一、江苏经济运行

2011年，江苏经济向着宏观调控的预期方向发展，经济平稳较快增长的态势进一步巩固，综合实力明显增强。一是经济平稳较快增长，结构进一步优化。据江苏省统计局核算，全年全省地区生产总值达到48 604.3亿元，同比增长11.2%。二是国内需求稳步增长，外部需求好于预期。2011年，全省固定资产投资26 299.4亿元，同比增长21.5%，社会消费品零售总额15 842.08亿元，同比增长17.5%，出口3 126.23亿美元，同比增长15.6%。三是财政收入增长较快，城乡居民收入持续增加。全年全省实现财政一般预算收入5 147.89亿元，同比增长26.2%，城乡居民人均收入分别突破2.6万元和1万元，城镇居民人均可支配收入和农民人均纯收入实际增长10%左右。四是物价水平得到有效控制。至2011年12月末，全省居民消费者价格指数同比上涨3.6%，涨幅比年初下降1.8个百分点。

二、企业与居民部门

（一）企业

2011年，江苏省企业部门生产经营活动指标总体保持增长势头，各项指标增速有所回落。受国内外市场不景气等因素影响，企业资金周转效率比上年有所降低，短期、长期偿债能力均有不同程度减弱，中小企业信贷占比继续保持高位。

（二）居民

2011年，江苏省住户部门贷款继续保持快速增长，负债规模增幅明显，杠杆率不断提升，城镇居民对物价满意程度有所回升，储蓄意愿超投资意愿，住户部门总体贷款质量较好，不良贷款余额与不良贷款率保持“双降”。

三、金融业

（一）银行业

2011 年，江苏省银行业呈稳健运行态势，信贷总量回归常态，投放节奏更加均衡，不良贷款保持“双降”，金融机构利润增长势头良好。年末，全省金融机构人民币各项存款余额为 65 723.56 亿元，比年初增加 67 30.77 亿元，增长 11.41%，增速较上年同期下降 9.34 个百分点，人民币各项贷款余额为 47 868.30 亿元，比年初增加 5 791.59 亿元，增长 13.76%，增速较上年同期下降 5.57 个百分点。全省银行业金融机构不良贷款余额比年初减少 127 亿元，不良贷款率比年初下降 0.42 个百分点。2011 年共实现利润 1 343 亿元，同比增长 33%。

（二）证券业

2011 年，全省证券期货业继续保持稳定健康发展的态势，发展质量进一步提升。一是市场参与度逐步提高。2011 年全省证券经营机构代理交易额 5.9 万亿元，同比增加 24%，证券开户数和期货开户数同比分别增长 6.6% 和 18.7%。二是证券期货经营机构整体实力显著提升。全省证券营业部达到 336 家，同比增长近 10%。截至 2011 年末，6 家法人证券公司资产总额 1 199.37 亿元，净资本 359.37 亿元，实现净利润 28.20 亿元。期货经营机构数量和质量稳步提升，期货营业部达到 86 家，同比增长 18%，江苏 11 家期货公司总体注册资本、净资本、净资产都比上年增长 50% 以上，资本实力和抗风险能力进一步增强。

（三）保险业

2011 年，江苏省保险业实现了稳定健康发展。一是业务保持平稳增长。2011 年，江苏保险业预计实现保费收入 1 200 亿元，比上年增长 14% 左右，其中财产险保费收入与人身险保费收入分别比上年增长 22% 和 11%。保险公司总资产 2 581 亿元，比年初增长 376 亿元。二是市场体系不断完善。截至 2011 年末，江苏省共有保险公司主体 85 家，保险分支机构 5 859 家，保险网点数量居全国首位。三是经营质量不断提升。2011 年，全省 3 家法人保险公司总资产、净资产、保费收入分别为 58.16 亿元、34.33 亿元和 21.21 亿元。

四、金融改革与创新

（一）银行业

银行业机构组织体系不断完善。2011 年末全省银行业金融机构共有法人 105 家，一级分行 98 家，二级分行 133 家，支行 8 300 家，其中县域支行 4 359 家，科技支行 16 家，支行以下机构 3 099 家，自助银行 1 653 家，从业人员 196 383 人。

政策性金融改革继续推进。国家开发银行江苏省分行深入推进信贷结构调整，加大保障性住房建设融资支持力度，大力拓展中小企业贷款业务，不断强化“三农”信贷投放。中国农业发展银行江苏省分行认真执行支持国家“三农”发展的方针政策，强化基础管理，制定项目客户战略，注重区域计划均衡性，大力支持水利和新农村建设，与地方经济发展的融合度更加紧密。

大型商业银行改革进一步深化。中国农业银行江苏省分行积极推进操作风险评价与经济资本管理，优化年终绩效考评机制。全面实施16级非零售内部评级体系，提升信用风险管理水平。中国建设银行江苏省分行坚持以效益为中心，走内涵式、集约化经营之路。一是进一步优化营业机构布局，完善营业机构职能。二是大力发展自助服务渠道，提升电子银行分流效果。三是健全激励机制，完善创新奖励制度。

农村金融改革稳步推进。一是加强网点建设，增加自助设备机具的布点，发展电子银行业务。加强金融同业合作，充分发挥各类代理业务平台的作用。二是改进考核机制，构建公关营销机制，做优客户维护机制。三是加强管理，构建完整的服务管理制度体系，加强与中介机构的合作。

（二）证券业

一是直接融资持续快速增长。2011年全年江苏股权融资超650亿元，新增境内上市公司46家，占全国新增上市公司总量的17%，首发直接融资额476.83亿元，占全国IPO总额的18%，全年共有17家上市公司实现再融资，融资总额180.05亿元。二是上市后备资源丰富。全省共有拟上市企业194家，其中已过会的有11家，将为明年工作开局打下良好的基础。三是创新能力不断提升。2011年，江苏省证券公司在资产管理、股指期货、证券承销以及直接投资业务等方面，都走在全国前列，特别是江苏券商服务江苏企业上市的能力进一步提高。

（三）保险业

一是创新保险行业产品功能和服务，提升行业服务效率。继续深入推进政策性农业保险，在提高主要种植业保险保障程度的同时，着力推进高效农业保险和农机具保险。二是社会管理功能进一步体现。科技保险在全省加快推进，实现保费收入9 500多万元，为290家次科技企业提供了600多亿元的科技创新与经营风险保障，保费收入以及投保企业数同比增长都超过30%。三是加强改革创新，推动行业转型升级。在全国率先建立中介代理手续费结算中心，开发启用手续费结算信息系统；实施全险种见费出单制度，有效化解理赔风险。

五、金融生态建设

2011年，江苏省金融生态县创建工作转向深化发展的新阶段。各创建单位扎实推进创建工作，积极营造创建氛围，工作注重实效，组织保证有力，金融生态县品牌效应进一步显现。经过江苏省金融稳定工作协调小组的严格评审和媒体公示，共8个县（市、区）获得“江苏省金融生态优秀县”称号，8个县（市、区）获得“江苏省金融生态达标县”称号。

通过各项创建活动，全省金融生态环境进一步优化。一是政府充分发挥主导作用，创建工作更加深入。各创建县政府明确将金融生态创建工作列入政府重要工作内容，纳入政府目标考核，研究开展创建工作。二是信用环境建设逐步改善，信用基础更加扎实。金融生态县创建工作落实到镇、村，加快农村征信体系建设步伐。三是中介机构专业化水平稳步提升，金融服务市场更加规范。鼓励中小企业信用担保机构发展，对中介服务机构进行诚信等级评价测评，提升中介机构专业化水平和诚信水平。四是金融改革步伐不断加快，金融产品创新更加踊跃。各创建县纷纷推出创新金融产品以适应市场需求，以满足企业融资需要，解决农民创业贷款难的问题。五是法制环境日趋完善，县域金融体系更加稳定。监管部门重视对不良贷款、信贷集中风险、民间借贷风险、违规投资风险的跟踪监控，集中开展打击非法集资集中宣传活动，加大金融犯罪的侦破力度。

总　　纂：李文森
统　　稿：李湘宁　刘　念
执　　笔：马军伟　卜建明　宋　磊　张　曦
其他参与写作人员：陈　实　万　秋　戴国海　孙小光

浙江省金融稳定报告摘要

2011年，浙江省经济增长总体平稳，产业结构更趋协调，转型升级步伐加快，为区域金融稳定发展创造了良好环境。金融业改革创新有序推进，运行质量和效益稳步提升，风险抵御能力持续增强。银行业金融机构资产规模快速扩大，业务总量合理增长，产品服务创新成效显著。证券期货机构稳健发展，新业务开展情况良好，上市公司再融资行为活跃。保险业市场体系日益完善，业务规模平稳增长，保险业经济补偿和风险保障功能持续显现。小额贷款公司、融资性担保公司、典当行等非银行机构发展总体良好，融资服务功能有效发挥，金融基础设施持续完善，金融生态环境进一步改善，全省金融稳定状况总体良好。

一、区域经济运行

2011年，受国内外经济形势影响，浙江省经济增长有所趋缓，但在各项稳增长政策的实施下，转型升级与经济结构调整步伐加快，经济运行总体平稳。

（一）浙江省经济运行概况

1. 经济增长总体平稳，产业结构更趋协调

2011年，浙江省实现地区生产总值32 000.1亿元，比上年增长9%；人均生产总值58 665元，比上年增长7.1%；三次产业结构由上年的5.0∶51.9∶43.1变为4.9∶51.3∶43.8，产业结构更趋协调。工业经济发展总体稳定，全年实现规模以上工业增加值10 878亿元，比上年增长10.9%。服务业对经济增长拉动作用明显，全省服务业增加值14 015亿元，比上年增长9.4%，对经济增长贡献率达43.8%。

2. 三大需求协同性有所减弱，外部需求下滑明显

2011年，浙江省全社会固定资产投资14 290亿元，扣除价格因素实际增长16.1%，比上年提高5个百分点；从投资领域看，房地产开发投资增长最快，增幅达到48.5%。全省社会消费品零售总额11 931亿元，扣除价格因素实际增长11.3%，增速比上年回落3.2个百分点；汽车销售增长放缓，仅比上年增长16.6%。出口增速大幅回落，全年进出口总额3 094亿美元，增长22%，增幅比上年减少13个百分点；其中出口总额2 164亿美元，增长19.9%，增幅比上年减少15.8个百分点。

3. 价格持续高位运行，进出价差有所缩小

2011年，浙江省居民消费价格比上年上涨5.4%，涨幅扩大1.6个百分点，创1997年以来新高。八大类消费价格和服务项目价格全面上涨，其中食品类价格上涨12.1%，推动价格总水平上升3.4个百分点。工业品出厂价格和原材料购进价格比上年涨幅有所回落，分别比上年上涨5.0%和8.3%，涨幅分别减少1.2个和3.7个百分点；进出涨幅差3.3个百分点，比上年减少2.5个百分点。

4. 经济主体收入增速不一，企业经营压力显现

2011 年，浙江省实现地方一般预算总收入3 151亿元，比上年增长 20.8%，增幅基本与上年持平；其中税收收入比上年增长 19.8%，占地方财政收入的比重为 93.7%。规模以上工业企业实现利润3 080.1 亿元，增长 9.9%，增幅比上年减少 37.06 个百分点，且增速呈逐月下降态势。城镇居民人均可支配收入 30 900 元，农村居民人均纯收入13 071元，扣除价格因素，分别比上年增长 7.2% 和 9.5%，分别居全国各省（区）第 3 位和第 1 位。

5. 转型升级步伐加快，自主创新能力稳步提升

2011 年，浙江省加快推进产业结构调整，积极培育战略性新兴产业，全年实现海洋经济生产总值 4 500 亿元，比上年增长 19%，占全省地区生产总值的 14%。规模以上工业装备制造业和高新技术产业增加值分别比上年增长 12.1% 和 13.4%，占规模以上工业增加值的比重分别达到 33.1% 和 24.1%。规模以上工业新产品总产值达到 12 253 亿元，比上年增长 28.8%；新产品产值率 22%，比上年提高 1.3 个百分点。

（二）经济运行中值得关注的问题

一是经济增长呈下行态势，需求拉动有所减弱。2011 年，浙江省经济增长出现逐季回落态势，工业产品和消费需求明显减少，产业投资增长放缓，外部需求下滑明显，经济增长后续动力相对不足。二是在原材料、劳动力、资金等要素价格出现“普涨”的背景下，浙江中小企业经营压力明显上升，信心指数和景气指数持续走低，逃逸、倒闭现象有所增多，对全省经济金融稳定造成影响。三是房地产销售大幅下降，开发企业降价销售，群体性退房等事件开始出现，工程延期和交付违约、工程款和民工工资支付拖欠等现象明显增多，与房地产关联的上下游产业就业和经营压力凸显，市场风险有所显现。

（三）下阶段全省经济形势展望

2012 年，面对复杂多变的宏观经济形势，全国经济增长可能逐步放缓。从浙江省实际情况看，经济以民营中小企业为主，市场和原材料两头在外，劳动力密集型企业偏多；经济外向型程度高，对欧美市场的依赖性大于全国平均水平。在当前大宗商品价格依然高位运行、劳动力成本持续大幅上涨、节能减排约束不断增强、房地产调控持续深化、出口复苏乏力的情况下，总体判断浙江经济增长可能继续呈现平稳趋缓态势。下阶段，需加快各项政策调整，积极推动产业结构转型升级，加快培育新的经济增长点，增强经济内生动力和活力，保障全省经济平稳增长。

二、银行业

2011 年，浙江省银行业积极推进改革创新，努力增加信贷有效投入，盈利能力稳步提高，抗风险能力保持较高水平，为浙江经济平稳发展提供了有力保障。

（一）银行业稳健性评估

1. 资产负债规模持续扩大，存贷款总量增长平稳

2011 年末，浙江省银行业金融机构资产总额 74 800.27 亿元，比上年增长 16.58%；负债总额

72 088.01亿元，比上年增长16.21%。本外币各项存款余额60 893.14亿元，比上年增长11.96%，增幅比上年减少8.8个百分点。本外币各项贷款余额53 239.34亿元，比上年增长13.84%，增幅比上年减少5.83个百分点。

2. 资本充足水平总体稳定，资本质量保持较高水平

2011年，浙江共有1家法人股份制商业银行和3家城市商业银行在银行间债券市场公开发行金融债募集资金。截至年末，全省法人银行业金融机构加权资本充足率13.32%，加权核心资本充足率11.36%，分别比上年提高0.14个和0.04个百分点。核心资本占资本净额的比重达85.29%，资本损失吸收能力较强，资本质量保持较高水平。

3. 不良贷款有所反弹，拨备水平高位提升

2011年末，全省银行业金融机构不良贷款余额比年初增加45.5亿元，不良贷款率比年初下降0.03个百分点。银行业金融机构拨备水平总体充足，风险抵御能力较强，拨备覆盖率210.01%，比上年提高25.55个百分点；拨贷比为1.93%，比上年提高0.18个百分点。

4. 盈利能力稳步提高，收入结构持续优化

2011年，浙江省银行业金融机构实现本外币净利润1 367.85亿元，比上年增长27.32%；年末资产利润率2.56%，比年初提高0.23个百分点。中间业务收入率15.71%，比年初上升1.14个百分点，中间业务收入贡献率稳步提升，盈利结构逐渐向多元化方向转变。

5. 贷款期限结构持续改善，法人机构流动性有所趋紧

2011年，浙江省银行业金融机构贷款期限结构有所改善，中长期贷款占比37.12%，比上年减少2.93个百分点，新增中长期贷款占比15.03%，比上年减少28.19个百分点。中小法人金融机构流动性有所趋紧，年末流动性比率为50.6%，比年初减少3.6个百分点；超额备付金率为5.4%，比年初减少1.26个百分点。

6. 改革创新成效显著，组织体系建设完善

2011年，浙江省银行业金融机构改革有序推进，邮储二类支行改革扎实推进，法人银行机构跨区域经营稳步开展，网点布局转向重点新区和中心乡镇。金融创新成效显著，各行在产品、流程、渠道、机制等方面加大创新力度，重点推进结算、理财、债券承销等中间业务发展，竞争优势稳步提升。

（二）浙江省银行业运行中需要关注的主要问题

一是参与民间借贷成为企业信用风险爆发的重要原因。2011年，社会流动性趋紧，企业短期垫资需求增加，民间融资活跃，社会风险有所显现，对银行业金融机构资产质量造成影响。年末银行业金融机构不良贷款快速反弹，其中，因涉及民间借贷所引发的不良贷款占比上升。二是房地产及相关行业贷款风险有所显现。随着楼市调控政策的持续深入，房地产开发企业资金链风险有所加剧，房地产开发贷款逾期、展期现象明显增多。房地产市场风险有向建筑行业蔓延的趋势，建筑行业信贷资产质量出现下行，个别银行已发生建筑企业客户资金链断裂情况。三是资产业务合规问题凸显。银行产品搭售、不合理收费现象明显增多；资产转让、委托贷款、理财产品、同业代付等规模规避型业务快速增长，存在较大风险隐患；票据、信用证等表外业务操作不规范，违规现象有所显现。

（三）主要政策建议及改革措施

一是加快转型，增强服务实体经济力度。构建灵活的经营体制，加快业务结构调整，推动银行转型变革，提升核心竞争力。以实现可持续发展为目标，坚持服务实体经济，优化中小企业信贷投向，大力满足成长型小企业特别是小微企业的资金需求。二是加强监测，防范金融风险。密切关注经济金融发展形势以及受内外部环境影响较大的行业及企业的风险状况，加强交叉性金融工具风险预警与动态监测，健全风险防控机制和应急预案，防范交叉性、连带性金融风险，维护地方金融和社会稳定。

三、证券业

2011 年，浙江省证券业总体发展平稳，改革创新有序推进，各项监管指标持续向好，资本风险抵御能力稳步提高，上市公司再融资行为活跃，资本市场参与程度逐步加深。

（一）证券业稳健性评估

1. 证券公司改革创新有序推进

2011 年，浙江省法人证券公司积极推进机构改革和业务创新，多元化发展初见成效。浙商证券直投业务资格获批；投行业务取得较大突破，证券业务承销净收入比上年增长 58.99%；资管业务净收入行业排名第 11 位。财通证券投行业务开始起步，承销净收入比上年增长 60.42%；机构扩展进行顺利，财通证券（香港）有限公司获准筹建，财通基金管理有限公司正式开业，首只基金成功发行。

2. 证券业整体风险抵御能力稳步提高

2011 年末，浙江省法人证券公司净资产 111.43 亿元，比上年增长 20.49%；净资本 85.32 亿元，比上年增长 16.14%。净资本与各项风险资本准备之和的比例为 473.41%，净资本与净资产的比例为 76.57%，净资本与负债的比例为 40.23%，各项监管指标均保持较高水平，资本风险抵御能力较强。

3. 上市公司再融资行为活跃

2011 年，浙江省新增境内上市公司 40 家，境内上市公司达到 226 家。境内上市公司当年募集资金 627.83 亿元，比上年减少 12.63%，其中首发融资 348.22 亿元，比上年减少 39.14%；增发融资 198.91 亿元，比上年增长 41.66%；公司债、可转债融资 69.2 亿元，比上年增长 10.53 倍。全省境内上市公司筹资额占全部 A 股上市公司筹资额的 9.26%，占比比上年提高 1.83 个百分点。

（二）证券业运行需要关注的主要问题

一是法人证券公司整体实力偏弱。全省 3 家法人证券公司整体资本实力仍然偏弱，平均净资本不到 30 亿元，与行业平均净资本规模差距较大。投行、资管等新业务缺乏品牌知名度和竞争力，难以承揽到优质项目，个别机构资管产品业绩低迷，给后续业务开展带来较大压力。二是行业竞争秩序有待规范。2011 年，证券市场持续低迷，全省证券经营机构市场份额大幅下滑，行业竞争日益加剧，不正当营销和低水平价格竞争依然存在，证券经营机构经纪业务手续费收入与交易量的比例为 2.08‰，低于上年 2.62‰的水平。三是上市公司违规行为仍有发生。个别上市公司在并购重组过程中未按有关规定履行信息披露义务，个别上市公司信息披露存在重大差错及遗漏、隐瞒行为。上市公司大股东或实际控制人变相占用公司资金现象有所抬头，规范运作意识及水平有待加强。

（三）主要政策建议及改革措施

一是加大转型力度，提升市场竞争力。证券、期货公司要充分发挥区域优势和体制优势，立足本土经济，根据自身实际经营情况和市场发展，走专业化、特色化发展道路，形成核心竞争力。二是充分发挥外部监管、公司治理与市场机制作用，加强上市公司及实际控制人内幕信息管理工作的监督检查，积极推动上市公司建立以全面风险管理为导向的内控体系建设，提升风险防控水平。三是积极配合推动多层次资本市场建设发展，支持上市公司利用再融资和市场化并购重组，促进产业升级和发展方式转变。坚持“股债并重”原则，鼓励支持企业积极利用债券市场扩大融资渠道。

四、保险业

2011 年，浙江省保险业积极推进改革创新，市场体系日益完善，资产规模稳步增长，服务领域进一步拓宽，保险深度为 2.75%，保险密度为 1 609 元/人，现代保险经济补偿和风险保障功能得到有效发挥。

（一）保险业稳健性评估

1. 市场体系日益完善，资产规模稳步增长

2011 年末，浙江省共有保险市场主体 70 家，比上年增加 9 家；各类保险机构达到 3 654 家，比上年增加 35 家。保险公司资产总额 1 730 亿元，比上年增长 19.9%，其中，外资保险公司资产总额达到 10.65 亿元，比上年增长 83%。

2. 业务规模增长平稳，保险补偿功能有效发挥

2011 年，浙江省保险业共实现原保险保费收入 879.3 亿元，排名全国第 4 位，比上年同期提升两位，收入比上年增长 17.9%①，增速高于全国平均水平 7.3 个百分点。保险业赔付支出 256.2 亿元，比上年增长 30.8%，高于全国平均水平 3.2 个百分点。

3. 盈利能力稳步提升，业务结构持续优化

2011 年，浙江省财产险公司实现利润总额 34.16 亿元，居全国首位，比上年增长 44.07%；综合成本率、综合赔付率和综合费用率分别为 89.9%、60.5% 和 29.5%，较上年分别回落 2.5 个、1.5 个和 0.9 个百分点。寿险公司亏损额比上年减少 2.83 亿元，寿险续期保费占比、期缴保费占比、新单期缴 10 年期及以上保费占比三项指标分别达到 50%、34.2% 和 58.8%。

4. 保险覆盖面继续扩大，服务领域稳步拓宽

2011 年，浙江省政策性农业保险共为 135.08 万户农户提供 234 亿元的农业保险保障。政策性农村住房保险参保率达到 98.71%，简单赔付率达 56.3%。巨灾风险准备金制度初步建立，按当年种植业保费 25% 的比例提取巨灾风险准备金，逐年积累，专户管理，专款专用，在农险巨灾风险控制方

① 2011 年保监局统计口径有调整，为增强数据可比性，2010 年数据根据新的会计准则进行调整，下同。

面走在全国前列。

5. 法人机构资本补充压力增加，资金运作水平有待提升

2011 年，浙江省 2 家法人保险机构偿付能力有所下降，已计划通过股东增资及发行次级债方式补充资本。资本市场持续低迷对保险公司资金运用产生一定影响，投资组合中银行存款、货币基金和债券等固定收益类产品占比较高，资金运用渠道总体较为单一，运作水平有待提升。

（二）保险业运行需要关注的主要问题

一是业务持续发展与结构调整的矛盾依然存在。财产险新业务增长点尚未培育，车险业务仍然占据主导。寿险产品轻保障、重理财，分红险一险独大的局面没有根本改善，保障功能强、满足消费者真实保障需求的产品发展不足。二是受产品收益率下降等因素影响，人身险公司退保风险有所加剧。2011 年浙江人身险公司退保金比上年增长 71.7%，退保率高于全国平均水平 1.16 个百分点，居全国首位。三是保险行业非理性竞争行为有所抬头。从产险市场看，车险业务虚列费用和变相贴费现象依然存在；从寿险市场看，部分公司存在贴费销售、账外支付手续费、向银行支付各种名目的额外费用等现象。

（三）主要政策建议及改革措施

一是积极开展产品创新，加快保险业务结构调整。鼓励保险公司结合自身优势走差异化发展道路，积极发展满足消费者需求、体现核心优势的保障型业务，实现从价格、规模竞争转向产品、服务和管理质量的理性竞争。二是优化保险业发展生态环境，落实一揽子优惠政策，鼓励保险业在国家政策许可范围内开展各项改革创新工作。适时实行差异化费率，加强政策引导，加大人才培养投入，提高保险从业人员整体素质。三是拓宽资本补充渠道，提升资金运用能力。加强宏观经济形势研判，及时根据政策调整和市场变化改进资金运作方式和风险管理技术。尽快建立科学合理的资本补充机制，鼓励、支持符合条件的保险公司上市融资，通过多渠道补充资本。

五、社会金融活动

2011 年，浙江省小额贷款公司、融资性担保公司、典当行等非银行机构发展迅速，业务规模快速增长，融资补充功能有效发挥。

（一）小额贷款公司稳健性评估

1. 小额贷款公司总体运行情况

2011 年末，浙江省正式注册小额贷款公司 174 家，比上年增加 40 家；注册资本 353.03 亿元，比上年增长 56.33%；资本净额 414.19 亿元，比上年增长 64.79%。

（1）贷款对象注重助农扶小。浙江省小额贷款公司积极践行与银行错位经营的发展策略，坚持“小客户、小贷款”的市场定位，立足于服务“三农”和小企业。2011 年末，浙江省 174 家小额贷款公司累计发放农户和个体工商户城镇居民贷款 1 187.78 亿元，占全部累计发放贷款的 64.56%。

（2）贷款侧重支持实体经济。从贷款用途看，小额贷款公司贷款发放主要用于农户、个体工商户、中小企业正常生产经营活动所需的流动资金支持。2011 年末，全省小额贷款公司累计发放经营

性贷款 1 423. 39 亿元，占全部累计发放贷款的 77. 75% 。

（3）贷款方式以保证、担保为主。小额贷款公司贷款发放基本采取保证、担保方式，贷款手续简便灵活。2011 年末，全省小额贷款公司累计发放以担保、保证为主的非信用贷款 1 693. 20 亿元，占全部累计发放贷款的 92. 49% 。

（4）贷款质量控制总体有效。2011 年末，全省小额贷款公司不良贷款余额 3. 21 亿元，比上年增加 2. 57 亿元；不良贷款率 0. 6% ，比上年增加 0. 41 个百分点，但仍低于全省银行业金融机构不良贷款率 0. 32 个百分点，风险总体可控。

2. 小额贷款公司运行主要风险点

一是当前省内小额贷款公司经营成本高、利润积累少、展业困难大等问题仍然存在，经营成本与收益匹配不足，可持续发展面临挑战。二是小额贷款公司普遍存在重业务扩张、轻内部管理的现象，财务核算不规范、信贷管理松散、拨备制度执行不到位等问题仍然存在。多数员工没有金融从业经验，对风险的识别和控制能力不足，经营风险防范压力较大。

（二）融资性担保公司稳健性评估

1. 融资性担保公司总体运行情况

（1）行业规模不断扩大，业务总量快速增长。2011 年末，浙江省共有融资性担保公司 676 家，比上年增加 365 家；资产总额 432. 7 亿元，比上年增长 109. 3 %；负债总额 62. 86 亿元，比上年增长 81. 68%。全年累计发放担保贷款总额 1 134. 3 亿元，比上年增长 86. 61%；年末担保贷款余额 943. 87 亿元，比上年增长 103. 32% 。

（2）资金营运能力稳步提高，风险控制总体较好。经过主管部门规范整顿，浙江省融资性担保公司大都建立了较为完善的风险控制制度和担保业务流程，2011 年末，浙江省融资性担保公司资产负债率 14. 53% ，比上年减少 2. 21 个百分点；担保放大倍数 2. 59 倍，高于上年 2. 25 倍的水平；拨备覆盖率为 299. 99% ，实际损失率为 0. 07% ，风险控制总体较好。

（3）业务创新稳步推进，中小企业支持力度加大。多家担保公司在建行网上“速贷通”业务基础上，共同搭建集“政、银、网、担”为一体的全国首家中小企业网络融资服务平台；浙江中新力合担保服务有限公司首创小企业集合信托债权基金，为 220 户中小企业提供低利率资金 6. 71 亿元；温州市 8 家民营担保公司采用“抱团增信”模式，为中小企业提供贷款担保，中小企业融资担保服务力度有效加强。

2. 融资性担保公司经营主要风险点

一是业务集中度风险有所上升。多数融资性担保公司存在客户和经营区域过度集中的问题，业务结构严重缺乏弹性，易受外部环境影响引发偿付危机。二是内部管理机制有待健全。个别担保公司管理及风险控制制度执行力度不足，存在资本金抽逃现象；个别担保公司违规运作担保资金，或偏离主业成为民间借贷中介，为自身经营带来风险。三是担保外部风险补偿和政策支持相对缺乏，担保公司实际风险承担比例过高，风险、收益不匹配，经营压力较大。

（三）典当业稳健性评估

1. 典当业总体运行情况

（1）业务规模稳步增长。2011 年末，浙江省共有典当企业 381 家，注册资本总额 63. 66 亿元；

全年累计发放典当贷款407.66亿元，比上年增长33.14%；实现利息及综合服务费收入8.19亿元，比上年增长28.89%。

（2）资金周转明显加快。2011年，典当业共发生典当业务27.66万笔，比上年增加2.62万笔，平均单笔典当金额14.74万元，比上年增长21.02%。全年流动资金周转5.42次，与上年4.8次相比明显加快，资金利用效率有效提升。

（3）企业资本实力稳步提升。2011年，全省典当企业资本实力明显加强，单家企业平均实收资本1 671.87万元，比上年增加53.66万元。上报报表的361家典当企业资产总额80.62亿元，比上年增长19.7%；净资产68.91亿元，比上年增长17.4%。

2. 典当业运行主要风险点

一是部分典当企业内控机制薄弱，通过民间借贷和银行借款等方式“举债”经营，在规定业务之外借助典当平台从事信用放款业务，存在较大风险隐患。二是部分业务领域风险有所集聚，占比较大的房地产抵押典当和汽车抵押典当等业务面临的产权不清、价格虚高、证件作假甚至是非法销赃“洗钱”等风险有所上升。三是部分寄售行、调剂行、二手车中介等机构超经营范围变相从事典当业务，给典当业整体声誉带来负面影响。典当行业内部低价揽客行为仍然存在，收费水平明显低于相关规定，且呈逐年走低态势。

六、金融基础设施建设

（一）支付体系稳健性评估

2011年，浙江省深入实施“便农支付工程”，着力推进票据、电子支付等非现金支付工具在农村地区的应用，截至年末，支付系统已覆盖所有中心镇以上银行网点；三省一市银行汇票、银行本票已覆盖90%符合条件的中心镇银行网点；农村地区银行卡渗透率达到35%，比上年提高3个百分点，农村支付体系覆盖面稳步提升。新型电子支付业务得到有效推广，电子商业汇票业务得到积极推进，全省电子商业汇票业务笔数和金额分别比上年增长150.16%和153.72%。银行卡在新领域的应用进一步落实，杭州市区90%的主要风景区、90%的市级医院门诊部均实现银行卡应用。支付机构支付业务管理力度加大，人民银行出台《浙江省非金融机构支付业务许可申请管理指引》，分类指导、推进存量非金融机构支付业务许可申请工作。审慎推进支付服务市场清理整顿工作，积极引导不符合条件的存量机构通过收购、兼并、变更为其他机构分公司等形式，主动退出支付服务市场，加强支付市场服务秩序。

（二）征信体系稳健性评估

2011年，浙江省征信系统覆盖面进一步扩大，已覆盖全省112.9万户企业及其他组织和3 379万自然人，征信系统信贷信息持续扩容，信息质量显著提高；来自法院、电信、社保等部门的非银行信息逐步进入征信系统，数据全面性和及时性有效加强，为促进地方信用建设、改善社会信用环境奠定了坚实基础。金融机构对信用报告的应用日益普遍，成为信贷风险防范的重要工具；征信系统对司法、审计、财政、商务等部门的信用信息支持力度逐步加大，在促进政策落实和维护地区金融稳定等方面发挥了积极作用。中小企业和农村信用体系建设深入推进，截至年末，已累计征集尚未与银行发生信贷关系的中小企业信息 17.4 万户，其中 2.9 万户企业累计获得银行贷款 6 094.5 亿元。农村信用体系建设成效显著，在全省范围内推广“丽水模式”，改善全省农村信用环境，累计为 615 万农户建立信用档案，其中 283 万农户因此获得银行贷款 7 891 亿元。

（三）反洗钱稳健性评估

2011 年，浙江省反洗钱工作成效显著，人民银行反洗钱监管工作持续深入，积极加强反洗钱监管工作制度创新，修订、完善反洗钱非现场监管指标及报表体系，对改进、完善反洗钱非现场监管指标体系进行了有益探索。积极加强部门合作，与省市公安和检察部门保持紧密联系和磋商，促进洗钱案件侦查、起诉和审判。深入开展反洗钱行政调查，全年共发现、移交公安机关各类案件线索 27 起，完成各类协查 13 次，配合公安机关查处包括毒品案件在内的大案、要案多起，对洗钱犯罪打击效果明显。高度重视反洗钱工作环境建设，关注各类舆情信息，及时开展反洗钱风险评估，发布风险提示，全年共针对涉嫌股权投资诈骗等犯罪活动发布风险提示 3 期，有效维护了社会公众的切身利益。

七、金融稳定总体评估

2011 年，浙江省经济增长逐渐回归平稳，金融业总量快速增长，金融改革不断深化，金融创新积极活跃，金融结构相对合理；金融基础设施不断完善，金融生态环境进一步改善。人民银行杭州中心支行运用区域金融稳定定量评估模型对浙江省 2011 年区域金融稳定状况进行定量评估，结果显示，在选取的 25 个指标中，3 项得到改善，7 项有所下降，其余 15 项保持稳定，总分较上年小幅减少 0.74 分，区域金融稳定状况总体良好。从分项指标看，宏观经济得分较上年减少 6.44 分，反映外部经济环境不利因素对浙江经济发展的影响有所显现；金融机构得分继续保持满分，金融总体运行质量和效益持续向好；金融生态环境得分比上年增加 5.7 分，金融活动发展基础有效改善。

表 1　　2011 年浙江金融稳定评价指标及变动情况

指标分类	变动方向	评价指标	变动情况		
			改善	稳定	下降
宏观经济	↓	国内生产总值增长率			√
		三大产业增加值增长率	√		
		全社会固定资产投资增长率			√
		社会消费品零售总额增长率	√		
		实际利用外资增长率			√
		进出口总额增长率			√
		城镇居民可支配收入增长率	√		
		农村人均纯收入增长率			√
		居民消费价格指数			√
		城镇登记失业率		√	
		典型城市房地产销售价格指数			√

续表

指标分类		变动方向	评价指标	变动情况		
				改善	稳定	下降
金融机构	银行业	→	核心资本充足率		√	
			不良贷款率		√	
			资产利润率		√	
			流动比率		√	
	证券业	→	净资本充足率		√	
			净资本负债率		√	
			资产利润率		√	
	保险业	→	偿付能力充足率		√	
			应收保费率		√	
			保费收入增长率		√	
金融生态环境		↑	法治环境调查表综合得分		√	
			地方财政收入占 GDP 比重		√	
			银行服务密度		√	
			征信数据库覆盖率	√		

注：表中“↑”表示改善，“→”表示稳定，“↓”表示下降，部分指标最优值是一个区间，因此指标的微小变动可能导致其偏离最优区间，在评价体系中表现为下降。

预计 2012 年，世界经济增长将继续保持放缓态势，主要经济体经济增速可能继续下滑，新兴市场国家增长减速，通胀压力仍然较大，各种形式的贸易保护主义可能加剧，外部消费市场低迷将成为常态，对外贸依存度较大的浙江经济增长将产生较大影响。浙江要在全面实施“八八战略”和“创业富民、创新强省”总战略基础上，突出把握好“稳中求进”的工作总基调，围绕保持经济平稳较快发展和社会和谐稳定的目标，注重扩大内需，发挥投资、消费对经济的拉动作用。加快地方金融改革发展，优化民营经济发展环境，实施浙商回归工程，加强招商引资和境外拓展，切实增强发展的稳定性、协调性、普惠性和可持续性。加快培育海洋经济、新型城市化、义乌国际贸易区等新的经济增长点，促进全省经济平稳较快发展，为经济金融稳定创造良好环境。

总　纂：赵　军
统　稿：胡卫华　吴　云
执　笔（按姓氏笔画排序）：
丁　玨　王　婷　吴　云　张　怡　汪　雨　芦华征
周宇晨　胡虎肇　唐照宇　徐　晶　翁　磊

安徽省金融稳定报告摘要

2011年，安徽省经济保持平稳较快发展，经济结构调整和承接产业转移成效显现，经济运行质量与效益明显提高，金融业稳健运行的宏观经济环境得到改善。银行业资产规模快速扩张，经营业绩持续改善，整体风险水平稳步下降。资本市场保持稳健，证券期货机构业务收入结构有所改善；上市公司经营业绩显著提升，融资方式渐趋多元化，直接融资增长较快。保险业总体上保持良好发展态势，保险市场成熟度逐步提高，保险业的社会渗透力进一步增强。值得关注的是，在全省经济转型发展过程中，外部经济环境依然严峻，经济结构调整任重道远，经济增长的有效需求动力趋弱，通胀压力仍然存在，经济运行的复杂性增加，金融稳健运行中的不确定、不稳定因素增多。

一、经济运行与金融稳定

全省认真贯彻落实国家宏观调控政策，加速推进经济结构调整与发展方式转变，经济与金融的融合互动增强，经济总体形势好于全国、领先中部，呈现速度较快、结构优化、质量提升的良好发展态势。2011年，全省经济继续保持平稳较快发展势头，增速高于全国、位于中部地区前列。初步核算，全年全省生产总值15 110.3亿元，按可比价格计算，比上年增长13.5%，连续8年保持两位数增长，高于全国同期水平4.3个百分点。

（一）经济平稳较快发展的基础不断巩固，金融运行的宏观经济环境改善

1. 内外需求均衡持续增长，经济增长内生动力增加

2011年，全省社会消费品零售总额同比增长18%，增幅比全国高0.9个百分点，但较上年同期下降1.2个百分点；固定资产投资（不含农户）增长27.6%，增幅连续9年保持在25%以上，高于全国3.8个百分点，但较上年同期回落6个百分点；进出口额同比增长29.1%，高于全国6.6个百分点，但较上年同期下降25.7个百分点。

2. 经济结构进一步优化，经济发展协调性增强

分产业看，全省逐步由“农业省”向“工业省”转变，经济发展协调性进一步增强。2011年，第一、第二、第三产业增加值分别较上年增长4%、17.9%和10.5%；三次产业增加值占全省生产总值的比例为13.4:54.4:32.2。分地区看，中心城市经济辐射力增加，县域和皖北等经济欠发达地区经济增势逐渐改善；全省城镇化速度加快，城镇化率达44.8%，比上年提高1.6个百分点；扩权强县和扩权强镇工作稳步推进，34个县（市、区）财政收入超过10亿元。

3. 价格涨势趋于稳定，物价上行压力有所减缓

2011年，安徽省消费者物价指数逐月冲高并在年中开始回落。全年居民消费价格上涨5.6%，

高于上年2.5个百分点，涨幅比上半年、前三个季度分别回落0.1个和0.3个百分点。工业生产者出厂价格同比上涨8.3%，工业生产者购进价格同比上涨10.8%，涨幅分别比第二季度末低1.4个和1.7个百分点。

4. 经济金融的融合联动效应增强，呈现良性互动发展态势

一是经济高增长吸引金融业大量分支机构入驻。2011年，全省银行业、证券业、保险业分别新增了2家省级分行、24家证券期货营业部和6家省级分公司，已有12家金融机构综合基地落户合肥滨湖新区；全年金融业固定资产投资同比增长158.4%。二是经济发展促进金融业壮大。2011年末，全省金融业机构总资产同比增长19.5%，高于地区生产总值增速6个百分点；金融业增加值同比增长5.5%。三是金融业为经济发展提供服务支持。2011年，全省社会融资总量达3 926.1亿元，其中银行贷款占比为62.56%；保险业机构提供风险保障超过4万亿元，各类赔款与给付113亿元。

（二）经济运行中应予以关注的问题

1. 经济发展的外部环境依然严峻

欧债危机没有得到有效缓和，主要发达国家失业率居高不下、经济增长乏力，新兴经济体增速回落，全球货币政策走向不确定性加大。国内经济在全球经济减速及经济结构调整等因素影响下，经济增长速度有可能进一步放缓。全省经济受国际国内经济放缓、劳动力成本上升、通货膨胀仍处高位、国际大宗商品价格高位震荡、节能减排产业政策、中西部承接产业转移竞争加剧等因素影响，经济发展的外部环境趋紧。

2. 经济结构调整任务任重道远

第一产业增加值和从业人数的结构占比高于全国平均水平，农业产业化程度和经济效益相对较低；传统“两高一资”型产业对经济增长贡献度依然较高，战略性新兴产业和现代服务业崛起需要过程，结构性矛盾依旧突出；受资源和能耗限制，区域间经济增长差距的相对收敛和绝对收敛短期内难以实现。

3. 经济增长的有效需求动力有所减弱

在外部经济环境趋紧条件下，固定资产投资贡献度过高现象不具可持续性；消费升级受制于城乡居民收入增长、财产存量、生活消费性支出、税费优惠政策等诸多限制性因素，随着房地产调控政策效应显现及小排量汽车减税优惠政策取消，消费增长明显放缓；对外贸易因外部需求疲软、原材料价格上涨、人力成本与融资成本上升、汇率变动幅度较大等因素，出口增势趋弱。

4. 通胀压力依然存在

由于政府主导投资减少和新经济增长点的培育，加之2011年价格涨幅较高，2012年价格涨势会有所缓和，但影响价格上涨的压力短期内不会消除，未来一段时间仍存在一定的通胀压力。发达经济体实行的量化宽松货币政策造成的全球性流动过剩对国内影响仍将发生作用；农业生产仍存在不确定性，农产品价格回落的基础不牢；工资上涨带来的部分工业消费品和服务项目价格上涨回落相对较慢；水电气等资源类价格上调对居民消费价格的间接影响可能逐步显现。

二、非金融部门财务分析

（一）地方财政收支保持较快增长，但增收减支压力较大

2011 年，全省财政总收入 2 632. 8 亿元，同比增长 27. 6%，增幅较上年减少 5. 4 个百分点；财政支出 3 305. 7 亿元，较上年增长 27. 7%，高于上年同期 7. 9 个百分点。2011 年下半年以来，全省财政收入增速下行趋势明显，财政支出刚性压力逐步增大，财政收支平衡面临较大压力。此外，从债务角度看，2012 年地方政府债券进入还本付息高峰期，全年应偿还地方政府债券本息 84. 1 亿元；地方融资平台清理清查整顿，对地方政府融资能力也有一定的制约。

（二）非金融企业收入快速增长，但盈利能力有所减弱，中小企业资金流动性延续趋紧态势

2011 年，全省规模以上工业实现增加值 7 061. 7 亿元，同比增长 21. 1%，高于全国 7. 2 个百分点；占全省生产总值比重为 46. 7%，较上年末提高 2. 9 个百分点。企业效益维持较高水平，但盈利增速呈放缓态势。全省工业经济效益综合指数同比提高 39 个百分点，实现利润增长 52. 5%，增幅同比下降 10. 2 个百分点。企业资金流动性延续趋紧态势，融资压力增大。2011 年 9 月末，全省规模以上工业企业产成品库存增长 35. 3%，增幅同比提高 34. 2 个百分点；两项资金占用额增长 37. 9%，增幅比全国高 15. 4 个百分点。

（三）居民收入较快增长，城乡居民收入相对差距缩小，住户部门债务增速持续回落，偿债能力有所提高

2011 年，全省城镇居民可支配收入和农民人均纯收入同比分别增长 17. 8% 和 17. 9%，增速比上年同期分别提高 5. 7 个和 0. 6 个百分点。城乡居民支出差异增大，生活消费性支出比例提高。全年城镇家庭消费性支出增长 14. 5%，较上年同期上升 2 个百分点；农村住户生活消费支出增长 23. 5%，较上年同期增加 13. 7 个百分点。个人贷款增速回落，偿债能力有所提高。2011 年末，个人贷款及透支余额 3 971. 4 亿元，同比增长 21. 1%。住户部门贷款质量总体良好，但需关注贷款成本上升对个人信用卡贷款、住房按揭贷款以及汽车贷款质量所产生的影响。

三、银行业与金融稳定

2011 年，安徽省经济保持平稳较快发展，银行业机构运行的外部环境改善，整体风险水平稳步下降。截至 12 月末，全省银行业机构资产总额 24 459. 79 亿元、所有者权益 766 亿元、利润 316. 61 亿元，同比分别增长 20. 08%、28. 26% 和 39. 1%。

（一）银行业发展基本情况

1. 银行业改革有序推进，稳健运行的基础增强

政策性银行分支机构改革稳步推进，农业银行以“三农事业部”制为核心的管理体制初步形成，中小银行机构和外资银行规模扩张步伐显著加快。地方银行业法人机构改革成效明显，城市商业银行经营规模和运行质量显著提升；农村合作金融机构产权改革稳步推进，股权结构持续优化；新型

农村金融机构发展较快。

2. 各项存款稳定增长，个人存款增速加快，存款活期化趋势增强

2011 年 12 月末，全省金融机构本外币存款余额同比增长 18.6%，增幅比上年同期下降 4.3 个百分点。从存款类别分析，单位存款余额同比增长 17.2%，较上年同期下降 9.5 个百分点；个人存款余额同比增长 19.9%，较上年同期提高 2.2 个百分点。从存款期限分析，存款活期化趋势持续增强，存款稳定性趋弱。存款余额中活期存款占比 44.71%，较上年同期提高 2.8 个百分点。

3. 各项贷款平稳增长，投放结构不断优化

2011 年 12 月末，全省金融机构本外币合计贷款余额同比增长 20.9%，比上年同期回落 3.4 个百分点。从贷款期限结构分析，短期贷款增速持续上升，资产期限结构有所优化。短期贷款余额同比增长 25.4%，新增额占比较上年提高 18.11 个百分点。从贷款需求主体类型分析，重点领域与薄弱环节信贷支持力度显著加大，金融支持经济结构调整效应明显。皖江城市带承接产业转移示范区、合芜蚌自主创新实验区和皖北三市七县人民币各项贷款余额同比分别增长 21.3%、20.7% 和 26.5%；小企业贷款、涉农贷款余额增速分别高于全部贷款 7.8 个和 10.3 个百分点；县域金融机构贷款余额同比增长 29%，高于全省平均水平 8.7 个百分点。

4. 经营业绩持续改善，盈利水平大幅提升

2011 年，全省银行业机构总体盈利 316.61 亿元，同比增长 39.1%；资产利润率 2.01%，较上年提高 0.2 个百分点。盈利水平大幅提升的原因有存款活期化明显，银行付息成本降低；随着流动性收紧，银行议价能力得到提升；盈利渠道拓宽，中间业务收入增长明显。

5. 银行业信用风险水平稳步下降，法人机构资产质量持续提升

2011 年 12 月末，全省银行业机构“五级分类”口径不良贷款余额比年初减少 76.07 亿元，不良贷款比年初下降 1.18 个百分点；贷款损失准备充足率和拨备覆盖率分别比上年同期提升 28.55 个和 12.94 个百分点。地方法人银行业机构不良贷款余额和不良贷款率较年初分别减少 13.95 亿元和 1.35 个百分点。

6. 地方银行业法人机构资本充足性整体有所提高，风险抵补能力增强

地方银行业法人机构资本充足水平总体改善，业务扩张能力和防范非预期风险冲击的水平不断增强。2011 年 12 月末，法人机构核心资本净额和资本净额同比分别增长 29.99% 和 45.36%；核心资本充足率和资本充足率比上年末分别提高 0.62 个和 2.08 个百分点；资产损失准备充足率和拨备覆盖率较年初分别提高 28.65 个和 29.55 个百分点。

（二）银行业发展中应予以关注的问题

1. 部分机构不良贷款有所反弹，不良贷款防范化解难度加大

（1）在地方政府融资平台清理规范过程中，平台公司存量贷款风险暴露有所增加，导致部分银行机构不良贷款出现反弹，信贷资产质量下降问题值得关注。（2）房地产行业风险加大，房地产信贷风险暴露不断积累。房地产贷款余额占比不断提高，房地产信贷风险暴露水平持续提升；房地产企业良莠不齐，部分中小房地产商资金链紧张。（3）大集团、大客户[①]的贷款质量存在向下迁徙倾向。2011 年 12 月末，前十大客户不良贷款余额占比达 34.07%，较上年末提高 4.3 个百分点；关注

① 大客户为授信额度或贷款余额在 5 000 万元以上（含 5 000 万元）的客户。

类贷款占比达55.55%，较年初增加2.37个百分点。

2. 资产负债期限错配突出，流动性风险管理难度加大

2011年末，全省金融机构人民币存贷比为70.76%，较上年末提高0.76个百分点，高于全国平均水平3.02个百分点。负债结构方面，受实际负利率环境、理财产品分流以及“实贷实付”等因素影响，金融机构定期存款增长缓慢，全年定期存款增量仅占全部存款增量的44.53%。资产结构方面，由于安徽省正处在工业化和城镇化加速发展的阶段，中长期信贷需求仍较强，金融机构中长期贷款占比依然较高。2011年12月末，中长期贷款余额占各项贷款余额的比例达60.2%。

3. 银行面临的市场风险、操作风险有增加倾向

（1）随着利率市场化改革逐步深化，商业银行长期利差将趋于收窄，资产定价难度增加，对银行资产定价能力要求提高。同时，商业银行大力发展的资金业务和理财业务由于利差敏感度较高，面临较大的市场风险。（2）受人民币升值、贸易融资增长较快等因素影响，外汇贷款需求增加，外汇贷款占比持续走高，银行外汇流动性风险趋增。2011年末，全省银行业外汇余额存贷比较上年末提高36.35个百分点。（3）操作风险上升，金融案件有所反弹。2011年以来，票据诈骗、银行卡犯罪、POS机套现等金融突发案件呈增多趋势，暴露出部分银行风险管理、内控执行力有效性和案件防控能力存在不足，银行资产安全管理难度加大。

4. 盈利水平受宏观经济环境变化的影响较大，未来一段时间内盈利能力的变化趋势值得关注

银行业机构盈利模式相对单一，主要依赖于净息差收入；随着货币政策预调微调效应持续显现等因素影响，银行业流动性紧张状况将有所缓解，同时可能导致净息差收窄；风险拨备提取力度仍显不足，拨备新规的实施可能加大银行机构风险拨备的提取力度。

5. 银行表外业务快速发展，跨市场、跨机构的交叉性金融风险有所显现

（1）银行短期及“资产池”类理财产品快速发展，加剧存款市场波动，弱化货币政策工具的使用效果。（2）银行承兑汇票签发量大幅增长，弱化信贷规模管理效力。部分机构在没有真实贸易背景下使用票据循环融资、虚增存款；部分机构未使用新会计准则或者业务行为不规范，大量操作双买断业务产生信贷额度同时“出表”现象，信贷规模管理效力降低。

四、证券业与金融稳定

（一）证券业发展基本情况

2011年，安徽省证券期货业总体保持稳健发展的态势。截至12月末，全省共有2家法人证券公司、154家证券营业部、2家证券咨询机构，3家法人期货公司、29家期货公司营业部，证券期货从业人数达3 704人。

1. 证券期货业市场活跃度不高，成交量下滑明显

2011年末，全省证券投资者开户数同比增长13.07%，证券营业部机构客户保证金余额和证券累计交易额同比分别下降32.78%和16.27%；期货投资者开户数同比下降29.54%，客户权益资金总额同比增长4.72%，商品期货交易额同比下降13.21%。

2. 证券期货公司的资产规模有所下降，盈利水平大幅下滑

2011年末，两家法人证券公司总资产和所有者权益同比分别下降7.09%和1.67%，净利润同比

下降 49. 78%；三家法人期货公司总资产同比下降 8. 92%，所有者权益同比增长 3. 34%，净利润同比下降 63. 05%。

3. 资本市场直接融资规模大幅提升，企业上市步伐进一步加快

2011 年，全省直接融资总额 754. 9 亿元，同比增长 50. 9%，融资规模居全国第九、中部第一。全年共有 11 家公司首发上市，首发在审公司 11 家，辅导备案公司 22 家。截至 12 月末，境内上市公司 77 家，其中主板 46 家、中小企业板 24 家、创业板 7 家。

4. 上市公司整体质量持续改善，经营业绩明显提升

在宏观经济持续向好发展的背景下，上市公司的经营规模持续扩张，盈利能力显著改善。前三个季度，上市公司营业收入合计为 3 397. 76 亿元，同比增长 48. 56%；实现归属于母公司股东的净利润合计为 220. 4 亿元，同比增长 54. 84%；平均每股收益 0. 47 元，同比增长 27. 03%，居全国第五、中部第一。

（二）证券期货业发展中应予以关注的问题

1. 证券公司业务收入结构有所改善，但综合竞争能力和市场风险管理能力有待加强

2011 年，两家法人证券公司的经纪业务收入占比为 59. 49%，较上年下降 14. 1 个百分点，而利息和证券发行收入占比较上年分别提升 7. 64 个和 2. 2 个百分点。从业务收入结构分析，经纪业务收入占比依然较高，而证券发行、研究服务、资产管理等收入占比较小。缺乏多元化的收入来源导致证券公司易受市场波动的影响，抗风险能力较弱，综合竞争能力不强。

2. 期货公司风险总体变化平稳可控，但业务结构单一，经营效率有待提升、盈利能力较弱与风险管理手段不足等问题依然突出

（1）期货公司主要风险控制指标符合监管标准，但负债水平高位运行，杠杆比率较高，对其高杠杆经营的风险控制能力和债务偿还能力需保持关注。（2）盈利结构单一，经营管理效率有待提升，受市场波动影响较大。在投资者开户数和代理交易额显著下降的情况下，法人期货公司净利润同比大幅下降 44. 89 个百分点。（3）期货经营机构规模较小，期货业服务实体经济能力偏弱。2011 年，法人期货公司代理交易额占全国期货市场的比重仅为 5. 42%。（4）金融科技风险管理有待提升。

3. 投资者风险教育工作仍需加强

投资者结构不合理，机构投资者规模偏小。个人投资者的理财能力和风险意识较差，交易行为具有较强的投机性和跟从性，羊群效应特性明显，股票市场走势若持续走弱，易导致投资者不理性行为的发生。此外，融资融券和股指期货业务具有较高的杠杆效应，散户投资者因缺乏相应的专业知识，存在不同程度的操作风险。

五、保险业与金融稳定

2011 年，在宏观经济持续向好、市场秩序整治、行业结构调整的背景下，安徽省保险业总体上保持良好发展态势，保险市场成熟度逐步提高，保险业的社会渗透力进一步增强。12 月末，全省共有保险法人机构 1 家，省级分支机构 42 家，专业保险中介机构 118 家。保险深度和保险密度分别为 2. 86% 和 726. 55 元/人。

（一）保险业发展基本情况

1. 保险业务保持增长，服务地方社会经济能力逐步提升

2011 年，按新统计口径，全省实现保费收入 432.30 亿元，同比增长 7.99%，总保费收入居全国第 12 位；赔款与给付 125.44 亿元，同比增长 19.89%。农业保险快速发展，服务“三农”成效显现。全年农业保险实现保费收入 13.83 亿元，同比增长 10.89%；承保各类农作物 10 670 万亩、承保率达 95%，投保农户 2 421.5 万户（次），提供风险保障 294 亿元，已决赔付 7.72 亿元。

2. 产品结构调整稳步推进，行业竞争力得到提升

财产险方面，非车险业务增速比车险业务高 1.12 个百分点。其中，保证险、信用险、企财险、责任险和工程险保费收入同比分别增长 163.55%、26.50%、25.49%、24.81% 和 19.38%，增速均高于车险增速。人身险方面，健康险、意外险业务得到较快发展，增速分别高于人身险业务增速 21.63 个和 16.39 个百分点。

3. 监管力度不断加大，市场秩序渐次好转

保险监管机构创新监管手段和方式，不断加大监管力度，保险市场秩序呈现积极变化。2011 年，全省寿险公司退保率变化平稳，保险市场没有发生严重群体性事件和系统性风险，市场秩序不断规范。

（二）保险业发展中应予以关注的问题

1. 保费收入与赔付支出增长趋势相背离，保险业偿付压力增大

（1）由于万能险、投连险收入在实施新会计准则后不能被全部计入保费收入，导致人身险保费收入大幅下降。2011 年，人身险保费收入增速较上年同期下降 15.06 个百分点。（2）银保合作新规对承保业务的影响进一步显现。（3）银行理财产品快速增长，相对于保险产品，银行理财产品在流动性、收益率方面具有明显优势，导致万能险、投连险保费收入大幅减少，同比下降 92.8%。（4）受人身险满期赔付及车险赔付大幅上升等因素影响，赔付支出大幅增长。全年保险赔付支出同比增速较上年提高 2.78 个百分点。

2. 保险业产品结构调整力度有待继续加强

财产险方面，尽管保费收入增速较快，且呈现日益多元化的趋势，但财产险产品结构不够合理，对车险业务的依赖程度依然较高。寿险方面，普通型寿险产品发展困难，投资型业务占比过高。由于投资型业务主要依赖投资收益，受资本市场影响较大，弱化了寿险的保障功能。

3. 产品销售渠道不平衡现象尚未得到有效改善

银邮代理渠道集中化程度依然较高。全年人身险业务银邮代理渠道保费收入占比达 53.3%。新型营销渠道占比仍然较低，优势有待进一步体现。2011 年，电话销售、网络销售等直销渠道保费收入占比仅为 3.4%。

4. 保险机构内控机制和理赔机制有待进一步完善

部分保险机构内控制度执行不到位，资金管理存在不规范现象，综合管理水平有待提升。同时，保险理赔机制有待完善，存在理赔难现象。

六、金融市场与金融稳定

2011 年，安徽省金融市场平稳运行，金融市场融资功能增强，市场规模不断扩大，同业拆借、债券回购等子市场联动性进一步增强。随着稳健货币政策效果的显现，金融市场利率不断走高。

（一）货币市场交易活跃，市场利率上升

同业拆借市场利率大幅上升，2011 年，全省 2 家机构参与同业拆借交易金额 1 646.20 亿元，同比减少 0.72%；拆入资金加权平均利率为 2.93%，同比提高 124 个基点；债券回购交易快速增长，产品短期化趋势明显。全省 12 家机构参与债券回购市场，累计成交 39 694.63 亿元，同比增长 117.98%。其中，质押式回购成交额占比达 97.45%，质押式回购产品中隔夜品种交易量占质押式回购总额的 70.67%。银行承兑汇票大幅增加，票据贴现利率上升。全年全省金融机构累计签发银行承兑汇票 3 428.24 亿元，同比增长 42.84%。票据贴现加权平均利率为 8.10%，较上年大幅上升 423 个基点。

（二）债券市场融资功能增强，市场交易量稳步增长

债券融资规模持续快速增长。2011 年，全省企业通过短期融资券、中期票据、企业债、可转换债、金融债从银行间债券市场累计融资 465.5 亿元，同比增长 41.49%。债券市场交易活跃，交易量持续增长。全年全省金融机构在银行间债券市场累计完成现券交易额 24 324.46 亿元，同比增长 15.43%。从到期收益率来看，现券买卖加权到期收益率为 4.58%，较上年提高 138 个基点；从交易券种来看，金融债券和国债存量占比分别为 33.76% 和 27.48%。

（三）外汇市场交易保持较快增长，结售汇顺差大幅增加

银行间外汇市场交易平稳。2011 年，全省金融机构参与银行间外汇市场交易全部为即期询价交易，即期结售汇交易平盘量为 218 936 万美元，其中买入交易量占 51.93%。全省外汇收支形势总体良好，涉外收支规模快速增长，总额达 373 亿美元，同比增长 34%。全年银行结售汇总额同比增长 29.07%。

（四）民间借贷市场活跃，民间借贷利率波动向上

2011 年，安徽省 2 230 个民间借贷监测样本点发生金额同比增长 25.20%；加权平均利率为 11.78%，较上年提高 99 个基点。民间借贷的资金主要用于解决生产经营过程中资金周转不足，生产、经营性借贷占主导。

（五）金融市场发展中应予以关注的问题

1. 货币市场利率波动幅度增大，金融机构流动性管理压力有所增加

未来宏观经济运行的不确定性因素较多，宏观经济政策预调微调的幅度可能增大，货币市场流动性可能在 2011 年较为紧张的基础上呈现大幅波动。货币市场利率宽幅波动将增加金融机构流动性管理的成本和难度。

2. 银行承兑汇票大幅增长的负面影响不容忽视

银行签发承兑汇票大幅增长增加银行担保风险，并可能导致不良贷款增加；随着货币政策预调微调变化，票据市场利率波动加大，金融机构面临的市场风险增加；承兑汇票保证金存款大幅增加使银行存款数据失真，可能导致银行产生决策风险；票据业务增加影响区域金融统计数据的准确性，可能削弱货币政策执行效果。

3. 民间借贷风险值得关注

民间借贷处于金融体制之外，容易与国家宏观调控政策、产业政策相背离，一定程度上增加了宏观调控的难度；民间借贷利率水平通常比银行同期利率高，加重经营者负担，加剧贫富两级分化，并影响国家利率政策的全面贯彻实施；民间借贷尚未阳光化、法制化，借贷信息不透明容易使中小企业资金链断裂等风险事件扩大化，并有可能传染至银行业金融机构。

七、金融基础设施与金融稳定

（一）支付结算体系稳健运行、快速发展

2011 年，安徽省支付清算网络体系共处理支付业务 2.97 亿笔，金额 43.52 万亿元，同比分别增长 46.94% 和 34.57%。非现金支付工具得到广泛应用，全省使用非现金支付工具办理的支付业务 8.49 亿笔，金额 25.53 万亿元，同比分别增长 36.02% 和 37.91%。“农汇通工程”建设深入推进，农村支付结算环境显著改善，2011 年末农村地区现代化支付系统覆盖率达 67.6%；银行卡发卡量达 3 031.88 万张，同比增长 40.42%。应予以关注的问题是非金融机构支付服务组织监管机制有待进一步完善；部分收单机构对 POS 机申请发放审批不严、疏于对特约商户和 POS 机的管理、缺乏有效的风险交易监控手段，银行卡收单市场风险管理有待加强；银行账户实名制体系、联网核查系统功能有待完善。

（二）征信体系建设进一步完善

安徽省继续加强征信系统运行监督和管理，不断加强企业和个人征信系统的管理与应用，征信系统数据质量显著提升。2011 年末，企业征信系统累计接入机构 26 家，个人征信系统收录自然人数达 3 034.61 万人，同比增加 110.75 万人。担保机构信用评级工作成效显现，全省参评企业和担保机构累计达 1 140 户。农村信用体系建设快速推进，全辖累计评定出信用农户 486 万户，已建立信用档案并发放贷款的农户累计达 436.83 万户，贷款余额 400.96 亿元。中小企业信用体系建设持续推进，全省累计收集中小企业信用档案表 43 418 户，录入企业信用信息基础数据库 41 059 户，同比分别增长 6.24% 和 6.51%。应予以关注的问题是征信系统覆盖面有待提高，需继续推动小额贷款公司、村镇银行等机构接入征信系统；基于征信系统征信产品单一，系统服务功能有待提升；征信系统和政府相关职能部门的信用信息共享范围有待进一步拓宽。

（三）反洗钱工作深入推进

2011 年，安徽省反洗钱监管机制和风险为本的监管体系不断完善，反洗钱网络的风险预警和控制能力显著提升。全省已有 660 家金融机构纳入反洗钱非现场监管范围，在参照非现场监管结果的

基础上，对 108 家金融机构进行了现场检查。予以关注的问题是新设金融机构快速增加，反洗钱监管存在薄弱环节；证券、保险业机构重点可疑交易报送工作开展滞后。

（四）反假货币工作成效显著

2011 年，安徽省反假货币工作继续坚持“打防并举，标本兼治”的指导思想，严厉打击假币违法犯罪活动，加大宣传教育工作力度，反假工作取得显著成效，全年全省假币收缴额同比减少 12.13%。反假联席会议机制作用持续发挥，反假监管与打击力度进一步提升，反假货币宣传力度不断加大。

八、总体评估与政策建议

2011 年，安徽省经济平稳较快发展，经济金融的融合联动效应增强，金融体系整体保持稳健。银行业机构资产规模和盈利水平较快增长，不良贷款实现“双降”；证券期货业机构保持稳健，上市公司经营业绩显著提升；保险业总体保持良好发展态势，市场成熟度逐步提高。同时，受区域经济运行复杂性增加、宏观调控政策变化效应显现等因素影响，未来一段时间全省金融稳健运行中的不确定、不稳定因素增多。

宏观经济方面。经济运行的复杂性增加，经济持续高增长面临较多不确定性因素。受国内外经济放缓、劳动力成本上升、通货膨胀仍处高位、国际大宗商品价格高位震荡、节能减排产业政策、中西部承接产业转移竞争加剧等因素影响，经济发展的外部环境严峻，经济结构调整任重道远；地方财政收入持续快速增长动力趋弱，财政刚性支出压力加大；生产成本和财务成本增加，企业稳健运营难度趋增，部分企业资金流动性延续趋紧态势。这些不利因素在一定程度上加大了金融资源非均衡配置和金融风险的集中趋势，实体经济风险向金融体系传导的可能性增加。

金融业方面。受宏观经济形势变化、调控政策效应显现等因素叠加影响，银行业机构信用风险“双控”压力趋增，市场风险、操作风险有增加倾向；银行表外业务快速发展，跨市场、跨机构的交叉性金融风险逐渐显现。证券期货业机构业务结构单一、创新能力不足问题仍然存在，经营业绩受市场波动影响较大。保险业务非均衡发展问题仍然突出，部分险种业务增长波动性和赔付压力较大，市场秩序建设和业务规范发展仍需要较长的时间过程。金融市场利率上升且波动性增加，金融机构流动性管理压力加大。民间融资规模大幅增长，利率水平持续高位，非正规金融发展对金融体系的影响趋增。

根据区域经济金融发展现状和综合评估结构，提出以下建议。

一是拓展经济增长点，增强内需拉动力。鼓励承接发展技术含量高、符合国家产业政策的新兴投资项目，积极培育新的消费热点、多元化的商业经营主体和多样化的商品经营形式，鼓励企业积极采用人民币进行出口结算，合理规避汇率风险。二是完善行政管理体制机制等基础设施建设，促进区域协调发展。根据区域生产要素优势、主导产业优势和区位优势，进一步优化区域发展布局，促进各地区协调发展。三是贯彻落实稳健货币政策，调整和优化信贷结构，服务地方实体经济发展。在保持信贷总量合理均衡增长的基础上，引导金融机构把握贷款投放节奏，在抑制投资过度扩张的同时，优先解决企业生产经营中的合理资金需要。四是加强证券期货业市场监督管理，推动证券期货业机构业务转型，强化风险管理。推动证券期货业机构加强内控制度建设和业务流程改造，提高风险防御能力；推动多层次资本市场体系建设，优化证券期货市场层次结构，提升资本市场服务实体经济的质量和水平。五是推进保险业机构调整业务结构，创新产品和服务方式，提升服务实体经济能力。引导保险公司培育新的业务增长点，研发契合市场需求的个性化产品，大力发展风险保障型业务及长期储蓄型业务；拓宽保险产品营销渠道，均衡城乡保险市场发展，充分发挥保险经济补偿、资金融通和社会管理等功能。

总　　纂：刘明志
统　　稿：张　燕　吴丹果　梁　斌
执　　笔：季　军　鲁玉祥　王　亮
其他参与写作人员：孙　韦　石少功　薛晓倩　肖扬零　方锡华
徐　惬　陈海波　张晓萍　丁成林　王宗鹏
王　娟　吴文斌　刘　燕　王祥峰

福建省金融稳定报告摘要

2011年面对复杂多变的经济金融环境，福建省立足省情，努力克服金融危机的深层次影响，深入贯彻落实科学发展观，全面实施《海峡西岸经济区发展规划》和《平潭综合实验区总体发展规划》，加快转变经济发展方式和经济结构调整，推进产业优化升级，统筹城乡区域发展，推动平潭开放开发与闽台交流合作，促进社会和谐发展。经济运行继续平稳增长，产业发展步伐稳健，内需保持旺盛，对外经贸增长良好，财政实力进一步增强，民生保障全面加强。金融业整体运行稳健，金融市场继续保持健康发展，金融基础进一步完善，金融生态环境持续优化，金融服务实体经济发展的成效加大，有力促进全省经济保持平稳发展态势，实现“十二五”经济社会发展的良好开局。

一、区域经济运行与金融稳定

（一）区域经济运行总体情况

1. 产业发展步伐稳健

初步统计，全省实现生产总值17 410.21亿元，增长12.2%，比全国平均水平高3个百分点，保持高于全国平均水平的势头。第一产业增加值1 610.61亿元，增长4.2%，农业平稳发展，农林牧渔业总产值2 732.65亿元，增长4.2%。第二产业增加值9 167.54亿元，增长16.4%，增速有所回落。第三产业增加值6 632.06亿元，增长8.6%，增速由2003年来持续高于全国平均水平转为低于全国0.3个百分点，其中，金融业增加值增长3.2%，增速同比回落7个百分点。三次产业分别拉动

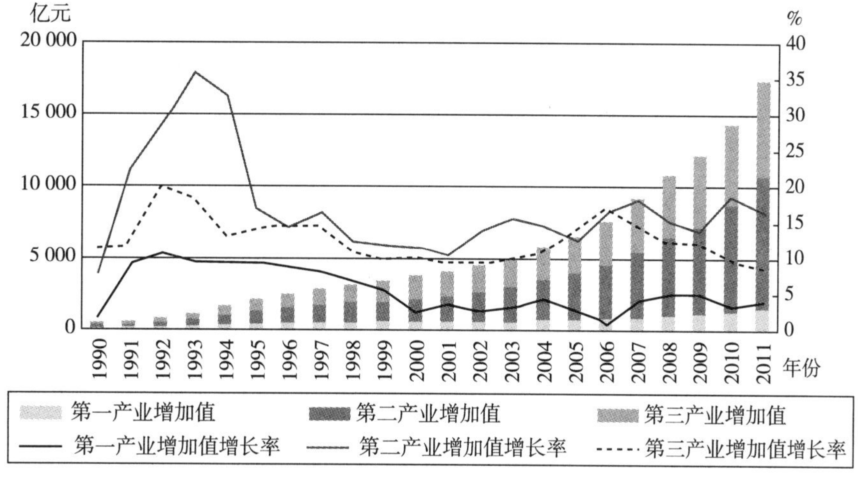

图1 福建省三次产业结构走势

经济增长 0.4 个、8.4 个和 3.4 个百分点。

2. 固定资产投资增速放缓

2011 年全省完成全社会固定资产投资突破万亿元，达 10 119.47 亿元，增长 27.1 %，比上年回落 2.9 个百分点，但仍高于全国平均水平 3.3 个百分点。分城乡看，城镇固定资产投资 9 374.83 亿元，增长 26.7%；农村投资 744.64 亿元，增长 32.1%。民间投资贡献提高，全年城镇民间投资 5 090.31亿元，增长 38.2%，占城镇投资比重由上年的 49.8% 提高至 54.3%。民生社会事业投入加快，全年城镇社会保障业投资增长 9.1 倍。房地产开发投资 2 402.61 亿元，增长 32.1%，增速比上年大幅回落 28 个百分点。

3. 城乡消费渐趋平衡

全省社会消费品零售总额 6 188.77 亿元，增长 18.2%，比全国平均水平高出 1.1 个百分点。分地域看，城镇消费品零售额 5 659.12 亿元，增长 18.6%，高于全国平均水平 1.4 个百分点；乡村消费品零售额 509.65 亿元，增长 13.7%，低于全国平均水平 3 个百分点。城镇市场与乡村市场增幅差距由上年的 9.5 个百分点缩小至 4.9 个百分点。吃、穿、用商品保持热销，零售额分别增长 32%、33.4% 和 27.4%，但汽车类增长 19.8%，增幅比上年回落 16.2 个百分点。

4. 对外经贸增长良好

2011 年，福建省着力实施市场多元化战略，全力推动外贸发展方式转变，进一步推进跨境贸易人民币结算试点工作，有效推动福建省对外贸易保持较快增长。全年外贸进出口 1 435.6 亿美元，增长 32%。其中，进口 507.2 亿美元，增长 36%；出口 928.4 亿美元，增长 29.9%。2011 年，福建省进出口、进口及出口增速分别比同期全国平均水平高出 9.5 个、11.1 个和 9.6 个百分点，在全国分别位列第 7、第 8 和第 6 位。利用外资稳步增长，全年新签外商直接投资项目 1 039 个，按历史可比口径统计，合同外资金额 135.78 亿美元，增长 12.0%；实际利用外商直接投资 110.44 亿美元，增长 7.1%。实际利用台资 32.2 亿美元，增长 20.5%；实际利用港澳资 64.5 亿美元，增长 17%。

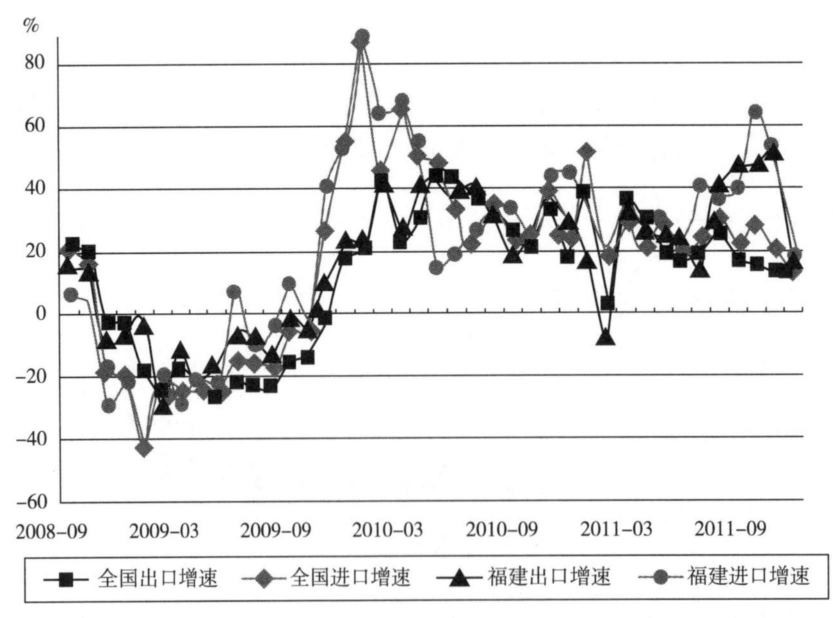

图 2　福建省进出口增速与全国比较

5. 财政实力进一步增强

2011 年全省实现财政总收入 2 596.12 亿元，增长 26.3%，增幅比上年提高 5 个百分点。其中，地方级收入 1 501.16 亿元，增长 30.4%，增幅提高 6.9 个百分点。全省财政支出 2 196.61 亿元，增长 29.6%，增幅提高 9.5 个百分点，主要是交通运输、医疗卫生、城乡社区事务、资源勘探、住房保障等方面支出增长迅猛。财政支出结构进一步优化，全年各级财政与民生直接相关的支出共计 1 573.89亿元，增长 30.7%。

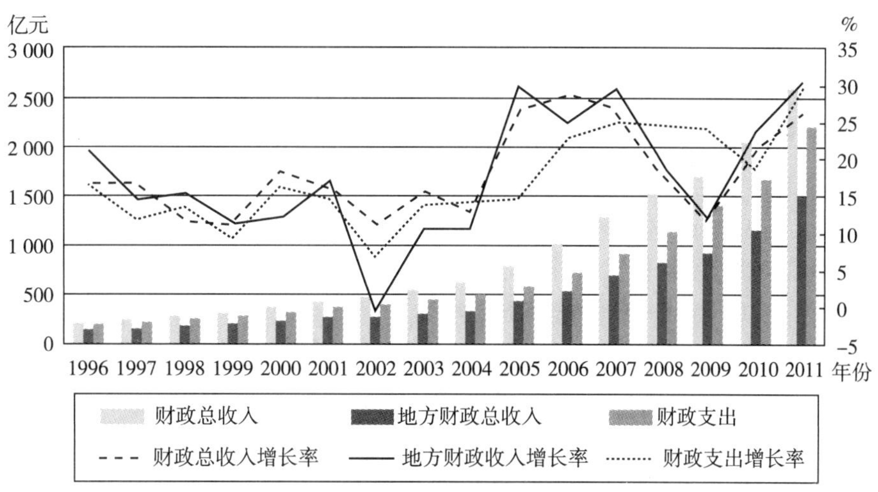

图 3　福建省财政收支变动图

6. 民生保障全面加强

全省居民收入增长加快，城镇居民人均可支配收入 24 907 元，增长 14.4%；扣除价格因素，实际增长 8.7%，增幅提高 0.7 个百分点。农民人均纯收入 8 779 元，增长 18.2%；扣除价格因素，实际增长 12.3%，增幅提高 4.8 个百分点。全省城镇新增就业 62.25 万人，城镇失业人员再就业 13.16 万人，城镇登记失业率 3.69%；农村劳动力转移就业 41.91 万人。城镇居民养老保险试点覆盖全省

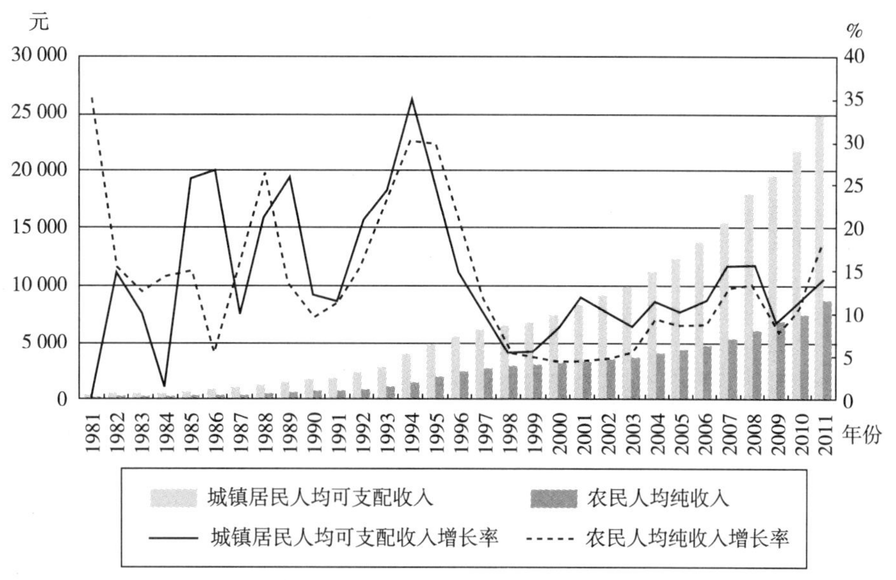

图 4　福建省城乡居民收入变动情况

一半以上的县（市、区），新农保实现制度全覆盖；全民医保基本建立，城镇基本医疗保险参保率达95%以上，新型农村合作医疗参合率达99.28%。

7. 市场价格冲高回落

2011年，福建省各类物价指数冲高回落态势明显，其中工业生产者购进价格降幅最大，房价涨幅逐步缩小。全省居民消费价格比上年上涨5.3%，分季度看，第一季度上涨4.7%，上半年上涨5.3%，前三个季度上涨5.7%；食品和居住类价格仍是居民消费价格上涨的主要因素，分别拉动居民消费价格上涨3.43个和1.12个百分点。2011年福州、厦门、泉州等中心城市新建商品住房价格指数分别上涨3.9%、5.6%、1.0%，涨幅缩小，并在年中见高点后持续回落，房地产调控效果显现。全年工业生产者出厂价格上涨3.9%，工业生产者购进价格上涨8.0%，农业生产资料价格上涨11.8%，固定资产投资价格上涨6.2%，商品零售价格上涨4.8%，市场价格呈现冲高回落态势。

（二）区域经济运行中值得关注的方面

总体上看，2011年福建省经济继续保持了平稳较快发展的态势，经济发展的质量和效益有了新的提高，但在经济运行中还存在一些不确定的因素。

1. 内外部需求面临较大不确定性

从内需情况看，2011年在房地产业及交通运输、仓储和邮政业投资增速下滑的影响下，福建省固定资产投资增速逐季回落，而且房地产投资占比仍然较高，固定资产投资结构有待优化。此外，未来一段时间福建省经济发展方式转变的任务仍然比较繁重，生态环境保护的压力也将逐渐加大，投资需求的增长面临较大不确定性；同时，受优惠政策退出和物价上涨的影响，消费需求的持续增长也面临较大压力。从外需的情况看，欧洲主权债务危机不断升级使世界经济不确定性、不稳定性迅速上升，国际经济复苏前景不明朗，外贸形势不容乐观，负面影响开始有所显现。

2. 宏观调控政策的后续效应将逐渐显现

一是房地产行业风险将进一步积聚。2011年全省批准商品住房预售面积增长43.3%，而同期全省新建商品住房销售面积仅增长5.6%。在宏观调控政策取向不变的大背景下，房地产及其相关的钢铁、水泥、建筑材料、工程机械等行业将受到影响。二是部分地方融资平台存在隐患。在融资平台公司清理整顿持续加强的情况下，部分融资平台公司资金筹措存在一定的政策风险。此外，部分融资平台贷款还面临着集中到期偿还的压力。

3. 经济转型升级的压力加大

2011年影响企业生产经营的因素更加多元化，这些因素将对企业传统经营模式产生较大影响，经济发展面临转型升级的压力逐步加大。一是人民币持续升值一方面影响了出口企业的利润率，另一方面升值幅度和速度不确定也影响了企业接大单和长单。二是企业融资成本上升对企业资金承受力形成了较大考验。三是用工紧缺依旧存在，一方面技能型人才短缺制约企业发展的苗头日益显现；另一方面由于普通工人劳动强度大，就业环境一般，就业不稳定，给企业生产经营带来较大影响。此外，劳动力、物流、用电、节能减排成本等不断上升，也进一步加大了企业经营成本和转型压力。

二、金融业与金融稳定

（一）银行业稳定评估

1. 银行业运行评估

（1）银行业总体运行稳健。2011 年末，全省银行业金融机构资产总额 33 788. 37 亿元，增长 17. 31%，其中，各项贷款余额 18 982. 82 亿元，增长 19. 25%；负债总额 32 037. 74 亿元，增长 16. 84%，其中，各项存款余额为 21 571. 6 亿元，增长 14. 99%。表外授信发展迅速，委托贷款、银行承兑汇票和跟单信用证余额分别比年初增加 285. 75 亿元、700. 12 亿元和 349. 67 亿元，融资替代现象突出。资产质量保持稳定，不良贷款余额比年初减少 0. 55 亿元；不良贷款率为 0. 7%，比年初下降 0. 13 个百分点。银行业整体资金运用充分，本外币余额存贷比为 88%，比上年末上升 3. 1 个百分点；盈利水平显著提高，净利润同比增长 27. 69%。

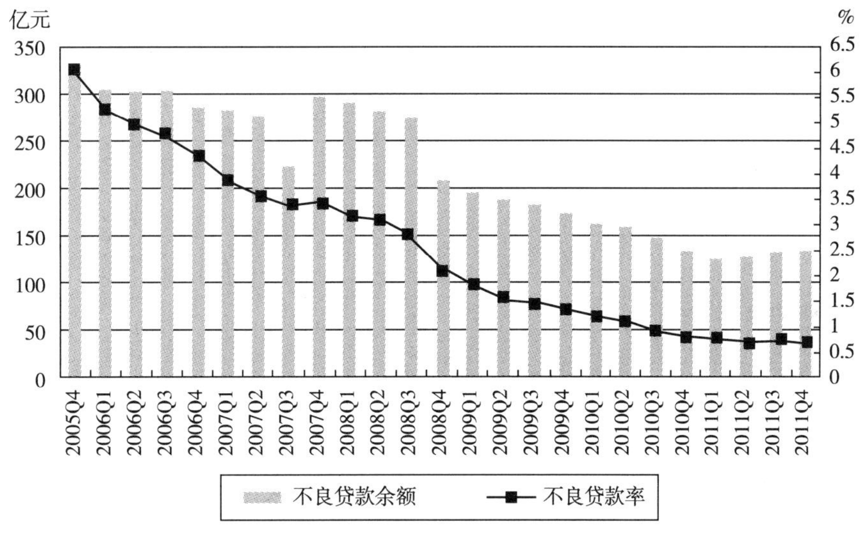

图 5　福建省不良贷款变动趋势图

（2）信贷结构继续优化。全省银行业机构继续优化信贷结构，在保证工业贷款的基础上，加大对薄弱领域的信贷投入。2011 年末，全省银行业机构对福建省 295 个重点项目贷款余额 1 155. 95 亿元，全年新增 503. 89 亿元，占企业类贷款增量的 42. 6%。工业类（含采矿业、制造业和水电气）贷款余额为 5 172. 65 亿元，比年初增加 883. 99 亿元。小企业贷款余额增长 31. 8%，余额占比 46. 6%，居全国首位。涉农贷款余额比年初增加 1 182. 05 亿元，增量居全国第 7 位。保障性住房开发贷款余额 62. 91 亿元，比年初增加 29. 43 亿元。

（3）中小法人银行机构整体向好。截至 2011 年末，全省共有城市商业银行 3 家，农村合作金融机构 67 家（其中农村商业银行 9 家、农村合作银行 2 家、农村信用社 56 家），村镇银行 5 家，全省中小法人机构经营发展逐步进入良性循环。年末福建省中小法人银行机构各项存款余额 2 794. 64 亿元，增长 24. 74%；各项贷款余额 1 815. 69 亿元，增长 20. 33%。资本充足情况稳步提高，年末城市商业银行、农村合作金融机构和村镇银行的平均资本充足率分别为 13. 93%、17. 26% 和 19. 57%；资产质量稳步提升，不良贷款余额比年初减少6.61亿元。

（4）机构体系不断健全。2011年，全省银行业在地市和县域共设立9家二级分行、61家支行，推动全省所有乡镇实现了金融机构全覆盖，1.44万个行政村实现基础性金融服务基本全覆盖。多家地方法人银行积极向省外拓展业务，兴业银行新设贵阳分行，2家农村商业银行首次设立异地支行，1家农村合作银行首次跨省发起设立村镇银行。菲律宾首都银行在泉州设立分行，福建能源集团财务公司顺利开业，农村商业银行组建步伐加快，共有11家开业、3家批筹，农村商业银行资产总量在农村合作金融机构中占比达45%。

（5）改革创新持续深化。一是国家开发银行及政策性银行改革稳步推进。国家开发银行、中国进出口银行和中国农业发展银行福建省分行继续深化各项改革，进一步建立健全经营管理机制，加快综合营销体系建设，推动协同业务发展，提升支持经济的广度和深度。二是大型商业银行通过深化改革措施，巩固改革成果，加快经营模式和发展方式转型，逐步夯实现代金融企业制度的基础，提升了可持续发展能力与企业竞争力。三是支持“三农”力度不断加大。农业银行福建省分行继续深化“三农金融事业部”改革，创新运用“农行+信用村”模式开展银村共建，积极服务闽台农业合作，对接省政府关于小城镇综合改革建设试点项目，提高支持“三农”工作效率。

2. 银行业运行中需要关注的问题

一是银行业负债稳定性明显下降。2011年，全省银行业存款出现了近年来少有的大幅波动情况。同时，存款在银行间变动较为频繁，大额存款稳定性降低。二是部分表外业务风险苗头有所显露。一些银行对同业代付业务等表外业务的会计核算和风险敞口计量等采取了不合理的处理方式，存在监管套利行为；部分委托贷款投向房地产等国家调控行业，个别银行的委托贷款业务还涉及民间融资纠纷。三是部分工业领域信贷风险上升。2011年全省制造业关注类贷款新增14.51亿元，主要集中在出口或小企业较为集中的行业。此外，部分企业资金链趋紧，企业的经营风险正逐步转化成为信用风险，贷款质量出现向下迁徙压力。四是房地产信贷风险进一步积聚。在市场销售萎缩的影响下，开发商资金链趋紧导致房地产开发贷款违约风险上升。同时，随着房地产价格的调整，部分杠杆率较高的购房贷款违约风险正在增大。此外，房价下降将导致以房产为抵押的贷款抵押品价值比（LTV）下降，银行将面临抵押物价值缩水或抵押物变现能力减弱的风险。

（二）证券业稳定评估

1. 证券业运行评估

（1）资本市场服务实体经济能力增强。2011年，福建省各类企业通过境内外资本市场累计实现各类融资898.7亿元，增长62.47%，为海西区经济建设提供了有力的支撑与服务。其中有9家企业实现A股首发上市，累计募集资金87.9亿元；6家上市公司实现股权再融资，累计融资48.9亿元；18家企业在境外发行新股融资88.9亿元；此外还支持企业通过发行短期融资券、中期票据、中小企业集合票据、公司债、次级债、金融债等方式实现融资673亿元。

（2）资本市场建设取得新突破。2011年，厦门海西股权投资中心与福建海峡股权交易所相继成立，厦门海西股权投资中心已与台湾创业投资商业同业工会等签署了合作协议，吸引更多的基金公司与创投公司，立足于打造以股权投资为特色的科技金融聚集区，力争在“十二五”期间形成百亿基金规模。福建海峡股权交易所旨在为大陆台资企业和海西经济区中小企业提供股权流通和股权融资服务，打造两岸资本对接平台。

（3）上市公司经营状况良好。截至 2011 年末，全省共有 81 家上市公司，总市值为 5 323.31 亿元。2011 年前三个季度，全省上市公司累计实现营业收入 3 338.09 亿元、净利润352.31 亿元，平均每股收益 0.51 元。福建省加大上市后备资源培育力度，推动企业改制上市，截至年末，有 3 家企业通过发行审核待上市，18 家企业正式向监管部门提出上市申请，22 家企业处于上市辅导监管程序中。

（4）法人证券机构运行平稳。截至 2011 年末，福建省内有 7 家法人证券营业机构，其中，法人证券公司 3 家，法人期货公司 4 家。法人券商总资产为 279.57 亿元，下降 36.28%，净资本 82.81 亿元，下降 0.2%，全年累计实现净利润 5.66 亿元，下降 51.95%。法人期货公司总资产 49.99 亿元，增长 3.14%，营业收入 3.87 亿元，增长 8.12%，利润总额 1 亿元，下降 2.61%。

2. 证券业运行中需要关注的问题

一是上市公司规范运作水平有待提升。随着监督管理与外部约束力量的增强，上市公司在运作管理中的一些问题逐步暴露。如公司治理结构不够规范、涉嫌内幕交易的行为仍然存在、信息披露质量不高、募集资金使用不规范、超募资金投向不合理、对再融资和并购重组等发展问题重视不足、主动回报股东意识比较淡薄。二是证券期货机构发展模式有待优化。虽然券商以经济业务收入为主的盈利模式在一定程度上有所转变，但总体看，券商创新业务尚处于起步阶段，创新发展的动力与能力不足，尚不能从根本上改变以传统业务为主、靠天吃饭的盈利模式。三是证券市场发展环境还有待净化。近年来，福建省加大了对非法证券的打击力度，各类非法证券活动得到有效遏制，但滋生非法证券活动的土壤还没有彻底铲除，涉非活动更趋小型化、分散化、网络化，提高了打击取缔工作的难度。

（三）保险业稳定评估

1. 保险业运行评估

（1）保险业发展势头良好。一是行业增加值快速增长。全省保险业实现增加值 41.9 亿元，增长 60.2%。二是保费收入平稳增长。全省保险业累计实现保费收入 432.4 亿元，保费规模居全国第 12 位，增长 14.9%。其中，财产险保费 151.1 亿元，增长 17.9%；人身险保费 281.4 亿元，增长 13.3%。三是保险主体数量平稳增长。全省保险公司主体数量达到 47 家，比年初增加 3 家；保险专业中介机构主体 100 家，比年初增加 4 家。四是资产规模逐步壮大。全省保险业总资产达到 998.9 亿元，增长 18.9%。其中，保险公司总资产 996.4 亿元，增长 18.9%。

（2）保险市场总体运行平稳。一是财产险市场方面，辖内（不含厦门，下同）财产险公司全年累计实现承保利润为 7.1 亿元，承保利润率为 7.3%，上升 3.5 个百分点，高出全国 2.6 个百分点；综合赔付率和综合费用率分别下降 2.6 个、0.8 个百分点。受自然灾害影响明显的企财险、家财险、农业保险等赔款支出分别下降 32%、70.5% 和 38%。二是人身险市场方面，全年辖内保费收入增长 8.9%，高于全国 3.2 个百分点。新单结构保持良好，新单期缴率为 35.2%，高出全国 6.6 个百分点，十年期及以上期缴业务发展好于全国，续期业务保费收入增长 23.7%。健康险、意外险业务快速增长，分别增长 30.4% 和 19.8%。

（3）助推经济的作用持续发挥。一是对社会经济生活的渗透率基本稳定。全省保险密度为 1 162 元/人，保险深度 2.48%，人均保险消费支出占城镇居民可支配收入的 4.7%，保持稳定。二是支持重点项目建设和城镇改革。拓宽服务产业发展渠道，承保重点项目建设，大力发展货运险、车险等业务，分别增长35.6%、22.8%；100家左右保险机构入驻全省42个试点小城镇，支持城镇改革各项建设。三是促进对外贸易增长。福建省出口信用保险通过创新产品服务、支持建立海外投资保险机制、稳步推进出口信用保险区域统保试点工作等措施，为企业出口贸易、海外投资等提供保险服务。全年实现保费收入5.6亿元，增长36.5%；提供风险保障144.5亿美元，增长37.6%；保险项下为企业提供融资金额达34.6亿美元，增长68.8%。

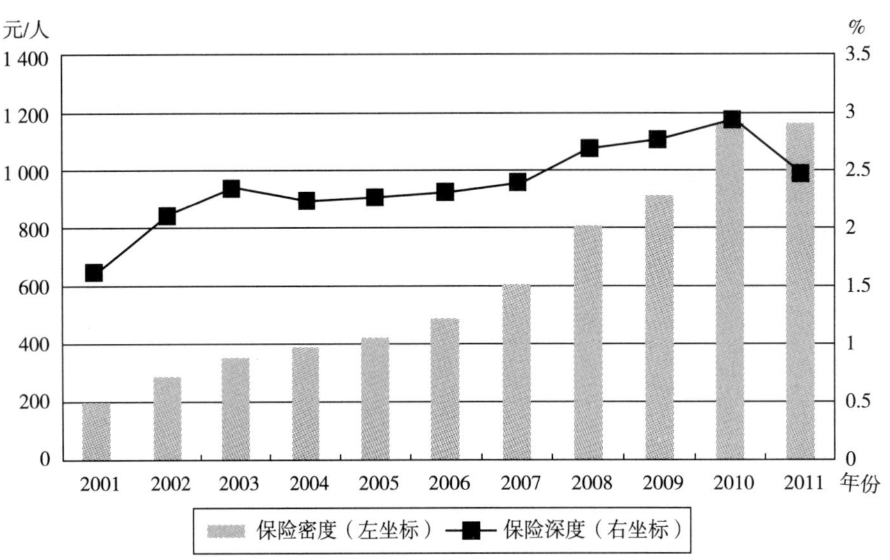

图6 福建省保险密度、保险深度变动趋势图

（4）民生保障功能日趋增强。一是总体保障水平提高。全年累计为社会承担风险保障总额10.2万亿元，累计赔付支出123.9亿元，增长22.7%。二是支持重大灾害事故经济补偿。福建省保险业积极履行赔付责任，做好台风灾害及重大交通事故的理赔工作，为社会和谐稳定作出贡献。三是服务和支持“三农”发展。全年政策性农业保险保费收入达3.6亿元，同比增长43%，承担风险保障

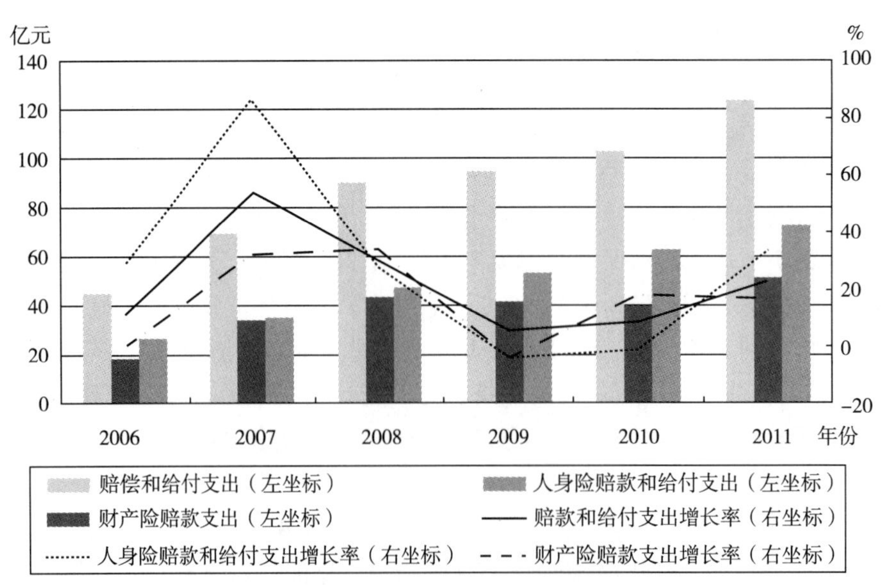

图7 福建省保险业赔款和给付支出变动趋势

金额超过 1 400 亿元，累计支付赔款超过 1.5 亿元。四是支持社会保障体系建设。推动商业养老保险及健康保险发展，累计寿险责任准备金 909 亿元，达到全省社会养老保险基金结余 4 倍左右；普通寿险和健康保险业务累计赔付支出 20.6 亿元，增长 17.2%。“新农合”试点工作稳步推进，为 360 万农民提供健康保障，参合率达到 98.8%。

2. 保险业运行中需要关注的问题

一是宏观经济和政策调整给保险业带来了不确定性影响。当前国内外经济金融面临的环境依然复杂，实体经济走势和金融市场变化可能给保险需求带来不确定性。此外，国家金融政策调整也可能影响保险产品需求，尤其是对分红寿险、万能保险销售和退保金产生影响。二是财产险市场部分领域状况不佳。辖内有 9 家财产险公司出现亏损，保费收入均不足 1 亿元；交强险亏损金额达到 3.8 亿元，业务持续亏损，车损险业务由上年的盈利变为亏损 1.4 亿元。三是人身险公司业务发展仍不稳定。分红保险全年退保金同比增长 69.9%，综合退保率为 3%，高于全国 0.4 个百分点；寿险产品分红水平较低，销售难度大。四是市场竞争秩序仍有待进一步改善。财产险方面车险理赔难问题依旧存在，非车险业务不严格执行报备的费率条款、扩大保险责任等违规行为仍时有发生；人身险方面，销售误导问题仍未根除。

三、金融市场运行与金融稳定

（一）金融市场运行状况

1. 银行间拆借市场总体运行平稳

2011 年全省银行间拆借市场累计拆借 24 131.51 亿元，增长 1.99%，交易量在全国位列第 4 位。其中，拆入 11 653.06 亿元，下降 33.69%；拆出 12 478.46 亿元，增长 104.97%。拆借以短期融通为主，7 天以内拆借品种占总成交量的 94.5%。全省参与全国银行间同业拆借市场的机构 6 家，交易量集中度较高，其中，兴业银行的交易量占比达 94.98%。6 月加权平均拆借利率达到年内高点 4.63%，第三季度以后市场利率震荡回落后趋于平稳。

2. 银行间债券市场交易活跃

2011 年全省银行间债券市场累计成交 62 902.08 亿元，增长 21.40%。其中债券回购成交 28 240.69亿元，下降 7.45%，交易量在全国位列第 14 名；现券交易成交 34 661.39 亿元，增长 62.73%，交易量在全国位列第 6 名。债券市场资金流向表现为净融入资金 2 554.37 亿元，比上年少融入 13 453.77 亿元。全省企业债务融资工具发行呈加快态势，特别是中小企业集合票据发行实现了零的突破。全年企业债务融资工具发行金额 181 亿元，比上年增加 85.55 亿元；发行企业数 21 家，比上年增加 8 家。

3. 票据市场融资总量增长显著

年末全省票据融资余额（含承兑、贴现、转贴现）3 464.32 亿元，增长 41.64%。12 月贴现和转贴现加权平均利率分别为 8.87% 和 7.21%，分别上升 2.99 个和 2.17 个百分点。特别是第四季度，银行间市场资金面有所好转，票据市场收票热情高涨，交投踊跃。

4. 外汇市场净结汇创新高

2011 年全省跨境收汇 1 040.9 亿美元，增长 22.28%；付汇 613.66 亿美元，增长 38.9%；净收汇427.3亿美元，增长4.35%。总体上，全省跨境资金净流入呈现“上半年大幅增长、下半年逐月快速下降”的态势。上半年资金净流入呈波动上升态势，月均净收汇和净结汇分别增长16.59%和39.1%，均为历史同期最高水平。下半年，外汇管理部门强化外汇资金流动监测管理、遏制热钱利用贸易渠道流入、推动出口收汇存放境外政策等措施效果初显，月均净收汇同比下降6.2%。

5. 跨境人民币结算稳中有升

跨境人民币结算业务范围拓展至货物及服务贸易、其他经常项目、外商直接投资、境外直接投资、其他跨境融资，有力地促进了福建省跨境贸易与投资便利化，全年实现业务量527.46亿元。其中，跨境贸易人民币结算业务448.94亿元，是上年业务量的3.87倍，位居全国跨境贸易人民币结算量的第8位；跨境投融资业务78.52亿元，占全国投融资业务总量的7.1%，为福建省企业提供了更好的跨境人民币金融服务。

6. 黄金市场交易活跃

2011全省“纸黄金”交易总体呈大幅增长态势，全年共实现交易额453.28亿元，增长160.36%。各商业银行共办理实物黄金交易32.64亿元，增长52.17%。省内4家上海黄金交易所会员[①]的黄金交易受市场价格波动影响较大，前三个季度环比分别增长10.18%、20.33%和57%，第四季度由于国际黄金市场价格快速回落，成交量显著下降，环比下降49.6%；全年累计成交750 632公斤，下降7.22%。

（二）金融市场运行中应关注的问题

1. 关注影子银行体系[②]风险向金融市场的传递

影子银行体系资金来源与传统银行体系高度关联，资金运用大量投向资本市场、投机性的交易活动及实体经济部门，大大提高了整个金融体系的关联度，潜在系统性风险值得关注。此外，部分影子银行机构和业务内在脆弱性凸显，特别是大量融资性中介机构快速扩张，违规经营现象时有发生。2011年省内部分担保、典当机构和民间借贷风险暴露，影响了金融市场的正常秩序。

2. 跨境资金流入压力仍然较大

在国内外利差较大和人民币升值预期市场环境下，资金通过各种渠道流入国内，对国家外汇管理带来挑战。如企业通过办理人民币质押外汇贷款、“内保外贷”海外融资等业务，既赚取本外币贷款利差、本币存款利息以及人民币升值收益，又达到推迟对外付汇的目的，客观上减少了当期的售汇，扩大国内净结汇差额；采取以提前归还银行贷款然后续贷的方式进行资本金结汇，规避资本金结汇有关规定；境内股权出让方通过股权溢价并购操作，为异常资金大规模流入提供渠道，增大资本项目顺差压力。

3. 票据市场快速发展背后的潜在风险

在部分省外城市商业银行票据业务风险逐步暴露的情况下，省内票据市场潜在的风险应引起高度关注。一是部分商业银行违规办理票据业务潜在操作风险。部分商业银行无授权或超越授权办理票据业务、放宽条件或降低标准为企业办理票据业务，使票据业务操作风险系数增高。二是票据民间贴现模式打通了民间融资风险与银行经营风险传输通道。省内部分地区已初步形成了小部分专门

---

① 包括兴业银行、紫金矿业集团股份有限公司、福州福辉珠宝有限公司和厦门银行。

② 影子银行体系是指提供期限、信用或流动性转换，却不受监管或少受传统银行监管的信用中介机构或业务，狭义的影子银行体系包括小额贷款公司、典当行、担保公司、私募股权基金等机构以及民间借贷活动。

从事银行承兑汇票套利的民间群体，催生了票据民间贴现模式，这种模式往往通过民间融资筹集运作资金，民间融资所引发的各类风险容易影响到银行承兑汇票业务占比较高的银行。

四、金融基础设施与金融稳定

（一）支付体系

2011 年福建省支付体系建设稳步推进，城乡一体的支付服务网络日趋完善、支付服务产品不断丰富、支付安全和效率受到广泛认可，对优化区域金融生态环境起到积极促进的作用。一是实现全省行政村自助终端全覆盖和助农小额取现服务全覆盖 96% 的行政村，城乡支付服务差距不断缩小，农村居民真正享受到“足不出村”的金融服务。二是金融 IC 卡产业跨越发展。2011 年末全省已发行金融 IC 社保卡超过 2 200 万张，发卡量全国第一。同时，应用领域和受理环境不断优化，医院就诊等已成功拓展应用，实现金融 IC 卡发行市场和受理市场的良性互动，对方便市民就医出行起到积极作用。三是节假日跨行支付渠道日益畅通。出台《关于改进节假日个人支付结算服务的指导意见》，加强小额支付系统业务、网上支付跨行清算系统等 7 × 24 小时运行系统的管理；消除自助渠道跨行转账障碍，通过完善终端功能等举措丰富节假日跨行支付渠道。四是完善福建省公民身份信息核实系统，有效落实金融服务实名制。实时更新福建省公民身份信息核实系统数据库，保障账户开立、大额现金支取等业务实名办理，从源头防范金融案件。五是成立行业自律组织，以自律公约形式规范业务收费、到账时间等事项，防范压单、压票等违规行为，维护金融消费者合法权益。

（二）信用环境

2011 年，福建省征信系统的建设、应用和管理进一步加强，中小企业和农村信用体系建设取得成效，征信系统数据质量和服务水平不断提升。一是企业和个人征信系统建设进一步完善。商业银行征信业务和数据质量管理加强，上报数据一致性均超过 98%。2011 年末全省进入企业征信系统联网的金融机构网点为 2 792 家，开通个人征信系统用户数 2.09 万个，两类系统持续收录企业和自然人信用情况，涉及人民币个人信贷余额均同比增长近 20%，企业征信系统日均查询量同比增长 30%。此外，全省应收账款质押登记公示系统累计登记出质人 5 129 个，登记数量 30 629 笔，发生查询 40 523 笔，均列全国第 5 位。二是中小企业信用体系建设进一步推进。全省累计建立中小企业信用档案 9.2 万户，其中，10 549 户企业获得银行融资，贷款发生额 2 136.5 亿元，贷款余额 986 亿元，在一定程度上缓解了中小企业贷款难的问题。全省各级人民银行积极引导商业银行和担保机构查询使用中小企业数据库，泉州市和三明市大田县中小企业信用体系试验区建设试点工作进一步推进，中小企业的信贷投入力度逐步加大。三是农村信用体系建设进一步拓展。2011 年末已建信用档案的农户达 285.5 万户，占辖内农户总数的 42.8%，农村信用社对已建档案的 161.3 万户农户累计发放贷款 2 143.8 亿元。全省共评定农村青年信用示范户 3 451 户，累计发放贷款 30 179 万元。此外，人民银行省内各级分支机构加强与当地政府及支农部门的通力合作，合力推进农村信用体系建设步伐。

（三）反洗钱

2011 年，人民银行福建省各级分支机构以教育惩戒和预防风险为监管重点，不断提高金融机构履行反洗钱义务的责任意识。一是资金监测质量显著提升。金融机构认真落实反洗钱资金监测各项制度，通过风险提示和监测舆情通报实现报送重点可疑交易线索数量减少的同时质量显著提高。全年共收集重点可疑交易线索948条，下降8.3%，报案数和立案数分别增长26.8%、20.4%。成功堵截涉嫌新型网络诈骗案件6起。二是配合打击犯罪力度持续增强。加强主动发现的可疑交易线索和涉及毒品、贪污贿赂、金融诈骗、破坏金融管理秩序四类重点上游犯罪调查，全年协助侦查、司法机关调查案件21起，破案12起。三是监管模式不断创新。省内各级人民银行全面落实“差异化”监管，重点检查违法违规问题严重的金融机构，发现重点可疑线索并报案9条，增长28.6%，促进金融机构不断提高履责自觉性，优化金融环境。四是行业自律进一步增强。全国首个反洗钱业务自律组织——福建省反洗钱协会成立，充分发挥自律组织桥梁纽带、引导服务和监督约束作用。

（四）司法环境

2011年福建省积极发挥区位优势，金融司法环境不断彰显海峡西岸特色。福州中心支行完成《平潭综合实验区总体发展规划》中“金融政策”部分，为平潭综合实验区金融服务发展奠定扎实基础；积极参与制定《平潭业综合实验区条例》等相关法规，探索两岸在金融服务、金融机构准入、金融市场、金融产品等方面合作的具体途径，着力拓展两岸金融合作领域。全省金融司法环境进一步改善，全省法院审结涉及金融、股权和企业破产等纠纷案件64 214件。注重化解中小微企业资金困难引发的矛盾纠纷，多做调解和解工作，既防范金融风险又帮扶企业发展，审结此类案件7 358件。重视审理涉及公司、证券、保险、票据等纠纷案件，审结此类案件4 685件。审结买卖、借款等合同案件157 415件，弘扬诚实信用，促进市场有序竞争和经济发展。全省法院开展反规避执行专项活动，加强执行联动与威慑，采取媒体曝光、悬赏举报、限制高消费等手段，遏制逃废债务行为，全省法院99.84%的有财产可供执行积案得到执结，全年共执结各类案件119 837件，标的141.84亿元。

（五）金融宣传

2011年，福建省突出“海峡西岸经济区”特色，坚持正确舆论导向，创新金融宣传方式，为全省金融稳定营造了良好的舆论环境。一是结合海峡西岸经济区发展特色，借助第九届“中国·海峡”项目成果交易会平台，重点宣传货币信贷、支付清算、征信管理、外汇管理改革、国库、反假货币、预防洗钱等知识。二是人民银行福州中心支行、福建省经贸委和福建省外经贸厅等联合组成宣讲组，在福建省7个设区市开展新金融专题巡回宣讲活动，面向重点工业与外经贸企业高层和财务主管，为其提供政策咨询和业务答疑，得到企业及银行机构的普遍好评。三是创新开展“安全支付 助推跨越”、“预防洗钱 保障民生”、纪念《反洗钱法》颁布实施五周年、征信宣传进校园等大型金融服务宣传活动。四是外汇管理局福建省分局在武夷山举办外汇“诚信兴商”活动，生动突出展示了外汇管理局打击“热钱”的工作成果，积极向社会公众普及外汇管理政策法规。

五、总体评估与政策建议

（一）总体评估

2011年福建省经济发展取得明显成效，为金融稳健运行创造了良好的外部环境。全省金融业健康快速发展，金融体系更加完善，金融改革不断深化，闽台金融合作取得新突破，但福建省经济金融发展还面临不少困难和问题。如经济结构不够合理，经济增速放缓，出口环境趋紧，资金供需存在矛盾等；部分领域信贷风险上升，金融风险管理压力加大；证券、保险市场发展环境还有待改善等。2012 年世界经济下行风险加大，复苏的长期性、艰巨性和复杂性更加凸显，金融发展不确定性因素增加，维护辖区金融稳定任重道远。

表 1　　2011 年福建省金融稳定评价指标及变动情况

<table>
<tr><th rowspan="2"></th><th rowspan="2">指标分类</th><th rowspan="2">评价指标</th><th colspan="3">变动情况</th></tr>
<tr><th>上升</th><th>稳定</th><th>下降</th></tr>
<tr><td rowspan="20">区域金融稳定状况</td><td rowspan="9">宏观经济</td><td>GDP 增长率</td><td></td><td></td><td>√</td></tr>
<tr><td>全社会固定资产增长率</td><td></td><td></td><td>√</td></tr>
<tr><td>进出口额增长率</td><td></td><td></td><td>√</td></tr>
<tr><td>社会消费品零售总额增长率</td><td></td><td>√</td><td></td></tr>
<tr><td>实际利用外资增长率</td><td>√</td><td></td><td></td></tr>
<tr><td>城镇居民可支配收入增长率</td><td>√</td><td></td><td></td></tr>
<tr><td>城镇登记失业率</td><td></td><td>√</td><td></td></tr>
<tr><td>征信数据库覆盖率</td><td>√</td><td></td><td></td></tr>
<tr><td>地方财政收入/生产总值</td><td>√</td><td></td><td></td></tr>
<tr><td rowspan="4">银行业</td><td>不良贷款率</td><td></td><td></td><td>√</td></tr>
<tr><td>核心资本充足率</td><td>√</td><td></td><td></td></tr>
<tr><td>流动比率</td><td></td><td></td><td>√</td></tr>
<tr><td>资产利润率</td><td>√</td><td></td><td></td></tr>
<tr><td rowspan="3">证券业</td><td>净资本充足率</td><td></td><td></td><td>√</td></tr>
<tr><td>净资本负债率</td><td></td><td></td><td>√</td></tr>
<tr><td>资产利润率</td><td>√</td><td></td><td></td></tr>
<tr><td rowspan="4">保险业</td><td>保费收入增长率</td><td></td><td></td><td>√</td></tr>
<tr><td>赔款和给付支出增长率</td><td>√</td><td></td><td></td></tr>
<tr><td>财险公司应收保费率</td><td>√</td><td></td><td></td></tr>
<tr><td>寿险公司退保率</td><td></td><td></td><td>√</td></tr>
</table>

基于评价指标的可比性及可获得性，从区域宏观经济运行、银行业、证券业、保险业四个方面遴选了 20 个量化指标，构建福建省金融稳定评价指标体系（FSIs），并应用层次分析法和主成分分析法相结合的方法来确定指标的权重，进而对区域金融稳定状况进行量化评价。经过计算得出福建省 2006—2011 年宏观经济环境、银行业、证券业、保险业及 FSIs 综合评价值。从综合评价值看，福建省整体金融稳健程度仍维持在一个比较稳定的水平。

（二）政策建议

1. 转变经济增长方式，推动经济平稳较快发展

引导企业加大创新力度，保障福建省重点项目建设资金需求，支持新能源、新材料、生物医药等战略性新兴产业和节能减排、循环经济发展，积极支持区域特色产业集群发展。加强对民间投资

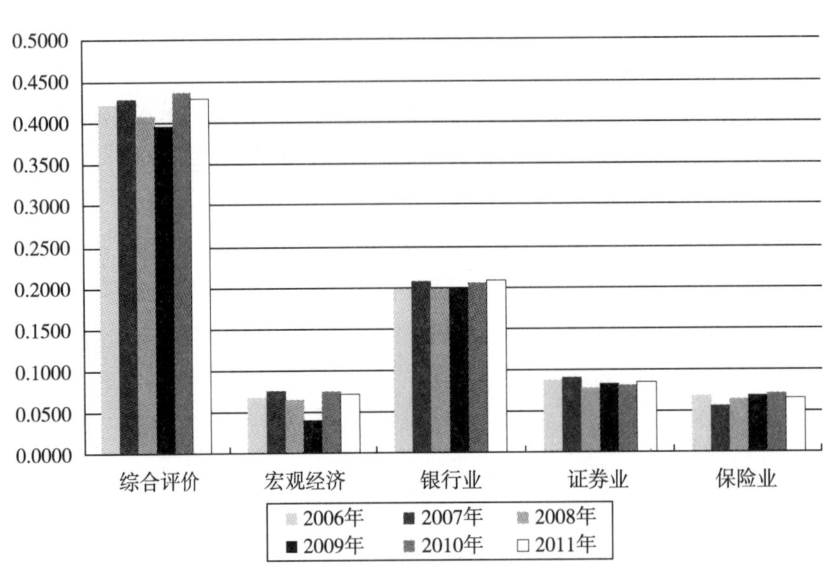

注：由于系统值是通过分别研究 FSIs 变量在不同年份的变化得到的，计算结果只能够用于分析宏观经济环境、银行业、证券业和保险业的发展情况，而不能用于横向比较不同子系统的稳健性差异。

图8　2006—2011 年福建省 FSIs 子系统及综合评价指数的变化

的鼓励和引导，提高民间投资在全社会投资中的比重，努力拓展内需尤其是农村消费需求，提高经济增长内生动力，为经济可持续发展和金融业稳健运营夯实基础。

2. 加快平潭综合实验区建设，开创闽台交流合作新局面

全面实施《平潭综合实验区总体发展规划》，积极争取国家支持在平潭开展两岸金融合作方面的先行先试，提升平潭金融业服务两岸产业对接的能力和水平。积极推动两岸金融合作在福建先行先试，推动闽台金融机构双向互设，积极引进台湾银行、证券和保险等金融机构，争取兴业银行赴台设立分支机构。加强闽台金融机构股权合作，吸引台资入股地方法人金融机构。

3. 深化银行业改革创新，增强金融机构发展动力

继续推进政策性银行加快转型步伐，完善商业化经营模式；深化农业银行“三农金融事业部”改革，探索完善商业化支农新模式；支持银行在风险可控前提下，推进金融综合化经营；继续推动农村合作金融机构股份制改革，支持符合条件的机构改制组建农村商业银行；进一步扩大新型农村金融机构试点，加快村镇银行组建步伐。推动法人银行业金融机构建立权责明晰、制衡有效、程序清晰、运行良好的公司治理机制；支持金融机构采取差异化发展战略，创新金融产品和服务，促进金融业务和金融服务有序竞争。

4. 加快建设多层次资本市场体系，优化金融资源配置

持续深入挖掘和培育优质上市后备资源，推动福建省各类企业在境内主板、中小板、创业板及境外市场上市融资。积极推动上市公司通过增发、配股等各种方式实现再融资，推动部分财务状况良好、具有较强竞争力的上市公司，通过收购兼并增加市场份额，扩大经营规模。大力发展债券市场，建立健全福建省债券市场发展合作机制，促进债券产品创新，增加债券融资规模。加快场外市场建设，为非上市公司提供股权转让和流通渠道。

5. 夯实保险业发展基础，提升保险业服务能力

大力吸引省外、境外各类保险机构来闽设点展业，争取在闽设立法人机构或地区总部；健全保

险市场准入制度，提升保险机构筹建标准。切实转变经营理念，逐步实现从外延式发展向内涵式发展转变，增强行业整体竞争力。积极创新保险品种，扩大保险覆盖面，完善保险服务功能，拓宽保险服务领域，创新保险营销服务方式，规范发展保险中介市场，建立健全保险服务体系。

6. 改善金融生态环境，构建稳定长效机制

深化征信系统建设，继续拓宽企业和个人征信系统信息覆盖面和服务对象，进一步推进中小企业和农村信用体系建设。建设和推广二代支付系统，加快支付结算产品创新，推广金融 IC 卡等新兴支付方式，继续做好农村支付业务创新推广工作。加快中介服务体系建设，积极发展金融业中介服务体系，完善会计、审计等行业协会运营机制。完善监管部门、行业组织、市场主体和社会公众等多方参与的教育体系，不断提高公众金融风险防控意识。发挥民间金融对正规金融的补充作用，合理引导民间融资为实体经济服务，依法打击非法集资、非法证券和骗保骗赔等非法金融活动。

总　　纂：吴国培
统　　稿：陶　诚
执　　笔：赖永文　杨　敏　陈　榕　沈理明　郑　平
　　　　　江　颖　林路曦　王哲中　黄　静

江西省金融稳定报告摘要

2011年，面对复杂多变的国内外经济金融发展环境和春夏连旱、旱涝急转等自然灾害的严峻考验，全省上下坚持以科学发展观为统领，围绕科学发展、进位赶超、绿色崛起的奋斗目标，坚定信心，顽强拼搏，经济金融继续保持平稳较快发展，实现了“十二五”的良好开局，为建设富裕、和谐、秀美江西打下了坚实的基础。

一、区域经济运行

2011年全省地区生产总值总量达11 583.8亿元，首次晋升“万亿俱乐部”；年增长12.5%，增速高于全国平均水平为3.3个百分点。全省三次产业协调发展，第二产业比重同比上升2.7个百分点，工业主导地位得到进一步强化。

（一）经济结构不断优化，经济增长动力增强

1. 加快农业基础建设，农业生产平稳发展

2011年，全省通过土地开发复垦新增耕地17.6万亩，改造中低产田80万亩，建设高标准农田40万亩。修复重点水毁工程1.1万余处，恢复、改善和新增灌溉面积270万亩。全省粮食总产达410.6亿斤，增长5.0%，全年肉类总产、禽蛋产量分别增长5.5%和3.9%。农业产业化大力推进，全省规模以上加工型龙头企业2 800家，472家省级以上龙头企业实现销售收入1 500亿元。

2. 强化工业主导地位，工业生产快速增长

2011年，全省规模以上工业实现增加值3 910.9亿元，增长19.1%，高于全国平均水平5.2个百分点。十大战略性新兴产业迅速成长，实现工业增加值1 568.3亿元，占规模以上工业的40.1%，增长21.6%。非公有制工业蓬勃发展，实现增加值2 883.9亿元，占规模以上工业的73.7%，增长23.3%。全省工业园区主营业务收入1.3万亿元，新增过百亿元园区12个，总数达46个。

3. 完善市场服务体系，服务业发展态势良好

交通运输业平稳增长。全年水路、公路、铁路等交通运输业客运量78 930.2万人，增长3.2%；货运量11 547.7万吨，增长11.2%。批发零售贸易业较快增长，全年实现销售额6 869.1亿元，增长24.9%。旅游业快速增长，全年接待人数达1.6亿人次，增长47.8%，增速位居全国首位；旅游总收入1 106亿元，增长35.15%。服务外包、文化创意、中介咨询等新兴服务业取得新进展。

（二）三大需求全面增长，拉动经济快速发展

1. 固定资产投资增长，城乡人居环境改善

2011 年，全社会固定资产投资达 11 020 亿元，增长 25.6%。500 万元以上固定资产投资完成 8 756.1亿元，增长 27.7%。全省 11 个设区市中心城区实施 500 万元以上城市建设项目 1 065 个，新增建成区面积 55 平方公里。设区市建成区绿化覆盖率 47.5%，国家园林城市 7 个，11 个设区市和 28 个县（市）被评为省级园林城市。

2. 政策效应继续发挥，居民消费稳步增长

2011 年，国家对家电、汽车等的促消费政策继续发挥效应，城乡居民消费意愿不断增强，消费水平不断提高。全年实现社会消费品零售总额 3 457.7 亿元，增长 17.9%，高于全国平均水平 0.8 个百分点。

3. 开放步伐继续加快，外向经济快速发展

2011 年，全省新批外商投资企业 812 家；实际利用外商直接投资金额 60.59 亿美元，增长 18.8%。全省进出口总额 315.6 亿美元，增长 46.1%。出口结构进一步优化，机电产品、高新技术产品出口占全省出口的比重分别达到 37.3% 和 17.6%，其中机电产品出口比重比上年增加 3.46 个百分点。

（三）政企收入效益增长，经济运行质量提升

1. 财政收入快速增长，税收收入占比扩大

2011 年，全省财政总收入 1 645 亿元，增长 34.2%，同比提高 2.2 个百分点。财税结构进一步优化，税收收入占财政总收入的 85.3%，同比提高 1 个百分点。

2. 主营业务收入增长，企业经济效益提高

2011 年，全省规模以上工业企业实现主营业务收入 18 000 亿元，增长 40%。规模以上工业企业盈亏相抵后实现利润 1 113.86 亿元，增长 44.5%。工业经济效益综合指数为 290%，同比提高 20 个百分点。

（四）价格涨幅得到控制，居民生活稳步改善

1. 消费价格得到有效抑制，上涨水平略低于全国

2011 年，全省居民消费价格总水平比上年上涨 5.2%，较全国水平低 0.2 个百分点。食品价格同比上涨 11.1%，居住价格同比上涨 4.6%。

2. 生产价格有所上升，指数涨幅逐步回落

2011 年，全省工业生产者出厂价格指数累计上涨 11.3%，工业生产者购进价格指数上涨 12.4%，涨幅分别较全国水平高 5.3 个和 3.3 个百分点。两项价格指数当月涨幅在 2011 年 7 月达到最高点以后开始逐月回落，12 月当月指数分别较 7 月回落了 13.2 个和 10.1 个百分点。

3. 居民收入较快增长，就业状况明显改善

2011 年，全省城镇居民人均可支配收入 17 495 元，增长 13%。农民人均纯收入 6 892 元，增长 19.1%。全省城镇新增就业 52.66 万人，新增转移农村劳动力 55 万人，高校毕业生总就业率为 85.8%，高于全国同期平均水平 8 个百分点。

4. 财政支出快速增长，民生保障不断提高

2011 年，全省财政支出累计完成 2 529.4 亿元，增长 31.5%，同比提高 9.2 个百分点；全省财政支出比财政收入多 884.4 亿元，比 2010 年扩大 29.3%。住房、医疗、社保等民生支出保障有力，

保障性安居工程扎实推进。在全国率先实现城镇医保政策标准全省统一，初步建立覆盖城乡所有居民的基本养老保险制度。

（五）需要关注的方面

1. 全球经济增长放缓，企业发展环境欠佳

当前，世界经济增长放缓，欧债危机影响继续蔓延。我国经济发展中不平衡、不协调、不可持续的矛盾和问题仍很突出。从江西企业看，光伏等新兴产业受国际市场多晶硅和组件价格“大跳水”的影响，光伏市场全产业链产品价格均呈一路下滑态势，企业出现不同程度的减产、限产和停产现象。

2. 投资增速持续走低，项目建设进度减缓

在经济增长放缓和国家宏观调控大背景下，融资难度加大，部分建设项目没能按计划开工和完成投资，一定程度上制约了投资高速增长。工业用地指标不足、审批时间长，征地拆迁困难等因素，使建设用地供应进度受阻，部分重点投资项目受到影响，投资进度明显减缓。

3. 社会消费缺乏热点，带动经济作用减弱

在当前的物价、利率及收入水平下，居民消费倾向持续下调，新的消费热点难以形成，消费规模难以扩大，制约了消费带动经济发展的作用。

4. 民间借贷现象蔓延，经济运行风险加大

民间借贷规模持续扩大，利率不断攀升。特别是一些社会资本脱实向虚，有些地方甚至出现非法集资、以钱炒钱、“金融传销”的现象。一旦出现借贷资金链断裂，容易引起社会动荡，并可能向金融体系蔓延。

二、金融业

（一）银行业

1. 存款保持较快增长，增减变化波动异常

2011 年末，全省金融机构本外币各项存款余额 14 322.05 亿元，比年初增长 20.26%。存款余额占全国存款余额 1.73%、存款增量占全国存款增量 2.44%，存款增速在全国排名第 3 位，在中部六省排名第 1 位。

活期存款新增占比有所下降。受物价涨幅高于同期存款利率、活期存款利率小于定期存款利率上调幅度等因素影响，居民和企业倾向于将活期存款转为定期存款，全省银行业本外币活期存款新增占比有所下降。

存款增减波动异常。全年本外币存款环比增速呈现较大波动，2 月、3 月、5 月和 6 月末存款余额环比增长，4 月、7 月和 10 月末存款余额出现环比下降。

2. 贷款总量适度增长，信贷结构不断优化

2011 年末，全省金融机构本外币各项贷款余额 9 301.95 亿元，比年初增长 19.03%。全省贷款增量占全国贷款增量的 1.87%，贷款增速在全国排名第 12 位，在中部六省排名第 2 位。

信贷期限结构得到改善。2011 年末，全省银行业金融机构短期贷款、中长期贷款和票据融资余

额占比分别较年初上升2.73个和下降2.01个、0.79个百分点；短期贷款和票据融资增量占各项贷款增量比重同比上升16.33个和6.10个百分点，中长期贷款增量占各项贷款增量比重同比下降21.87个百分点。

优先支持中小企业和“三农”发展。中小企业贷款余额3 543.74亿元，较年初增长21.78%，占全部贷款的38.10%。涉农贷款余额3 329.39亿元，较年初增长22.22%，占全部贷款的35.8%。小微企业贷款增速高出全部贷款平均增速5.92个百分点。

加大民生领域信贷支持。全年发放小额担保贷款62.6亿元，余额71.11亿元，带动就业28.17万人。小额担保贷款、助学贷款、个人消费贷款余额分别比年初增长29.3%、48.1%和22.9%，保障性住房贷款余额是年初的13倍。

3. 资产规模不断扩大，运行质量稳步提升

2011年末，全省银行业金融机构资产总额1.79万亿元，同比增长20.54%。不良贷款比例比年初下降1.26个百分点。全省法人银行业金融机构资本充足率比年初上升2个百分点，拨备覆盖率比年初上升57.26个百分点，实现净利润比上年增长48.13%。

4. 银行改革深入推进，案防基础逐步夯实

机构组织体系不断完善。2011年，北京银行南昌分行成功开业，华夏银行南昌分行成功获批筹建，2家城市商业银行省外分行顺利开业。全省农村合作金融机构改革进一步深化。年内获批筹建和开业村镇银行23家，批准注册小额贷款公司118家，新设融资性担保机构30家。

金融产品和服务方式创新稳步推进。表外信贷类业务①较快增长。“三农”发展金融支持服务年活动有效开展，不断创新符合农业产业特点的信贷产品。全省银行业围绕科技创新“六个一”工程相继推出了股权、股票、保单和知识产权等多种担保形式的贷款品种。

案防长效机制稳步夯实。全省银行业深入开展“案防建设巩固深化年”活动，严格实行“一把手”案件防控责任制，银行业案防长效机制建设成效明显。

5. 人民币跨境试点有序推进，业务领域不断拓展

《江西省跨境贸易人民币结算业务操作暂行办法》等一批规章制度先后出台，人民币跨境收付信息系统（RCPMIS）顺利运行。业务品种涵盖货物贸易、服务贸易、贸易融资等相关方面，业务范围逐渐从港澳台地区扩展到新加坡等东南亚国家和意大利等欧美国家。

6. 需要关注的方面

平台存量贷款潜藏风险不容忽视。未来两年是各类平台贷款的偿还高峰期，且平台贷款中信用贷款，财政兜底贷款和以土地、土地收益权为抵押的贷款占比较高。随着房地产市场出现低迷，部分平台特别是县域平台可能出现信贷违约的风险值得关注。

房地产信贷风险仍应重点关注。全省房地产市场出现低迷，商品房库存逐步攀升，开发商货款回笼受限，全省房地产市场贷款逾期现象已经显现。随着楼市调控持续深入，房地产行业或将引发更多的逾期贷款，由此可能引发的房地产贷款风险值得关注。

理财产品急剧扩容可能引发风险。全省银行理财产品规模的迅速膨胀，使存款加速流出银行表内，银行业流动性风险上升。部分银行业金融机构通过大量代销融资性信托理财产品，加剧了资产方的表外化，由于缺乏有效的风险对冲机制，表外风险容易失控，进而转嫁表内。

---

① 统计范围包括信贷类理财产品、信贷资产证券化和委托贷款。

案件防控工作形势依旧不容乐观。个别银行业金融机构存在内控制度执行流于形式的问题，省内银行业金融机构防抢、防盗、防欺诈压力增大，案件防控工作任重道远。

（二）证券期货业

1. 股票市场总体低迷，盈利水平大幅下降

2011 年末，全省共有法人证券公司 2 家，证券营业网点 126 家，同比增加 4 家；全省证券投资者开立资金账户 223.75 万户，同比增长 14.27%；客户保证金余额 85.45 亿元，同比下降 42.52%。累计成交 14 518.42 亿元，同比下降 13.56%。实现营业收入 14.74 亿元、净利润 5.03 亿元，同比分别下降 27.07%、50.05%。

2. 期货市场平稳发展，盈利水平明显降低

2011 年末，全省共有法人期货公司 1 家，期货营业部 23 家，同比增加 3 家。辖区期货投资者开户数 2.17 万户，同比增长 18.2%。全省期货市场代理交易量 1 578.24 万手，同比下降 20.89%；代理成交金额 20 432.12 亿元，同比增长 11.14%。实现营业收入 0.99 亿元、净利润 0.15 亿元，同比分别下降 3.07%、33.51%。

3. 资本市场融资态势较好，并购重组积极推进

2011 年，全省上市公司共通过资本市场融资 58.5 亿元，其中货币资金 32.92 亿元，实物资产 25.58 亿元。新钢股份非公开发行募集资金购买大股东资产工作正式启动，联创光电、赣粤高速等 7 家公司非公开发行股票或发债行为已向证监会上报申请材料。

4. 上市公司质量有效提升，后备资源稳步增加

2011 年末，全省已有境内上市公司 31 家，同比增加 1 家。上市公司股本总额 194.99 亿股，较上年末增长 8.25%。截至 9 月末，全省上市公司实现净利润 114.21 亿元，同比增长 47.84%。博雅生物首发通过证监会审核，煌上煌等 4 家企业首发正在证监会审核中，14 家企业进入辅导备案，140 余家企业已列入全省上市后备资源库。

5. 规范发展基础逐步夯实，市场环境日渐优化

2011 年，全省证券期货机构内部控制制度体系日趋完善。资本市场内幕交易防控和打击工作力度不断加大，投资者教育深入开展，信访投诉得到妥善处理，确保了证券期货经营机构业务正常开展和证券期货市场的稳定。

6. 需要关注的方面

辖区市场规模总体偏小，法人机构实力不强。2011 年末，全省上市公司市值占全国上市公司总市值的 1.09%，明显落后于全省地区生产总值占全国 2.46% 的水平。辖内法人证券公司在资本实力、盈利水平和人才储备等各方面都还存在较大差距，法人期货机构也仅在本地占主体地位，资本实力较弱。

证券经纪业务转型缓慢，创新服务能力有待提升。辖区证券经营机构由于受到规模、创新能力、投资理念、人才培养等多种因素的制约与影响，经纪业务转型升级的整体进度依然较为缓慢，转型效果并不十分明显。

上市公司数量仍然偏少，质量尚需逐步提高。2011 年末，全省上市公司数量仅占全国上市公司的 1.32%，上市公司数量在中部地区仍为最少。同时，辖内上市公司发展呈现不均衡态势，少数上市公司风险较高，甚至面临生存危机和退市风险。

（三）保险业

1. 市场规模不断扩大，整体实力持续提升

2011年末，全省保险总资产535.83亿元，同比增长16.9%。全年累计实现保费收入252.23亿元，同比增长4.5%；累计赔付支出74.31亿元，同比增长22.7%。

产险业务保持高速增长，公司经营效益持续改善。2011年，全省产险实现保费收入85.13亿元，同比增长22.9%；产险公司累计实现利润4.04亿元，同比增加2.7亿元，增长199.6%。

寿险保费收入有所下降，结构调整成效逐步显现。2011年，全省寿险实现保费收入151.99亿元，同比下降4.8%。保障功能相对较强的普通寿险占全部寿险保费收入比重同比提高0.3个百分点；个人代理、专业代理和其他兼业代理业务占比均有上升；续期业务成为拉动寿险业务增长的主要因素。

市场组织体系更加完善，外资保险机构实现“零”突破。2011年，全省新增5家保险主体，华泰人寿江西分公司开业，实现外资保险机构“零”的突破。全省共有保险公司省级机构33家，专业中介机构63家，兼业代理机构8 234家，从业人员7万余人。

2. 服务功能显著增强，保障作用有效发挥

农业保险发展再创新高。2011年，全省农业保险累计实现保费收入4.91亿元，同比增长36.1%。为全省445万参保农户提供648亿元的风险保障，已决赔款2.13亿元，受益农户15.41万户次。森林保险保费收入翻了一番，森林承保面积和覆盖率均列全国首位。

社会管理功能日益凸显。2011年，全省保险业积极参与社会风险管理，责任保险累计实现保费收入3.09亿元，同比增长37.5%。积极协助道路交通安全管理，在全国率先实施酒驾醉驾与交强险费率联动制度，主动参与多层次养老医疗保障体系建设。

助推外向经济快速发展。2011年，全省保险业支持外贸出口21.7亿美元，服务出口企业214家。实现保费收入同比增长84.3%，共支付赔款1 016.46万元，同比增长106%。

3. 市场格局更趋合理，行业风险积极防范

寿险市场集中度下降。2011年，江西省部分中小寿险公司积极探索差异化服务，以及通过延伸机构等方式努力拓展市场份额。寿险市场保费收入排名前三位的公司市场份额同比下降5.3个百分点，市场格局进一步优化。

保险中介市场稳步发展。2011年，全省保险中介渠道实现保费收入219.34亿元，同比增长1.1%，占总保费收入的87%，同比提高0.2个百分点。

市场秩序不断好转。2011年，全省保险市场监管力度进一步加大，公司依法合规经营意识不断增强，理赔难、虚假宣传等现象得到缓解。

4. 需要关注的方面

业务规模有待扩大。2011年，江西保费收入占全国总保费收入的1.8%，居中部六省末位。保险深度2.2%，比全国平均水平低0.8个百分点；保险密度566元/人，比全国平均水平低504元/人。

“一险独大”现象没有明显改善。产险方面，非车险业务增长较快，但车险保费收入占比仍高达77.2%；寿险方面，寿险业务过于集中，分红险保费收入占比为89.3%。

三、金融市场运行

（一）债券发行快速增加，定向工具运用位居前列

2011 年，全省企业在银行间债券市场累计发行债券 164 亿元，同比增长 47.75%。其中，当年全省累计发行债务融资工具 88 亿元，同比增长 57.43%。丰城集合票据发行材料报交易商协会申请注册，赣粤高速成功发行非公开定向债务融资工具 10 亿元，成为全国第 4 家发行定向债务融资工具的企业。

（二）市场交易日益活跃，利率水平整体提高

2011 年，全省金融机构在银行间市场累计交易量 33 404.2 亿元（不含外汇市场交易），同比增长 5.03%。辖内市场成员同业拆借加权利率水平 5.58%，较上年同期大幅上涨 369 个基点；质押式回购交易年度加权利率水平 3.44%，较上年同期上涨 171 个基点。

（三）票据业务稳步发展，城市商业银行占比进一步提高

2011 年，全省票据市场累计签发银行承兑汇票 3 167.22 亿元，同比增长 70.91%。城市商业银行累计签发银行承兑汇票占比同比提高 11.58 个百分点。全省金融机构累计办理票据贴现 2 522.41 亿元，同比增长 24.95%。城市商业银行全年累计票据贴现占比同比提高 11.5 个百分点。

（四）外汇收支平稳较快增长，管理服务水平有效提升

2011 年，全省跨境资金收支和银行结售汇总额分别为 270.55 亿美元和 221.32 亿美元，同比分别增长 24.0% 和 27.0%；在全国率先探索构建外汇指定银行从业人员管理模式，研究实施促进贸易投资便利化等服务措施，提升外汇整体服务效率。南昌洪都和新余两家农村商业银行综合头寸限额核定以及结售汇市场准入审批顺利完成，填补了我省农村金融机构未开办银行外汇业务的空白。

（五）黄金交易金额有所上升，交易品种进一步丰富

2011 年，江西省金融机构各类黄金业务累计交易量 34.35 吨，同比下降 4.82%；交易金额 116.13 亿元，同比增长 18.05%。全年累计办理黄金租赁 2.48 吨，累计授信规模约 6.83 亿元。累计交易美元账户金 22 130.94 盎司，交易金额 3 656.36 万美元。

（六）需要关注的方面

1. 市场成员研究实力亟需提升

全省银行间各类市场成员对市场的研究判断和分析往往依赖于外界。业务集中于传统债券买卖、回购、外汇即期交易等，缺乏对市场上新品种和衍生产品等的研究、判断和应用。

2. 旅游购物商品出口快速增长，加大外汇监管工作难度

由于“旅游购物商品”已经退出了出口收汇监管，同时旅游购物不需进行出口收汇核销，“热钱”可能披上旅游购物出口收汇的“合法”外衣流入境内，加大了外汇管理部门“防热钱、减顺

差”工作的难度。

四、金融基础设施

（一）支付清算体系建设状况

支付系统业务量和非现金支付业务交易量快速增长。银行结算账户数平稳增长，年末全省银行结算账户同比增长21.76%。农村支付服务环境进一步改善，全省县域累计发行银行卡，布放ATM、POS机数量快速增长。大力推动支付结算新业务发展，组织对4家银行支付结算业务和非金融机构多用途储值卡业务进行全面检查，严厉打击支付结算领域违法犯罪行为。

（二）征信体系建设状况

社会信用体系建设取得新进展，编制《江西省社会信用体系建设“十二五”规划》，成功举办泛珠三角区域九省区信用体系建设磋商会。中小企业和农村信用体系建设取得新成效，确定萍乡市作为中小企业信用体系试验区、遂川县和进贤县作为农村信用体系试验区。稳步推进信用评级工作，建立评级报告专家评审制度。逐步扩大征信信息应用服务范围，探索建立金融生态环境建设考核工作机制。

（三）反洗钱工作状况

积极探索反洗钱监管途径，建立反洗钱现场走访制度，指导金融机构健全反洗钱内部审计工作机制。进一步强化反洗钱监管工作，开展反洗钱现场检查和反洗钱非现场监管评估，严厉打击洗钱及相关犯罪行为。不断健全完善反洗钱协调机制，定期召开江西省反洗钱工作联络员会议。

（四）人民币流通环境建设状况

合理下达销毁指标，加大残损人民币回收力度，人民币整洁度不断提高。优化券别结构，全辖人民币流通环境不断改善。反假工作纳入综合治理考核试点工作取得突破性进展，广泛开展反假宣传和培训。人民币流通管理机制日臻完善，辖内银行业金融机构现金服务及人民币管理量化考核评估有序开展，强化对全省银行业金融机构现金服务及人民币管理工作的管理和指导。

（五）金融稳定制度建设状况

启动金融消费者权益保护工作，制定实施金融消费者权益保护工作制度。完善金融机构风险监测评估体系，启动地方法人金融机构稳健性现场评估工作，加强非银行机构风险监测。创新金融管理工作方法，深入开展金融稳定再贷款使用情况专项检查和金融稳定再贷款损失核查，稳步推进金融风险处置工作。

五、政策建议

（一）加快转变经济发展方式，进一步优化经济结构

一是大力推进鄱阳湖生态经济区等重点项目建设，加快发展方式转变；抓好重大项目建设，大

力推进战略性新兴产业的工业化、农业农村现代化和城镇化；进一步优化经济结构，大力推进提升现代服务业发展。二是大力推进民生工程，实施更加积极的就业政策，扩大社会保险覆盖面，实现城乡居民社会养老保险全覆盖；认真贯彻落实国家调控房地产市场的各项政策措施，促进房地产业规范有序健康发展。三是大力支持实体经济发展，积极引导民间资本进入实体经济，减少民间资本进入基础设施、社会事业、金融服务等领域的限制。

（二）贯彻落实稳健货币政策，全面推进金融改革发展

一是综合运用市场化调控手段，灵活运用差别准备金动态调整等政策工具，进一步优化信贷结构；继续完善逆周期的金融宏观审慎管理体系，保持合理的社会融资规模；积极推动县域经济和中小企业发展。二是建立健全信息共享协调机制建设，加强区域“一行三局”与地方政府在执行货币政策与监管政策，产业政策等方面的协调配合。三是推进辖内金融体制改革。积极推进政策性金融机构商业转型改革，关注已改制大型商业银行分支机构的改革进展，进一步提升城市商业银行综合竞争力；深化全省农村信用社法人治理改革，大力促进农村新型金融组织和融资性担保机构发展。

（三）增强金融风险防控能力，有效维护区域金融稳定

一是密切关注和有效防范信贷潜在风险，注重强化风险管控能力。密切关注房地产投资下滑、房价调整以及新兴产业发展“瓶颈”问题，防范相关商业银行信贷敞口出现的风险隐患。密切跟踪当前地方政府融资平台处于偿还高峰期及其可能的违约风险。二是进一步提升金融管理能力。积极探索和完善区域金融消费者权益保护机制，发挥民间借贷的积极作用，大力整顿金融秩序，营造和谐金融发展环境。三是切实做好区域金融风险监测评估工作。认真识别可能出现的金融风险隐患，重点做好对地方法人金融机构现场、非现场监测评估工作，加强对担保公司、典当行等机构、银行理财产品和表外业务的全面监测。

（四）推进资本市场改革创新，加快辖区市场健康发展

一是充分利用国家发展多层次资本市场的机遇，加快辖区市场发展。支持辖区企业完成股份制改造，实现首发上市；支持辖区上市公司利用增发、配股等多种融资方式实现再融资、并购重组；大力支持产业投资基金和股权投资基金发展。二是着力推动辖内证券公司提高综合素质和核心竞争力。加强证券公司监管，强化合规管理；支持法人证券公司进行产品和组织创新，拓宽业务渠道，形成核心竞争力。三是加大证券期货案件的查处力度，营造良好的市场发展环境。加强对非法证券活动信息的监控，打击非法证券活动；深入排查证券期货行业非法集资、洗钱等恶性行为。

（五）加快保险结构调整转型，促进保险服务经济社会发展

一是推动转变发展方式，做大做强辖区保险业；继续调整辖区保险业产业结构，大力发展满足消费者需求、体现核心优势的保障型业务，扩大整体规模和实力。二是进一步完善风险监测预警和应急处置机制，建立健全规范市场秩序的长效机制；着力做好非正常大规模集中退保和案件风险的防范化解工作。三是加大保险产品和经营方式创新，服务经济社会发展大局；鼓励发展企财险、责任险、农业险等险种，有效发挥保险业服务保障社会经济发展的功能。

（六）不断提升金融服务水平，大力优化金融生态环境

一是积极推动支付结算法规制度完善，进一步优化支付清算环境。密切监测、及时预警和妥善处置各类新业务、新产品推行过程中产生的风险，建立健全非金融机构支付业务监督管理制度。二是进一步强化反洗钱监管力度。加强对可疑交易报告的甄别力度，完善网上银行反洗钱工作制度；不断健全完善反洗钱协调机制，形成打击涉嫌洗钱犯罪的工作合力。三是进一步加强人民币流通管理和反假币工作。建立健全信用信息共享机制，进一步完善反假货币日常监测体系，强化反假联动协调机制。四是进一步推动征信法律制度框架的建立和完善，不断改善辖区金融生态环境。推进信用信息记录共享平台和守信激励、失信惩戒机制建设，不断完善江西省金融生态环境建设评价体系。

总　　纂：吴豪声
统　　稿：赵峰林　刘向东　罗贺飞
执　　笔：曹军新　乐林平　孙　静
其他参与写作人员：郭　斐　钱　正　朱　锦　林　容　高　倩　袁晋华
彭振江　李　伟　周迎春　徐　颖　宋名穗　欧阳坚
曾坚明　吴　琼　贾　健　徐展峰　黄　晖　黄春华
王晓峰　刘　强

山东省金融稳定报告摘要

2011年，山东省区域经济保持平稳较快发展，区域带动战略稳步推进，转方式、调结构取得新进展，经济发展质量、效益和协调性进一步提高。金融系统认真执行宏观调控和各项金融管理政策，社会融资规模稳定增长，融资结构继续优化，金融服务水平和金融机构自身稳健性提升。同时，经济金融运行中的各类矛盾仍然突出，转方式、调结构压力巨大，实体经济运行困难增多，关键领域的调控面临更多“两难”选择。金融业发展模式转换相对滞缓，金融机构公司治理与内部控制存在较多薄弱环节，各类金融风险与案件的防控压力加大。今后一段时期，维护金融稳定应把握科学发展主题和“稳中求进”的总基调，坚持金融服务实体经济的本质要求，以金融资源优化助推经济发展，提升金融机构经营稳健性。

一、宏观经济与金融稳定

（一）经济运行基本情况

1. 经济保持平稳较快增长

全年地区生产总值增速10.9%，各季度增速保持平稳，高于全国水平1.7个百分点，较上年回落1.6个百分点，低于“十一五”平均水平2.22个百分点，符合宏观调控趋向。

2. 转方式、调结构取得新成效

第三产业占比连续9年上升，对经济增长贡献率提高2.3个百分点，装备制造业、高新技术产业增速分别超出规模以上工业2.2个、13.1个百分点。全社会研发投入占地区生产总值比重提高0.2个百分点。全面完成关停102户落后产能企业的任务，万元地区生产总值能耗下降3.66%，化学需氧量、二氧化硫等排放量均下降1.5%。

3. 经济增长质量提升

2012年，山东省工业企业利润总额增长27.2%，地方一般预算收入增长25.7%。居民收入和消费水平提高。城镇新增就业118.7万人，转移农村劳动力135.9万人，城镇登记失业率降低0.01个百分点。城镇居民人均可支配收入增幅提高2.3个百分点，农民收入增速连续两年超过城镇居民。城镇居民及农民人均消费支出增速分别提高1.8个、13.7个百分点。社会消费品零售总额增速高于地区生产总值6.4个百分点，同比提高0.3个百分点。

投资结构改善，第三产业投资比重首次达到50%，提高1.5个百分点。技术改造、高新技术产业、民间投资增速分别高于平均水平5.4个、9.7个和2.5个百分点。出口依赖度下降，进口首次突破千亿美元，增速高于全国4.9个百分点；净出口额降幅高于全国水平5.71个百分点。

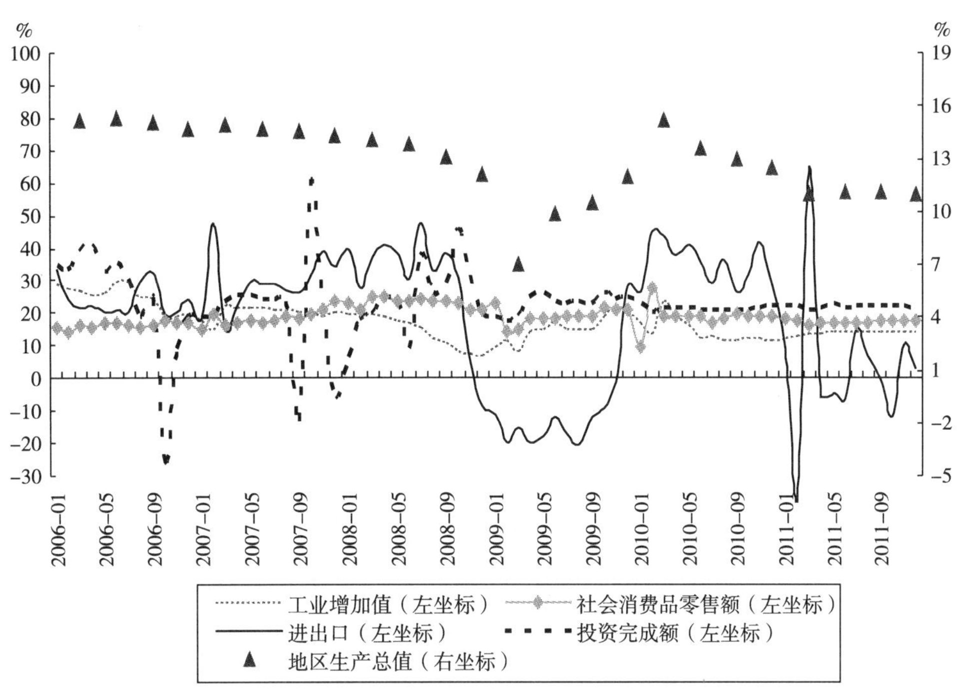

数据来源：山东省统计局。

图1　2006—2011 年主要经济指标月度增速变动图

4. 区域发展更加协调

山东半岛蓝色经济区、黄河三角洲高效生态经济区、鲁南经济带实现地区生产总值增速分别高于全省 0.8 个、1.1 个、0.8 个百分点。县（区）财政收入占比提高 0.7 个百分点，地方收入超过 30 亿元的县（区）增加 90.9%。

（二）经济运行中存在的问题

因子分析显示，2011 年全省经济平稳增长，整体水平较上年进一步提升。财政金融、进出口和消费因子得分上升，可持续发展因子得分有所下降，产业结构不协调、经济自主增长动力偏低仍是影响经济可持续发展的主要因素。

经济运行面临的突出问题有四个方面。

1. 经济下行压力加大

地区生产总值增速逐步回落，企业家信心指数、企业景气指数分别低于上年 7.5 个、6 个百分点，投资弹性系数降至近年来最低。城镇及农村居民收入增幅分别低于财政收入 13.06 个、10.81 个百分点，消费持续增长乏力。出口订单大幅减少且呈短期化，平均出口利润率下降 3.25 个百分点。

2. 物价上涨预期较强

PPI 与 PPIRM 指数差达到 3.9%，比上年扩大 1.1 个百分点。居民的物价上涨预期依然强烈，未来物价预期指数为 74.8%，处于较高水平。

3. 房地产遇冷效应显现

土地购置面积、房屋销售面积、销售金额增速分别回落 41.5 个、29.3 个、32.9 个百分点，低于全国水平 18.9 个、23.6 个和 26.1 个百分点。房地产企业资金链日趋紧张，货币资金减少

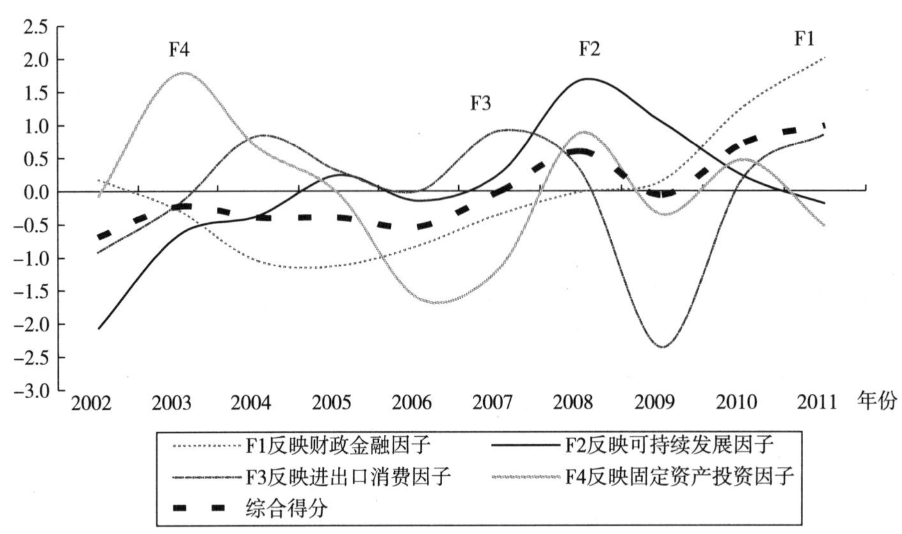

数据来源：山东省统计局。

图 2 经济增长因子分析图

12.28%，存货占比提高 1.5 个百分点。房地产行业税收、土地出让收入增幅分别回落 12.4 个、62.2 个百分点。

4. 企业经营困难增多

企业产品市场需求指数连续四个季度回落，产成品库存增幅高于上年 6.4 个百分点。工业企业综合效益指数、资产保值率、成本费用利润率、总资产贡献率增幅分别降低 52.1 个、2.7 个、0.51 个和 1.3 个百分点。规模以上工业利润增速低于上年 10.4 个百分点，亏损企业数量增幅提高 21.6 个百分点。

（三）经济运行对金融稳定的影响

2011 年，全省经济保持平稳较快增长，为金融业稳定发展创造了有利的条件和环境。受欧债危机扩散等因素影响，世界经济复苏势头减弱，国内结构性矛盾长期存在，经济自主发展仍受到诸多阻碍。经济增长的不确定性加大了金融业风险管理难度，市场需求萎缩与企业综合成本上升削薄了实体经济利润，资本逐利导致部分资金逐渐脱离实体经济；金融资源在高耗能、高污染行业沉淀的现象没有明显扭转，影响资源配置效率；部分中小企业面临生存困境，资金链日趋紧张，民间借贷脆弱性显现；房地产市场趋冷，相关行业融资难度增大，土地财政收入缩水，融资平台短期偿债能力减弱，地方债务违约易引发银行坏账风险；海外市场波动、出口增速回落带来较大冲击，外贸企业经营压力增大，风险波及金融业的可能性上升。

二、金融业与金融稳定

2011 年，全省金融业整体运行平稳，社会融资规模稳定增长，融资结构更趋优化，金融机构资产质量和效益进一步提高。在经济转型和银根趋紧的背景下，部分重点领域风险凸显，金融机构风险管理和案件防控压力明显上升。

表1 山东省金融机构业务发展状况 单位：亿元、%

	第一季度	同比	第二季度	同比	第三季度	同比	第四季度	同比	合计	同比
各项存款新增额	2 507.65	-2.25	1 977.64	16.45	-129.47	-109.32	993.42	11.35	5 349.24	-18.27
各项贷款新增额	1 343.13	-23.04	1 386.33	29.59	1 054.32	-28.23	1 245.19	35.24	5 028.97	-3.38
股票基金交易额	10 279.74	12.02	9 159.33	4.96	8 958.71	-7.78	7 331.13	-51.38	35 728.91	-16.32
期货交易额	18 580.00	116.99	22 788.00	32.91	10 903.00	81.97	27 729.00	-32.87	80 000.00	9.58
保费收入	302.09	4.92	257.08	-0.75	244.35	-0.02	232.52	-2.6	1 036.04	10.78
保险赔付	61.64	20.58	67.2	30.84	68.04	40.17	74.35	27.29	271.23	21.5

数据来源：中国人民银行济南分行，山东证监局，山东保监局。

表2 山东省金融业服务可得性及服务效能 单位：个、万人、万元/人、%

	机构数量	同比	从业人员	同比	服务密度[1]	同比	服务深度[2]	同比	服务效能[3]	同比
银行业	4 867	3.80	20.64	7.43	3.89	0.5	82.59	-0.05	3.1	0.1
证券业	289.00	16.06	0.86	8.86	3.70	-17.78	78.60	-27.44	1.04	-39.88
保险业	76	24.59	36.35	4.1	1 075	-1.19	2.28	-0.33	2.3	0.2

注：①银/证/保服务密度分别以贷款/总人口、证券交易量/总人口和保费收入/总人口衡量。

②服务深度以贷款总量/生产总值×100%、证券交易量/生产总值×100%、保费收入/生产总值×100%衡量。

③服务效能以营业净收入/营业费用衡量。

数据来源：中国人民银行济南分行，山东银监局，山东证监局，山东保监局。

（一）银行业

1. 总体发展状况

（1）融资规模稳定增长。全年社会融资规模同比少增773.3亿元。银行业机构资产、负债总额分别增长16.18%和15.92%。本外币存、贷款同比分别少增18.27%和3.38%，增量分别是近5年年均增量的99.04%和1.15倍。

（2）机构间服务区域经济的力度变化明显。全国性大型银行新增存款市场份额提高4.7个百分点，新增贷款份额则下降3.9个百分点。股份制银行和城市商业银行新增存款市场份额分别下降7.3个和5.3个百分点，新增贷款份额分别提高2.2个和0.9个百分点。农村金融机构新增存、贷款市场份额分别提高7.9个和0.8个百分点。

（3）账面资产质量继续改善。全省不良贷款余额和不良率分别下降151.94亿元和0.75个百分点。全年共处置不良贷款311.92亿元，其中农村金融机构处置153.78亿元，占49.3%。

（4）资本充足率提高。法人银行机构资本净额增长32.59%，简单加总计算的资本充足率为9.80%，提高1.22个百分点。农村金融机构（不含村镇银行）资本充足率达标机构占61.03%，提高2.51个百分点。

（5）流动性处于合理区间。年末全省法人银行机构核心负债率为55.55%，较年初降低0.73个百分点；流动性比率为50.08%，下降7.13个百分点；备付率为5.06%，下降0.48个百分点。

（6）利润大幅增加。全省银行业净利润增长28.66%，同比降低6.79个百分点；资产利润率为1.53%，提高0.14个百分点；成本收入比率为32.83%，降低0.38个百分点；贷款损失准备充足率和拨备覆盖率分别提高37.32个和44.89个百分点。

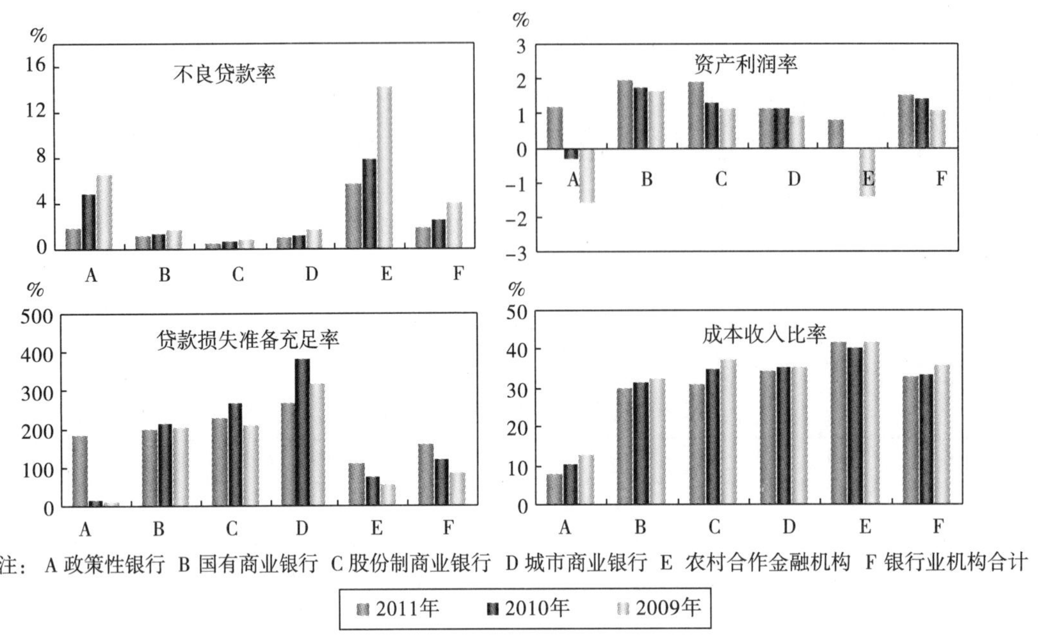

数据来源：山东银监局。

图3　2009—2011 年银行业主要评价指标状况

2. 改革进展与成效

（1）银行业机构改革有序推进。5 家已改制上市国有商业银行继续强化风险管控体系建设；农业银行深化“三农金融事业部”改革，“三农”业务主要指标均达到或超过监管要求；股份制银行新增二级分行 16 家，支行 27 家；城市商业银行新增支行 19 家，县域覆盖面达 83.6%，提高 12.2 个百分点；已改制组建农村商业银行 20 家，新增 13 家；2011 年内 12 家村镇银行获得筹建批复。

（2）金融产品创新活跃。小微企业信贷服务创新提速，成立各级中小企业专营机构 400 余家；涉农信贷产品创新成效明显，林权、渔船、蔬菜大棚、海域使用权、土地经营权抵押和涉农仓单质押贷款分别增长 31.3%、51.9%、88.9%、43.7%、127.4% 和 42.3%。

（3）重点领域和薄弱环节的金融支持力度加大。“十大振兴产业”新增贷款占比提高 4.6 个百分点，科技创新和节能减排信贷增量高于上年；黄河三角洲高效生态经济区和半岛蓝色经济区贷款增速分别高于全部贷款 6.0 个和 2.8 个百分点，保障性住房开发贷款增长 30.36%。

3. 主要问题与风险点

（1）银行发展面临的资本约束日益突出。全省银行机构表内外加权风险资产增长 26.05%，按 8% 的比例计算共增加资本金消耗 343.14 亿元，其中法人机构增加 121.24 亿元，占全年法人机构资本净额增量的 48.06%。2011 年末仍有 47.66% 的农村信用联社资本充足率低于 8%，其中 5 家机构资本充足率为负值。

（2）部分法人机构潜在流动性风险。部分中小法人机构存贷比或备付率长期处于警戒区间，2011 年末有 36.8% 的农村金融机构存贷比超标。其中 13 家机构超过 90%，备付率低于 2% 的机构 43 家，17 家不足 1%，流动性比率低于 40% 的机构 30 家，11 家村镇银行的前十大客户存款占比超过 65%。

（3）信用风险防控压力加大。全省银行业机构贷款质量向下迁徙率为 3.58%，高出向上迁徙率

2.8个百分点。农信社不良贷款占全省的42.26%，不良率高于15%的机构仍有13家。部分机构贷款分类偏离度较高，部分农村合作机构不良贷款压降不实。全年银行业机构共对131个大客户发出风险预警，较上年增加16个。问卷调查显示，当前银行业面临的主要外部风险分别是房地产调控及市场波动、民间借贷风险传递以及区域经济结构调整压力。

（4）银行业内部管理基础薄弱。现场评估显示，部分机构公司治理运作不规范，风险合规文化缺失，对违规行为的惩戒明显不足，屡查屡犯现象长期普遍存在。总行对分支机构、关键岗位人员、核心业务环节的监督管理失控，为内外勾结实施作案提供了可乘之机。

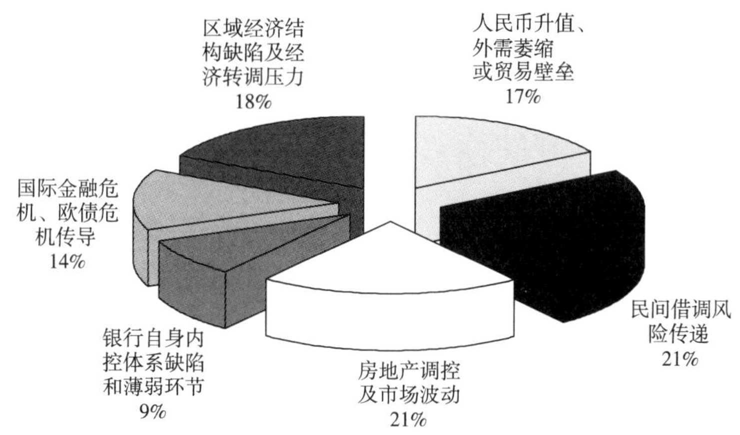

数据来源：中国人民银行济南分行。

图4　商业银行对自身面临主要风险来源的判断

（二）证券期货业

1. 总体发展状况

（1）市场规模不断扩展，运营机构规范发展。全省新增证券分公司10家，营业部29家，基金分公司1家。股票基金总交易额3.57万亿元，投资者股东开户数942.28万户。境内上市公司145家，总股本859.5万股，分别增长16.9%和17.6%。2家法人券商各项风控指标好于监管标准。

表3　2011年山东省法人证券机构净资本核心风险监控指标　单位：亿元、%

项目	齐鲁证券	中信万通	预警标准	监管标准
净资本	77.2	23.8	>2.4	>2
净资本/各项风险资本准备之和	398.19	494.01	>120	>100
净资本/净资产	70.53	88.02	>48	>40
净资本/负债	161.17	23.96	>9.6	>8
净资产/负债	228.51	27.18	>24	>20
自营权益类证券及证券衍生品/净资本	3.34	0.57	<80	<100
自营固定收益类证券/净资本	45.83	75.7	<400	<500

数据来源：山东证监局。

（2）直接融资创历史新高，证券市场服务实体经济功能增强。全省20家企业境内IPO融资154.3亿元，12家上市公司再融资222.9亿元，融资总额增长6.9%；发行各类债券80只，融资774

亿元，分别增长100%和66.5%。

（3）上市公司盈利增速放缓，并购重组继续推进。第三季度季报显示，全省上市公司营业总收入、净利润同比分别增长25.9%和24.4%，较上年分别下滑47.2%和67.9%；20家上市公司提出或实施对公司有重大影响的并购重组25次。

（4）期货市场发展平稳，机构实力稳步增强。全年新增期货营业部10家，投资者开户数、保证金余额分别增长7.4%和0.2%，期货交易量、交易金额分别占全国市场份额的3.5%和2.9%；3家法人期货公司净资产、净资本、净利润分别增长18%、15.5%和4.8%。

2. 需关注的问题

（1）市场交易量收缩，券商盈利下滑。2011年，辖区平均佣金费率同比下降14.8%，65.9%的客户无任何交易。2家法人券商经纪业务量下降18.2%，全国市场占比分别下降9.5%和1.25%，营业收入和利润总额分别下降38.6%和52%。

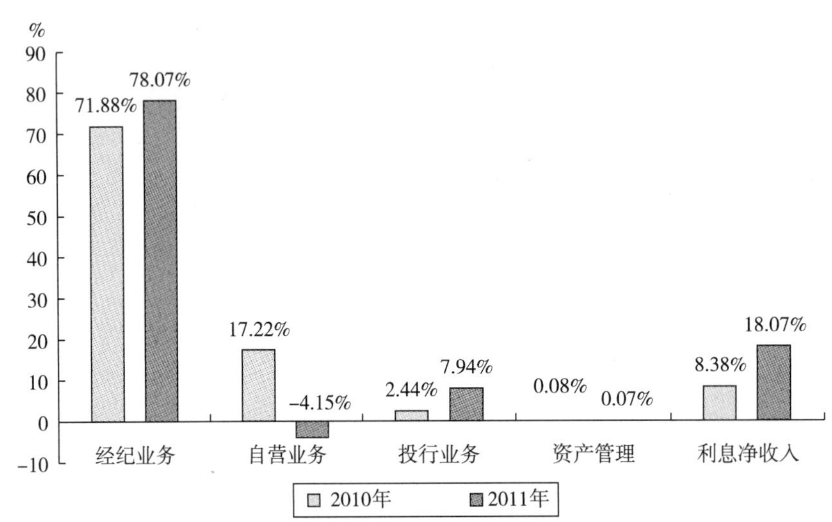

数据来源：齐鲁、中信万通证券公司年度报表。

图5 证券业务收入情况

（2）上市公司成本压力加大，投资风险上升。第三季度季报显示，全省上市公司财务费用和管理费用上涨40.5%和24.1%。可供出售金融资产、长期股权投资分别增长112.67%、30.6%，39家企业进入投资性地产领域。全省上市公司资产减值损失同比增加1.01亿元，公允价值变动收益亏损额增长2倍多。

（3）证券业资源总量不足，分布不均衡。山东省上市公司数量仅列全国第6位，总市值、券商资产规模、股票基金交易量仅占全国的4.03%、2.34%和8.47%，证券化率、股票交易率分别低于全国水平40个、15.4个百分点，与全省经济规模不相称。

（4）非法与违规案件有所抬头，市场环境需持续净化。部分上市公司出现虚假重组、关联交易等违规行为，11名高管被问责，2家公司被立案稽查，5家企业因同业竞争问题影响再融资。

（三）保险业

1. 总体发展状况

（1）市场主体多元化增长。全年新增保险公司15家，总数达76家；各保险公司分支机构新增

194 家，共计 6 137 家。专业中介法人机构 183 家，兼业代理机构 12 421 家。

（2）整体实力进一步提升。全省保险业总资产 2 193. 27 亿元，增长 23. 16%；积累各项风险责任准备金 2 812. 93 亿元，增长 22. 05%。实现保费收入（新口径）增长 10. 78%，高于全国 0. 26 个百分点。其中，财产险增长 14. 04%，人身险增长 9. 26%。

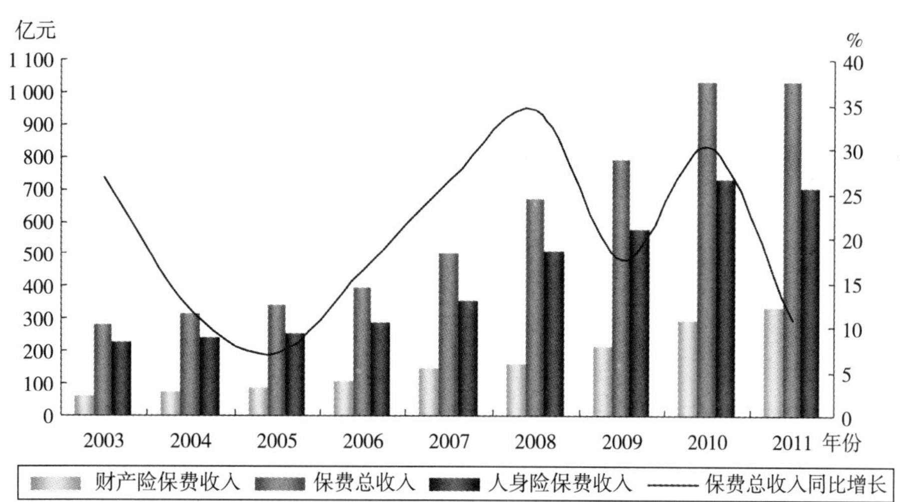

数据来源：山东保监局。

图 6　2003—2011 年山东省保费收入增长状况

（3）服务经济社会能力增强。全行业为经济社会承担各类风险责任 15. 73 万亿元，增长 5. 85%；保险赔付支出 271. 23 亿元，增长 21. 5%；启动 12 个保险业参与社会管理创新工作试点。

（4）经营质量明显提高。财产险公司全年实现承保利润增长 141. 32%，为近年来最好水平，综合成本率下降 4. 69 个百分点；人身险公司业务结构持续优化，个人代理业务占比及寿险新单期缴率分别高于全国平均水平 6. 03 个、5. 5 个百分点。

2. 需要关注的问题

（1）业务发展仍不均衡。财产险发展过于依靠车险业务，车险保费收入占比高达 83. 27%，第二大险种企业财产保险占比仅为 6. 14%。普通寿险销量下降 2. 4%，业务占比下降 1. 16 个百分点。分红险增长 10. 46%，占比提高 1. 39 个百分点。

（2）保费收入增长乏力。汽车销售增长放缓影响，高度依赖车险的产险业务增长受到制约，保费收入增幅下降 24. 18 个百分点。寿险销售以营销员和银邮代理为主，业务占比高达 92. 75%。受银保监管政策调整影响，银邮保费收入增幅下降 28. 28 个百分点；个人营销陷入“低收入、低素质、低水平”的困境，保费收入增幅下降 5. 48 个百分点。

（3）非理性竞争较为突出。全行业总体仍停留在争规模、抢份额的低层次竞争水平，套取资金违规支付手续费、不严格执行审批备案的条款费率、擅自扩大保险责任等问题屡禁不止。手续费恶性竞争问题仍然突出，部分地区车行代理交强险、商业车险业务、农信社代理借意险业务手续费高达 18%、35% 和 40%。

（4）服务质量和水平有待提高。全省退保金增长 73. 87%，退保率高达 20. 6%。销售误导、理赔难、推销扰民等问题仍较突出，大部分地区保险行业协会受理投诉呈上升趋势，保险业改善服务的进展距离公众期待差距明显。

（5）部分公司内控薄弱。部分公司重业务扩张轻内控管理，营销员违法集资、销售误导、骗保骗赔等问题时有发生；财务数据不真实、账外账、内外勾结侵害公司利益等现象仍然存在。信息化建设普遍滞后，集中管理、集约经营水平不高。

（四）金融业综合经营

1. 金融控股公司

（1）总体发展状况。山东辖内有省国际信托有限公司（简称省国托）和莱芜钢铁集团有限公司（简称莱钢集团）两家金融控股公司。2011 年，两家公司总体运行平稳，利润出现下滑，但风险可控。

一是参（控）股态势活跃。省国托增加邹平浦发村镇银行股权投资，持股比例上升 3 个百分点；入股中国重汽财务有限公司。莱钢集团增加山钢集团资本投入 8 亿元，注册资本变更为 39.23 亿元；认购莱商银行 0.81 亿股新股。中国证监会核准济南钢铁以换股方式吸收合并莱钢股份的议案，目前进入实施阶段。

表 4　　山东省国际信托有限公司、莱钢集团主要参（控）股子公司情况　　单位：亿元、%

控股公司	参（控）股子公司名称	出资金额	持股比例
省国托	泰信基金	0.9	45
	鲁信保险代理	0.02	40
	富国基金	0.2	16.68
	民生证券	0.63	2.9
	邹平浦发村镇银行	0.18	10
	德州商行	0.88	5
	泰山财险	2	9.85
	重汽财务	0.093	0.81
莱钢集团	齐鲁证券	23.82	45.71
	莱钢股份	6.89	74.65
	莱商银行	2.03	20.29
	泰山财险	1.5	7.39
	鲁银投资	0.36	14.52

数据来源：中国人民银行济南分行。

二是净利润下降。省国托推进多元化经营转型，全年信托余额增长 18%，新增信托规模减少 6.85%；营业收入增幅提高 36.66 个百分点，净利润增幅下降 86.78 个百分点。莱钢集团营业收入、净利润增幅分别下降 12.05 个、2.27 个百分点。

（2）存在的问题

一是政策风险上升。受信贷规模趋紧及产能过剩行业限制等因素影响，莱钢集团贷款利率上升，财务费用增长 18.25%。同时，钢铁市场持续疲软，主业经营压力剧增。受细化净资本管理、规范银信理财合作的监管政策影响，省国托银信合作业务大幅下降 67.45 %，占比下降 31.78 个百分点。

二是业务转型风险增大。省国托扩大了高档白酒和艺术品信托等业务的比重。此类投资退出渠道不畅，标的价格变化与货币市场流动性密切相关，风险较高。此外，2011 年，省国托 8 只阳光私募基金由于产品净值大面积亏损而被提前中止。

2. 交叉性金融业务

（1）总体发展状况。2011 年，金融交易创新和金融综合经营持续快速发展，693 家样本金融机构（包括银行业、证券业、保险业、信托业）开办的跨市场交叉性金融业务额增长 53. 43%。

表 5　山东省交叉性金融工具调查　单位：亿元、%

分类	工具名称	业务额	同比%（+/-）
各类投资理财类产品	人民币理财、外币理财、万能保险、分红保险、投资连接保险、信托投资产品	18 190. 97	94. 04
金融机构间跨市场融资	银行间市场同业拆借、回购、股票质押贷款、保单抵押贷款	1 260. 66	264. 01
资金结算类产品	证券交易结算资金第三方存管、银基通、银保通、银信通、银关通等	5 740. 06	-18. 79
合作代理类产品	代理保险、基金、债权、信托产品、黄金产品等	2 851. 96	88. 65
综合类工具	企业年金（托管余额）、外汇衍生工具	538. 12	63. 94

数据来源：中国人民银行济南分行。

一是银行业理财产品呈爆发式增长。发行及代销银行理财产品募集资金增长 163. 85%，人民币理财仍为主流。产品短期化倾向突出，期限在 1 个月内和 3 个月内产品募集资金占比分别为 43. 31% 和 60. 83%。资金投向多元化，债券及货币市场工具为主要投资选择。

二是金融机构跨市场融资持续增加。银行与证券、基金、信托及保险类机构开展债券回购交易额增长 275. 81%，开办保单质押贷款 202 笔，业务额增长 12. 33%。

三是合作代理类业务市场分化明显。银保通交易额下降 3. 4%，新增开户量下降 9. 71%。债券（含国债）、黄金、信托代理业务额分别增长 159. 85%、113. 11% 和 116. 66%。

四是新兴资金结算类产品增势强劲。以银关通为代表的新兴产品交易额达 214 亿元，成为新的增长亮点。传统产品业务量减少，第三方存管与银基通新增开户量分别下降 19. 97% 和 10. 63%，手续费收入分别下降 23. 22% 和 5. 35%。

五是综合类交叉性金融业务持续增长。企业年金托管余额增长 52. 8%，财产净值增长 17. 45%，主要集中在济南、青岛等较发达地市。外汇衍生工具成为企业避险首选，业务额增长 64. 91%，实现收益增长 22. 57%。

（2）应关注的问题

一是理财产品推动了资产表外化运作，增加了货币信贷调控难度，并对货币政策中介目标 M_2 产生明显扰动。

二是跨市场融资业务存在风险隐患。全省具有市场成员资格的城市商业银行回购融资占全部负债的比例平均为 6. 18%，有两家甚至超过 13%，经营头寸过多依靠债券市场等跨市场交易，存在一定的流动性风险隐患。

三、金融市场与金融稳定

2011 年，山东省金融市场总体运行平稳，受政策调控和监管趋严等因素影响，金融机构流动性趋紧，银行间市场各类交易增势放缓，成交总量小幅回落，市场利率持续走高。

（一）货币市场交易放缓，成交利率上行

金融机构通过拆借市场融入资金力度加大，同业拆借交易额增长178%，净融入资金为上年的5.1倍。拆入、拆出加权平均利率较上年提高171个和178个基点。

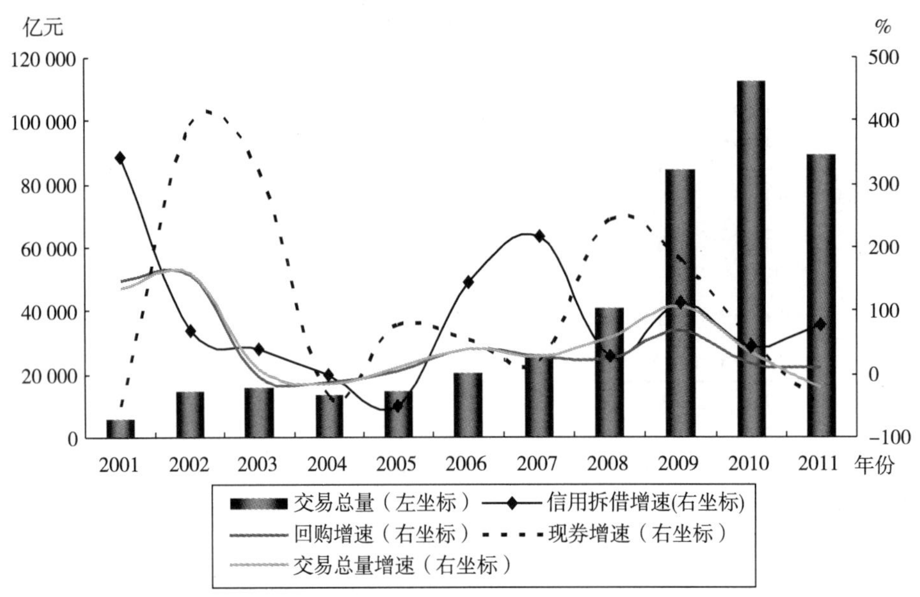

数据来源：中国人民银行济南分行。

图7 2001—2011年货币市场成员交易量变动状况

全省51家市场成员机构债券回购成交额增长10.18%，债券加权平均到期收益率大幅上升157个基点。现券买卖成交额下降53.7%，实现资金净回笼下降63.54%，2011年末全省持债余额上升20.36%。

（二）债券发行连创新高，融资规模不断扩大

全年发行非金融企业债务融资工具总额上升26.18%，其中短期融资券、中期票据和中小企业集合票据分别发行28只、24只和3只，融资额分别上升13.07%、40.66%和5.43%。中小企业集合票据发行量占全国三分之一强，融资规模居全国第一。

（三）票据市场价升量跌，融资额增势平稳

贴现及转贴现累计下降22.08%。贴现利率一路走高，直贴和买断式转贴现3~6个月加权平均利率在2011年10月末达到全年最高，年末略有回调，但较年初分别提高2.72个和3.48个百分点。银行承兑汇票签发量先增后降，年末呈反弹增长，全年累计上升30.65%，风险敞口增长26.98%。

（四）黄金市场交投活跃，金价大幅攀升

全省新增上海黄金交易所会员企业2家，总数达12家。会员企业全年成交量增长50%，产金炼金企业为交易主力，累计净卖出74.8吨。“纸黄金”交易继续保持活跃，成交量、成交额及成交价格分别上升71.8%、154%和24.13%。

（五）民间借贷需求旺盛，资金价格持续攀升

山东省民间借贷样本监测点累计借入金额增长170.03%，样本加权平均利率上升5.2个百分点，涨幅40.5%。高利率借贷发生额显著增加，全省样本民间借贷年利率超过25%的发生额4.3亿元，而2010年仅为70.5万元。

四、金融基础设施与金融稳定

（一）金融法律环境进一步完善

法制基础不断增强。金融管理部门新发布实施150余项与金融业和金融基础设施相关的重要规范性文件，规范了境外直接投资人民币结算、理财产品销售、期货投资咨询、转融通、保险业务转让等多方面的业务活动。

法治环境持续优化。据对省内184家金融机构1 272位高管人员调查，全年法治环境综合评分9.66分（10分制），升幅为1.56 %。

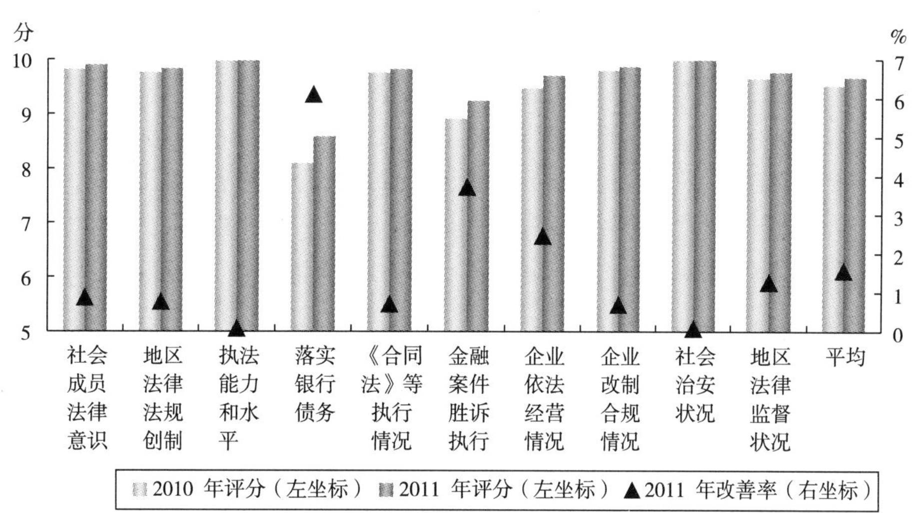

数据来源：中国人民银行济南分行。

图8　山东省法治环境综合评价调查情况

金融消费者权益保护工作有效推进。人民银行济南分行制定印发了《金融消费者申诉处理暂行办法》和《关于开展金融消费者权益保护工作的意见》。全省各级金融消费者权益保护中心共受理金融消费者投诉296起，办结278起，办结率达94%。

（二）支付体系平稳高效运行

制度体系日益完善。人民银行济南分行制定了《银行卡中长期工作规划》《银行卡收单市场管理办法》以及《银行卡助农取款业务管理暂行办法》。进一步加强了银行卡收单市场管理，有效保障了当事人合法权益，推动了银行卡产业的健康快速发展。

系统运行效率不断提升。新增大、小额支付系统直接参与者3家，间接参与者1 150家，变更参

与者836家，3家法人机构接入网上支付跨行清算系统。各银行机构通过支付系统办理结算笔数增长41.65%，结算金额增长17.39%。

表6　　2009—2011年山东省支付体系运行情况　　单位：万笔、亿元

系统名称	日均结算笔数			日均结算金额		
	2009年	2010年	2011年	2009年	2010年	2011年
大额支付系统	11.05	14.24	20.42	2 164.67	3 008.65	3 534.94
小额支付系统	8.07	11.99	16.86	16.12	24.78	36.79
同城票据交换系统	8	7.7	6.9	210.64	223.8	217.9
商业银行行内汇兑系统	37.18	53.18	76.2	428.38	592.4	732.6
银行卡跨行信息交换系统	74.09	84.34	96.3	11.88	15.18	19.7
支票影像交换系统	0.12	0.13	0.125	0.66	0.79	0.82

数据来源：中国人民银行济南分行。

农村支付环境建设取得显著进展。全省县及县以下地区ATM、农民金融自助服务终端、POS机布放量分别增长41.8%、223.8%和67.0%；金融服务终端行政村覆盖率78%，提高40.9个百分点。县及县以下地区银行卡发卡量增长53.02%，人均持卡1.19张。

（三）金融机构内部治理逐步改善

新会计准则稳步有序推进。全省政策性银行、国有商业银行、股份制银行、城市商业银行全面实施并逐步适应新会计准则，农村合作金融机构全面完成新旧会计制度转换工作。

金融机构公司治理水平提升。据对159家法人机构572位高管和风控人员、658位银监系统和人民银行负责人员调查，银行业法人机构公司治理综合评分8.94分（10分制），改善率为0.64%。

（四）信用体系建设持续深入

征信系统运行平稳。企业征信系统全省企业及其他组织收录量增长7.04%，日均查询增长34.18%；个人征信系统全省自然人收录量增长3.14%，涵盖的信贷账户增长28.16%。

表7　　2010—2011年征信系统基本情况表　　单位：万户、万笔

项目	年份	入库户数	日均查询笔数
企业信用信息系统	2010	53.81	1.96
	2011	57.6	2.6
个人信用信息系统	2010	5 230	6.5
	2011	6 065.58	5.8

数据来源：中国人民银行济南分行。

服务领域不断扩大。全省人民银行系统共受理个人信用报告查询150 324次，受理企业征信查询4 877次。共采集公积金缴存信息581.7万户，社会保险缴存266.7万户，社会保险发放74.9万户。

中小企业和农村信用体系建设不断推进。全省累计入库中小企业14.7万户，近2万户企业首次取得信贷支持，融资额2 077.6亿元。共建立农户信用档案1 072.8万户，增长8.47%；对建档农户累计发放贷款6 994.6亿元，增长253.44%。

（五）反洗钱工作力度进一步加大

反洗钱工作体系更加健全。制定了金融机构反洗钱现场督导办法，建立了反洗钱监管交互平台系统。印发了反洗钱监测调查工作管理办法，规范开展行政调查和案件线索移交工作。组织完成对全省992家市级以上金融机构和67家县级以上金融机构的自律考核评估和现场检查工作。全年共接收金融机构报送可疑报告310份，向有关部门移交92份。

反洗钱协作机制日益完善。加大与公安、检察、法院、海关等执法部门的合作力度，建立了打击洗钱及相关犯罪的联动机制，进一步完善日常联络、情报会商、可疑交易线索移送和案件协查机制，年内举行情报会商120次，向侦查机关报案数量、涉及金额分别同比增加10笔和186.44亿元。

（六）货币流通管理成效显著

反假币工作不断深入。拓宽城乡反假网络，反假工作站点增长8.07%，义务宣传员增长12.34%。加强专业队伍建设，累计认定鉴别师和识别师分别增长45.50%和14.96%。增强假币收缴力度，全省累计收缴、没收假人民币金额同比上升4.7%。

表8　　2010—2011年山东省收缴假币情况　　单位：万元

年度	收缴假币总额	其中：金融机构收缴额	其中：公安部门收缴额
2010	2 322.7	1 507.7	778.9
2011	2 431.9	2 025.3	406.6

数据来源：中国人民银行济南分行。

现金流通状况持续改善。通过建设县域虚拟发行库，搭建现金横向调剂平台，加大了小面额现金投放力度，优化了券别结构。金融机构监测网点及企事业单位对各券别满足率分别提高3.48个、2.0个百分点，对市场现金整洁度认可率分别提高0.95个、2.39个百分点。

（七）金融知识宣传培训和投资者风险教育持续加强

全年开展征信、反洗钱、反假币宣传逾4 600场次，受众超过150万人次，发放宣传资料近350万份，提供咨询逾100万人次，开展专业培训近3 600次，培训人数逾10万人。完成“金融知识进万家巡回展”最后两站烟台站、东营站的展览活动。

（八）完善金融基础设施的建议

强化非金融机构支付业务监管与银行卡安全管理工作。目前预付卡发行机构在未取得支付业务许可的情况下，存在违规发行新卡的行为。应尽快制定非金融支付服务机构清退方案，对限期内未取得支付业务许可的机构进行清理，维护支付服务市场秩序。建立健全防范和打击信用卡套现的工作协作机制，切实加强发卡、收单等工作环节管理，形成防范信用卡套现工作合力。

规范金融机构会计信息披露。部分金融机构在数据管理、模型应用、风险计量等方面相对滞后，信息披露中缺乏对资产减值、公允价值变动等重要会计数据的合理解释和说明，难以达到新会计准则的要求。应引导金融机构加强对新会计准则的研究，强化内控机制建设，提升风险管理水平。

增强金融机构反洗钱责任意识。部分金融机构履行反洗钱义务的动力不足，对可疑交易的筛选和识别过于依赖计算机系统，缺少必要的分析甄别，可疑交易报告利用价值低。应进一步完善反洗钱现场督导制度，加强对金融机构一对一辅导，引导和帮助金融机构提高防范洗钱风险的能力。

继续完善反假币和发行基金管理工作。应强化对商业银行的日常监督管理，充分发挥营业网点堵截假币的堡垒作用，逐步解决假币解缴不及时、收缴程序不规范等问题。积极做好发行基金管理工作，进一步疏通现金投放、回笼渠道，化解小面额票币供求局部失衡问题。

五、总体评估与政策建议

按照统一的层析分析模型和权重，对山东金融稳定状况定量评估显示：2011 年综合评分 79.35 分，比上年提高 0.21 分，总体保持稳定。其中，银行业及金融生态环境分别提高 0.81 分、0.37 分，为区域金融稳定提供了重要支撑；证券业、保险业受利润降低及发展速度减缓的影响，同比略降 0.14 分、0.07 分；受经济增速放缓及形势复杂等因素影响，宏观经济得分同比下降 0.86 分。

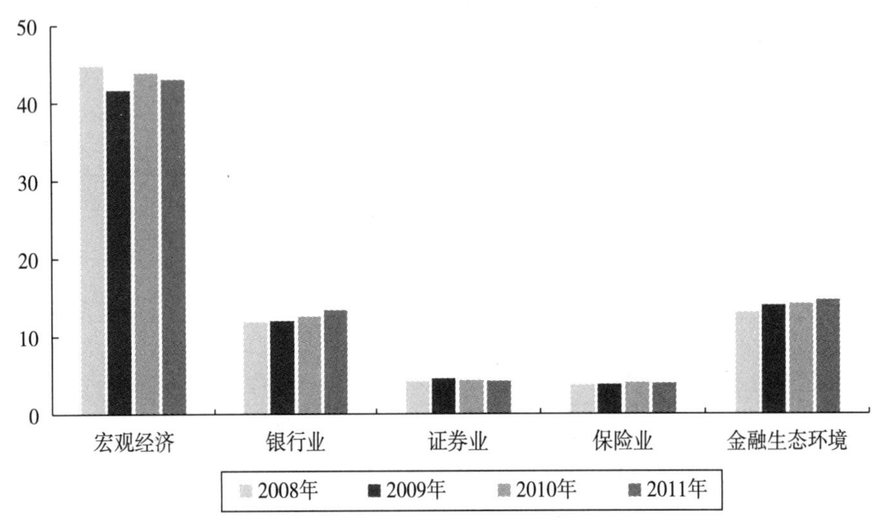

数据来源：中国人民银行济南分行。

图 9 2008—2011 年金融稳定综合评价模型分项得分状况

2012 年是实施“十二五”规划承上启下的重要一年，中央经济工作会议确定了“稳中求进”的经济社会发展总基调。全省经济金融发展具备较多有利条件，同时又面临复杂的形势和困难。国际上，世界经济复苏进程艰难曲折，欧洲主权债务危机短期内难以缓解，全球市场需求低迷可能成为一定时期的常态，并通过贸易、资本流动以及预期等影响中国。国内经济发展中不平衡、不协调、不可持续的矛盾和问题仍很突出。经济增长下行与物价上涨压力并存，房地产市场调控处于关键阶段，一些企业特别是小型、微型企业经营困难增多，部分行业产能过剩凸显，能源消费增长过快，节能减排形势严峻。基于外部环境变化和金融业内在脆弱性，实体经济风险必然通过多渠道向金融体系传递，维护金融稳定仍将面对艰巨任务。为此应充分估计形势的复杂性和严峻性，切实加强对当前有利条件和不利因素的分析研判，增强工作的主动性和前瞻性，坚持“稳中求进”的工作主基调，督促金融机构进一步强化风险管控，积极主动适应国内外经济形势和国家宏观调控政策变化，在更好地服务经济转型进程中实现稳健发展。

（一）贯彻落实宏观审慎管理要求

进一步健全对金融机构落实稳健货币政策的监测、评估，认真执行差别存款准备金动态调整措施，不断完善逆周期调控的工具和手段，引导金融机构逐步建立主动调节信贷投向、自我约束风险的长效机制。

（二）牢牢把握金融服务实体经济的本质要求

进一步深化对经济金融关系的认识，督促各金融机构正确处理好追求利润与履行社会责任的关系，紧密结合经济社会发展的现实需要，大力推进产品、服务和管理创新，提升金融服务功能，满足实体经济和社会管理新的金融服务需求。坚持“有扶有控”，进一步优化信贷结构，促进实体经济转方式、调结构，实现金融与实体经济的共生共荣。

（三）坚持把防范化解风险作为金融工作生命线

推动进一步完善政府主导的区域金融稳定协调和突发案件应对处置机制，开展跨部门模拟实战演练，切实提高部门间的配合能力。完善金融风险监测、评估体系，深入组织开展金融机构稳健性现场评估工作。强化对重点领域和脆弱环节的风险监控，高度关注新型金融业态和“影子银行”体系等发展中存在的问题。加大整顿金融环境专项行动力度，规范民间融资活动，有效打击非法集资、非法证券、保险诈骗、票据诈骗等违法犯罪活动，防范非正规金融及其他相关领域风险向金融体系传导。坚决守住不发生区域性系统性金融风险的底线，及时采取措施，有效化解各种金融风险，维护辖区金融稳定。

（四）加快推进金融法律制度建设

推动金融消费者权益保护立法，建立各部门分工协作保护机制，维护广大金融消费者合法权益。加快推动《存款保险条例》出台，完善金融机构市场退出机制，增强存款人风险意识。尽快制定《黄金市场管理条例》，明确人民银行监管地位和职责，规范黄金市场业务行为，保护黄金投资者的合法权益。加快修订《现金管理条例》，规范金融机构与客户的现金收付行为。

（五）深化金融机构公司治理和内控机制建设

督促金融机构深刻吸取风险教训，完善公司治理结构，细化治理流程，明确各治理主体的权责归属，形成有效的监督制衡机制。深入开展重点业务和案件高发业务的制度梳理与风险排查工作，进一步完善风险管理与内控制度体系，加大检查处罚力度，切实提高制度执行力。优化激励约束机制，加强企业文化建设，着力培育风险意识与合规理念。继续推进体制机制改革，转换经营机制，强化风险防控，全面提升风险管理和内部控制水平。

总　纂：谢　伟
统　稿：刘云昭　李秀杰
执　笔：于明星　孔　哲　居　立　林　毅　王　冠
王成昆　张　宁　杨　猛　孙　莹　董　昕

河南省金融稳定报告摘要

2011年，面对复杂的经济金融形势和宏观调控政策的重大调整，河南省以重点提升带动全局，以改革创新破解难题，在全国多数地区增速放缓的情况下，全省经济保持了稳中有快、结构优化、效益改善的向好势头。抢抓中原经济区建设重大战略机遇，着力保持经济平稳较快增长，着力转型升级，着力改善民生，经济结构战略转型和节能降耗步伐加快。辖区金融业总体保持了健康平稳发展，金融生态环境建设长效机制进一步优化，为促进河南经济金融健康发展、维护区域金融稳定提供了重要保障。

一、宏观经济运行与金融稳定

（一）全省经济保持了稳中有快、结构优化、效益改善的向好势头，抢抓中原经济区建设重大战略机遇，着力保持经济平稳较快增长，着力转型升级，着力改善民生，经济结构战略转型和节能降耗步伐加快

2011年，河南省国民经济继续保持快速增长，全年实现地区生产总值27 232亿元，同比增长11.6%，连续多年保持两位数增长态势。全社会固定资产投资17 766亿元，同比增长25.8%。社会消费品零售总额9 322.9亿元，同比增长18.1%。全年进出口总额326.42亿美元，同比增长83.1%，同比提高51.1个百分点。产业结构持续优化，三次产业中第一产业增加值3 512.06亿元，同比增长3.7%；第二产业增加值15 887.39亿元，同比增长15.1%；第三产业增加值7 832.59亿元，同比增长8.4%。三次产业结构为12.9:58.3:28.8。

1. 农业农村形势发展良好，粮食综合生产能力得到提升

2011年，全省粮食生产总产量1 108.5亿斤，同比增长1.9%，连续6年超千亿斤，为保障国家粮食安全、稳定市场物价、支撑地方发展作出了重要贡献。2011年，河南省加快农业结构调整和发展方式转变，高效经济作物种植面积不断扩大，畜牧业规模化养殖水平稳步提高。畜牧业经受住了瘦肉精事件、饲养成本上涨和价格波动的考验，总体保持平稳增长态势。

2. 工业生产稳中加快，工业利润稳步增长

2011年，河南省规模以上工业增加值累计同比增长19.6%，比全国平均水平高5.7个百分点。6月以来连续7个月处于20%以上的快速运行区间，继续高于全国平均水平，在全国的位次由上半年的第16位上升至第10位。规模以上工业企业实现利润突破4 000亿元，同比增长30%以上；工业产销率98.4%，较上年提高0.1个百分点。

3. 服务业稳定发展，房地产政策作用初步显现

2011年全省服务业增加值同比增长9%，物流、文化、旅游等现代服务业加快发展。房地产业

在一系列促进房地产市场健康发展的政策措施作用下出现调整迹象。2011 年，全省商品房销售面积同比增长 15.6%，增速比上年同期回落 10.2 个百分点；销售额同比增长 32.7%，增速比前三个季度回落 13.7 个百分点。

4. 固定资产投资增势强劲，结构更趋优化

2011 年，河南省累计完成固定资产投资 16 932.2 亿元，同比增长 26.9%，高出全国平均水平 3.1 个百分点。投资结构趋向合理，第二产业尤其是工业投资拉动型特征明显。从结构看，工业投资比重为 53.9%，对全省投资增长的贡献率达到 64.4%，工业投资需求仍是最主要方面。其中，六大高成长性行业投资增长较快，投资同比增长 35.6%，占工业投资的比重达到 61.4%；六大高耗能行业投资增速回落，投资同比增长 28.2%，低于工业投资增速 5.8 个百分点；高技术产业投资快速增长，同比增长 105.4%。

5. 居民收入持续增长，消费需求日益扩大

2011 年，河南省城镇居民人均可支配收入、农民人均现金收入分别为 18 194.8 亿元、6 604 亿元，同比分别增长 14.2%、19.6%。社会消费品零售总额平稳增长，全年社会消费品零售额实现 9 322.9亿元，同比增长 18.1%，高出全国平均水平 1 个百分点。消费需求的扩大还得益于对外贸易的持续增长和新增就业人口的拉动。

6. 物价保持高位运行，通胀压力继续增大

2011 年，受多种因素影响，河南省物价水平保持高位运行，居民消费价格指数（CPI）全年同比上涨 5.6%，高出上年 2.1 个百分点，6 月涨幅达到高点 7.2%，创出 3 年来新高。其中食品类、居住类价格上涨较快，2011 年同比分别上涨 11.9% 和 6.6%，涨幅分别高于上年 4 个和 2.3 个百分点。

7. 财政收支显著增长，民生保障亮点凸显

2011 年，河南省地方财政收支仍保持较快增长，财政总收入达到 2 851 亿元，同比增长 24.3%。全省一般预算收入 1 721.6 亿元，同比增长 24.6%，较上年同期分别提高 2 个百分点，其中，税收收入完成 1 262.8 亿元，同比增长 24.2%，较上年同期提高 0.5 个百分点。一般预算支出 4 246.4 亿元，同比增长 24.3%，较上年同期提高 6.8 个百分点。民生投入进一步加大，全省财政用于与人民群众日常生活密切相关的民生支出 2 815 亿元，占财政支出的 66.3%，其中用于“十项重点民生工程”超过 700 亿元，经济社会发展协调性增强。

8. 中原经济区战略地位上升，承接产业转移成果逐步显现

2011 年，国务院《关于支持河南省加快建设中原经济区的指导意见》全面实施，将中原经济区建设上升为国家战略。从利用外资上看，全年新批准外商投资企业 355 个，全省实际利用外商直接投资 100.82 亿美元，同比增长 61.4%，较上年同期提高 31.2 个百分点。实际利用省外资金4 016.30 亿元，同比增长 46.4%。2011 年，河南省积极承接国际和发达地区产业转移，进出口、进口、出口增速在中部六省排名均为第一。

（二）需要关注的问题

2011 年，河南省经济平稳较快增长为全年经济持续快速稳定发展奠定了良好基础，但制约河南经济发展的深层次矛盾仍很突出，经济运行中仍存在一些需要继续着力解决的问题。同时，由于宏观经济环境极其复杂，不确定、不稳定因素增加，经济运行中一些隐患有可能进一步恶化，需要引

起注意。

1. 企业融资成本加大，市场需求动荡起伏，对企业正常生产经营造成一定影响

2011 年 12 月末，全省金融机构人民币各项贷款余额同比少增 573.98 亿元，信贷投放环境进一步趋紧，加剧了河南省企业融资难度，增加了企业融资成本，由企业资金链断裂可能产生的风险对金融稳定的潜在影响值得关注。郑州中心支行开展的河南省工业企业家问卷调查显示，企业反映贷款审批条件趋紧，工业企业贷款景气指数连续五个季度下滑，第四季度比上年同期低 12.4 个百分点。同时，金融机构贷款利率普遍上浮，尤其是中小企业贷款利率上浮幅度达到 30% 以上；民间借贷利率更高，中小企业贷款难问题比较突出，民间借贷成本大幅上升，潜在金融风险不断积累。民间融资专项调查显示，企业民间借贷资金加权平均年利率高达 20%，借贷成本的大幅提高导致企业利息支出大幅增加，1—12 月，全省工业企业利息支出同比增长 38.8%，较上年同期提高 21.9 个百分点。在资金压力之外，近期企业市场需求又出现了大幅下滑，第四季度工业景气调查企业产品市场需求景气指数、销售状况景气指数分别比上季度回落了 3.5 个和 2.5 个百分点。

2. 经济结构调整任务繁重，信贷政策与产业政策仍需进一步协调

2011 年河南省经济结构持续出现积极变化，但结构性矛盾依然存在，新兴产业增长快、比重低、贡献小，传统产业比重大、增速慢、贡献弱的状况短期内难以根本改变。同时，由于资源能源的制约，外部环境对产业结构升级、发展方式转变的要求在提高，河南省如何在下一轮经济增长周期中抢占发展先机，依靠中原经济区这一平台扩张总量，培育有竞争力的现代产业体系、自主创新体系显得迫在眉睫。2011 年河南省信贷结构虽然发生了一些积极变化，但依然不尽合理。作为农业大省，2011 年全省第一产业增加值占地区生产总值的比重为 12.9%，全省农林牧渔业贷款余额占比为 3.4%，其中中长期贷款余额占比仅为 0.9%。从工业贷款内部结构看，高耗能行业贷款比重较高，12 月末，前十大工业行业中长期贷款中，有五大行业为高耗能行业，其中长期贷款余额占工业中长期贷款余额的比重高达 77.7%，且新增贷款占比较上年同期提高 1.3 个百分点。

3. 多种因素叠加下经济下行风险仍然存在

河南省长期积累的结构性和体制性矛盾相互交织，影响经济增长的内在负面因素仍然突出。一是资源要素的供给形势严峻。电煤供应形势不容乐观，预计 2012 年全省电力供应缺口高达 466 亿千瓦时。受国际环境动荡不安等因素影响，原油、天然气产量同比持续下降，成品油气供应形势也不容乐观。二是经济持续走强的动力尚不稳固。2011 年全省规模以上工业增加值的快速增长势头，得益于 2010 年同期基数低。同时，新增企业拉动增长的持续性有待观察。三是支柱产业的整体形势不容乐观。化工行业整体形势较差，甲醇企业开工明显不足，电解铝企业重新陷入亏损，钢铁企业停产限产现象突出，这些能源原材料行业受全国范围产能过剩、需求相对不足、成本上升等因素影响，整体走势仍不容乐观，对全省经济的制约作用依然较大。四是成本上升和资金瓶颈的制约加剧。2011 年以来全省工业企业应收账款激增，前 12 个月累计应收额达到 2 237.3 亿元，同比增加 466.9 亿元，同比增长 30.2%。另一方面，原材料购进价格长期高于工业品出厂价格 3 个百分点以上，企业面临着成本上升和需求下降的双重挤压。

二、金融业与金融稳定

2011 年，河南省金融业围绕“稳经济、调结构、控通胀”和“重在持续、重在提升、重在统

筹、重在为民”的总体要求，积极增加社会融资总量，加大对实体经济的支持力度；稳步推进金融改革，金融体系不断完善。实现了资产规模稳步增长，资产质量持续改善，经营效益不断提高，金融竞争有序开展，风险防范成效显著的良好局面。但是，基于河南省人口多、底子薄、基础弱、发展不平衡、人均水平低的基本省情，金融业在发展过程中还存在着增长速度放缓、部分行业风险突出、直接融资比例较低、非法金融活动有所抬头等影响金融稳定的因素。

（一）银行业

2011 年，河南省银行业认真贯彻稳健货币政策，信贷投放持续增长，信贷结构更加优化，资产质量不断提高，盈利能力稳步提升，但也存在着经济发展前景不明朗、部分行业信用风险凸显、非法金融活动有所抬头、法人机构风险隐患较多等影响金融稳定的因素。

2011 年，河南省银行业金融机构资产总额 32 559.22 亿元，同比增长 14.94%，负债总额 31 567.59亿元，同比增长 14.36%，所有者权益 991.63 亿元，同比增长 36.81%。总体看，金融机构规模扩张适度，所有者权益显著增加，经营能力和抵御风险能力增强。

1. 各项存款持续增长，但同比增速回落

2011 年，河南省银行业金融机构各项存款继续保持增长态势。12 月末，河南省银行业金融机构本外币各项存款余额 26 774.76 亿元，比年初增加 3 622.6 亿元，同比增长 15.65%，高于全国 2.09 个百分点，存款增量和增速在全国分别排名第 8 位和第 12 位，较年初分别提高 2 个和 7 个位次，在中部六省分别居第 1 位和第 4 位。个人储蓄存款 14 702.21 亿元，比年初增加 1 789.65 亿元，同比多增 137.19 亿元，同比增长 13.86%；个人存款呈现出明显的季节性和时点性变化特点，第一季度存款增量占全年增量的 73.1%，主要是春节期间大量外出务工人员回乡，带动储蓄存款快速增长；分时点看，4 月、7 月、10 月储蓄存款分别净下降 178.29 亿元、65.08 亿元、93.02 亿元，主要是各金融机构实行按季考核机制，季度末为完成存款任务吸收了大量临时存款，而到季度初，呈现存款大幅下降的态势。

存款在持续增长的同时，也呈现出增速减缓、波动性较大的特点。2011 年各项存款同比少增 268.52 亿元，增速低于上年同期 4.78 个百分点，特别是下半年，存款增量显著递减，其中三个季度存款增量为 2008 年以来同期最低水平。主要原因除季度性因素外，各类担保及投融资公司迅速膨胀，以高息吸引大量社会资金，造成资金分流，也是存款增速减缓的主要原因。同时，受国内外经济形势及宏观调控政策影响，单位存款同比显著少增，第三季度呈现负增长，保证金存款下降较多。央行扩大存款准备金缴存范围，将承兑汇票、信用证、保函等业务收取的保证金存款纳入存款准备金缴存范围，9 月表外业务余额明显减少，第三季度末全省单位保证金存款较上季度净下降 144.51 亿元，降幅为 6.99%。

2. 贷款结构调整步伐加快，贷款增速回落

2011 年，河南省银行业金融机构本外币各项贷款余额 17 648.91 亿元，比年初增加 1 812.47 亿元，同比增长 11.45%，低于全国 4.22 个百分点，同比少增 573.98 亿元。2011 年，贷款增速有所回落，但结构调整步伐加快，新增贷款中，重点加大了对“三农”、中小企业等实体经济的支持力度，12 月末，全省涉农贷款余额 7 101.45 亿元，比年初增加 1 025.09 亿元，同比增长 16.87%，高于各项贷款增速 5.42 个百分点；新增涉农贷款占我省新增各项贷款的 56.56%；小型企业贷款余额 2 966 亿元，比年初增加 639.63 亿元，同比多增 250.43 亿元，同比增长 27.50%，高于各项贷款增速

16.05 个百分点。中长期贷款增势减缓，12 月末，中长期贷款余额 8 731.21 亿元，比年初增加 880.31 亿元，同比少增 861.33 亿元。票据融资持续压缩，12 月末，票据融资余额 532.78 亿元，比年初减少 429.91 亿元，同比下降 44.66%。整体看，河南省的信贷投放无论是从增量还是从结构上，基本符合宏观调控政策的要求。

受未启动夏粮最低收购价及农村中小金融机构压缩票据业务等因素影响，2011 年河南省银行业金融机构贷款新增额在全国的位次由上年的第 13 下滑至第 18，在中部六省排名第 4；增幅比全国平均水平低 4.22 个百分点，在全国 31 个省市区中仅高于北京和上海，在中部六省排名最后；新增存贷比仅为 50.03%，低于全国 29.81 个百分点。2011 年小麦市场价格高于国家最低收购价，最低收购价预案一直没有启动，河南作为小麦主产区，粮食收购贷款同比少增较多，致使农发行贷款较年初净下降 126.13 亿元；农村中小金融机构贷款同比少增 239.75 亿元，主要是监管部门为防范票据业务风险，2011 年下半年，要求中小金融机构停止办理票据融资业务，造成中小金融机构票据融资业务下降较多。

3. 资产质量不断改善，盈利能力持续提高

2011 年，河南省银行业金融机构进一步加大对不良贷款的清收和核销，严格控制新增不良贷款，信贷资产质量进一步改善。截至 12 月末，全省银行业不良贷款余额较年初下降 229.47 亿元，不良贷款率 3.79%，较年初下降 1.86 个百分点。2011 年，全省银行业生息资产规模自然增长，利息收入稳步提高，议价能力不断提升，利率浮动区间逐步扩大，净利差水平有所提高，表外业务和理财产品迅猛扩张，中间收入快速增长，银行业机构全部实现盈利，盈利水平持续提高。截至 12 月末，累计实现盈利 389.41 亿元，同比增盈 93.75 亿元。

4. 金融改革稳步推进，良性竞争局面初步形成

2011 年，河南省银行业金融机构改革稳步推进，在公司治理、风险管理、经营理念等各方面取得长足进步，银行业整体风险抵御能力和经营效率不断提升，服务经济社会发展的能力和作用更加突出。政策性银行积极扩展商业化经营之路，国有商业银行改革进一步深化，内部管理体制更加完善，农业银行纳入全国第二批“三农金融事业部”改革试点，省农行专门成立“三农信贷管理部”，加强“三农”信贷业务的专业化管理；邮政储蓄银行实现了公司业务会计稽核全省集中，全面推广再就业小额担保贷款业务，试点开办了综合消费贷款业务；全国性股份制商业银行加快了在河南省内的网点建设，一级分行达到 7 个，二级分行达到 26 个，支行及以下网点扩展到 118 个，开设离行式自助银行 292 个；地方法人金融机构改革步伐加快，城市商业银行加快扩张步伐，在县域设立机构 60 家，异地设立机构 9 家；农村信用社改革深入推进，坚持股份制方向，积极探索体制改革的新路子，明确了组建中原农村商业银行改革发展大目标，各县级联社有效解决股权结构不合理、股金不规范的问题，全年有 22 家县级联社完成股权改造，7 家农村商业银行相继挂牌开业，全省农村商业银行总数已达 18 家，县级农村商业银行组建数量位居全国前列；村镇银行机构增加 36 家，资金互助社新增 1 家。随着河南银行业改革的推进，金融机构之间的良性竞争局面初步形成，特别是农村金融服务水平明显提升。

5. 地方法人机构整体向好，抗风险能力进一步提高

截至 2011 年 12 月末，河南省辖区共有地方法人银行类金融机构 208 家，其中，城市商业银行 18 家，农村商业银行 18 家，农村合作银行 1 家，农村信用社 125 家，村镇银行 39 家，资金互助社 3 家，信托公司和财务公司各 2 家。从全年情况来看，辖区地方法人银行类金融机构总体运行平稳，

资产负债规模稳步增长，资产质量持续向好，实际盈利能力逐步提高，各机构流动性充裕，备付金充足。截至12月末，全省18家城市商业银行平均资本充足率较年初提高2.65个百分点，拨备覆盖率较年初上升79.87个百分点，贷款损失准备充足率较年初上升57.21个百分点，各项监管指标均高于监管要求。全省农村合作金融机构资本充足率较年初提高4.76个百分点，不良贷款持续“双降”，不良贷款余额较年初下降108.4亿元，不良率下降4.62个百分点，信贷资产质量进一步提高。

6. 银行业发展需要关注的问题

一是经济前景的不确定性对银行业发展影响较大。当前，随着欧洲主权债务危机的蔓延和美国经济陷入高失业、高负债的困境，世界经济前景低迷，国际机构普遍调低了世界经济增速预期，多国评级遭到评级机构的下调，世界经济的不确定、不稳定因素增加，经济全球化的今天，外部经济走弱，势必给我国经济运行带来较大冲击。国内经济社会发展中不平衡、不协调、不可持续的矛盾很突出，长期存在的体制性、结构性问题难以短期解决，外需不足和内部矛盾相互交织，通胀压力长期存在，国内中小企业经营出现困难，经济增速逐季回落。河南省受有历史原因形势的产业结构影响，经济发展仍然存在下行风险。资源要素的供给形势严峻，每年全省发电用煤需调入电煤4 100万吨，电力供应缺口高达466亿千瓦时，2010年以来，河南省原油、天然气产量同比持续下降，受中东局势动荡不安等因素影响，成品油气供应形势不容乐观，经济持续走强的动力尚不稳固，10月以来全省钢材、水泥、玻璃等产量环比下滑，12月，全省居民消费指数中，购买商品服务指数仅为87.5，需求不足的压力明显。支柱产业的整体形势难以乐观。化工行业整体形势较差，甲醇企业开工明显不足，电解铝企业重新陷入亏损，钢铁企业停产限产现象突出，整体走势仍不容乐观，对全省经济的制约作用依然较大。成本上升和资金瓶颈的制约加剧，2011年以来全省工业企业原材料、燃料动力购进价格长期高于工业品出厂价格3个百分点以上，劳动力成本逐步上升，企业面临着成本上升和需求下降的双重挤压；融资成本大幅上升，2011年，规模以上工业企业利息支出同比增长38.8%，较上年上升21.9个百分点，中小企业融资难题还未根本解决。经济决定金融，经济发展前景形势不明朗，对金融业的发展带来很多不确定性，一方面是对信贷投放形成一定的制约，另一方面对存量贷款的安全带来一定隐患。

二是部分行业潜在的信用风险突出。从公路行业看，河南省高速公路通车里程连续六年全国第一，公路密度为全国水平的3.5倍。公路行业投资大部分是银行贷款，河南省公路年收费额约为72亿元，仅能维持利息支付，贷款借新还旧率超过50%，公路类的违约风险较为突出。从有色行业看，有色冶炼及压延加工业累计亏损同比增长34.1%，该行业第四季度新增不良贷款2.5亿元；受外需影响，2011年原铝出口同比下降57.7%，电解铝企业大部分时间处于亏损状态，省内部分产能停产，预期极不乐观。从钢铁行业看，钢铁行业成本收益倒挂，盈利前景黯淡。全省骨干钢铁企业销售利润率明显偏低，停产限产现象突出。从化工行业看，2011年以来，甲醇价格一直处于低位徘徊状态，开工率明显不足，后市需求难以提振，低位运行的基本态势仍然持续。全省盐化工明年受下游产业需求回落等因素影响，整体经营形势不容乐观。从纺织服装行业看，纺织服装业受外需影响及原材料价格波动较大，同时，全省服装行业知名品牌少、产品附加值偏低，整体竞争力不强，企业经营风险大。以上行业是银行贷款的大户，如果行业形势持续恶化，势必会对银行信贷资金安全带来影响。

三是影子银行体系及非法金融活动风险向银行体系的传递应高度关注。近年来，我国货币政策经历了大松大紧的历程，大松之后，企业过度投资，市场流动性泛滥；大紧之后，企业失血，游资寻求出路。民间资金被排除在各种高收益的投资项目之外，金融开放程度不足，准入条件限制了民间资本的进入，2011 年虽然四次加息，但与市场实际资金价格相去甚远，资金价格的失真现象，一方面为影子银行的快速发展打开了空间，另一方面，存款利率长期处于负利率状态，也增加了高息吸储的诱惑力，促使民间融资快速发展，并部分异化为非法金融活动。这些非法金融活动具有较强的隐蔽性、迷惑性和欺骗性，涉及面广、资金量大，一旦资金链断裂，可能引发集体上访、聚众闹事等群体性事件，给社会的和谐稳定和经济的平稳发展埋下了巨大隐患。同时，非法金融活动直接或间接向金融体系传导，可能引发系统性风险。首先，造成银行存款大量流失。由于存款是银行主要资金来源，也是银行经营的基础，存款流失会引发银行体系流动性风险。其次，非法金融活动使资金体外循环，缩减货币乘数，影响银行的正常信贷扩张，形成“黑市利率”，扭曲了资金价格，加剧了企业负担，影响银行信贷资金安全。再次，非法金融活动脱离了正常监管渠道，规模难测、流向难控，相当一部分资金流向房地产、“两高一剩”、政府平台等，影响了宏观调控效果。最后，部分非法融资机构与票据中介、银行联手，收取存在瑕疵的银承票据，采用不正当手段套现，易引发道德风险。

四是融资平台结构性风险仍需关注。随着政府融资平台清查整改工作的持续深入，全省平台贷款逐步规范，截至 2011 年末，未结清平台贷款中，需追加的抵质押担保整改率达 89.71%，风险得到有效缓释。随着还本付息周期的逼近，平台的结构性风险仍需高度关注。第一，贷款集中到期风险。河南省平台贷款三年内将有一半的平台贷款陆续到期，平台公司偿债压力急剧上升。第二，地县级平台贷款偿付风险。随着经济下行和地方财政增收下调的预期，地县级平台贷款的偿付能力更为脆弱，风险已逐步显现。第三，风险定性的真实性风险。此外，还应关注政府换届以及宏观政策变动等因素影响下，平台贷款还款安排和抵质押担保的风险。

五是地方法人金融机构的风险隐患依然较多。首先，城市商业银行近年来虽然加强了对新增存款和定期存款的管理，存款的稳定性有所上升，但敏感负债占比较高，存款波动加大。2011 年，人民银行郑州中心支行对辖区 4 家城市商业银行进行了稳健性现场评估，发现都存在着短期存款、对公存款占比较高，核心负债依存率达不到监管要求，且呈现下降趋势的问题。其次，农村金融系统（含农村信用合作社、农村合作银行、农村商业银行）资金运用不足与过度两种问题仍然存在。一方面，部分县级行实体贷款投放明显不足，资金闲置的问题比较突出，部分行社存贷比不足 60%；另一方面，个别县级行社没有根据存款增长情况及其稳定程度合理安排信贷投放节奏，信贷投放过快过多，导致存贷比例过高，目前全省共有 35 家县级行社存贷比超标。同时，部分县级行社的投资风险值得关注，尤其是购买省外期限过长的理财和信托产品，潜在的风险巨大。最后，部分中小金融机构流动性压力加大。2011 年，央行 6 次上调存款准备金率，一次下调存款准备金率，全年实际上调 2.5 个百分点，同时又扩大了存款准备金缓存范围，法人金融机构实际可用资金明显减少，加之地方中小型金融机构存款增长缓慢，存贷比普遍较高，面临的流动性压力加大。

六是房地产潜在风险向纵深发展。2011 年，在“限购、限价、限贷”等调控政策叠加影响下，商品房价格过快上涨的势头得到遏制，涨幅逐步回落。随着一线城市楼市降价趋势的蔓延，房地产潜在风险进一步积聚放大，对房地产信贷的安全性形成冲击。首先，房地产价格持续下跌风险。2011 年前 11 个月，全省房地产开发投资增速高位回落，投资增速比上年同期回落 7.9 个百分点。郑州市商品房价格呈平缓回落的态势，2011 年 12 月，市区商品房销售均价较 2010 年同期每平方米下降了 687 元。随着调控政策的持续，房地产开发投资、商品房销售增速将进一步受到抑制，价格持续下跌的风险加大。其次，房地产上下游关联性风险。随着房地产市场形势的变化，钢铁、水泥、建筑、化工等房地产相关行业生产、销售等也受到较大影响，房地产业投资放缓将使钢铁、水泥等行业产能过剩更加突出，企业利润率下降、亏损面扩大，并危及信贷安全。再次，抵质押资产价值波动风险。在一级、二级房地产市场长期看空的情况下，房价持续回调，将加大以房产、土地为第二还款来源的各类信贷资产的风险，包括个人住房按揭贷款和政府融资平台贷款。同时，以房产为抵押的个人经营性贷款和小企业贷款也将面临较大风险。最后，部分房企资金链趋紧风险。在调控政策延续情况下，房地产行业信贷投放增速下降，2011 年全省房地产贷款新增同比下降 19.69 个百分点；房地产销售及企业资金回笼放缓，第四季度郑州市商品房销售面积同比下降 48.84%，库存量创 2008 年以来历史新高。房地产企业融资的难度和成本不断加大，对于前期扩张过度、土地储备耗用资金过多、存货大量积压、资金回流不畅的房企，应谨防资金链趋紧甚至断裂的风险。

七是贷款集中度风险仍然存在。2011 年以来，随着中小微企业贷款投放力度加大，全省大客户集中程度有所放缓，但其中风险因素仍不容忽视。截至 12 月末，全省 1 000 万元以上授信余额 23 024.08亿元，同比增长 18.51%，贷款余额 10 400.02 亿元，同比增长 9.11%。授信增速快于贷款增速 8.4 个百分点，表明银行追逐大客户的导向仍在延续。十大行业集中速度加剧，各家银行大客户贷款行业投向仍然高度集中于道路运输、电力热力、煤炭开采、批发业、公共设施管理、有色金属、房地产业、化学原料、非金属矿物、教育十个行业，前十大行业大额贷款占全部大客户贷款的 66.47%。大额贷款风险仍较集中，截至 2011 年 12 月末，全省主要银行机构大额贷款风险集中度为 52%。

（二）证券期货业

2011 年，面对复杂的市场形势，河南省证券业加大引导工作力度，提升企业融资规模；强化行为约束机制，提高上市公司质量；加快证券机构业务转型，提升市场服务能力；增强期货机构实力，服务国民经济发展；加强市场诚信建设，提高市场诚信意识；加大案件查办力度，净化辖区市场环境；防范市场风险，共同维护市场稳定。辖区资本市场呈现出加快发展的态势，市场经营主体数量快速增加，公司质量显著提高，合规意识明显增强，市场运行健康稳定。但同时，内部治理缺乏有效的权力制衡，对投资者回报不够，信息披露质量不高，少数市场主体还存在违法违规现象，上市公司数量少，期货市场结构不尽合理等问题值得关注。

1. 市场规模不断扩大，整体风险水平持续降低

目前，河南省共有境内上市公司 63 家，证券公司 1 家、证券分公司 5 家、证券营业部 146 家（含筹建中 3 家），期货公司 3 家、期货营业部 70 家，证券投资咨询机构 1 家，基金分公司 2 家。资本市场经营主体数量、证券期货投资者开户数、客户总资产、证券期货经营机构利润总额等多项指标均居中西部前列。在市场规模持续扩大的同时，市场经营主体的运行质量也明显提高，规范化运作水平显著提升，市场整体风险水平持续降低，市场规模和运行质量均处于历史最高水平。

2. 企业发行上市工作实现新的进展，上市公司队伍继续壮大

2011 年，河南省 9 家企业通过发审委审核，13 家企业实现挂牌上市，挂牌上市家数超过了 2010 年的 10 家，通过 IPO 募集资金合计 89.07 亿元。值得一提的是，河南省涉农境内上市公司家数已达到 7 家，河南农业大省在资本市场的地位进一步显现。“大地传媒”通过借壳“焦作鑫安”成功上市，更是开创了河南文化企业上市的先河，河南文化大省借助资本市场加快发展的序幕由此拉开。

3. 上市公司并购重组再融资实现新的突破，公司债券融资势头强劲

2011 年是河南省上市公司并购重组再融资最为活跃的一年，上市公司充分利用资本市场平台，精心谋划，稳步推进，积极实施多种形式的并购重组再融资。全年有 8 家公司实现并购重组再融资共计 171.68 亿元，其中，“大有能源”、“大地传媒”通过借壳上市注入资金合计 95.9 亿元，另外 6 家公司通过发行公司债券等形式完成再融资合计 75.78 亿元。特别是在货币政策趋紧、融资难度加大的情况下，河南上市公司准确把握政策新动向，抢抓公司债券融资新机遇，使全省的公司债券发行工作取得了历史性突破，公司债券发行家数及融资额均创历史新高，在完成再融资的公司中，有 5 家公司是通过发行公司债券实现的，共计融资 40 亿元。截至 2011 年末，河南省已进入程序的并购重组再融资公司还有 14 家，预计融资 480 亿元左右。

4. 证券期货机构发展实现新的进步，服务范围不断延伸

2011 年，辖区证券期货机构数量稳中有升，全年新增分支机构 10 家，都分布在竞争相对不充分的地区，网点空间布局进一步优化。期货公司增资扩股工作陆续展开，继国信期货增加资本金后，中原期货也完成了增资扩股，随着新增资本金的到位，河南期货公司的股权结构进一步优化，抗风险能力进一步增强。证券公司业务范围逐步拓宽，中原证券成功推出“炎黄一号”理财产品，基金管理公司和直投业务子公司正在积极筹建之中。开展创新业务的机构家数快速增加，已有 31 家证券营业部获得融资融券业务资格，36 家证券营业部获得 IB 业务资格。证券期货机构的服务内涵得到了拓展和深化，丰富了投资咨询产品种类，构建了广泛的营销网络，在继续提供传统交易通道服务的基础上，加快了向财富管理模式转变的步伐。证券公司和期货公司的各项风控指标持续优于监管标准，证券期货市场总体保持平稳运行。

5. 市场环境不断净化，市场整体保持稳定

2011 年，河南省政府部门、监管机构、司法机关和自律组织相互协作，加大非法证券活动整治力度，严厉打击市场各类违法违规行为，共同维护市场正常秩序，切实保护投资者合法权益，确保了河南资本市场安全稳定运行。建立了与司法机关、工商部门、商业银行和中介机构的长效沟通机制，提高了稽查工作效率，2011 年共办理各类稽查案件 19 件。及时公示证券机构类行政许可工作进度，提高了行政许可工作的透明度，社会监督得到进一步加强。加强市场诚信建设，强化诚信约束机制，2011 年辖区共有 15 条失信信息被录入诚信数据库，查询 639 条（次）。监管部门在深入排查上市公司风险状况的基础上，督促上市公司切实防范和化解风险，取得了较好的成效，全省的股票被特别处理的境内上市公司数量由 2010 年底的 5 家降为 2011 年底的 2 家，上市公司整体风险处于历史最低水平，并且处于可测可控状态。在 2011 年证券公司分类评价中，中原证券被评为 BBB 级，实现了公司的平稳发展，在期货公司分类评价中，3 家期货公司分别被评为 A 级、BBB 级和 C 级，保证金规模和盈利水平有所提升，市场影响力逐步扩大。

6. 证券期货业发展需要关注的问题

一是企业上市数量较少。目前，辖区境内上市公司总数只有 63 家，法人证券公司只有 1 家，在全国排名相对较低，与河南省经济总量、工业增加值在全国的排名地位不符，在中部 6 省也处于相对落后的位置。

二是持续经营能力面临挑战。总的来看，辖区上市公司整体盈利能力仍低于全国平均水平，特别是有些上市公司持续经营能力明显不足，缺乏核心竞争力，不同程度地存在暂停上市或退市风险。部分上市公司由于行业或自身经营原因出现业绩下滑的可能性逐渐加大，面临一定的经营风险。

三是证券机构亟需业务转型。近几年，辖区证券营业网点数量不断增加，从业人员规模迅速扩大，市场竞争日益加剧，佣金价格战等恶性竞争问题比较突出，佣金率不断下滑。券商传统的以通道服务为主的同质化经纪业务运作模式已不能适应市场和投资者的需要。

四是期货市场结构不尽合理。期货机构在产品研发、信息技术等方面还不能完全满足市场需要，抗风险能力有待进一步提升。期货分支机构较多，法人机构较少，综合实力不强，盈利能力较低。投资者结构也不合理，机构投资者比例低，现货企业参与度不高，服务国民经济的能力有待进一步提高。

五是市场主体规范化水平有待提高。市场主体违法违规现象时有发生，部分上市公司规范运作基础不牢靠，内部控制相对薄弱，内部治理缺乏有效的权力制衡，关联交易、同业竞争问题依然存在，部分上市公司仅注重融资，对投资者回报不够，信息披露质量有待进一步提高。

（三）保险业

2011 年，河南省保险业围绕“转方式、促规范、防风险、稳增长”的总体要求，加强内部管理，强化行业自律，狠抓风险防范，努力提升服务水平，使保险业市场活力增强，竞争更加充分，产品不断增加，服务不断提高，保持了行业平稳健康发展的良好局面，但业务持续性不强、退保风险大、业务结构不合理、创新能力不足、违规经营问题突出等值得关注。

1. 行业持续平稳健康发展

2011 年，全省保险市场实现保费收入 839. 82 亿元，同比增长 11. 48%，居全国第四，中部第一。其中，财产险业务保费收入 163. 33 亿元，同比增长 21. 24%，人身险业务保费收入 676. 49 亿元，同比增长 9. 35%。全年保险业为全省经济社会发展提供经济补偿 171. 14 亿元，同比增长 13. 97%。其中，财产险业务赔款 80. 54 亿元，同比增长 13. 89%；人身险业务赔付 90. 6 亿元，同比增长 14. 04%，为促进经济社会发展发挥了积极作用。

2. 市场体系建设步伐加快

截至 2011 年末，全省共有省级保险分公司 56 家，较上年增加 9 家，地市及以下分支机构 5 491 家，较上年增加 94 家，专业中介机构 291 家，较上年减少 33 家，兼业代理机构 7 895 家，较上年增加 1 060 家，从业人员 33. 79 万人，较上年增加 6. 68 万人，其中保险营销员 29. 03 万人，较上年增加 5. 94 万人。保险密度 800. 67 元/人，同比提高 8. 81 元/人，保险深度达到 3. 46%，同比下降 0. 38 个百分点。整体来看，不同业务类型、多种组织形式的市场主体日趋丰富，保险市场竞争更加充分，保险产品不断增加，市场供给更加丰富，保险需求满足程度不断提高，基本形成了种类丰富、适度竞争、充满活力的区域性保险市场体系。

3. 业务结构出现积极变化

财产险方面，保证险、农业险、企财险等非车险业务较快发展，同比分别增长 313. 46%、138. 99% 和 34. 91%，非车险占财产险业务的比重为 15. 82%，较上年提高 3. 08 个百分点。车险业务中，交强险在车险业务中的比重为 36. 41%，较上年下降 0. 3 个百分点。人身险方面，个人代理业务占比 35. 19%，较上年升高 1. 82 个百分点；银邮业务占比 60. 55%，较上年下降 1. 82 个百分点；个人代理新单期缴率 88. 93%，较上年提高 6. 33 个百分点。10 年期及以上新单期缴业务占比 49. 89%，较上年提高 10. 99 个百分点。

4. 经营情况持续向好

财产险方面，保费收入 166. 26 亿元，全国排名第 9，同比增长 20. 99%，应收保费率 1. 64%，比上年上升 0.61 个百分点，比中部六省平均水平低 0.3 个百分点，比全国低 1.27 个百分点；批减保费率 1.37%，比上年下降 0.29 个百分点，比中部六省平均水平低 0.46 个百分点，比全国低 1.63 个百分点；自留保费增长率 18.05%，处于正常合理范围。产险公司经营效益明显提升，承保利润 9.75 亿元，占全国的 5.52%；综合费用率 30.88%，比上年上升 0.42 个百分点，比中部六省平均水平低 0.43 个百分点，比全国低 3.16 个百分点；综合赔付率 62.21%，比上年下降 7.51 个百分点，比中部六省平均水平低 0.34 个百分点，比全国高 0.99 个百分点；承保利润率 6.91%，比上年高 7.09 个百分点，比中部六省平均水平高 0.77 个百分点，比全国高 2.17 个百分点。人身险方面，保费收入 673.56 亿元，全国排名第 3 位，同比增长 9.35%，标准保费增长率 2.2%，比中部六省平均水平高 4.91 个百分点；赔付支出 89.32 亿元，同比增长 14.78%；短期险承保利润比上年减亏 43 928.43 万元，短期险承保利润率比上年提高 32.75 个百分点；退保率 2.71%，远低于 5% 的警戒线；个人代理人两年留存率为 18.36%，比上年高 1.81 个百分点，比中部六省平均水平高 2.17 个百分点，比全国高 3.46 个百分点。

5. 服务能力不断提升

2011 年，全省累计赔款和给付 171.14 亿元，同比增长 13.97%，充分发挥了风险保障和经济补偿功能，有效弥补了社会风险损失；农业保险承保范围进一步扩大，保险对农业生产的保障作用增强；医疗责任险统保工作全面启动；个人消费贷款保证保险和小额贷款保险保费快速增长，2011 年实现保费收入 2.06 亿元，拉动全省信贷消费 100 多亿元，同时为金融机构信贷安全提供了第三方保护；出口信用保险有效服务出口企业 529 家，提供出口保障 30.04 亿美元，为 60 家企业提供融资便利 16.82 亿元，特别是对宇通集团 9 900 万美元赔付，是河南保险史上单笔最大赔案；"新农合"经办业务覆盖 1 258.58 万人，新增托管资金 13.07 亿元。

6. 市场秩序持续向好

2011 年，河南保监局加强关键环节和重点业务管控，联合银监局贯彻落实《商业银行代理保险业务监管指引》，及时发现和处置各类苗头性问题，加强市场运行监测，全年共向有指标异动的 7 家公司下发风险提示函 7 份，约见谈话 12 人次，妥善处置了商丘夏邑集中退保等各类突发事件 12 起。2011 年，河南保监局共派出 102 个检查组 342 人次，检查机构 104 家次，实施行政处罚 72 次，罚款 463.5 万元。其中，处罚机构 36 家，处罚高管 36 人，停止接受新业务 1 家次，吊销业务许可证 10 家次，撤销任职资格 3 人次，有力整治了违法违规行为，促进了市场秩序持续好转。财产险保费批退率、应收保费率分别比全国平均水平低 1.63 个和 1.27 个百分点，寿险退保率 2.71%，退保风险基本可控。

7. 保险业发展需要关注的问题

一是可持续发展能力存在较大的不确定性。世界经济复苏的不稳定、不确定性上升，我国经济发展中不平衡、不协调、不可持续的矛盾和问题仍很突出，全省经济增长下行压力加大，居民消费增长难度加大。在严峻的外部形势下，保险市场竞争将会加剧，而保险业发展方式比较粗放，业务增长过度依赖非理性竞争，主要依靠高额手续费、高返还、暗中支付好处费、违规降费、擅自扩大责任等手段争抢业务；经营模式不科学，重规模、重结果、重短期，轻管理、轻服务、轻持续，导致行业竞争能力较弱，业务发展持续性不强；结构性矛盾没有根本改观。财产险方面，车险占比 84.18%，比中部六省平均水平高 6.98 个百分点，比全国平均水平高 10.85 个百分点；交强险在车险中的占比为 36.41%，比中部六省平均水平高 5.04 个百分点，比全国平均水平高 8.39 个百分点。人身险方面，银邮业务占比60.55%，比中部六省平均水平高6.65个百分点，比全国平均水平高12.67个百分点。

二是退保风险凸显。2011年，保险业受到产品收益、通胀预期以及销售误导等因素的影响，退保大幅增长，2011年全省寿险公司退保金额达到62.93亿元，同比增长107.06%，退保率2.71%，同比上升1.22个百分点。2011年10月，商丘夏邑县发生集中退保事件，给行业拉响了退保风险警报。短期险承保利润率为-8.81%，比中部六省平均水平低8.61个百分点，比全国低7.36个百分点。

三是管理风险和道德风险隐患较大。目前各保险公司仍以营销代理为主要营销方式，但在相应的内控体系建设上存在较多的风险缺陷，各保险公司在实际发展中重保费、轻理赔；在保险市场竞争中，以保险价格进行恶性竞争盲目承保、劣质承保并存，在保险险种开发上，以占取市场份额作为主要手段，对保险产品风险的管理控制重视不足，部分公司内控不严，有章不循，有禁不止，特别是在收付费和单证管理方面风险隐患较多，管理风险突出。由于制度缺陷监管不力，公司员工侵占、挪用、诈骗客户保费和给付金行为的案件也不断暴露，寿险销售误导问题突出，寿险销售过程中代签名、夸大保单利益、隐瞒真实缴费期限等问题比较突出，车险理赔过程中拖赔、惜赔、积压赔案等行为比较普遍，道德风险不容忽视。

四是业务结构不合理，产品创新不强。目前，保险行业还处于初级阶段，发展方式还比较粗放，一些保险公司急于扩大规模，注重保费增长，轻视业务内含价值和风险防范，寄希望于通过大量收取保费进行激进投资来快速赚钱，忽视了险种结构，对利差、费差及投资效益率缺乏科学评估。保险公司大力发展保费高的投资型产品和趸缴产品，过度宣导保险产品的金融特性，并与其他金融产品进行攀比，缩短保险产品期限，用短期投资回报来吸引客户购买。这样就会导致短期业务多，趸缴业务多，投资型业务多，保险保障功能不强的现象发生。同时，保险公司分支机构的产品开发受制于其总公司，缺乏产品创新的内在动力，特别是缺乏针对地方市场需求特点的个性化产品体系，产品的同质化现象严重，替代性强，营销和服务的差异化程度低。

三、金融市场

2011年，在稳健货币政策调控的宏观形势下，河南省金融市场体现出因应变化，总体运行基本平稳。货币市场业务稳步发展，交易类别活跃程度差异较大，质押式回购、银行理财业务同比增加较多。票据业务规范整顿，外汇收支增势减缓，期货业务平稳发展，利用银行间市场直接债务融资大量增加。

（一）金融市场运行情况

1. 货币市场

截至2011年末，河南省共有银行间债券市场成员101家，其中87个乙类户，14个丙类户。新增永城市农村信用联社，登封市农村信用联社，西峡县农村信用联社3家市场成员。共有银行间同业拆借市场成员17家，新增伊川农村商业银行1家成员。2011年河南金融市场呈现三个特点，一是同业拆借同比少增。2011年，同业拆出资金82.72亿元，同比增加45.87亿元，拆入资金149.8亿元，同比减少140.25亿元，累计成交金额232.52亿元，同比少增94.3亿元，交易主要为弥补短期头寸不足，期限为7天的交易额占全部交易额的50%，隔夜拆借占比41.8%。二是债券回购大幅增长。2011年，债券质押式回购累计交易金额33 338.17亿元，同比增加12 412.4亿元，增长59.3%。其中融入（正回购）23 272.28亿元，同比增加6 477.6亿元，融出（逆回购）10 065.89亿元，同比增加5 943.8亿元。

2. 票据市场

2011年，河南省票据市场出现了较大波动，农村信用社票据业务得到有效规范，银行承兑汇票签发量同比上升，票据贴现大幅下降，市场利率大幅攀升。受农村信用社票据业务整顿和银行资金、授信规模紧张的双重影响，下半年票据贴现市场陷入有价无市局面，企业持票量大幅增加，票据流动性和支付能力大幅减弱。全年票据承兑余额2 152亿元，较年初增加131亿元，同比增长6.5%；累计发生额4 997亿元，同比增加628亿元，同比增长14.4%。票据贴现余额565亿元，较年初减少395亿元，同比下降41%；票据贴现累计发生额62 565亿元，同比减少2 343亿元，同比下降3.6%。票据直贴26 625亿元，同比减少10 039亿元，同比下降27.4%；累计办理买断式转贴34 065亿元，同比减少6 629亿元，同比下降16.3%。

3. 外汇市场

2011年，河南省外汇收支增势平稳，跨境资金净流入和结售汇顺差增长速度大幅下降。全年累计完成涉外收支394亿美元，同比增长64.17%。累计结售汇251亿美元，同比增长32.25%。银行结售汇顺差59亿美元，同比增长42.70%。全年进出口总额达326亿美元，同比增长83.1%。进出口增速仅次于重庆，排名全国第二位。在中部六省排序中，2011年，河南省进出口总值排在湖北之后居第二位，年度首次跃居第二位，实现跨越式发展，其中进出口、进口、出口增速在中部地区均为第一。此外，2011年全省加工贸易进出口128.2亿美元，稳居中部六省第一位，同比增长3.1倍，约占全省外贸进出口总值的四成左右，高出全国加工贸易占进出口总值的比重3.5个百分点，年度历史首次超越全国平均水平。2011年，河南省跨境资金净流入68亿美元，同比增长51%，增速下降335个百分点；全年河南省银行顺差59亿美元，同比增长42.70%，增速下降279个百分点。

4. 债券市场

2011年，现券累计交易金额14 133亿元，同比减少2 956亿元，同比下降17.3%。其中国债、中央银行票据、政策性金融债、中期票据、短期融资券、企业债为主要交易品种，其他债券交易较少。从月度情况看，上半年交易量较大，随着宏观调控深入，银行资金面紧张，下半年交易量明显偏少，融资券快速发展。2011年，河南省平高电气、天瑞集团等12家企业获准发行企业短期融资券，金额75.5亿元，中期票据12只，金额169.3亿元，中小企业结合票据2只，共涉及7家企业，金额5亿元。全年河南省累计发行债务融资工具249.8亿元，是2010年的2.6倍。

5. 期货市场

2011年，郑州商品交易所商品期货累计成交量为81 288万手，同比少增18%；累计交易金额66 843亿元，同比增长8.2%，增幅较上年同期下降214个百分点。交易热点转换明显，一号棉、PTA、强筋小麦和硬白小麦成为主要交易品种，硬白小麦交易金额增加345%，早籼稻、白糖、菜籽油交易大幅下降。甲醇作为新上市品种，交易量63万手，尚不活跃。

6. 黄金市场

2011年，河南省成品金生产达49.82吨，同比增长36.69%；利润22.45亿元，同比增长27.05%。2011年，河南省上海黄金交易所会员（不含中金公司）累计买卖黄金239吨，较年初增加50吨，同比增长27%，其中买入量73吨，卖出量166吨。

（二）需关注的问题

1. 金融市场参与主体实力不均

从市场结构看，仍然存在拆借主体地位不对等的情况，大银行从中小金融机构拆入资金容易，而中小金融机构从大银行拆入资金则相对困难。从交易过程看，拆借市场成交的7天以内的拆借利率与SHIBOR基本相同，但成交7天以上的拆借业务利率要大大高于SHIBOR利率，在资金拆出机构确定拆出利率时，中小金融机构在拆借利率定价方面缺乏自主权。

2. 票据市场管理需进一步加强

长期以来，除银监会之外，人民银行内部支付结算、货币信贷部门也都参与票据市场监管，但管理范围、权责不清，管理政策不够明确，分支机构货币信贷部门对票据市场只限于监测，不能真正实施监管职责。当前票据融资已经成为中小企业融资的主要方式，地方法人中小金融机构把票据融资、贴现作为头寸管理、资产配置、赚取低风险收益的主要工具，利益冲动下容易出现违规行为，需要进一步加强票据市场管理，促进票据市场健康发展。

3. 银行理财产品集中发售存隐患

当前各银行存款营销竞争激烈，纷纷发行高息短期理财产品来吸引客户，存在诸多隐患，应予关注。一是易形成监管真空。二是有变相高息揽存的嫌疑。据对工行、中行、建行的调查，2011年12月发行的理财产品平均收益率超过4.5%，而一年期存款利率仅为3.5%。三是风险提示不充分，易误导投资者。

四、金融服务基础设施

2011年，河南省金融服务基础设施建设稳步推进，支付清算体系建设不断完善，结算水平进一步提高，征信体系建设、征信知识宣传加快推进，法律服务工作有效实施，反洗钱、反假币工作进一步深入，金融稳定工作得到有效提高，为切实维护区域金融稳定提供了重要保障。

（一）支付体系建设平稳运行

2011年，河南省支付清算体系安全平稳运行，农村地区支付服务环境进一步改善。一是认真开展支付结算现场检查工作。2011年，对工商银行河南省分行等11家银行的479个分支机构进行了现场检查，保障了支付结算系统的平稳运行。二是实施非金融机构支付业务许可，河南汇银丰信息技术有限公司获批河南省第一家支付机构牌照。三是继续推进支付清算系统建设，网上支付跨行清算系统在开封市商业银行等6家地方性银行业金融机构推广应用。四是稳妥推进新版票据应用，大力推广公务卡、中职学生资助卡和军人保障卡业务。五是改善农村地区支付服务环境建设，积极推行金融IC卡工程，进一步推广银行卡助农取款服务。2011年，河南省在信阳市试点推广农村金融IC卡，淮滨县成功发行“福农一卡通”（IC卡），在全国率先实现金融IC卡覆盖农村地区。截至2011年底，试点地区共发放福农卡126张，农民持卡就诊97人次。建设河南省银行卡助农取款服务点3 732个，助农取款交易272 168笔（其中查询交易184 614笔），金额1 654.5万元。农民工银行卡特色服务交易金额28亿元，连续四年居全国第一位。

（二）征信系统建设有效推进

2011 年，河南省各市地方社会信用体系建设工作机制基本建立，人民银行个人和企业征信系统继续稳健运行。一是不断完善制度建设。起草《河南省社会信用体系建设“十二五”规划（征求意见稿)》，统筹规划全省社会信用体系建设工作，信用产品应用范围、领域不断拓展，守信激励、失信惩戒机制初步建立。二是保证个人和企业征信系统继续稳健运行。2011 年，人民银行征信系统共收录河南省借款企业 40 万户，收录自然人 4 299 万人。依据企业和个人申请分别查询企业信用报告 6 720份、个人信用报告 105 284 份，受理司法查询 656 份，促进社会经济体社会信用意识的改善，提高了行政执法效能。三是稳步推进中小企业信用信息征集、农户信用档案建设和评价工作。截至 2011 年底，全省纳入中小企业档案库的中小企业 92 392 户，信息征集中为中小企业办理贷款卡 18 901户，其中 7 167 户取得银行授信意向。全省涉农金融机构共为 594 万农户建立了信用档案，并对其中 370 万户进行了信用评定，已建立信用档案的农户中获得信贷支持的达 382 万户，贷款发生额超过 1 148 亿元。全省评定农村青年信用示范户 5 967 户，发放信用贷款 7 639 万元，培训农村青年 15 000 人。四是规划小机构平台建设。制定下发了《河南省小额贷款公司接入征信系统管理办法》，将经营金融业务的小额贷款公司、担保公司、村镇银行和公积金中心等经营金融业务的小机构纳入人民银行征信管理体系。

（三）反洗钱监管效力明显提升

2011 年，通过提高监测分析水平，河南省金融机构反洗钱履职能力普遍提升，反洗钱工作成绩显著。一是通过加强业务监测，有效打击洗钱和恐怖融资犯罪。2011 年，通过反洗钱和反恐融资监测成功破获了涉恐融资“2 号专案”、跨省金融票据诈骗洗钱案、“安阳 2. 8 吨”特大贩卖运输毒品等大案要案。二是通过非现场监管与现场检查有效结合，提高反洗钱工作的针对性和有效性。2011 年，在非现场监测分析的基础上，共对 230 家金融机构进行现场检查。其中，银行业 146 家、非银行业 58 家，外汇和西联专项检查 26 家。

（四）反假币履职力度不断加大

2011 年，全省收缴假币 1 668. 6 万元，同比下降 49. 7%，其中公安机关破案没收假币 578. 5 万元，同比下降了 72. 1%，银行业金融机构发现收缴假币 1 090. 1 万元，同比下降 12. 3%，全省反假货币斗争形势得到明显好转，有力促进了全省社会经济金融秩序的稳定。一是加强沟通协调，发挥反假货币合力。河南省根据反假货币工作实际，组织反假货币联席工作会议成员单位，形成反假货币合力。按月及时向河南省公安厅通报全省假币发案和收缴假币情况统计信息，为公安机关开展打击假币犯罪和考核工作提供有力依据。二是加大宣传攻势，营造反假货币斗争氛围。2011 年全省各地市立足实际组织开展反假货币集中宣传活动 138 次，接受教育群众近 310 万人次，印制发放宣传材料 270 余万份，社会公众反假货币意识和防范假币能力进一步提高。三是加强培训力度，筑牢反假货币“人防”防线。2011 年银行业金融机构完成内部培训工作 305 次，参加培训人员 34 645 人，培训覆盖面基本达到营业机构总人数的 60% 以上；银行业金融机构组织社会企事业单位财会人员、工商业户、义务宣传员培训 69 次，参加培训人员 6 045 人，有力促进了河南省反假币工作的开展。

五、总体评估与政策建议

（一）总体评估

2011 年，在国际金融危机的深层次影响仍未完全消除的形势下，面对复杂多变的国内宏观经济形势和宏观调控措施，河南省经济继续保持良好发展势头，金融业发展质量逐步提高。2011 年，河南省生产总值连续七年实现 10% 以上的快速增长，固定资产投资、粮食总产量、农民人均纯收入、存贷款总量和增幅等多项指标都保持较快增长。金融业认真落实各项宏观调控措施，优化信贷结构，银行资产质量稳步提高，流动性状况良好，效益不断提升；金融业改革不断深入，“非银行金融机构”发展较快；证券机构稳健经营，保险市场快速发展；金融基础设施建设稳步推进，支付结算和征信系统等运行稳定。同时，经济金融运行中出现的一些新情况和新问题可能对全省金融稳定带来一定负面影响，各方需高度重视，并积极采取有效措施进行防范和控制。一是企业融资成本加大，由企业资金链断裂产生的风险潜在影响金融稳定值得关注；二是地方法人金融机构的风险隐患依然较多，. 需要密切监测；三是非法金融活动风险向银行体系的传递应高度关注；四是保险、证券行业结构发展不均衡，需要进一步规范调整。

（二）政策建议

1. 积极落实稳健货币政策，调整优化信贷结构

密切关注经济金融形势的变化，按照“总量合理、结构优化、节奏均衡”的总体要求，合理安排 2012 年信贷投放规模、节奏，保持信贷适度均衡增长；加强信贷引导，严格控制“两高一剩”行业新增贷款和授信，结合河南省实际，围绕满足重点行业和重点企业的信贷资金需求，引导金融机构调整优化信贷结构，保持对河南省优势产业集群、重大基础设施建设、重点项目的支持力度。

2. 深入推动金融改革，提升金融机构竞争力

继续推动中小法人金融机构深化改革，不断完善公司治理，强化内控制度建设。以市场为导向，促进农村信用社改革，规范“非银行金融机构”发展，逐步优化产权结构；积极引导证券公司开展资源整合，拓展业务；努力扩大“三农”保险覆盖面，引导保险公司大力发展保障型、长期型等保险产品，控制投资型业务的占比，增强保险保障功能。

3. 加快金融基础设施建设，优化金融生态环境

一是进一步完善支付体系，扩大支付系统在农村地区的覆盖面，加强对非银行支付机构的管理；二是深化信用体系建设，扩大信用信息使用范围，推进评级报告和信用报告的应用；三是加强金融机构反洗钱监管协作，建立以风险管理为基础的可疑交易报告工作机制；四是建立反假币工作长效机制，深化反假币网络建设，提高反假币工作效率。

4. 着力提高风险管控能力，切实维护区域金融稳定

一是密切关注房地产市场的变化趋势。进一步增加保障性住房建设，支持居民自住和改善型住房消费，抑制投资投机性购房，切实防范各类住房按揭贷款风险。二是切实做好辖内金融风险监测评估工作。准确掌握辖内金融机构整体运行情况，尤其是要加强对非银行机构的风险管控，及时了解动态变化，认真识别可能出现的金融风险隐患。

5. 加快产业结构调整，促进经济平稳较快发展

一是以河南省农村改革发展综合试验区建设为机遇，抓好重点项目建设。重点建设优质农产品生产基地，生态旅游基地，着力培育优势产业。二是培育消费需求，增强经济增长内生动力。努力增加城乡居民收入，提高持续购买力。落实国家和地方扩大消费的各项政策措施，着力培育新的消费热点，扩大消费需求。

总　　纂：张正杰

统　　稿：王树生　郑留安　戚兴如　寇　川

执　　笔：尹志刚

其他参与写作人员（按姓氏笔画排序）：

王　萍　王淑云　仇惠敏　吕彦威　吴成荫

肖　云　余雪扬　郑宏斌　武松会　赵庆光

祝新伟　郜丽敏　琚亚利

湖北省金融稳定报告摘要

2011年，全球经济复苏明显放缓，国内经济金融形势复杂多变，湖北省按照国家宏观调控方向，抢抓机遇，宏观经济增速虽有所放缓，总体仍呈现“增长较快、价格趋稳、结构优化、后劲增强”的良好态势，为金融业稳健运行奠定了良好的基础。银行业认真贯彻宏观调控政策，积极调整信贷结构，整体实现稳健运行；证券业运行平稳，融资功能进一步显现；保险业保持平稳发展态势，服务经济社会能力进一步提升；金融基础设施建设稳步推进，区域信用环境不断优化。总体上，湖北省经济金融呈现稳健发展、协调互促的良好态势，区域金融体系保持稳定。

一、经济与金融稳定

（一）运行状况

经济总量保持高位增长，产业结构继续优化。全省完成生产总值19 594.19亿元，按可比价格计算，比上年增长13.8%，连续8年保持两位数增长。其中，第一产业完成增加值2 569.30亿元，增长4.4%；第二产业完成增加值9 818.76亿元，增长17.9%；第三产业完成增加值7 206.13亿元，增长12%。三次产业结构由2010年的13.4:48.7:37.9调整为13.1:50.1:36.8。

消费品市场整体平稳，汽车消费明显回落。2011年，全省社会消费品零售额累计完成7 927.76亿元，同比增长18.0%，增速比上年回落1个百分点。汽车类消费增速明显回落，全年全省汽车类消费零售额增长20.9%，增幅比上年回落18.8个百分点。住宿餐饮业增长较快，全年住宿餐饮业营业额增长24.0%。

固定资产投资继续增长，增速有所下降。2011年全社会完成固定资产投资12 931.75亿元，同比增长28.7%，较2010年31.6%的增速有所降低。按产业划分，全省第一、第二、第三产业投资分别为440.91亿元、5 529.17亿元和6 961.67亿元，分别增长29.3%、40.1%、20.8%，对第三产业的投资比重较大，体现湖北省调整经济结构的力度，有力支撑产业结构的优化；房地产开发投资、商品房施工面积与销售面积继续回落。全年全省房地产开发累计完成投资、商品房施工面积、销售面积分别增长27.5%、19.8%、19.3%，增幅比上年分别回落7.3个、1.9个、10个百分点。

对外贸易继续复苏，但出口增幅收窄。全年全省累计进出口总额335.19亿美元，同比增长29.1%，增幅比上年下降21.1个百分点。其中，出口195.35亿美元，增长35.3%，增幅比上年下降9.4个百分点；进口139.84亿美元，增长21.5%，增幅比上年下降36.2个百分点。

通胀势头有所抑制，结构性通胀依旧突出。2011年，全省居民消费价格总水平上涨5.8%，涨幅比前11个月回落0.1个百分点。居民消费价格总指数（CPI）为105.8，价格水平上涨5.8%，其中，城市上涨5.5%，农村上涨6.3%。分类别看，食品价格上涨11.6%，烟酒及用品价格上涨4.1%，衣着价格上涨3.6%，家庭设备用品及服务价格上涨2.7%，医疗保健及个人用品价格上涨3.8%，交通和通信价格上涨1.1%，娱乐教育文化用品及服务价格上涨0.5%，居住价格上涨5.8%。

财政、居民收入保持稳定增长。全年完成财政总收入2 582.81亿元，同比增长33.0%，其中地方公共财政预算收入1 470.12亿元，增长45.4%。在地方公共财政预算收入中，税收收入1 066.88亿元，增长37.1%。全年财政支出3 159.76亿元，增长26.3%；2011年，全省城镇居民家庭人均可支配收入18 373.87元，比上年增长14.4%，增幅比上年提高2.6个百分点；农民家庭人均纯收入6 897.92元，增长18.3%，增幅比上年提高2.5个百分点。

大力实施开放战略，积极承接产业转移。2011年，湖北省通过采取到长三角招商、到珠三角引资、到欧美日韩举办经贸活动等举措，成功签署招商引资合作项目涉及总投资逾8 000亿元，实际利用省外资金超过2 000亿元，利用外商直接投资超过40亿美元，为湖北省经济实现可持续发展注入了新的活力。

（二）经济运行稳健性分析

2011年，随着一系列宏观经济政策的实施，物价涨幅趋稳，资产泡沫化风险降低，经济增长逐季回调，经济运行开始回归正常增长轨道。但是，在保增长、调结构、抑通胀等问题上仍存在不确定因素，对经济稳健运行可能有潜在影响。

增长动力缺乏有效衔接，经济下行压力有所加大。从经济总量指标看，湖北省地区生产总值累计增速从2010年第一季度到2011年第四季度依次为15.9%、15.7%、14.9%、14.8%、14.4%、14.1%、14%、13.8%，呈现逐季下降趋势。从增长动力看，“三驾马车”的增长形势均不容乐观。一是投资增幅逐步下滑。2011年，湖北省固定资产投资增长28.7%，增幅比上年回落2.9个百分点。二是消费增长难以突破。2011年，湖北省社会消费品零售总额名义增幅同比回落1个百分点，剔除价格因素后，实际增幅只有12.2%，同比回落3.9个百分点。

通胀势头有所抑制，但仍在高位徘徊。虽然12月的居民物价指数（CPI）较前11个月有小幅下降，但2011年居民物价指数同比增长率为5.8%，与2010年、2009年的居民物价指数的同比增长率2.9%和－0.4%相比，有较大幅度的上涨。

产业持续快速发展难度加大，市场观望情绪抬头。在宏观调控政策的持续作用下，市场收缩态势逐步显现，部分支柱产业增幅放缓。2011年，湖北省支柱行业中的汽车、钢铁、石化、电力、纺织增速均低于全省工业平均水平。工业用电量、主导产品价格等先行指标呈下滑趋势，工业下行的压力增大。部分企业投资意愿下降，市场观望情绪抬头。

二、银行业与金融稳定

（一）运行状况

资产规模稳步增长。截至2011年末，湖北省银行机构资产总额30 082.41亿元，同比增长18.04%；负债总额29 238.58亿元，同比增长17.84%。银行业存款余额24 148.26亿元，同比增长

15.04%；贷款余额16 395.39亿元，当年新增2 541.9亿元，居中部六省第一位，同比增长18.2%，高于全国平均水平2.5个百分点。

资产质量持续改善。截至2011年末，湖北省银行业金融机构不良贷款余额同比减少126.6亿元；不良贷款率同比下降1.25个百分点，连续五年实现不良贷款双降。其中，农村信用社不良贷款余额同比下降67.07%，降幅居各类机构之首。同期，地方法人银行业机构拨备覆盖率同比提高137.7个百分点，风险抵补能力进一步增强。

经营效益显著提升，资本充足水平稳中有升。2011年末，全省中小法人机构核心资本充足率同比提高0.2个百分点，核心资本净额同比增长34.4%。受息差提升和中间业务收入大幅增长的共同作用，2011年湖北省银行业机构实现净利润383.7亿元，创历史新高，同比增长24.3%。全年实现中间业务收入146.6亿元，同比增长49.3%，中间业务收入率16.62%，同比提高2.2个百分点，收入结构进一步优化。

金融市场交易活跃，融资结构趋多元化。一是银行间债券市场回购交易量平稳增长。2011年，湖北省金融机构银行间债券市场质押式回购累计成交41 429亿元，同比增长2.6%。二是银行间债券市场现券交易活跃。2011年，湖北省金融机构银行间债券市场现券交易累计成交21 805亿元，同比增长26%。三是集合债券和票据不断创新，中小企业融资难有效缓解。继湖北省2010年发行中部首只中小企业集合债券后，2011年，由中信银行承销的武汉首张中小企业集合票据正式挂牌。

（二）改革进展与成效

银行业机构改革取得突破，武汉区域金融中心影响力逐步增强。一是城市商业银行改革取得突破。2011年，5家城市商业银行采取新设方式合并重组为湖北银行，并新设4家支行，顺利完成挂牌开业和增资扩股。二是农村信用合作社产权改革加速推进。2011年，共有26家农村信用合作社成功改制为农村商业银行或农村合作银行，另有5家获批筹建，4家上报筹建。三是新型农村金融机构组建速度明显加快，全年筹建和开业村镇银行24家。四是银行业对外开放取得突破，渣打银行武汉分行正式开业，三菱东京日联银行武汉分行获批筹备建。五是股份制银行在各地（市、州）设立29家分支机构，金融活力不断增强。六是武汉签约入驻的金融机构后台服务中心已达26家，位列全国第一位，武汉区域金融中心影响力不断彰显。

农业银行“三农金融事业部”改革进一步深化，服务“三农”成效显著。2011年，湖北省农业银行69家县域事业部体制机制建设逐步完善，经营效益继续提升。截至2011年末，69家县域事业部存款余额1 568.2亿元，同比增长15.67%；贷款余额451.3亿元，同比增长14.0%，县域存贷款余额市场占比连续四个季度位居四大行之首。不良贷款率同比下降0.09个百分点，全年成本收入比同比下降17.51百分点，资产利润率同比提高0.93个百分点。惠农卡发放余额422.8万张，惠农卡发放贷款余额30.2亿元，同比增长16.7%，有效扩大“三农”服务半径，提升服务水平。

金融支持城市圈建设进程加速，区域金融中心建设影响力彰显。2011年末，武汉城市圈金融机构各项贷款余额12 448.67亿元，同比增加1 851.93亿元，占全省贷款比例为75.93%，金融机构为城市圈建设提供信贷支持力度进一步加大。截至2011年末，湖北省已批准开业和正在筹建的财务公司法人机构和财务公司分支机构共有9家；引入外资银行分行6家，数量居中部六省之首；在武汉签约入驻的金融机构后台服务中心已达26家，位列全国第一。武汉区域金融中心影响力不断彰显。

跨境贸易人民币结算业务迅速增长，人民币“走出去”步伐加快。截至2011年末，湖北省内18

家银行累计办理跨境人民币结算业务 224.18 亿元。从跨境收支类型来看，货物贸易出口金额 58.24 亿元，进口结算金额 49.65 亿元；服务贸易及其他经常项目结算金额 80.98 亿元，资本项目结算金额 35.32 亿元。

加大金融创新力度，助力县域经济与中小企业发展。截至 2011 年末，湖北省县域贷款余额4 065 亿元，同比增长 36.2%，高于各项贷款增速 18 个百分点；全省涉农贷款余额达到 3 780.7 亿元，同比增长 26.7%，占各项贷款比重 23.3%；中小企业贷款余额为 5 685.6 亿元，同比增长 26.9%；全省小企业贷款 2 695 亿元，同比增长 37.7%，增速高于全国平均水平 11.8 个百分点。

（三）银行业稳健性评估

2011 年，湖北省银行业积极贯彻落实国家宏观调控措施，调整信贷结构，加大改革开放力度，银行业整体实力、抗风险能力持续增强，但潜在风险因素仍不容忽视。一是流动性压力有所增大，期限错配问题亟待改善。二是贷款集中度高企，资产质量下行风险加大。三是公路贷款质量堪忧，政策性风险应给予关注。四是操作风险时有发生。

三、证券业与金融稳定

（一）运行状况

证券市场低迷，证券交易额有所回落。2011 年，受股市大盘低迷的影响，证券交易总额为 2 492.74亿元，同比下降 6.25%。证券营业部实现营业收入累计 26.04 亿元，同比下降 22.55%，其中，手续费及佣金收入 23.02 亿元，同比下降 15.48%；净利润 8.16 亿元，同比下降 50.09%。

直接融资比重大幅提升，资本市场功能充分发挥。截至 2011 年末，湖北省共有上市公司 82 家，比上年增加 9 家。辖区企业通过资本市场实现直接融资 217.91 亿元。其中，8 家企业通过 IPO 募集资金 47.64 亿元，4 家上市公司通过增发募集资金 59.01 亿元，1 家上市公司通过配股募集资金 83.46 亿元，2 家上市公司通过发行公司债募集资金 27.80 亿元。

上市公司质量不断提升。2011 年前三个季度，湖北省 73 家上市公司共实现营业总收入 2 703.64 亿元，同比增长 28.54%；累计实现净利润 122.86 亿元，同比增长 20.66%。其中，主板上市的公司实现营业总收入 2 682.98 亿元，同比增长 28.75%；中小板公司 40.53 亿元，同比增长 9.99%；创业板 24.81 亿元，同比增长 31.2%。

期货市场规模稳步扩展，市场功能不断增强。截至 2011 年末，辖区两家期货公司客户权益 26.21 亿元，同比增长 34.34%，期货营业部客户权益 28.63 亿元，同比增长 15.21%。2 家期货公司全年累计代理交易量 3 597.81 万手，同比下降 2.53%；累计代理交易额 44 797.68 亿元，同比增长 18.85%；净利润 6 591.72 万元，同比增长 9.6%。

（二）改革进展与成效

加大内幕交易的打击和防控工作力度。2011 年，湖北省政府下发了《省人民政府办公厅关于打击和防控资本市场内幕交易的通知》（鄂政办发〔2011〕13 号），初步构建了打击和防控资本市场内幕交易的综合体系。证券监管部门还制定了《湖北证监局防控内幕交易联合监管工作制度》，初步建立起上市公司监管处室与稽查处室联合监管的工作机制，并联合联席会议成员单位对华中数控、光讯科技等4家上市公司开展内幕信息管理现场检查。

健全监管工作机制、创新监管方式，着力提高监管效能。一是持续强化上市公司日常监管。2011年湖北省证券监管部门对28家上市公司进行了全面检查或专项检查；制定了《上市公司监管日志填报工作指引》等制度，确保上市公司监管的程序化、制度化和规范化。二是强化证券机构合规监管。督促长江证券和天风证券进一步完善以净资本为核心的风险监管机制，建立风控指标、流动性和财务状况的敏感性分析和压力测试机制。三是强化期货公司分类监管。持续深入开展期货投资者保证金监管工作，有序开展账户规范清理工作，顺利完成了辖区期货公司的现场检查工作。

（三）证券业稳健性分析

2010年，湖北省证券市场保持了稳定健康的运行态势，证券机构综合实力不断增强，服务经济社会发展能力均大幅提升，但潜在风险因素不容忽视。一是法人证券公司资产、利润有所下降；二是拟上市后备企业资源质量较差，资本市场发展后劲不足；三是上市公司经营业绩增速放缓，流动性风险值得关注；四是证券业提供融资规模较小、结构有待完善。

四、保险业与金融稳定

（一）运行状况

市场体系进一步完善。截至2011年末，全省共有保险总公司2家，保险一级分公司55家，分支公司322家，各级保险分支机构合计3 295家。其中，财产险总公司1家，一级分公司26家；人身险总公司1家，一级分公司29家。保险深度达2.81%，保险密度为954.79元/人，同比增加80.7元。

资产规模持续增长。截至2011年末，全省保险公司总资产1 068.44亿元，同比增长27.86%。全省全年保险业累计实现保费收入549.77亿元，同比增长9.88%，其中财产险保费收入累计120.26亿元，同比增长17.16%；人身险公司保费收入累计429.51亿元，同比增长8%。

（二）改革进展与成效

重点领域取得新进展，着力促进新农村建设。2011年，全省“两属两户”农房保险、农民工意外伤害保险、水稻保险、棉花保险、油菜保险、能繁母猪保险、奶牛保险累计实现签单保费5.51亿元，承担风险保障922.66亿元。

服务经济社会发展能力明显提升。一是赔付总额大幅增长。2011年，全省保险业赔付支出106.28亿元，同比增长22.13%，高于总保费、产险保费、寿险保费增幅。二是承保数量、保险金额和责任限额大幅增长。全省财产险公司共承保保险标的789.31万件，保险金额4.11万亿元，人身险公司责任限额新增2.32万亿元。三是服务创新亮点纷呈。各保险公司积极开展新农合补充保险试点，累计承保人数突破100万人；积极发展农村小额贷款保险，全年共承保32万人；积极发展农村小额人身保险，全年共承保204万人。

经济补偿和社会管理功能有效发挥。2011年，全省保险业在夏季旱涝急转以及汉江防汛形势严峻的情况下，及时向受灾农户和群众支付各类赔款 3.5 亿余元；积极参与社会管理创新，在武汉市共设立7 家车险快速理赔中心，年均处理交通案件超过4 万起、涉及车辆超过8 万台。积极参与平安建设，一方面，积极支持“平安医院”建设，大力发展医疗责任险试点；另一方面，以构建“平安乡镇”、“平安社区”为载体，积极推进治安保险试点。

（三）保险业稳健性分析

2011 年，湖北省保险业平稳发展，市场主体稳步增加，“三农”保险快速发展，保险保障范围不断拓展，有效发挥了保险社会管理与维护社会经济稳定的作用，但保险业基础较薄弱，维持稳定基础需进一步加强。一是保险业务结构有待优化，二是监管水平与市场规范程度仍需提高，三是保险覆盖面需进一步扩大，四是队伍素质需进一步加强。

五、金融基础设施与金融稳定

（一）支付体系继续平稳运行

一是支付服务组织进一步健全。截至 2011 年末，湖北辖内共 10 家非金融支付服务组织在人民银行武汉分行备案。其中，法人机构中的武汉市金源信企业服务信息系统有限公司已正式获得支付业务许可牌照。二是支付清算系统服务质效稳步提高。2011 年，通过稳步推进湖北省同城电子支付系统停运，启动武汉电子支付系统更新改造，开展城市圈城乡支付结算一体化建设试点，积极推进ACS 武汉业务处理中心建设，湖北辖内支付清算网络得到进一步优化。三是非现金支付业务持续健康发展。截至 2011 年末，湖北省累计发行银行卡 11 626.86 万张，同比增长 19.62%。共发生票据业务 2 936.99 万笔，金额 73 086.91 亿元，同比分别增长 5.91% 和 21.38%。四是农村支付服务环境有效改善。截至 2011 年末，共有 1 740 家农村地区银行机构网点加入现代化支付系统，同比增长28.89%；农村地区人均持卡 0.87 张，布放 ATM3 989 台，POS 机 27 825 台，转账电话 97 115 台，乡镇及以下地区占比分别为 50%、22% 和 47%。

（二）法律环境不断优化

一是地方立法进一步加强，有效促进区域经济发展。湖北省通过出台《湖北省价格调节基金管理办法》《湖北省实施〈公共机构节能条例〉办法》等规章，有效保障了公众的基本生活，营造了和谐、稳定的经济生活环境。二是金融消费者权益保护工作稳步推进，有效促进了金融业稳健发展。近几年来，人民银行武汉分行在部分地区开展了金融消费者权益保护试点，促进了金融机构改善金融服务、提升金融竞争力，增强了金融消费者的信心。三是司法、执法环境不断优化，为金融业发展提供良好的外部环境。2011 年，湖北省出台了《湖北省涉案财物价格鉴定条例》，规范了涉案财物的价格鉴定行为，保障了司法、行政执法和仲裁活动的客观公正。同时，人民银行与公安部门联合开展了打击银行卡犯罪专项行动，取得了显著效果。

（三）征信管理体系和金融生态环境建设稳步推进

一是企业和个人信用信息基础数据库建设稳步发展。2011 年，人民银行武汉分行共受理了 23 家地方性法人金融机构和6家全国性商业银行分支行加入征信系统的申请。二是企业和个人信用信息基础数据库进一步完善。截至2011年底，人民银行企业和个人信用信息基础数据库录入湖北省企业及各类机构户数达31万户。全年新发放企业贷款卡共9 457户，收录自然人数3 569万人，个人信贷账户数2 403万户。三是中小企业信用体系建设成果显著。截至2011年末，湖北省建档中小企业达10.41万户，覆盖了所有未贷款的法人中小企业。四是农村信用体系建设取得积极成效。截至2011年末，湖北省累计建立农户信用档案812.33万户，建档覆盖率达84.9%，电子信用档案覆盖了所有发生信贷关系的农户和参与示范户评选的农户；建立青年信用农户档案4.3万户，评选农村青年信用示范户1.1万户，获得信贷支持的青年信用示范户7 500多户。五是以“信用企业、信用乡镇、信用社区、信用区域”建设为主线的“四大信用”工程创建活动有效开展。2011年，湖北省对中小企业发放贷款余额5 686亿元，同比增长27.12%；对社区下岗失业人员和劳动密集型小企业发放小额担保贷款余额31.2亿元；发放涉农贷款余额（按可比口径）3 780.7亿元，同比增长28.95%。

（四）反洗钱体系、反假货币工作取得新进展

一是数据分析质量进一步提升，反洗钱调查实现突破性进展。2011年，人民银行武汉分行协查案件线索86起，立项调查洗钱案件线索24起，组织实施反洗钱调查237次，对227个单位和个人的交易情况进行了调查，涉及可疑账户1 117个。协助公安机关破获案件19起，总涉案金额达71.58亿元。二是监管模式实现创新，非现场监管手段进一步丰富。2011年，人民银行武汉分行对武汉市22家证券保险机构开展评估，初步建立了以评估为基础的持续性非现场监管机制，达到了合理分配监管资源、促进辖区洗钱风险防范的目的。此外，通过出台《反洗钱现场走访管理办法》等多个制度，加强了监管机构与金融机构的沟通。三是检查重点进一步突出，反洗钱执法检查有针对性地开展。2011年，人民银行武汉分行在6家银行综合执法检查活动中开展了反洗钱检查，完成了对2家银行、1家证券法人机构、1家期货公司、2家保险公司、1家资产管理公司的反洗钱专项执法检查。四是反假货币工作持续开展，湖北省假币收缴量显著下降。2011年，湖北辖内共收缴假人民币483.4万元，同比减少532.8万元，降幅52.4%。五是反假货币基础进一步夯实，反假货币网络体系得到完善。截至2011年底，湖北省已建立各类反假工作站点8 236个。

（五）金融风险防范和应急管理体系功能有效发挥

一是湖北省金融机构重大事项报告工作扎实推进。2011年，人民银行武汉分行及时转发总行《中国人民银行关于进一步做好金融机构重大事项报告有关工作的通知》（银发〔2011〕23号），并印发《湖北省金融机构重大事项报告制度》（武银〔2011〕115号），有效规范湖北省辖内关于金融机构重大事项报告的操作流程。截至2011年末，湖北辖内共受理金融机构各类重大事项报告345件。二是重大突发事件得到妥善处置，有效防范和化解了金融风险。2011年，人民银行武汉分行从贯彻落实重大事项报告制度出发，及时向总行报送“武汉‘12·1’爆炸案”等11期金融机构重大突发事项报告，并采取切实可行的处置措施，有效防范了系统性金融风险。三是金融机构突发事件应急演练有序开展，为毗邻地区联合应对金融突发事件积累了实践经验。2011年，由人民银行宜昌、恩施、万州三家中心支行及部分库区支行共同开展的“三峡库区鄂渝毗邻地区金融机构突发事件联合应急演练”顺利完成。

六、区域金融稳定定量评估与对策建议

（一）湖北省总体金融稳定性量化评估

为保持评估结果具有可比性，本报告继续采用自2007年起持续使用的综合分析法对湖北省总体金融稳定性进行定量评估。

表1　　2007—2011年湖北省总体金融稳定性得分

年份	宏观经济	银行业	证券业	保险业	金融生态	总分
2007	82.60	64.18	97.73	33.08	47.57	67.57
2008	75.92	64.18	75.15	52.14	62.57	66.94
2009	76.31	67.38	56.48	72.90	88.10	71.40
2010	74.43	73.26	55.42	78.06	85.58	73.11
2011	71.53	83.94	66.23	76.48	76.93	76.45

评估结果显示，2011年湖北省金融稳定性总得分为76.45，与上年相比总体稳健性有所加强。从分项指标看，宏观经济方面，尽管湖北省继续保持平稳快速增长，但地区生产总值增速有所放缓，新增投资与消费总量缩减，防通胀压力加大，不确定性增多，因而得分小幅下降；银行业方面，湖北省银行业机构坚决贯彻落实宏观调控政策，保持稳健经营，资产质量有效改善，流动性保持充足，经营效益因利差持续扩大而显著提高升，因此得分大幅提高；证券业方面，湖北省两家法人证券机构通过增资扩股、大力开展创新业务等方式，有效增强了自身资本实力，资产负债结构进一步优化，防风险能力有所增强，因此得分比上年高出近10分；保险业在2011年继续保持平稳发展态势，得分基本与上年持平；金融生态环境持续优化，其得分下降主要是2011年开展了历史债权的集中清理工作、债权执结率下降所致。

（二）湖北省城市商业银行金融风险压力测试

利率风险压力测试

情景设置：利率上升200个基点。

参数设置：

1. 利率上升对风险加权资产和资本净额的影响相同；

2. 净利息收入的时间权数，1个月内为1.917%，1个月至3个月为1.667%，3个月至1年为0.75%。

测试结果显示，利率上调对2家城市商业银行资本充足率存在较大冲击，当基准利率上升200个基点，汉口银行资本充足率将减小0.04个百分点，湖北银行降幅则达到0.68个百分点。

流动性风险压力测试

情景设置：法定存款准备金率提高1个百分点。

参数设置：

1. 法定存款准备金率的提高将直接减少存放中央银行款项中的实时偿还类资产；

2. 按照经验数据，假定城市商业银行活期存款稳定率为70%，即活期存款的70%期限定为1年

以上，其余30%平均分到1年以内每一天。

测试结果显示，目前，湖北城市商业银行流动性状况较上年同期的紧张状态已有明显好转，存款准备金率上升冲击对湖北城市商业银行流动性影响有限，当存款准备金率上升1个百分点，汉口银行、湖北银行流动性缺口比率将分别减少1.99个、3.2个百分点，冲击后两家城市商业银行流动性比率仍远高于-10%的监管要求。

随着稳健型货币政策的继续贯彻执行，基准利率与法定存款准备金率可能根据经济金融形势适时调整，这将对各银行机构资本充足情况与流动性形成一定冲击，对城市商业银行加强流动性管理的能力和手段提出了更高要求。因此，城市商业银行应坚决贯彻落实宏观调控政策，积极拓展资本补充渠道，合理安排资产负债期限结构，不断提高流动性风险与利率风险管理能力。

（三）区域经济对金融稳定的影响分析

为研究区域金融稳定状况，分析湖北省区域经济波动对金融系统的影响，采用计量模型检验区域经济变量对金融风险的冲击，以金融风险作为被解释变量，湖北省宏观经济变量作为解释变量，定量分析宏观经济变量的变化对湖北金融风险的影响。

选取的金融风险代理变量为金融机构不良贷款率（NPL），解释变量包括贷款利率（I）、预期通货膨胀率（EP）、地区生产总值增长率（DGDP）、房地产业增长速度（DCRB）。将上述解释变量对金融机构不良贷款率（NPL）进行回归检验，可以判断区域宏观经济变化对金融系统稳定程度的影响，基本的计量模型为

$$NPL = \alpha_0 + \alpha_1 I + \alpha_2 EP + \alpha_3 DGDP + \alpha_4 DCRB + \varepsilon$$

选用EViews统计软件，进行OLS回归得到的计量结果为

$$NPL = -7.28 + 3.51 \times I - 0.235 \times EP - 0.371 \times DGDP - 0.032 \times DCRB$$

回归方程的拟合优度为0.962，调整后的拟合优度为0.932，说明方程拟合程度很高，采用该模型解释宏观经济变量对金融稳定的效果在统计上是显著的。计量结果显示，贷款利率（I）对不良贷款率的影响最为显著且为正向，表明贷款利率上升将导致不良贷款率有较大上涨；而预期通胀率（EP）、地区生产总值（DGDP）、房地产业增长速度（DCRB）对不良贷款率的而影响为负向，说明三者的上升会降低不良贷款率。

据上式对区域经济金融情况进行压力测试，压力情景根据湖北省宏观经济运行实际估测设置，构造的冲击情景及测试结果如下。

表2　　不良贷款率压力测试结果

经济金融变量冲击	压力情景一	压力情景二	压力情景三
贷款利率	上升25个基点	上升50个基点	上升75个基点
预期通货膨胀率	上升2%	上升3%	上升5%
国内生产总值增长率	下降1%	下降2%	下降3%
房地产业增长速度	下降10%	下降15%	下降20%
不良贷款率	上升1.1%	上升2.29%	上升3.21%

在估计未来贷款利率、通货膨胀逐步增加，地区生产总值继续上扬，房地产销售下滑的情景下，金融机构不良贷款率潜在风险加大，一旦引起连锁效应，极易引发区域系统性金融风险。

计量检验的结果表明通过监测贷款利率、通货膨胀率、地区生产总值、房地产业增长情况能够

有效预测金融风险，加强对上述指标的监测有利于维护区域金融稳定，防范系统性金融风险。

七、进一步加强区域金融稳定性的建议

大力推进经济结构转型，加快经济发展方式转变，强化经济发展可持续性。坚持贯彻落实积极财政政策，优化财政支出结构与步骤；扩大消费需求，保持投资合理增长；稳步推进新型工业化，提高传统支柱产业层次；持续推进节能减排，加快发展循环经济与低碳产业；正确引导通胀预期，保持价格水平稳定。

继续深化银行改革，促进银行稳健经营，增强银行服务地方实体经济发展效力。加强分类指导，继续推进银行机构改革；各银行应坚决贯彻落实稳健型货币政策，科学安排信贷投放节奏与力度，不断优化经营体制，积极关注与管理融资平台贷款风险、房地产贷款风险、二级公路贷款风险、流动性风险等；借助沿海产业向内地转移的机遇，加大创新服务力度，满足不同经济领域的融资需求，实现自身快速发展与支持地方经济发展的共赢。

加快完善资本市场体系，充分发挥资本市场功能。着力推进企业首发上市，充分挖掘高新技术产业中的优质上市企业资源；大力推广公司债融资，促进公司改变“重股轻债”的融资偏好；积极调动各类优质资源，支持地方国有控股和省内民营控股上市公司并购重组；尽快建立地方场外柜台交易市场，为湖北省高新技术企业、高成长中小型企业提供融资及股份转让平台；着力推进证券期货经营机构规范发展，促进证券期货市场深入服务实体经济。

稳步推进保险业发展方式转型，提高保险业发展质量，不断加大保险业服务社会的力度。推动保险业加快转变粗放型发展方式，实现从价格规模竞争转向产品服务质量的理性竞争；积极开展保险业务结构调整与产品创新，发展满足各类消费者需求、体现核心优势的保障型业务；积极扩大保险覆盖面，有效拓宽保险服务渠道；搭建消费者权益保护平台，进一步完善保险合同纠纷仲裁机制；加大对销售误导和理赔难问题的治理力度，切实维护被保险人的合法权益。

继续加强金融基础设施建设，不断优化区域金融环境，切实保障区域金融稳健运行。进一步完善支付结算体系，优化支付清算网络，确保支付系统升级改造期间的平稳过渡；进一步优化司法执法化境，推广金融消费者权益保护试点工作，加大金融案件与风险处置力度；进一步推进农村信用体系和中小企业信用体系建设，扩大征信管理系统服务范围，提升服务功能；进一步丰富反洗钱监督检查手段，加大反洗钱检查力度与范围，推进反假货币工作站建设；进一步强化重大事项报告制度，完善应急管理体系，提高防范、化解、处置风险能力。

总　纂：陈　玥
统　稿：刘威林　谢崇礼
执　笔：周永胜　姚　熹　陈　娟　贺　杰　王鹏程　彭　慧　陈　亮
其他参与写作人员（按姓氏笔画排序）：
王　莉　刘爱华　陈　波　杨　亮　李　亮　李政为
肖慧敏　徐晓莉　熊川伟　廖昊萌

湖南省金融稳定报告摘要

2011年，湖南省经济实现平稳较快发展，投资消费保持旺势，财政实力和居民收入稳步增加，物价水平高位回落，经济运行质量整体提升。金融改革深入推进，银行机构不良贷款持续双降，资本实力和竞争力提高；证券机构业务拓宽，直接融资规模稳中有升；保险保障功能增强，保险市场日趋规范。金融市场参与主体增多，金融基础设施不断完善，金融生态环境进一步优化。总体看，2011年湖南省金融运行安全平稳。

一、区域经济运行与金融稳定

（一）区域经济运行情况

1. 经济增长平稳较快，工业化水平提高

2011年，全省实现地区生产总值19 635.2亿元，同比增长12.8%。从各产业增加值占地区生产总值的比重看，第一产业为13.9%，比上年下降0.8个百分点；第二产业为47.5%，比上年上升1.5个百分点；第三产业为38.6%，比上年下降0.7个百分点，工业化水平进一步提高。

2. 内部需求保持稳定，外部需求持续扩大

2011年，全省完成全社会固定资产投资11 431.5亿元，同比增长27.9%。全年实现社会消费品零售总额6 809.0亿元，增长17.9%，剔除价格因素后实际增长11.8%。全省完成进出口总额190亿美元，增长29.6%。其中，进口91亿美元，增长35.9%；出口99亿美元，增长24.4%。

3. 各项收入增势良好，经济运行质量提升

2011年，全省规模工业企业实现利润1 252.2亿元，增长43.9%。初步预计，全年全省实现财政总收入2 460.7亿元，增长31.0%。全省城镇居民人均可支配收入18 844元，增长13.8%，扣除价格因素实际增长7.9%；农民人均纯收入6 567元，增长16.8%，扣除价格因素实际增长10.6%。

4. 物价指数高位回落，上涨势头得到控制

2011年，全省CPI同比上涨5.5%，高于全国平均水平0.1个百分点。其中12月上涨3.6%，比上月回落0.6个百分点，低于全国平均水平0.5个百分点。分八大类看，食品和居住仍是拉动CPI快速上涨的主要力量，累计分别上涨11.2%和6.6%，合计拉动CPI上涨4.63个百分点，贡献率达84.2%。

（二）区域经济运行中需要关注的问题

1. 经济保持平稳较快增长的难度加大

2011年，湖南省经济回调态势明显。从供给看，2011年第四季度全省工业企业国内订货水平指

数和出口订单指数均比上一季度下降3.5个百分点，企业经营状况指数同比和环比分别下跌0.4个和1.0个百分点。从需求看，全省外贸增长从2011年3月开始连续8个月放缓；投资因铁路建设减缓和房地产调控趋严增长动力减弱，2011年全省新开工项目个数同比下降7%，计划总投资仅增长6.8%，低于全国平均水平；消费在家电、汽车消费补贴等刺激政策逐步退出、房地产调控政策持续作用等影响下，增速下降。

2. 物价上涨的中长期压力不容忽视

从短期看，湖南省物价有望逐步回落，但从中长期看，物价上涨压力依然较大。一是农产品供需长期将处于紧平衡状态，在成本和预期的推动下，农产品价格将长期向上；二是当前我国面临刘易斯第二拐点，劳动力将由"无限供给"向"有限供给"转变，劳动力成本上升将持续推动CPI上涨；三是资源品价格改革。如果资源品价格完全市场化定价，据测算，资源品价格综合涨幅在16%左右，将推动CPI上涨4个百分点左右。

3. 房地产市场风险值得关注

在系列调控政策影响下，2011年全省房地产开发投资、施工建设和市场销售面积等各项指标均出现回落。2011年，全省商品住宅均价为3 526元/平方米，上涨9%，同比回落1.7个百分点；待售面积比上年增加445.1万平方米，增长60.1%。随着房地产市场调控政策效应逐步显现，房地产企业获得开发贷款难度增大，个人住房按揭贷款难以按时发放，房地产开发企业资金紧张局面加剧，部分房地产企业资金链断裂，甚至出现"跑路"现象，金融机构信用风险上升。

二、银行业与金融稳定

（一）运行情况

1. 资产规模稳步扩张

截至2011年末，全省银行业资产总额24 973.1亿元，增长22.3%；负债总额24 398.6亿元，增长22.1%。各项存款余额19 444.1亿元，增长17.1%；各项贷款余额13 462.5亿元，增长18.1%。

2. 资产质量持续向好

截至2011年末，全省银行机构不良贷款余额446.5亿元，同比减少136.9亿元；不良贷款率3.30%，同比下降1.8个百分点，连续9年实现双降。分机构看，不良贷款主要集中在政策性银行和农村合作金融机构，两类机构不良贷款占全省的78.2%。

3. 盈利能力提高较快

2011年，全省银行机构实现经营利润307.5亿元，同比增盈84.4亿元。净利息收入仍是银行机构的主要收入来源，占全部营业净收入的82.8%，中间业务收入和投资收益增长较快。全年实现中间业务收入107.8亿元，同比增加26.7亿元；实现投资收益30.5亿元，同比增加10.5亿元。

4. 资本状况不断改善

2011年，全省法人银行机构通过利润转存、拨备计提和增资扩股等途径，积极改善资本状况。截至2011年末，全省法人银行机构资本充足率为9.4%，同比提高2.9个百分点。

（二）需关注的问题

1. 部分领域信用风险较大

2011 年，全省银行机构不良贷款继续双降，总体信用风险有所降低，但未来三年全省约 1/4 的地方政府融资平台贷款到期，部分平台进入偿债高峰期，少数项目贷款条件先天不足，已出现在建工程后续建设和还贷资金不足的情况。另外，房地产行业、“两高一剩”行业受政策调整影响，后续项目融资难度加大，资金偿还风险增加。

2. 少数机构流动性面临压力

受存款准备金率上调和缴存范围扩大因素影响，全省银行体系流动性下降，部分中小银行存款来源减少，备付水平较快回落，短期流动性风险压力上升。尤其值得关注的是，部分资金紧缺行依赖同业存款维持长期、大额融资，用于放贷或其他长期投资。在资金紧缩的情况下，这种以同业存款形成的资金链较为脆弱，可能诱发较大范围的流动性问题。

3. 汇率风险有所加大

2011 年末，全省外汇存款余额 17.4 亿美元，较年初增加 3.7 亿美元；全省外汇贷款（含进出口贸易融资）余额 43.8 亿美元，较年初增加 10.9 亿美元。外币贷存比为 252%，较上年上升 9 个百分点。全省外币存贷款增长失衡加剧，在欧美债务危机、人民币汇率双向波动加大等因素影响下，汇率风险上升。

4. 影子银行体系风险上升

由于缺乏有效的监管，在信贷政策趋紧的环境下，全省影子银行体系业务日渐扩大，风险呈上升趋势。据测算，全省民间融资余额在 1 600 亿元左右，相当于全省银行贷款的 8%，相对来说，湖南省民间融资活跃程度不高，但局部地区和局部行业民间借贷状况值得关注。同时，部分小额贷款公司、担保公司和典当行等，特别是有些投资（咨询）公司，明为投资，实则从事资金放贷业务，具有投机性强、利率较高、违约风险大等特点，潜在风险较大。

三、证券业与金融稳定

（一）运行情况

1. 市场活跃度缓慢回升

截至 2011 年末，全省证券投资者账户数 512.1 万户，托管的客户资产总额 2 341.4 亿元，同比分别增长 65.8%、20.8%。全省证券市场实现交易量 2.8 万亿元，同比增长 16.7%；客户保证金 197.5 亿元，同比下降 20.9%。期货交易量 3.4 万手，期货交易额 4.1 万亿元。

2. 直接融资稳步发展

2011 年，全省共有 11 家企业首发融资（含过会）、9 家企业进行再融资，全年实现证券市场直接融资 201.37 亿元（含过会），其中首发融资 124.34 亿元，同比增长 24.04%，全国排名第 8 位，居中部六省之首。

3. 证券机构业务拓宽

全省 81 家营业部获准开展融资融券业务，实现收入 1 991 万元；31 家营业部获准开展 IB 业务，实现收入1 001万元。方正证券与台湾富邦合资设立了方正富邦基金管理有限公司，并成功发行首只股票型基金产品，募集资金13.14亿元；湘财证券与韩国三星资产管理公司合资设立基金公司，在2011年的证券公司分类评级中，由B类B级升至B类BBB级；财富证券获得区域投资咨询业务和代办股份转让系统主办券商资格。

4. 上市公司质量提升

2011年，全省共有9家上市公司开展并购重组，涉及金额78.2亿元；少数上市公司还积极收购国外企业，进一步提升了国际竞争力。截至2011年第三季度，全省上市公司平均总资产、净资产、营业收入、净利润分别为62.5亿元、24.3亿元、34.5亿元和2.8亿元，同比分别增长17.7%、37.8%、14.0%和61.5%，其中净利润增幅高于全国平均水平41个百分点。

（二）需关注的问题

1. 证券机构竞争力不强

2011年，全省证券经营机构的交易量、营业收入和佣金率呈现“三下滑”趋势，同比分别下滑8.3%、31.6%、22.8%，传统经纪业务收入占比高达92.6%，且业务和产品的同质化经营、低水平竞争问题十分突出，专业服务水平明显不足。

2. 上市公司基础相对较弱

部分上市公司主营业务处于低端产业或产业链的低端，产品附加值不高，核心竞争力不强，特别是7家ST公司至今没有脱困，3家停牌公司长达5年未能完成重组。

3. 期货行业发展水平偏低

现有的期货从业人员中，获得投资咨询业务资格的仅占6.2%，具有3年以上从业经验的占26.5%，4家期货公司均没有取得金融期货结算资格，且只有1家公司取得了期货投资咨询业务资格，服务产业客户能力不强。

4. 部分募集资金脱离实体经济

少数非金融类上市公司热衷于金融投资。根据2011年第三季度季报显示，全省上市公司中有3家存在委托贷款情况，涉及金额1.4亿元；有10家存在投资证券情况，涉及金额7.08亿元；有4家公司存在购买理财产品情况，涉及金额11亿元。

四、保险业与金融稳定

（一）运行状况

1. 保险机构不断增多

截至2011年末，全省共有省级保险分公司43家，较年初增加6家，其中财产险公司21家，较年初增加2家；人身险公司22家，较年初增加4家。保险专业中介法人机构33家，较年初增加2家，其中保险代理公司19家，保险经纪公司9家，保险公估公司5家；保险兼业代理机构8 999家，较年初增加847家；保险从业人员14.62万人。

2. 资产规模持续扩张

截至2011年末，全省保险公司资产总额1 055.8亿元，较年初增长19.8%；2011年，全省预计保险深度2.44%，比上年同期下降0.32个百分点；保险密度675.25元/人，比上年同期增加49.25元。

3. 保费收入稳步增加

2011年，全省保险业实现保费收入443.5亿元，同比增长10.5%，保费规模列全国第11位，增速列第22位。按险种类别分，财产险原保险保费收入123.2亿元，同比增长22.3%；寿险原保险保费收入289.7亿元，同比增长5.9%；健康险原保险保费收入19.4亿元，同比增长12.2%；意外险原保险保费收入11.3亿元，同比增长14.8%。按公司类型分，财产险公司实现原保险保费收入128.9亿元，同比增长21.9%；人身险公司实现原保险保费收入314.6亿元，同比增长6.4%。

4. 赔付和费用支出有所提高

2011年，全省赔付支出112.5亿元，同比增长35.6%。其中，财产险赔款支出57.3亿元，同比增长30.6%；寿险赔付支出45.8亿元，同比增长46.5%；健康险赔付支出6.9亿元，同比增长24.1%；意外险赔付支出2.5亿元，同比增长9.5%。另外；手续费及佣金支出34亿元，同比增长9.1%；业务及管理费49.4亿元，同比增长22.1%。

（二）值得关注的问题

1. 人身险业务增速放缓

以《会计准则2号解释》新口径计算，湖南省人身险业务实现保费收入320.4亿元，增长6.5%，同比下降17.2个百分点，业务发展速度明显放缓。

2. 退保金增长较快

全省人身险公司支出退保金同比增长74.2%，退保率较上年同期上升0.43个百分点。退保率虽处于5%的行业预警线以内，但退保额增加较多，应引起重视。

3. 车险业务发展前景不明

由于鼓励消费政策退出，以及油价上升等因素影响，汽车销量增速放缓，一定程度上将影响车险业务发展速度。车险利润率下降可能对财产险公司整体盈利能力产生较大冲击。

4. 银保渠道发展面临困难

在通胀环境下，受信贷规模趋紧影响，商业银行揽储压力增大，代理销售保险业务的积极性明显减弱。加之连续加息和理财产品频发，银保产品吸引力有所减弱，销售难度不断加大，银保业务发展模式和销售队伍亟需转型。

五、金融基础设施与金融稳定

（一）支付系统高效稳定运行

一是支付系统资金往来规模扩大。2011年，各类支付系统共处理业务43 916.2万笔，金额480 886.8亿元，同比分别增长38.4%和35.7%。其中，全省大额支付系统业务1 814.6万笔，金额365 861.3亿元，同比分别增长23.7%和35.3%；小额支付系统业务2 999.61万笔，金额6 881.3亿元，同比分别增长27.7%和37.1%。2011年，渤海银行长沙分行、华融湘江银行作为直接参与者加入人民银行现代化支付系统，至年底，大、小支付系统直接参与者达51家。

二是非现金支付工具业务量快速增长。2011年，湖南使用票据、银行卡、结算方式等非现金支付工具办理支付结算业务 96 524.9 万笔，金额 198 414.3 亿元，同比分别增长 24.7% 和 32.3%。银行卡产业快速发展。截至 2011 年末，全省银行卡累计发卡量 10 754.03 万张，同比增长 30.8%，其中信用卡累计发卡量 645.8 万张，同比增长 31.8%。2011 年湖南使用银行卡办理支付结算业务 91 643.6万笔，金额 74 703.8 亿元，同比分别增长 25.6% 和 37.6%。银行卡消费业务快速增长，银行卡渗透率①为 32.1%，较 2010 年增长 10.2 个百分点。

三是人民币银行结算账户数量稳定增长。人民币银行结算账户数量继续保持平稳增长态势。截至 2011 年末，全省共有各类银行结算账户 15 230.9 万户，同比增长 29.5%。其中，单位银行结算账户 65.24 万户，同比增长 12.3%，个人银行结算账户 15 165.7 万户，同比增长 29.6%。

四是非金融机构支付业务管理稳步推进。受理了 6 家企业的非金融机构支付业务许可申请，通过了中移电子商务有限公司、鹰皇金佰仕网络技术有限公司、湖南星广传媒有限公司、长沙商联电子商务有限公司、长沙星联商务服务有限公司 5 家公司的初审并上报总行。中移电子商务有限公司成为湖南省第一家获得总行《支付业务许可证》的非金融支付机构。2011 年，全省非金融机构共办理支付业务 30 328.4 万笔，金额 105.01 亿元，同比分别增长 246.1% 和 334.6%。

（二）信用体系不断完善

一是征信系统覆盖面进一步拓宽。探索开展小额贷款公司和融资性担保公司接入征信系统工作，全年新增 22 家金融机构分支机构接入企业征信系统。截至 2011 年末，人民银行企业和个人征信系统共收录湖南省 4 101 万个自然人和 28 万户企业的信用信息，覆盖了全省包括银行业金融机构、财务公司、信托投资公司、资产管理公司、住房公积金中心在内的授信机构。

二是中小企业和农户信用档案不断健全。全省 122 个县（区）、2 232 家涉农金融机构均已开展农户信用档案建设工作，已建立信用档案农户 721.5 万户，评定信用农户 548.2 万户，累计 356.2 万农户获得 834.5 亿元信贷支持。全省成功采集未与银行发生过信贷关系的中小企业信息 51 735 户，其中 3 812 户企业获得银行信贷支持，累计融资 816 亿元，为改善中小企业和农户融资难问题发挥了重要作用。

三是信用信息应用程度提高。省内所有金融机构均将查询和使用信用信息作为贷前审查和贷后管理的必经程序，全省金融机构全年查询企业征信系统 40.2 万次，查询个人征信系统 381.9 万次。省财政厅、省工商局个体私营企业协会、省建委、省金融办、长沙海关、长沙市工商联等单位查询 2.9 万笔。全省人民银行系统提供个人信用报告查询 91 019 人次，企业信用信息查询 4 675 户，分别比 2010 年增长了 24% 和 82%。

（三）反洗钱工作深入推进

一是反洗钱工作覆盖面不断扩大。截至 2011 年底，湖南省地市级以上（含）金融机构 727 家纳入反洗钱范围。其中银行业金融机构 173 家，证券公司 159 家，保险公司 340 家，期货公司 46 家，财务公司 3 家，信托投资公司 1 家，汽车金融公司 1 家，资产管理公司 4 家。

二是反洗钱工作综合效力增强。2011 年，通过开展商业银行机构信用代码反洗钱业务应用试点、完善工作协调机制等方式，积极拓展反洗钱工作新途径。综合运用风险评估、监管座谈、约见高管、

① 渗透率是指银行卡消费额（剔除房地产、汽车销售及批发类交易）占当期社会消费品零售总额的比重。

风险提示、现场检查等手段，实行分类监管方式，提升监管效率。

三是反洗钱监测分析水平进一步提升。2011 年，全省金融机构共向反洗钱监测分析中心报送可疑交易报告 132.2 万份，向全省人民银行系统报送重点可疑交易报告 40 份。全省人民银行系统依法对重点可疑交易报告开展反洗钱行政调查 30 次，向侦查机关移送线索 13 条；配合公安部门协查案件 18 起，协查次数 37 次，协助破获案件 6 起。

（四）反假币工作成效明显

一是反假货币工作机制不断完善，娄底市、岳阳华容县政府将反假货币工作纳入社会管理综合治理考评，强化了地方政府对反假货币工作的领导。

二是打击制贩假币犯罪取得明显成效，制贩假币犯罪和流通中假币呈下降趋势，2011 年，全省收缴假人民币张数和面额，分别比 2010 年下降 72.37%、38.6%。

三是人民币流通管理力度加大，制定《湖南省银行业金融机构人民币流通管理考评办法》，提升金融机构对人民币流通的管理水平。

四是钱币市场管理进一步加强，对个别媒体非法使用人民币图样的行为、个别摊点非法经营流通人民币的行为进行了查处，对 3 起利用人民币硬币加工首饰故意损毁人民币的行为进行了打击，维护了人民币的信誉和形象。

（五）金融生态环境持续改善

一是开展金融生态城市创建试点。制定《湖南省“金融生态城市”创建工作方案》，择优确定在长沙、湘潭、株洲、岳阳、娄底、怀化 6 个城市开展“金融生态良好城市”创建试点。

二是建立金融生态环境建设激励机制。出台《关于对金融生态环境建设成果突出地区加大金融支持力度的指导意见》，并将落实情况纳入政府对金融机构的年度工作考核和人民银行对金融机构的综合评价。

三是对金融安全区达标单位进行现场考核验收。2011 年，省金融创安（金融生态环境建设）领导小组，对株洲市炎陵县、常德市澧县、娄底市双峰县和涟源市 4 个“省级金融安全区达标单位”申报县（市）进行了考核验收。到年底，全省共有市级及以上金融安全区达标单位 44 个，其中省级金融安全区达标单位 11 个。

四是持续开展县域金融生态评估与发布工作。2011 年，全省各市（州）对辖内县（市）2010 年金融生态状况进行了评估，并通过报纸、网络等，对外发布了评估报告。根据市（州）评估结果，人民银行长沙中心支行组织撰写了湖南省县域金融生态环境评估报告，并首次公开发布排名前 30 位的县（市）情况。

六、总体评估与政策建议

（一）总体评估

2011 年，湖南省金融运行平稳。从经济基础看，全省经济呈现平稳较快、结构优化、效益较好、质量提升的良好发展态势，为金融业扩大业务规模，提升经营效益创造了条件。从非金融企业部门财务状况看，企业效益继续向好，财政收支快速增长，居民收入稳步提高，地方政府和居民抗风险能力增强。从金融业自身看，金融机构稳步发展，其中，银行机构资产负债规模持续扩张，利润实现大幅增长，不良贷款连续双降；证券机构竞争力提升，上市公司质量提高；保险业经营收入稳步增长，市场规范化程度提高。总体来看，2011 年全省金融业稳健运行，效益质量同步增长。但同时，受日趋复杂多变的宏观环境影响，金融业实现平稳发展的不确定性因素增多，应采取积极措施防范和化解潜在风险隐患。

（二）政策建议

1. 改善经济结构，提升经济质量

一是改造提升传统产业。加强对传统产业的技术改造，不断改进生产工艺、提高技术水平。努力培育与消费有关的行业，使经济形成消费、投资协调拉动发展的局面。二是加快发展战略性新兴产业。积极打造先进装备制造、新材料、文化创意三大支柱产业和生物、新能源、信息和节能环保四大先导产业，鼓励相关产业利用全球创新资源，提升产业能力。三是大力发展创新型经济。要以推进“信息化”，打造“数字湖南”为契机，充分发挥企业技术创新主体作用，大力增强企业自主创新能力。加快将科教资源优势转变为创新发展优势，引导公共投资重点倾向应用研发、成果转化，大力引进科技人才，为科技创新提供有力支撑。

2. 加强物价管理，稳定物价水平

进一步抓好“米袋子”、“菜篮子”建设，加大生猪生产扶持力度，降低农副产品流通成本，拓宽入湘能源渠道，稳定粮食、肉类等人民生活必需品的生产和供应。理顺资源价格体系，加快煤、电、油、气、水等重要资源价格改革进程，深化民生价格和涉农价格改革，加大补贴力度。依法严肃查处囤积居奇、恶意炒作、变相涨价、串通涨价、牟取暴利等违法行为，维护市场和价格秩序。加强价格监测，及时通报价格信息，掌握价格动态，做好价格监测分析，稳定民众通胀预期。

3. 引导信贷投放，优化信贷结构

一是贯彻落实稳健货币政策，引导银行机构均衡把握贷款投放的总量和节奏，保持合理的社会融资规模。同时，加快发展企业债券融资，通过短期融资券、中期票据、中小企业集合票据等方式，扩大直接融资规模。二是引导银行机构重点支持重大基础设施在建和续建项目，加快储备信贷项目的审批进度，确保重点工程顺利实施。加大对战略性新兴产业的金融支持力度，提升新兴产业金融服务水平。加大对文化产业的信贷支持，支持文化企业通过银行间债券市场融资。开展消费信贷产品和管理模式创新，支持扩大消费。三是继续加强对中小企业、“三农”的信贷支持，严格控制“两高一剩”行业贷款，继续做好清理规范地方政府融资平台的配套金融服务。

4. 深化金融改革，提升金融实力

继续深化金融机构改革，强化以客户为中心的服务理念，改进业务流程，推动金融机构发展转型，走差异化竞争、特色化发展道路，不断增强金融机构可持续发展和市场竞争能力。不断深化农村信用社产权制度改革，推进农村合作金融机构不断完善公司治理，加强内控制度建设，加大案件易发业务、易发岗位、易发环节风险排查力度，提高风险防范能力。支持证券公司发展创新业务，拓宽收益来源，提高盈利能力和水平。积极推动吉祥人寿筹建工作，促进保险业务结构调整优化。

5. 加强风险监测，防范金融风险

密切关注经济运行情况，加强对外向型、劳动密集型、“两高一剩”行业等企业经营状况的监测分析，关注企业资金链状况、企业主出逃事件等风险因素。加强对中小法人金融机构流动性风险、信用风险、操作风险等的监测分析，防范跨行业、跨市场风险。加强对民间借贷、担保公司、小额贷款公司等影子银行体系的风险监测，防范非正规金融及其他相关领域风险向金融体系传导。针对监测中发现的风险隐患，及时采取有针对性的措施，防止局部风险演化成区域性风险甚至系统性风险。

6. 推进金融基础设施建设，优化金融生态环境

改进支付结算服务，推进农村支付环境建设，强化支付清算系统运维管理。推进行业信用体系、中小企业信用体系、农村信用体系建设，健全信用信息归集机制、信用信息共享机制、信用信息运用机制、信用中介服务机制、信用奖惩机制。做好机构信用代码的推广应用工作，为解决中小企业融资难提供征信服务。建立金融机构反洗钱基本情况信息库，严厉打击非法买卖流通人民币行为。深化金融安全区创建工作，推进金融生态良好城市试点，继续开展金融生态评估发布工作，不断优化金融发展环境。

总　　纂：马天禄　罗跃华
统　　稿：尹　侠
执　　笔：刘孟飞　胡丕吉
其他参与写作人员（按姓氏笔画排序）：
刘　玫　吴盛光　肖灯峰　姜　超　赵　晶
殷南明　曹争鸣　覃兆勇　谭　明

广东省金融稳定报告摘要

2011年是“十二五”规划的开局之年，面对复杂多变的国际国内经济金融环境，广东省委、省政府深入贯彻落实科学发展观，不断加快转型升级步伐，全面建设幸福广东。在有关政策措施的综合作用下，广东省经济平稳运行，金融业稳健发展。与此同时，受国内外复杂因素的共同影响，广东省金融业稳健发展面临诸多挑战，维护区域金融稳定的工作任务仍然十分艰巨，有关金融管理部门需密切合作，共同防范和化解各类金融风险，推动广东经济金融持续、平稳、健康发展。

一、金融业发展环境

（一）经济增速稳中趋缓

2011年，广东省实现地区生产总值5.27万亿元，增长10%，增速比上年慢2.4个百分点，比全国快0.8个百分点。其中，第一到第四季度分别增长10.5%、10.1%、9.8%和9.6%，经济增速稳中趋缓。

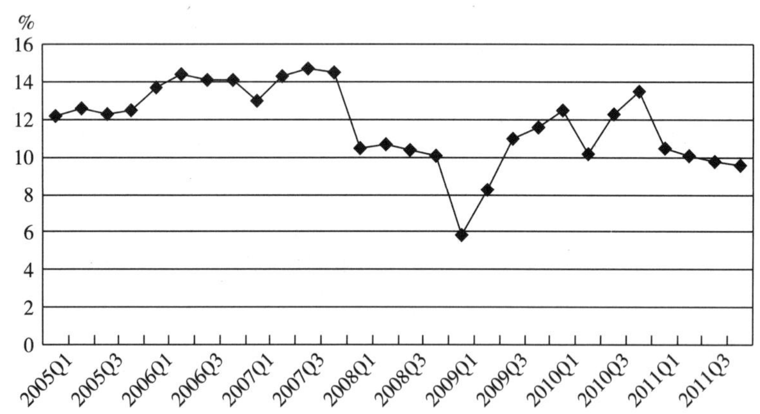

数据来源：广东省统计局。

图1 广东省地区生产总值增长情况

（二）内需保持稳定，外需趋于回落

消费继续保持较快增长，社会消费品零售总额20 247亿元，同比增长16.3%，比上年放缓1个百分点。投资平稳增长，全社会固定资产投资16 933亿元，同比增长17.6%，比上年放缓3.1个百分点。进出口增速有所回落，2011年，广东省进出口总额9 134.8亿美元，增长16.4%。其中，出

口5 319.4亿美元，增长17.4%。进口3 815.4亿美元，增长15.0%；实现贸易顺差1 217亿美元，增长14.6%，比2010年增加287亿美元；从全年走势看，回落趋势明显。

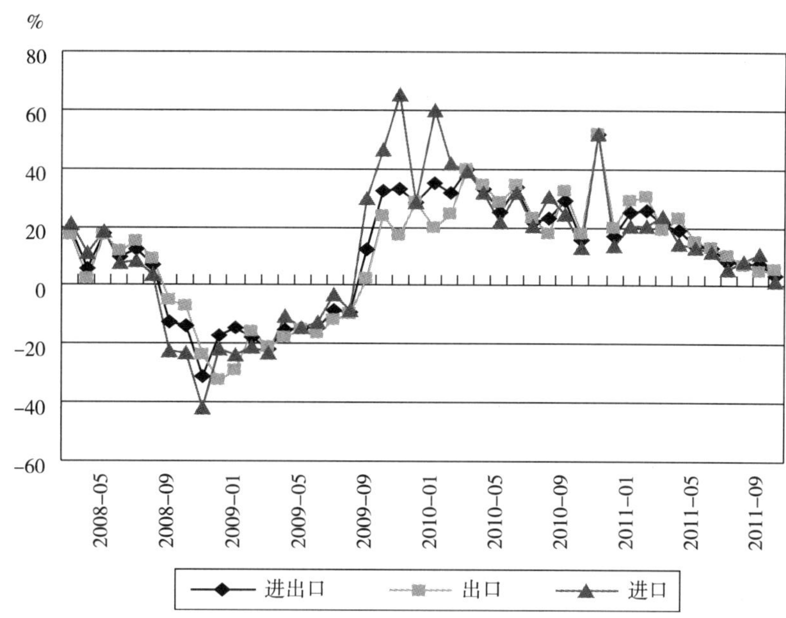

数据来源：广东省外经贸厅。

图2 广东省进出口月度同比增长情况

（三）产业结构进一步优化

2011年，广东省产业结构继续得到优化。第一产业增加值2 660亿元，增长4%；第二产业增加值26 205亿元，增长11.3%；第三产业增加值23 808亿元，增长9.1%。三次产业结构为5:49.8:45.2，第三产业占比提高。

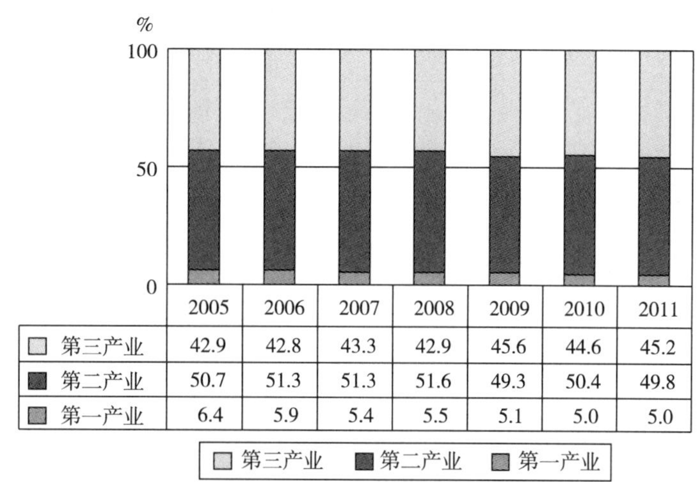

	2005	2006	2007	2008	2009	2010	2011
第三产业	42.9	42.8	43.3	42.9	45.6	44.6	45.2
第二产业	50.7	51.3	51.3	51.6	49.3	50.4	49.8
第一产业	6.4	5.9	5.4	5.5	5.1	5.0	5.0

数据来源：广东省统计局。

图3 广东省产业结构情况

（四）物价高位回落

居民消费价格（CPI）持续回落。2011 年广东省居民消费价格总水平上涨 5.3%，其中，12 月同比上涨 4.5%，涨幅比 11 月回落 0.3 个百分点。工业品出厂价格（PPI）温和上涨，2011 年，广东省工业品出厂价格上涨 3.7%。

二、银行业

（一）改革发展情况

2011 年，广东省银行业金融机构认真贯彻落实稳健货币政策，合理控制信贷投放，积极优化信贷结构，加强对重点领域和关键环节的金融支持力度，保持地方经济平稳较快增长。地方城市商业银行改革成为亮点，农村合作金融机构改革加快，经营状况持续改善，新型金融机构发展加快，地方金融体系逐步完善。

1. 信贷增长逐步放缓，业务发展更趋稳健均衡

截至 2011 年末，全省银行业本外币各项贷款余额 58 611.1 亿元，比年初增长 13.4%，增速较上年下降 3 个百分点；全年新增贷款 6 923.3 亿元，同比少增 366.4 亿元。从历史走势看，新增贷款额从 2009 年的历史高峰位置逐步回归正常，当季新增贷款从大起大落逐步趋于平衡，贷款增速回归历史正常值，显示金融机构业务发展更加稳健均衡。

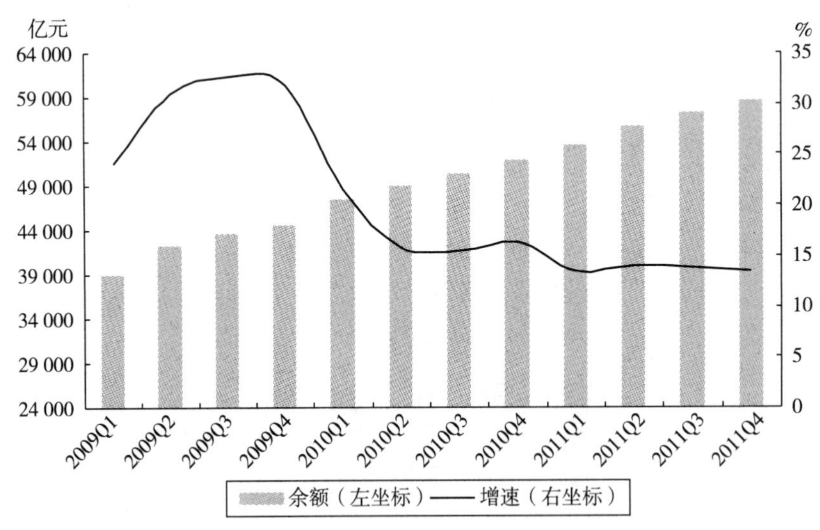

数据来源：广东省金融统计月报。

图 4 2009—2011 年各季度广东省银行业各项贷款余额及增速

2. 银行业金融机构规模和盈利快速增长，抗风险能力进一步提高

截至 2011 年末，全省银行业金融机构总资产达到 121 031.98 亿元，总负债达到 116 782.06 亿元，比年初分别增长 14.02% 和 13.52%，增速连续两年下降。全年实现税前利润 1 874.09 亿元，同比大幅增长了 30.4%，增速与上年持平，主要原因是在货币政策调整的影响下，商业银行信贷投放

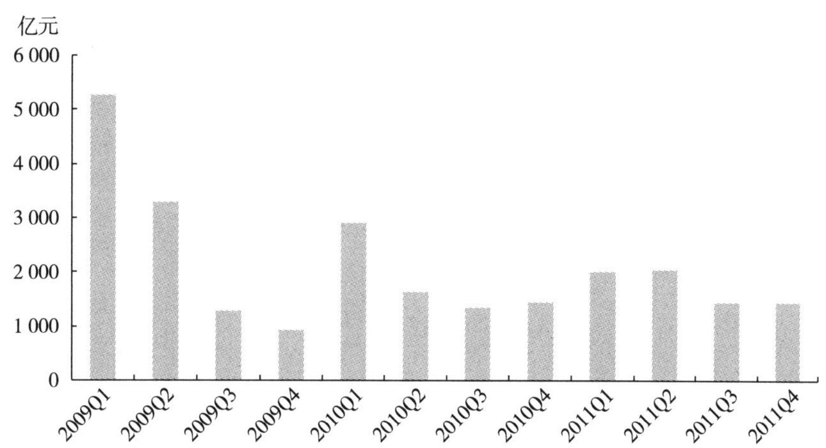

数据来源：广东省金融统计月报。

图5　2009—2011年各季度广东省银行业当季新增贷款额

以价换量，利率上浮增多，贷款利息收入比上年增长逾800亿元，带动利息净收入大幅增长。

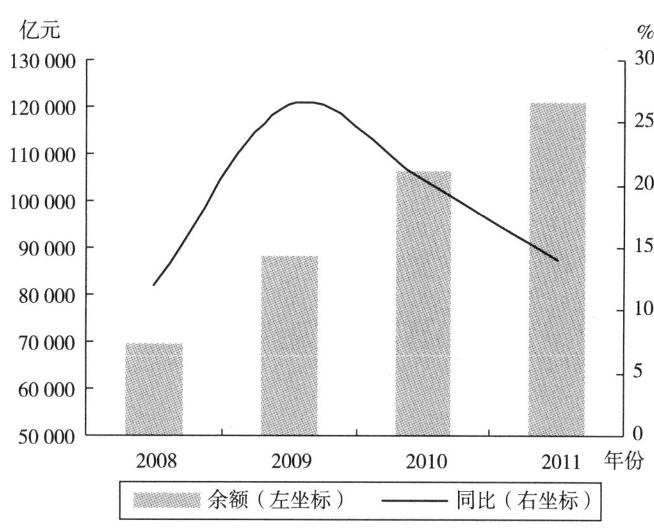

数据来源：广东省金融统计月报。

图6　广东省银行业历年总资产及增速

3. 地方银行业改革取得重大突破，金融业活力大幅增强

停业整顿长达十余年之久的汕头市商业银行成功实现改革重组，引入战略投资者，注册资本增加至50亿元，更名为广东华兴银行并于2011年9月18日正式挂牌，破解了困扰汕头市经济金融发展的一大难题，使当地金融业发展重新焕发出生机活力。广州银行于2011年9月9日与加拿大丰业银行正式签订战略合作协议，原股东广州国际控股集团将其持有广州银行19.99%的股份转让给加拿大丰业银行，标志着广州银行引进战略投资者工作取得重大进展，向最终实现公开上市迈出了重要一步。珠海华润银行于年内完成配股，注册资本增加至56亿元，并在深圳设立了首家异地分行，在德庆发起设立了村镇银行。湛江市商业银行更名为广东南粤银行，各项经营指标达到历史最好水平。此外，广东发展银行完成更名后，正式启动公开上市工作。

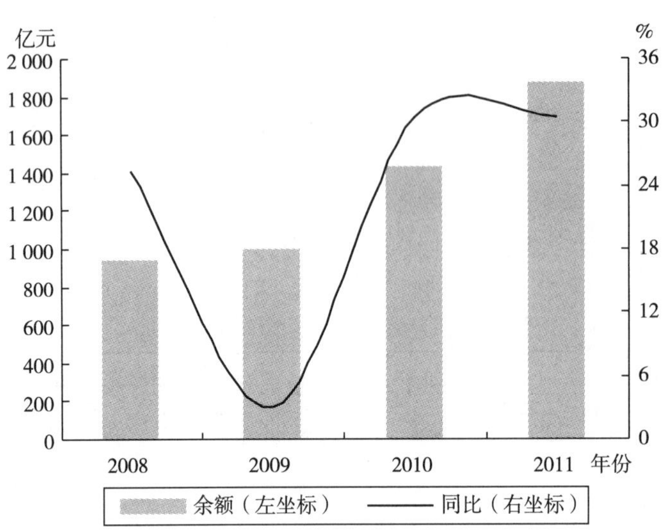

数据来源：广东省金融统计月报。

图7 广东省银行业历年税前利润及增速

4. 农村金融机构改革步伐加快，农村金融服务水平不断提升

肇庆、揭阳、江门、南海等地农村信用社成功改制为农村商业银行并挂牌开业，使全省农村商业银行总数达到10家，并有汕尾等地农信社加紧筹备改制过程。截至2011年末，全省农村合作金融机构本外币各项存贷款余额分别达到10 936.98亿元和6 784.36亿元，分别同比增长12.58%和15.13%。

村镇银行设立步伐加快，全年省内村镇银行总数达到25家；全省批准设立的小额贷款公司达到195家，注册资本188亿元，累计投放贷款超700亿元，其中87%覆盖到县域。村镇银行和小额贷款公司发挥小额、分散、灵活的特点，立足于为“三农”和中小企业提供金融服务，有力提升了对薄弱环节的金融服务水平。

（二）主要风险特征

1. 受政策调整影响，行业流动性出现从紧趋向

存贷比保持稳定，全省银行业金融机构本外币余额存贷比为64%，较上年同期微升0.85个百分点；新增存款明显降低，全年新增存款9 729.1亿元，同比少增2 598.8亿元，其中第三季度甚至出现负增长，新增贷款与新增存款之比明显上升，全年增量存贷比为71.2%，同比大幅上升12.1个百分点。这些现象表明，在稳健货币政策作用下，银行业流动性出现从紧趋向，总体上保持基本充裕，但存款的稳定性下降需引起关注。

2. 理财业务大幅扩张，表外风险难以有效监控

在物价大幅上涨的背景下，金融消费者对资产保值的需求上升，加之银行自身为缓解资金压力、满足监管考核要求，导致理财产品发行增加，由此带来的风险因素值得关注。一方面，理财业务发展使商业银行大量资产表外化，对冲了信贷调控效应，大量非保本型理财产品促使存款以理财产品形式转移至表外，使商业银行负债表外化，同时也造成存款波动；另一方面，普通公众对理财业务的风险也缺乏充分了解，一旦出现损失，可能涉及银行表内业务。如何将理财产品等新型业务与传

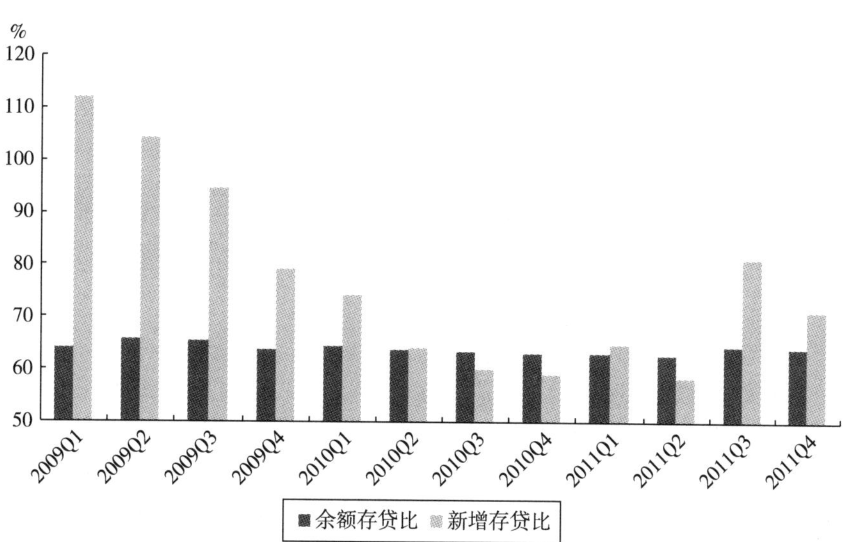

数据来源：广东省金融统计月报。

图8　广东省银行业各季度存贷比情况

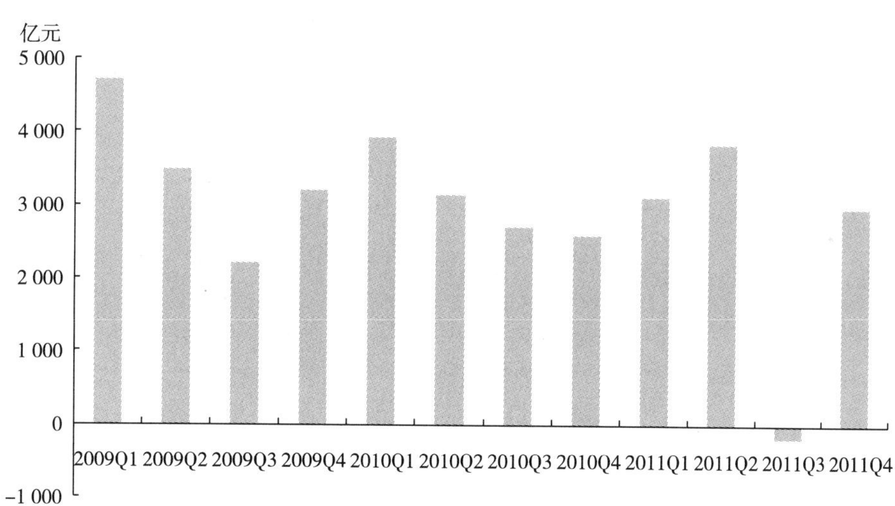

数据来源：广东省金融统计月报。

图9　广东省银行业各季度存贷比情况

统业务有效隔离，合理控制风险，对商业银行管理水平提出了挑战。

3. 经济调整过程中资产质量风险隐患上升

随着宏观调控政策持续、经济周期和外部环境变化，区域经济运行状况出现下行趋势，行业和企业经营压力上升，将影响金融业资产质量。2011 年以来，珠三角等地陆续出现中小企业主“失踪”事件，并由此造成一些银行贷款项目出现不良贷款。虽然已发生的现象属于个案，对银行整体稳健性的影响十分有限，但这种趋势需引起重视。

三、证券业

（一）改革发展情况

2011 年，广东省证券业机构经营状况保持平稳，持续发展能力维持在稳健水平，但受证券市场波动的影响，部分机构经营指标有所下降。其中，证券公司各项业务有所下滑，但综合实力保持平稳，期货公司和基金公司持续平稳发展。

1. 证券公司经营指标有所下滑，但综合实力保持平稳

2011 年，受市场波动和房地产调控效果初步显现的影响，全省证券公司各项收入、盈利水平和总体规模有所下滑。全省 22 家证券公司全年共实现营业收入 465.05 亿元，同比下降 28.45%，实现税后净利润 163.24 亿元，同比下降 44.59%。截至 2011 年末，全省证券公司总资产 4 767.15 亿元，比上年末下降 18.42%，所有者权益 2 017.61 亿元，同比增长 15.80%。虽然业务规模和资产总额比上年有所下降，但资产质量有所改善，整体抗风险能力保持平稳。

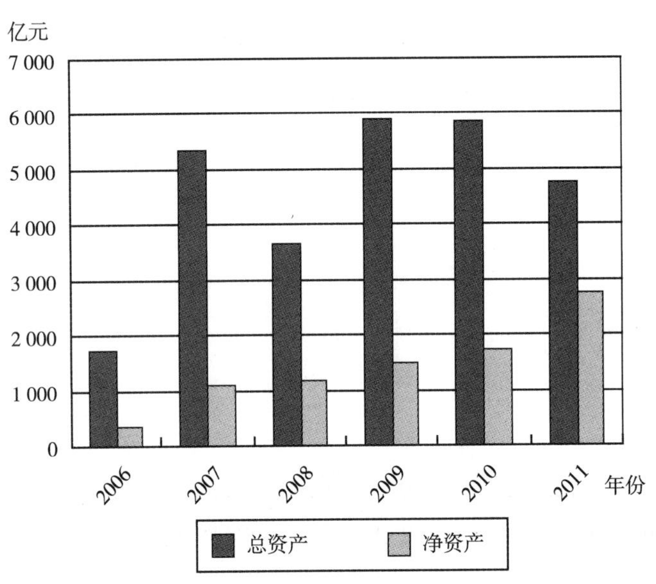

数据来源：广东证监局。

图 10　广东省证券公司资产规模

2. 期货公司持续快速发展

截至 2011 年末，全省共有期货公司 24 家，比上年减少 1 家，总资产为 340.35 亿元，同比增长 7.35%，所有者权益达到 62.00 亿元，同比增长 30.17%。全年实现营业收入和净利润分别达到 19.06 亿元和 4.25 亿元，同比分别增长 17.98% 和 6.73%。全年代理交易额 437 723 亿元，同比下降 13.53%。

3. 基金公司平稳发展

截至 2011 年末，全省共有基金管理公司 20 家，比上年增加 1 家；管理基金数量为 328 只，比年初增加 76 只；基金规模达 11 215 亿元，同比增长 7.08%；基金净值为 9 250 亿元，同比下降 14.33%。基金行业总体运行平稳，持续发展能力稳健。

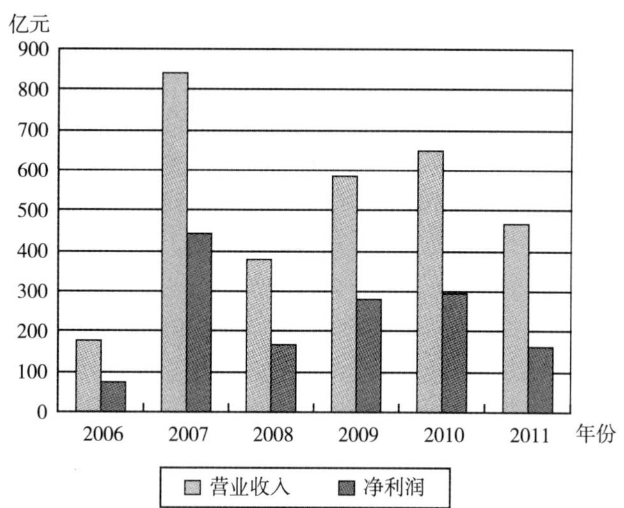

数据来源：广东证监局。

图 11 广东省证券公司收入及利润

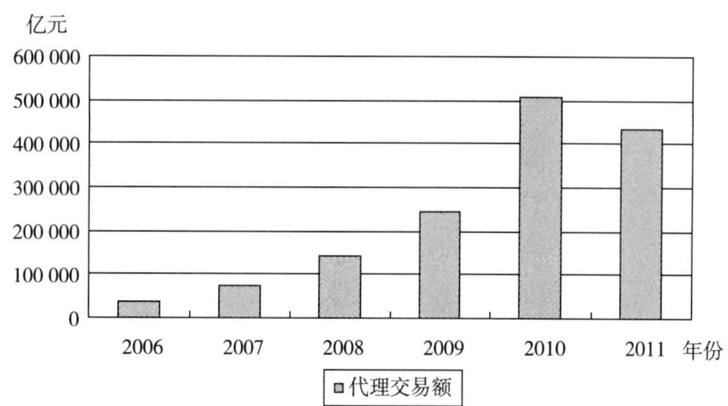

数据来源：广东证监局。

图 12 广东省期货公司经营情况

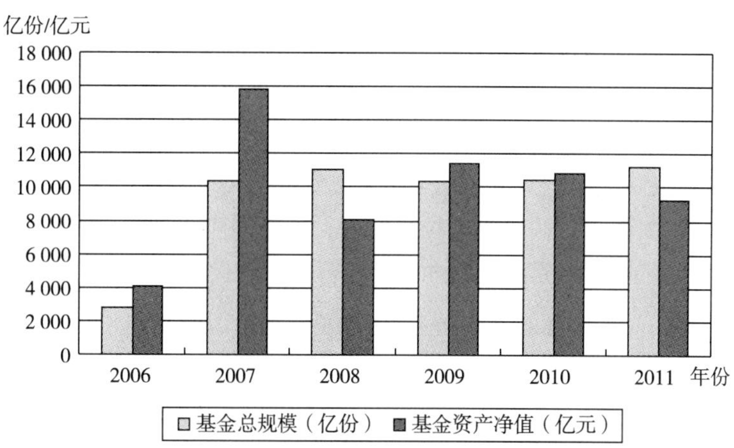

数据来源：广东证监局。

图 13 广东省基金公司经营情况

（二）主要风险特征

1. 抗市场风险能力有待提高

证券经营机构的经营状况仍然在较大程度上依赖市场行情，抗市场风险的能力依然不足。受2011 年证券市场波动影响，证券公司全年营业收入和净利润分别下降了28.45%和44.59%，期货公司佣金收入下降了30.46%，期货公司代理交易额下降了13.53%，基金净值下降了14.33%。

2. 单一的盈利模式仍未根本转变

与上年相比，2011 年证券机构收入结构有所优化，但以经纪业务收入为主的盈利模式仍未改变。2011 年全省证券公司和期货公司各项营业收入中，经纪业务手续费收入占比分别为39.36%和66.59%，分别比上年同期下降4.4 个百分点和22.3 个百分点。总体看，证券业盈利模式单一的状况短期难以改变，盈利连续性和稳定性有待进一步增强。

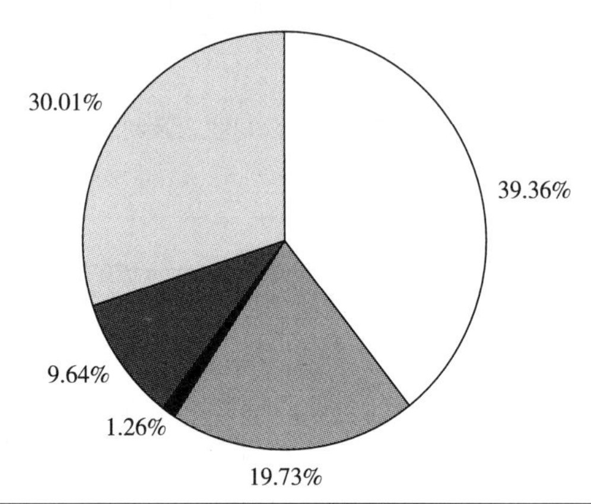

数据来源：广东证监局。

图14　2011 年证券公司营业收入结构图

3. 各家证券公司风险总体可控

截至2011 年末，广东省范围内共有5 家法人证券公司，广州3 家，东莞和惠州各1 家。从资产规模看，5 家法人证券公司中有2 家总资产超过百亿元，其中广发证券资产总额超过700 亿元；从营业收入看，5 家法人证券公司营业收入均过亿元，其中1 家超过50 亿元，其余4 家都在10 亿元以下；从盈利情况看，4 家法人证券公司实现盈利，1 家亏损，在盈利的4 家公司中，1 家盈利超过10 亿元，其余3 家都未超过1 亿元；从风险监控指标看，各公司主要监管指标均在安全范围之内，风险总体可控。综合来看，广东省5 家法人证券公司综合实力较强，盈利情况较好，总体稳健性良好。

表1　证券公司风险监控指标情况表（2011 年末）

机构名称	净资本/各项风险资本准备之和	净资本/净资产	净资本/负债	净资产/负债
	预警标准 >120%	预警标准 >48%	预警标准 >9.6%	预警标准 >24%
	监管标准 >100%	监管标准 >40%	监管标准 >8%	监管标准 >20%
广发证券股份有限公司	461.61%	72.38%	242.29%	334.74%

续表

机构名称	净资本/各项风险资本准备之和	净资本/净资产	净资本/负债	净资产/负债
	预警标准>120%	预警标准>48%	预警标准>9.6%	预警标准>24%
	监管标准>100%	监管标准>40%	监管标准>8%	监管标准>20%
万联证券有限责任公司	445.87%	86.08%	473.12%	549.60%
广州证券有限责任公司	217.34%	68.11%	24.23%	35.58%
东莞证券有限责任公司	312.76%	76.57%	155.24%	202.75%
联讯证券有限责任公司	339.15%	83.19%	27.30%	32.82%

数据来源：各证券公司2011年12月报表。

四、保险业

（一）改革发展情况

2011年，广东省保险业发展势头出现分化，财产险业务继续增长，人身险业务出现回落。一方面，保险业加强改革创新、优化业务结构，经济效益有所提升，创新能力不断增强，保险市场日渐成熟和完善；另一方面，保险业发展中仍存在薄弱环节，增长模式尚未发生根本转变，盈利能力有待提高，保险市场秩序和诚信问题比较突出，对保险业发展造成不利影响。

1. 财产险业务继续增长，人身险业务有所下降

2011年，广东省实现保费收入1 578.96亿元，同比降低0.9%，增速同比回落103个百分点。其中，财产险业务继续增长，全年实现保费收入507.54亿元，同比增长18.14%，增速同比降低

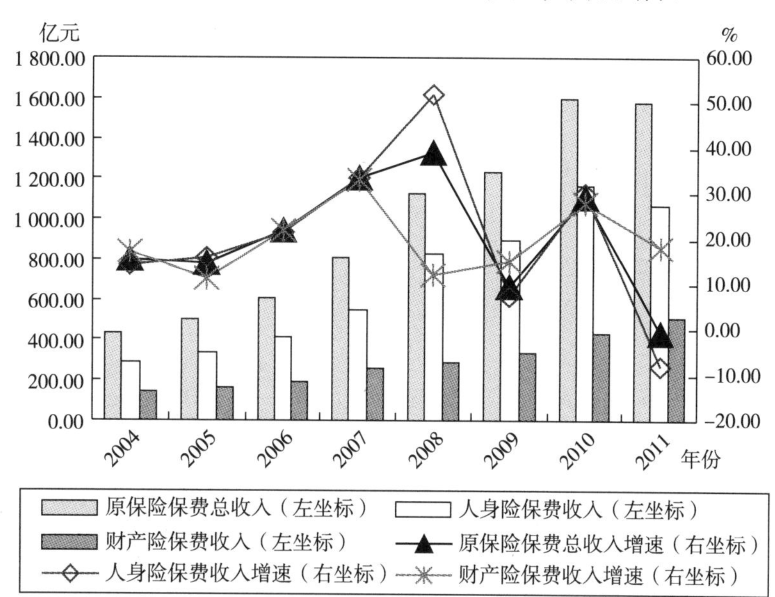

数据来源：广东省保监局。

图15 广东省原保险保费收入和增长情况

34.5 个百分点；人身险保费收入 1 071.4 亿元，同比降低 7.93%，增速同比回落 126.4 个百分点。2011 年末，广东省保险业资产总额 4 002.3 亿元，同比增长 25.6%。

2. 保险业务赔付支出增速明显加快

保险公司累计赔付支出 398.7 亿元，同比增长 22.16%，增速同比提高 245 个百分点。其中，人身险赔款和给付支出 166.35 亿元，同比增长 26.43%，增速同比提高 389 个百分点；财产险赔付支出 232.31 亿元，同比增长 19.27 个百分点，增速同比提高 171 个百分点。实现承保利润 33.21 亿元，同比增长 46%。

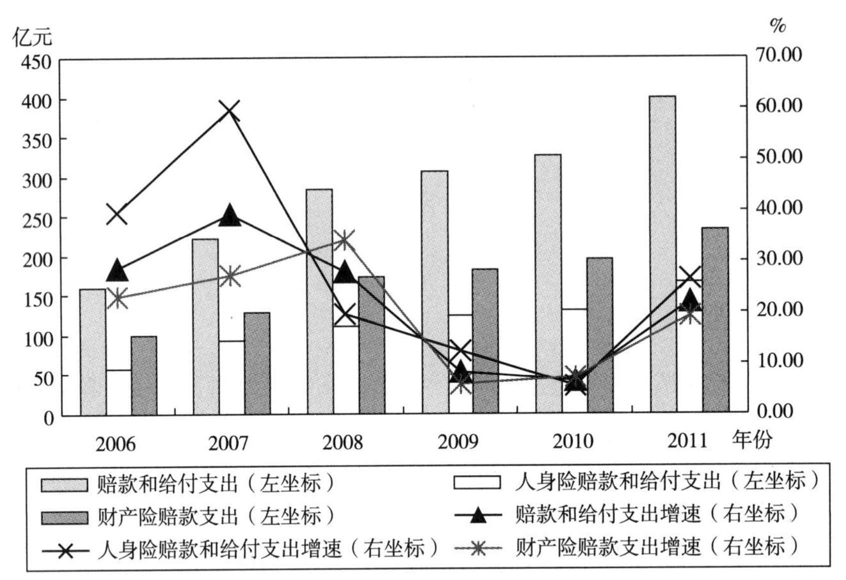

数据来源：广东保监局。

图 16 广东省原保险业赔款与给付支出和增长情况

（二）主要风险特征

总体来看，2011 年广东省保险业增长缓慢。虽然保险业全年未发生系统性经营风险，没有出现重大恶性事件，但市场运行中存在薄弱环节。

1. 保险业后续增长动力不足

从增速上看，2011 年保险业增速快速下降，特别是人身险业务，下降更快。从增长动力看，主要依靠加大投入和增铺摊子，而非新产品、技术和服务。

2. 保险业务结构有待进一步优化

从产险看，增长主要靠车险拉动，其贡献度达 71.1%，较 2005 年提高了 8 个百分点。从寿险看，销售渠道结构不够合理，银行邮政代理销售渠道依然是拉动业务增长的主要动力。从内含价值看，业务质量有所降低，产险增长较快的部分业务出现亏损。此外，人身意外伤害险和健康险合计保费收入仅占原保费收入的 11.5%，人均长期寿险保单持有量、医疗费用由商业健康保险承担的比例、家庭财产保险和各种责任保险等主要险种的投保率等指标均远低于成熟保险市场的平均水平。保险赔偿占灾害损失的比例远低于全球 30% 的平均水平。

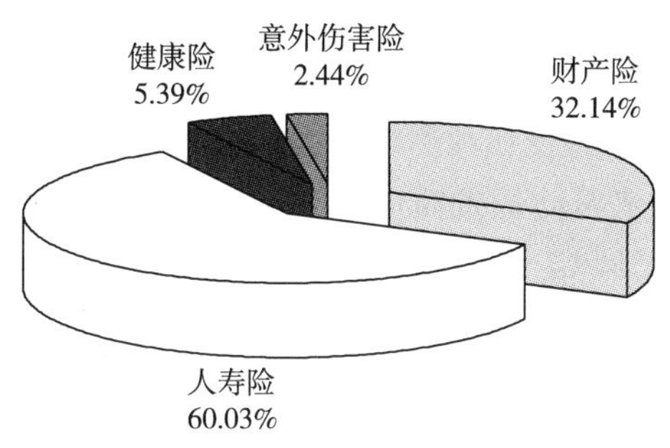

数据来源：广东保监局。

图 17　2011 年广东省保险保费收入结构图

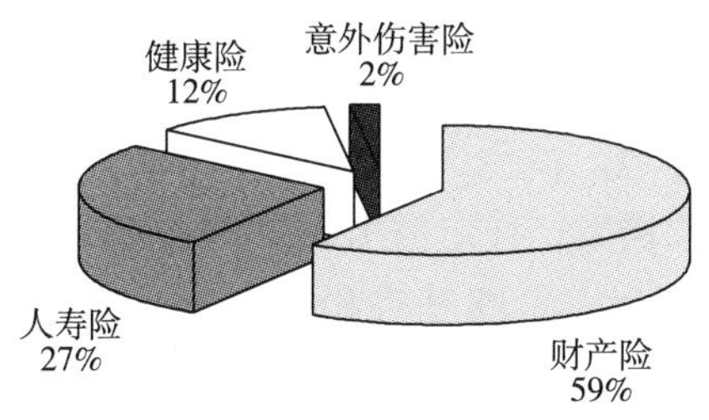

数据来源：广东保监局。

图 18　2011 年广东省保险赔付结构图

3. 保险业发展面临的环境复杂多变

国际金融危机影响深远，世界经济格局正在发生深刻变化。“十二五”时期保险业处于矛盾和问题凸显期，保险业快速发展中积累的深层次问题和矛盾在逐步显现，一些短期问题和长期问题相互交织。现阶段，我国人均寿命逐年提高，汇率走强、物价高企、重大自然灾害频发等，长寿风险、利率风险和巨灾风险这三种影响保险业的宏观风险值得关注。

4. 市场秩序有待进一步规范

总体看，广东省保险市场秩序朝着良性方向发展。但是，市场违法违规行为依然存在，财产保险领域中，车险虚假批单退费、虚挂应收保费、虚列中介代理手续费、虚列营业费用和农业保险虚假承保、虚假赔案问题时有发生，条款、费率报备与执行不一致的问题有待解决。人身保险领域中，银保业务账外支付手续费、销售误导等行为仍然存在。保险中介领域中，中介业务和中介渠道弄虚作假、虚增成本、非法套取资金等问题时有发生，保险代理市场有待进一步清理整顿。保险公司财务内控制度有待进一步强化。

五、金融基础设施

（一）司法环境

开展跨部门协调合作，进一步凝聚反洗钱执法合力。2011 年，辖内人民银行共协助破获洗钱等各类刑事案件 24 宗，抓捕犯罪嫌疑人 986 名、冻结暂扣资金 3 211 万元。加强资金监测工作，提高金融情报的运用价值，进一步加大对辖区金融领域异常资金的监测分析，全年向有关执法机关移送了有洗钱犯罪嫌疑的线索共96条，最终成功破获6宗案件。加大金融服务指导，凸显反洗钱预防功能。年内对辖内出现的POS机非法套现和利用虚假通行证开户并进行可疑交易等情况及时进行风险提示，指导金融机构加强措施防范风险。发挥反洗钱调查优势，有效配合打击洗钱等犯罪。全年共协助调查案件64宗，协助破获案件14宗，充分显示了反洗钱手段对配合打击洗钱等违法犯罪的有效性，得到了有关执法机关的高度认可。

（二）信用环境

征信系统运行安全平稳。截至2011年末，征信系统已收录广东地区企业及其他组织98.2万户，收录广东地区自然人约4 693.1万人。2011年，广东省金融机构共查询企业信用报告739.5万次，查询个人信用报告2 008.5万次，信贷征信系统为金融机构防范信用风险提供有力支持。广东省各地继续大力开展农户信用档案、农户信用评价机制建设，将推动农村信用体系建设和促进农村金融服务创新相结合，着力改善农村信用环境。截至2011年末，广东省已有73个县区开展农户信用档案建设，已为153.7万户农户建立信用档案，评定信用农户28.5万户，对已建立信用档案的农户累计发放贷款150.1亿元。中小企业信用档案不断充实和完善，为缓解中小企业融资难发挥了积极作用。截至2011年末，广东累计录入中小企业信用档案户数达31.9万户，其中，办理贷款卡的中小企业户数8.8万户，实际取得银行融资的中小企业3.0万户，累计金额达7 691.6亿元。为发挥金融业在社会诚信建设中的引领和辐射作用，把加强金融业信用建设和服务地方经济社会发展结合起来，2011年，人民银行广州分行发布了《关于加强广东金融业信用建设的指导意见》。信用评级业稳步发展。截至2011年末，广东省评级机构全年累计完成4 654笔信贷和银行间债券市场资信评级业务，与上年相比，增幅达20.4%。深入开展征信宣传教育，提高全民诚信意识。2011年，全省人民银行分支机构、7 462个金融机构网点参加了征信宣传活动，参与活动人数达48 104人，发布宣传短信44 500条。

（三）支付环境

2011年，广东省（不含深圳，下同）支付清算系统安全、稳定、高效运行，业务稳步增长，其中，大额支付系统、小额支付系统和全国支票影像交换系统的业务量均位居全国首位，实现了"保安全、促发展"的双重目标。网上支付跨行清算系统在广东省大力推广，有力地促进了电子商务的快速发展，满足了社会公众全时性的居家支付服务需求。其中，广东省大额支付系统共处理业务8 052.30万笔、金额1 321 701.62亿元，同比分别增长15.76%、30.36%。小额支付系统共处理业务13 782.26万笔、金额24 772.45亿元，同比分别增长32.15%、38.89%。全国支票影像交换系统共处理业务873.98万笔、金额3 801.93亿元，同比分别增长4.86%、18.9%。网上支付跨行清算系统业务迅猛发展，共处理业务461.36万笔、金额499.68亿元。

2011年，广东省以金融IC卡合作为依托，以"统一标准、银行主导、行业合作、多功能应用"为发展原则，大力推进粤澳金融IC卡互通应用工作。2011年12月1日，中山、珠海和澳门三地成功上线"交通行业应用暨牡丹中山通联名卡"、"珠海停车咪表"和"澳门通银联双币闪付电子现金卡"三大项目，实现了"南卡北用"和"北卡南用"，为粤澳两地居民构建了快速支付工具，利国利民，同时更是通过金融IC卡把人民币带出去，构建了人民币跨境支付与回流机制，有效促进了澳门、香港地区人民币离岸中心的建立，将极大地加速人民币国际化。

（四）反洗钱

开展务实型执法合作，不断深化反洗钱部门协调机制。发挥职能优势，增进与银行、证券、保险金融监管机构的政策协调，反洗钱监管合作机制已步入常态化发展轨道，对维护辖区金融安全、促进公平竞争起到了积极作用。拓宽合作渠道，加强与地方政府职能部门的沟通与协作，构建部门联动、地区联动、上下联动的打击洗钱犯罪活动网络体系，形成打击洗钱犯罪的合力。2011 年人民银行广州分行共协助侦查机关破案 24 宗，抓捕犯罪嫌疑人 986 名、冻结暂扣资金 3 211 万元。在推动案件破获的同时，加大对案件风险的事前预防，通过对洗钱案件类型的研究，总结出相关洗钱犯罪的资金运作规律，发布风险提示，构建更加灵活有效的反洗钱调查工作机制。

六、总体评估和工作展望

（一）总体评估

2011 年，面临国内外较为复杂的经济金融形势，广东经济保持平稳较快增长，朝向宏观调控预期方向调整，金融业稳健运行的宏观环境良好。金融体系平稳运行，银行业自身发展能力增强，稳健性不断提升；证券业经营模式改善，抗风险能力提高；保险业发展更具可持续性，偿付能力上升。广东金融稳定总体状况稳步向好。同时，内外部不稳定、不确定因素仍然较多，广东经济发展呈持续放缓势头，对外部需求的依赖仍然较强，重点领域和行业经营及偿债压力上升，中小微企业资金压力开始显现，银行业不良资产出现局部反弹，少数中小金融机构抗风险能力仍然偏弱，证券业传统经营模式尚未根本改变，保险业保费收入增速趋缓而赔付支出增速上升的矛盾显现，金融行业间的联系更加密切，跨行业风险传染可能性上升，都对区域金融稳定形成挑战，需引起密切关注。

（二）2012 年工作展望

当前及今后一段时间，国内外经济金融形势仍然较为复杂。维护区域金融稳定既具备一定的有利条件，也面临一些挑战。

从国际看，全球经济复苏放缓，欧洲主权债务危机升级蔓延，经济下行风险加大。美国经济自 2011 年下半年以来出现积极信号，但持续复苏的基础并不稳固。虽然国际社会共同应对欧洲主权债务危机力度加大，但欧洲债务危机尚未有效化解，欧元区财政和金融风险交替上升，拖累经济进一步衰退。日本受地震海啸灾害影响冲击，经济出现衰退后略有反弹，随着产业链逐渐恢复，经济增速有望进一步反弹。新兴经济体增长势头普遍趋缓，未来放缓的趋势有可能深化。主要风险因素方面，欧元区主权债务危机存在着向整个欧元区蔓延的趋势，一旦失控，将引发新一轮全球系统性风险。发达经济体缺乏可信的财政整顿计划，将在中长期影响复苏的稳固和持续。银行体系暴露在主权债务风险之下，“去杠杆化”将影响对实体经济的资金支持。新兴经济体面临着经济减速和通货膨胀上升的双重风险，经济管理难度加大。

从国内看，经济增长由政策刺激逐步转向自主增长，符合宏观调控的预期方向，总体运行态势保持良好。国内经济保持平稳较快发展具备不少有利条件，城镇化、工业化和区域协调发展的长期动力没有减弱，消费扩张势头较好，服务行业潜力巨大。同时也应看到，国内经济发展不平衡、不协调、不可持续的矛盾和问题仍很突出，国际经济复苏疲弱导致外部需求降低，物价上涨压力仍然较大。国际金融市场波动对国内产生冲击，导致资本流动方向多变，影响金融市场稳定。

在上述内外部因素的共同作用下，2012 年广东金融稳定面临的挑战主要包括：某些行业和部分企业经营压力加大，资金链紧张的问题显现，会对金融机构资产质量产生不利影响；一些法人金融机构规模偏小，资本吸收损失的能力不强；金融行业之间的联系日益密切，跨市场、跨行业风险传染的可能性加大；影子银行体系对实体经济和正规金融体系的影响加深，防范非正规金融风险向正规金融体系传导的压力增加。

基于以上分析，2012 年区域金融稳定的工作思路是，进一步完善工作机制，加强各项工作制度的执行和落实，支持地方法人金融机构深化改革，转变和完善经营机制，推动地方法人金融机构建立资本维持和补充的长效机制，进一步强化区域金融稳定重点领域、重点环节的风险监测与分析，加大对跨市场、跨行业和交叉性金融业务风险的监测分析力度，积极开展对金融机构稳健性的评估，对金融风险隐患做到早发现、早报告、早处置，坚决守住不发生系统性、区域性金融风险的底线。

总　　纂：牛晓闽
统　　稿：谢端纯
执　　笔：陈元富　叶　茂　苏宏召　陈育穗　崔荣伟
其他参与写作人员：尹青松　郭红亮　陈志刚　庄礼智
郑楚琳　龙永洁　吴　进　庄礼焕

广西壮族自治区金融稳定报告摘要

2011年，广西认真落实中央“稳增长、保民生”的精神，积极采取措施保持经济平稳较快发展，努力克服电力紧张、资金短缺、物价上涨等困难，稳妥应对经济运行中的新情况新问题，确保实现了“十二五”时期经济社会发展的良好开局。全年生产总值突破万亿元，连续7年保持12%以上的增速，为金融业创造了较为有利的经营和发展环境。三次产业持续发展，工业化进程加快；内需呈现理性增长，外需增长势头良好；三项收入增长较快，就业形势基本稳定。金融业总体保持稳健发展，金融组织体系不断完善，金融体制改革不断深化。2011年，广西金融稳定综合评价值进一步提高，表明在广西全力加快经济发展方式转变的背景下，金融运行的外部环境逐渐好转，金融体系整体运行稳健。但因国际国内经济环境复杂多变，不稳定、不确定性因素不断增加，保持区域金融稳健运行的难度显著提高，值得密切关注。因此，应继续探索金融安全网建设，完善金融稳定长效机制，防范化解金融风险，促进辖区金融稳健可持续发展。

一、区域经济运行与金融稳定

（一）区域经济运行总体情况

2011年，广西全年生产总值突破万亿元，达到1.17万亿元，同比增长12.3%，连续7年保持12%以上的增速。

三次产业持续发展，工业化进程加快。2011年，广西第一、第二、第三产业增加值分别为2 047.30亿元、5 736.78亿元、3 930.27亿元，同比分别增长4.8%、17.1%、9.4%。三次产业对经济增长的贡献率分别为6.9%、65.9%和27.2%。全年实现工业增加值4 914.37亿元，增长17.3%，工业化率由2010年的40.6%提高到42%。在食品、汽车、冶金3个千亿元产业的基础上，2011年广西新增石化、机械2个千亿元产业。

内需呈现理性增长，外需增长势头良好。2011年，广西全社会固定资产投资10 143.45亿元，同比增长29.1%，增速同比下降8.6个百分点。在促进消费的各项政策刺激下，消费市场实现稳定增长，广西社会消费品零售总额3 860.73亿元，同比增长18%，高于全国0.9个百分点。2011年，广西进出口总额233.31亿美元，同比增长31.5%。

消费价格高位运行，生产者价格涨幅回落。2011年，广西居民消费价格累计同比上涨5.9%，比上年提高2.9个百分点，食品类是拉动消费上涨的主要原因；工业生产者出厂价格同比上升8.5%，涨幅同比回落3.5个百分点；工业生产者购进价格同比上涨10%，涨幅同比下降1.2个百分点。

三项收入增长较快，就业形势基本稳定。2011 年，广西财政收入 1 542. 49 亿元，比上年增长 25. 5%。广西规模以上工业企业完成主营业务收入突破万亿元，达到 11 973. 4 亿元，比上年增长 35. 4%。2011 年，广西城镇居民人均可支配收入 18 854 元，同比增长 10. 5%，扣除价格因素，实际增长 4. 5%；农民人均纯收入 5 231 元，同比增长 15. 1%，实际增长 8. 2%。2011 年广西城镇新增就业人数 53. 2 万人，比上年增长 16. 8%；新增农村劳动力转移就业 91. 06 万人。年末城镇登记失业率为 3. 5%，同比下降 0. 2 个百分点。

（二）对金融稳定有不利影响的因素分析

1. 投资增速理性回落，协调发展有待加强

近年来，广西大力推进投资项目建设，2009 年投资增速达到 50. 8% 的历史高位。但同时，受宏观政策和市场因素约束，2010 年和 2011 年广西固定资产投资增速分别为 37. 7% 和 29. 1%，2011 年广西全社会固定资产投资增速同比回落 8. 6 个百分点，全年新增固定资产贷款 454. 12 亿元，占新增贷款 29. 54%。当前，投资仍是广西经济发展的主要拉动力，投资对经济增长的贡献率超过 70%，而消费对经济增长的贡献率不到 30%。

2. 工业生产压力增大，谨防行业风险抬头

一是电力供应不足。2011 年广西在丰水期出现罕见的电荒，缺电达到一级红色预警，停产和部分停产企业 5. 46 万家，严重影响工业生产。二是节能降耗压力大。广西重点工业产品能耗偏高，八大重点行业工业增加值占规模以上工业增加值的比重，与能源消费量的占比不相适应。三是宏观经济形势变化对部分行业影响显著。如受国家取消汽车下乡优惠政策影响，全年广西汽车制造业增加值比上年回落 12. 3 个百分点。在政策的持续调控和预期作用下，广西房地产投资逐步趋向理性平稳发展，间接影响广西部分建材行业和产品的生产，其中水泥及石膏制品制造、电线电缆光缆及电工器材制造增加值增幅分别比上年回落 20. 2 个和 25 个百分点。当前，广西部分重点行业如有色金属行业面临的政策风险、市场风险增大，需增强相关行业的信贷风险管理，有效防范潜在金融风险。

3. 物价指数宽幅变动，风险隐患不容忽视

2011 年广西居民消费价格、工业生产者出厂价格和购进价格指数宽幅变动，物价调控取得积极成效，有利于广西经济稳健发展，但也存在一些值得关注的风险因素。一是物价指数波动过于剧烈，增加了金融机构评估信用风险和市场风险的难度。二是物价指数大幅下降会减少商业银行的名义收入和现金流量，可能使抵押品价值缩水，从而影响其资产质量、流动性和支付能力。三是 2011 年工业生产者购进价格指数同比涨幅高于工业生产者出厂价格指数涨幅 1. 5 个百分点，在一定程度上影响了企业生产和投资的积极性，进而造成企业利润下降。受此影响，商业银行不良资产增加的风险有所上升。四是尽管物价高位回落，但名义利率仍明显低于通货膨胀率，居民提取存款用于实物资产投资或购买虚拟金融产品，以实现增值或保值目标，可能导致商业银行流动性降低。

4. 跨境资金大幅波动，国际收支风险加大

一是境内外资金套利运作加剧，贸易项下外汇资金波动性。一方面，进口企业外汇融资替代购汇使货物贸易结售汇顺差大幅增长，全年广西银行结售汇顺差 12. 85 亿美元，同比增长 2. 23 倍；另一方面，跨境贸易融资套利使贸易项下跨境资金净流入背离实物流猛增，全年广西贸易跨境资金净流入达 23. 89 亿美元，同比增长 4. 49 倍，大于进出口顺差 8. 02 亿美元。企业通过贸易融资套利运作，实现了延期付款，使短期内资金流和货物流出现显著背离；通过外汇融资将当期购汇延后到还

贷时点，加大了贸易外汇收支的波动性，弱化了国内信贷规模管理政策效果。二是汇率预期、外围市场环境显著影响跨境资金流向，年末境内资金向外流出趋势明显。2011 年，广西银行结售汇顺差出现明显减少。其中 12 月逆差金额高达 2.29 亿美元，较 11 月扩大 7.8 倍。三是涉外企业出口成本和风险进一步上升。受国际金融危机、外需疲软的影响，地方涉外企业出口面临两方面的主要风险和不利因素。一方面，对欧出口风险加大、企业信心下降；另一方面，部分有色金属产品国内市场价格与出口价格形成倒挂，导致部分出口企业转向以国内市场销售为主，相应降低了出口规模。2011 年第四季度，广西企业出口信心综合指数为 42%，同比下降 5.9 个百分点。

5. 房地产市场理性回落，金融风险仍需关注

2011 年，在限购、限贷、限价等抑制房价过快上涨各项政策的持续调控下，广西房地产市场从 2010 年的高增长、高房价行情中走出，呈理性回落态势。从房地产市场运行看，2011 年广西房地产开发完成投资 1 500 亿元，同比增长 24.4%，增速同比回落 27.5 个百分点。从房地产金融运行看，截至 2011 年末，广西房地产贷款余额 2 420.2 亿元，同比增长 11.1%，处历史低位。

房地产市场仍有一些问题须予以关注。一方面，首套房贷利率提高对刚性购房需求的影响不容忽视。2011 年广西商业银行个人住房贷款浮动加权平均利率为 6.57%，同比提高 110 个基点。由于房价没有明显下调，购房贷款门槛和成本却在提高，对市场需求的抑制作用将会进一步显现。另一方面，房价下行背景下的金融风险值得关注。一是行业风险。房价调整通过财富效应和信贷紧缩效应，已经影响到多个行业，包括房地产本身的消费和投资，钢材、水泥等关联行业过剩风险开始显现，直接或间接影响着银行信贷资金安全。二是资产价格风险。由于房价波动和政策调控，银行密切关注住房按揭贷款的潜在信用风险；同时，地方政府融资平台数百亿元的贷款大部分基于土地抵押，而市场环境变化导致的地价大幅波动甚至下挫，将直接影响到抵押物的价值和流动性问题。三是企业信用风险。商业银行出于严格监管要求和防范市场风险的需要而提高的开发企业准入和贷款发放门槛，对开发企业资金链条将形成较大考验。

二、金融运行与金融稳定

（一）金融业与金融稳定

1. 银行业：信贷总体运行平稳，经营效益增长较快

（1）银行业稳健性评估。金融组织体系进一步完善，2011 年，广西新增 1 家股份制商业银行——民生银行于 3 月 21 日落户南宁。法人机构方面，共有 116 家银行业法人金融机构，较上年末新增 13 家，增幅为 12.62%，其中城市商业银行 3 家、农村商业银行 7 家、农村合作银行 24 家、农村信用合作社 59 家、村镇银行 23 家，农村基金互助社 3 家。

存款增速持续回落，月度存款波动较大。2011 年末，广西银行业金融机构本外币各项存款余额 13 527.97 亿元，同比增长 14.5%，增速同比回落 8.06 个百分点。全年广西新增本外币存款1 724.46 亿元，同比少增 446.77 亿元。

各项贷款平稳增长，信贷结构趋于优化。2011 年末，广西银行业金融机构本外币贷款余额 10 646.43亿元，同比增长 18.56%，增速同比回落 3.44 个百分点。全年全区共新增本外币贷款 1 663.06亿元，同比多增 43.63 亿元，处于历史第二高位。2011 年末，广西大、中、小企业贷款余

额同比增速分别为0.64%、10.80%和70.44%，中小企业贷款增长较快，中小企业新增贷款比重同比提高2个百分点。

经营效益增长较快，资产质量稳步提高。2011年，广西银行业金融机构议价能力明显增强，经营效益保持较快增长，全年实现利润283.53亿元，同比增长31.29%；资产总额9 058.9亿元，同比增长40.03%。不良贷款合计153.78亿元，比年初增加0.63亿元；不良贷款率1.44%，比年初下降0.26个百分点。

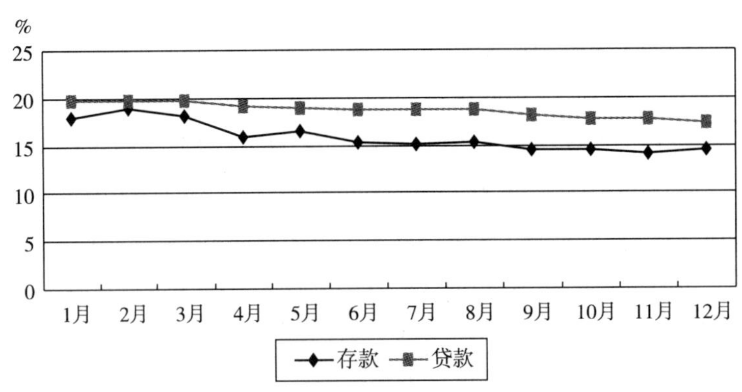

图1　2011年广西人民币各项存款和贷款同比增速图

（2）银行业发展中需要关注的问题。存款增长动力不足，稳健发展面临挑战。2011年，广西银行业金融机构存款增长动力不足，人民币存款同比增速由1月的17.92%持续回落至12月的14.53%，远低于同期贷款增速。其中，11月增速仅为14.13%，创2006年2月以来的历史新低。存款增速呈下降趋势，其引发的风险问题应予关注。一是导致机构流动性趋紧。调查显示，2011年第四季度银行资金头寸指数持续回落至50.64%，季度环比减少1.92个百分点。二是制约机构营业收入和利润的增长，在一定程度上不利于机构的稳健经营。三是机构之间为完成存款任务而相互拖欠挤占资金的行为增加，引发部分支付结算纠纷。四是个别机构通过滚动签发大量银行承兑汇票、增加保证金存款来拉动存款增长，可能加剧存款波动幅度，增加银行业金融机构承兑风险。

流动性趋于紧张，备付率逐季收紧。2011年，在稳健的货币政策背景下，存贷款基准利率先后3次上调，存款准备金率7次调整（其中6次上调，1次下调），存款准备金也扩大缴存范围。受此影响，广西银行业金融机构流动性趋于紧张。一是贷存比偏高。2011年末，广西银行业金融机构人民币余额贷存比为77.37%，高于全国水平9.67个百分点；新增贷存比为89.51%，高于全国水平11个百分点。二是备付率下降。2011年，广西四大国有商业银行平均备付率呈逐季收紧趋势。

平台贷款有所增加，风险管控压力较大。2011年末，广西地方政府融资平台公司在各银行业金融机构贷款余额为2 201.55亿元，较2010年末增加196.54亿元。2012年贷款进入还款高峰期，由于政府融资平台公司依靠自身盈利和投资收益等偿债较少，偿债能力无法保障，后续贷款可能受到严格控制，而地方政府发行债券也存在困难，有可能导致违约风险加大。

行业不良贷款略有反弹，部分机构同比增幅较大。2011年末，广西银行业金融机构不良贷款余额比年初增加0.63亿元，同比增长0.41%。个别农合机构不良贷款增幅较大，资产质量面临较大风险，个别地区农合机构贷款质量总体有向下迁徙的趋势。

经营管理仍需加强，风险控制有待提高。2011年，广西银行业金融机构仍存在部分风险治理问题，表现在公司治理运行机制不健全、少数农合机构存在受上级行业管理部门行政干预大、“三会一层”议事制度和决策程序未能有效执行、信息披露制度有待完善、风险控制机制建设不足、操作风险管理仍存在薄弱环节等问题。

（3）银行监管评估。2011 年，广西银监部门增强监管力度，强化风险管理。一是强化地方法人金融机构流动性风险管理。针对 2011 年流动性趋紧的情况，督促法人金融机构建立流动性风险预警机制和应对机制，推动建立月度日均存贷款统计制度，指导适时开展流动性风险压力测试。二是引导地方法人金融机构科学发展。推动农村商业银行组建，督促相关金融机构各项监管指标达标，并推动战略转型，加快股权改造步伐。三是进一步实施监管达标升级规划。结合金融机构自身的经营管理情况及发展趋势，督促和指导相关机构制定年度监管达标及升级规划并组织实施。四是着力抓好平台贷款风险缓释工作。及时传导各项政策要求，加强日常监管，有步骤地推进存量平台贷款的资产保全和新增贷款的风险防控工作。

2. 证券业：上市融资快速增长，证券机构发展稳健

（1）证券业稳健性评估。证券市场主体进一步充实。2011 年末，广西共有 1 家证券公司，1 家基金管理公司，94 家证券营业部（其中正常营业 88 家），30 家期货营业部（其中正常营业 28 家），11 家具有证券、期货相关业务许可证的证券中介服务机构。其中，新增 7 家期货营业部，期货营业部网点分布由 4 个地级市拓宽到 6 个地级市，网点布局进一步优化。广西证券经营机构证券交易总额 8 934. 6 亿元，证券投资者开户数 182 万户；广西证券营业部全年实现净利润 5. 6 亿元，同比下降 18. 5%。

证券市场融资功能显现。2011 年末，广西共有境内上市公司 29 家，上市公司总股本达 159. 1 亿股，占全国总股本的比重为 0. 4%；总市值 1 200. 9 亿元，占全国总市值的比重为 0. 5%；广西上市公司全年通过股票市场筹集资本 79. 1 亿元，其中，企业 IPO 募资 11. 44 亿元，上市公司再融资募资 67. 7 亿元。此外，基金公司新发基金 1 只，首次募集金额 10 亿元。

期货市场保持较快发展。2011 年末，广西期货经营机构共代理期货交易量 2 958. 13 万手，代理交易额 28 359. 48 亿元；期货营业部实现营业收入 11 729. 4 万元，实现净利润 1 765. 25 万元；期货投资者开户数为 24 390 户，比 2010 年增加 4 212 户。

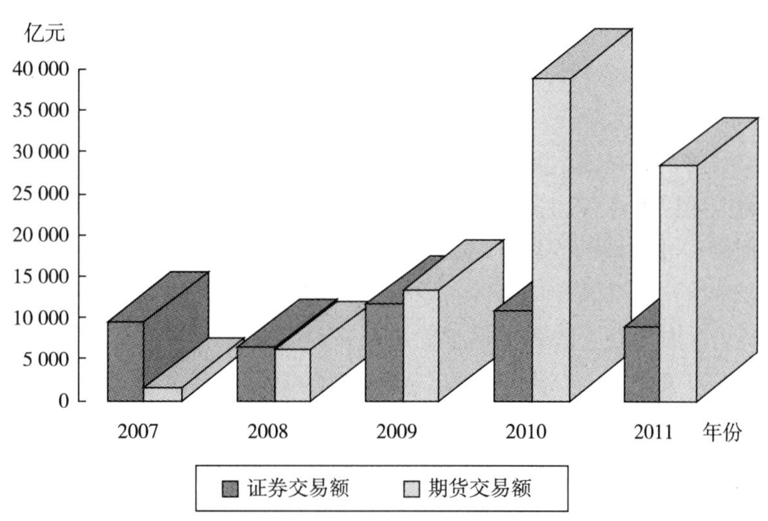

图 2　2007—2011 年广西证券期货交易额变化图

（2）证券业发展中需要关注的问题。上市公司后备资源匮乏，发展后劲不足。2011 年末，广西仅有拟上市公司 16 家，自 2009 年 10 月创业板推出后，广西仍没有 1 家企业申报。拟上市公司数量偏少、竞争力偏弱的问题连续几年来没有新的突破，成为制约广西资本市场规模扩大的主要问题。

上市公司整体盈利能力较弱。2011 年，广西上市公司规模不断扩大，较 2010 年新增 2 家，总股本同比增长 20.27%，但受股市低迷的影响，总市值同比减少 21.09%，上市公司数量、总股本及市值在全国排在第 24 位。ST 和 * ST 类上市公司有 4 家，占广西上市公司的比重为 13.79%。

证券期货经营机构“弱、小”的状况没有根本改变。行业的核心竞争力尚未形成，发展战略和核心竞争力形成战略还不够清晰，同质化竞争明显、盈利模式单一、收入结构不合理等问题仍然较为突出。

（3）证券监管评估。2011 年，广西证监局着眼服务地方经济，按照“管好一个法人，引进一批机构，规范一方市场”的工作思路，全力规范和引导市场主体行为，督促证券期货经营机构依法合规运作。一是加强证券公司监管。构建上市证券公司的协作监管机制；做好证券公司年报审计监管工作；以信息隔离墙和未公开信息知情人管理为切入点，督促证券公司落实合规制度；指导证券公司开展分类评价，完善 IT 系统功能；开展证券公司发布研究报告业务、投行业务现场检查。二是加强证券经营机构监管。完成对 10 家营业部的全面现场检查；强化佣金治理，指导协会出台文件规范经纪业务和佣金政策。三是加强期货经营机构监管。完成 5 家新设营业部开业验收，深入开展配资业务调查；组织开展期货账户清理等工作，第二阶段工作正有序推进。四是配合做好新设营业部审核工作和期货公司分类监管评价工作。五是加强媒体证券节目监管。及时叫停违规项目并督促媒体整改规范，建立媒体证券节目监管长效机制。

3. 保险业：保险市场较快发展，保障能力不断提高

（1）保险业稳健性评估。机构实力有所增强。2011 年末，广西辖区保险主体共 31 家，比年初新增 4 家；各类保险分支机构超过 2 000 家；专业保险中介机构近 80 家，保险业总资产首次突破 400 亿元大关，比上年增长超 20%。

业务实现较快增长。2011 年，保费总收入首次突破 200 亿元大关，达 212 亿元，比上年增长 18.5%，领先全国 8 个百分点，增幅全国排名第 6 位，取得了近年来的最好成绩。其中，财产险和人身险保费收入同比分别增长 19.8% 和 6.6%。全年共支付赔款和给付 58.8 亿元，同比增长 32.2%。

支持经济发展作用进一步显现。通过赔款支出、养老金支付、费用投入等支持实体经济超 100 亿元，通过开展信用保证保险业务，缓解部分中小企业融资难问题，支持新增贷款 1.2 亿元。

（2）保险业发展中需要关注的问题。从发展水平看，广西保险业虽然经过多年发展，但整体水平仍滞后于经济社会发展，与全国和许多西部省份保险业发展相比仍有差距，与东部省份相比差距更大。从发展环境看，横向比较全国各省区保险业支持政策出台情况，广西保险业政策支持力度亟待进一步加大。受制于政策瓶颈，广西“三农”保险发展明显滞后，覆盖面不广、渗透度不高；商业保险参与社保体系建设长期以来未能实现突破，仍停留在个别市县独自摸索阶段；商业保险参与加强和创新社会管理工作仍处于起步阶段，政府主动利用保险化解社会风险还很少。从内部运行看，阻碍行业科学发展的一些深层次矛盾和问题不容忽视，行业社会形象亟待改善、行业发展方式急需转型、保险人才队伍素质不高等问题需要抓紧时间解决。

（3）保险监管评估。2011 年，广西保监局继续加强对保险市场的监管。一是深入实施分类监管

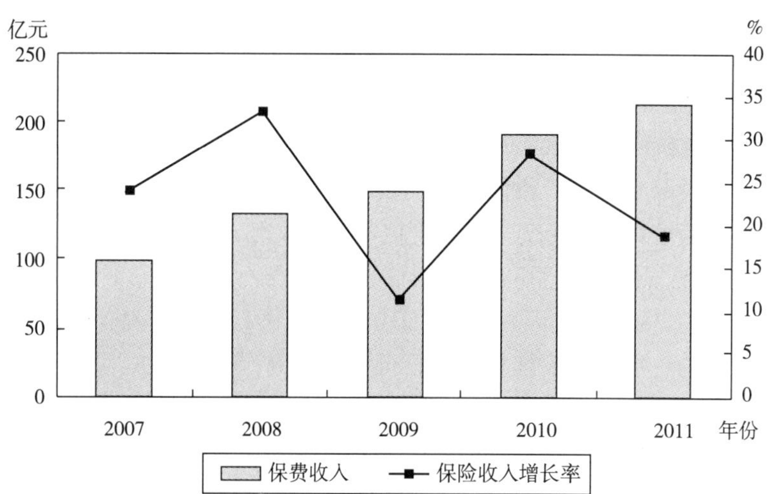

图3 2007—2011年广西保费收入变化图

制度，扎实推进寿险公司和专业中介机构分类监管，通过差异化监管，引导公司加强风险管理。二是加大监管检查力度。抽调保险公司检查人员350人对11个市的分支公司开展车险自律大检查，通过整治，保险市场秩序进一步好转，违法违规现象逐步得到控制。三是严防保险违法活动。推进打击“三假”工作制度化，要求辖内保险公司强化内部管控，加大防范保险违法违规活动的力度。

（二）金融机构改革对金融稳定的影响

1. 金融机构改革不断深入，改革效果日益显现

2011年，广西政策性金融机构按照“分类指导、一行一策”的原则，改革继续深化；大型商业银行进一步完善现代金融企业制度，提高信贷风险管控能力；农业银行广西分行“三农金融事业部”改革试点工作成效显著，服务“三农”的水平有效提升；农合机构改革加快推动，2011年共有7家农村商业银行组建开业。

2. 法人机构深化改革，蕴涵风险应予关注

（1）农合机构改革取得丰硕成果，内控制度仍需进一步落实。2011年末，广西农合机构共有90家。12月末，广西农合机构各项存贷款余额和增量连续六年保持全区金融同业第一位。2011年末，广西农合机构资本充足率10.35%，比年初增加0.18个百分点；不良贷款率比年初下降0.23个百分点；实现经营利润62.02亿元，同比增加18.68亿元。

广西农合机构改革成效不断显现的同时，也存在一些不可忽视的问题。一是成本费用控制能力整体较弱。成本费用未能得到有效控制，大部分农合机构成本收入比高于全国平均水平。二是盈利能力有待进一步提高。部分农合机构的资产利润率未达到全国平均水平。三是资产负债结构错配问题亟待改善，部分机构资产负债结构的错配等问题依然存在。四是内控管理制度仍需进一步落实到位，个别机构专项审计制度未严格执行，如假借冒名贷款等案件仍有发生。

（2）城市商业银行快速扩张，蕴涵风险应予以关注。截至2011年末，广西3家城市商业银行共成立分支行119个、营业网点156个，其中新设分支行7个、营业网点8个。此外，3家城商行共发起设立9家村镇银行。广西城市商业银行异地分支机构逐步克服困难，业务稳步增长，市场认可度不断提高。

但是随着城市商业银行的快速扩张，存在的问题及蕴涵的风险也日益突出。一是城市商业银行跨区域设立发展以进入大城市、中心城市及发达地区较多，地区分布不平衡。二是跨区域分支机构信贷投放集中于大型企业，偏离城市商业银行设立初衷。三是资本不足问题凸显，机构扩张面临资本约束。四是跨区域分支机构经营收入来源结构单一，中间业务收入占比小，盈利能力下降。五是跨区域分支机构总体规模偏小，资产负债结构缺乏多样化。六是人才储备不足，跨区域发展的可持续性面临挑战。七是管理模式发生转变，风险管控难度增大。

3. 新型机构快速发展，经营管理亟待加强

2011 年末，广西共有 23 家村镇银行、3 家资金互助社和 127 家小额贷款公司。新型机构发展面临一些值得关注的问题。一是村镇银行与发起银行关系模糊，独立法人地位存在缺陷。村镇银行独立法人自主决策难以真正体现，分支机构管理式的倾向明显。二是村镇银行资金来源渠道狭窄。社会公众对村镇银行的认知度低，机构及基础设施不齐全等，加之地方政府支持有限，部分村镇银行存款稳定性差，业务发展存在一定困难。三是对资金互助社的有关政策扶持措施尚未得到有效落实。服务对象相对单一，收入利润少，导致入股社员的分红偏低。四是社会公信度低，制约了新型农村金融组织业务的快速发展。五是内部管理有待完善。作为新型农村金融机构，部分村镇银行开业时间短，对相关政策理解不够透彻，缺乏业务发展经验，出现法定存款准备金透支行为，影响了货币政策的贯彻执行。

（三）其他金融风险因素对金融稳定的影响

1. 民间借贷持续活跃，高利率贷款隐含风险

2011 年，民间借贷因手续简便、操作灵活等优势，业务呈现快速扩张势头，利率水平处于高位运行。人民银行南宁中心支行 90 家样本监测数据显示，2011 年广西民间借贷农户类及非农户类借贷总额分别为 8.8 亿元和 13.84 亿元，同比分别提高 2.12 倍和 2.57 倍；加权平均利率分别达 25.5444% 和 27.3233%，同比分别提高 2.6552 个百分点和 1.3786 个百分点，分别相当于同期一年期贷款基准利率的 3.89 倍和 4.17 倍。预计民间借贷在未来一个时期内将呈现量升价稳的发展趋势。由于银行信贷资源持续趋紧，劳动密集、规模扩张快、处于产业链中游的小微企业和商户对民间借贷需求旺盛，各类投资公司、担保公司、典当行业、小额贷款公司、商会及部分实业企业纷纷介入民间借贷业务，民间借贷供需两旺。然而，民间借贷在实践中存在着交易隐蔽、风险不易管控等特点，易引发借贷者之间的经济纠纷甚至案件，应予关注。

2. 金融领域形势复杂，案件防控压力增大

2011 年，广西银行业金融机构累计发生各类案件 1 起，同比下降 50%，涉案金额 4 850 万元，同比减少 1.53 亿元。总体上看，广西银行业金融机构通过加强风险管控，金融案件得到了有效控制，但案件防控不能掉以轻心。2011 年，广西金融案件突出表现为非法传销、诈骗、违规放贷、借款合同纠纷、制贩假币（票据）等几个方面。一是传销手段不断翻新，广西成为传销重灾区。2011 年，广西加大了对传销的打击力度，传销得到了一定遏制。二是各类金融诈骗案件呈上升趋势，大案、要案时有发生。金融诈骗手段日趋高科技化、高智能化、多样化，其中银行卡诈骗案成主流。三是违规放贷和金融借款合同纠纷案件使银行业金融机构面临借款难以收回的风险。

3. 反假币工作成效显著，假币流通有所下降

2011 年，广西全年共收缴假人民币 2 266.69 万元，与上年同期相比下降 20.69%，广西各级公

安机关破获假币犯罪66起，其中100万元以上1起，抓获犯罪嫌疑人81人，取得银行柜面及公安部门破案假币收缴量双下降的成绩。从广西假币收缴量呈下降趋势上看，虽然假币生存的空间不断压缩，制贩假币违法犯罪活动对金融体系的稳定不足以构成威胁，但在利益的驱动下，社会上滋生假币犯罪的土壤尚未根除，流通中假币仍还有一定存量。反假币工作仍需始终保持严厉打击假币犯罪的高压态势，充分发挥银行、公安部门和社会力量反假币优势，更进一步加强反假币宣传，做好假币动向信息的收集和监测，始终把握防范和打击的主动权，努力构建健康、规范、有序的金融环境以防范风险。

4. 非银行机构扩张迅速，防控风险压力增大

近年来，广西非银行机构迅速扩张，除财务公司和农村资金互助社由银监部门监管外，其他机构分属地方金融办、商务厅、发改委等非金融监管部门负责监管，存在监管现状无法做到有效风险防控的问题。一是广西小额贷款公司由自治区金融办负责日常监管，人民银行、银监部门和工商部门根据各自职责行使监管职责。日常监管部门的监管力量无法与小额贷款公司的增长速度相适应，其他各相关部门的监管都比较间接，无法防范由于小额贷款公司局部的经营风险延伸至银行形成的系统性金融风险。二是融资担保公司监管制度不完善，监管力量与有效风险控制有一定差距。三是典当行在典当利率等涉及金融的问题上欠缺有效监管。此外，对广西私募股权基金至今未明确监管部门。由于非银行机构监管欠缺有效性，一旦发生因非银行机构引发的金融风险甚至系统性金融风险，能否做到及时防控和妥善处置具有很大不确定性，对地方金融稳定构成潜在风险。

三、金融市场运行与金融稳定

（一）金融市场运行情况

1. 同业拆借市场运行平稳

2011年，广西累计发生信用拆借157亿元，同比增加93.5亿元，净融出资金138.8亿元，交易期限以7天为主，拆借各期限加权平均利率持续上扬。2011年，信用拆借各期限拆借成交加权平均利率为4.02%，同比提高1.88个百分点。

2. 票据市场波动明显

2011年，广西商业汇票累计签发945.76亿元，同比增长93.15%。商业汇票余额723.53亿元，较年初增长88.84%。票据融资持续保持负增长，2011年，广西企业贴现累放额为747.88亿元，同比减少83.82亿元。截至12月末，广西企业票据融资余额91.71亿元，余额较年初减少27.70亿元，已连续23个月保持负增长。全年票据市场利率维持高位运行。

3. 债券市场交易活跃

2011年，广西银行间债券市场成员累计办理债券回购6 190笔、金额1.64万亿元，交易金额同比增长2.04倍。银行间债券市场成员共发生现券买卖业务12 616笔、金额2.10万亿元，交易金额同比增长1.43倍。广西全国银行间债券市场成员持券余额达398.62亿元，较年初增长1倍。全年共有15家企业利用非金融企业债务融资工具实际融资174.6亿元，融资总额为2010年全年融资总额的2.33倍。

4. 外汇市场规模扩大

2011年，结售汇总额149.95亿美元，同比增长12.41%；结售汇顺差累计14.81亿美元，同比

增长 7.01%。跨境资金流动[①]规模较快增长，净流入增幅进一步上升。2011 年，广西跨境资金流动总规模 256.2 亿美元，首次突破 200 亿美元大关，同比增长 30.22%。全年累计跨境资金净流入 23.6 亿美元，同比增长 40.23%。

5. 黄金市场持续升温

2011 年，广西商业银行各类黄金业务累计成交 30.4 吨、金额 106 亿元，同比分别增长 30%、58%。其中，“纸黄金”交易量仍占主导地位。“T+D”交易量小幅下降，季度间波动较大。2011 年末，广西共有 7 家银行业金融机构开展黄金现货“T+D”业务，其中 2011 年度新增 4 家。全年累计成交 4.16 吨、金额 14.54 亿元，同比分别下降 9% 和增长 13%，买卖基本持平。

（二）金融市场运行中应关注的问题

1. 关注场外同业存放和同业借款市场中的“边缘化”融资行为

目前，银行业金融机构之间非结算目的的同业“存放”和同业借款现象较为普遍，资金行为特点显著。一是银行业金融机构一方由于资金出现富余而将资金存放至另一类型银行业金融机构。二是利率双方议定，存出方赚取比存放人民银行更高的利差，具有明显的资金融通和“拆”、“借”性质。而现行的同业拆借管理办法仅对金融机构办理“同业拆借”的业务具有约束权，对此类行为未明确，不利于金融机构之间资金流动全面监测和管理。

2. 银行跨境外汇融资和资金运作进一步加剧外汇收支波动性

2011 年，在汇率风险加大、信贷规模紧缩、本外币利差拉大的情况下，贸易融资原有的避险、融资功能和被赋予新的理财保值功能，促使贸易融资成为企业青睐的对象。可观的中间业务收入和规避相关监管的特性，也使贸易融资成为各银行业金融机构争先推广的产品。2011 年广西辖区主要银行业金融机构贸易融资金额共计 23 亿美元，较 2010 年末增加 8 亿美元，远期售汇履约额 5.98 亿美元，同比增长 2 倍多。银行跨境外汇融资和资金运作进一步加剧了外汇收支的波动性，弱化了国内信贷管理政策的效果。

四、金融基础设施与金融稳定

（一）支付清算体系建设取得重要进展

2011 年，广西支付清算体系建设取得新的重要进展，支付清算网络体系日趋完善。积极实施支付结算执法检查，有效规范银行支付结算行为；继续推进银行卡安全管理和应用，银行卡产业促进消费增长作用日益显著；平稳有序做好新版票据换版和制版工作，有效提高票据凭证防伪性能；积极开辟村镇银行资金清算新渠道，解决村镇银行资金清算渠道不畅的瓶颈问题；开展支付系统应急演练，细化应急处置流程，显著提升系统危机处置能力；推广助农取款服务，有效解决农村金融服务渠道不足难题；组建广西金融电子结算服务中心，全面提升南宁区域性金融中心服务功能。广西支付清算体系还存在一些不完善的地方，有待进一步改进。如非现金支付工具推广应用中仍存在无序竞争、监管措施不足的现象，银行行内综合业务系统支付交易信息监测还缺乏有效手段等。

---

① 自 2010 年 5 月开始广西边贸项下境内非居民与居民的人民币交易纳入跨境资金流动统计之中，为了保持统计数据的一致性和客观性，计算同比增速时采用的 2010 年同期数据也包含人民币境内部分。

（二）征信体系建设不断完善

2011 年，《广西社会信用体系建设“十二五”规划》完成编制。全区共有 12 万户企业、2 510 万个自然人信息录入人民银行征信系统，人民币贷款余额 9 407 亿元。金融机构月均查询 40 万次，拒贷 5. 2 万笔、金额 38 亿元，加载法院诉讼判决执行信息 2 046 笔、环保违法信息 549 笔。借助征信系统实行限制银行贷款措施，使 344 件执行案件已结案，执行到位金额 9 741. 83 万元；限制环保违法企业贷款 1. 38 亿元。农村信用体系已建立 483 万户农户信用档案，累计贷款 774 亿元。中小企业信用体系已建立 7. 5 万户中小企业信用档案，累计贷款 1 097 亿元。创建田东县为全国首个以社会信用体系建设联席会议名义命名的“信用县”，创建信用镇 28 个，信用村 485 个。通过征信体系建设，社会公众信用意识逐步增强，有效防范了信用风险。与此同时，伴随征信体系建设和应用产生的法律风险也日益增多，主要是数据源单位、征信机构以及征信产品使用者各方在信息报送、采集、整理、加工、保存、使用过程中，因违规、过错或不当行为造成损害国家利益、企业和个人合法权益而应承担法律责任的行为，以及因诉讼纠纷带来损失的可能性，对金融稳定产生一定程度的影响。

（三）反洗钱工作取得新的突破

一是加强与相关部门的协调合作，反洗钱调查工作机制进一步完善。二是切实发挥反洗钱监管的导向作用，分行业行文修订金融机构反洗钱工作评估办法，通过非现场监管评估、约见高管人员会谈及走访等多种方式实现反洗钱监管常态化。三是以法人金融机构为监管重点，现场检查工作稳步推进。四是反洗钱社会环境日趋成熟。通过业务培训、壮族山歌、演讲比赛、问卷调查等多种形式开展反洗钱宣传培训活动，广泛普及反洗钱知识，社会认同度不断提高。尽管广西反洗钱工作取得重要进展，但各种犯罪活动引发的洗钱风险依然存在。一是“资本运作”以及以各种商品为载体的传销活动仍呈多发态势，屡打不绝的情况并未根本扭转。二是广西毗邻海洛因产地“金三角”，陆地毒品入境量居全国前列，走私贩毒等违法犯罪行为对边境地区的社会经济稳定仍具有潜在威胁，日益明确的团伙分工致使洗钱出现专业化趋势。三是虚假伪造证件仿真度越来越高，利用其开立账户往往出于非法目的，给金融机构客户身份识别工作带来一定压力。

（四）金融信息化建设引向深入

2011 年，广西金融信息化建设通过完善各种信息化基础设施，严格落实“两管理、两综合”等从业要求，大幅提升广西金融机构的应急处置和安全保障水平。一是人民银行南宁中心支行大力推进广西金融业信息安全工作协调机制建设，于 2011 年 11 月颁布了《广西金融业信息安全协调工作预案（试行）》和《广西金融业信息安全协调工作机制指引（试行）》，建立了跨系统、跨行业的工作预案，形成了“横纵结合、齐抓共管”金融业信息安全指导协调的格局。二是积极开展信息系统风险评估和等级保护测评，严格落实系统监测和信息通报制度，成效明显。在 2011 年重要时期内，广西金融业未曾发生一起信息安全类风险事件。三是银行业信息系统不断升级优化，应急处置能力不断增强，业务连续性和稳定性得以有效保障。四是扎实推进金融 IC 卡应用和银行卡联网通用 POS 机改造，2011 年末，广西可受理金融 IC 卡的 POS 机终端达 97%，广西电子支付受理环境不断改善，金融犯罪得到有效防范。

（五）金融稳定长效机制逐步完善

2011 年，人民银行南宁中心支行从完善制度着手，系统性的开展“两管理、两综合”相关工作，取得了突破性进展，构建了金融机构开业管理制度、重大事项报告制度、执法检查制度和综合评价制度相结合的“四位一体”的制度体系。其中，全区人民银行系统 2011 年共受理新设金融机构加入人民银行金融管理和服务系统申请 140 件，收到金融机构重大事项报告 200 余份。通过开展“两管理、两综合”工作，发挥了其在维护金融稳定方面的作用。同时，广西辖内人民银行各分支机构组织对 15 家金融机构开展稳健性现场评估，促进了被评估机构稳健经营、防范风险和持续发展。

五、总体评估与政策建议

（一）总体评估

从定量评估的结果来看，2011 年广西金融稳定综合评价值为 84. 6 分，较上年提高 1. 89 分，同比上升 2. 29%，属于较稳定区间。从过去三年的评估结果来看，广西的综合得分一直保持逐年上升的趋势，表明广西在全力加快经济发展方式转变的背景下，金融运行的外部环境逐渐好转，金融体系整体运行稳健。从分项来看，宏观经济和金融生态环境有所改善，银行业、证券业和保险业略有下降（见图 4、图 5）。

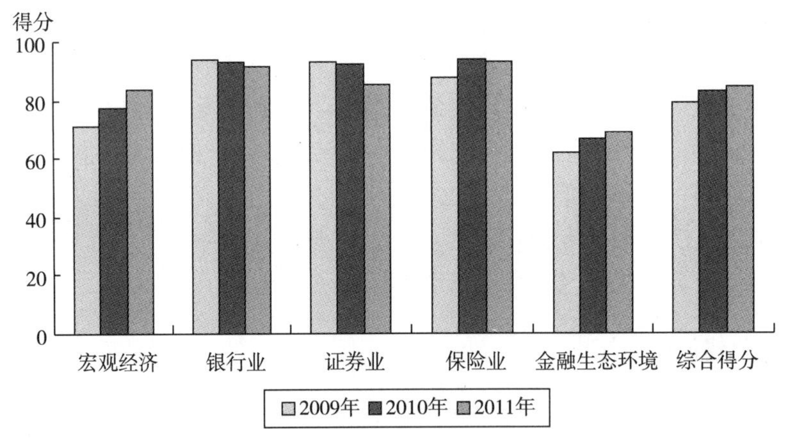

图 4　2009—2011 年广西金融稳定状况图

2011 年，全球经济复苏放缓，主权债务危机升级蔓延，经济下行风险凸显，新兴经济体增长势头普遍趋缓，部分国家面临较为严重的通货膨胀和短期资本大进大出的风险。我国经济发展面临经济增长下行压力和物价上涨压力并存的双重压力，内外部经济环境发生深刻变化，不稳定、不确定性因素明显增多，值得密切关注。宏观经济方面，关注政府投资拉动的持续效应以及经济结构调整对金融稳健运行的影响；人民币升值预期和本外币利差扩大导致异常资金流入压力加大；随着地方政府财政缺口扩大，政府债务集中到期偿还的现金流压力增加。金融业方面，随着货币政策步入“稳健”新周期，银行业流动性水平逐渐收紧，贷款投向过于集中，资产负债不匹配问题加剧，对其

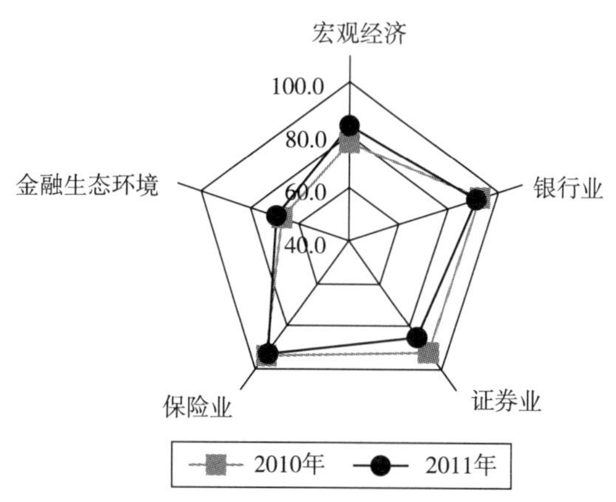

图5 2010年和2011年广西金融稳定状况雷达图

风险管理构成较大压力；证券经营机构核心竞争力有待提高，上市公司发展后劲不足，资本市场对经济的带动作用还没有得到充分发挥；保险业结构调整难度增大，市场秩序尚未根本规范，总体发展水平相对落后；小额贷款公司、融资性担保公司等影子银行体系对实体经济和正规金融体系的影响日益加深，现有分业监管体制无法实现有效监管和风险防控。非法集资、传销、制贩假币和诈骗等影响金融运行秩序的活动更具有隐蔽性和欺骗性，金融生态环境建设有待加强。

（二）化解金融风险、增强金融业稳健性的政策建议

1. 提高金融监管水平，切实防范系统性金融风险

一是加强与金融监管部门及政府相关部门之间的协调沟通，健全金融稳定协调机制，提高金融监管水平。二是积极引导金融机构按照宏观审慎监管的要求完善体制机制，提高风险管控能力。三是完善应急机制管理，做好风险应急预案，提升金融风险处置和应急管理水平。四是金融机构应密切关注房地产价格出现急剧回落可能引发的违约风险，积极做好房地产贷款风险的防控工作。五是金融机构要继续加强对地方政府融资平台贷款的监测，确保地方政府融资平台贷款的安全。六是密切关注影子银行体系和实体经济风险等对金融体系的影响，防范跨行业、跨市场风险，防范非正规金融及其他相关领域风险向金融体系传导。

2. 贯彻落实稳健货币政策，加快推进经济结构调整

一是积极引导金融机构要深入贯彻落实稳健货币政策，努力保持对经济发展的全力支持。二是金融机构坚持“有扶有控”的原则，加大对广西特色优势产业的信贷投入，不断优化小微企业金融生态，多方面拓宽小微企业融资渠道；严格限制信贷投放到高耗能、高排放及产能过剩行业，在积极推动经济结构调整的同时，实现金融机构自身的业务经营转型。三是积极拓宽企业融资渠道，支持符合条件的企业发行债务融资工具，促进企业融资渠道多样化，缓解广西企业融资过度依赖贷款的现状。

3. 继续深化金融改革和创新，进一步提高金融服务水平

一是在实现股东权益最大化的基础上继续深化上市银行股份制改革，发挥董事会的核心作用；进一步完善现代金融企业制度，提高信贷风险管控能力。二是不断总结“三农金融事业部”改革试点工作经验，进一步增强对“三农”领域金融服务水平。三是政策性金融机构要按照“分类指导、一行一策”的原则，继续深化改革。四是农村信用社应不断巩固改革成果，不断改善资产质量，进

一步增强市场竞争实力。

4. 继续完善多层次的金融市场体系，推动金融市场协调发展

一是加快企业上市步伐，做大做强“广西板块”；积极加快地方法人券商增资扩股步伐，逐步提高资本实力。二是加快发展政策性保险业务，促进保险市场规范化发展。三是积极探索银保互动、合作共赢的长效合作机制，实现金融市场的协调发展。

5. 不断完善金融基础设施建设，进一步优化金融生态环境

一是继续完善资金支付清算体系，保障支付清算系统安全稳定高效运行。二是继续加快建设以信用征集、信用评价、信用发布、信用监督和信用惩戒为主要内容的全区社会信用体系，有序推进信用村、信用户、信用社区、信用企业、信用单位建设。三是不断强化反洗钱工作，提升监管效力。四是强化货币发行和安全保卫工作，提升钞票处理工作水平和确保安全工作平稳开展。

6. 抓住 CAEXPO 每年举办的契机，积极探索广西与东盟交流合作的新途径

一是推动落实中国—东盟自由贸易区成立后一系列合作协议，扩大广西优势产品出口。二是推动广西与东盟金融机构双向互设与业务合作，促进广西与东盟区域性金融合作取得新的突破。三是金融机构要大力发展跨境贸易人民币结算试点业务，促进人民币跨境贸易结算业务快速发展。四是加快推动“中国—东盟货币服务中心”的筹建步伐，把南宁建设成为区域性金融中心。

总　　纂：关守科

统　　稿：黎　宇　黄云丰

执　　笔：朱燕宇　王　涛　黄德钊

其他参与写作人员（按姓氏拼音排序）：

安立波　邓蒂妮　郭　敏　黄　敏　黎桂林　李文明

李　雪　卢　峰　陆　峰　陆文希　农和誉　覃　琪

莫志胆　邱　海　唐志苇　王海全　王效瑜　吴　洁

辛悦玲　易庆玲　袁　泉

海南省金融稳定报告摘要

2011年，海南省经济运行呈现增长较快、效益较好、民生改善的良好态势，为金融业安全稳健运行创造了有利环境。银行业资本充足水平继续提高，规模、质量和效益同步提升，风险抵御能力增强；证券期货业运行平稳，市场主体规范水平不断提高；保险业保持较快发展，保障功能进一步增强；金融市场交易活跃，运行稳健；金融基础设施建设继续推进，金融生态环境优化，为区域金融稳定奠定了较好的基础。总体上，海南省金融稳定状况良好。

一、区域经济运行与金融稳定

2011年，海南省经济保持较快增长，产业结构进一步优化，经济发展质量继续提高，为辖区金融平稳运行提供了良好的经济环境。

（一）区域经济运行质量良好，维护金融稳定的外部环境持续改善

1. 经济保持较快发展

2011年，海南省实现地区生产总值2 515.29亿元，增长12%，高于全国GDP增速2.8个百分点（见图1）。第一产业、第二产业、第三产业增加值分别占地区生产总值的26.2%、28.4%和45.4%。全省人均地区生产总值28 797元，按现行汇率计算为4 429美元。人均地区生产总值突破4 000美元大关，跨入了世界中上等收入地区行列。

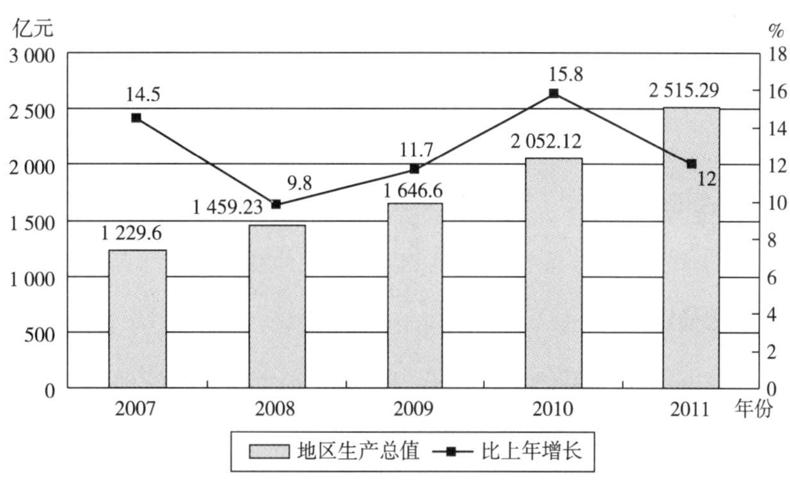

数据来源：海南省统计局。

图1　2007—2011年海南省地区生产总值增长情况

2. 三大需求增长旺盛

2011 年，全省固定资产投资 1 611. 41 亿元，增长 36. 2%；社会消费品零售总额 741. 13 亿元，增长 18. 8%；进出口总值 130. 23 亿美元，增长 20. 4%。

3. 地方财政收支同步增长

2011 年，全省全口径公共财政预算收入 689. 84 亿元，增长 30. 5%。其中，地方公共财政预算收入 340. 09 亿元，增长 25. 5%，增速比全国平均水平高 0. 7 个百分点。全年地方公共财政预算支出 779. 34 亿元，增长 34. 7%。

4. 城乡居民收入增长较快

2011 年，全省城镇居民人均可支配收入增长 17. 9%，扣除价格因素，实际增长 11. 8%；农村居民人均纯收入增长 22. 2%，扣除价格因素，实际增长 13. 4%。

5. 劳动就业情况良好

2011 年，全省城镇新增就业人数 9. 5 万人，城镇登记失业率 1. 73%，下降 1. 27 个百分点。转移农村劳动力 9. 2 万人，增长 2. 2%。

（二）区域经济运行中需要关注的问题

1. 物价水平持续高位运行

2011 年，全省居民消费价格指数（CPI）6. 1%，分别高于上年水平和全国水平 1. 3 个百分点和 0. 7 个百分点。其中，食品价格上涨 13. 3%，居住价格上涨 4. 9%。

2. 三次产业缺乏联动

海南省产业发展存在的最大问题就是三次产业缺乏联动、产业链条较短。如作为热带高效农业的上游产业，农副产品深加工行业发展较为滞后；油气化工、林浆一体化、汽车制造、生物制药等新兴工业产业，其产业配套不完善，产业规模不够强大，未能形成集聚效应，导致经济容易因为个别企业的经营情况变动而出现大起大落现象，经济稳定性欠佳；全省旅游房地产快速发展，但商业购物、康复疗养、文化娱乐等生活性服务业没有得到提升，无法体现旅游行业的高端和特色品质等。

3. 部分工业企业经营环境趋紧

2011 年以来，海南部分工业企业经营环境趋紧。主要表现为主营业务成本、产成品库存整体上升，融资难、融资成本高、资金周转慢，“高进低出”的价格差严重侵蚀企业盈利能力和生产的稳定性。

二、金融业与金融稳定

（一）银行业与金融稳定

2011 年，海南省银行业继续深化改革，经营规模不断扩大，风险管理水平提高，稳健性得到提升。

1. 银行业整体运行情况

（1）银行业改革向纵深推进。2011 年，辖内大型商业银行分行继续深化内部管理体制改革；农村信用社改革成果显著，支农主力军作用日益凸显；海口农村商业银行挂牌成立，琼山狮子岭信用社重组筹建工作进展顺利。合理分工、功效互补、有序竞争的农村金融服务体系逐步形成。

（2）机构规模不断扩大。截至2011年末，全省新增5家地方法人银行业金融机构；金融机构从业人员增长7.6%，资产总额增长13.19%，负债总额增长12.69%。

（3）存款增速大幅回落。受房地产调控政策以及企业、居民投资理财意识增强的影响，企业存款和储蓄存款分流明显，全省银行业金融机构的存款增量显著少增。2011年末，全省银行业金融机构本外币各项存款余额增长6.81%，增速同比大幅回落25.98个百分点，增速为2002年以来的新低。

（4）贷款增量创历史新高。在项目贷款、外汇贷款和企业经营贷款稳步增长的拉动下，全省银行业贷款增量再创佳绩。2011年末，全省银行业金融机构本外币贷款余额增长27.11%，增速比全国平均水平高11.41个百分点（见图2）。

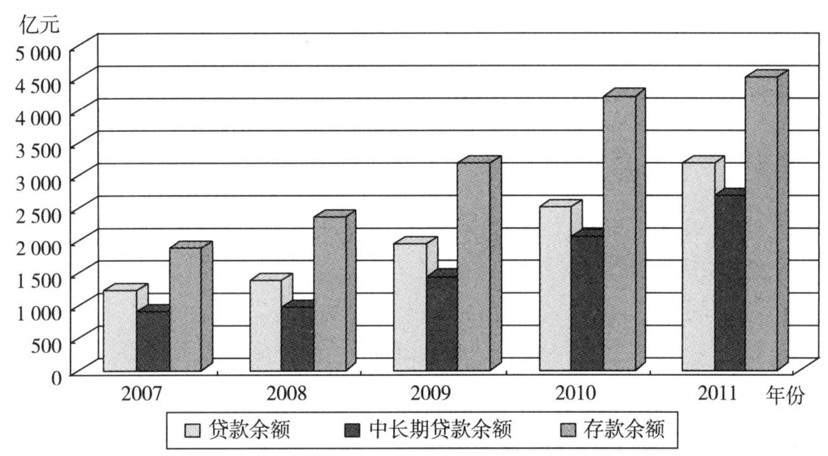

数据来源：中国人民银行海口中心支行。

图2　2007—2011年海南省银行业存贷款情况

（5）贷款质量稳步提升，盈利能力增强。2011年末，全省银行业金融机构不良贷款率为1.38%，同比下降0.6个百分点（见图3）；利润增长10.51%，其中，地方法人银行业金融机构盈利能力快速增长，全年盈利总额为上年的35.33倍。

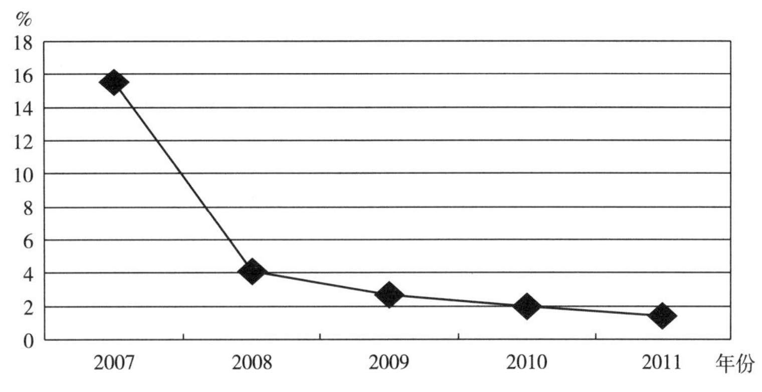

数据来源：中国人民银行海口中心支行。

图3　2007—2011年海南省银行业不良贷款率变动情况

2. 银行业发展中需要关注的问题

（1）资产负债不匹配问题突出。2011 年末，全省银行业金融机构中长期贷款余额与定期存款余额之比为 225.9%，超过 120% 的警戒线，"短存长贷"的期限错配问题突出，存在较大风险隐患。

（2）贷款集中度偏高。一方面，贷款向少数客户集中。2011 年末，最大十家客户贷款余额占全省银行业金融机构贷款余额的 51.7%，占比较上年同期上升 10.6 个百分点；另一方面，贷款向五大行业集中。2011 年末，贷款余额最大的前五个行业是环境和公共设施业、运输仓储和邮政业、房地产业、制造业、电力燃气及供水业，五个行业贷款余额占全省银行业金融机构贷款余额的 62.15%。

（3）间接融资比例较大。企业融资主要依赖银行信贷，间接融资比例一直居高不下。2011 年末，海南省非金融机构间接融资比例为 82.4%，同比上升 2.7 个百分点。

（4）地方法人银行业金融机构抗风险能力弱。一是贷款质量较差。2011 年末，地方法人银行业金融机构不良贷款率为 5.72%，高出全省银行业金融机构不良贷款率 4.34 个百分点。二是资本充足率低。全省 17 家农村信用社中，有 9 家资本充足率为负值。三是部分村镇银行存在对同一借款人的贷款余额超过资本净额的 5%、存贷比高于 75% 等问题。

（二）证券业与金融稳定

2011 年，海南省证券期货业运行平稳，市场主体规范水平不断提高。上市公司经营保持稳定，融资能力提升，首发上市再创佳绩。

1. 证券业整体运行情况

（1）证券经营机构数量增加，盈利水平下降。2011 年，海南省新增 6 家证券营业部，总数达 36 家。全省证券营业部证券交易量同比下降 26.69%，管理客户资产余额同比增长 25.94%。证券经营机构连续 5 年保持整体盈利，但受股票市场震荡调整等因素影响，整体净利润有所下降。2 家法人证券公司净利润同比下降 92.92%（见图 4），证券营业部累计实现净利润同比下降 60.99%。证券营业部盈利 61.11%，同比下降 25.1 个百分点。

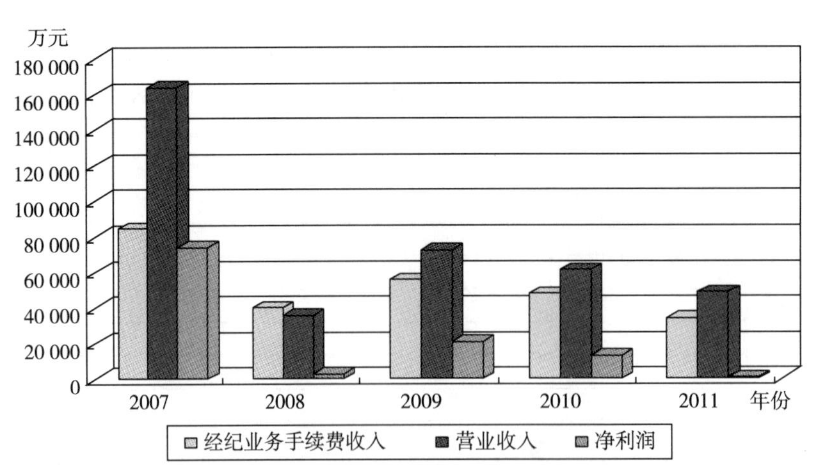

数据来源：海南证监局。

图 4　2007—2011 年海南省证券公司盈利情况

（2）期货市场规模逐步扩大，代理交易额稳步增长。2011 年，海南省期货市场规模不断扩大，新增 1 家期货营业部，截至 2011 年末，海南省共有 4 家期货公司，11 家期货营业部。辖区期货经营机构代理交易额同比增长 36.9%，净利润同比增长 7 倍。

（3）证券期货市场竞争有序，运作渐趋规范。2011 年，海南省证券期货经营机构以行业自律的形式确立了证券、期货交易手续费底线，有效遏制了恶性竞争，基本稳定了证券交易手续费比率。证券期货风险处置、打击非法证券期货活动、媒体舆论引导等综合协作机制运行顺畅，资本市场内幕交易综合治理防控体系逐步完善，省级银行业金融机构协助查询机制建立健全，市场违法违规案件调查效率大幅提高。

（4）上市公司融资额再创新高，有力地推动地方经济发展。2011 年，海南上市公司直接融资出现喜人势头，海南橡胶、神农大丰、海南瑞泽 3 家公司首发上市，合计募集资金 60.81 亿元；同时，海南航空、海南海药、新大洲等公司通过定向增发、发行公司债等方式实现再融资额 68.17 亿元。全年共募集资金 128.98 亿元，是历年来上市公司融资规模最大的一年，占 20 年来海南上市公司融资总额的 31.35%。2011 年末，25 家上市公司总市值达 1 228.01 亿元，同比下降 18.5%；总股本 206.49 亿股，同比增长 30.14%（见图 5）。

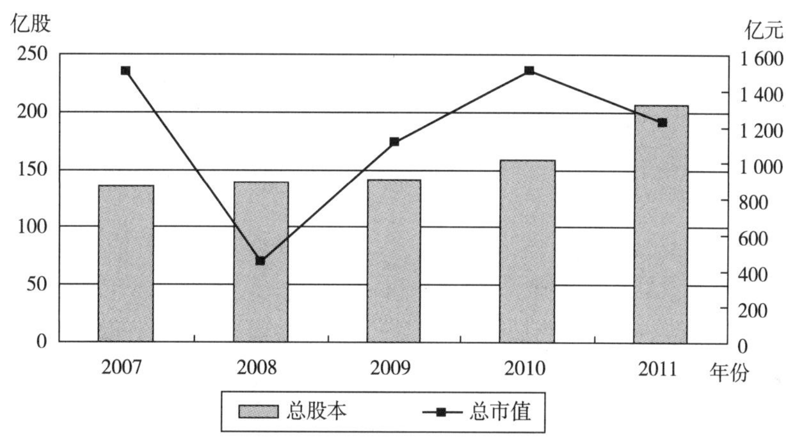

数据来源：海南证监局。

图 5　2007—2011 年海南上市公司总市值和总股本情况

（5）后备上市资源培育工作成效显著。2011 年，海南后备上市资源库的企业达到了 91 家，比上年末增加 26 家。其中，10 家企业进入辅导备案期，3 家企业已向证监会报送上市申报材料。新增后备上市企业行业类别广泛，包括旅游、制药、工业、环保、文化等行业企业。

2. 证券业发展中需要关注的问题

（1）证券期货经营机构市场竞争力较弱，地区分布集中。2011 年，2 家证券公司经纪业务手续费收入占营业收入的 70.32%，证券公司经营仍过多依赖传统经纪业务，其他业务收入比重较低。同时，海南证券期货经营机构分布较为集中，制约了证券期货经营机构的发展空间。

（2）上市公司资产质量和内控能力有待提高。相当一部分上市公司规模小、资产质量不高、发展后劲不足，部分上市公司的治理水平和内控能力亟待提高，符合条件的拟上市公司资源仍然不足。海南上市公司约占全国上市公司总数的 1%，上市公司总市值低于全国平均水平，ST 公司占全省上市公司总数的 28%。

（三）保险业与金融稳定

2011年，海南保险业实现较快发展，全行业竞争实力稳步提高，功能保障作用进一步增强，市场运作逐步规范，经营风险总体可控。

1. 保险业发展情况

（1）市场组织体系渐趋完善，竞争实力不断增强。2011年，海南新增太平人寿、泰康人寿、国寿财险和永诚财险4家省级保险分公司，阳光人寿保险总部入驻海南取得实质性进展。全省以保险公司为主体，专业保险中介机构、保险兼业代理机构为纽带的保险服务网络体系逐步形成。截至2011年末，海南保险公司累计资产总额同比增长28.54%，保险密度同比增长11.03%。

（2）各项业务快速增长，保障功能有效发挥。2011年，海南各保险公司保费收入53.75亿元，同比增长21.41%，增速全国排名第三。其中，财产险公司实现保费收入22.44亿元，同比增长21.69%；人身险公司实现保费收入31.31亿元，同比增长21.2%（见图6）。全年各保险公司赔付支出15.88亿元，同比增长40.37%。其中，财产险公司赔付支出10.6亿元，同比增长53.44%；人身险公司赔付支出5.28亿元，同比增长19.85%。

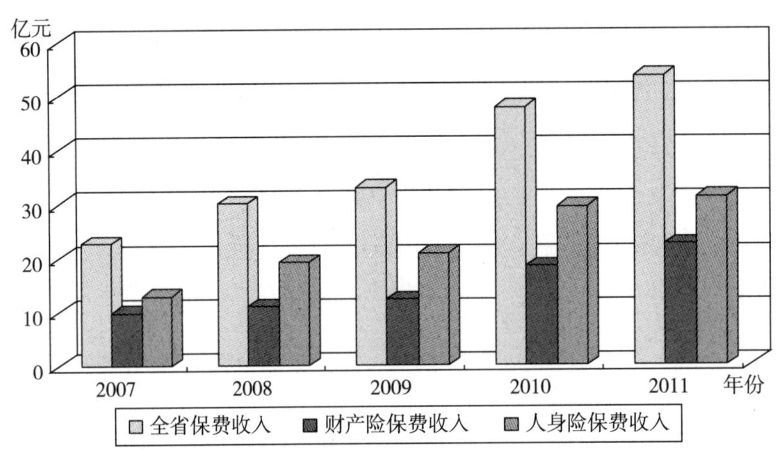

数据来源：海南保监局。

图6 2007—2011年海南省保费收入变动情况

（3）财产险业务结构持续优化，发展质量不断提高。2011年，海南车险业务保费收入同比增长21.36%，占比66.87%，同比下降0.54个百分点。非车险业务发展势头良好。企财险保费收入同比增长10.91%，责任保险保费收入同比增长80.72%，农业保险保费收入同比增长40.99%，保证保险保费收入同比增长341.7%。海南财产险公司效益提升、成本下降，承保利润率同比上升4.13个百分点，综合费用率同比下降3.92个百分点，综合成本率同比下降4.13个百分点。

（4）寿险业务品质改善，退保增速放缓。截至2011年末，寿险新单期缴业务同比增长10.51%，占新单业务的36.78%，同比提高0.54个百分点；五年期及以上新单期缴保费占新单期缴业务的32.78%，同比上升1.35个百分点，其中十年期及以上新单期缴占比21.15%，同比上升3.7个百分点；新单累计标准保费折标率42.6%，同比上升3.62个百分点。全年寿险退保金同比增长46.05%，增速同比下降22.09个百分点。

（5）服务经济社会发展有新进展，农业保险功能作用充分发挥。2011年，海南企财险、工程险为一批新建港口、水电站和五星级酒店建设项目提供风险保障；船舶险为粤海铁公司新增全国最大滚装船和本地游艇提供风险保障；中央财政补贴保费的国内贸易信用保险签下海南保险业首单，有力支持中小企业顺利取得银行贷款，助力企业发展。10 月，海南持续遭受强台风、强降雨袭击，损失惨重，保险业积极开展灾后理赔服务工作，有效降低农户的灾害损失，有力保障了灾后重建工作。

2. 保险业发展需要关注的问题

（1）人身险业务发展面临多重压力。一是现有寿险产品吸引力和竞争力下降，退保风险较大；二是寿险代理人数进入低速增长期，在当前个人营销体制下，增员难、留存难和人均产能乏力的问题进一步突出；三是银保业务增速放缓，银保渠道面临进一步规范与转型；四是寿险公司盈利状况不容乐观，2011 年海南寿险公司账面亏损同比扩大 37.83%。

（2）财产险市场垄断格局明显，市场竞争不够充分。目前，海南财产险市场供给主体数量不多，市场垄断程度偏高，竞争不够充分。截至 2011 年末，海南财产险公司省级分公司 11 家，人保财险、太平洋财险和平安财险三家公司的市场份额占比高达 81.72%，其他公司各自所占的份额都在 7% 以下，平均市场占比不到 3%。

三、金融市场与金融稳定

（一）融资总量平稳增长，债券融资占比明显上升

2011 年，海南省非金融机构融资总量保持平稳增长势头，全年融资总额同比增长 15.7%，融资结构保持稳定。其中，间接融资比率为 82.4%，同比上升 2.7 个百分点；直接融资比率为 17.6%，同比下降 2.7 个百分点。在公司债发行的拉动下，债券融资占比较上年提高 6 个百分点，为近三年来的新高。

（二）货币市场交易活跃，质押式回购大幅增长

2011 年，随着银行间市场的稳步发展，机构投资者表现出了强烈的投资意愿。全年质押式回购融入资金同比增长 2.7 倍，买断式回购融入资金同比增长 1 倍。

（三）票据业务快速增长，利率先抑后扬

2011 年，全省银行票据承兑余额和贴现余额同比分别增长 66.8% 和 73.4%。银行体系流动性普遍趋紧，企业融资成本逐步提高，第四季度票据贴现利率比第一季度高出 3.4 个百分点。

四、金融基础设施与金融稳定

2011 年，海南省金融基础设施建设成效显著，对经济金融的促进和支持作用日益加强，维护辖区正常金融秩序和金融安全的作用得到有效发挥。

（一）支付系统安全、稳定运行，支付清算效率稳步提高

2011 年，海南省支付体系总体保持了安全、高效、平稳运行态势，资金交易频繁度进一步提高，

支付业务量稳步增长，加速了社会资金流通，促进了海南经济平稳较快发展。

1. 支付系统继续保持稳定、高效运行，业务量持续增长

2011 年，全省支付系统处理支付业务笔数、金额同比分别增长 12.45% 和 18.97%。其中，大额实时支付系统处理业务笔数、金额同比分别增长 6.23% 和 16.66%；小额批量支付系统处理业务笔数、金额同比分别增长 1.11% 和 57.56%；银行业金融机构行内支付系统处理业务笔数、金额同比分别增长 1.34% 和 23.24%；银行卡跨行支付系统处理业务笔数、金额同比分别增长 36.49% 和 24.14%。

2. 非现金支付工具业务量持续增长，社会资金交易活跃

全年使用非现金支付工具办理支付业务 26 210.44 万笔、金额 45 552.95 亿元，同比分别增长 26.52% 和 12.40%。

3. 银行结算账户开户数量保持增长态势

2011 年末，全省共有各类银行结算账户 2 481.99 万户，同比增长 23.57%。其中，单位银行结算账户 19.85 万户，占银行结算账户的 0.8%，同比增长 15.92%；个人银行结算账户 2 462.14 万户，占银行结算账户的 99.2%，同比增长 23.64%。

（二）征信系统建设不断深入，金融生态环境逐步优化

2011 年，海南省征信体系建设不断健全，征信系统的应用和服务得到进一步加强。企业和个人信息数据入库量增加，全年企业信息入库户数同比增长 6.99%，自然人信息入库人数同比增长 2.07%。征信业务查询量增加，全年金融机构查询企业次数同比增长 8.9%，个人征信业务查询笔数同比增长 5.8%。中小企业信用体系建设逐步完善，全年共完成中小企业组织建档户数同比增长 7.12%。非银行信用信息采集工作成效显著，全年采集企业非银行信用信息 2 480 家，个人非银行信息 13 万条，按时更新公积金、环保、工资拖欠等非银行信息。积极推动企业信用评级工作，在保证企业信用评级操作规范的前提下，加快企业信用评级工作，全年共完成 745 家企业信用评级，同比增长 36.4%。

（三）反洗钱监管整体合力增强，风险防范成效明显

全省金融机构高度重视反洗钱工作，成立了反洗钱组织机构，建立了基本的反洗钱内控制度，并严格履行基本的客户身份识别、客户身份资料及交易记录保存、大额交易和可疑交易报告义务，开展多样化的反洗钱宣传和培训，积极配合人民银行反洗钱行政调查和案件协查。

全年金融机构报告可疑交易 15.35 万份，海口中心支行接收金融机构重点可疑交易报告 23 份，立项开展行政调查和案件协查 12 起，开展书面调查和现场调查 37 次；转发外交部执行联合国安理会决议 10 次，部署全辖金融机构监测、比对恐怖融资组织和个人名单；向公安机关报案 4 起，与公安、工商、纪检监察等部门情报会商 65 次，协助公安机关侦破“1·29 特大非法经营案”（涉案金额 727.17 亿元）、“2011－185”特大团伙跨境走私毒品案（缴获毒品氯胺酮 353 公斤）、“POS 机套现案”（涉案金额 2 666 万元）案件 3 起；协助检察机关审理案件 1 起，冻结资金约 4 900 万元，抓获犯罪嫌疑人 42 人，有效地打击了洗钱犯罪活动，维护了正常的经济金融运行秩序。

五、总体评估与政策建议

（一）总体评估

2011 年，海南省经济总体保持平稳增长，为金融业发展和区域金融稳定创造了良好的宏观经济环境。金融机构防范和化解风险能力增强，服务水平和竞争能力进一步提升，为经济健康平稳运行和维护金融稳定奠定了扎实的基础。银行业信贷投放增长较快，资产质量不断提高，盈利能力明显改善；证券期货业保持平稳发展态势，市场主体规范水平不断提高；保险业整体实力显著增强，风险保障能力稳步提高；金融基础设施不断完善，社会信用体系建设取得新成效，金融生态环境持续优化，总体上实现了经济金融协调健康发展。

但是，仍存在一些影响金融稳定的潜在风险因素。一是信贷集中趋势难以在短期内得到明显改善；二是部分中小金融机构流动性趋紧；三是地方法人金融机构整体实力不强，抗风险能力较弱；四是证券期货业、保险业仍需进一步规范发展，做大做强。

（二）政策建议

1. 加快经济结构调整步伐，提高经济增长内生动力

密切关注宏观经济金融发展趋势，全面掌握政策影响因素及变动预期，及时采取应对措施确保全省经济金融平稳运行。引导企业加大创新力度，发展循环经济、低碳经济，着力促进产业结构调整和发展方式转变。大力发展服务业，抑制高耗能、高污染、产能过剩行业发展。加强对民间投资的鼓励和引导，提高投资者信心和民间投资在全社会投资中的比重，努力拓展内需特别是农村消费需求。提高经济增长的内生动力，为经济可持续发展和金融稳健运行夯实基础。

2. 合理引导通货膨胀预期，着力保持物价基本稳定

认真贯彻落实中央有关稳定物价的一系列政策措施，进一步完善各类商品服务价格监测体系，组织好基本生活必需品的生产供应，正确引导媒体、社会舆论及市场预期，依法打击各种扰乱市场价格秩序的违法行为，把握好管理商品和服务价格的调整时机、节奏和力度，努力保持物价基本稳定。

3. 加大金融改革创新力度，增强地方法人银行类金融机构风险抵御能力

继续推动地方法人银行类金融机构完善法人治理结构、健全内控制度，以优化资产结构、提高资本充足率、增强服务能力、防范金融风险为主线，引导地方法人银行类金融机构贷款合理增长，防范流动性风险发生。

4. 扩大直接融资规模，充分利用资本市场优化资源配置

上市融资与发行债券并举，加快企业上市步伐，积极开展短期融资券等传统债券发行，探索中小企业集合债券等新型债券发行，不断扩大直接融资规模，分散和缓解银行体系风险，促进海南省经济又好又快发展。

5. 保险业应加快转变发展方式，优化市场主体结构

一方面，应加大产品创新力度，优化产品结构，平衡发展不同的销售渠道，促进各项业务平稳

健康发展；另一方面，应继续鼓励支持新兴保险公司的进入以及分支机构的成立，从数量上改善市场结构。

总　　纂：曹协和
统　　稿：鄂　锋　黄明理
执　　笔：黄　辉　陈太玉　符瑞武
其他参与写作人员：邓启峰　陈琼蓉　王　艳　于　明　刘春梅
潘文娣　王晓勃　何雁明　金为华　林明恒
王振兴　石海峰

重庆市金融稳定报告摘要

2011年，重庆经济发展“快中见好”，经济结构不断调整优化，市场主体数量快速增长，发展活力进一步提升。金融发展与实体经济发展的融合度不断加深，全年在对关键环节和重点领域保持资金有效供给的同时，继续加大对经济发展薄弱环节的支持力度，对国民经济的贡献度进一步加大，总体上保持了稳健运行的特征。金融基础设施继续保持稳定高效运行，为金融业的稳健运行提供了必要的保障。

一、区域经济运行与金融稳定

2011年，重庆认真贯彻中央稳经济、调结构、控通胀的宏观经济调控政策，围绕民生抓改革，突出开放抓发展，经济发展步伐“快中见好”，经济增长协调性逐步增强，产业体系上档升级，保持了经济高位平稳运行的态势。较为均衡、协调、可持续的经济增长为辖区金融稳定奠定了良好基础。

（一）经济运行情况

1. 经济增长“快中见好”，第二产业对经济的拉动作用进一步提高

2011年，重庆市地区生产总值突破万亿元大关，达到10 011.13亿元，同比增长16.4%，较全国水平高出7.2个百分点，增速位居全国第一。其中，第一产业增加值844.52亿元，同比增长5.1%；第二产业增加值5 542.80亿元，同比增长21.8%，增速也位居全国第一；第三产业增加值3 623.81亿元，同比增长10.8%。三次产业占地区生产总值的比重为8.4:55.4:36.2，分别拉动重庆市经济增长0.48个、11.74个和4.18个百分点，第二产业对经济的拉动作用进一步提高。

“二三一”的经济结构进一步巩固，符合现阶段重庆经济发展的节奏和规律。第一产业内部机构不断调整优化，自身抗风险能力增强。粮食生产保持稳定，农业产业化取得新进展，“三农”投入增长40%。以工业为主动力的第二产业发展质量和效益不断提升，优势工业集群资产规模进一步壮大，1—11月工业综合经济效益指数达250.6，创历年新高。第三产业增加值占地区生产总值比重有所下降，整体增长趋于平稳。

2. 经济发展协调性增强，开放型经济升级转型步伐加快

三大需求拉动力更趋协调。投资、消费、净出口对经济增长的贡献率将分别达到54.6%、37.4%和8%，投资贡献率连续3年下降，净出口贡献率首次由负转正。

固定资产投资继续保持较快增长。全年完成固定资产投资7 631.80亿元，同比增长30%，分别较全国平均水平和上年同期高出6.2个和5.4个百分点。三次产业投资比重依次为3.7:36.4:59.9。工业投资是拉动投资增长的主力，占投资总量的33.2%，同比增长33.4%。房地产投资2 015.09亿

元，同比增长24.4%，较上年同期回落6.4个百分点。区域投资结构协调性逐步增强，"1小时经济圈"固定资产投占比同比下降0.14个百分点，渝东北和渝东南地区投资比重分别同比上升0.02个和0.12个百分点。

消费品市场平稳快速发展。全年实现社会消费品零售总额3 415.9亿元，名义增长18.7%，高于全国平均增速1.6个百分点。剔除物价因素，实际增速同比有所回落。城市社会消费品零售额1 862.45亿元，增长19.1%，比县及县以下乡镇社会消费品零售额增速高0.86个百分点。

开放型经济升级转型步伐加快。对外贸易实现跨越式发展，全年进出口总值累计完成292.18亿美元，同比增长1.35倍。外资引进增势强劲，全年实际利用外资105.79亿美元，同比增长66.1%，增速提高8.6个百分点。对外投资取得突破，全年对外协议（意向）投资新签项目67个，达成协议（意向）投资额60.27亿美元。

3. 物价房价运行态势符合政策预期，过快上涨势头得到遏制

2011年，面对全国范围的物价上涨，重庆采取了一系列发展生产、增加供应、搞活流通、强化监管、保障民生等稳定物价的政策措施，居民消费价格总水平过快上涨势头得到初步遏制。居民消费价格总水平较上年上涨5.3%，食品、居住价格是拉动价格上涨的主要原因，合计拉动价格总水平上涨5.0个百分点，贡献率为89.7%。工业品出厂价格同比上涨3.8%，比全国平均涨幅低2.2个百分点。购进价格上涨5.7%，呈现前期逐月攀升、后期攀高回落的倒U形走势。

在国家对房地产市场调控不断加强的背景下，重庆房地产市场由上半年"量跌价滞"向下半年"量价齐跌"转变，楼市"拐点"初现，主城区商品住房成交面积同比减少29.2%，远郊区县同比减少24.2%。自7月起，新建住宅价格指数连续环比下跌。12月，主城九区商品房销售均价为5 956元/平方米，同比下降10.8%，连续三个月同比下降。

4. 企业经济效益稳步提高，城乡居民收入快速增长

工业经济效益明显提升。1—11月，规模以上企业实现利润总额445.47亿元，同比增长17.9%，收入利润率达4.3%。在38个大类行业中，利润增幅超过全市平均水平的有25个。工业企业经济效益综合指数达到250.6，同比提高24.9个百分点。

城乡居民收入快速增长。在个税起征点提高、最低工资标准上调、企业离退休金标准调整以及价格上涨动态补贴机制等因素的共同作用下，城市居民人均可支配收入同比增长14.95%，达到21 954.97元；农民人均纯收入增长22.8%，达到6 480.41元。城乡居民收入差距进一步缩小，城乡收入比缩小到3.13，比2006年的峰值下降0.89。

5. 财政收入高位增长，民生领域支出增速继续加快

全年实现地方财政收入2 908.82亿元，同比增长46.1%。其中，一般预算收入1 488.25亿元，同比增长46.2%；税收收入880.98亿元，同比增长41.7%，增速与上年基本持平；土地出让金收入1 309.29亿元，同比增长47.2%。全年财政支出3 961.72亿元，同比增长44.2%。其中，一般预算支出2 573.54亿元，同比增长45.5%，同比上升16.4个百分点。民生领域支出增长进一步加快，一般公共服务、教育、医疗、社保和就业、城乡社区事务等民生领域支出同比增长50%，支出总额占全部一般预算支出的57.8%。

（二）值得关注的问题

1. 经济下行可能导致产能过剩

2011 年下半年以来，我国宏观经济放缓迹象已有所显现。经济放缓既是宏观主动调控的成果，也是经济发展的周期性规律，更是需求结构、人口结构、劳动力供求等经济基本面发生变化的必然结果。但是，由于我国经济具有较为典型的粗放型和速度效应型特点，经济放缓可能会导致产能过剩等“惯性病”问题的出现。在未来一段时期，需高度重视重庆工业支柱中钢铁、汽车、水泥、有色金属等产能过剩的问题。

2. 行业间利润分配失衡推动资金“避实向虚”

2011 年以来，在原材料价格上涨和资金偏紧背景下，行业间利润分配失衡日渐显著，推动部分资金脱离实体经济。一方面，金融部门利润增长明显快于实体部门；另一方面，在实体部门之间，上游行业利润增速明显快于下游行业。对 5 000 户工业企业的调查显示，截至 2011 年 11 月，电力燃气和水的生产及供应、石油天然气开采、非金属矿采选业等上游企业平均利润同比增长高达 24.6%，而纺织服装、交通运输设备制造、黑色金属冶炼、非金属矿物制品业等下游企业平均利润同比增长仅为 9.2%。以国有垄断企业或大型企业为主的上游部门，对以民营、中小企业为主的下游企业构成了挤压，不利于经济长期健康稳定运行。

3. 全球经济放缓和惠普战略调整可能冲击对外贸易

在主权债务危机恶化、全球通胀和就业压力加大、日本大地震、北非和中东地区局势动荡、泰国洪灾等因素影响下，新兴市场国家经济增长明显回调，发达经济体步入“滞胀”的概率加大，世界经济复苏前景黯淡。欧盟、东盟、美国、日本等重庆主要贸易对象缓慢的经济复苏进程对支撑出口工业快速增长的动力尚不稳固，这将对重庆外贸产生负面影响。同时，受 PC 市场产品创新速度不断加快影响，有报道称惠普已经考虑分拆 PC 业务，这将引起为其配套的全球供应链的重大调整，也将不可避免地对重庆笔记本电脑进出口业务产生冲击，对重庆以信息产业为主要推动力的产业升级造成较大影响。

4. 地方财政收支平衡难度增大

2010 年以来，重庆财政收入爆发式增长，年均增长速度超过 70%，但财政支出规模也同步扩张。2011 年重庆地方财政收支靠中央转移支付来平衡的资金达 1 053 亿元，比例达到 36.2% 的较高水平。在经济放缓的大背景下，重庆财政收入持续高增长的可能性较小，但以前年度快速发展导致的刚性支出一时难以压缩，地方财政尤其是区县财政收支平衡问题将逐渐凸显。此外，从 2012 年开始，地方融资平台进入还款高峰期，将进一步加剧财政收支压力。

二、金融业与金融稳定

（一）银行业稳健性

2011 年，重庆银行业进一步调整业务结构，主要运营指标保持良好，盈利能力明显增强，重点领域风险管控持续加强，经营机制和管理效率不断优化和提升。但同时，银行体系表内信用风险上升、房地产行业风险溢出效应加大、政府融资平台信贷风险上升、表外风险管控水平滞后于业务发展等问题也日益突出，需要积极关注银行业资本充足、盈利能力和资产质量的变化情况。

1. 银行业运行分析

（1）机构快速增长，经营规模和运行质量稳步提升。机构快速增长，区域布局和功能划分更加合理。2011 年 12 月末，重庆银行业金融机构（分行或法人）数量达到 73 家，机构数量较 2008 年末翻了一番，较年初新增 15 家，新增数量与上年持平。总体而言，新增银行业机构呈现三个特点。一是区县法人机构增多，新型农村金融机构区县覆盖率近 50%，3/4 的机构设在主城九区以外；二是外资银行、股份制银行、城市商业银行加快进驻，新入渝机构达 15 家；三是机构门类更加丰富，金融租赁公司、住房储蓄银行、财务公司等功能性机构开始出现。

金融资源优化布局，资产质量持续改善。2011 年 12 月末，重庆银行业金融机构资产总额达 23 064亿元，同比增长 26.3%。其中，新型农村金融机构和非银行金融机构增长最快，弥补了区域金融服务的不足，优化了区域金融资产的分布。全辖机构不良贷款余额为 92.2 亿元，较年初下降 16.3 亿元，不良率为 0.7%，较年初下降 0.29 个百分点，资产质量在全国排名第三位。全辖银行业整体拨备覆盖率持续上升，年末达 263%，较年初提高 84 个百分点，其中法人机构整体拨备覆盖率达 310.2%。

盈利水平继续提升，净息差和中间业务收入大幅增加。全辖机构全年累计实现税后净利润 369.4 亿元，同比增加 106 亿元，同比增长 40.0%。盈利结构逐渐改善，利息收入占比 79.8%，比上年下降 4.6 个百分点；中间业务占比 16.0%，比上年上升 3 个百分点。在总体信贷规模偏紧的情况下，银行议价能力明显提升，各项产品收息率均有所上升，净息差水平提升至 3% ~4%。中间业务全年实现收入 106.58 亿元，是 2010 年的 2.13 倍。其中，与信贷业务和理财业务相挂钩的担保性、融资顾问性手续费收入较上年分别增长 155.24% 和 143.3%，合计占中间业务收入的 52.8%。

（2）信贷结构持续优化，表外业务发展迅速。存贷款适度增长，期限结构配置明显优化。2011 年 12 月末，各项存款余额 16 128.87 亿元，较年初增加 2 512.16 亿元，同比增长 18.44%。各项贷款余额 13 195.16 亿元，较年初增加 2 195.28 亿元，同比增长 19.96%。存款增长呈现定期化趋势，住户和非金融企业的定期存款在存款增量中占比 65.92%。短期贷款在贷款增量中占比 41.91%，高于上年同期 32.13 个百分点，中长期贷款增速下降，二者在各项贷款余额中占比分别为 20.25% 和 75.97%。

信贷投放更加合理，促进实体经济科学发展。一是对实体经济的支持力度明显加大。制造业、建筑业、租赁及商务服务业和批发零售业贷款增量占对公贷款增量的 73.6%。其中，制造业新增 373 亿元，同比大幅增长 55.4%。二是服务对象不断“下沉”，更加重视中小企业和零售客户群体。实施小企业金融业务专业化改革，累计发放微型企业贷款 3 亿元、小额担保贷款 32.7 亿元。三是对“三农”的支持力度加大。2011 年 12 月末，涉农贷款本外币余额 2 408 亿元，占各项贷款 18.3%，同比增长 22.2%。四是房地产贷款增速持续回落。房地产贷款余额 3 669.47 亿元，同比增长 23.08%，创下近三年来最低增速。五是民生金融加快发展。保障性住房建设的金融支持余额达到 352.93 亿元，新增 138.89 亿元，其中公租房项目贷款投放 83.71 亿元，占比 60.27%。

表外业务创新发展，资金来源和运用更趋多元化。一是创新“资金池”、“票据池”等产品和服务，以理财产品的流量带动储蓄存款的增量，实现储蓄存款与理财产品的互动。全年发行理财产品 10 285 期，募集金额为 2 922.6 亿元，数量和金额分别为 2010 年的 2.1 倍和 2.5 倍。二是银行大力拓展表外受托资金，积极拓展承兑汇票、保函、信用证等业务，开发符合客户需求的结算产品组合，实现了各类形态资金在行内的归集和循环。

（3）经营转型有序推进，风险管理持续加强。资本节约理念逐步形成，全面风险管理稳步推进。一是发展模式由粗放型逐渐向资本节约型转变。初步建立业务发展与经济资本限额以及利润计划的联动约束机制，通过强调不同业务结构、产品结构、客户结构对风险计量、经济资本占用和回报水平的影响，引导资源投向效率更高、资本消耗更低的领域。二是逐步推进资金管理体制改革。由总行或分行作为资金中心，对资产和负债业务的全部或部分产品实施 FTP（内部资金转移价格）计价，逐步建立和完善产品定价机制以及经风险调整后的绩效评估机制。三是不断丰富风险管理内涵。通过修订完善信贷准入、审批授权、贷后管理、押品管理等内控制度，提高了信用风险精细化管理程度；在资本计量和管理中引入市场风险、操作风险等因素；出台了声誉风险管理办法。

内控与案防工作不断深化，重点风险领域和重点环节风险控制得到加强。一是以深化内控与案防制度执行年活动为契机，加强关键环节风险排查。开展了大额不良贷款全覆盖风险排查、票据业务全面检查、内控制度执行力突查、柜台操作环节全面检查，以及对重要岗位员工的行为进行排查。二是融资平台贷款整改工作成效明显。通过与地方政府协商解除担保协议、撤销承诺函，违规担保问题得到整改落实；通过完善相关手续、充实抵押物、加快土地征收和拍卖等措施，违规抵押或质押问题得到整改落实；通过理顺资金审批手续、及时归还等措施，资金未及时使用问题得到整改落实；通过充实资本金、变更登记、清理整合等措施，虚假注资、注资不到位问题得到整改落实。目前，重庆全市有效担保平台贷款占比 84%，市级平台公司贷款现金流基本实现全覆盖。三是房地产行业贷款管理不断加强。通过开展尽职调查和压力测试等措施，强化了风险监测；通过控制开发企业贷款增量、要求使用在建工程作为抵押等措施，开发贷款风险得到有效控制；通过首付比例、利率、限购等措施，提高了住房按揭贷款质量。

（4）微型金融机构创新业务发展迅速，担保机构数量增长较快。微型金融机构创新动能伴随经济发展的提速而不断增强。目前，重庆小额贷款公司在股权投资、资金信托投资和“卖出回购证券”等创新业务领域快速起步。截至 2011 年 9 月末，重庆市小额贷款公司资产项目中的“长期股权投资”余额为 1 170.41 万元。此外，重庆金融资产交易所为小额贷款业务创新和拓展提供了平台，已有小额贷款公司将未来数年内的收益权在重庆市金融资产交易所出售，将公司股权证券化，通过重庆市金融资产交易所卖出。截至 9 月末，重庆市小贷公司向境内交易及结算类金融机构卖出回购证券 5 000 万元。

重庆市信用担保机构规模不断壮大，业务发展迅猛。截至 2011 年 9 月末，重庆融资性担保公司数量较 2008 年末增加了 44 家，增长 54.32%。在融资性担保公司中，法人机构为 111 家，分支机构 14 家。在 111 家法人融资性担保公司中，政策性、商业性、外资担保公司各有 43 家、65 家、3 家，占比分别为 38.74%、58.51%、2.7%。商业性担保公司的快速增长主要是地方政府对民营资本大力引导和营业税减免等政策利好刺激的结果。同时，随着机构数量的增长，担保业务规模也增长迅速。重庆市担保贷款 2011 年 1—9 月发生额为 449.22 亿元，比上年全年发生额 182 亿元高出 122.39%。9 月末，重庆市担保机构在保余额为 614 亿元，比上年底的 245 亿元高出 85.41%。

2. 需要关注的问题

表内业务信用风险上升，房地产行业风险溢出效应明显，融资平台进入集中还款期。2011 年，重庆楼市“拐点”初现。由于房地产行业在经济中占比较大、产业关联度高，市场调整必将对信贷资产质量产生负面影响，主要表现在四方面。一是房地产行业违约风险上升。当前，房地产行业关注类贷款较年初增长 27.0%，个人住房贷款资产质量有恶化的趋势，多家开发企业资金链紧张，出现欠息、还款进度与销售进度不匹配、到期无法按时还款的情况。二是房价下跌通过“抵押物顺周期效应”影响其他商业贷款和融资平台贷款质量。目前，重庆融资平台中以土地及其上物业为抵押和土地出让收入为质押的贷款占比超过50%，价格变化对平台项目现金流测算和公司风险定性至关重要。2011 年，重庆房地产行业土地成交金额同比仅增长 0.89%，增幅远小于成交面积，下半年2/3的地块溢价率不到10%，地方政府通过土地出让收入补贴融资平台的能力大打折扣。三是房地产信托项目存在集中兑付风险。2012 年，重庆辖内房地产领域的信托产品有 71 个将到期，规模合计226.49 亿元。目前，单一信托产品已经出现兑付展期情况，由于采用房地产信托模式融资的多为中小开发商，到期集中兑付风险较大。四是 2012 年融资平台进入还款集中期。重庆市融资平台在2012—2014 年有近 38% 的平台贷款到期。目前，融资平台贷款中 12.7% 主要依靠政府财政性资金偿债，已有部分区县政府部门财务稳健性出现问题，在建项目后续资金和还贷资金无着落。

资金“表外化”趋势加剧，表外业务风险管控滞后于业务发展，货币政策调控效果被削弱。目前，理财产品、承兑汇票、委托贷款等表外业务发展迅速，部分承担了信用转换、期限转换和流动性转换的职能，与表内业务相互交叉渗透。由于缺乏必要的资本、拨备、抵押、担保等风险缓释机制，业务发展存在失控风险，在一定程度上扰乱了金融秩序、削弱了货币政策调控效果。一是理财业务成为部分机构突破信贷控制、规避风险监管、变相高息揽存的工具。2011 年，信托类、委托贷款类、票据类理财产品发行额呈逐步上升态势，募集资金超过同期新增贷款的 1/3。商业银行将信贷资产包装成理财产品销售或与同业机构交叉持有，或者利用信托、私募基金等平台功能实现信用转换。这种表内需求表外配置的方式，间接提高了银行实际杠杆率，形成信贷规模统计中的漏损，并给银行流动性风险和声誉风险管理带来较大挑战。二是委托贷款资金来源和用途不合规，存在套利嫌疑。2011 年，重庆市委托贷款余额较年初增长 70.2%，呈现加速增长趋势；平均利率达到基准利率的 1.8 倍，最高为 3.6 倍；相当部分的资金流向了房地产、“两高一剩”行业，且借款企业资质较差，违约风险较大。个别平台公司和大型企业“一边向银行贷款，一边委托放款”，存在利用银行授信资金套取利差的嫌疑。三是票据业务关联度的提升蕴涵着一定的系统性风险。表现为票据业务发展脱离实体经济，多家银行反映部分企业通过伪造真实贸易背景、在多家银行循环滚动签发票据、集团内部公司互相签发票据等手段套取银行资金。同时，贴现率高企使民间票据交易异常活跃，虚假票、克隆票、票据借贷等票据诈骗现象频发。

体系内和体系外风险相互渗透，银行操作风险攀升，案件防控难度加大。当前，民间借贷捆绑银行信用、银行资金违规进入民间市场等关联交错复杂，企业融资来源中既有银行信贷资金也有民间借贷资金，二者风险相互渗透。一是小额贷款、担保等非银行机构发展迅速，与银行存贷款业务联系密切。一方面，大量中小企业通过小额贷款公司等非银行机构拆借资金归还银行贷款，这种借新还旧、滚动贷款的方式掩盖了银行真实的资产质量；另一方面，小额贷款公司平均利率水平是基准利率的 2 ~ 3 倍，加上手续费，实际利率更高；而高息也造成违约风险的上升，为银行资产体外循环提供了利益空间或链条。二是信贷诈骗案件呈现出案件增多、涉案金额高、多为不良贷款转化而来等特点。部分企业以虚假贸易合同骗取信贷资金参与民间借贷，或者同时从银行和民间借入大量资金，加大银行信用风险。2011 年，辖区发生多起资金链断裂、债务人逃逸案件，暴露出银行机构对借款人资格审查不严、贷后管理不到位的问题。三是操作风险攀升，民间借贷风险转嫁银行系统事件增多。其一，柜台业务案件频发。既有外部人员利用银行熟人，钻制度空子、实施预谋犯罪，也有内部员工利用内控制度漏洞伺机作案。交通银行、兴业银行等发生通过银行开户管理、资金划转等骗取银行和客户资金的风险事件。其二，员工违规为他人提供担保、违规办理信用卡、违规办理 U 盾等案件增加。外界采用各种方式拉拢银行员工参与民间借贷活动，形成合法与非法交织、个人责任和银行责任交错的复杂局面。其三，员工利用职务便利为客户间融资牵线搭桥，介绍融资对象或充当融资担保人，或者假借银行名义为客户理财，对银行声誉造成不良影响。

（二）证券业稳健性

2011 年，重庆证券业市场体系进一步完善，市场融资结构得到优化，在探索地区场外交易市场建设方面取得了一定成效。但是，由于全年 A 股市场不景气，市场成交量下滑，竞争激烈导致佣金率下降，重庆证券业的盈利水平出现较为明显的下滑，“靠天吃饭”的经营特征明显，不利于证券业长期稳健发展。

1. 证券业运行分析

经营机构继续增加，但市场交易活跃度下降。2011 年，重庆辖区证券业从业机构总数有所增加。截至 2011 年末，辖区共有法人证券公司 1 家，证券营业部由年初的 99 家增加到 112 家；法人期货公司 5 家，数量与年初持平，期货营业部由年初的 19 家增加到 24 家；基金管理公司 1 家，证券投资咨询公司 1 家，证券业从业机构总数有所增加。受 A 股市场表现不佳影响，股票投资者数量虽继续增加，但增幅较小，市场规模明显萎缩。其中，股票投资者开户数达到 192.13 万户，比年初增加 11.76 万户，增长 6.52%，证券投资客户资产 1 262.16 亿元，比年初减少 225.53 亿元，下降 15.16%；期货投资者开户数达到 5.58 万户，比年初增长 25.39%。与此同时，辖内投资者参与市场交易的积极性下降，市场交易额同比出现负增长。其中，证券经营机构代理证券交易额 10 933.99 亿元，同比下降 18.45%。期货投资者期货交易保证金余额 29.09 亿元，同比下降 9.46%；期货经营机构代理商品期货交易额 69 194.78 亿元，同比下降 7.50%。

上市公司数量和直接融资规模继续提升，市场融资结构有所优化。截至 2011 年末，辖区共有上市公司（境内 A 股、B 股）36 家，比年初增加 2 家。新增的两家上市公司世纪油轮（中小板股）和福安药业（创业板股）通过首次公开发行上市（IPO）共募集资金 18.49 亿元。目前，另有 16 家企业的上市申请仍在审核阶段。2011 年末，全市上市公司市价总值 2 027.97 亿元，比年初下降 23.33%；总股本 277.07 亿股，比年初增长 20.39%；境内股票累计直接融资额 596.48 亿元，比年初增加 165.52 亿元，增长 38.09%，股票直接融资规模继续提升。目前重庆企业海外上市渠道已拓展到香港、新加坡、纽约等证券交易所，全辖共有 14 家海外上市企业，其中，民营企业黑金控股在澳大利亚上市，融资 1 837 万美元。从直接融资的去向来看，大部分资金都投入到中小企业和符合国家产业调整策略的行业，进一步优化了市场融资结构，有利于经济的良性发展。

证券业法人机构经营业绩欠佳，盈利大幅下降。重庆市唯一的法人证券公司西南证券全年实现营业收入 10.28 亿元，同比下降 46.87%；实现净利润 2.58 亿元，同比下降 67.95%，主要原因是经纪业务收入和投资收益的下降。其中，经纪业务收入 10.72 亿元，同比下降 12.63%；投资收益 1.28 亿元，同比下降 80.16%。投行业务情况相对较好，实现收入 4.05 亿元，同比增长 14.40%。5 家法人期货公司共实现营业收入 2.74 亿元，实现盈利 3 970 万元。其中，仅中信建投期货公司和中电投先融期货公司实现盈利，其他 3 家处于亏损状态。截至 2011 年末，重庆市唯一基金管理公司新华基金管理基金产品 7 只，比年初增加 2 只，基金管理规模由年初的 62.53 亿元增加到 64.34 亿元，增长 2.89%；实现营业收入 1.06 亿元，实现净利润 103.67 万元。受今年 A 股市场表现不佳影响，该公司旗下 7 只基金均处于亏损状态，表现最好的基金净值下跌 10.4%，表现最差的下跌 18.9%。

场外交易市场建设在探索中推进，成效初显。为积极参与场外证券交易市场建设，重庆市政府在2009年7月批准成立了重庆股份转让中心。目前，该中心在场外证券交易市场建设方面取得了一定成效。一是建立了对接新三板扩大试点较完整的制度体系，开展了企业储备；二是建立了集中统一的股权登记托管平台；三是稳步推进了股份报价转让平台的建设；四是初步形成企业“入库、改制、托管、挂牌、上市”的市场化资源培育机制；五是围绕私募股权基金“募、投、管、退”四个方面，打造综合服务平台，提高了私募股权基金与企业的对接效率。截至2011年末，中心已完成登记托管企业262家，托管股本342.17亿股，确权股东4.86万户。先后出质股权22.3亿股，实现股权质押贷款23.49亿元。中心挂牌企业累计达50家，总股本22.45亿股，总资产72.92亿元，总市值68.13亿元。在50家挂牌企业中，有10家企业申报中小板、创业板。2011年，中心交易金额达24.74亿元，共有14家企业通过定向增资实现直接融资4.74亿元。

2. 需要关注的问题

资本市场规模仍然偏小，直接筹资功能较弱。2011年，虽然重庆市直接筹资额继续增长，融资结构有所改善，但与全国相比，重庆市证券市场规模仍然偏小，上市公司数量和股票市值仅占全国的1.53%和0.94%。重庆资本市场发展速度较慢，全年仅有2家公司实现IPO，共筹资18.49亿元，仅占到全国筹资额的0.65%。从本地非金融企业外源性融资结构看，证券市场直接筹资功能也比较弱，全年重庆新增社会融资总量3 112亿元。其中，新增贷款占比达70.53%，而境内股票IPO和再融资占比仅为4.81%，同比下降了1.48个百分点。

盈利模式不合理，“靠天吃饭”特征明显。2011年，经纪业务依然是重庆市证券机构盈利的主要来源。从法人证券公司来看，西南证券公司经纪业务收入占主营业务收入的比重达到70.8%，对于经纪业务收入的依赖性较强。从其他证券营业部的情况来看，经纪业务手续费收入在营业收入中的占比均达到80%以上。这突显了证券公司的盈利模式单一，盈利结构不合理的现状。这样的业务结构很难抵抗系统性风险，一旦市场行情下跌和交易量极度萎缩时，证券公司的经营状况就会严重恶化，不利于证券期货业的长期稳健发展。

金融业交叉竞争激烈，证券行业盈利能力降低。2011年，辖区的证券期货营业机构继续增加，行业竞争非常激烈，由于各机构缺乏差异化的金融产品和服务，降低佣金率就成为主要竞争手段，据相关证券机构反映，全年证券交易佣金率比上年普遍下调10%以上。此外，金融行业之间相互渗透，银行理财、信托等金融产品逐渐进入证券公司传统领地，成为了证券市场强有力的竞争对手。特别是，在存款准备金率多次上调之后，商业银行为应对日益增大的吸储压力，不断推出各种预期收益率较高的短期理财产品，导致大量资金从股市流出，使整个证券行业的盈利能力降低。

投资者风险意识薄弱，市场非理性特征较明显。2011年12月7日，重庆本地上市公司重庆啤酒的一则乙肝疫苗研究进展公告引起了该公司股票连续10个跌停板，股价由80多元跌至20多元。一个乙肝疫苗的概念使重庆啤酒被炒作到80多元的高价，而后概念泡沫的破裂导致股价快速下跌70%以上。该事件暴露出我国股市的部分投资者风险意识薄弱，盲目跟风炒作，热衷于听消息、炒题材，非理性投资的特征较为明显。从机构投资者来看，部分基金公司和证券公司也盲目追逐概念，甚至推出缺乏客观分析的研究报告，使投机泡沫不断放大，一旦泡沫破裂，这些投资者损失惨重，容易出现过激反应，将可能对辖区证券市场的健康发展、社会稳定造成不良影响。

（三）保险业稳健性

2011年，重庆保险业抓住经济均衡、协调发展的有利形势，行业规模平稳增长，盈利能力继续提升，保持了稳健运行的良好势头，服务地方和保障民生的积极作用进一步发挥。但是，寿险发展遭遇瓶颈、市场违规行为屡禁不止、行业发展模式滞后等矛盾和问题进一步凸显，需要在发展中不断规范。

1. 保险业运行分析

行业规模平稳增长，中资保险公司占市场主导。2011 年，重庆新增 4 家市级保险分公司。截至 2011 年末共有保险法人机构 3 家，市级保险分公司 38 家，其中产险公司 20 家，寿险公司 18 家，专业保险中介法人机构 24 家，保险兼业代理机构 5 526 家，保险从业人员 8.6 万人。行业总资产 715 亿元，较年初增长 25.2%。全年实现原保费收入 311.8 亿元，同比增长 9.9%。保费规模居全国第 18 位，西部第 3 位。其中，产险公司原保费收入同比增幅较全国水平高出 5 个百分点，保费规模居全国第 21 位；寿险公司原保费收入同比增幅低于全国平均水平 1.52 个百分点。全年保险赔付支出共计 74 亿元，同比增长 21.4%。保险深度 3.1%，同比下降 1 个百分点；保险密度 1 090 元/人，同比减少 33 元。从资本结构和机构来看，中资公司占据 96.5% 的产险市场，保费规模同比增长 24.1%，增幅超出外资产险约 10 个百分点；寿险市场上，中资公司市场占比 96.9%。

业务结构逐步调整，产险盈利能力相对较强。目前，重庆的产险公司仍以机动车辆险为主，原保费收入占比为 75.93%，较上年同期小幅下降了 0.37 个百分点；意外伤害险、农业保险、责任保险、保证保险等其他险种的原保费收入占比均有不同程度增加。寿险公司 92% 的原保费收入来自寿险业务，但健康险原保费收入同比增长 23.44%，高出寿险同比增速近 20 个百分点。从具体寿险产品来看，分红险仍占主导，但是在新单保费中，分红险的同比增速和保费占比均明显下降。此外，寿险续期业务继续快速增长，“续期累积型”业务发展模式逐步显现。如国寿股份重庆分公司续期保费同比增长 33.93%，对总保费的贡献度达到 52.39%，较上年提升 15.11 个百分点。在业务结构逐步调整的同时，保险业经营效益也得到提升。其中，产险行业相对突出，承保利润在 2010 年实现扭亏为盈的基础上进一步增加，综合赔付率、综合费用率分别同比降低 6.45% 和 1.26%。相比之下，寿险市场发展放缓，但短期险业务实现利润 0.1 亿元，同比增长 114%。

服务和支持地方发展，民生保障作用增强。保险业全年为全市人民生产生活提供 2.2 万亿元的财产风险保障，同比增长 28.6%；为 270 多家在渝企业提供 21.2 亿美元出口货物收汇保障，同比提高 39%；环境污染责任保险发展进一步深化；主城区三个交通事故快处中心为近 11 万台事故车辆提供服务；森林保险业务覆盖 15 个区县；责任保险为全市企事业单位提供风险保障超过 3 000 亿元；医疗责任保险逐步覆盖二级以上公立医院；全市城镇职工大额补充医疗保险、城乡居民合作医疗补充保险、孕产妇和新生儿保险和企业年金业务均快速增长；政策性农业保险保费收入近 1.5 亿元，同比增长 141%；小额人身保险项目为 42.5 万人提供 83 亿元的保险保障，外出农民工意外保险为 27.5 万人提供约 288 亿元保险保障。此外，泰康资产管理公司 30 亿元保险资金投资重庆轨道交通 6 号线工程已获保监会批准，保险资金支持重庆基础设施建设取得新突破，服务地方社会经济发展的作用进一步凸显。

2. 需要关注的问题

寿险发展遭遇瓶颈，市场竞争力减弱。对寿险公司而言，2011 年是市场环境非常复杂和困难的一年。一是销售渠道受阻。商业银行代理保险业务受到严格规范，取消保险营销人员在银行驻点销售，寿险销售传统依赖的银保渠道受阻，银保新单业务发展难度加大，银邮期缴保费、趸缴保费下降。二是产品竞争乏力。目前，寿险产品重储蓄投资轻保障、与银行储蓄投资产品同质化严重等自身缺陷进一步凸显，分红险、投资连结险和万能险等储蓄替代型产品的竞争力明显下降，2011 年分红险新单保费收入、万能险和投资连结险保费收入均同比负增长。三是投资收益不佳。资本市场持续低迷使保险资金投资收益水平偏低，保险公司防范投资风险和提高投资收益的压力不断增大。整个寿险行业在 2011 年增速明显放缓，退保率有所上升，今后所面临的发展形势较为严峻。

保险产品短期化，不利于行业长远发展。2011 年，以寿险产品为代表的保险产品短期化问题较为突出。寿险新单保费中趸缴占比 65.21%，较上年上升 2.55 个百分点；1 年期及以内短期险保费收入累计标准保费同比增长 15.65%；1 年期以上新单期缴保费收入中，1 年期、2 年期和 4 年期标准保费均同比大幅增长。一方面，因为短期产品更易被消费者接受，银保合作中，银行也更愿意代理短期产品；另一方面，保险公司为了保证规模和速度，也不得不牺牲结构迎合市场。但是，保险产品短期化，会加大保险公司资金配置难度，弱化保险产品的保障功能，不利于保险行业的长远发展。

行业发展方式滞后，产品相对单一。目前，保险公司仍习惯并依赖于铺机构、扩队伍、拼费用等方式发展业务，这种外延式发展为主的旧发展模式下，不仅业务质量不高，而且公司内部建设不足，管理粗放化，程序控制不严，常出现有章不循或无章可循，有法不依或执法不严等现象。从外部需求看，车险产品的条款费率比较单一，消费者选择余地不大；寿险市场以投资理财型产品为主，健康险和养老保险业务发展相对缓慢，尚不能有效满足消费者日益多元化的实际需求。

违规行为屡禁不止，行业社会形象不佳。在利益驱动等因素影响下，保险行业内违规行为屡禁不止。如中介业务乱象、虚列费用套取资金等一直是保险行业近年的难点问题，广受诟病的销售误导和拖赔惜赔问题仍然突出。由于多数保险产品竞争力降低，在考核压力下，有的保险机构放任销售误导，甚至变相鼓励，损害消费者利益；在车险、医疗健康险、意外伤害险等与民生密切相关的领域，拖赔、惜赔现象比较严重，容易引发理赔纠纷甚至群体性事件。此外，行业内诚信文化欠缺、法制文化较为薄弱，缺乏广泛认同的行业价值观和崇尚法治、敬畏规则的行业理念，行业社会形象不佳。

三、金融基础设施与金融稳定

2011 年，重庆金融基础设施继续保持稳定高效运行。支付清算体系进一步完善，结算秩序有效规范，支付服务手段不断创新，农村支付服务环境持续改善。征信市场管理和培育进展顺利，征信覆盖范围进一步扩大，征信数据库使用率显著提高，中小企业和农村信用体系建设成效显著。反洗钱监管体系日渐成熟，精细化管理稳步推进，金融机构反洗钱主动性普遍增强，反洗钱协作机制有效运行。

（一）支付清算体系

1. 支付清算体系建设及运行情况

支付清算网络体系进一步完善，社会资金周转效率不断提高。2011 年，网上支付跨行清算系统成功上线，跨行清算效率大幅提高，促进了电子商务的快速发展。银行业金融机构以多种方式接入支付清算系统，跨行支付清算网络辐射范围持续扩大，社会资金周转效率进一步提高。截至 2011 年末，接入大小额支付系统、支票影像交换系统的银行机构分别达到 32 家、24 家。其中，以直联模式接入的分别有 30 家和 14 家，占比分别达 93.75% 和 58.33%。2011 年，大额支付系统共处理各项业务 1 098. 92 万笔，金额 34. 20 万亿元，同比分别增长 31. 74% 和 29. 65%；小额支付系统共处理各项业务 1 387. 31 万笔，金额 2 035. 24 亿元，同比分别增长 47. 76% 和 2. 23%；支票影像交换系统共处理各项业务 6. 51 万笔，金额 28. 59 亿元，同比分别增长 83. 79% 和 55. 46%。同城票据自动清分系统参加银行网点达 656 家，日均处理业务 3. 5 万笔，清算资金逾 50 亿元。

支付服务手段不断创新，城乡支付环境持续改善。大力推广银行卡助农取款服务，办理助农取款的特约商户由年初的 16 家迅速增至年末的 1 180 家。在全国率先启动银行卡助农存款服务试点，截至 2011 年末，参与试点的 9 家特约商户共办理助农存款交易 164 笔，金额 9. 1 万元。创新微型企业账户管理服务新模式，全年免除 4. 94 万户微企注册验资账户的开立手续费，开户资料的内部审核时间由原来的 3 ~5 天缩短为 1 ~2 天。银行票据换版工作顺利实施，为提高银行票据凭证的防伪性能、保证票据的流通和安全使用提供了有力保障。

银行卡受理市场秩序日趋规范，银行卡产业实现持续快速发展。2011 年，重庆银行卡产业发展制度安排继续优化，市场参与各方逐步建立健全银行卡市场自律管理规范，有效维护了银行卡受理的市场秩序。所实施的城乡差别化手续费分润模式，充分调动了市场参与各方的积极性，中小城市及农村地区银行卡受理市场得到大力发展。在深入开展安全用卡宣传活动的基础上，持卡人和特约商户的安全用卡意识、依法经营意识及用卡积极性不断提高。截至 2011 年末，重庆市 31 家发卡机构累计发行各类银行卡 8 085 万张，比年初增长 16%。ATM、特约商户及 POS 机终端等受理市场主要指标均实现大幅增长，银行卡实现刷卡交易笔数和金额分别增长 29. 9% 和 39. 1%，银行卡渗透率达到 56. 5%。

2. 需要关注的问题

银行卡业务管理法规制度更新滞后。人民银行 1999 年颁布的《银行卡业务管理办法》效力层级偏低，调整范围偏窄，部分规定已经过时。银监会 2010 年发布的《商业银行信用卡业务管理办法》也未对非金融机构从事收单业务、银行机构从事借记卡收单业务进行规范。上述制度在引导银行卡市场参与各方积极改善银行卡受理环境、促进银行卡市场公平竞争和健康发展等方面已不能适应新形势下的工作需要。

非金融机构支付服务监管机制有待完善。当前支付服务市场化程度逐步提高，特别是非金融支付机构参与支付服务市场，改变了以银行业金融机构为基础的传统支付服务主体格局，对支付服务市场的监督管理提出了新的挑战。应加快建立健全支付机构监管制度，推进对支付机构的常态化、制度化监管，促进支付机构规范发展，确保支付服务市场稳定，维护社会公众合法权益。

城乡支付服务环境发展不平衡。近年来，重庆农村支付环境持续改善，但由于城乡二元经济结构、农村地区经济发展水平差异的影响，同时，金融资源的逐利性与农村支付服务的准公益性之间存在矛盾，城乡支付服务环境发展不平衡的状况将在一段时期内存在。为此，需要加强农村金融基础设施建设，创新支付服务手段，推动银行卡等非现金支付工具普及。同时，要研究改进工作激励机制，探索建立农村支付服务环境建设长效机制，不断满足农村居民的支付服务需求。

（二）征信体系

1. 征信体系建设及运行情况

企业和个人信用信息基础数据库日趋成熟，使用率显著提高。截至 2011 年末，人民银行企业征信系统共计收录重庆市企业及其他组织 18. 4 万户，开通查询用户 2 228 个；人民银行个人征信系统共计收录重庆市 1 700 余万自然人信息，开通查询用户 4 276 个。重庆市各机构全年共计查询企业信用报告 84. 7 万次，查询个人信用报告 275 万次。人民银行重庆营业管理部及辖内各级支行共受理个人信用报告本人查询次数达 5. 1 万次，同比增长 58%。

农村信用体系建设成效显著，有效促进农村信用环境的改善。在辖内巴南区试点农村征信系统建设工作，2011 年 11 月 30 日，西南地区首个农村征信系统成功上线。金融机构积极开展建档评级工作，辖内农户信用档案覆盖面大幅提升。截至 2011 年末，建立农户信用档案 6 248 445 户，占农户总数的 95. 98%；评定信用农户 3 233 268 户，评级面达到 51. 75%；累计向 3 485 741 户已建立信用档案的农户发放贷款 13. 25 亿元，余额 20. 74 亿元。

征信市场管理和培育进展顺利，信用评级业务进一步规范。截至 2011 年末，1 家信用评级法人机构和 2 家分支机构开展信用评级业务，累计完成信贷市场主体评级 16 户，其中担保机构 1 户。全年向人民银行重庆营业管理部备案的银行间债券市场评级项目 53 项，其中已完成评级的 23 家企业拟在银行间债券市场（部分在交易所市场）发行债券 304. 2 亿元。

小额贷款公司积极使用征信系统，风险防范效果显著。截至 2011 年末，接入征信系统的小额贷款公司达 19 家，累计查询个人信用报告 5. 8 万次，累计发放个人贷款 27. 9 亿元，贷款余额 8 亿元；累计发放企业贷款 18. 2 亿元，余额 5. 9 亿元。因企业或个人负面信用记录拒贷金额超过 3 亿元，有效防范了信贷风险。

2. 需要关注的问题

征信法律制度建设滞后于征信业的发展。《征信业管理条例》尚未颁布，征信监管缺乏依据，措施乏力，管理松散。《个人信用信息基础数据库管理暂行办法》仅仅规范了银行业金融机构的行为，对于小额贷款公司、融资性担保公司、证券机构、保险机构、政府相关部门、公共事业部门、社会中介机构等其他信息提供机构和使用机构的接入和管理并未涉及。对企业信用信息基础数据库以及贷款卡管理的依据是 1999 年颁布的《银行信贷登记咨询管理办法（试行）》，但管理对象和内容都已发生根本变化，不能适应当前管理的需要。

征信市场政出多门，难以形成统一的市场监管。目前，信贷市场及银行间债券市场、企业债券、证券市场评级业务的执业资格分别由人民银行、发改委、证监会进行认定，债券市场发行按债券项目不同由 3 个部门分别审批。这种多头管理的模式不仅增加了政府的监管成本和征信机构适应不同监管体系的成本，还容易出现监管真空，增大风险隐患。

（三）反洗钱体系

1. 反洗钱体系建设及运行情况

反洗钱监管体系日渐成熟，精细化管理稳步推进。2011 年，重庆营业管理部进一步加大对金融机构反洗钱工作的分类指导力度。证券和保险领域建立了重点联系单位制度，发布的《证券、期货业异常情形识别标准指引》为证券机构有效识别异常交易情形提供指导。着力引导金融机构实施风险为本的反洗钱方法，准确把握各类业务的洗钱风险点，有针对性地制定和实施风险防范措施。创新建立了“确定对象—现场辅导—监管建议—改进完善—整体提高”的走访模式和“现场检查—机构整改—现场验收”的回访模式，对发现的问题进行再监督，完善了现场指导机制。

金融机构开展反洗钱工作主动性显著提高，反洗钱工作效率明显提升。个别银行改进优化联网核查系统，创新客户身份资料核查和保存工作模式，召开了“新版联网核查业务系统现场会”，为其他银行机构创新系统功能，解决现实工作中银行网点客户身份资料多次复印、多次留存、成本高的问题提供了新的思路和有益借鉴；个别银行高质量报送重点可疑交易报告，积极配合开展反洗钱调查，反洗钱工作有效性显著；个别银行建立了反洗钱监测分析系统的“白名单”制度，有效增强了大额可疑交易报告的针对性。

反洗钱协作机制有效运行，打击犯罪成效突出。反洗钱部门与市人民检察院协作，规范了对检察机关初查案件的反洗钱协作、反洗钱报案、协查案件的后续情况反馈要求；与公安机关加强交流，研究探讨了与经侦总队的反洗钱协作规范，全年开展涉嫌洗钱案件或线索会商 45 次。与重庆银监局、证监局、保监局就反洗钱监管协作事项达成了初步意见。加强与总行、兄弟行的反洗钱协作和工作联系，协同配合能力增强。建立正向激励机制，对金融机构重点可疑交易报告先进单位进行表彰。反洗钱调查和案件协查力度继续加大，全年共开展反洗钱调查 425 次，向侦查机关报案 7 例，通报涉嫌犯罪线索 18 例，协助侦查机关对非法集资案、POS 机套现案、涉黑案、贪污贿赂案等一系列具有重大影响力的案件开展协查 260 次。推动实现一例“金融机构报告重点可疑交易报告—人民银行调查分析发现涉嫌犯罪线索并报案—检察机关立案查办上游贪污贿赂犯罪—公安机关继续深挖下游洗钱犯罪”比较完整的反洗钱典型案例，丰富了我国打击洗钱犯罪的司法实践。至此，重庆洗钱罪判例已达 9 例，此外还有 2 起洗钱案正在侦办过程中。

2. 需要关注的问题

非现场监管指标体系仍需完善。金融机构非现场监管报表所提供的相关数据尚不能充分反映履职风险情况，也不能完全满足非现场监管的要求，导致“风险为本”的监管理念无法全面落实，监管资源稀缺与监管对象不断增多的矛盾日益突出。

金融机构可疑交易分析工作亟待加强。部分金融机构报送的可疑交易报告缺乏分析和审核，仅依靠技术手段简单筛选出符合客观标准的异常交易进行报告，没有结合客户身份信息和历史交易情况开展深度分析，可疑交易报告情报价值低，妨碍了可疑交易分析监测部门对交易报告进行分析甄别，从中发现洗钱犯罪线索。

对获取牌照支付机构履行反洗钱义务的监管力度有待加强。重庆现有 1 家支付机构获取了人民银行签发的业务牌照。尽管从制度规范上已明确支付机构应履行反洗钱义务，但在实际操作层面，支付机构作为“新型”机构，反洗钱工作机制尚不健全，在反洗钱设施保障、人员配备、内控机制建设等方面都存在不足，因此，支付机构履行反洗钱义务面临新问题。

四、总体评估与政策建议

（一）总体评估

2011 年，重庆经济继续保持健康快速发展的势头，增长动力在结构转型发展的过程中显得更富弹性，实现了规模和效益的双重提升。值得一提的是，重庆产业体系基本完成上档升级，推动加工贸易的模式创新，用不到两年的时间走完了沿海十年的发展之路，为金融发展与稳定奠定了良好的基础。从金融业自身发展来看，2009 年，金融业增加值占地区生产总值的比重超过 5%，2011 年达到 7.04%，金融业作为重庆支柱产业的地位进一步巩固，对经济增长的贡献度稳步提升。金融机构本着审慎发展的经营理念，不断夯实稳健发展的根基，体制机制改革平稳推进，各项业务在风险可控的前提下实现了较快发展，盈利能力大幅提升，增强了依靠内部积累抵御外部风险冲击的能力。此外，各类金融机构经营平稳有序，全年没有发生因自身经营问题导致的系统性风险事件。因此，2011 年重庆金融体系总体稳定。

尽管 2011 年重庆经济金融整体上呈现良性互动的发展态势，但在国际国内各种宏观风险尚未得到有效缓释的背景下，影响重庆经济未来持续稳定发展的不确定因素也在不断增多。特别是随着重庆城乡统筹发展战略的深入推进与实施，城乡二元结构的矛盾和冲突将更多地暴露，同时，随着重庆经济金融的快速发展，影响金融体系稳定的潜在不利因素也在增多，系统性、区域性金融风险有加大的趋势。为此，需要重点关注银行体系资产质量波动、创新规范与资金“避实向虚”、政府融资平台还款压力增大、房地产不良贷款上升、证券机构受市场影响盈利大幅下降、寿险产品短期化、民间借贷和企业资金链断裂等风险因素。针对这些因素可能对金融体系稳健发展的根基造成的不利影响，需要进一步在发展中研究解决，同时不断完善维护区域金融稳定的工作机制，坚守住不发生系统性、区域性金融风险的底线。

（二）政策建议

1. 密切关注宏观调控政策变化，引导金融机构合理均衡信贷投向

2010 年以来，宏观调控政策逐步转向，房地产调控的节奏和力度更是前所未有，“松”“紧”节奏的变化对金融机构把握合适的信贷投放规模提出了更高要求，同时也对风险管控提出了新挑战。面对政府“稳增长、调结构、防通胀”的宏观经济目标，合理均衡的信贷投放规模和节奏就显得尤为重要。因此，各级宏观调控部门应在准确把握经济发展形势和中央有关政策的基础上，适时引导金融机构信贷投放的节奏和力度，防止信贷投放的冲动性和盲目性所带来的金融风险。

2. 加快战略转型，建立健全风险管理内控机制

近年来，金融业所取得的高增长、高收益主要得益于信贷政策管控下的利差收益。然而，随着金融改革逐步深入，利率等金融要素市场化改革势在必行，金融业竞争日趋激烈，与之相伴的风险因素将不断增多。因此，金融机构在适时转变经营模式的同时，建立健全风险管理内控机制尤为重要。一是要尽快建立业务发展与风险识别和控制能力相协调的机制，制定风险评估达标规划和资本占补平衡管理办法，以完善绩效考评机制为抓手，全面加强风险管理和内控建设。二是树立资本节约的理念，灵活使用信贷计划、内部资金价格、经济资本限额等数量型、价格型工具，有效约束规模扩张，实现有效益、有质量的增长。三是敏锐把握实体经济对金融服务的需要，加快业务结构的调整，从提高效能和降低成本入手，努力提升对重点领域和薄弱环节的服务能力，促进实体经济科学发展。

3. 提高系统性风险预判能力，防范银行不良贷款反弹

目前，宏观调控持续深入，经济转型发展使有关行业和企业经营陷入困境，银行信贷资产质量受到考验，防范不良贷款反弹成为应对系统性风险需重点关注的问题。因此，对银行来说，一是要进一步完善风险控制机制，建立健全以资本金管理为核心的资本约束机制，加强全面风险管理；二是要进一步加强业务流程控制和内部合规性管理，不断提高对信贷业务风险的判断能力和管理能力；三是要进一步完善风险管控的制度和办法，加强对重点行业及企业的风险分析，积极开展有关行业和领域的压力测试，有效提高对风险的预判能力。另一方面，在对银行风险监管上要采取更加审慎的举措，进一步加强金融监管协调和信息共享，完善金融数据和信息共享机制，强化应对系统性风

险的联动工作机制，有效提升系统性风险防范和处置能力。

4. 加强风险监测分析水平，防范交叉性金融业务以及跨市场风险

近年来，随着金融深化程度日益加深，辖区交叉性金融业务发展迅速，呈现出机构和业务多元化的特征，但由此引发的风险问题也应给予高度重视。要密切关注金融机构跨业投资和各种交叉性金融工具，探索建立一整套严密的监测体系，分析和判断综合经营中潜在的风险及其影响程度，督导相关金融机构不断完善信息披露和风险揭示制度，强化风险管控机制。另一方面，要合理引导金融机构通过各种有效形式提高金融产品宣传的可信度，降低由信息不对称而导致的服务纠纷以及金融产品本身潜在的收益波动风险。

5. 继续深化金融机构改革，夯实金融稳定微观基础

一是要巩固和深化金融机构改革成果，推动其不断完善公司治理，积极推进经营方式调整，改变以“规模偏好”和“速度情结”为表征的粗放型发展模式，增强发展的可持续性。二是要积极开展金融机构经营改革评估，加强对评估薄弱环节的风险提示并引导金融机构加强业务流程再造，提高风险管控水平。三是要强化金融机构创新示范效应，通过新闻宣传等形式引导金融改革创新面向“三农”领域、中小企业等实体经济领域，切实履行好金融在服务社会经济发展过程中的核心作用。

总　　纂：温江勇

统　　稿：刘　林　李柏楼

执　　笔（按姓氏笔画排序）：

全克军　刘　林　刘姝姝　刘科星　纪宝林　严秀丽　张尊南

李柏楼　易　娟　胡　伟

其他参与写作人员（按姓氏笔画排序）：

王春晓　李高亮　周玉洁　胡资骏　贺　涛　廖永刚

四川省金融稳定报告摘要

2011年，面对复杂多变的国内外形势，四川金融机构坚持科学发展观，认真贯彻落实国家宏观政策，支持四川经济持续较快发展，取得了明显成效。金融市场服务体系进一步完善，主体不断增加。金融业稳步发展，总体保持稳健，抵御风险能力增强。

一、区域经济运行与金融稳定

（一）经济继续平稳较快增长

1. 经济平稳较快增长，工业化进一步推进

2011年，四川实现地区生产总值2.1万亿元，增长15%，较上年下降0.1个百分点，比全国高5.8个百分点（见图1）。分产业看，第一产业增加值2 983.5亿元，增长4.5%；第二产业增加值11 027.9亿元，增长20.7%；第三产业增加值7 015.3亿元，增长10.9%。从各产业增加值占地区生产总值的比重看，第一产业为14.2%，比上年下降0.5个百分点；第二产业为52.4%，比上年上升1.7个百分点；第三产业为33.4%，比上年下降1.2个百分点。规模以上工业增加值增长22.3%，比全国平均水平高8.4个百分点，居全国第二位。

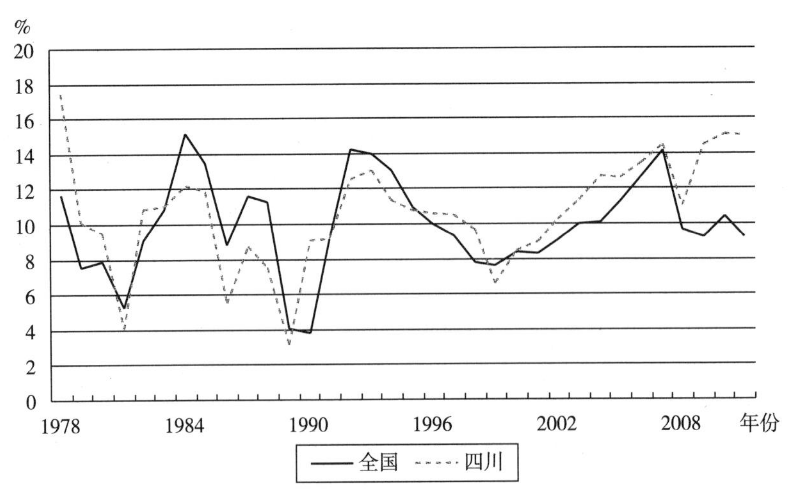

数据来源：国家统计局、四川省统计局。

图1 全国和四川经济增长

2. 投资稳步提升，外需加快增长

全社会固定资产投资 1.5 万亿元，增长 17.7%，较上年上升 4.7 个百分点。实现社会消费品零售总额 7 837.4 亿元，增长 18.1%，比全国高 1 个百分点（见图 2）。外贸进出口大幅增长，外汇净流入和净结汇持续双顺差，利用外资有所下降。进出口总额 477.8 亿美元，增长 46.2%，居中西部之首，比上年上升 10.6 个百分点。贸易顺差 103 亿美元，比上年增长 1.09 倍，人民币跨境贸易及投资加速扩大。2011 年末，跨境人民币业务已覆盖四川 19 个市州，涉及 26 家银行和 431 户企业，面向 55 个境外国家或地区，跨境人民币业务量 162 亿元，是上年的 10.35 倍。

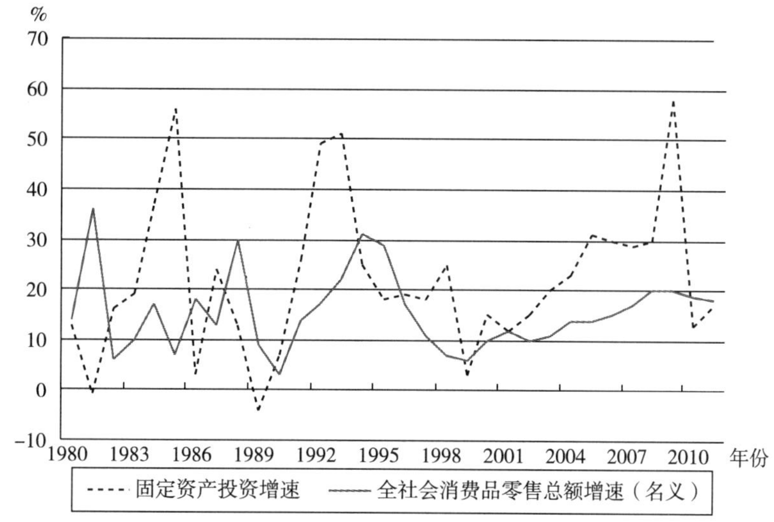

数据来源：四川省统计局。

图 2　投资和消费增长

3. 企业效益较好，城乡居民持续增收

规模以上工业企业盈亏相抵后实现净利润 1 961.3 亿元，增长 42.6%，增速下降 9 个百分点。2011 年城镇居民人均可支配收入和农民人均纯收入分别为 17 899 元和 6 128.6 元，比上年分别增长 15.8%、20.5%，剔除物价因素，比上年实际增长 10.5%、15.2%，分别同比上升 2 个及 3.3 个百分点。

（二）经济环境对金融稳定的影响

当前，世界经济形势总体上仍将十分严峻复杂，全球经济复苏的不稳定性、不确定性上升，四川经济社会发展稳中求进面临国际国内诸多挑战。

1. 物价上涨压力依然存在

2011 年，四川物价指数经历了涨幅较高到逐步回落的运行过程（见图 3）。全年 CPI 上涨 5.3%，比全国平均水平低 0.1 个百分点，涨幅比上年扩大 2.1 个百分点。其中，八大类商品及服务项目“七涨一平”，涨幅最大的食品类达 12%。PPI 上涨 12.6%，比全国平均水平高 3.5 个百分点，涨幅比上年扩大 6.5 个百分点。

2. 投资增速缓慢下滑

新一轮西部大开发、成渝经济区和天府新区建设，继续促进投资对四川经济的拉动效应，并保

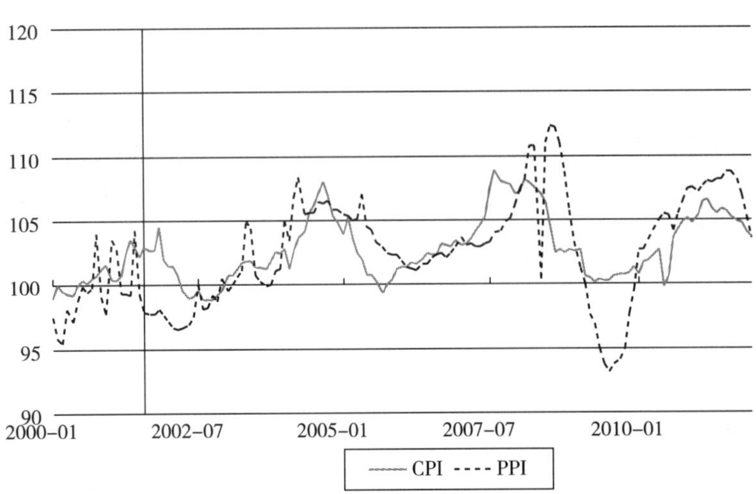

数据来源：四川省统计局。

图3 月同比价格指数

持2008年下半年以来月度投资超千亿元的态势，2011年首次突破1.5万亿元。与此同时，投资增速部分因灾后重建结束出现了逐月下滑调整的趋势。全年投资到位资金1.53万亿元，增长7.8%。其中，作为资金来源主要渠道的国家预算内资金和国内贷款分别比上年减少了9.7%、8.7%。

3. 房地产市场增速回落

2011年，在一系列房地产调控政策的作用下，四川房地产市场开始朝着预期方向发展，开发投资增速回落，销售面积增速下降，重点城市房价稳中有降，保障性住房供应量大幅增长。全省完成房地产开发投资2 836.7亿元，增长29.3%，增幅较上年回落8.9个百分点，月度增速从6月起持续回落，12月为近两年的最低点（见图4）。全省商品房销售面积6 598.2万平方米，增长3.1%，增速分别较2010年和2009年下降4个和66.6个百分点。2011年11月末，四川保障性住房、棚户区改造安置住房新开工38.9万套，占中央下达计划的110%；竣工13.53万套。12月，全国70个大中城市房屋销售价格指数显示，成都市新建住宅价格同比上涨1.3%，增幅较上年回落3.6个百分点，环比下降0.1%，连续2个月回落。

二、金融业与金融稳定

（一）银行业

四川银行业认真贯彻国家宏观调控政策，不断深化改革，主要指标持续改善，风险管理和抵御风险能力显著增强，稳健性进一步提升。

1. 银行业运行状况

2011年末，四川共有各类银行业机构455家，其中法人机构410家（13家省内城市商业银行，391家农村中小金融机构，6家非银行金融机构），省外机构一级分支机构45家（政策性银行3家，大型银行5家，股份制银行11家，省外城市商业银行8家，邮政储蓄银行1家，外资银行12家，金融资产管理公司4家）。银行业机构执证网点12 934个，比上年增加368个。全年新设3家一级分行

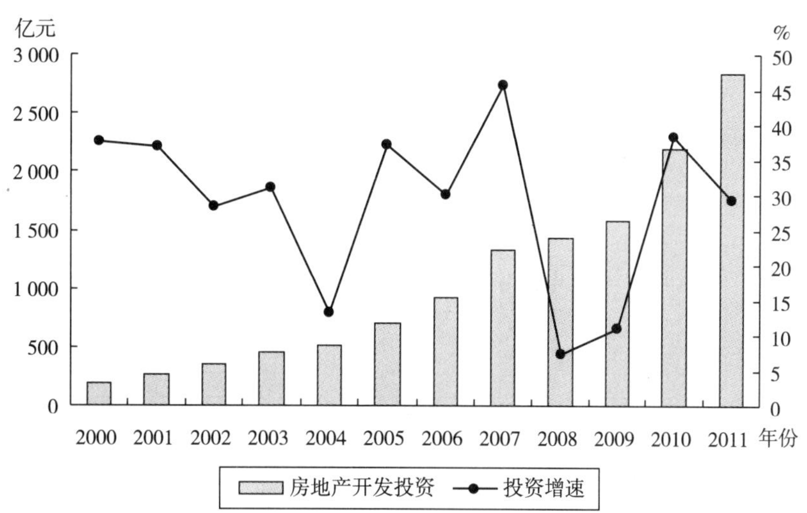

数据来源：四川省统计局。

图4　房地产开发投资

和10家村镇银行法人机构。

（1）资产规模扩大，质量持续改善。2011年末，银行业机构资产总额4.29万亿元，增长19.3%（见图5）。其中，本外币贷款余额2.25万亿元，增加3 196亿元，增长16.6%。分部门看，非金融企业及住户的贷款余额分别为1.65万亿元、0.6万亿元。新增贷款主要投向个人消费、制造业、电力、交通运输、水利等。贷款中长期化程度缓解，新增中长期贷款占比64.4%，比上年下降26.8个百分点。银行业机构不良贷款持续双降，不良贷款余额同比减少182.11亿元，不良贷款率同比下降1.34个百分点（见图6）。

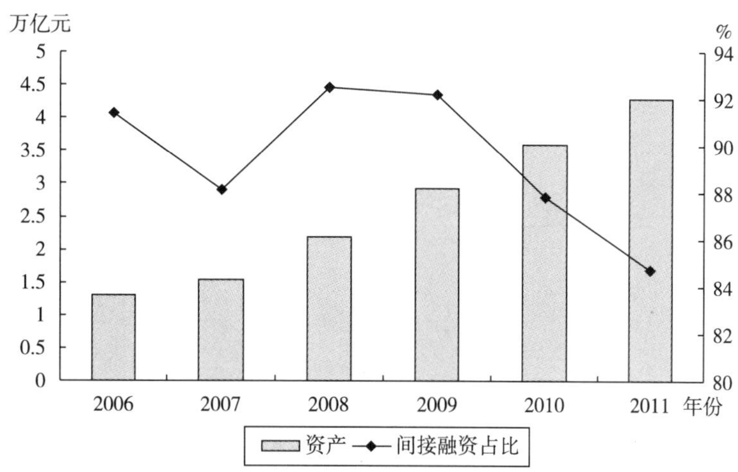

数据来源：人民银行成都分行、四川银监局。

图5　银行业资产及间接融资占比

（2）负债保持增长，流动性整体充足。2011年末，银行业机构负债总额4.16万亿元，增长18.6%。其中，本外币存款余额3.5万亿元，增加4 607亿元，增长15%。非金融企业及住户的存款余额分别为1.12万亿元、1.63万亿元，分别增加932.6亿元、2 529.5亿元，同比减少1 369.7亿

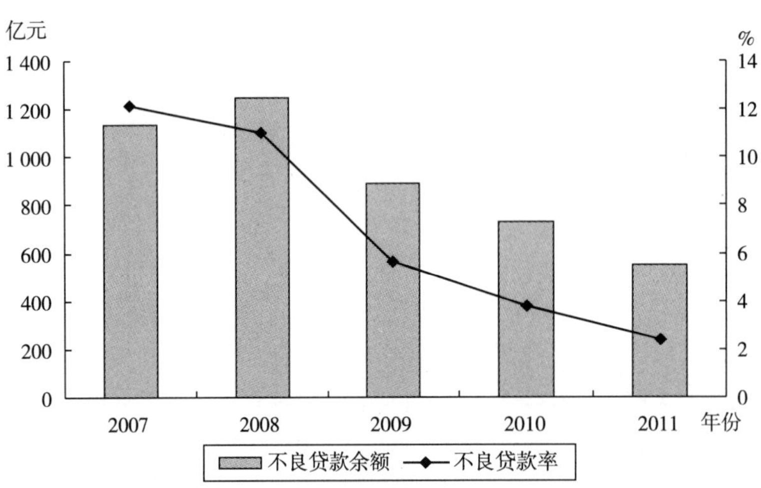

数据来源：四川银监局。

图6 银行业资产质量

元、增加467.8亿元。存款定期化趋势明显。全年新增住户存款中定期存款占67.5%，全年新增非金融企业存款中定期存款占120.6%。中小法人银行机构流动性比例57.7%，同比上升5.5个百分点；存贷比62.3%，同比上升0.9个百分点；月日均存贷款比例64%，同比上升0.6个百分点；人民币超额备付金率7.4%，同比下降0.3个百分点。

（3）盈利快速增长，中间业务收入稳步提升。全年银行业机构实现税后净利润608.9亿元，增加158亿元（见图7），增长35%。资产利润率1.54%，比上年上升0.16个百分点。利息收入率86.45%，比上年下降3.23个百分点；净利差6.04%，比上年上升0.3个百分点；净息差4.14%，比上年上升0.16个百分点；净利息收入比例140.86%，比上年下降6.98个百分点。成本收入比33.9%，比上年下降0.33个百分点。中间业务收入率11.89%，比上年上升0.67个百分点。

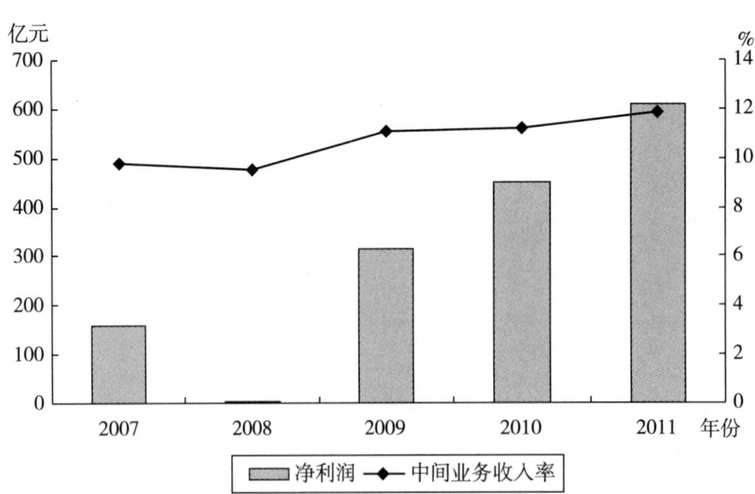

数据来源：四川银监局。

图7 银行业盈利水平

（4）中小银行机构资本充足，抵御风险能力增强。中小法人银行机构通过股东注资和内部收益留存等方式补充资本。通过股权融资筹集资本120.6亿元，发行次级债融资24亿元。2011年末，中小法人银行机构资本充足率12.97%，同比提高4.16个百分点（见图8）。其中，城市商业银行资本充足率15.1%，同比提高1.7个百分点；农村合作金融机构资本充足率10.9%，同比提高4.8个百分点；新型农村金融机构资本充足率32.1%，同比提高7.9个百分点；非银行金融机构资本充足率41.2%，同比提高17.5个百分点。中小法人银行机构拨备覆盖率117%，同比提高43.8个百分点。

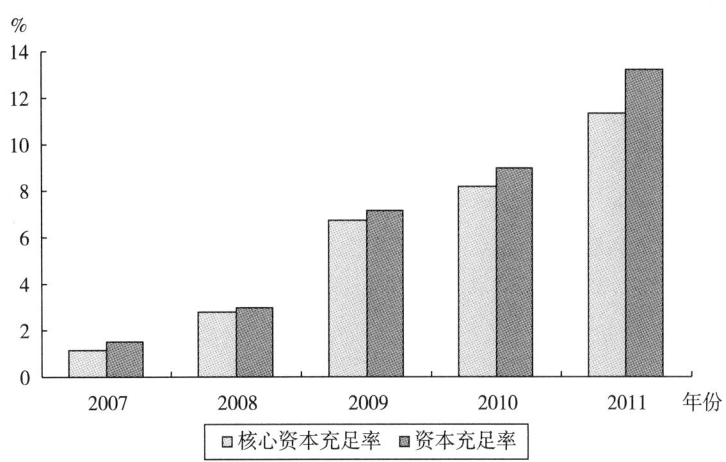

数据来源：四川银监局。

图8 中小银行机构资本充足状况

2. 银行业改革开放

（1）农村金融机构改革成效显著。农业银行“三农金融事业部”改革试点继续深化（专栏1），农村合作金融机构加快推进股权改造。凉山州率先在三州民族地区启动“以州为单位的统一法人社”产权制度改革试点工作。乐山三江、宜宾翠屏及攀枝花3家农村商业银行和凉山州农村信用联社、广安市广安区农村信用合作联社（统一法人）开业。2011年第一季度末，四川农村信用合作社专项央行票据兑付工作全部完成。2011年末，全省共组建农村商业银行5家，农村合作银行1家，地市级统一法人社1家，县级统一法人社106家，其余28家县（市）农村信用社正在逐步推进县级统一法人社的改制工作。全省农信社股本金余额212亿元，增加70.9亿元。其中投资股209亿元，增加99亿元。存贷款余额分别为5 110.7亿元、3 373.4亿元，居全省金融机构第二位和第一位。新型农村金融机构发展步伐加快，全年新设10家村镇银行。年末，四川新型农村金融机构37家，其中市级村镇银行4家；存贷款余额分别为116.9亿元、76.9亿元，分别增加47.8亿元、23.9亿元。

（2）其他机构改革继续推进。城市商业银行公司治理不断改进，跨区经营保持稳健，盈利能力大幅提升。全年3家法人城市商业银行省内外跨区分支机构开业，2家城市商业银行在省内发起设立2家村镇银行。13家法人城市商业银行资产总额占银行业机构资产总额的10.3%，同比上升0.9个百分点；各项存贷款余额占银行业机构总存贷款余额的9.4%、7.7%；全年净利润增长49%。非银行金融机构稳步发展，信托公司收益成倍增长。非银行金融机构资产占比0.58%，外资银行继续稳健经营，盈利能力创新高。外资银行资产占比0.62%，全年净利润增长1.67倍。

专栏1 农业银行“三农金融事业部”改革试点

2010年3月，国务院批准深化农业银行股份制改革方案，选择四川、重庆、湖北、广西、甘肃、吉林、福建和山东共8个省（区、市）下辖的561家县域支行开展深化“三农金融事业部”改革试点。其中，四川下辖139家县域支行，占试点机构的24.8%。2011年9月，农业银行黑龙江、河南、河北、安徽4个省371家县支行纳入“三农金融事业部”改革试点范围。“三农金融事业部”改革试点实行总行、试点省分行、地市分行管理部门“三级督导”，县域支行“一级经营”，建立健全单独的资本管理、信贷管理、风险拨备与核销、资金平衡与运营、考评激励约束机制和会计核算体系。农业银行四川省分行根据“三农金融事业部”改革试点方案，搭建“三级督导、一级经营”管理框架，推进“六个单独管理”，牢牢把握西部大开发、灾后重建、扩大内需等重大机遇，契合四川“三农”金融需求，着力推进各级“三农”事业分部体制机制变革，不断创新产品服务，提升经营活力。截至2011年末，农业银行四川省分行存贷款余额分别为5 402.6亿元、2 972.1亿元，位居大型银行首位。

总体而言，农业银行四川省分行“三农金融事业部”改革试点及面向“三农”金融服务已有了一个良好开端，但改革试点过程中也遇到了一些困难和挑战。究其原因，既有事业部改革中组织结构未充分发挥作用的因素，也有事业部制度设计本身缺陷的原因，还有制度变迁演进过程中路径依赖等问题。具体表现为，“三农金融事业部”组织结构中的管理权限和业务边界划分尚不清晰，管理层次控制、集权和分权关系协调难度较大，未建立有效的各事业部之间的利益冲突解决机制，贫弱地区政策性任务与商业化经营矛盾突出、解决的差异化措施针对性不强。为了进一步深化农业银行“三农金融事业部”改革试点，需要加强农村金融改革的整体政策统筹；促进农业银行合理统筹城市金融与农村金融；推动农业银行构建“面向三农”与“商业运作”的长效机制；强化金融监管部门在改革中的引导、考核、监督作用；完善相关政府部门的政策支持及配套制度。

（二）证券业

2011年，四川证券期货经营机构坚持合规运作、规范发展，经营保持稳健。

1. 证券业发展

全年新增2家证券营业部，1家证券分公司，1家基金分公司，7家期货营业部。2011年末，四川有法人证券公司4家，证券营业部204家，证券投资咨询公司3家，法人期货公司3家，15家期货营业部；基金分公司9家，外国证券机构驻华代表机构1家，各类机构数量位居中西部第一位。

（1）证券公司稳健经营，期货公司收益小幅增长。年末，4家法人证券公司总资产273.82亿元，减少20%；总负债170.14亿元，减少34.6%；净资产103.68亿元，增长26.4%；净资本86.05亿元，增长26.5%；全年实现净利润9.44亿元，减少57.3%（见图9）。证券公司经营风险控制较好，净资本与净资产的比例为83%，净资本与负债的比例为50.6%，净资产与负债的比例为60.9%。3家法人期货公司总资产30.78亿元，净资产4.25亿元，净资本4.17亿元；全年实现净利润0.3亿元，增长5.8%。

（2）证券期货经营机构创新发展取得新突破。华西证券成为中国证监会认可的AA级证券公司，

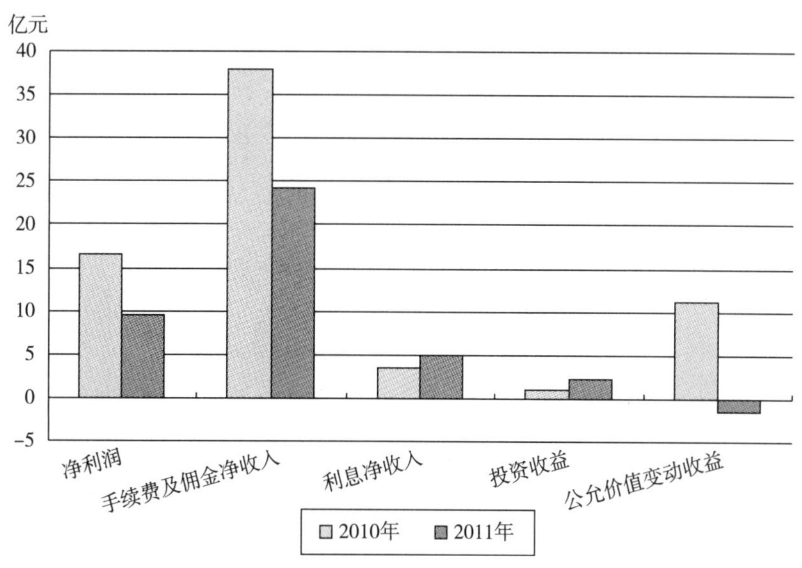

数据来源：四川证监局。

图9 证券公司收益

为中西部地区唯一AA级及以上的证券公司；2011年末，华西证券已成立3只集合理财产品，发行数量排名全国27位，华西期货、国金期货顺利实现增资。华西期货打造套期保值产品，提高了多家钢材企业套期保值交易的有效性和资金使用效率。

2. 证券业发展需要关注的方面

（1）证券公司收入结构仍较为单一。目前，证券公司主要收入来源仍是经纪业务。2011年，4家法人证券公司手续费及佣金收入、利息净收入分别为24.21亿元、4.95亿元，占营业收入的80.6%、16.5%；自营业务净收入0.87亿元，比上年减少92.8%，占营业收入的2.9%。

（2）期货公司综合实力仍待提升。3家法人期货公司根据《期货公司分类监管规定》，分类结果在BB级及以下。期货公司规模仍偏小，平均每家期货公司总资产为10.26亿元，平均每家期货公司净资产为1.4亿元。

（三）保险业

2011年，四川保险业继续保持平稳发展态势，结构调整不断深入，转变发展方式的成效逐步显现。

1. 保险业运行状况

全年新增10家保险公司，另有5家省级分公司获批筹建，为历年新设公司最多的一年。法人保险公司设立取得重大进展，达到3家，在西部与重庆并列第一。2011年末，四川开业保险公司64家。其中，产险公司29家，寿险公司31家，养老险公司2家，健康险公司2家；中资公司52家，外资公司12家。保险分支机构4 509家，居全国第5位。专业法人保险中介机构88家，其中代理机构74家，经纪机构7家，公估机构7家；保险专业中介分支机构232家，其中保险代理分支机构182家，保险经纪分支机构44家，保险公估分支机构6家。

（1）保费收入平稳增长，增速明显回落。保险业实现保费收入778.7亿元（见图10）。其中，产险公司实现保费收入236.8亿元，增长17.07%，低于全国平均1.61个百分点，规模全国排名第7

位，增速比上年回落10.86个百分点。寿险公司共实现保费收入541.9亿元，增长6.08%；规模全国排名第6位，增速比上年回落27.8个百分点；保险深度3.7%，同比下降0.52个百分点；保险公司总资产1 520.9亿元，增长24.4%。

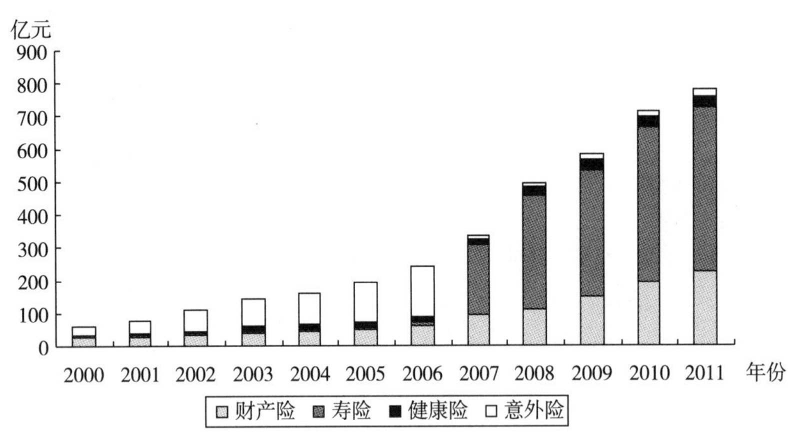

数据来源：四川保监局。

图10 保险业保费收入

（2）结构调整继续深入，转变发展方式的成效逐步显现。产险公司效益持续向好，全年承保利润率6.04%，同比提高0.77个百分点，比全国平均高1.3个百分点。从险种看，14个大类中有10类盈利，其中车险业务承保利润占比49%，为主要盈利来源。29家产险公司盈利面58.6%，21个市州盈利面达90.5%。寿险公司业务结构有所改善，新单业务中，银邮渠道占比有所下降，个人代理及公司直销渠道占比略有上升。新单期缴率24.26%，同比提高1.87个百分点。保障型产品持续稳定发展，普通寿险新单保费增长15.4%，分红寿险、万能寿险和投连寿险均为负增长。意外险和健康险分别增长22.1%和11.4%，增速比上年提高18.1个和10.3个百分点。

（3）市场秩序进一步好转，服务地方经济社会作用增强。2011年，四川保监局对70家次保险机构开展现场检查，对11家机构实施行政处罚，促进市场主体合规意识增强。年末，产险市场秩序部分关键指标下降。非车险保单批退率下降1.37个百分点，车险应收保费余额减少3.06%。全年，四川保险业承担风险总额17.42万亿元，赔付支出191.2亿元，增长28.1%（见图11）。其中，产险公司赔款支出114.1亿元，增长26.2%；寿险公司赔付支出77.1亿元，增长31%。保险业积极服务和支持"三农"，政策性种植业保险"无赔款优待"试点工作在21个市州全面推广，实现保费收入10.6亿元，增长50.3%，带动农险业务整体发展。全年农业保险保费收入17.2亿元，增长40.3%，规模居全国第一，上升4位；支付赔款7.4亿元，受益农户338.9万户次。农村小额保险保费收入2.3亿元，增长92.7%，承保677.94万人次。国内首创扶贫惠农小额保险在旺苍县启动，全省保险业共为97.3万农民提供基本医疗保障服务，支付赔付与补偿金4 150万元。

2. 保险业发展需要关注的方面

（1）产险市场集中度上升，两极分化明显。2011年，四川产险公司的赫芬达尔指数（HHI）为0.220，同比增加0.003。前3家产险公司市场份额77.97%，同比上升1.52个百分点。除出口信用外，7家产险公司保费收入出现负增长，且多为中小公司，12家产险公司承保业务亏损。产险公司综合费用率32.57%，同比上升0.43个百分点；个别成立满一年以上公司的综合费用率超过60%。

（2）寿险发展遭遇瓶颈，一些险种退保风险加大。2011年，四川寿险业务保费收入499亿元，

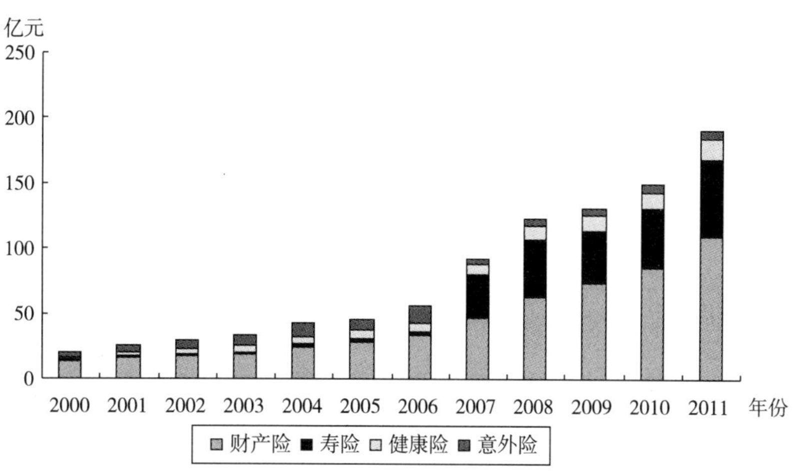

数据来源：四川保监局。

图 11 保险业赔付支出

增长 5.23%，增速明显放缓。分险种看，普通寿险、分红险、万能险、投连险的比重分别为 8.6%、90.77%、0.02%、0.62%，产品依然重储蓄投资，轻保险保障。从寿险营销渠道看，银保渠道增长乏力，个人渠道增员困难，电销渠道扰民现象时有发生。销售误导等行为，已成为制约寿险市场发展的重大问题。全年四川寿险公司退保金 49.7 亿元，同比增长 83.25%，其中 12 家公司退保金增速超过 100%，退保率 2.63%，略高于全国 0.06 个百分点。其中，退保规模大的产品均为高现金价值的分红趸缴产品。

（3）银保业务需进一步规范。2011 年出台的《商业银行代理保险业务监管指引》明确划分了银行业机构与保险公司的责任，银保双方应认真落实各项工作，在此基础上进一步加强协作与配合，避免因协调不到位引发风险因素或事件，尤其要加强取消“驻点”之前销售的期缴银保业务的后续服务及管理。

三、金融市场与金融稳定

2011 年，四川各金融子市场保持平稳健康发展，金融市场进一步发挥在改善融资结构和优化资源配置中的基础性作用。

（一）货币市场交易活跃

成交量继续大幅增加，全年同业拆借、债券回购和债券现券累计成交 62 693.9 亿元，比上年增长 61.1%。农村信用社仍是拆出资金的主体，债券回购累计净融出资金 10 975 亿元，增长 39%。短期交易占比较高，7 天同业拆借、1 天质押式回购为交易的主要品种，货币市场各项利率均比上年明显上升。债券市场融资大幅增长，28 家企业实现银行间市场直接融资 240 亿元，比上年增长 35.8%，中小企业集合票据发行实现零的突破。

（二）票据市场继续发展

金融机构累计签发商业承兑汇票 62.1 亿元，同比增长 2.4 倍；累计办理贴现 724.8 亿元，同比增长 2.5 倍。累计签发银行承兑汇票 5 369.6 亿元，同比增长 35%；累计办理贴现 5 547 亿元，同比减少 9%；累计办理再贴现 32 亿元，同比减少 45%。2011 年末，商业汇票余额 2 529 亿元，同比增长 24%；票据贴现余额 241.6 亿元，同比减少 43%；再贴现余额 4.6 亿元，同比减少 87%。票据市场利率大幅上升。12 月，贴现、转贴现加权平均利率分别为 9.12%、7.15%，分别上升 352 个、221 个基点（见图 12）。

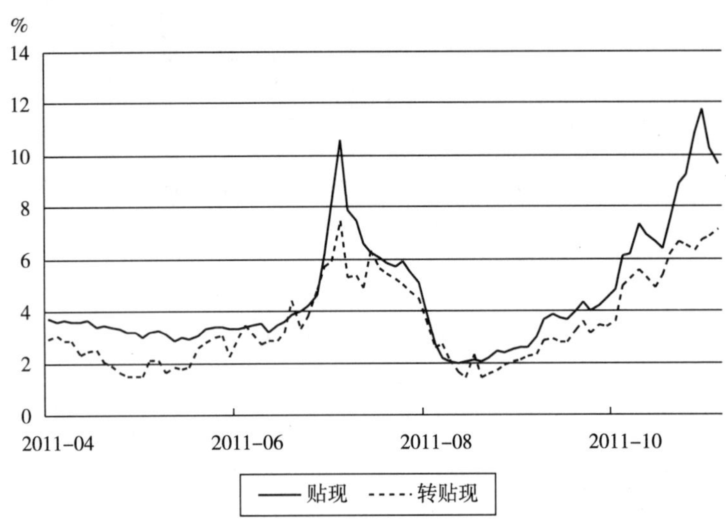

数据来源：人民银行成都分行。

图 12 四川票据利率

（三）股票市场筹资额大幅增长

全年 23 家上市公司在股票市场筹资达 333.28 亿元（见图 13），创历史新高，比上年增长 53.7%，股票市场融资总额居中西部第一位。其中，8 家公司（含 7 家 A 股、1 家 H 股）首发融资 66.54 亿元；15 家公司实现再融资 256.49 亿元，比上年增长 2.76 倍，融资方式多元化、全面化。A 股上市公司数量 88 家，居中西部第一位，总市值 5 912 亿元。股票投资者开户数为 727.56 万户，比

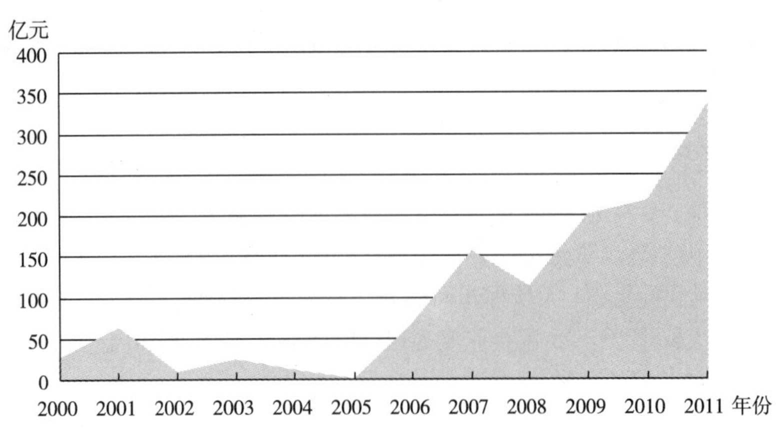

数据来源：四川证监局。

图 13 上市公司股票市场融资量

上年增加 27.41 万户。全年证券市场交易额为 2.94 万亿元，同比下降 27.6%。

（四）外汇市场交易增速放缓

四川银行间外汇市场全年成交折合 10.4 亿美元，同比增长 4.3%，增幅较上年下降 26.5 个百分点。其中，买入量折合 2.3 亿美元，增长 88.4%；卖出量折合 8.1 亿美元，减少 7.61%。就币种分析，其中美元成交 8.8 亿美元，占成交总量的 84%；日元和欧元成交量增长迅猛。5 家会员中，2 家交易量大幅增长。2011 年 12 月 30 日，人民币对美元汇率中间价为 6.3009，比年初升值 4.86%。下半年开始，人民币对美元持续单边升值的趋势有所变化，更多体现出双向波动、有升有贬的特点。12 月 30 日，人民币对欧元、日元、港元和英镑汇率中间价较年初分别升值 7.32%、0.2%、4.73% 和 4.96%；对林吉特和卢布汇率中间价较年初分别贬值 7.79% 和 10.08%。

（五）黄金市场价格上升

商业银行黄金业务稳步增长。金融机构全年累计黄金交易量为 73 257 千克，比上年增长 1 倍。其中实物金交易 15 343 千克，增长 34.7%，平均价格为 339.66 元/克；账户金交易 57 914 千克，比上年增加 33 048 千克，增长 1.33 倍，平均价格为 333.18 元/克。黄金交易金额为 245.07 亿元，比上年上升 1.6 倍。其中实物金 52 亿元，比上年增长 68.2%；账户金 193 亿元，比上年增长 2 倍；黄金交易所会员企业的交易大幅萎缩。四川会员企业在上海黄金交易所的黄金交易量为 3 495 千克，比上年减少 96.12%；平均价格为 346.89 元/克，比上年上升 90.77 元。国有商业银行仍然是黄金市场业务的主力，市场份额为 79.6%。

（六）期货交易保持平稳

期货投资者开户数 3.64 万户，同比增长 15.6%，期货交易额 5 万亿元，与上年持平。

四、金融基础设施建设与金融稳定

2011 年，四川金融基础设施建设大力推进，金融综合管理积极推动，支付清算服务与管理加强，信用环境不断改善，反洗钱有效性持续提升，为金融业稳健运行提供了有力支撑。

（一）金融法治环境

1. 积极开展金融综合管理工作

构建金融综合管理工作制度框架和工作机制，下发实施银行业机构开业管理工作指引、重大事项报告制度和综合评价办法，进一步畅通金融政策传导机制，提升金融管理服务效能。全年共受理审核四川 193 家分支银行机构开业申报和加入人民银行金融服务系统申报。深入推动综合执法工作，全年对 22 家银行机构的 84 个网点进行了综合执法检查。此外，人民银行四川各级机构对 188 家金融机构的 527 个网点进行了专项执法检查，其中银行机构 515 家，证券机构 1 家，保险机构 11 家。国家外汇管理局四川省分局针对金融机构及其他企业执行外汇管理规定开展执法检查共计 110 余次。加大处罚力度，人民银行四川各级机构作出行政处罚 114 起，国家外汇管理局四川省分局作出行政处罚 52 起。

2. 积极推动金融消费者权益保护试点

2011 年，人民银行成都分行采取市县两级机构推进的方式，在四川省内开展人民银行履职领域金融消费者权益保护试点工作。绵阳、资阳中心支行等各试点单位积极争取地方政府支持，加强与工商部门、消费者协会、银监局、司法机关等的沟通协调，建立健全金融消费者投诉处理机制、对金融机构的监督指导机制及成果运用机制。截至 2011 年末，人民银行四川辖区共 9 家市（州）中心支行、16 家县级支行开展了金融消费者权益保护工作，重点对人民银行利率管理、银行卡管理、反洗钱、人民币管理、征信管理、外汇管理等履职领域中金融消费者受侵害的情形提供保护，并把个人金融信息保护等内容也纳入保护范围。目前共受理金融消费者申诉 140 起，办结率 99%，消费者对已办结申诉案件的满意度为 100%。

3. 深入开展金融法制宣传教育

2011 年，人民银行四川各级机构以人民银行“六五”普法启动工作为契机，扎实开展金融法制宣传教育。各级机构将金融法制宣传教育与地方法治建设紧密结合，借助“金融知识宣传月、金融消费者权益保护宣传月、金融生态环境建设宣传月、诚信兴商宣传、‘3·15’消费者权益保护日、‘12·4’全国法制宣传日”等活动平台，采取广场宣传、媒体宣传等多种方式，重点开展了征信管理、反洗钱、人民币管理、支付结算、金融消费者权益保护等方面的法制宣传活动。通过面向金融机构、社会公众持续深入开展金融法制宣传，切实抓好社会公众金融法律知识普及，引导社会公众增强金融风险识别防范能力，营造良好的金融法制环境。

（二）支付体系

1. 支付系统运行安全平稳

2011 年，大额实时支付系统处理跨行汇划业务 2 460 万笔、金额 50 万亿元，同比分别增长 25% 和 39%；小额批量支付系统处理跨行汇划业务 3 680 万笔、金额 1 万亿元，分别增长 61% 和 35%；支票影像交换系统处理业务 4 215 笔、金额 1.5 亿元，分别增长 72% 和 64%。小额支付系统发生通存、通兑业务 5 119 笔、2 490 笔。大小额支付系统直接、间接参与者分别为 90 家、3 566 家，支票影像交换系统直接、间接参与者分别为 115 家、2 333 家，银行机构网点通汇率超过 90%。开展支付结算执法检查，涵盖支付结算管理、账户业务、票据业务、支付系统、支付信息报送等，涉及银行业金融机构网点 253 个，确保支付体系安全平稳运行。

2. 非现金支付工具的应用稳步增加

以“三票一卡”为主体，电子支付（包括网上支付、电话支付、移动支付和 IC 卡）等为补充的各种非现金方式支付资金共 18 亿笔，金额 32 万亿元。其中，电子支付业务 5.8 亿笔，金额 13 万亿元，分别增长 94% 和 42%。电子商业汇票系统不断推广，签发电子商业汇票 167 亿元，办理承兑、贴现分别为 175 亿元、24 亿元。银行卡使用环境进一步改善，新建 65 个刷卡无障碍示范街区。推进金融 IC 卡应用工作，在成都、自贡启动应用试点，积极推动社保卡加载金融功能工作。加强银行卡安全管理，发布《四川省整治银行卡违法犯罪协作指引》，开展银行卡犯罪专项打击行动。2011 年末，共发行银行卡 1.7 亿张，布放 POS 机具 20.8 万台，ATM1.5 万台，发展特约商户 13 万个。

3. 非金融机构支付服务管理取得重大突破

成都摩宝网络科技有限公司和四川商通实业公司、现代金融控股（成都）有限公司先后获得人民银行颁发的第二批、第三批非金融机构支付业务许可证。支付宝等 10 家已取得支付业务许可证的省外非金融机构支付组织在四川设立了分公司并登记备案。人民银行成都分行下发《规范四川省非金融支付服务管理的意见》，从组织机构管理、高管人员管理、备付金管理、重大事项报告、定期业务报告等方面强化对四川第三方支付市场的监管。

4. 农村支付环境持续改善

全面开展农村支付结算“迅通工程”建设（专栏2）。支付系统在农村地区的覆盖面进一步扩大，全省农村地区银行网点电子通汇率达95.9%。农村地区银行卡受理市场进一步拓展，截至2011年末，各金融机构在农村地区发行银行卡0.7亿张，布放POS机具9.6万台、ATM0.68万台，发展特约商户3.5万户。农民工银行卡特色服务全年实现交易145.4万笔，交易金额18亿元，同比分别增长15.9%、22%。银行卡助农取款业务迅速推广，截至2011年末，四川发展POS机助农取款服务代理点55 936个，消除支付服务空白乡镇437个、空白村18 480个，分别占年初数的45%和44.8%。

专栏2　四川农村支付结算“迅通工程”建设

农村支付环境建设是农村金融服务环境建设的重要组成部分，是破解农村金融服务空白这一难点的有效措施。为持续推进四川农村支付环境建设，2011年，农村支付结算“迅通工程”在四川全面启动，打造四川省农村支付服务环境建设品牌，搭建和建立齐抓共管的工作平台和长效工作机制。

在人民银行成都分行的积极组织推动下，出台了相关工作规范，确保“迅通工程”有序开展；建立了重点实施机制和工作示范机制，有重点、分步骤地推进“迅通工程”实施；特别关注偏远及民族地区的支付环境建设工作，努力解决三州边远农牧区金融基础服务空白问题；以宣传作为“迅通工程”的有效载体，提升“迅通工程”建设品牌的影响力。

目前，“迅通工程”已经取得了显著成效。该项工作得到各级政府部门的高度重视和大力支持，已构建起人民银行牵头，政府、金融机构和相关各方共同参与的工作平台，建成了“政府领导、人行牵头、多方参与、合力推进”的工作机制，政府部门将“迅通工程”作为一项民生工程积极推动实施；金融机构在参与“迅通工程”建设、履行社会责任的同时，拓展了自身业务发展空间；支付清算网络继续往农村地区延伸，加快了农村地区资金周转速度；银行卡受理环境极大改善，农村居民用卡积极性不断增强，农村地区居民的现代支付意识得以提升；金融服务空白村镇问题得到有效缓解。截至2011年末，全省农村地区电子通汇率达95.9%；创建银行卡刷卡无障碍示范区90个，ATM和POS机具投放分别达到6 815台和9.65万台，分别增长72%和50.5%；特约商户达到3.53万户，增长65%；发展POS机助农取款服务代理点55 936个，全年共消除支付服务空白乡镇437个，消除支付服务空白村18 480个，全省乡镇和村的支付服务覆盖率分别由上年的78.2%、13.4%提高到88.2%、51.9%，分别上升10个和41.5个百分点。

5. 金融账户实名制进一步落实

截至2011年末，四川人民币银行结算账户管理系统共有银行机构代码1.3万个，单位银行结算账户93.34万户，个人银行结算账户1.9亿户，账户数量分别增长12.6%和31.7%，极大地促进了账户实名制的落实。

（三）信用环境

1. 征信系统在社会信用体系建设中作用日益显著

在四川实现58万企业和5 483万自然人的征信信息入库和更新，分别增长3%和7%；入库信贷余额为1.98万亿元、0.6万亿元。企业和个人征信系统分别提供查询87万次和402万次，分别增长10%和-8%，单日峰值查询3万次。高度重视非银行信息采集使用的风险防范及管理。大规模开展“创先争优征信窗口优质便民”活动、推广“个人信用报告自动查询子系统”。

2. 中小企业信用体系建设跃上新台阶

积极推动遂宁中小企业信用体系试验区建设，“千户诚信中小企业培植计划”覆盖全省，为10.4万户中小企业建立了信用档案。2011年纳入“培植计划”的1 924户中小企业中，1 224户获得贷款总额168亿元，培植成功率为64%。应收账款和融资租赁登记公示系统在四川注册常用户296户，其中出质人为中小企业的占84.8%，拓宽了中小企业融资渠道。

3. 农村信用体系建设取得新进展

促成四川省政府印发《农村信用体系试验区建设实施意见》，在成都、德阳、绵阳启动试验区建设。试验区4县34乡239村评定信用农户4 694户、信用村5个，金融机构为其中1 588户发放贷款7 446万元。此外，全省约六成县区建立农村信用体系领导小组，政府组织评定69.2万信用户、1 646个信用村、83个信用乡，对598.6万建档农户累计发放贷款553.5亿元。

4. 社会信用体系建设不断推进

扩大金融诚信建设范围，20个市州的309家银行机构签署了《诚信服务公约》。以金融生态环境示范县评选验收为抓手，持续推进金融生态环境建设，制定下发《关于金融支持“金融生态环境示范县（区、市）”的指导意见》，推动建立正向激励机制，促进经济金融良性互动发展。加强信用评级市场管理，促进信用评级市场平稳发展。推动阿坝师专成为全国少数民族地区第一家开设征信必修课的学校，起草设计《小学生征信知识画册》，创作“征信之树”歌曲，大力开展征信宣传教育活动，在全社会营造良好的信用氛围。

总　　纂：周晓强　李　铀
统　　稿：梁勤星　葛康泽
执　　笔：温茹春　沈丁丁
其他参与写作人员（按姓氏笔画排序）：
马　勇　冉晓东　冉智泉　何迎新　杨华强　沈艳华
姚　艳　赵　影　徐　磊　辜晓川　雷进贤

贵州省金融稳定报告摘要

2011年，贵州省深入贯彻落实科学发展观，紧紧围绕“加速发展、加快转型、推动跨越”的主基调，重点实施工业强省和城镇化带动战略，努力克服特大干旱、雨雪冰冻、洪涝等自然灾害的影响，全省经济社会发展呈现出发展提速、转型加快、效益较好、民生改善、后劲增强的良好态势，顺利实现了开好局、起好步的目标，为“十二五”发展奠定了坚实基础。全年经济增速比上年高2.2个百分点，比全国高5.8个百分点，为1985年以来最高水平；工业投资、房地产开发投资、交通、水利等基础设施建设领域，增速明显快于2010年；内部需求持续增长，消费市场进一步活跃；外部需求明显改善；物价涨幅高位回落。

房地产市场调控力度加大。金融体系整体运行平稳，存贷款增速超全国平均水平，银行业法人金融机构稳健性逐步增强，金融改革持续推进；证券业积极应对国内A股市场行情低迷的影响，证券经营机构和证券市场运行平稳，法人证券机构实力不断增强，上市公司经营业绩快速增长；保险业市场体系稳步发展，保险业务平稳运行，业务结构趋向合理，“涉农”保险发展迅速，保险服务经济社会能力进一步增强。货币市场交投活跃，债券融资成为企业融资的重要渠道，票据市场融资功能进一步增强。金融生态环境不断改善，为经济发展提供了有利的投融资环境。

一、区域经济运行

2011年，在贵州省委、省政府的领导下，贵州省深入贯彻落实科学发展观，紧紧围绕“加速发展、加快转型、推动跨越”的主基调，重点实施工业强省和城镇化带动战略，努力克服特大干旱、雨雪冰冻、洪涝等自然灾害的影响，全省经济社会发展呈现出发展提速、转型加快、效益较好、民生改善、后劲增强的良好态势，实现了“十二五”良好开局，为2012年经济社会发展奠定了坚实基础。

（一）经济运行情况

贵州省实现地区生产总值5 702亿元，增加1 100亿元，增长15%，增速比上年高2.2个百分点，比全国高5.8个百分点，为1985年以来最高水平。

第一产业完成增加值726.22亿元，增长1.2%；第二产业完成增加值2 334.02亿元，增长20.7%。其中，完成工业增加值1 969.73亿元，增长21.1%，工业对经济增长的贡献率46.5%；第三产业增加值2 641.6亿元，增长14.2%，增速比上年加快2.1个百分点。

内部需求持续增长。消费市场进一步活跃，社会消费品零售总额1 750亿元，增长18%；全社会固定资产投资完成5 101.55亿元，增长60.1%。其中，计划总投资50万元及以上城镇和农村非农户固定资产投资完成 4 892. 1 亿元，增长 61. 1%。从投资领域来看，工业投资、房地产开发投资、交通、水利等基础设施建设领域，增速明显快于 2010 年。

外部需求明显改善。贵州省 2011 年实现进出口总额 48. 84 亿美元，比上年增长 55. 2%。其中，进口总额 18. 99 亿美元，增长 54. 2%；出口总额 29. 85 亿美元，增长 55. 5%；批准外商直接投资企业达 70 个，同比增长近 90%。合同利用外资金额 17. 1 亿美元，同比增长 279. 3%，实际利用外资总额达 6. 7 亿美元，同比增长 127. 9%。共引进外资项目 4 637 个，实际到位资金 2 580. 3 亿元，同比增长超过 160%。

各项收入稳定增长。全年实现财政收入 1 330. 08 亿元，比上年增长 37. 2%，增速比上年加快 12. 8 个百分点。其中一般预算收入 773. 18 亿元，增长 44. 8%，增速比上年加快 16. 6 个百分点；城镇居民人均可支配收入 16 495. 01 元，比上年名义增长 16. 6%，农民人均纯收入 4 145. 35 元，比上年名义增长 19. 4%。

物价涨幅高位回落。居民消费价格受食品价格上涨影响，自年初开始持续大幅度上涨，2011 年 10 月同比涨幅达 6. 2% 后，呈逐渐回落态势。全年居民消费价格同比上涨 5. 1%，低于全国 0. 3 个百分点。

房地产市场调控力度加大。2011 年，国家加大房地产调控力度，贵州省根据自身情况也于 1 月颁发了《贵州省人民政府办公厅关于进一步做好房地产市场调控工作的通知》（黔府办发〔2011〕20 号）文件，提出进一步贯彻落实国务院关于强化房地产调控的各项措施，推动城镇化、大力推进农村危旧房屋改造，推进城市廉租房和公共租赁住房建设，促房地产市场平稳健康发展。4 月，贵州省宣布房地产限价措施，贵阳、遵义、凯里等 13 个县级及以上城市，根据当地经济发展目标、人均可支配收入增长速度和居民住房支付能力等，确定当年新建住房价格控制目标。截至 2011 年末，贵州省房地产开发贷款余额 1 149. 7 亿元，较上年增加 194. 81 亿元，同比增幅 19. 76%，增速较上年减少了 19 个百分点。

（二）2012 年贵州省经济展望

2011 年，在国内外复杂经济环境和接连遭受特大自然灾害的情况下，贵州省取得了基础设施加快改善，工业化、城镇化加速推进，要素支撑能力不断提升，经济增长动力不断增强等一系列成果。同时也应该看到，贵州省经济运行中仍存在一些突出矛盾和问题，一些结构性矛盾仍未得到根本解决。经济增长方式粗放，节能减排压力较大；对外开放水平不高，体制机制矛盾仍较突出；非公有制经济发展不足，民间投资乏力，投资环境差等多方面的问题还未得到有效解决。

2012 年是实施“十二五”规划的关键之年。应把加快转变经济发展方式作为主线，推进工业强省和城镇化带动战略，继续处理好保持经济平稳较快发展、管理通胀预期的关系，着力调整经济结构，保持经济增长的均衡性、协调性和可持续性，努力实现经济又好又快发展。

推进结构调整，优化增长方式。保持经济增长应关注经济增长的均衡性、协调性和可持续性，应在扩大内需、转型升级、城乡协调发展等方面做出大量有成效的工作。加快科技创新，推动产业优化升级，加快培育发展战略性新兴产业，大力发展新材料产业；大力发展金融业、现代物流、研发设计、动漫创意、软件产业、服务外包等生产性现代服务业；大力推进农业产业化，积极培育和引进龙头企业，加快发展农产品精深加工，加强农村基础设施和服务体系建设。

优化投资结构，推动经济加速发展。从贵州现在的经济发展状况来看，投资仍然是支撑经济增长的主要动力。按照贵州省委、省政府工业强省的战略，不仅要注重投资增量的优化，也要注重对存量的改造升级。优化投资结构，加大对工业的投资，特别要加大对传统产业、高耗能产业技术改造的投资。

完善各类机制，加快民营经济发展。按照贵州省委、省政府制订的民营经济“三年倍增计划”，全面贯彻落实加快民营经济发展的各项政策措施，切实为实体经济和民营企业松绑、减负。加大对中小企业信贷支持力度，进一步推进国有、股份制商业银行完善各项机制，创新金融产品和服务，建立健全中小企业金融服务机制，进一步提高民营经济比重。

二、银行业

（一）运行情况

存贷款增速超全国平均水平。2011 年末，全省银行业金融机构本外币各项存款余额 8 771.34 亿元，同比增长 19%，超出全国平均水平 5.5 个百分点。其中，个人存款增长速度快于单位存款和财政性存款，分别同比增长 21.49%、17.29%、15.38%。本外币各项贷款余额 6 875.65 亿元，同比增长 19.53%，超出全国平均水平 3.8 个百分点。其中，短期贷款增速快于中长期贷款增速，分别为 27.32%、18.72%。

贷款结构调整逐步显现。从全省金融机构贷款投向看，经营贷款同比增长 20.21%，增速高出贷款增速 0.68 个百分点；固定资产贷款增速 14.36%，低于贷款增速 5.17 个百分点。2011 年全年经营贷款增量占全部新增贷款比重为 20.97%，同比增加 2.52 个百分点，固定资产贷款及银团贷款增量占全部新增贷款比重为 43.20%，同比增加 3 个百分点。

房地产贷款投放以购房贷款为主。截至 2011 年末，房地产贷款余额（包括房地产开发贷款、购房贷款）占金融机构各项贷款余额的 16.72%，同比增加 0.18 个百分点。其中，房地产开发贷款占房地产贷款的 30.16%，同比减少 3.13 个百分点；购房贷款占房地产贷款的 69.84%，同比增加 3.13 个百分点。2011 年，新增房地产贷款占各项贷款增量的 17.65%，其中近八成以上为购房贷款增量。

银行机构盈利能力不断提高。2011 年末，全省银行业金融机构共实现利润 159.67 亿元，同比增加 44.46 亿元。其中，中间业务收入 41.55 亿元，同比增加 11.68 亿元，中间业务收入占利润总额的 26.03%，同比多增 0.18 个百分点。

不良贷款实现双降。2011 年末，全省银行业金融机构不良贷款余额为 136.63 亿元，比年初减少 24.43 亿元，不良贷款比例为 1.99%，比年初下降 0.81 个百分点。

法人银行风险抵补能力不断增强。2011 年末，全省法人银行业金融机构资本充足率达到 12.24%，其中，4 家城市商业银行资本充足率均达到 10% 以上，农村合作金融机构平均资本充足率达到 11.36%，比年初上升 2.87 个百分点。2011 年末，全省法人机构拨备覆盖率 141.18%，比年初上升 52.35 个百分点。其中，4 家商业银行的拨备覆盖率均达到 150% 以上，农村合作金融机构拨备覆盖率为 119.73%，比年初上升 46.28 个百分点。

（二）改革与机构发展情况

省内第一家农村商业银行设立。由于位于贵阳城区的农村信用社存在资源分散、各自为政、金融服务不能适应城市化发展等方面的制约，2009 年，贵阳市政府启动对贵阳城区农村信用社的改革。历经两年，原贵阳市城区四家农村信用社（农合行）合并，新设发起成立贵阳农村商业银行。该行成立后，整合现有资源，以重点支持“三农”、中小微企业、个体工商户和社区居民的金融需求为定位，改善服务模式，提高经营可持续性。

农行“三农金融事业部”改革情况。按照《中国人民银行 财政部 银监会关于深化中国农业银行“三农金融事业部”改革试点有关事项的通知》（银发〔2010〕151 号）所确定试点范围，贵州属于非深化试点行。但是，农业银行贵州省分行在“三农金融事业部”治理机制、组织构架、业务管理边界以及“六个单独”营运机制等方面结合贵州实际进行了改革和探索。同时，借助涉农资金充足、“惠农卡”等优势进行服务和产品创新，提高服务县域经济的能力。但是，“三农金融事业部”改革过程中仍然面临网点覆盖和人力资源不足、内部资源配置和业绩考核评价体系不足以完全调动业务人员的主观能动性，以及“三农”产品创新有待进一步加强等问题，有待解决。

新设机构、新增入黔机构及机构跨区域发展情况。村镇银行较快发展，2011 年，全省共新设 7 家村镇银行，是 2008 年以来机构增设最多的一年。截至 2011 年末，全省 13 家村镇银行资产总额增长至 165 340. 40 万元，负债总额增长至 149 152. 35 万元，分别为上年的 2. 24 倍和 2. 79 倍；存款余额 127 469. 36 万元，同比增长 280. 16%；贷款余额从 2008 年的零增加至 89 554. 58 万元。

（三）需要关注的问题

房地产贷款问题不容忽视。一是涉及房地产领域的信贷资金占比仍较高。虽然 2011 年贵州省地产和房产开发贷款占房地产贷款比重有所下降，房地产业从大力投资新建项目逐步转向消化现有房源，回笼资金。但是，从全省房地产贷款（包括房地产开发贷款及购房贷款）占各项贷款总额情况来看，信贷资金在房地产领域投放的占比仍较高，已仅次于省内贷款占比最高的电力、燃气及水的供应业信贷资金的占比（分别为 16. 72%、17. 12%）。二是存在购房贷款人的违约风险隐患。由于贵州省房地产贷款中，近七成为购房贷款，而 2011 年新增的房地产贷款中，近八成为购房贷款，宏观经济及房地产调控政策对房地产及购房贷款人履约行为的影响值得关注。三是房地产行业贷款不良率已高于各项贷款不良率。2011 年末，全省房地产行业不良贷款达到 10. 41 亿元，不良率为 2. 75%，高于各项贷款不良率 0. 76 个百分点。

城市商业银行快速扩张中的潜在问题。一是对城市商业银行内部控制及风险管控能力带来挑战。近年来，城市商业银行迅速发展，同时，跨区域经营为城市商业银行的规模扩张提供了外部条件。但在急速扩张的同时，城市商业银行管理半径在扩大，这对其内部控制能力及风险管控能力提出了挑战。二是由于地区之间存在经济文化差异，城市商业银行在本地区应用的比较成功的管理模式，是否能适应异地的外部环境，这也是一个值得关注的问题。

村镇银行发展中的瓶颈问题仍未能解决。虽然，贵州省村镇银行得以较快发展，一是村镇银行之间发展能力的差距在逐步显现并呈现增大趋势；二是一些在村镇银行成立初期就存在的支付渠道不畅、品牌历时短等“先天”问题仍未能得以解决，导致吸存难、客户资源不足、内部管理不畅等“后天”困境仍然困扰村镇银行；三是随着金融机构发起成立村镇银行的积极性增高，风险在发起行和村镇银行之间进行传递的隐患增多。

（四）政策建议

1. 加强房地产贷款风险管理

严格按照国家相关政策的要求，坚持调控力度不放松，确保国家政策实施的稳定性和持续性。一是要对新发放房地产开发贷款保持高度审慎态度，加强对已有授信的风险排查，及时清理压缩存在隐患的高风险贷款。二是要进一步加强对土地、房产等抵质押品的管理，及时对抵质押品进行价值重估，对难以覆盖贷款风险的，要求借款人尽快增加足值抵质押物。

2. 城市商业银行在快速发展的同时要正确权衡规模与质量之间的关系

一是全面权衡自身对分支机构的管控能力，从规模至上转向质量至上。提高对分支机构的管理能力，完善对异地分支机构的管控体系，权衡好规模与质量之间的关系。同时，内控意识、风险管理技术及能力的提高要与机构的发展同步，避免机构快速发展中可能忽视潜在的风险。二是在拓展业务范围、扩大业务发展规模的同时，建议加强业务创新，避免提供金融服务的同质化竞争，以创新吸引客户，以此提高经营利润，以创新推进收入来源多元化、切实提高盈利能力和风险抵御能力。三是加大培训力度，特别是对核心、重要业务的流程、管理等方面，做好发展中的人才储备工作。

3. 多渠道助推村镇银行可持续发展

一是多渠道解决村镇银行支付渠道不畅等"先天"问题。村镇银行应加大支付清算、征信管理、信贷管理等业务系统建设的资金投入，加快支付体系、信息系统硬件环境的建设，加快与人民银行各类金融业务系统的联网进程，从根本上解决金融服务不畅、效率低下的问题。二是加大营销、创新、盈利能力。利用各种媒体和平台向社会宣传村镇银行，增强公众对村镇银行的认可和信心；同时，加强产品创新力度，提高金融服务质量和服务效率，吸引客户资源。三是提高持续经营能力差别化扶持政策，促进村镇银行发展的稳定性。四是加强风险防范，避免风险的跨机构、跨区域传染。村镇银行自身应进一步提高风险管理和把控能力，逐步建立健全风险监测、监督，以及抵补机制；发起行对村镇银行应加强风险控制，并加强培训，利用发起行在风险管理、内部控制等方面的成熟经验对村镇银行进行指导，有效防止风险在发起行与所设村镇银行之间传递。

三、证券业

2011 年，贵州省证券业积极应对国内 A 股市场行情低迷的影响，证券经营机构和证券市场运行平稳，法人证券机构实力不断增强，上市公司经营业绩快速增长。

（一）运行情况

1. 证券经营机构和证券市场运行平稳

截至 2011 年末，贵州省共有证券公司 1 家，证券分公司 3 家，同比增加 2 家；证券营业部 44 家，同比增加 8 家。期货营业部 8 家，较 2010 年增加 1 家。其中，具有 IB（中间介绍业务）资格的证券营业部 6 家，较 2010 年增加 3 家。

受全国市场行情影响，贵州辖区全年证券交易额 2 611 亿元，较上年减少 772 亿元，同比减少 22%。期货成交额 2 393 亿元，较上年减少 744 亿元，同比减少 23%。证券投资者 55.87 万户，较上年增长 4.87 万户。

2. 上市公司效益增长

截至 2011 年底，贵州省共有沪深上市公司 20 家，较上年新增 1 家，涉及制造业、房地产、制药、酿酒、电力等行业，总市值 2 911 亿元，同比减少 6%；总股本 100 亿股，同比增长 11%。2011

年前三个季度，贵州辖区上市公司经营业绩良好，实现营业收入489亿元，同比增长35%；利润总额129亿元，同比增长43%。

表1 贵州上市公司基本情况

	2011年	2010年	同比
上市公司数量（家）	20	19	+1
总股本（亿股）	100	67.79	47.5%
总市值（亿元）	2 911.47	3 062.48	-6%
流通股（亿股）	84.65	65.76	28.73%

境内上市公司累计募集资金272.82亿元，同比增长11.46%。新增直接融资27.71亿元，其中，上市公司增发募集资金10.8亿元，上市公司配股募集资金4.91亿元，2家公司发行公司债券募集资金12亿元。

3. 法人证券机构经营稳健

2011年，华创证券作为贵州省唯一一家法人证券公司，实现营业收入4.63亿元，其中经纪业务手续费收入3.69亿元，占比79.7%，净资产15.72亿元，同比增长3.29%，净资本充足率为368.39%，公司资本充足，流动性稳定。2011年，公司获批的营业部有4家正式营业，有2家还在筹建，截至2011年末，公司共有证券营业部35家。同时，华创证券正式完成了对重庆"三五九"期货公司的投资控股，成为其绝对控股公司。2011年9月，证监会正式核准了华创证券关于为期货公司提供中间介绍业务的有关申请。

（二）需要关注的问题

1. 直接融资比例偏低

2011年，国内沪深两市上市公司累计境内筹资合计6 780.94亿元，包含了企业IPO、再融资和债券市场筹资。同期，贵州省内企业新增直接融资85.71亿元，和全国水平有较大差距，同贵州省2011年新增贷款1 108亿元相比也存在较大差距。贵州省融资结构单一，直接融资发展速度慢，企业融资高度依赖银行贷款的情况需要继续关注。

2. 证券机构盈利模式单一

华创证券作为贵州省唯一一家法人证券公司，与全国知名券商相比在资本实力、盈利能力等多方面还存在差距。公司利润增长点还是来源于传统经纪业务收入，其中经纪业务手续费收入占重要的比重，2011年这一比重达到79.7%。盈利模式比较单一，利润的增长主要还是依靠市场行情的变化，市场行情变化带来收入下降的风险较为突出。

3. 积极培养上市后备资源

2011年，贵州省仅新增一家迁入的上市公司，无公司在沪深主板、中小板及创业板上市。如何提高资本市场对地方公司发展的服务能力，支持贵州经济的发展，对促进贵州经济又好又快发展具有重要的意义。应进一步完善上市资源培育、推介和跟踪服务，让更多的符合上市条件的企业上市，为进一步提高直接融资比重打好基础。

四、保险业

（一）保险业运行总体状况

1. 保险业市场体系稳步发展

截至2011年末，贵州省保险公司经营主体达到22家，其中，财产险公司14家，较年初增加2家；人身险公司8家。各级保险分支机构930个，较年初增加47个。其中，财产险机构438个，较年初增加31个；人身险机构492个，较年初增加16个。

共有专业保险中介机构22家，较年初减少3家，其中，代理机构4家，经纪机构12家，公估机构6家；保险兼业代理机构2 499家，较年初增加362家。

2. 保险业务平稳运行

2011年，贵州省保险业实现保费收入131.81亿元，较上年增长12.83%，高于全国平均水平2.3个百分点，位列全国第17位。其中，财产险业务保费收入59.03亿元，同比增长25.82%，增速位列全国第3位；人身险业务保费收入72.78亿元，较上年减少1.1%。全年贵州省保险赔付支出39.52亿元，较上年增长24.66%。全省保险公司账面总资产217.17亿元，较年初增长20.76%。

3. 保险业务结构趋向合理

财产险业务中，车险业务占比进一步提高，2011年非车险业务保费收入同比增长39.77%，高于全国平均水平15.15个百分点，高于车险业务增速17.2个百分点，占财产险公司业务比重较2010年同期提高2.18个百分点至22.17%。人身险公司期缴保费占比进一步提高，全年期缴保费同比增长21.26%，增幅高于全国平均水平1.12个百分点，占比提高9.67个百分点至65.29%，高于全国平均水平5.91个百分点。财产险公司虽受年初雪凝灾害影响，盈利水平较同期有所下降，但仍然保持较好状况，全年承保利润率为7.35%。人身险公司短期险承保效益大幅提升，全年短期险账面承保利润同比增长17倍。

4. 保险服务经济社会能力进一步增强

保险渗透度不断扩大，服务地方经济社会发展能力进一步增强。2011年全行业为全省经济社会发展共承担约3万亿元风险保障，同比增长6.10%。其中，承保企财险1.73万件，承担风险保障3 133.82亿元，较上年增长29.19%；为全省各类工程项目提供风险保障684.63亿元，较上年增长17.83%；为中小企业和个体私营业主提供融资贷款担保，承担保险风险12.99亿元，较上年增长14.5%；利用寿险保单质押解决短期融资难问题，截至2011年底保单质押贷款累计余额达2.53亿元，较上年增长81.77%。保险参与创新社会管理，服务社会保障体系能力进一步增强，与公众利益密切相关的意外、责任保险发展迅速，校园方责任保险向全省各大中院校、中小学和幼儿园全面推开；对建筑、煤矿等高危行业意外伤害保险产品的承保力度加大，全年分别实现保费收入4.78亿元和2.98亿元，较上年增长28.59%和37.89%。积极参与养老保障体系建设，为全省359家企业5.77万余名职工提供商业补充养老保险服务，为全省35家企业10.75万余名职工提供商业补充医疗保险，提供保险保障91.13亿元。还为参加第九届全国少数民族传统体育运动会的运动员、裁判员、工作人员以及各类财产提供保险服务，提供风险保障超过100亿元。

5. “涉农”保险发展迅速

贵州省“涉农”保险覆盖面逐步扩大，服务社会主义新农村建设能力进一步增强。全年承保政策性能繁母猪18.46万头，较上年增长63.37%，参保农户3.68万户次，同比增长72.66%，承担风险保障1.79亿元，同比增长75.21%；森林保险与烤烟保险承保74.22万亩和32.81万亩，分别较上年增长1 045.95%和419.97%，承担风险保障3.7亿元和1.64亿元，分别较上年增长606.45%和548.38%；农村小额人身保险保费收入4 591.33万元，较上年增长59%，承担风险保障101.47亿元，较上年增长39.94%。参与"新农合"经办管理服务，为六盘水市钟山区5.18万人（次）参保农民提供报销审查和经办服务，涉及金额1 921.68万元；为凯里市参合农民住院医疗自付超过金额分段报销，给付赔款300万元，给付逾2 500人次。

（二）存在的问题

1. 寿险保费收入减少，人身险公司经营压力加大

2011年，受物价水平居高不下和居民可支配收入增速放缓等多重因素的影响，居民投保意愿有所下降。全省寿险保费收入63.2亿元，同比减少6.65%，由于寿险业务在人身险业务收入所占比例超过80%，使人身险公司整体收入下降。在寿险保费收入减少的同时，寿险退保率却有所上升，这进一步加大了人身险公司的经营压力。

2. 车险赔付增长迅速，财产险公司业务风险加大

2011年，受汽车消费补贴政策调整和贵阳市汽车摇号上牌等一系列政策的影响，汽车销售量增长放缓。全省车险保费收入48.09亿元，同比增长22.57%，增速较上年减少7.55个百分点；车险赔付支出22.55亿元，同比增长30.28%，增速较上年提高了14.96个百分点。在目前影响汽车消费因素的共同作用下，"车险收入增长放缓，车险赔付增长加速"的趋势预期将在一定时间内延续，车险的赔付风险将增加，财产险公司的整体业务风险敞口也随之加大。

3. 区域发展不平衡问题依然突出

贵州省保险业区域发展不平衡问题依然突出。2011年，全省九个地区中，有贵阳、遵义、六盘水三个地区保费收入超过10亿元，三个地区保费收入合计87.65亿元，占全省保费收入的66.5%；特别是贵阳地区保费收入50.05亿元，占比达到了37.97%；而保费收入最低的安顺地区，保费收入仅有5.58亿元，占比为4.23%。区域发展的极度不平衡，将在很大程度上削弱保险风险保障功能的发挥。

（三）政策建议

1. 调整业务结构，统筹区域发展

保险公司要进一步加快产品创新步伐，特别是在车险市场增长放缓、压力逐渐加大的情况下，要加快在农业保险、责任险、意外险、工程险等领域业务的发展，改变少数险种占比过大的状况，同时，创新产品销售渠道，开拓农村保险市场，加大业务调整力度，统筹区域业务发展，增强保险公司盈利能力，提高保险业整体实力。

2. 进一步规范市场秩序

近年来，贵州省保险市场秩序正朝着好的方向发展，但是保险市场依然存在很多问题，主要表现在非理性价格竞争在一定业务领域仍比较突出；销售误导、理赔难的问题社会反映还比较集中；非法集资、保险欺诈、商业贿赂等保险领域的司法案件时有发生。这就需要进一步加强对保险市场的监管力度，不断引导规范保险行业经营自律行为，营造良好的保险市场秩序，增强行业的可持续

发展能力。

3. 推动“涉农”保险发展

扩大农业保险覆盖面。争取扩大中央财政补贴的种植业、养殖业保险品种和规模，地方财政支持的农业保险业务，不断完善政策性农业保险经营模式。鼓励和支持保险机构拓展农村养老保险、医疗保险、计划生育保险等涉农保险业务，引进商业保险公司参与新型农村合作医疗补充保险，为农民生产生活提供更加全面的风险保障。

五、金融市场

债券融资成为企业融资的重要渠道。贵州省全年实现直接融资 85.7 亿元，直接融资占比为 7.1%，融资结构得到优化。银行间市场非金融企业发债融资规模占直接融资比重达 67.7%，较上年提高 6.1 个百分点。其中，通过发行中期票据募集金额 14 亿元，较 2010 年增加 1 家企业。从省内情况看，贵州省大型企业法人较少，符合发行条件企业的发行成本较获取本地银行贷款成本的优势不明显，一定程度上制约了银行间市场非金融企业发债融资的进一步拓展。

货币市场交投活跃。全年银行间债券市场成员共有 8 家机构参与债券质押式回购交易，累计成交 8 637.0 亿元，较上年下降 8.5%，其中华创证券有限责任公司为新增成员，金融机构市场参与度明显提高。全年累计达成现券交易 2 992.4 亿元，累计进行信用拆借融入资金 2.95 亿元；从利率情况看，各交易品种利率从年初开始稳步上升，随着宏观调控不断深入，包括 2011 年 9 月起保证金存款逐步纳入存款准备金缴存范围，市场利率出现大幅震荡，但总体走势未发生变化。

票据市场融资功能进一步增强。贵州省内金融机构 2011 年汇票签发大幅增长，全年累计签发银行承兑和商业承兑汇票 708 亿元，同比增长 57.3%，年末余额 336.7 亿元，同比增长 66.2%。贴现、转贴现业务与外省联系较大，全年省内企业贴现累计发生额中，有 21.7% 的业务针对异地企业；买断式转贴现累计发生额中，有 76.6% 的业务针对异地金融机构。

表 2　　金融机构票据贴现、转贴现利率表

季度	贴现		转贴现	
	银行承兑汇票	商业承兑汇票	票据买断	票据回购
1	6.4535	5.6147	6.0997	5.0462
2	7.1529	7.0226	6.2596	5.6671
3	8.9720	7.5429	6.7542	6.7368
4	10.1613	6.0304	8.3043	—

黄金市场交易量和交易金额大幅提高。2011 年黄金交易量达到 28 352.7 千克，是 2010 年的 4.2 倍，黄金交易金额 92.6 亿元，是 2010 年的 5 倍。从价格变化情况看，“纸黄金”价格从第一季度的 294.6 元/克上升到第四季度末的 330.5 元/克，价格上涨了 12.2%；实物黄金价格从第一季度的 307.1 元/克上升到第四季度末的 343.6 元/克，价格上涨了 11.9%。

外汇交易量大幅增长。2011 年贵州省外汇市场成员外汇交易累计成交 2.97 亿美元，同比增长 27.4%，美元交易量占总成交量的 93.5%。

银行理财产品发展迅速。2011 年，贵州省共有 14 家银行业金融机构总计发行封闭式理财产品 3 000余期，累计募集资金 550 多亿元。其中，4 家地方法人金融机构共发行“非资产池”类封闭式理财产品13期，总计募集资金18.9亿元，产品以债券类和保本浮动收益类为主；理财产品预期收益从第一季度的2.6%～3.6%提高到第四季度的4.6%～5.8%。从资金投向看，2011年募集资金中，13.6亿元投向债券及货币市场工具，占总募集资金的72.0%。

六、金融基础设施

（一）支付结算体系

大小额支付系统平稳运行。2011年，贵州省内银行机构通过大、小额支付系统办理的支付业务共1 046.59万笔，清算资金86 844亿元，同比分别增长22.81%和37.06%。其中汇往省外资金26 806.17亿元，省外汇入资金27 082.83亿元，同比分别增长26.91%和27.69%，全年资金净流入276.66亿元，同比增加2.12倍。

非现金支付工具稳步增长，对流通中现金的替代作用日益明显。2011年，全省使用非现金支付工具办理支付结算业务45 033.74万笔，金额97 196.206亿元，同比分别增长25.29%和49.52%。其中，票据业务1 320.82万笔，金额23 671.62亿元，同比分别增长10.29%和16.01%，分别占非现金支付工具业务量的2.93%和24.35%；银行卡业务41 481.44万笔，金额31 012.93亿元，同比分别增长26.08%和41.21%，分别占非现金支付工具业务量的92.11%和31.91%；汇兑、托收承付、委托收款等结算方式业务2 231.47万笔，金额42 511.65亿元，同比分别增长10%和84.06%，分别占非现金支付工具业务量的4.96%和43.74%。银行卡业务笔数占比略有增长，汇兑、托收承付、委托收款等结算方式业务金额占比小幅增长。

农村银行卡产业发展提速，银行卡受理机具迅速增加。截至2011年末，贵州省各发卡机构累计发行银行卡4 027.51万张，同比增加893.57万张，增长28.51%，增速较上年同期上升3.45个百分点。其中借记卡3 840.53万张，同比增长28.93%；信用卡186.98万张，同比增长20.48%。全年贵州省共发行银行卡1 000.09万张，同比增加39.43%，增速较上年同期上升21.07个百分点。国有商业银行在银行卡发卡市场中仍占据主导地位，占比达81.1%；农村银行金融机构累计发卡量占比达12.47%，比较上年同期小幅提高；国有商业银行、股份制商业银行和城市商业银行累计发卡量占比略有下降。银行卡受理机具迅速增加，截至2011年末，全省共有POS机具34 041台，同比增长25.03%，每台POS机对应的银行卡数量为1 183张，同比提高2.78%；共有ATM 4 236台，同比增长19.49%，每台ATM对应的银行卡数量为9 508张，同比提高7.56%；特约商户数量为25 235户，同比增长26.65%。

（二）征信体系

信用评级市场健康快速发展。2011年，贵州省共有405户中小企业评定信用等级，同比增长21.12%，累计取得160.54亿元信贷支持。同时，还有25户大型企业（集团）参评信用等级，基本覆盖了贵州省所有商业票据发行企业，其中有3户企业集团成功在银行间债券市场融资32亿元。

中小企业和农村信用体系建设取得实效。截至2011年末，全省共为1.74万户中小企业建立了信用档案，在信用建档的过程中帮助1 544户中小企业累计获得313.7亿元银行信贷支持，取得了良好的经济和社会效益。推进中小企业信用体系试验区建设成效明显，贵州省中小企业信用信息服务系统已在遵义市、毕节市试点运行，可通过计算机联网查询的方式为各金融机构提供信用信息的查询、统计和筛选服务。农村信用户、信用村建设取得明显成效，截至2011年末，全省已为674.21万农户建立了信用档案，占应建档农户总数的98.68%，并为其中632.96万农户评定了信用等级，占建档农户的93.88%；以农户信用档案和信用等级为基础，累计向510.03万农户发放了1 099.9亿元无担保抵押的小额信用贷款。

征信数据质量稳步提高，非银行信息采集工作快速推进。截至2011年末，贵州省地方性金融机构数据个人系统综合得分99.99分，比2010年同期增加1.08分，企业系统得分99.5分，比2010年同期增加4.1分，数据质量稳步提高。结合贵州省金融机构最关注、最需要的非银行信息，继续扩大已接入的法院、环保、税务、社保、公积金中心等数据的采集范围，确保已采集数据的完整和连续。截至2011年末，累计报送公积金缴存信息600万余条，环境违法信息622万余条，法院信息500余条，税务信息100余条。

（三）反洗钱

金融机构反洗钱风险等级评估工作取得实效。2011年，人民银行在全省范围内继续开展金融机构反洗钱风险等级评估工作，完成了对全省433家银行业金融机构、141家保险业金融机构、29家证券业金融机构、5家期货公司、3家信托财务公司、2家支付清算机构的反洗钱风险等级评估工作。全省金融机构自评面达100%。

对金融机构实施分类监管。2011年，人民银行在全省共检查金融机构20家，其中银行业金融机构14家，保险业金融机构5家，证券期货业金融机构1家；检查账户21 150户，检查保单5 507份，检查期货合同134份。根据风险等级评估的综合评分排名情况，对中级风险等级的8家金融机构分别约见高管，对其反洗钱工作存在的问题进行通报、提示其所面临的洗钱风险等。

反洗钱调查和案件协查工作力度加强。2011年，人民银行发现和接受可疑线索28条，开展反洗钱行政调查18次，涉及账户5 647户，报案线索5条，涉及金额42 811.99万元，协查案件9起，其中贵州省公安厅请求协查1次，涉嫌毒品案件3起，涉嫌股票内幕交易案件1起，涉嫌敲诈勒索案件1起。

七、总体评估

（一）总体评估

1. 评估方法与思路

根据上海总部《中国区域金融稳定定量评估方案》的指导，运用层次分析法、专家评分法、模糊数学法等方法对全省金融稳定状态从定性和定量方面进行了综合评价。

2. 金融稳定性评估

2011年，贵州省金融稳定综合评价值高于2010年，区域金融处于基本稳定状态。

总体上来看，2011年贵州省宏观经济表现良好，宏观经济对区域金融稳定的贡献度是近五年来的最好水平，金融业平稳发展。

2011年，区域经济整体对金融稳定的贡献度高出2010年4.82个百分点，且为2006年以来贡献度最高的一年，主要得益于固定资产投资的快速增长强力拉动经济增长，外向型经济在逐步复苏的基础上有所回暖，消费能力和消费水平逐步提高。具体表现为固定资产投资增速创2006年以来新高，城镇居民可支配收入及农村人均纯收入增长率持续增长，并创2006年以来新高，外商投资及实际利用外资水平在经济复苏的基础上有所提升。

金融业整体表现平稳。银行业和保险业稳步发展，证券业由于受到市场行情的影响，经营业绩出现下滑。2011年，银行业不断增强资本金实力，提高抵御风险能力，资产获利能力稳步提升，资产质量得到有效控制。主要表现在核心资本保持了持续增长趋势，资产利润率继续提升，不良贷款率保持持续降低趋势，流动性比例较为稳定。证券业资本充足状况、资产安全性、盈利能力均呈现不同程度的下滑，主要表现在净资本充足率较2010年有所下滑，但仍高于2008年和2009年，净资本负债率大幅降低，盈利状况由于受到各项收入降低的影响，表现差于2010年。保险业发展平稳、结构优化、效益良好、服务提升，主要表现在保险业虽然保费收入增长放缓，但仍保持高于全国平均水平的增长趋势，应收保费率有所提升。

金融生态环境不断改善。主要表现在地方财政收入占地区生产总值的比重提高，征信数据库覆盖率不断扩大，法制环境逐步改善。

（二）政策建议

1. “稳中求进、提速转型”，推动经济快速发展

《国务院关于进一步促进贵州经济社会又好又快发展的若干意见》出台后，对贵州经济快速发展的要求提高，同时，如何解决好发展中存在的一些矛盾和压力是经济发展中必然面临的挑战。一是扩大投资推动经济加速发展的同时，注重投资的有效性和资金来源的多元性，通过投资引导经济又快又好发展。二是扩大内需，平衡经济结构，统筹城乡发展，加快城镇发展水平的同时，逐步缩小城乡居民差距。三是加强对促进经济发展的投资、消费、净出口等方面的软环境的培育和建设，提高经济发展的可持续性。

2. 强化风险管理意识，提高金融体系稳健性

一是金融机构应把握好信贷投放节奏，在推动经济快速发展的同时，严把资产质量关口，提高风险防范的意识和风险管理水平。二是金融机构应加大做好市场培育的前期工作，从金融创新、提供信贷指导性服务等方面做好项目对接，切实服务实体经济。三是金融机构在快速发展的同时，应把握好速度与质量之间的关系，提高发展的可持续性和稳健性。

3. 继续强化金融生态环境建设，优化金融促进经济发展的软环境

一是地方政府应为金融促进经济快速发展搭建良好的平台，从经济良好、快速增长的长效性出发，推动金融与实体经济之间有序、高效对接。二是不断完善和加强信用环境建设，提高企业、个人的诚信意识，利用第三方评级、征信系统等平台为投融资环境提供信用保障。三是培育良好的市场环境、法制环境，促进金融生态环境的健康发展。

总　　纂：肖　杰
统　　稿：令狐兵　白玉英
执　　笔：刘利红　郭　嘉　袁　燕
其他参与写作人员（按姓氏笔画排序）：
田　丰　刘　杰　张豫众　杨　丽　陈玲玲　周富玲
於康平　欧阳斌　高琦瑾　龚宇麟　蒋　昕

云南省金融稳定报告摘要

2011年，云南省金融机构深入贯彻国家金融宏观政策，支持地方经济加快结构调整、转变发展方式、保持经济平稳较快发展。银行业金融机构体系规模不断扩大，资产质量不断提高，金融支持服务“三农”和中小企业的力度加大；证券业着力提升资本市场服务云南经济社会发展的能力和水平，资本市场保持了健康稳定运行的良好态势，直接融资首次突破百亿元；保险业克服了经济形势变化的影响，保持了平稳发展势头。云南省社会信用体系、现代化支付结算体系不断完善，加大对非法集资、反洗钱、反假币等金融违法活动的打击力度，金融生态环境持续改善。

一、区域经济发展与金融稳定

（一）产业结构继续调整优化，经济增长动力充足

2011 年，云南省国民经济整体呈现又好又快发展格局，全年实现地区生产总值 8 750. 95 亿元，增长 13. 7%，人均达到 18 957 元，三次产业结构比为 16. 1:45. 6:38. 3，分别拉动经济增长 0. 9 个、8. 1 个和 4. 7 个百分点。

1. 产业结构继续调整优化，增长方式加速转型

三次产业对地区生产总值的贡献率分别达到 6. 6%、59. 1% 和 34. 3%，产业结构持续优化。

农业增产农民增收，金融服务“三农”力度持续加大。继续加大对农业生产的支持力度，全面调动农民生产粮食的积极性，实现粮食增产、农民增收的良好局面。全省第一产业实现增加值 1 407. 81亿元，增长 6%，对经济增长的贡献率达到 6. 6%，拉动全省经济增长 0. 9 个百分点。全年金融机构本外币涉农贷款新增 729. 58 亿元，占新增本外币贷款的 44. 39% ，增速高于全部贷款平均增速。金融机构积极创新金融产品和服务，农村金融创新成绩显著。

工业生产快速发展，经济效益显著提高。2011 年，云南省工业增加值为 3 205. 85 亿元，增速 17. 6%。工业对全省经济增长贡献率 46. 2%，拉动地区生产总值增长 6. 3 个百分点。规模以上轻工业增加值增长 17. 9%，规模以上重工业增加值增长 18. 0%，轻重工业发展更趋协调均衡。工业生产的快速增长推动工业经济效益的提高，规模以上工业经济效益综合指数同比提高 30. 2 个百分点。

服务业规模不断扩大，新兴服务业潜力巨大。2011 年，云南省服务业增加值预计达到 3 352. 17 亿元，增幅 11. 8%，高于全国平均水平。以交通运输、商贸物流等为代表的传统服务业继续保持稳步发展态势，以科技服务、文化艺术、现代物流为代表的新兴服务业则迅速崛起，发展潜力巨大。

2. 内需稳步增长，经济增长动力充足

2011 年，云南省经济持续向好，投资快速增长，居民消费市场活跃，两大需求协调拉动经济增

长，经济增长动力充足。

投资总量再上新台阶，民间经济投资地位不断增强。云南省全社会固定资产投资跃上7 000亿元新台阶，增长27.4%。三次产业投资呈现全面增长态势，投资结构调整为4:31.2:64.8，第三产业投资比重继续加大。民间投资地位不断增强，占全省投资比重为51.1%，对全省投资增长的贡献率达到52.9%。电力、公路运输、水利、铁路运输、航空运输业等重点行业的支撑作用显著。

消费市场较快增长，消费结构逐渐升级。云南省消费品市场保持较快增长，全年社会消费品零售总额达到3 000.14亿元，增长20%，高于全国平均增幅3个百分点。随着全省居民收入的不断提高和市场商品品种供应的不断丰富，城镇居民消费开始向汽车、住房和珠宝等高端消费品转移，农村居民逐步更新家用电器，消费结构升级已成为拉动全省消费增长的重要因素。

（二）对外贸易平稳增长，外商投资主体多元化

1. 贸易顺差扩大，跨境收支再创新高

2011年，云南省外贸进出口总额160.5亿美元，增长19.6%，贸易顺差28.9亿美元。其中，出口增长24.6%，进口增长13.2%。机电产品、农产品、磷化工产品占据出口产品的前三位，出口结构进一步改善。服务贸易得到快速发展，质量效益持续改善，商品结构、市场结构、企业主体结构不断优化，具有区域特点的贸易竞争优势逐渐凸显。

跨境收支总规模191.04亿美元，同比增长39.66%；结售汇总额127.14亿美元，同比增长15.84%。货物贸易跨境收支仍为全省跨境收支主要支柱，全省货物贸易跨境收支和结售汇分别达111.17亿美元、84.62亿美元，占比分别达64%、67%。服务贸易跨境收支净流出和结售汇逆差分别为2.39亿美元、4.59亿美元，进一步促进了云南省外汇收支的自主平衡，同时，云南省融资渠道拓宽、资金需求旺盛，跨境贷款收支迅猛增长。

2. 利用外资增长较快，境外直接投资大幅萎缩

2011年，云南省批准外商投资项目163个，实际利用外资17.4亿美元，同比增长30.6%。外资来源地扩大到泰国、荷兰、加拿大、中国香港、中国澳门等多个国家和地区，外商投资主体逐步实现多元化。外商直接投资的外资流入13.80亿美元。

境外直接投资外汇资金汇出23 207.61万美元，同比下降38%。2011年，云南省境外投资放缓，一方面受欧美债务危机影响，全球投资风险偏好下降；另一方面，云南省境外投资主要目的地的周边国家局势不稳，制约了投资主体境外投资的积极性。

3. 跨境人民币结算取得显著进展

2011年，云南省跨境贸易人民币结算快速发展，结算量和结算业务范围实现双重突破，全年结算金额突破250亿元，结算业务范围延伸至项目融资、跨境信贷、直接投资等资本项目，实现了资本项下人民币跨境结算零的突破，全年结算额达78.7亿元。其中，人民币对外直接投资结算金额5.32亿元，外商直接投资结算金额6.32亿元，其他投资结算67.06亿元。

（三）财政及微观个体收支调整，物价上涨趋势得到控制

在云南省经济健康平稳增长的环境下，政府财政以及微观个体收入平稳提升，财政资金对民生的保障作用更加显著，城乡收入差距不断缩小，个人消费日趋理性。物价调控政策逐步显现效果，过快上涨的物价得到控制。

1. 财政及微观个体收入稳步增长，支出结构进一步调整

财政收入增长显著，资金支出对民生的保障作用更加突出。2011 年，云南省财政总收入首次突破2 000 亿元，增长24.8%。其中，税收收入完成881.7 亿元，增长25.6%；非税收入完成229.1 亿元，增长35.5%。用于民生方面的财政支出再创新高，超七成财政资金用于民生。其中，医疗卫生、教育、社会保障和就业，支出增量分列前三位。

城乡收入差距进一步缩小，个人消费增长放缓。城乡居民收入稳步提高，全年城镇居民人均可支配收入和农村人均纯收入分别增长15.6%和19.5%，农民收入增幅超过城镇居民，城乡收入差距显著缩小，城乡收入比从2010 年4.1:1 降至3.9:1。新增个人贷款481.89 亿元人民币，占全省新增贷款的31.0%。

2. 价格呈现前高后低走势，全年涨幅得到有效控制

受国际大宗商品价格震荡影响，上游产品价格一度冲高，并传导至下游，随着稳定物价政策措施的落实，翘尾因素减弱，全省价格涨幅逐渐回落，物价过快上涨势头得到有效控制。

CPI 涨幅倒 V 形变动，食品价格仍是推动物价上涨的主要因素。云南省居民消费价格指数累计上涨4.9%，为全国涨幅最低的省份。物价涨幅呈现倒 V 形曲线，单月 CPI 在2011 年9 月触到最高峰后逐渐回落。八大类商品中，除交通和通信类价格持平、娱乐教育文化用品及服务类价格下降0.3%外，其余商品价格同比都出现上涨；涨幅最大的是食品价格，达到11.5%，成为推动价格上涨的主要因素。

生产价格呈现前高后低走势，农产品生产价格上涨最显著。全年工业生产价格指数上涨4.7%，涨幅比上年回落4.1 个百分点，比全国平均涨幅低1.3 个百分点。下半年，一方面由于同期基数较高，翘尾因素影响大幅降低；另一方面，国际原材料价格大幅回落、国内需求放缓，生产价格同比涨幅全年呈现前高后低走势。受到农业生产资料、工资成本、物流零售成本上涨的影响，全省农产品生产价格涨幅最高，达到17.6%，高于全国平均水平1.1 个百分点。

劳动力价格持续提高，劳动力转移就业形势良好。随着宏观经济逐渐企稳回暖，企业用工数量增加，政府部门提高最低工资标准以及各类保障制度的落实，城镇职工平均工资和农民工资性收入分别增长17%和22%。全年劳动力转移新增132 万人，劳动力转移就业保持良好发展态势。

（四）房地产政策调控显现，信贷支持保障性住房力度加大

在房地产调控政策的作用下，云南省房地产开发投资平稳增长，供求关系有效改善，重点监测城市房价涨幅回落，保障性住房供应量大幅增长，房地产贷款增速止跌企稳，信贷对保障性住房支持力度加大，调控效应初步显现。

1. 房地产市场运行平稳，政策调控效应显现

房地产开发投资平稳增长，企业自筹开发资金大幅增长。2011 年，云南省房地产开发投资完成1 272.72 亿元，同比增长41.34%，第一至第四季度投资增速分别为39.9%、37.51%、41.83%和41.34%，走势较为平稳。全年房地产开发资金来源同比增长26.7%，其中国内贷款同比下降19.5%，利用外资、自筹资金和其他资金来源同比分别增长5.9%、67.65%和9.84%。

商品房供应较快增长，商品房销售增速下降。2011 年，云南省商品房新开工面积和累计施工面积同比分别增长34.62%和20.64%，商品房累计销售同比增长4.99%，增速同比下降27.7 个百分点。在差别化住房信贷政策进一步强化，个人住房税费调整，重点城市昆明市实行限购政策的影响

下，市场观望气氛浓厚，销售增速放缓。

重点城市房价调控取得成效，价格涨幅逐月收窄。昆明市新建住宅和二手住宅同比价格指数分别从2011年3月和7月开始回落，12月同比分别上涨3.6%和1.1%；大理市新建住宅和二手住宅同比价格指数分别从2011年8月和7月开始回落，12月同比分别上涨0.7%和下降1.2%。

保障性住房投资、开工完成情况良好。2011年，云南省各类保障性住房项目完成投资226.43亿元，项目累计开工30.95万套，累计竣工11.23万套，竣工面积619.02万平方米。

2. 房地产贷款增速平稳，信贷支持保障性住房力度加大

2011年，商业性房地产贷款同比增长16%，下半年增速呈现止跌企稳态势。其中，地产开发贷款同比下降24.2%，受融资平台清理影响，信贷资金介入土地储备中心较为审慎；房产开发贷款增长35%，在保障性安居工程建设加快推进及商业用房开发较快增长的带动下增速提升；个人住房贷款增长13.48%，90平方米以下中小户型信贷占比提高，政策调控之下，中小户型住房供求增加；因住房受到调控影响，个人商业用房需求增长42.15%，贷款需求增加明显。全省银行业金融机构支持保障性住房建设，全年发放贷款100.85亿元，累计支持了72个工程项目的建设，保障性住房贷款年末余额增长了1.2倍。2011年末，商业性房地产不良贷款率比年初下降1.02个百分点，房地产信贷风险处于可控范围。

（五）当前经济运行中需要关注的问题

一是产业结构失衡的状况仍然突出。工业结构单一，过多依靠资源消耗，现代服务业发展缓慢，产业结构调整滞后于全国，调结构任务更加艰巨。二是农业保持快速发展的难度增加，农村经济金融面临许多不确定因素。连年的旱情、农业投入不足、农村社会金融服务体系薄弱，农业生产和农村金融机构的发展将面临更多困难。三是企业生产经营压力加大，生产成本和劳动力成本不断上升，进一步挤压了企业的盈利空间；中小企业，尤其是小型和微型企业的融资难度进一步加大。四是房地产市场销量持续萎缩，2011年，云南省房地产业增加值仅实现5.2%的小幅增长，比2010年回落2.5个百分点，在国家多项房地产调控政策的持续作用下，房地产有效调控对金融体系的影响情况有待观察。

二、金融发展、运行与金融稳定

（一）银行业

2011年，云南省银行业金融机构创新金融服务方式，提高金融服务水平，全省金融机构人民币存款增长稳中趋缓，不良贷款率持续下降，人民币各项贷款增长平稳，信贷期限结构和投向有所改善，有力促进了云南省调整经济结构、转变发展方式、保持经济平稳较快发展。

1. 银行业运行情况

银行业发展进入新阶段，整体实力进一步增强。2011年末，云南省共有政策性银行、国有大型商业银行、股份制商业银行、外资银行和邮政储蓄银行等分支机构22家，地方性银行业法人金融机构（含城市商业银行、农村合作机构、村镇银行）共146家。全省银行业金融机构共设有营业网点5 177个，从业人员65 989人，资产负债规模稳步增长，资产质量和效益双重提升。恒丰银行昆明分

行、汇丰银行（中国）有限公司昆明分行正式开业，新组建2家村镇银行，全省村镇银行数量达到10家。

各项存款增速平稳小幅回落，储蓄存款波动幅度较大。2011年，云南省银行业金融机构人民币各项存款增速稳步趋缓，全年呈现前高后低的走势。人民币存款余额15 356.86亿元，同比增长14.51%，储蓄存款波动幅度显著高于往年；储蓄存款6 654.87亿元，同比增长16.35%，同比少增99.54亿元；全年储蓄存款月度增量标准差系数为86.7，明显高于2009年的56.9和2010年的66.9。

各项贷款增长向常态回归，投放节奏趋于合理。2011年末，云南省银行业金融机构人民币各项贷款余额12 114.59亿元，比年初新增1 547.72亿元，同比增长14.63 %。人民币各项贷款余额月均同比增速保持在16.33%，月均贷款增速逐步回归到合理水平，各月度间增幅波动明显收窄，增速趋于稳定。个人消费贷款、单位经营贷款和单位固定资产贷款增速走低。

中长期贷款增长大幅回落，信贷期限结构和投向有所改善。2011年，云南省银行业金融机构短期贷款增加377.33亿元，占贷款增量的24.38%，比上年同期上升13.75个百分点。年末，短期贷款余额3 048.42亿元，同比增长14.13%；中长期贷款余额8 877.45亿元，同比增长14.93%，比年初新增1 153.63亿元。全省新增中长期贷款和短期贷款占全部新增贷款的比例调整为74.54%和24.38%，贷款期限结构明显改善。贷款在产业间、区域间分布趋于合理，全省人民币贷款余额在三次产业分布比重分别为1.7%、42.3%和56%，贷款在行业间的分布适应云南省产业分布特点。全省15个州市新增贷款占全省的比重为48.2%，较上年提高7个百分点。

地方法人金融机构贷款保持适度增长，薄弱环节信贷支持效果明显。2011年，云南省地方法人金融机构人民币各项贷款比年初增加432.74亿元。年末，全省金融机构涉农贷款本外币余额为4 192.66亿元，较年初新增729.58亿元，新增额占全部新增贷款的44.39%。全省金融机构中小企业贷款余额4 187.08亿元，较年初增加439.09亿元，占全部新增贷款的26.71%。

把握“桥头堡”建设机遇，人民币“走出去”实现突破。2011年，人民币“走出去”也取得了重大进展，中—老本币跨境结算正式启动，老挝基普兑人民币汇率亦正式挂牌，富滇银行在全国商业银行中首家推出老挝基普兑人民币业务；人民币对泰铢银行间区域交易在云南省正式启动，将为实现云南省成为面向东南亚的金融服务中心和“桥头堡”建设的战略目标迈出重要一步。

2. 当前银行业运行中需要关注的问题

存款增幅下降，部分银行资金头寸略显紧张。一方面，人民银行连续6次上调存款准备金率后，累计冻结云南全省金融机构存款近500亿元。2011年末，云南省银行业机构名义存量存贷比已经达到78.89%的高位，全省名义存差3 242亿元，部分金融机构的资金头寸略显紧张。另一方面，银行存款增幅下降，可贷资金减少。2011年，云南省金融机构人民币存款少增339亿元，银行业金融机构的资金头寸指数连续三个季度下降，第三季度仅为41.12，环比下降2.34个百分点，较上年同期下降14个百分点，部分银行第四季度资金头寸不足的局面延续，资金头寸紧张。

贷款向大项目、大客户集中的现象突出。2011年11月末，云南省银行业金融机构贷款余额前50户企业的贷款余额达到4 857亿元，占全省银行业金融机构人民币贷款余额的比重达40.58%，比上年同期上升0.85个百分点；前50户企业新增贷款512亿元，占全省新增贷款的比重达36.62%，比上年同期上升6.38个百分点。

信贷资金利用效率较低。2011年末，云南省“百元GDP”占用贷款145元，比全国平均水平高20元，信贷资金利用效率仅为68.96%，比全国平均水平低14.37个百分点，信贷资金拉动经济增长的效率明显低于全国。

部分地方中小法人金融机构监测指标超标，存在一定风险隐患。2011 年，云南省地方中小法人机构部分监管指标超标，个别农村信用社资本充足率低于 8%，地方中小法人银行业金融机构在经营快速发展的同时，资本金实力不足、资产质量较低、法人治理和体制机制不完善等问题仍存在。

（二）保险业

2011 年，云南省保险业克服了经济形势变化的影响，保持了平稳发展，保险密度为 523.95 元/人，保险深度为 2.76%。

1. 保险业运行情况

保险业务及保费规模稳定增长。2011 年，云南省保险市场健康稳定运行，实现保费收入 241.1 亿元，同比增长 11.9%；保险赔付支出 79.89 亿元，同比增长 26.07%；积累各类风险准备金 493.2 亿元，较年初增加 47.67 亿元；保险公司资产总额 380.56 亿元，较年初增加 52.7 亿元，同比增长 16.27%。

大力推进业务结构调整。2011 年，云南省车辆保险保费收入 86.24 亿元，同比增长 14.63%，占比为 75.33%，同比下降 0.7 个百分点。在非车险业务方面，保证保险、农业保险、责任保险以及特殊风险保险发展较快，风险保障型产品发展迅速。农业保险实现保费收入 6.06 亿元，同比增长 77.53%，占财险公司保费收入比重的 5.3%，较 2010 年同期增长 1.85 个百分点。

行业整体盈利能力不断提高。2011 年，财产保险公司综合赔付率、综合成本率分别低于全国平均水平 8.73 个和 4.11 个百分点，实现承保利润 8.27 亿元，承保利润率达 8.85%，分别列全国第 11 位及第 16 位；人寿保险公司短期保险业务实现承保利润 1.98 亿元。

保险功能作用有效发挥。2011 年，云南保险市场赔款与给付合计 79.89 亿元，同比增长 26.07%，高于保费收入增速 14.17 个百分点。一是保障经济社会稳定运行，赔付在全社会灾害事故损失中的比重较高，保险对经济社会贡献度的指标显著提高。二是加大涉农保险服务力度，农业保险赔款支出 2.85 亿元，共使 46.62 万农户（次）受益。三是积极服务云南省“桥头堡”建设，支持企业有效、快捷地对接国际市场。四是完善社会保障制度，积极开展社保补充医疗保险。

2. 当前保险业运行中需要关注的问题

深化结构调整的任务艰巨。一是财产保险公司对车险业务的依赖度较高。车险业务占比 75.33%，12 家财产保险公司车辆保险业务占比达 70% 以上，业务结构面临调整压力，非车辆保险业务推动力度需进一步加大。二是人寿保险公司产品结构值得关注。2011 年，分红保险保费收入占寿险保费收入的比重高达 84.40%，分红保险“一险独大”，分红保险单一险种的波动，会造成整个人寿保险公司业务的大幅波动。

市场秩序有待进一步规范。一是销售误导问题仍存在，监管面临取证难、定性难等问题。二是违规降低新车购置价、虚假中介业务等市场违规行为有所抬头，形成新的经营风险隐患。三是部分保险公司仍存在违规经营问题。

保险人才不足问题凸显。云南现在有人寿保险公司 11 家，专业健康保险公司 1 家。其中，生命人寿保险公司年初开业，华夏人寿保险公司正在筹建过程中。新公司的不断进入使保险人才不足问题更加明显，高端保险人才流动频繁，影响了云南寿险公司业务的健康持续发展。

（三）证券业

2011 年，中国证券市场经历了深幅调整，面对复杂多变的内外部市场环境，云南证券业着力提升云南资本市场服务经济社会发展的能力和水平，云南资本市场总体保持了健康稳定运行。年末，云南 28 家上市公司总市值为 1 853.69 亿元，同比下降 33.60%；证券市场累计总成交金额为 6 870.43亿元，同比减少 22.33%。证券法人机构 2 家，资产总额 109.07 亿元，同比下降 18.34%；负债总额 51.59 亿元，同比下降 33.28%；净资产 57.48 亿元，同比增长 2.20%；营业收入 11.80 亿元，同比下降 32.57%。

1. 证券业运行情况

着力拓展服务功能，直接融资工作取得突破。2011 年，云南省年度直接融资首次突破百亿元，8 家上市公司通过定向增发、发行公司债等方式在交易所市场新增直接融资 100.25 亿元（其中公司债 22 亿元），与上年相比增长 1.05 倍。

着力提高公司质量，上市公司业绩取得持续增长。2011 年，云南省上市公司独立性、规范性得到有效提升，公司质量进一步提高，总体业绩持续保持增长。前三个季度，28 家上市公司实现营业收入 896.98 亿元，同比增长 32.82%，净利润 42.13 亿元，同比增长 55.03%，增幅均高于全国平均水平，平均实现每股收益 0.23 元。上市公司并购重组取得明显进展，云煤能源实现借壳上市，公司业绩大幅提升；云南铜业、丽江旅游、昆百大定向增发顺利实施，公司产业链不断完善，核心竞争力进一步提高。

着力推动创新发展，证券公司谋求业务转型。受市场持续深幅调整影响，云南 2 家证券公司业绩大幅下降，全年实现营业收入 11.80 亿元，同比减少 32.57%，税前利润 3.76 亿元，同比减少 56.63%。证券公司正积极创新发展，谋求业务转型，提升盈利能力，争取获得更大的发展空间。红塔证券三板主办业务资格已获批准，2 家公司自营业务收入高于行业平均水平，正在逐步摆脱对经纪业务的过度依赖。

着力增强市场功能，期货市场规模取得拓展。为充分发挥期货市场功能，云南省积极推动和支持期货公司到各州、市设立营业网点，市场辐射力进一步增强。2011 年，新设 4 家营业部，期货经营机构增至 17 家，实现手续费净收入 7 150.95 万元，净利润 1 900.22 万元。期货市场代理交易额 1.53 万亿元，同比增长 5.3%。

2. 当前证券业运行中需要关注的问题

上市公司业绩持续增长压力加大。国际金融市场震荡加剧，国内资金、要素供给短缺，国际有色金属价格大幅下跌，已经对云南省上市公司经营业绩产生负面影响，公司业绩持续增长压力加大。

证券经营机构竞争加剧。证券市场持续深幅调整，市场竞争加剧，佣金率下滑，致使证券经营机构经纪业务、自营业务收入明显下降，影响总体业绩。

上市公司并购重组过程中的股价异动类案件呈上升趋势。部分上市公司控股股东、实际控制人规范意识不强，在敏感期内买卖股票，云南省有 5 家公司因股价异动被非正式调查或立案稽查。

（四）金融市场

2011 年云南省金融市场总体运行平稳，同业拆借、债券回购、现券买卖交易同比减少，商业银行黄金业务增长较快。全年市场成员在银行间市场累计成交 14 596.34 亿元，同比减少 37.4%。省内企业通过发行短期融资券、中期票据获得直接融资206.5亿元。银行间市场成为全省金融机构和企业的重要融资和投资平台，在合理配置金融资源、保障货币政策有效传导、维护区域经济健康运行方面发挥了重要作用。

1. 金融市场运行基本情况

同业拆借市场运行情况。2011年，云南省金融机构同业拆借累计成交1 159.14亿元，同比减少15.8%。全年拆借加权平均利率为3.25%，比2010年上升154个基点。从期限结构来看，以1天为主，占拆借总量的75%。交易主体仅为城市商业银行，全年没有网下拆借业务发生。

银行间债券市场运行情况。（1）债券回购交易情况。质押式回购累计成交7 547.57亿元，同比减少33.9%。回购交易量较2010年同期出现较大幅度的下降，下降的主要原因是农村信用社债券投资规模较2010年同期大幅下降。从操作上来看，6次调高存款准备金率和3次加息后，市场资金面趋紧，市场成员以融入资金为主。货币市场利率水平震荡走高，2011年6月末银行间市场隔夜回购市场加权平均利率达到7.46%，7天期质押式回购市场加权平均利率达到8.7%的水平，达到2007年10月以来的新高。（2）现券买卖交易情况。2011年，现券买卖累计成交4 610.49亿元，同比减少51.1%。从全年交易量来看，第一、第二、第三季度保持活跃，第四季度大幅下降，由于加息的预期较强，云南省市场成员采取了谨慎操作方式，买券力度大幅收缩。12月末，各金融机构债券投资余额为237.8亿元，比上年末增长30%。持债主体主要是城市商业银行和农村信用社。

黄金市场业务运行情况。（1）场内黄金交易量同比增长。2011年，云南省两家企业会员累计实现黄金交易100.68吨，交易量同比增长11.3 %，交易金额285.43亿元，同比增长16%。其中，黄金现货交易19.98吨，同比增长10 %，占交易总量的19.8%，黄金递延交易80.7吨，同比增长11.6 %，占交易总量的80.2%。（2）商业银行黄金业务发展速度减缓，业务结构变化明显。2011年，云南省黄金交易仍保持相对活跃，但交易量有所下降。商业银行账户金、实物金和代理黄金三项业务累计成交57.7吨，同比减少12.0%。

银行间外汇市场业务运行情况。银行间外汇市场交易金额同比减少。2011年，云南省银行间外汇市场成员在全国银行间外汇市场累计成交折合13 145万美元，同比减少31.3 %。其中买入外汇折合4 648万美元，同比减少44.7%；卖出外汇折合8 497万美元，同比减少20.8%。在国际经济形势不稳定因素的影响下，企业外汇需求有所减少。从交易币种结构看，美元交易额占总成交金额的90%，其次为日元、欧元、港元、泰铢。

商业汇票市场运行情况。2011年，云南省票据市场呈现商业汇票签发量大幅增长、票据融资余额小幅减少的态势。全省累计签发商业汇票2 097.1亿元，同比增长44.6%；累计办理商业汇票贴现1 985.9亿元，同比增长5.9%，金融机构加强票据贴现期限管理，通过将贴现票据快速卖出以腾出额度的方式，加大贴现业务对中小企业的融资支持。票据贴现市场利率持续高位运行，商业承兑汇票贴现利率上涨偏快。

2. 金融市场在合理配置金融资源、保障货币政策有效传导、维护区域经济稳健运行方面作用显著

一是金融市场进一步发挥了对社会资源、财富和风险的直接和高效配置功能。二是金融市场的发展进一步提高了货币政策传导效率。云南省金融市场交易快速增长，市场成员银行间市场累计成交14 596.34亿元，净融入资金2 037.93亿元，货币市场、债券市场已经成为各类金融机构调节资金头寸、管理流动性及资产投资的主要场所。金融市场对货币政策的敏感程度不断增强，货币市场利

率与中央银行公开市场操作利率关联性不断提升，货币政策传导效率明显增强。三是金融市场的发展丰富了资金供给渠道，直接融资占比不断提高，实体经济对银行信贷过度依赖的状况得到一定程度的缓解。融资方式多元化发展分散了集中于银行体系的风险，为维护金融稳定创造了较好条件。云南省直接融资与间接融资的比值从2010年的7.6:92.4提高到2011年的16.2:83.8。

三、金融基础设施

（一）信用体系

1. 信用体系建设进一步加强

征信系统平稳运行、成效显著。人民银行企业和个人征信系统的运行，实现了信贷信息资源在全国金融系统的共享，在防范信用风险、维护金融债权、促进地方经济金融健康发展方面发挥着极为重要的作用。2011年末，已为云南省11.41万户企业和1 528万个人建立了信用档案，为社会公众提供个人信用报告查询服务41 865次，受理企业信用报告查询50 987次；为金融机构提供企业信用报告查询55.22万次，提供个人信用报告查询350万次。

积极推动地方信用体系建设。加快推进行业信用建设，形成了《云南省社会信用体系建设情况》，经省政府同意后上报社会信用体系建设部际联席会议。参加泛珠三角区域信用体系建设磋商会，与九省（区）签署《社会信用体系共建协议》，明确了社会信用体系共建目标，建立了共建合作机制、区域性信息共享交流机制和区域信用服务市场管理合作机制。

中小企业和农村信用体系建设工作取得重大突破。出台《云南省人民政府办公厅关于加快推进农村信用体系建设试点工作的实施意见》（云政办发〔2011〕191号），选择了50个县的220个乡镇开展试点，试点工作已全面启动。云南省农户信用信息管理系统上线，为云南省农村信用体系建设工作的推进和实现农户信用信息的共享奠定了基础。2011年末，全省已为698万户农户建立了纸质信用档案，占全省农户总数的73%。为240.48万户农户建立了电子信用档案，评定信用农户416万户、信用村2 586个、信用乡镇59个。

征信市场监管工作稳步推进。加强对评级机构和评级市场的监督管理，推动、拓展信贷市场中信用评级业务的范围，通过在全国率先建立评级报告集中审核制度，突出监管的有效性，提升了评级结果的规范性和公信力。2011年末，云南省已累计完成对297家（次）担保机构和83家（次）借款企业的信用评级，累计实现评级收入1 534.91万元。

征信宣传长效机制形成。创新征信宣传方式，极大提高了企业信用意识。借助“信用记录关爱日”和“征信知识宣传月”活动，普及大众征信知识。宣传效果显著，个人主动查询信用报告的数量从2008年的5 012人次迅速上升到2011年的41 865人次。

2. 需要关注的方面

社会信用体系建设协调机制、地方信用法规有待进一步完善，信用信息征集和使用、征信业监管职责、信息主体权益保护等方面有待进一步规范。部分行业建立的行业信息数据系统处于相互独立状态，尚未实现各行业信用信息资源的共享与互换，人民银行征信系统采集的非银行信用信息不够全面。信用报告应用不够充分，未建立有效的失信惩戒机制。

（二）支付结算体系

1. 支付系统安全稳定运行，支付业务量持续上升

2011 年，云南省现代化支付系统继续安全稳定高效地运行，支付业务笔数及金额持续增长。大额实时支付系统全年共处理业务 1 026. 49 万笔，处理业务金额 254 015. 23 亿元，分别同比增长 29. 29% 和 32. 59%；小额批量支付系统全年处理业务 1 622. 07 万笔，处理业务金额 1 722. 22 亿元，分别同比增长 37. 12% 和 25. 54%，为满足社会公共资金需求搭建了良好平台，日均处理资金达到 4. 74 亿元。支票影像系统全年处理业务 8 142 笔，金额 40 377. 44 万元。云南省同城票据交换系统共发生业务 1 043. 31 万笔，金额 19 160. 75 亿元。网上支付跨行清算系统共发生业务 92 757 笔，金额 137 680. 06 万元。社会资金往来活跃，资金规模扩大。

2. 支付系统建设继续完善，应对风险能力进一步提高

一是对原同城票据交换系统进行了完善，借助支付密码的推广使用实现了票据的截留，解决了云南省同城票据交换中存在的资金到账不及时等问题，消除了票据丢失等风险隐患，加速了资金周转效率，进一步改善了云南省内支付结算环境，降低了支付风险。二是针对云南省自然灾害频发的现实情况，对支付系统实战应急演练进行模式创新，并开展重要应用系统及网络切换实战应急演练，切实提升了支付系统风险防范和危机处置能力。

3. 银行卡广泛应用，受理市场规模持续扩大并进一步完善

2011 年，云南省银行卡普及和使用率不断提升，产品功能不断拓展，应用领域不断扩大，品种不断丰富，非现金支付工具日益深入广大人民群众的生产、生活中，公众用卡意识和商户受卡积极性显著提高，银行卡交易笔数和交易金额快速增长。银行卡跨行交易 18 395. 37 万笔，清算交易 11 533. 62万笔，交易金额 2 708. 49 亿元，同比分别增长 31. 24%、33. 15% 和 37. 57%。推广了“农产品收购电子支付项目”，受益农户达到 197. 59 万户。加强银行卡业务规范管理，加大对银行卡市场监管力度，通过“天网”2011 行动，深入打击银行卡犯罪，加强了银行卡风险管理，维护了支付秩序的稳定。

4. 农村支付服务环境得到有效改善，惠农支付取得较好成效

2011 年，云南省农村地区银行类金融机构网点接入行内系统 2 926 个，接入现代化支付系统 1 886个，覆盖面分别达到 93% 和 59. 79%，提高了农村金融机构加入现代化支付系统的覆盖率，进一步畅通了农村支付结算渠道，提高了农村金融服务水平，银行卡在农村地区得到广泛使用。进一步创新服务“三农”方式，在全省推广惠农支付业务，使农民真正享受到“足不出户”的金融服务。2011 年末，云南省内已建成并开通 759 个惠农支付服务业务点，惠及 39 个县的 301 个乡 743 个行政村。惠农支付业务促进了农村金融服务的升级和创新，提升了农村经济发展水平，改善了云南省各州市、县乡及县乡以下银行卡受理环境，开启了金融支付服务“三农”的新局面。

5. 加强管理，强化监管，支付体系风险防范能力进一步提高

进一步加强对金融机构的管理，通过完善支付结算业务系统准入、变更和退出管理等办法，规范了业务流程，加强了管理；通过对金融机构在支付清算运行中存在的问题和风险隐患及时进行通报，规范了参与者日常操作行为，防范由操作不当造成的支付风险；通过对金融机构的健康巡检及开展支付结算执法检查，进一步规范了支付结算行为，维护了支付结算秩序，改进了金融服务，切实防范和化解了支付体系风险。进一步加强票据风险管理，杜绝新旧版票据凭证使用中的风险隐患，

实现了新版票据凭证的平稳过渡。

6. 非金融机构支付服务监管加强，进一步规范支付服务市场秩序

对云南省内开展支付服务的非金融机构进行了调查，完成了云南省内支付机构的登记备案，并对符合条件的支付机构进行了行政许可的初审，开展了云南省内多用途预付卡专项检查。进一步促进支付服务市场健康发展，规范非金融机构支付服务行为，防范支付风险，维护了社会和金融秩序的稳定。

（三）反洗钱、反假币工作

1. 有效预防洗钱犯罪，确实加强反洗钱监督

2011 年，云南省有效预防洗钱犯罪，合理配置监管资源，改进和充实监管手段，以银行业监管为重点，稳步推进非银行金融领域的反洗钱工作，切实维护金融稳定，完成对全省 91 家金融机构依法履行反洗钱义务情况的评估工作。持续开展大额现金存取监测工作，深入探索以反洗钱为主要导向的大额现金管理方法；反洗钱政策监督机制有效运行，促进了金融机构反洗钱义务的履行，预防洗钱犯罪的工作基础进一步夯实；加强反洗钱调查、协查和可疑支付交易的监测、分析工作，提高了案件查办实效；深入研究当前反洗钱工作中的新情况和新问题，加强对边境地区反洗钱工作的研究。

2. 进一步遏制假币犯罪，维护经济金融秩序

2011 年，有针对性地将宣传活动放在边远农村、边境地区、少数民族群众聚集的“山街”进行宣传，推进城市社区及农村反假货币义务宣传站建设，提高了广大社会公众和农民对反假货币工作的认知度。提高了金融机构对反假货币工作重要性的认识，督促被查机构加强内控，进一步完善相关制度，规范操作程序，提高风险意识，减少金融机构由于违规操作带来的金融风险。全年共收缴假币 173 368 张（枚），金额 14 432 349 元，减少了假币对云南省经济金融的冲击，维护了云南省正常的经济金融秩序，降低了假币生存空间，净化了人民币流通环境。

四、总体评估

2011 年，面对世界经济不确定性增加、欧洲主权债务危机加剧，以及国民经济增速放缓等多重因素影响，云南省金融机构深入贯彻国家金融方针政策，着力优化信贷结构，提升资本市场服务经济发展的能力和水平，加强保险对经济的补偿功能，有力地支持了全省经济保持平稳较快发展，全省金融运行总体稳定。

2011 年，云南省金融业保持稳定健康发展。银行业规模继续扩大、体系更加完善，各项贷款投放节奏趋于合理，信贷期限结构和投向有所改善；金融服务“三农”力度持续加大，农村金融创新成绩显著。老挝基普兑人民币汇率正式挂牌，人民币对泰铢银行间区域交易正式启动，跨境人民币结算取得突破性进展。保险业规模及保费稳定增长，行业整体盈利能力不断提高，加大了涉农保险服务力度，保险功能作用有效发挥。证券市场平稳运行，上市公司业绩持续增长，证券公司着力推动创新发展。金融市场进一步提高货币政策传导效率，货币市场、债券市场已经成为各类金融机构调节资金头寸、管理流动性及资产投资的主要场所。融资方式多元化发展分散了集中于银行体系的风险，为维护金融稳定创造了较好条件。

2011 年，云南省法律制度环境、市场体系不断完善，金融运行的基础条件不断改善。微观主体的信用意识不断提高，社会信用体系建设加快，中小企业和农村信用体系建设工作取得重大突破，征信市场监管工作稳步推进。现代化支付系统继续安全稳定高效地运行，支付系统建设继续完善，应对风险能力进一步提高，银行卡广泛应用，受理市场规模持续扩大并进一步完善，农村支付服务环境得到有效改善，惠农支付取得较好成效。有效预防洗钱犯罪，加强了对边境地区反洗钱工作的研究；遏制了假币犯罪，防止假币流入流出银行，有效地维护了经济金融秩序。

总　纂：于　华
统　稿：李宇专　李　晟　杨百昕
执　笔：冷若溪　张燕华　王　勤　段一群　沈姗姗　范　敏
陈　银　穆海涛　李耀玉　毛　颖　王　旭　林菲娇
唐子丁　陆　伟

西藏自治区金融稳定报告摘要

2011年，西藏经济持续增长，全区生产总值突破600亿元大关，达到605.83亿元，同比增长12.7%，连续三年保持12%以上的增长速度。经济的自我发展能力不断增强，宏观经济持续健康发展为区域金融稳定提供了良好的外部环境。全年西藏金融业保持稳健运行，银行存贷规模继续扩大，证券交易量稳中有升，保险覆盖面日益扩大。金融机构盈利能力的显著提升与持续经营能力的明显增强为西藏金融机构有效防范和化解风险奠定了坚实基础。

一、区域经济运行与金融稳定

（一）区域经济运行情况

1. 经济总量跃上新台阶，财政自给率稳步提升

2011年，全区实现地区生产总值605.83亿元，增长12.7%，高于全国增长速度。其中，第一、第二、第三产业增加值分别为74.35亿元、209.54亿元和321.94亿元，同比分别增长3.4%、18.3%和11.6%。实现地方财政收入64.53亿元，同比增长52%；地方财政支出773亿元，同比增长37.4%；经济平稳较快发展。

2. 投资规模持续扩大，城乡消费稳步增加

2011年，西藏不断优化投资环境，努力拓宽投资渠道，投资规模进一步扩大。完成固定资产投资549.27亿元，同比增长18.6%，全区社会消费品零售总额213.69亿元，同比增长18.2%。其中，城镇和乡村社会商品零售总额分别达到179.01亿元、34.68亿元，增长18.9%、14.3%。城乡消费齐头并进的良好态势进一步巩固。

3. 进出口贸易快速增长，外资利用额持续攀升

截至2011年末，全区贸易进出口总额达到13.59亿美元，同比增长62.53%，其中贸易出口、进口和贸易顺差分别为11.83亿美元、1.76亿美元和10.07亿美元，同比分别增长53.44%、170.37%和42.70%。对外经济合作水平不断提升，樟木、吉隆等口岸基础设施建设进展顺利，吉隆跨境经济合作区前期论证工作启动，南亚贸易陆路大通道建设继续深化。

4. 主要工业品产销两旺，企业效益稳步提高

2011年，全区工业增加值完成48.93亿元，同比增长18.1%，增速创五年来新高。主要工业品产销两旺，全年工业累计销售产值77.20亿元，同比增长29.9%，销售率97.4%，同比提高0.9个百分点。矿业、旅游、藏药、建工、建材五大集团健康发展，有色金属矿采选业、非金属矿物制品业、饮料制造业、医药制造业四个行业利润实现过亿元。

5. 物价总水平基本稳定，居民消费价格涨幅低于全国平均水平

2011 年，西藏面对输入性等因素影响物价上涨的不利局面，不断加强监测监管，物价过快上涨的势头得到有效遏制。全年居民消费价格总水平上涨 5.0%，同比上升 2.8 个百分点，比全国平均上涨 6.1% 的水平低 1.1 个百分点。消费品价格上涨 5.2%，同比上升 2.9 个百分点。

6. 民生不断改善，各项社会事业全面推进

2011 年，西藏坚持把保障和改善民生作为一切工作的出发点，各项社会事业全面推进。教育事业实现新跨越，全区人均受教育年限由 7.3 年提高到 7.9 年；社会保障水平大幅提高，全区新型农村社会养老保险参保率提高到 70%；乡镇、行政村通公路率分别提高到 99.7% 和 86.4%；“9·18”地震后，西藏自治区迅速抢通基本公共服务设施，使灾区群众在最短时间恢复了生产生活秩序。2011 年农牧民人均纯收入 4 583 元，同比增长 23.1%；城镇居民人均可支配收入 18 116 元，同比增长 9.5%。

7. 大力扶持引导特色产业发展，经济发展的内生动力日益增强

2011 年，西藏积极整合各项产业扶持资金，对特色优势产业进行大力扶持。全年 37 个重点工业项目已建成 8 个，累计完成投资 130 亿元；矿产资源开发秩序得到进一步规范；旅游业发展持续升温，预计全年接待国内外游客 850 万人次，实现旅游总收入 95 亿元，分别增长 24% 和 33%；旅游景区开发步伐加快，乡村旅游持续升温，为农牧民创业增收发挥了积极作用。

8. 房地产市场持续下行，市场供应明显减少

2011 年，随着中央房地产调控政策继续深化和升级，西藏房地产供应持续减少，市场降温趋势进一步凸显。房地产开发投资持续回落，2011 年，西藏房地产开发投资累计完成 5.13 亿元，同比下降 42.7%，占全区固定资产投资的 0.93%。房地产销售略有增长。

（二）区域经济运行中值得关注的问题

1. 城乡差距逐步改善，但与全国仍存在差距

从过去几年的情况看，城乡居民差距总体呈缩小的态势，到 2011 年西藏城乡居民的收入比例继续缩小至 3.5:1。然而，与全国内地各省市（区）相比，西藏的城乡差距仍相对较大。2011 年西藏城乡居民收入比远高于全国约 2.7:1 的总体水平。

2. 工业经济发展相对落后，对经济增长的贡献有限

2011 年末全区各类工业企业仅 497 家，其中规模以上工业企业 56 家。2011 年工业增加值为 48.93 亿元，仅占地区生产总值的 8.08%，比全国平均水平低 31.9 个百分点。目前，西藏工业化率仍偏低，2011 年工业化率还不到 10%，西藏产业发展带和产业集群还有待进一步发展。

3. 经济发展主要依靠国家投资拉动

现阶段，西藏正处于由传统的输血型、政府投资拉动型经济初步向造血型、需求拉动型经济过渡的特殊时期。以固定资产投资为例，西藏全社会固定资产投资资金来源中，“十一五”期间国家预算内资金平均占比为 58.68%，2011 年达 60.4%；“十一五”期间全社会固定资产投资与地区生产总值之比平均为 83.82%，2011 年提高到 89.26%。

二、金融业与金融稳定

（一）银行业

1. 银行业运行情况

（1）银行业机构数量不断增加，覆盖面进一步扩大。截至2011年末，西藏辖内共有银行业机构7家，其中政策性银行一级分行1家，国有商业银行一级分行4家，邮政储蓄银行一级分行1家，信托公司1家，二级分支机构12家，支行及支行以下网点553家，从业人员6 454人。2011年7月，国家开发银行西藏分行正式开业，西藏辖区首家地方性商业银行——西藏银行已获得银监局批准成立。

（2）资产规模不断扩大，质量稳步提升。截至2011年末，全区银行业机构资产总额1 552.57亿元，同比增长29.27%。其中，本外币贷款余额409.05亿元，比年初增加107.23亿元，增长35.53%。全年全区银行业机构不良贷款余额、比例实现双降。

（3）负债增长，流动性保持充裕。截至2011年末，全区银行业机构负债总额1 535.34亿元，同比增长28.60%。其中，本外币存款余额1 662.50亿元，比年初增加365.66亿元，增长28.20%。

（4）特殊优惠货币政策得到有效落实，银行业金融机构盈利进一步增强。2011年，西藏银行业金融机构利差补贴、特殊费用补贴、灾后重建优惠利率等政策得到有效落实。其中，利差补贴6.69亿元，特殊费用补贴13.39亿元，合计补贴到位20.08亿元。2011年，计入利差补贴与特殊费用补贴后，全区银行业金融机构共实现利润12.42亿元，同比增加1.91亿元，增长18.17%。

（5）票据贴现业务增加，票据融资大幅增长。目前，西藏仍无同业拆借、债券等市场参与主体，自2009年以来，票据贴现业务发展快速，票据融资大幅增长。截至2011年末，西藏辖内票据融资余额为58.62亿元，比年初增加29.43亿元，增长100.83%，占新增贷款总额的54.67%。

（6）跨境贸易人民币结算业务稳步推进。2011年，西藏跨境贸易人民币结算业务呈现持续快速增长态势。1—12月，全区跨境贸易人民币结算总额达36.45亿元，服务贸易及其他经常项目出口业务结算金额89.5万元。截至2011年12月末，境内代理银行为境外参加行共开立3个人民币同业往来账户，账户余额51.65万元；为境外非居民企业开立人民币结算账户16个，账户余额5.69万元。

（7）银行业改革进一步深化。2011年，西藏进一步推进银行业体制改革，不断完善银行业组织体系。西藏银行已于2011年12月30日获得银监会批准成立，将于2012年上半年正式营业；完成了国家开发银行西藏办事处的升格工作，国家开发银行西藏分行已于2011年7月20日正式开业；2011年财政部正式批准中国农业发展银行在藏设立分支机构，并已进入筹备阶段；林芝地区拟设立村镇银行已获银监局批准。

2. 银行业值得关注的问题

（1）区域内有效信贷需求明显不足。西藏经济发展模式为投资拉动型，银行信贷资金的运用率相对较低。2011年全区固定资产投资完成549.27亿元，其中政府投资高达420.8亿元，占固定资产投资总额的76.6%；西藏工业化水平较低，到2011年工业化率仍不到10%；全区绝大多数企业属于中小企业，且仍处在发展的初级阶段。这些因素造成了区域内有效信贷需求明显不足，使银行业金融机构在推动西藏经济发展中的作用相对有限。

（2）银行机构大额贷款客户风险值得关注。截至2011年末，全区商业银行大额贷款继续投向电力、燃气及水生产和供应业、采矿业、制造业、批发和零售业以及交通运输、仓储和邮政业五大行业，其贷款余额达106.36亿元，占大客户全部贷款余额的66.6%；300万元以上大客户不良贷款余额为5.61亿元；涉及两家以上企业的集团关联群达到39个，集团关联群贷款余额为112.41亿元，占大客户贷款余额的70.39%，关联群结构复杂需重点进行监测。

（3）农牧区金融服务亟待加强。西藏农牧区金融服务主要依靠农业银行西藏分行分支机构。目前，全区共有682个乡（镇），包括140个镇、534个乡和8个民族乡。农业银行在其中397个乡镇设置有营业网点，覆盖面为58.2%。当前西藏农牧区金融服务的现状，一定程度上影响到中央赋予西藏的特殊优惠政策，包括特殊优惠货币政策及时、有效、全面地惠及广大农牧民。

（4）中小企业金融服务仍有待提升。相对于2011年西藏金融机构各项贷款快速增长，新增额创历史同期最高水平的良好形势，中小企业贷款余额仅比年初增长15.93%，低于全区贷款增速19.6个百分点，中小企业的信贷规模仍有待进一步拓展。

（5）“9·18”地震灾区银行机构信贷资产质量值得关注。“9·18”地震造成西藏日喀则、山南等地23个县23 450户近12万人民群众生命财产遭受严重损失，在重灾区7县受损农牧户中，与银行建立信贷关系的共有14 193户，涉及信贷资产12 163万元，其中：安居工程等基础设施贷款3 035万元，其他类贷款9 128万元，“9 ·18”地震在一定程度上影响银行机构信贷资产质量，值得各行引起关注。

（二）证券业

1. 证券业运行情况

（1）资产负债规模大幅缩小，持续发展能力有待增强。截至2011年末，全区证券业资产总额26.4亿元，同比减少10.8亿元，下降29%；负债总额20.3亿元，同比减少11亿元，下降35%；资产负债率76.89%，同比下降7.38个百分点。

（2）证券交易量略有上升，盈利能力急剧下降。截至2011年末，全区证券业交易量在波动中略有上升，证券公司营业收入大幅减少，净利润急剧下降。全年实现代理交易量增长9.2%，营业收入同比下降25%，净利润同比减少0.86亿元。

（3）法人机构风险管控指标符合监管标准，抵御风险能力增强。截至2011年末，西藏同信证券净资本3.41亿元，同比下降9.79%。净资本风险准备比率为142.74%，净资本负债比率为54.17%，净资产负债比率为96.16%。以上风险管控指标均符合我国《证券公司风险控制指标管理办法》规定的风险控制指标标准。

（4）上市公司总体质量有所提升，盈利水平大幅提升。截至2011年第三季度末，西藏9家境内上市公司总股本为53.11亿股，平均股本5.9亿股；总资产合计307.16亿元，平均总资产34.13亿元，较上年期末增长18.02%；9家上市公司共实现营业收入99.46亿元，实现净利润9.53亿元；9家上市公司平均每股净资产2.48元，较上年期末增长0.29元。

2. 证券业发展中值得关注的问题

（1）西藏资本市场要素体系还不健全。目前西藏还没有期货公司、证券投资咨询公司、基金公司以及具有证券从业资格的会计事务所等，资本市场要素不健全，对西藏资本市场健康发展将产生不利影响。

（2）证券公司盈利模式单一，抗风险能力较弱。西藏证券经营规模小，业务单一，主要业务仍是股票代理交易业务，盈利方式仍然以手续费收入为主。业务模式对证券市场行情等外部环境的依赖程度高，在股市震荡调整过程中容易受到冲击，抗风险能力仍显不足。

（3）上市公司规范运作水平仍有待提高。西藏9家上市公司仍存在公司治理不够规范、业务范围相对较窄、公司规模不大、产品竞争力不强、上市公司资金占用、部分公司高管不履行信息披露义务、违规提供担保、公司治理框架不完善、内部管理制度不健全、信息披露滞后等问题，上市公司规范运作水平仍有待提高。存在的这些问题，影响了上市公司规范运作的水平。

（三）保险业

1. 保险业运行情况

2011年，西藏保险业新增省级产险机构1家，地市中支机构1家，中介机构1家。机构总数达到省级分公司5家，其中产险公司4家，寿险公司1家；地市级中支机构32家，其中产险29家，寿险3家；中介机构4家。截至2011年末，西藏保险业总资产3.5亿元，保险业从业人员1 404人。

（1）保费收入大幅增长，赔付能力显著增强。2011年，西藏保险业呈现稳步发展态势，保费收入不断增长，赔付能力逐步增强。截至2011年末，西藏保险业原保险保费收入实现7.6亿元，同比增长49.83%；西藏保险业支付各类赔款及给付支出共计3.34亿元，同比增长50.12%。

（2）保险的社会覆盖面日益扩大，社会“稳定器”作用增强。西藏保险业金融机构不断改进和完善保险服务，扩大保险覆盖面，保险服务领域进一步拓宽。2011年，西藏保险密度为253元/人，同比增加80.37元/人，增长46.56%；保险深度1.25%，同比上升了0.25个百分点。

（3）涉农保险种类不断增加，民生险发展快速。2011年，根据西藏的自然条件因地制宜开办了包括种植业保险、养殖业保险、农牧民住房保险和农用机动车辆保险等涉农保险险种，承保覆盖率均达到99%以上。此外，西藏保险业还积极研发推出农牧民大病医疗保险、孕产妇和婴儿保险、村干部保险、高原反应险等保障和改善民生的保险新产品，保险覆盖面不断扩大，惠及各族群众。

2. 保险业发展中值得关注的问题

（1）保险市场集中度保持较高态势，市场体系尚需完善。从产险市场来看，人保、平安、安邦三家公司业务发展呈现不均衡状态。目前，在西藏经营寿险业务的只有一家保险公司即中国人寿西藏分公司，该公司独家经营寿险业务，既不利于寿险市场的有序竞争，也不利于保险市场体系的完善。

（2）业务规模总体偏小，业务发展不均衡。2011年，西藏保险业金融机构尽管保费收入增速全国第一，但保费收入总额少，业务规模仍然偏小。同时，各产险公司业务结构有待调整，2011年，车辆险保费收入占产险业务保费收入的63.18%；人身险市场总体仍呈现较强的区域性，地区发展不平衡。

（3）保险专业人才匮乏，成为西藏保险行业发展瓶颈。西藏由于其艰苦的生存环境，保险人才相当匮乏，往往由于招聘不到合适的专业人员，使公司的发展，特别是机构的延伸计划搁浅。保险专业人才匮乏，成为西藏保险行业深入发展的瓶颈。

三、金融基础设施

（一）支付清算体系建设渐趋完善

目前，西藏已逐步形成了以中国现代化支付系统为核心、商业银行行内系统为基础的支付清算网络体系。支付系统已覆盖除墨脱县以外的所有区内县域。2011 年，全区共处理业务 92.32 万笔、金额 12 934.23 亿元，同比增长 35.07% 和 63.5%。人民币银行结算账户管理与人民币账户管理系统的服务水平进一步提高，为维护西藏经济金融秩序起到了独特的作用。

（二）征信体系建设和运用取得成效

截至 2011 年末，企业征信系统共收录全区企事业单位及其他经济组织 6 229 户，同比增长 2.1%，开通查询用户 297 个；个人征信系统收录全区自然人约 95 万人，同比增长 14%，开通查询用户 427 个。全年企业征信系统累计被查询 7 020 次，个人征信系统累计被查询 13 万余次。截至 2011 年末，全区以农业银行西藏分行农户贷款证为载体，已建立农户小额信用贷款档案近 40 万户，建档面达 90% 以上。

（三）反洗钱职能进一步强化

2011 年，各金融机构积极主动地通过其总部的电子监测系统直接向中国反洗钱监测分析中心报送大额和可疑交易报告，辖区人民银行系统共接收各级金融机构上报的重点可疑交易报告 22 份，对其中的 4 份重点可疑交易线索实施了反洗钱调查；向侦查机关报案 1 起，涉案金额折合人民币 2 000 余万元；全区银行业机构柜面人员通过提醒客户，及时制止了 68 起电信诈骗汇款，为人民群众挽回 120 余万元的损失。

（四）反假币工作取得显著成效

2011 年，在各地区、县、乡镇组织开展反假货币各类宣传活动 37 次，发放宣传资料 5.6 万余份，大力普及反假货币知识，提高群众识假、防假能力水平；加强对商业银行机构反假货币工作的监督指导力度，对商业银行机构 72 家营业网点进行检查，规范假币收缴、鉴定工作。2011 年，全区共收缴假人民币 43.16 万元，同比下降 26.7%。

（五）财税库银横向联网系统推广工作进一步加强

西藏自治区财税库银横向联网系统自 2008 年 12 月正式上线以来，该系统目前参与机构已包括 6 个国库机构（含代理）、8 个国税机构、4 个财政机构以及 8 个清算银行机构。2011 年，该系统已成功处理扣税业务 26 132 笔，成功扣款 12.22 亿元，同比分别增长了 179.49%、82.93%。

（六）金融生态环境建设工作成效明显

2011 年，在各职能部门的共同努力和密切配合下，西藏金融生态环境建设有序开展，并取得了明显成效。全区各地市都成立了由政府主要领导任组长的金融生态环境建设领导小组，结合当地实际，研究制定出台了具体的规划和实施意见。2011 年 5 月，人民银行拉萨中心支行承办了全区金融生态环境建设工作会议，这次会议为构建西藏良好的金融生态环境、促进金融产业发展奠定了基础。

四、总体评估与政策建议

（一）总体评估

2011 年，西藏自治区认真贯彻落实中央第五次西藏工作座谈会精神，千方百计抓发展、转方式、保稳定、促和谐、增活力、惠民生，全区经济实现了快速增长，为西藏金融业的稳健运行提供了良好的外部环境。西藏金融业运行平稳，金融对西藏经济社会的支撑力和带动力越来越明显，为西藏经济社会跨越式发展提供了有力支撑。

与此同时，西藏经济仍存在生产力发展相对滞后，市场化程度低，产业结构不尽合理，区域发展不平衡等突出问题，这些因素将不利于西藏未来经济的持续健康发展；西藏金融业仍存在银行业金融机构相对单一，银行体系存贷比持续偏低；证券公司规范运作水平不高，上市公司融资能力弱；保险市场培育不够，保险业业务结构不尽合理等问题。这些问题若得不到逐步解决，有可能成为西藏金融稳定的不利因素。

（二）政策建议

2012 年是“十二五”规划承上启下的重要一年，也是迎接党的十八大胜利召开的关键一年。西藏各金融机构要认真贯彻落实中央赋予西藏的特殊优惠金融政策，积极推进金融体制改革，进一步加强金融基础设施建设，不断增强金融机构防范和化解风险的能力，努力维护辖区金融稳定。

1. 继续贯彻落实特殊优惠货币政策，提升金融服务地方经济发展的水平

中央第五次西藏工作座谈会确定的特殊优惠货币政策是西藏经济社会发展的独特优势。因此，西藏银行业机构要多措并举，努力把政策优势转化为发展优势，充分用好、用足、用活、用实特殊优惠货币政策。切实落实差异化的信贷管理办法政策，加强产业政策、财政政策与货币政策的协调配合，充分发挥政策合力，继续加大对“三农”、中小企业、保障性住房等领域的投入。

2. 增强金融风险防控能力，有效维护区域金融稳定

要建立健全西藏金融稳定监测指标体系、地方法人金融机构风险监测指标体系，准确识别辖内可能出现的金融风险隐患。对辖区银行业、证券业、保险业等领域金融风险进行监测和评估，要及时掌握担保公司、小额贷款公司和典当行等准金融机构的经营状况和潜在风险，密切关注影子银行体系对金融体系的影响，积极开展对实体经济的风险监测和分析；要加强对辖区金融业现场评估，及时掌握辖区金融业潜在风险因素及金融机构抗风险状况，不断提升风险评估预警能力。

3. 深化金融体制改革，不断提升金融服务水平

紧密结合西藏经济金融市场特点，积极研究制定符合区域金融业发展的计划、策略、措施，转变经营观念，不断改善和提高金融服务水平。完善农牧区金融服务体系；争取国家政策性银行、大型股份制银行在西藏设立分支机构，支持西藏银行等地方金融机构发展；稳步发展小额贷款公司、典当行、担保公司等准金融机构，满足经济主体的多样化需求；完善中小企业金融服务，继续加大对西藏中小企业发展的信贷支持；保持合理的社会融资规模，更好地满足多样化投融资需求。

4. 加快经济结构调整步伐，促进经济平稳较快发展

以三大工业园区为依托，不断提升经济开放水平；着力发展特色产业，优化产业结构效能，提

升农牧业、壮大工矿业、做强服务业；加快发展旅游业，打响“世界屋脊、神奇西藏”旅游品牌；繁荣发展商贸物流业，完善城乡商贸流通服务体系；大力发展文化产业，充分发挥民族特色文化优势；大力推进科技进步，强化节能减排，保护生态环境，推动产业结构优化升级和发展方式转变。

总　纂：李　波
审　核：殷树荣　尼玛潘多　伊　苏
统　稿：彭志坚
执　笔：彭志坚　玉　珍　冯　兰

陕西省金融稳定报告摘要

2011年是“十二五”规划的开局之年，陕西认真贯彻落实中央各项宏观调控方针政策，顺利实现了稳健起步的预期目标。全年实现地区生产总值12 391.3亿元，较上年增长13.9%，经济连续10年保持两位数增长。银行业核心指标持续向好，上市公司重组改制工作取得突破，直接融资能力逐步恢复；保险业稳步发展，风险补偿和社会保障作用强化。金融机构改革不断深入，创新能力日益增强；金融市场功能逐步完善，非金融企业债券融资工具发展迅速；金融基础设施建设扎实推进，区域金融发展的内在动力明显提高。

一、区域经济环境与金融稳定

（一）经济持续增长为金融稳定提供了良好的外部环境

2011年，陕西省经济总体形势好于全国。工业生产稳中加快，产业结构不断优化，固定资产投资较快增长，消费市场持续活跃，居民消费价格高位回落，经济效益明显提高。

1. 经济运行稳健，产业结构优化，经济持续增长动力较强

2011年，陕西省实现地区生产总值12 391.3亿元，比上年增长13.9%。第一、第二、第三产业分别实现增加值1 220.9亿元、6 826.27亿元和4 334.13亿元；同比分别增长5.9%、16.9%、11.7%。规模以上工业增加值达5 459.6亿元，比上年增长17.9%，其中能源化工行业占全省规模以上工业增加值的63.4%。

2. 投资消费增长较快，进出口贸易持续走低，投资仍是拉动经济增长的主要动力

2011年陕西省累计完成固定资产投资10 033.1亿元，比上年增长30.2%，投资对经济增长的贡献率达到79%。从资金来源看，民间投资增长迅速，2011年全省民间投资5 017.0亿元，比上年增长42.5%，占全省全社会固定资产投资的比重达到50%。2011年，陕西省实现社会消费品零售总额3 733.1亿元，比上年增长18.6%，高于全国1.5个百分点。全年进出口总值146.2亿美元，比上年增长20.8%，增速比上年放缓22.9个百分点。总体看，消费和外贸对区域经济增长的贡献仍然有限。

（二）经济主体效益明显提高，但偿债压力有所增加

1. 企业盈利能力快速增长，负债结构改善

2011年，全省规模以上工业经济效益综合指数达到378.21%，提高了25.38个百分点。工业企业实现利税3 143.30亿元，增长43.58%，其中利润总额1 946.16亿元，增长50.08%，税金总额

1 197.14亿元，增长34.13%。共有14家企业通过银行间市场发行短期融资券和中期票据18期、非公开定向债务融资工具1期，累计发行金额291.3亿元，同比增加32.89亿元。

2. 家庭部门收入快速增长，但偿债压力增加

2011年陕西省城镇居民可支配收入18 245元，同比增长16%；农村居民人均纯收入5 028元，同比增长20%，城乡居民收入年增量均创历史新高。2011年，陕西省个人贷款余额3 134.5亿元，占全部贷款的26.42%，较上年同期上升2.22个百分点。受房地产调控政策和加息因素影响，2011年全省金融机构个人住房贷款利率逐步走高，至下半年已经高于五年期以上贷款基准利率。12月住房贷款加权平均利率为7.8201%，同比上涨2.4161个百分点，家庭部门的偿债压力有所增加。

3. 政府财政收入增势强劲，地方政府财务稳健性增强

2011年陕西省财政总收入2 578.0亿元，比上年增加776.9亿元，增长43.1%。其中，地方财政收入完成1 499.1亿元，增加540.9亿元，增长56.5%。财政支出2 928.9亿元，增加710.0亿元，增长32%。

（三）部分物价指数回落，通胀预期依然存在

1. 消费物价指数高位回落，工业品出厂价格趋升，企业家庭成本上升

2011年陕西居民消费价格累计上涨5.7%，高于全国0.3个百分点。食品、居住、医疗保健和个人用品价格上涨仍是居民消费价格上涨的主要推动力。高物价水平对居民尤其是中低收入消费群体造成了较大的负面影响，而物价—工资的螺旋上升也加大了企业的人工成本。2011年，陕西省工业生产者购进价格、工业生产者出厂价格分别上涨9.6%和7.2%，原材料与产品出厂价格涨幅倒挂进一步压缩了企业的利润空间。

2. 房地产价格涨势趋缓，房地产企业偿债能力下降

2011年，陕西省新建住宅销售价格上涨4.9%，较上年涨幅回落6.6个百分点，西安市房价出现年内首次下降。房地产企业负债率上升，短期偿债能力下降。据人民银行西安分行对573家房地产开发企业（占全省房地产企业单位总数的42.5%）的调查统计，2011年11月末，企业资产负债率在70%以上的占比为27.9%，大于等于40%小于70%的占比达53.2%。企业流动比率呈下降趋势的占比64%，企业速动比率呈下降趋势的占比82%。78.6%的房地产企业认为融资困难，短期偿债能力趋弱。

3. 通胀预期较强，但物价水平总体可控

从国际看，全球宽松型货币政策、资源类价格上涨，导致资源、能源类进口产品成本增长，对国内物价上涨的推动不容忽视。从国内看，劳动力、资源类产品价格处于长期上涨态势，是通胀形成的主要因素。此外，短期内固定资产投资价格指数的走高，也会推动下一轮物价总水平的持续上涨。2012年，陕西物价可能保持继续上涨的态势，但物价总体运行在可控的区间，居民消费价格涨幅可望控制在4%～5%。

（四）宏观经济运行对金融稳定影响的总体评估

2011年，陕西省经济运行稳健，经济社会发展的自主性和内生动力不断增强，具备了继续保持较快发展的条件和基础。但同时，经济中仍然存在一些可能影响金融稳定的因素，值得关注。一是经济增长过于依赖能化产业，加大信贷集中风险；二是经营成本和融资成本上升，中小企业盈利难

度增加；三是通胀压力和利率上行，可能对经济主体偿债能力产生负面冲击。

二、金融业与金融稳定

（一）银行业稳健发展，资产质量持续改善

1. 银行业运行总体平稳，金融产品日益丰富

2011 年末，陕西省银行业金融机构（含外资）资产余额 24 976. 22 亿元，负债余额 24 482. 09 亿元，同比分别增长 20. 45% 和 20. 37%。银行业金融机构人民币各项存款和贷款余额分别为 19 227. 1 亿元和 11 865. 3 亿元，同比分别增长 16. 8% 和 18. 3%。银行业金融机构不良贷款余额和不良贷款率继续双降，税后利润同比增长 33. 39%，法人银行业金融机构平均资本充足率较年初提高 1. 40 个百分点。2011 年陕西银行业金融机构积极开展债务融资工具承销、信托计划托管、财务顾问等投资银行业务，加大对代付业务、国内保理融资业务的拓展力度，截至年末，金融机构创新性表外业务余额 199. 4 亿元，同比增长 286. 4%。

2. 金融机构深化改革成效显著

农业银行陕西省分行继续深入推进“三农金融事业部”改革，逐步建立起以物理网点、自助电子银行、定期流动下乡和惠农金融代理服务站为基础的“四位一体”的农村金融服务网络。恒丰银行、重庆银行、成都银行、昆仑银行、渣打银行等中小银行和外资银行纷纷入驻西安。农村信用社改革稳步推进，2011 年陕西省有 1 家农村合作银行组建为农村商业银行，2 家农村信用社组建为农村合作银行，1 家农村信用社直接组建为农村商业银行。全省金融机构空白乡镇数降到了 59 个，较 2008 年减少了 92 个，农村金融服务覆盖率不断提升。

3. 稳健性评估

整体信用风险较低，部分公路贷款风险值得关注。2011 年陕西省金融机构对政府融资平台贷款进行了全方位整改，有 35 家各类融资平台转换为一般性公司。截至年末，陕西省政府融资平台贷款余额较年初减少 411. 9 亿元，信贷风险得到一定程度的释放。虽然平台贷款总体风险可控，但平台贷款中占比较大的公路贷款风险仍值得关注。公路贷款的承贷主体较为集中，个别承贷主体负债率较高，而且公路项目期限长，公路建成后的经济效益受航空、铁路等替代性交通工具发展、公路收费政策变化等多种因素影响，债务偿还能力面临着诸多不确定因素的制约。

流动性整体充足，存款稳定性下降加大流动性管理难度。2011 年末，陕西省银行业存贷比达 62. 94%，同比提高 0. 74 个百分点，法人银行业金融机构流动性比例达 51. 93%，同比提高 1. 07 个百分点，人民币超额备付金率为 5. 67%，整体流动性仍较充裕。但同时，2011 年存款市场竞争日趋激烈，部分中小银行业金融机构存款月度波动明显加大。在当前金融机构以吸收存款为主要流动性供给的管理模式下，存款的波动对其流动性风险控制能力提出挑战。

资本充足性和拨备覆盖率不断提高，盈利结构仍有待改进。2011 年陕西省银行业金融机构拨备覆盖率和贷款损失准备率均大幅提高，至年末全省法人银行业金融机构资本充足率较上年提高 1. 2 个百分点。2011 年银行业利润增长主要来源于利差的扩大，银行业金融机构的盈利能力和创新能力没有明显提高，盈利的可持续性有待提高。2011 全年银行业累计利息净收入 614. 27 亿元，同比增加 124. 68 亿元，中间业务收入占比 10. 32%，虽较上年提高了 0. 38 个百分点，但占比仍处于较低水平。

（二）证券业稳步发展，市场融资功能增强

2011年，陕西省证券交易总额为12 056.18亿元，年末客户保证金余额191.75亿元，同比分别下降42.58%和0.47%；证券及基金托管总市值1 397.39亿元，投资者资金账户数218万户，同比分别增长10.57%和7.92%，呈现出“两降两升”的格局。

1. 证券业稳步发展，上市公司数量增加，市场融资功能提高

上市公司重组步伐加快，股票市场融资功能增强。2011年陕西有西飞国际等六家公司正在实施重组或披露了重大资产重组方案。通源石油发行上市，募集资金8.68亿元；陕西天然气总公司发行公司债，募集资金10亿元；隆基硅、陕煤股份、西部证券通过IPO审核，预计募集资金总额将超过200亿元；西安民生、西安饮食分别定向增发12.5亿元和4.32亿元的申请获得批准，另有4家公司披露了再融资方案，市场融资功能明显提高。

证券公司营业收入和利润减少，但在业务创新方面取得突破。2011年受股票市场指数下行、交易萎缩的影响，证券公司利润大幅下滑，陕西3家法人证券公司实现营业收入10.69亿元，利润总额2.35亿元，同比分别下降39.88%和70.63%。陕西省全部证券机构共实现营业收入19.23亿元，净利润5.19亿元，同比分别下降35.38%和63.86%。在业务创新方面，西部证券上市通过中国证监会审核；开源证券、中邮证券分别获准开展自营业务、财务顾问业务和证券资产管理业务，并首次达到新设营业网点的条件，启动了增资扩股工作；开源证券参股长安期货，这些业务创新进一步改善了券商的盈利模式。

期货市场交易量双降，期货经纪公司稳步发展。2011年陕西省期货经营机构实现期货代理交易额4.02万亿元，代理交易量2 899.63万手，同比分别下降37.09%和13.21%；客户保证金余额17.88亿元，约占全国的1.2%，占比略高于上年，但增速远低于近五年46%的平均水平。全年期货经营机构共实现代理交易续费收入1.48亿元、净利润3 885万元，同比分别增长25.22%和26.03%。

2. 证券业发展中值得关注的问题

市场竞争加剧，不规范经营行为有所抬头。由于经营同质化、盈利模式单一，随着省内证券营业网点数量的不断增多，证券经营机构争夺客户资源日趋激烈。在外部竞争和内部考核等多方面压力下，一些机构甚至不惜成本采取不正当竞争手段获取市场份额，如全权委托代理、非现场开户、限制投资者转户、违规开展中介融资等，影响了正常的市场秩序。

上市公司整体盈利能力弱，核心竞争力有待加强。截至2011年第三季度，陕西省上市公司实现收入522.23亿元，居全国第26位，平均营业收入13.7亿元，在西北居第4位，平均每股收益、平均净资产收益率等指标在全国排名也相对落后。虽然近年来陕西省在上市公司重组方面取得了很大的进展，但整体盈利能力仍偏弱，核心竞争力仍有待加强。

（三）保险业平稳发展，保障功能进一步发挥

1. 陕西省保险业市场平稳运行，服务社会能力不断增强

市场主体不断增加，经营体系逐步健全。截至2011年末，陕西省共有保险公司总公司2家，省级分公司44家，其中，产险公司（含政策性出口信用保险公司）21家，寿险公司23家，下辖各类保险分支机构2 367家。新增省级分公司6家，各类分支机构64家。

保费收入持续增长，保障功能进一步发挥。2011 年，陕西省实现原保费收入 343. 72 亿元，同比增长 15. 73%（可比口径①）。累计赔付支出 86. 52 亿元，同比增长 28. 82%。全省保险密度 920. 82 元/人，同比增加 37. 82 元/人；保险深度 2. 77%，同比下降 0. 56 个百分点。

费用成本得到有效控制，经营效益大幅提高。2011 年，陕西省产险公司各项效益指标均优于全国平均水平，综合赔付率同比下降 1. 43 个百分点；综合费用率同比下降 0. 62 个百分点，低于全国 1. 51 个百分点。在产险公司赔款和费用支出水平双降的影响下，全省保险公司综合成本率同比下降 2. 06 个百分点，低于全国 3. 48 个百分点。

农业保险险种发展迅速，服务社会能力不断提升。2011 年陕西省新增了小麦、玉米、油菜、马铃薯等新的试点险种。全年累计承保能繁母猪 38. 24 万头、奶牛 4. 36 万头、苹果 42. 43 万亩、小麦 256 万亩、玉米 161. 05 万亩、马铃薯 10 万亩、油菜 21. 37 万亩、核桃 3. 7 万亩，农村小额保险业务保费收入同比增长 23. 3%。

2. 保险市场发展中需要关注的问题

市场集中度仍然较高，产品结构调整难度加大。陕西的前 5 家产险公司市场份额为 75. 57%，同比上升 2. 86 个百分点。寿险公司前 5 家市场份额为 80. 56%，同比上升 0. 64 个百分点。在产品方面，个别险种“一险独大”的情况仍然存在。银监会银保新规实施以来，部分公司寿险业务趸缴化趋势有所抬头，2011 年全省寿险公司新单趸缴保费同比增长 6. 67%，趸缴化进一步加大了产品结构调整难度。

保险销售渠道发展不平衡，银保渠道有待进一步完善。2011 年，陕西省保险公司通过兼业代理机构、保险营销员实现的保费收入分别占总保费收入的 35. 86% 和 39. 4%。寿险公司银保渠道业务增速虽有所放缓，但银保渠道业务收入占比依然较高。

区域发展不平衡，市场区域集中度较高。产险市场中，西安市保费收入在全省总收入中占比达 44. 41%。陕北地区产险业务发展缓慢，占比同比下降 1. 57 个百分点。寿险市场中，关中地区寿险业务对全省寿险业务增长的贡献度达 84. 64%，业务占比 82. 05%。陕南地区和陕北地区业务占比分别仅为 12. 09% 和 5. 85%。

（四）金融业综合经营稳步推进，民间融资趋于活跃

1. 金融业综合经营稳步推进，省市两级金控平台初具雏形

近年来，为推进地方金融资源整合，陕西省和西安市政府积极组建金融控股公司。2009 年西安市政府组建了西安投资控股有限公司，整合市属金融资源，截至 2011 年末该公司已控股西安市经济技术担保公司，并成为西安国际信托有限公司、西安银行的第一大股东，参股交通银行股份有限公司、中邮证券有限公司、西安红土创新投资有限公司等金融或类金融企业。2011 年 11 月，由陕西省省属投资和国有资产管理公司出资共同组建的陕西省金融控股集团正式成立，意味着陕西省在省级整合金融资源方面迈出了实质性的一步。

2. 银行理财业务发展迅速，产品涉及领域不断扩大

据人民银行西安分行调查统计，2011 年陕西省银行业金融机构累计发行各类理财产品 8 392. 3 亿元，同比增长 84. 5%。从资金投向来看，债券及货币市场投资、结构性存款仍是主流，2011 年这

---

① 因实行新会计准则，保费收入统计口径有所调整，本文所用增长率为新口径计算，以下保险业数据均为新口径。

两类产品约占全部理财产品的83%。以银信合作为基础的信托关系的理财类产品占比也达10%。此外，2011年由于票据市场收益走高，银行推出票据信托理财产品，将业务领域扩展到票据市场。

3. 民间融资发展迅速，融资形式日益多元化

近年来，陕西省民间融资呈现迅猛增长态势，据估算在陕西省民间融资最活跃的榆林地区，其融资规模在700亿元左右。在融资形式方面，除传统的直接借贷融资外，小额贷款公司、担保公司、投资公司、典当行以及企业互助基金、资金互助组织等机构也成为民间借贷的重要渠道。据统计，截至2011年末榆林经批准成立的小额贷款公司66家，典当行24家，投资公司497家，融资性担保公司从2010年开始清理整顿，目前上报省金融办12家，已批复8家，但有相当规模的担保公司转为“地下”。此外，一些“个人对个人”（P2P①）信用贷款服务平台也在西安设立了分支机构。

三、金融市场与金融稳定

（一）金融市场总体运行平稳，市场功能逐步发挥

1. 短期品种交易量上升，金融市场流动性管理功能增强

2011年陕西省银行间同业拆借市场总成交金额551.45亿元，拆借1天和7天的交易量占全部交易量的95.43%。债券回购累计成交金额6 497.66亿元，同比增长25.29%。隔夜品种交易量占质押式回购总成交量的68.77%，债券回购交易已成为调节头寸的主要工具。银行间现券市场成交金额780.96亿元，同比减少25.35%。

2. 利率震荡上行，债券市场与同业拆借市场利率走势基本同步

2011年陕西省银行间同业拆借市场利率持续震荡，1月加权平均利率为3.2%，3月下行达到年内最低点后一路上扬，7月达到年内最高点，此后震荡下行，至12月加权平均利率为3.53%。债券回购市场利率与同业拆借利率走势基本同步，全年加权平均利率为3.76%。现券市场加权收益率先扬后抑，总体呈抛物线趋势，整体高于上年同期水平，全年现券加权收益率为5.42%。

3. 直接融资规模快速增长，为降低银行体系风险发挥重要作用

2011年陕西省共有14家企业通过银行间市场发行债务融资工具19期，累计发行金额291.3亿元，较上年增长12.7%。陕西煤业化工集团有限责任公司作为地方国企首次在银行间债券市场成功发行2011年度第一期非公开定向债务融资工具。

（二）金融市场波动幅度有所加大，监测机制建设仍需加强

2011年，银行间同业拆借市场、债券市场震荡幅度均明显高于上年，金融机构的流动性较上年有所紧缩。2012年，银行间市场的震荡幅度可能进一步加大，应密切关注市场波动对市场主体的影响，引导金融机构合理安排资金头寸，做好流动性管理工作。此外，伴随着金融市场的进一步拓展与完善，需进一步推进新兴金融产品的风险规避及构建后续监测机制，加强后续监测量、度和频率方面的机制建设。

---

① P2P借贷（Peer to Peer）就是“个人对个人”的信贷服务。由某一公司提供平台，通过网上或网下将资金由借出方转给资金需求者。以某较早从事此项业务的公司为例，其业务分为线上（通过互联网平台）和线下（不通过互联网平台，由公司提供中介服务）两类。在此类业务中，平台公司提供资金需求信息，为贷款人进行信用等级评定等。

四、金融基础设施与金融稳定

（一）支付体系建设日趋完善，系统运行安全高效

1. 体系覆盖范围不断扩大，清算效率显著提高

2011 年陕西省新增支付系统间接参与者 492 家，全省支付系统覆盖率达 70%。人民银行西安分行组织省内各银行业金融机构进行行内系统改造，实现“小额支付跨行通”和“西咸支付服务一体化”规范化发展。全年大额支付系统共处理业务 1 337.84 万笔，金额 28.09 万亿元，同比分别增长 27% 和 34%；小额支付系统共处理业务 1 763.58 万笔，金额 2 811.58 亿元，同比分别增长 52% 和 9%。

2. 支付体系监管更加全面，清算秩序日益改善

2011 年，人民银行西安分行对全省金融机构 200 余家营业网点进行现场检查，开展了陕西省多用途预付卡专项检查工作，加大对准入银行机构业务的指导力度。此外还进一步修订完善了《陕西省支付系统参与者考核办法》，将考核范围从原有的支付系统直接参与者扩展到了各银行业金融机构。

3. 风险管理机制不断强化，风险及犯罪防控能力进一步增强

2011 年，人民银行西安分行按照总行安排部署，组织辖内各银行业金融机构开展支付系统应急演练，提高支付清算系统危机处置能力。进一步加强空头支票、违规支票管理，完善空头支票黑名单机制，对商业银行财务人员开展了新版票据反假及真伪鉴别培训，成功堵截一起假银行承兑汇票案件。此外，人民银行西安分行还开通银行卡持卡人投诉热线，与陕西省公安厅建立定期联席会议制度，反馈预防和打击银行卡犯罪信息。

（二）征信体系建设有力推进，金融生态环境进一步优化

1. 征信系统覆盖面持续扩大，征信服务水平日益提高

2011 年陕西省先后有 14 家商业银行分支机构和 2 家村镇银行接入征信系统。截至 2011 年 11 月末，陕西省个人和企业征信系统已录入 1 941 万自然人信息和 18.32 万户企业信息，金融机构月均查询分别为 31.41 万次和 4.3 万次。

2. 信用评级市场健康发展，信用评级业务管理不断强化

人民银行西安分行在企业自愿的基础上组织信用评级机构在“信用陕西”网站公布信用等级结果，扩大信用评级产品的应用范围和影响力。2011 年信用评级机构共对 156 户企业进行了信用评级，对渭南市 11 户小额贷款公司进行了信用评级，对 24 户企业进行了发行中小企业集合债、短期融资券、中期票据的信用评级。

3. 中小企业和农村信用体系建设稳步推进，弱势群体融资环境持续改善

2011 年人民银行西安分行继续实施“千户企业融资推介”和“千户企业信用培植”工程，在向金融机构重点推介的 1 041 户中小企业中，有 615 户获得 55.6 亿元的信贷支持。全年组织农村金融机构为 23.56 万个农户建立了信用档案，累计建档户数达 581.9 万个，占农户总数的 80.4%；评定信用户 30.3 万户，累计评定信用户 388.89 万户；创建信用村、镇 394 个，累计创建信用村镇 4 255 个。

（三）反洗钱工作机制日臻完善，风险防范功能逐步发挥

1. 洗钱风险预防预警机制逐步健全，金融管理质量不断提升

2011 年人民银行西安分行共对 1 248 家金融机构开展了全面的反洗钱动态评价和风险预警，对其中的 450 余家机构进行了综合或专项预警，涉及金融机构总数近 45%。西安分行还成功开发并运行了覆盖全省的反洗钱动态评价与风险预警系统，实现反洗钱监管全过程管理。

2. 反洗钱行政调查与案件协查工作成效显著，风险防范作用更加突出

2011 年人民银行西安分行全年累计接收重点可疑交易线索 16 条，向侦查机关移送重点可疑线索 3 起，开展行政调查 51 次，调查线索成案率达 56%。

3. 反洗钱协作机制进一步完善，信息交流机制日益畅通

2011 年人民银行西安分行召开了陕西省反洗钱工作厅际联席会议，与省国家安全厅、公安厅等重点部门签署合作备忘录，并成功举办了由人民银行牵头，银、证、保金融监管部门参加的陕西省金融业反洗钱工作协调机制会议，就拓展合作领域和范围、完善合作制度和机制等问题，进行了深入探讨。

（四）金融法制环境建设不断完善，金融消费者保护工作稳步推进

1. 相关地方性法规和重要规范性文件接连出台

2011 年陕西省人大常委会通过了《陕西省公共信用信息条例》，该条例是全国第一部公共信用信息地方性法规。陕西省金融办出台了关于加强融资性担保行业统计工作、监管和发展情况信息报送的相关制度文件，进一步加强对担保行业的监测和管理。

2011 年人民银行西安分行制定了《陕西省金融机构综合评价暂行办法》和《中国人民银行西安分行综合执法检查暂行办法》，进一步提升了人民银行的金融管理效率和金融服务水平。

2. 金融行政执法针对性和有效性进一步加强

人民银行西安分行不断强化金融宏观调控和行政执法职能，扎实推进综合执法检查工作。全年对五家金融机构开展了综合执法检查，检查内容涉及支付结算、反洗钱、金融统计、信息科技、国库、货币金银、征信、货币信贷、外汇管理等方面。

3. 稳步推进金融消费者保护工作

2011 年人民银行西安分行在陕西全省推开了金融消费者保护试点工作，制定了《中国人民银行西安分行金融消费者投诉管理办法（暂行）》，发布了《陕西存款类金融机构金融消费者保护指导原则》，进一步完善了金融消费者投诉案例报送与共享制度。2011 年“3·15”期间，人民银行西安分行组织金融机构开展了“陕西省金融消费者权益保护宣传周”活动。同时，确定每年 9 月为“金融知识普及月”，2011 年选择宝鸡、铜川两市先行试点，2012 年将在全省推开。2011 年，陕西各地市人民银行金融消费者保护中心共受理金融消费者投诉 324 起，办结 316 起，办结率为 97.5%。

五、总体评估与政策建议

（一）定性评估

2011 年，陕西省顺利实现了“十二五”开局之年稳健起步、首战报捷的预期目标，总体经济形势好于全国。金融机构经营水平和服务质量显著提升，行业稳健运行基础逐步夯实；金融业综合经

营稳步推进，民间融资趋于活跃；金融市场整体运行平稳，融资功能和资源配置效率有效提升；金融基础设施建设日趋完善，服务功能不断强化。

一是金融机构经营水平和服务质量显著提升，行业稳健运行基础逐步夯实。2011 年银行业稳健性总体良好，金融产品日益丰富，主要业务风险水平整体较低，抗冲击能力有所增强；证券业稳步发展，企业上市工作取得新进展，市场融资功能显著提高；证券公司业务创新发展能力增强，保险业市场公司经营效益稳步提升，社会服务和保障功能持续完善，行业风险管理逐步强化。二是地方金融资源整合成效显现，以银行理财产品为代表的交叉性金融工具发展迅速，民间融资快速发展，融资形式日趋多元化。三是金融市场整体运行平稳，融资功能和资源配置效率有效提升。四是金融基础设施建设日趋完善，服务功能不断强化。

总体看，陕西金融体系发展的外部环境良好，自身稳健性水平整体较好，但仍存在一些值得关注的不确定性因素和系统性金融风险隐患。

一是经济发展中的固有问题对金融体系的影响依然存在。投资向能化产业集中，加大了银行信贷集中风险，受经营和融资成本上升、通胀压力加大和利率上行等多种因素的影响，经济主体偿债压力可能进一步加大。二是融资平台贷款（特别是公路贷款）、房地产贷款风险值得关注。三是民间融资领域影子银行体系风险可能对正规金融机构稳健经营产生一定影响。四是证券业和保险业发展中的经营不规范行为与业务不均衡问题仍需关注。

（二）定量评估

在考虑陕西省经济金融实际情况的基础上，运用层次分析法（AHP）和熵权法相结合[①]的区域金融稳定定量评估模型[②]，对近年来陕西省全省和所辖十市一区的金融稳定状况进行综合评估。

1. 整体评估结果分析

2009—2011 年的区域金融稳定变动趋势显示，陕西省金融稳定状况继续向好发展，综合得分较前两年有所提升。其中，宏观经济基本延续了平稳较快发展的趋势，得分在 2010 年大幅提升后略有小幅波动，银行业和金融生态环境的得分连续 3 年不断提升，特别是银行业的运行情况改善明显，证券业得分有所下降，保险业得分呈现倒 U 形，年度波动较大。

从近两年具体指标变动情况分析，宏观经济方面，经济增速、固定资产投资和社会消费品零售总额增速均保持快速稳定增长，改善民生取得重大进展，城乡居民收入的实际增速较上年大幅提升，房地产价格稳中合理回调，得分与上年基本变化不大。银行业方面，银行业在保持充足流动性水平的同时，资本充足率、资产质量和盈利性水平等关键性指标继续改善，得分较上年大幅提升。证券业受资本市场回调影响，证券公司盈利水平较上年下滑明显，因此得分较上年有所减少。保险业中寿险公司退保率较上年有所上升，财险公司应收保费率也出现小幅回升，故得分较上年下降。在金融生态环境方面，法制环境、地方财政收入占比、银行服务密度和征信覆盖率均有所改善，故得分较上年有所上升。

---

① AHP 和熵权法的综合权重确定方法，提高了定性与定量分析的客观性与全面性。综合权重为 $\omega^i = \omega_H^i \omega_A^i / \sum_{i=1}^{n} \omega_H^i \omega_A^i$，其中 ω_H^i 是熵权法权重，ω_A^i 是 AHP 法权重。

② 评估框架参考了上海总部的《区域金融稳定定量评估方案》，指标框架包括宏观经济、金融机构和金融生态环境，其中金融机构又细分为银行业、证券业与保险业，共计 25 项评价指标。

2. 分地市（区）评估结果分析

定量评估[①]结果显示，陕西省所辖十市一区的金融稳定状况基本维持在合理区间内，有小幅波动，其中咸阳、宝鸡、汉中、商洛的2011年金融稳定综合得分较上年略有提升，西安、杨凌、安康的综合得分与上年基本持平，渭南、铜川、榆林、延安的综合得分较上年小幅回调。总体看，榆林、西安和杨凌是陕西省金融稳定状况相对较好的城市。

分区域看，2011年，陕北地区的金融稳定综合得分较高，宏观经济、银行业与金融生态环境的发展相对均衡，关中地区综合得分居中，陕南地区综合得分相对较低，但由于近年来陕南充分挖掘区域优势，不断加大结构调整力度，因此与陕北和关中的差距逐年缩小。

（三）政策建议

1. 科学研判经济金融形势对区域金融稳定的影响，加强对金融机构的风险提示与指导

人民银行相关职能部门应对受价格波动影响显著的重点行业、企业，切实加大监测分析的频率和力度，提高敏感性和时效性。及时了解和掌握国家重点调控的房地产、地方政府融资平台等行业和项目的总体经营状况、项目进展情况、现金流和资金链情况、持续融资能力，指导相关金融机构提早化解潜在的金融风险。

2. 深化中小金融机构改革，引导其切实提高风险管理和风险防范能力

人民银行、监管部门和地方政府等相关部门，应推动农村信用社等中小金融机构进一步深化产权改革、完善法人治理，建立效益与风险管理并重的激励机制，真正建立起相互制衡、行之有效的内部管理机制。引导其合理设置内部职能部门，建立横向与纵向相互监督的制约关系，切实提高风险管理能力。

3. 银行业金融机构应树立逆周期管理理念，加强金融创新，在为经济发展提供有力支撑的同时保持风险可控

金融机构应树立逆周期管理意识，及时充足地计提各项准备，建立资本缓冲机制。要进一步优化信贷结构，既要保证国家重大基础设施在建和续建项目、自主创新等重点领域的信贷资金需求，又要通过引导消费信贷创新，进一步刺激和扩大居民消费，满足改善民生对信贷资金的合理需求。此外，要加强金融创新，利用市场机制通过资产转让、市政债等形式解决融资平台问题。

4. 努力改善陕西省上市公司的质量和结构，进一步拓宽融资渠道，改善融资结构

5. 引导保险公司加大业务结构调整力度，加强风险防范，促进保险市场平稳健康发展

总　纂：王　钢
统　稿：陈　军　王　敏
执　笔（按姓氏拼音排序）：
包　琼　郝俊香　焦少飞　刘湘勤　穆　林　秦鸿文　王汉君
王　敏　王　蓉　闫恺媛　杨　菡　张　田
其他参与写作人员：关　伟　来洪渝　李亚凤　李建伟　李玉辉　刘　婧
温秋鹏　张晓莉　王　玮　苗文龙　张晓东

① 由于证券业和保险业主要集中在西安市，考虑到可比性因素，我们对指标进行了调整，目前在金融机构方面主要考察银行业的运营稳定情况。

青海省金融稳定报告摘要

2011年，面对复杂多变的经济金融环境和艰巨繁重的玉树重建任务，青海省全面贯彻落实国家各项宏观调控政策，积极处理保持经济发展和调整经济结构的关系，保持了经济金融平稳较快发展，实现了“十二五”良好开局。但是，全省经济金融运行中也存在着一些问题。诸如经济增长存在下行压力，产业结构不尽合理，物价企稳基础尚不牢固，信贷投向高度集中，融资渠道有待拓展，保险收入结构还需完善等。

一、区域经济运行与金融稳定

（一）运行情况

1. 经济总量持续扩大

2011年全省实现地区生产总值1 634.72亿元，同比增长13.50%，增幅高于全国平均水平4.30个百分点。其中第一产业增加值155.44亿元，同比增长5.00%；第二产业增加值939.10亿元，同比增长17.30%；第三产业增加值540.18亿元，同比增长9.70%。

2. 生态保护扎实推进

三江源生态保护、青海湖流域生态综合治理和湟水流域水环境综合治理等一批重点生态工程稳步推进，完成退牧还草、禁牧围栏1 290万亩、封山育林111万亩、沙化草地治理74万亩。

3. 民生福祉得到改善

全年财政用于民生的支出占比达到75.00%，同比提高5.00个百分点。城乡居民养老保险待遇、城乡居民人均基本公共卫生服务经费补助标准、城镇保障性住房覆盖率等指标走在西部省区前列。

4. 居民消费价格上涨较快

2011年全省居民消费价格总水平上涨6.10%，其中城市同比上涨6.00%，农村同比上涨6.40%。食品类价格同比上涨11.10%，居住类价格同比上涨10.30%。

5. 房地产投资交易量增速下降

2011年全省完成房地产开发投资144.80亿元，同比增长33.80%，增速回落14.70个百分点。商品房销售面积348.20万平方米，同比增长23.90%，增幅降低4.80个百分点。金融机构房地产贷款余额148.80亿元，同比增长30.40%，增速回落6.80个百分点。

（二）需要关注的问题

1. 结构调整任重而道远

2011年，青海省三次产业构成之比为9.50:57.50:33.00，而同期全国平均水平为10.10:46.80:

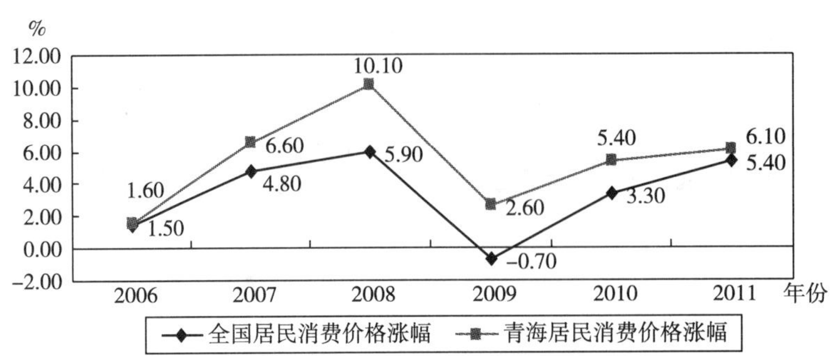

数据来源：青海省统计局。

图1 2006—2011 年全国及青海省居民消费价格涨跌幅度

43.10。受气候和自然环境等因素影响，青海省农牧业生产带有很大程度“靠天吃饭”的现实，产值低且风险高；工业基础薄弱，以资源型、初级加工和低附加值产业为主，高新技术工业占比极低；青海省第三产业占比与全国平均水平差距较大，对 GDP 的贡献率连续两年下滑，服务业还处于低端水平。

2. 物价快速上涨压力依然较大

青海省“两头在外”（即消费品购于外，工业品销于外）的特殊省情，导致主要消费品对外依存度高。此外，固定资产投资持续快速扩容引致的产供缺口以及零售市场对经营成本上升的内部消化能力较弱等都对保持物价稳定构成了较大压力。

3. 城乡居民增收渠道狭窄

2011 年，青海省城镇居民人均可支配收入和农牧民人均纯收入分别仅为全国平均水平的 71.50%和 66.00%。青海省城镇居民经营净收入增幅低于全国平均水平 17.30 个百分点，财产性收入增幅低 18.30 个百分点；全省农牧民经营性收入增幅低于全国平均水平 7.80 个百分点，财产性收入出现负增长。这些都暴露出城乡居民资产运作创收能力弱的问题。

二、金融业与金融稳定

（一）银行业

1. 运行状况

（1）存款贷款稳步增长，增量增速同比回落。截至 2011 年末，全省本外币存款余额 2 834.81 亿元，比年初增加 507.93 亿元，同比少增 27.39 亿元，同比增长 21.82%，增幅同比下滑 8.10 个百分点。本外币各项贷款余额 2 238.99 亿元，比年初增加 406.23 亿元，同比少增 18.31 亿元，同比增长 22.16%，增幅同比回落 7.99 个百分点。

（2）资产负债规模扩大，盈利水平得到提高。2011 年末，全省银行业金融机构总资产 3 756.67 亿元，同比增长 23.45%；总负债 3 654.65 亿元，同比增长 22.08%。2011 年全省银行业金融机构实现利润 38.44 亿元，同比多盈 16.87 亿元，利息收入是收入的主要来源。

（3）不良贷款实现双降，资产质量获得提升。2011 年末全省银行业金融机构本外币不良贷款余额 48.09 亿元，同比减少 4.42 亿元，不良率 2.14%，同比下降 0.72 个百分点。分机构看，除政策性银行小幅增加外，其他银行机构不良贷款余额均同比减少。

（4）机构改革有序推进，银行体系逐步完善。一是法人银行机构改革取得进展。青海首家农村商业银行改制完成顺利开业，6 家农信社改制为农村商业银行的工作正在稳步推进，青海银行第三次增资扩股完成。二是金融服务主体持续增加。浦发银行西宁分行各项筹备工作完成，开业在即；招商银行西宁分行获准筹建；信达资产管理公司青海省分公司开业；青海省首家财务公司西部矿业财务公司开业。

2. 银行业运行中需要关注的问题

（1）资产负债期限错配，银行机构流动性收紧。2011 年末全省银行机构人民币中长期贷款余额 1 651. 24 亿元，占全省贷款余额的 73. 99 %。与此同时，受物价、利率和理财产品等因素影响，短期及临时性存款增长较快，全省活期及临时性存款余额 1 205. 17 亿元，占全省存款余额的 42. 51%。“短存长贷”模式下银行机构尤其是中小法人银行机构的流动性风险值得关注。

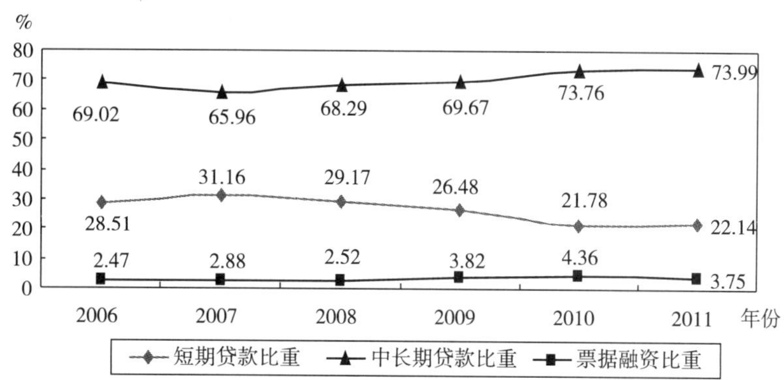

数据来源：中国人民银行西宁中心支行。

图 2　2006—2011 年青海省金融机构贷款期限结构变化情况

（2）存量贷款风险上升，不良贷款反弹压力犹存。尽管青海省 2011 年银行不良贷款实现量率双降，但 2011 年末关注类贷款余额比年初增加 9. 30 亿元，不良贷款反弹压力依然很大。从不良贷款结构分析，可疑类贷款同比增长 39. 82%，贷款质量显露向下迁徙动向。

（3）贷款投向高度集中，信贷结构亟需调整。2011 年末全省大额贷款余额占 9 家银行（不含邮储）全部贷款余额的 87. 59%，较年初上升 7. 92 个百分点，电力和热力生产、化学原料、公共设施管理、道路运输、有色金属冶炼五大行业贷款余额占全部大额贷款的 63. 14%。信贷集中度高虽能降低银行管理成本，但若贷款集中的行业或客户遭遇市场转向，经营状况恶化，偿债能力下降，将严重危及银行信贷资产安全。

（4）地方政府融资平台贷款蕴含潜在风险。一是受平台清理规范和信贷紧缩政策双重影响，青海省新增融资平台贷款规模受到严格限制，部分项目后续资金不足。二是青海省融资平台主要从事公益性项目，一些融资平台项目尚未盈利，偿债压力较大。三是平台公司关联企业较多，内部资金往来频繁，信用风险不易监控。

（二）证券业

1. 运行状况

（1）证券交易市场稳定运行。2011 年末，辖区证券经营机构证券交易额 1 281 亿元，同比下降

28.00%，投资者开户数25.94万户，同比增长8.16%。2011年末辖区期货交易量达到928.34亿元，同比增长了1.39倍；投资者开户数317户，同比增长19.60%。

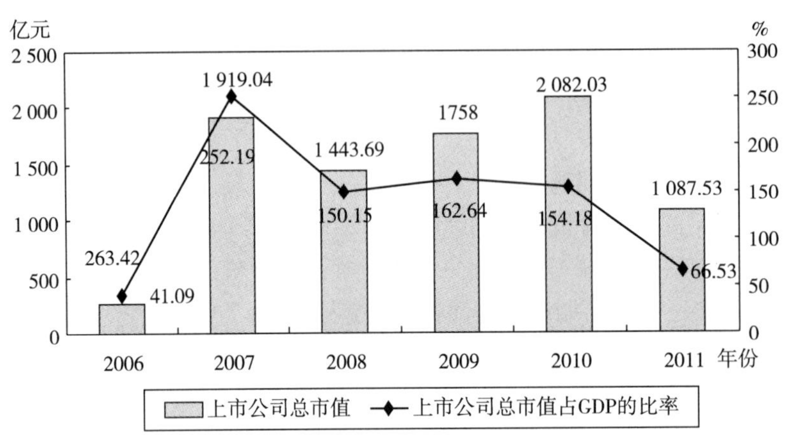

数据来源：青海证监局。

图3 2006—2011年青海省上市公司总市值及占地区生产总值的比率

（2）再融资规模扩大。全省上市公司充分发挥再融资平台作用，全年共实现再融资85.15亿元，同比增长26.90%。其中，西宁特钢和西部矿业发行债券融资50亿元、三普药业A股定向增发募集资金14.64亿元，贤成实业两次定向增发共募集资金20.51亿元。

（3）上市公司质量提升。2011年末，青海共有上市公司10家，上市公司总市值1 087.53亿元，同比减少47.77%。截至2011年第三季度末，辖区9家上市公司净资产343.98亿元，净利润总额为47.86亿元，平均每股收益0.55元，平均资产收益率为11.97%，平均每股收益指标排名全国第三位，平均加权净资产收益率排名全国第一位。

（4）公司上市重组活跃。一是中小板上市实现突破。青海互助青稞酒股份有限公司于2011年12月22日在深交所挂牌上市，为青海省首家在中小企业板块上市的企业。二是后备上市资源培育取得进展，全年共有8家企业接受备案辅导。三是公司并购重组活跃，全年共有4家公司完成5次并购重组。

2. 证券业运行中需要关注的问题

（1）要素市场发育基础薄弱，中介机构发展速度滞后。在青海注册的证券公司仅1家，期货公司1家，无基金管理公司。各类中介机构在资本规模、人员素质和管理水平等方面与其他地区还有较大差距。

（2）证券机构经营模式单一，业务收入结构亟待调整。目前青海省证券经营机构经纪业务收入在证券经营机构的营业收入和利润中占绝对比重，业务模式单一导致证券经营机构盈利水平不稳，竞争能力不高。

（3）现有上市公司规模偏小，上市后续储备资源匮乏。2011年青海上市公司数量仅占全国的0.42%，市值约占全国上市公司总市值的0.51%。2011年全国A股上市公司增加279家，青海仅增加1家，而且是2008年以来的唯一1家，上市后备资源较少。

（4）经济运行受制于外部环境，上市公司业绩易受冲击。青海省上市公司主要集中在盐湖化工、有色金属、金属冶炼等资源性领域，处于整个产业链的上游，自主创新能力弱，科技含量较低，缺乏行业定价权，国际大宗商品价格的微小变动和国家产业政策的细微调整都容易对青海省上市公司的经营业绩产生冲击，影响企业的健康长远发展。

（三）保险业

1. 运行情况

（1）保险业务规模不断扩大。2011 年全省实现原保险保费收入 27.89 亿元，同比增长 19.72%，其中财产险保费收入 13.72 亿元，同比增长 32.17%，人身险保费收入 14.17 亿元，同比增长 9.72%。保险赔付支出 8.16 亿元，同比增长 22.56%。

（2）保险发展速度保持稳定。2011 年全省产险公司四个季度保费收入增速分别为 27.46%、28.28%、25.27%和 30.68%，与上年同期基本持平，并一直保持在全国前 3 位的水平。全年寿险业务保费收入增速为 10.05%，较 2010 年略有放缓，增速全国排名第 13 位。

（3）农业保险试点稳步推进。全省政策性农业保险试点工作稳步实施，全年农业保险保费收入 0.69 亿元，同比增长 457.83%，财政保费补贴险种增至 10 种，各项农业保险品种财政补贴总比例提高至 80% ~95%，农业保险赔付支出 1 503.31 万元，同比增长 21.73%。

2. 保险业运行中需要关注的问题

（1）财险收入结构高度集中。2011 年全省机动车保险实现保费收入 10.50 亿元，占财险总保费收入的 76.53%，农业险、责任险等分散性险种虽然取得积极进展，但车险"一险独大"的局面尚未得到明显改观，在油价上涨预期和车市销量回调压力加大的背景下，产险业务结构亟需加速调整。

（2）社保体系建设深度仍需拓展。2011 年全省保险机构在推动校园方责任险、火灾责任险等险种的发展上取得了较好的成绩，但参与社会保障体系建设的力度仍需加强，在补偿医疗、补充养老等方面的深度和广度还不够，在推动农村小额人身保险、计划生育保险等政策性保险业务方面经验不足，工作基础仍显薄弱。

（3）农业保险支持力度有待加大。目前全省农业保险制度还不够完善，缺乏长效的工作机制，经营成本高、地方财力不足和被保险人道德风险大等问题也在掣肘农业保险的发展，各级政府对农业保险的政策和财政支持力度仍需进一步加大。

（四）非银行机构

1. 运行状况

（1）担保行业发展逐步规范。截至 2011 年末，青海省共有融资性担保公司 39 家，同比减少 17 家；注册资本总额 33.79 亿元；在保责任余额 85.61 亿元，同比增长 40.51%。

（2）典当行业运行平稳。截至 2011 年末，青海省共有典当行 19 家，全年发生业务 8 451 笔，同比增长 6.34%；典当金额 0.96 亿元，同比增长 19.75%；实现税后利润 0.23 亿元，同比增长 13.51 倍。

（3）小额贷款公司加速发展。截至 2011 年末，全省经批准试点的小额贷款公司共 18 家（实际开展业务 17 家），较上年增加 13 家；全年发生业务 793 笔，发放贷款 18.13 亿元，同比增长 16.16 倍；实现利息收入 0.84 亿元，同比增长 11.13 倍。

2. 非银行机构运行中需要关注的问题

（1）银保风险分担机制尚未完全建立。青海省融资性担保机构规模小、实力弱，在与银行合作过程中难以建立风险共担机制。这样容易诱发道德风险，使银行机构在信贷审批过程中产生懈怠，疏于风险防范，一旦形成大量代偿资金，贷款银行和担保机构都将面临损失。

（2）典当行业风险控制管理亟待加强。省内部分典当行未能严格执行《典当管理办法》及相关配套制度，存在业务流程设计不科学，当票凭证填写不规范，会计制度不健全，风险控制不严谨，当后跟踪管理不完善等情况。

（3）小额贷款公司管理规程仍需细化。青海省小额贷款公司虽然仿效一般金融机构贷款流程，设置了包括初期调查、前期审查、中期发放、后期回款等操作流程框架，但缺乏详尽的操作规范以及有效的决策程序和内审机制。

三、金融市场运行与金融稳定

（一）运行状况

1. 银行间市场成交量下降，回购规模持续扩张

截至2011年末，全省银行间市场现券交易金额为341.24亿元，同比下降32%。质押式回购增幅明显，交易量为1 471.51亿元，同比增长170.5%，主要以质押式逆回购为主。

2. 外汇收支平稳增长，结售汇差由逆转正

2011年青海省外汇收支总额为13.67亿美元，同比增长15.93%。全省结售汇总额为12.67亿美元，其中结汇8.10亿美元，售汇4.57亿美元，结售汇差额由2010年同期的逆差0.23亿美元转为顺差3.54亿美元。

3. 黄金交易量持续增加，交易金额同比走低

2011年全省账户金销售量12 591千克，同比增加5 267.12千克；销售金额14.48亿元，同比下降18.3%；实物金交易量471.14千克，同比增加48.82%，交易金额0.81亿元，同比下降1.40%。

4. 票据融资升速放缓，总量占比出现下滑

截至2011年末，全省票据融资余额83.58亿元，同比增长5.20%，增幅较2010年末减少43.3个百分点。票据融资量占各项人民币贷款余额的3.75%，占比较同比下降0.61个百分点。

5. 人民币跨境结算取得突破，服务贸易占比走高

2011年10月青海省开办跨境贸易人民币结算业务以来，全年共办理人民币跨境业务27笔，结算量达7.04亿元，其中服务贸易占结算量的九成以上。

（二）需要关注的问题

1. 金融市场功能未充分利用

青海正处于经济加速发展、产业加快转型的关键时期，资金需求量大，但省内中小金融机构和企业利用银行间同业拆借、债券市场等工具融资的意识不强、规模不大、效率不高。

2. 跨境资金的异动风险上升

金融危机以来，青海省外汇收支波动变化加大，跨境资金流动渠道及方式倾向于多样化、复杂化，资金流动方向受外部环境影响而变化迅速。在目前国内存在汇率、利率双重套利机会，国际国内经济增长存在双不稳定因素的复杂形势下，异常资金流入风险与流出风险并存。

四、金融基础设施与金融稳定

（一）支付体系

1. 支付清算系统稳定运行

辖区全年通过大小额支付系统办理资金汇划 301.28 万笔，金额 37 328.24 亿元，分别同比增长 44.12% 和 48.93%。

2. 藏区支付环境持续改善

全年通过“惠农卡 + 支付通”代发新农保资金 29 232 笔，金额 1 010 万元，惠及 171 乡（镇）的 101.63 万农（牧）民。

3. 非现支付工具加快发展

截至 2011 年底，全省累计发放银行卡 685 万张，同比增长 29.76%。共布放 ATM 机具 1 117 台，POS 机具 15 120 台，发展特约商户 11 456 户。

（二）征信体系

1. 征信系统覆盖范围不断扩大

截至 2011 年末，企业和个人信用信息数据库共为青海省 1.70 万户企业和 349.56 万个自然人建立了信用档案，分别同比增长 6.92% 和 11.55%。

2. 农村信用体系建设深入开展

截至 2011 年末，全省已有 22.06% 的农户被评定为信用户，已评定信用户、村、乡（镇）分别占全省贷款农户、行政村、乡（镇）总数的 52.08%、20.38% 和 12.08%。

3. 中小企业信用体系建设扎实推进

截至 2011 年末，全省共收集 4 640 户中小企业的信用信息，较上年底增长 8.10%。在已建立信用档案的中小企业中，取得银行授信意向的达到 521 户，同比增长 31.23%。

（三）金融法治环境

1. 政府部门先后出台了《青海省企业上市融资奖励补贴考核办法》《青海省支持融资性担保体系建设补贴考核办法》等制度办法，为金融机构发展营造了良好环境。

2. 人民银行出台了《青海省金融机构稳健性评估暂行办法》《青海省惠农支付服务业务管理暂行办法》等有关金融稳定和支付体系等方面的规章制度，为辖区金融业安全稳健运行提供了制度保障。

3. 青海证监局、保监局分别出台了《关于打击和防控资本市场内幕交易的工作方案》和《青海省地（市）、县级保险公司分支机构领导干部接访制度（试行）》等规章制度，为保护金融消费者合法权益提供了法规支撑。

（四）反洗钱

1. 反洗钱机制更加健全

制定印发《青海省金融机构反洗钱自评估实施意见（试行）》，组织修订《青海省反洗钱非现场监管实施办法》，探索建立《青海省金融机构反洗钱工作综合考评办法（试行）》。

2. 执法检查力度显著加强

全年对35家金融机构进行现场检查，发现客户身份识别、大额和可疑交易等问题112项，提出整改要求115条，对1家金融机构依法采取行政处罚措施。

（五）反假币

全省2011年共收缴假人民币15 988张，同比增长18.37%；面额总计142.30万元，同比增长25.12%。其中金融机构柜面收缴98.63万元，同比减少8.55%；公安机关收缴43.67万元，同比增长10.9倍。

（六）金融监管

1. 人民银行创新管理模式，切实履行央行监管职能

一是推进“两管理、两综合”工作，全年共受理开业及加入金融管理与服务体系申报15件，对全省34家银行机构进行综合执法现场检查。二是开展稳健性评估工作，制定出台了青海省金融机构稳健性评估办法和实施细则，并对辖内7家农村信用合作社开展稳健性现场评估。三是落实青海省金融监管协调机制，形成维护金融稳定的合力。

2. 外汇管理强化专项检查，维护外汇市场健康发展

一是开展打击“热钱”流入专项活动，现场检查6家企业，对违规企业进行了查处。二是开展以银行外汇资本金合规性为重点的专项检查，对外汇账户数据报送不准确等问题提出整改建议。三是开展对辖内4家保险公司的外汇业务合规性专项检查。

3. 银监局加大监管力度，夯实银行业稳健运行基础

一是加强风险预警，在非现场监管工作中发现风险隐患242个，下发预警通知125份。二是加强现场检查，现场监管查出违规问题488个，涉及金额40亿元，提出整改措施463条。三是加大惩戒力度，对2家机构和5名高管给予行政警告处分，给予1名高管5万元行政处罚。

4. 证监局坚持打防结合，切实维护证券投资者权益

一是高度重视信息披露及防控内部交易工作，构建打击和防控内幕交易的综合监管体系。二是针对辖区部分上市公司主营业务不强、关联交易金额较大等状况，积极推动公司并购重组。三是积极引导证券经营机构合理布局营业网点，挤压非法证券活动生存空间。

5. 保监局推行分类监管，强势规范行业发展秩序

一是在财产险方面，重点检查公司是否存在业务、数据不实情况。二是在人身风险方面，重点就销售误导、银保业务数据不实等情况进行检查。三是在保险中介方面，加强对部分保险公司利用中介业务和中介渠道虚增成本、非法套取资金等的检查。

五、总体评估与政策建议

（一）总体评估

根据中国人民银行上海总部《中国区域金融稳定定量评估方案》，使用区域金融稳定定量评估模

型，从宏观经济、金融机构和生态环境三个方面选取25项指标构建指标体系，运用层次分析法、专家评分法、模糊数学法等方法对青海省金融稳定状况进行量化评估。结果显示，2011年青海省金融稳定状况综合得分为85.37分，比上年减少0.26分，属于金融稳定状况较好的地区，表明青海省在复杂多变的国内外经济形势下，金融稳定状况依旧保持稳健，金融体系抵御风险的能力仍然较强。

（二）政策建议

1. 扩大投资消费需求，实现经济稳中求进

一是继续保持合理的投资规模，着力优化投资结构。二是有序推进“十二五”规划重大项目建设，加大对交通、能源、水利、保障性安居工程等方面的投入力度。三是以增加居民消费需求为重点，加大收入分配调节力度，促进消费需求持续增长。

2. 加快调整产业结构，加速转变发展方式

一是大力培育战略性新兴产业，推动产业链延伸，努力形成新的经济增长点。二是加速推动传统产业转型升级，推动钢铁、电解铝、装备制造等重点传统行业的重大技术改造。三是加快发展循环经济，加大对节能减排、循环经济等领域重点工程的扶持力度。

3. 引导信贷资金投向实体经济，加大薄弱领域金融支持

一是强化“三农”领域信贷支持，全面落实涉农信贷政策。二是加大对保障性住房资金支持，落实差别化房地产信贷政策。三是积极促进多方协调配合，全面落实玉树灾后重建信贷政策。四是加大对新兴产业、低碳行业、循环经济和小微企业等领域的支持力度，着力落实民生金融扶持政策。

4. 深入推进金融体制改革，构建合理健康的金融体系

一是支持国家开发银行、农业发展银行的转型和改革，支持邮储银行上市。二是鼓励青海银行引进战略投资者，加快实施“走出去”战略。三是积极支持玉树、格尔木等农村信用合作社改制为农村商业银行，加快农村信用合作社股权改革步伐。四是引导村镇银行、资金互助社等机构合理布局网点，加强内控建设，促进新型农村金融组织的成长壮大。五是加强民间借贷的引导疏通，严厉打击高利贷、地下钱庄和非法集资等非法金融活动。

5. 健全分层有序的金融市场，有效拓宽社会融资渠道

一是加大外埠金融机构来青海设立分支机构的招商引资力度。二是优化保险业务结构，加大农牧业保险的财政补贴力度。三是增强证券经营机构实力，大力发展期货市场，减轻国际大宗商品价格波动对青海省经济的冲击。四是推动上市企业并购重组做大做强，大力培育优质后备上市资源。五是稳步发展小额贷款公司、典当行、担保公司等非银行机构，满足不同层次的金融需求。

6. 进一步优化信贷结构，降低信贷集中度风险

一是银行要改善资产负债结构，增强资产的流动性和负债来源的稳定性。二是完善大额授信风险识别、评估和控制机制，控制多头授信和过度授信。三是积极发展银团贷款模式，遏制过度竞争。四是大力发展中间业务，缓解银行信贷业务盈利压力。

7. 提高信贷资产质量，严密防范信用风险

一是密切关注客户生产经营现状，加大贷后检查力度。二是对融资平台采取差别对待、缓释存量、严控增量的策略，实现发展建设和风险防范的协调统一。三是严控高耗能、高排放和落后产能等行业项目的授信。

8. 夯实金融基础设施建设，不断优化区域金融生态环境

一是构建安全高效的支付体系，提升支付系统惠农效率。二是加快全省信用体系建设，稳步扩

大信用体系覆盖范围。三是进一步完善金融机构资金监测体系，防范和打击洗钱、制贩假币等犯罪活动。四是强化金融监管协调，推动金融监管协调机制向纵深发展。

总　　纂：杨　林
统　　稿：潘　娟　苏中华
执　　笔：常家升
其他参与写作人员（按姓氏笔画排序）：
马丽军　刘　涛　刘淑萍　闫永晶　许　琳　李生海
李建玲　李新鹏　吴兆阳　吴俊成　张文娟　张金香
周　慧　徐　静　席丹丹　程　丹

甘肃省金融稳定报告摘要

2011年，面对国内外经济金融环境的复杂性和不确定性，甘肃省紧紧围绕“十二五”跨越式发展的总体目标，认真贯彻落实科学发展观，加快推进经济结构调整和发展方式转变，着力解决影响全省发展稳定的突出问题，经济社会总体保持平稳较快发展的良好态势，区域金融继续保持稳定。全省金融业延续了“十一五”以来的良好势头，呈现出整体实力提升、业务结构趋优、融资渠道趋宽、风险防控趋强、经营管理趋稳的发展态势。金融市场运行平稳有序，债券市场交易增速放缓，票据融资平稳增长，境外直接投资成倍增长，进出口总值创历史新高，带动外汇市场快速发展，跨境收支和银行结售汇稳步增长。金融基础设施进一步完善，支付体系运行平稳高效，征信体系建设推向深入，反洗钱监管体系不断完善，应急管理水平不断提高。总体来看，2011年甘肃省经济与金融相互促进，金融体系稳健运行。

一、区域经济运行与金融稳定

（一）区域经济运行

1. 经济平稳加快增长，结构调整持续推进

2011年，甘肃经济在平稳运行中加快增长，全年实现生产总值5 020亿元，同比增长12.5%，增速较上年提高0.7个百分点。在经济平稳较快发展的同时，大力推进经济结构优化升级。省级财政用于支持传统优势产业改造升级的资金增长31.25%，石化、电力、有色、冶金、煤炭及装备制造等传统优势产业用于改造升级的投资达1 243亿元，增长22.8%。全省经济平稳较快发展，经济结构不断优化升级，为金融稳健运行创造了良好的外部条件。

2. 农业生产稳定增长，工业生产速度和效益双提升

2011年，全省农业生产保持稳定增长，粮食产量达到1 014.6万吨，同比增长5.87%，连续8年实现粮食丰收。工业生产呈现速度和效益双提升的良好态势，全年全省完成工业增加值2 071.3亿元，比上年增长16.3%。规模以上工业企业完成工业增加值1 782.85亿元，比上年增长16.2%，实现利润总额241.23亿元，比上年增长10.52%。规模以上工业经济效益综合指数为269.35，比上年提高53.40点。农业和工业生产的稳定增长以及企业效益的提高，有利于降低银行信贷风险，提高金融资产质量。

3. 固定资产投资增势强劲，基础设施得到有效改善

2011年，甘肃省围绕落实“十二五”规划确定的“十大战略工程”和“十大惠民工程”，加大项目谋划、争取和实施力度，全年争取中央财政专项补助资金560亿元，全社会固定资产投资完成4 180.24亿元，比上年增长40.16%。全省58个重大项目完成投资660亿元，公路、铁路、机场和重

大水利及生态工程等项目建设稳步推进，全省基础设施及生存发展条件得到有效改善，经济发展基础进一步夯实。

4. 财政收入和城乡居民收入稳步增长，民生保障力度进一步加大

2011 年，在全省经济快速增长的带动下，财政收入和城乡居民收入实现了稳步增长。全年大口径财政收入为 933.62 亿元，同比增长 25.28%；全省城镇居民人均可支配收入 14 988.68 元，同比增长 13.6%；农村居民人均纯收入 3 909.4 元，同比增长 14.2%。民生保障力度进一步加大，全年全省各级财政用于保障和改善民生的支出达到 1 326 亿元，占全省财政支出的 78%。下岗失业人员小额贷款当年累计发放额 16.54 亿元，妇女小额担保贷款余额 94.65 亿元，位居全国首位。居民收入的提高与民生保障力度的加大，为经济发展和金融运行创造了稳定的社会环境。

（二）需要关注的问题

1. 居民消费价格涨幅虽有所回落，但通货膨胀压力依然较大

2011 年初，甘肃省居民消费价格呈现出高开态势，7 月达到了年内最高水平，随后各级政府加大价格调控力度，居民消费价格涨幅逐月回落，但物价总水平仍在高位运行。全年全省居民消费价格总水平同比上涨 6% 左右，涨幅高于全国 0.6 个百分点，通货膨胀压力依然存在。从国内外环境看，全球流动性充裕的局面尚未根本改变，国内结构性价格上行压力依然较大，有效控制价格上涨、管理好通胀预期面临较大挑战。持续的通胀预期会对资产价格形成冲击，引发资产价格泡沫等一系列问题，影响金融体系稳定。

2. 企业资金状况趋紧，支付能力有所下降

2011 年以来，受银行贷款投放明显放缓的影响，企业普遍感受资金状况较上年有所收紧。企业问卷调查显示，第四季度企业家判断银行贷款掌握景气指数为 -43.86%，同比下降 18.65 个百分点。同时，由于市场需求回落、下游客户资金困难、付款期限延长等因素影响，资金在生产、销售环节沉淀现象加剧，截至 12 月末，企业库存商品余额同比增长 27.45%，应收账款净额同比增长 29.91%。企业资金链趋紧，支付能力下降，容易引发企业间相互拖欠货款，对正常的生产经营形成不利影响，降低了企业偿还银行贷款的能力，加大了银行信贷资产的违约风险。

3. 主要经济指标增速回落，经济下行风险增加

2011 年，甘肃经济运行呈现前高后低的走势，下半年以来主要经济指标呈现增速放缓态势，全年生产总值增幅比上半年下降 0.5 个百分点；固定资产投资增速下降 7.6 个百分点；大口径财政收入增速下降 11.4 个百分点。经济增速下滑主要是受工业经济增速下滑的影响，在全面实施节能减排政策的背景下，作为甘肃省支柱行业的六大高耗能行业增速快速回落，带动甘肃省工业增速显著回落。在外部政策环境不变的情况下，甘肃支柱行业的增长在 2012 年仍将面临诸多约束，全省经济下行风险增加。一旦经济增速下滑，将通过实体经济传导到金融领域，对金融业平稳发展造成不利影响。

二、金融业与金融稳定

（一）银行业

1. 银行业运行情况

（1）行业规模持续扩大，整体实力逐步增强。2011 年末，全省银行业金融机构共有 120 家，其

中地方法人银行机构 102 家，法人非银行金融机构 4 家。全省银行业资产总额为 11 127.88 亿元，同比增长23.69%；负债总额为 10 829.34 亿元，同比增长 23.36%；全省本外币各项贷款余额5 736.20 亿元，同比增长 25.34%，新增贷款 1 158.77 亿元；本外币各项存款余额 8 460.94 亿元，同比增长 18.39%，新增存款 1 299.94 亿元。

（2）银行业改革持续深化，有效夯实金融机构健康发展根基。大型国有商业银行继续深化改革，在转换经营管理体制、加强风险管理、提升财务可持续性等多方面发生积极变化。农业银行甘肃省分行进一步深化“三农金融事业部”改革，事业部管理体制机制不断优化，“三农”金融服务质量明显改善。2011 年末，农业银行涉农贷款增速达到22.14%，高于全行贷款平均增速 4.83 个百分点。农业发展银行甘肃省分行继续推进内部改革，加强内控机制和风险防范体系建设。全省首家省级城市商业银行——甘肃银行挂牌成立，进一步增强金融业服务地方经济社会的实力。农村合作金融机构产权制度改革取得新进展，2011 年末，全省 87 家县（市、区）联社中已改制组建农村合作银行 18 家，较上年增加 3 家。

（3）信贷结构继续改善，薄弱环节得到有效支持。在有效满足全省支柱行业信贷需求的同时，全省银行业金融机构加大民生金融服务力度，将信贷资源进一步向“三农”、中小企业、保障性住房等经济社会薄弱环节倾斜。2011 年末，全省涉农贷款余额 2 067.34 亿元，同比增长 25.45%；小企业人民币贷款余额 956.59 亿元，同比增长 35.62%；保障性住房开发贷款余额 16.76 亿元；妇女小额担保贷款、下岗失业人员小额担保贷款以及助学贷款等均保持较高增速。

（4）资产质量逐步优化，风险管理和抵御能力持续增强。资产质量逐步优化，风险管理和抵御能力持续增强。2011 年，全省银行业金融机构继续采取有效措施清收不良资产，资产质量持续改善。截至年末，全省银行业不良贷款较年初减少6.98 亿元，不良贷款率下降0.86 个百分点。拨备计提力度进一步加大，资本充足水平明显提高，2011 年末，全省银行业金融机构拨备覆盖率 100.74%，同比提高 35.6 个百分点，地方法人银行机构资本充足率 13.06%，同比提升 4 个百分点，金融机构风险管理和风险抵补能力显著增强。

2. 影响银行业稳健运行的因素

（1）复杂形势下银行业信贷违约风险不容忽视。近年来，我国推出多项政策对“两高一剩”、房地产及政府融资平台等领域进行重点调控，这些领域发展走向存在较大不确定性。2011 年，全省“两高一剩”行业贷款新增 157.48 亿元，增长 21.48%，企业商业用房贷款大幅增长 283.63%，随着调控力度的持续加大，以上贷款快速增长所带来的潜在风险不容忽视。同时国际经济复苏缓慢，国内原材料价格、劳动力成本上涨以及信贷紧缩等因素也对陕西省企业经营能力和偿债能力造成不利影响，目前全省已有部分机构和行业不良贷款出现反弹。

（2）期限错配风险进一步加剧。为满足大量基础设施建设以及重点优势企业项目贷款后续资金需求，全省银行业金融机构加大中长期贷款投放力度，2011 年，新增中长期贷款 788.09 亿元，占新增各项贷款的 68.01%，中长期贷款余额占各项贷款的比例达到 61.21%，同比上升 1.59 个百分点。与此同时，受理财产品分流资金影响，存款的稳定性有所下降。2011 年末，全省银行业人民币定期存款余额 3 178.99 亿元，占各项存款的 37.87%，同比下降 0.92 个百分点，“贷长存短”问题进一步凸显。

（3）信贷集中风险仍需关注。受甘肃产业结构和经济水平限制，全省银行信贷资金集中问题难以有效解决。一是行业贷款存量集中度依然偏高。2011 年末，贷款余额占前五位的行业依然是个人贷款、制造业、电力、燃气及水的生产和供应业、交通运输业，合计占各项贷款的76.42%，同比上升1.43个百分点。二是金融机构客户集中度较高。从全国性股份制商业银行来看，70%的机构都存在最大十家集团客户贷款占各项贷款的比例超过40%；从地方法人银行机构看，过半数农村合作金融机构存在单一客户集中度偏高的问题，需防范大额贷款客户经营状况恶化所带来的信贷风险。

（4）地方法人机构流动性风险有所上升。为应对国内通胀压力，央行及时推出稳健货币政策，年内先后6次上调存款准备金率吸收市场流动性，金融机构可贷资金减少，流动性持续减弱，部分机构流动性风险有所上升（见图1）。2011年末，全省地方法人银行机构存贷比65.99%，同比上升1.86个百分点；流动性比例67.8%，同比下降5.86个百分点。存贷比超过监管标准的法人银行机构有26家，较上年增加11家。

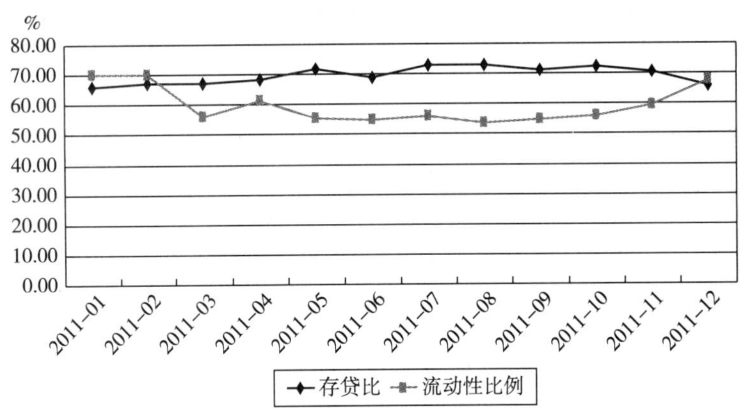

数据来源：甘肃银监局。

图1　2011年甘肃省地方法人银行机构流动性指标变动情况图

（二）证券业

1. 证券业运行情况

（1）整体经营平稳，发展实力不断增强。2011年末，甘肃省有1家法人证券公司，2家证券分公司，59家证券营业部，1家法人期货公司，6家期货营业部。年内法人证券公司华龙证券完成增资扩股，注册资本从15.53亿元增加至21.53亿元，综合实力和区域影响力均明显增强。法人期货机构陇达期货取得金融期货业务资格，并完成增资扩股，净资本达到1.13亿元，同比增长74.59%，为开展股指期货业务创造了条件。

（2）证券交易低迷，经营业绩整体下滑。2011年末，全省证券经营机构总资产43.52亿元，同比下降30.9%。全年累计实现证券交易额3 723.21亿元，同比下降21.32%，降幅高于全国8.61个百分点；累计实现营业收入7.88亿元，同比下降25.1%；实现净利润2.83亿元，同比下降51.71%。

（3）期货交易活跃，经营业绩大幅增长。全年全省期货市场成交量309.14万手，同比增长13.97%；成交额3 158.26亿元，同比增长26.52%，明显好于全国平均水平。期货经营机构实现手续费收入2 409.71万元，同比增长25.36%；实现净利润846万元，同比增长40.07%。

（4）资本市场融资活跃，融资额大幅增长。2011年末，甘肃省共有24家上市公司，较上年增加2家。全年甘肃上市公司通过资本市场募集资金75.88亿元，发行股份购买资产33.16亿元，直接融资额合计达到 109.04 亿元，占全国直接融资总额的 1.61%，较上年增长了近 20 倍。

2. 影响证券业稳健运行的因素

（1）证券经营机构业务模式单一，市场波动对经营业绩影响较大。目前甘肃省证券经营机构仍是以经纪业务为收入主要来源，自营、委托理财、资产管理等业务占比较少。2011 年，华龙证券经纪业务收入占其全部营业收入的 57.5%，较 2010 年虽有较大幅度下降，但占比仍然较大。业务模式单一导致证券经营机构对证券市场依赖性较强，经营业绩随股市行情呈周期性波动，盈利能力较不稳定。

（2）上市公司融资能力较弱，后备资源匮乏问题短期难以解决。2011 年，甘肃仅有 2 家企业首发上市，占全国的 0.71%；3 家企业实施股权再融资，占全国的 1.36%。就当年实施首发融资和再融资的上市公司平均每家融资额来看，甘肃仅为 8.38 亿元，低于全国 10.11 亿元的水平，上市公司融资能力偏弱。另外，甘肃目前仅有 9 家拟上市公司，上市公司后备资源相对匮乏。

（3）部分上市公司持续经营能力弱，同业竞争和关联交易问题亟待解决。甘肃地处经济欠发达地区，受历史遗留问题及内外部因素影响，部分上市公司持续经营能力较弱，同业竞争和关联交易等问题亟待解决。

（三）保险业

1. 保险业运行情况

（1）业务经营总体平稳，保费收入增速放缓。2011 年末，全省共有 23 家保险市场主体，1 276 家保险分支机构，较上年新增 2 家寿险分公司，34 家分支机构。保险总资产 339.3 亿元，比年初增长 17.9%。2011 年，全省累计实现原保险保费收入 140.93 亿元，同比增长 8.69%，增速有所放缓。全省累计发生赔付支出 38.2 亿元，同比增长 23.5%。

（2）寿险业务增速放缓，结构调整稳步推进。2011 年，全省寿险业务增长乏力，累计实现原保险保费收入 93 亿元，同比增长 3.77%，为近五年来增速最低的一年；累计发生赔付支出 18.29 亿元，同比增长 29.63%；全省寿险市场简单退保率为 6.51%，同比上升 2.51 个百分点。分险种来看，寿险、健康险和意外险均实现原保费收入同比增长，但寿险业务涨幅较低，仅为 2.25%。

（3）财产保险实现规模、效益双增长。2011 年，全省产险市场实现了平稳较快发展，财产险公司累计实现原保险保费收入 47.92 亿元，同比增长 19.69%。分险种来看，车险仍然是最大险种，占据全部产险保费收入的 77.07%，其次分别是企财险、责任保险和农业保险。全年共发生赔付支出 19.90 亿元，同比增长 18.37%；应收保费 1.59 亿元，同比增长 30.70%；实现承保利润 3.93 亿元，同比增长 104.48%。

（4）保障民生服务社会作用日益突出。受新开办政策性玉米保险及在藏区开展养殖业保险和青稞保险业务的大力推动，全省农业保险发展迅猛，实现原保险保费收入 1.66 亿元，增速高达 198.23%，发生赔款支出 4 224.7 万元，同比减少 3.1%；农村小额人身保险试点扩展到全省，累计实现保费收入 697.1 万元，为 12.64 万农民提供风险保额 37.13 亿元；旅行社责任险、校方责任险、承运人责任险等基本实现全覆盖，医疗责任保险在全省二级以上医院全面推广，车险保费收入同比增长 17.4%。

2. 影响保险业稳健运行的因素

（1）外部不确定因素增加，寿险退保风险加大。受银行理财产品规模扩张以及理财产品收益率提高的影响，具备投资功能的保险产品给投资者带来的吸引力不断下降。寿险各险种中分红险“一险独大”，通胀压力和投资型保险的过分集中增加了保险公司的退保风险。另外，部分公司产品不适合市场需求，退保大幅增加，需要防范集中退保风险。2011 年，全省寿险市场退保金支出同比增长 68.96%，年末退保率达到 1.57%，同比上升 0.63 个百分点。

（2）银保业务下滑明显，机构转型压力增大。2011 年，受银保业务监管新政的影响，全省银保渠道实现保费收入 27.04 亿元，同比下降 15%；在寿险公司原保险保费收入中占比 29.07%，同比下降了 6.45 个百分点，银保渠道转型压力凸显。

（3）“一险独大”问题突出，结构调整压力较大。寿险领域分红险占比高达 76.2%，造成全省寿险业不能适应宏观经济形势的变化，导致保费收入急剧下降。产险领域，车险业务占比高达 77.07%，随着国家汽车政策的调整、分城市限购令的出台，车险业务的增长将受到一定制约。

（4）保险机构运营不够规范，案件风险略有抬头。目前全省保险市场仍然不同程度地存在机构运营不规范、市场秩序混乱等问题，这些行为在侵害客户合法权益的同时，也损害了整个行业形象，严重影响保险业的健康持续发展。此外，由于现有营销体制不顺，营销员整体素质不高，加之业务量萎缩，对营销员收入影响较大，案件风险的苗头出现，2011 年，全省出现两起业务员诈骗案件，涉案金额 39 万元。

（四）金融业综合经营

1. 综合经营发展情况

（1）股权融合持续推进。基于多元发展和战略扩张考虑，辖内一些法人金融机构通过控股、参股其他金融机构的方式，发展综合经营壮大自身实力，华龙证券通过发起设立华商基金公司，控股陇达期货，稳步推进综合经营，打造新型金融控股公司。兰州银行继参股华龙证券、控股武都金桥村镇银行后，2011 年发起设立了临洮金城村镇银行，经营发展实力不断提高。

（2）银行托管及代理业务稳步发展。2011 年，辖内银行共开立 92.16 万个第三方存管账户，较上年增加了 16.82 万户；账户资金余额 79.39 亿元，同比增长 19.96%。受资本市场持续低位震荡影响，基金销售在连续两年保持两位数增速后开始呈现下滑态势。2011 年，全省银行代理销售基金 85.44 亿元，同比减少 8.29%。银保代理业务首次出现萎缩态势，全年银行共代理销售保险产品 27.04 亿元，同比减少 15.07%；实现手续费收入 1.95 亿元，同比减少 7.14%。

（3）商业银行理财业务发展迅猛。在物价攀升、股市低迷的形势下，理财产品因其相对稳定的盈利性和较小的风险日益受到投资者的青睐。2011 年，全省银行机构发行人民币理财产品 4 055 只，较上年增加 1 368 只；销售金额 1 694.25 亿元，增长 50.91%。银行代理销售券商集合理财计划 40 只，较上年增加 13 只；销售金额 2 240 万元，增长 104%。

（4）企业年金等资产管理类业务快速扩张。随着市场不断发展成熟，近年来甘肃企业年金托管业务快速扩张，托管企业家数也大幅增加。2011 年，工行、中行、建行、交行、招行 5 家银行在甘肃分行与省内 155 家企业建立年金基金托管关系，托管企业家数较 2010 年增加 28 家，托管企业年金基金余额 75.08 亿元，同比增长 53.42%。

2. 综合经营发展中面临的问题及潜在风险

（1）新规出台给银保业务带来新的挑战。2010 年底以来，针对银保业务中长期存在的商业贿赂、销售误导、恶性竞争等问题，银监会、保监会先后出台两项制度进行了规范，新规中关于取消保险公司驻点营销、保险产品由具有从业资质的银行员工统一销售、银保专管员转向提供培训和售后服务等规定对银保传统合作模式提出了挑战。

（2）理财产品市场面临一定风险。近两年，受房地产市场调控和信贷规模调控政策影响，房地产开发企业资金日益紧张，投资于房地产商的信托贷款和信贷资产存在违约风险。此外，在当前国内资本市场表现低迷、国外经济形势复杂难测以及人民币汇率持续升值等背景下，与相关产品挂钩的理财产品将面临投资风险。

（3）金融机构对风险的认识与控制能力仍显不足。受分业经营体制影响，部分金融机构对于防范交叉性金融业务风险缺乏足够的经验和认识，缺少对系统性风险的宏观认识和系统全面的风险管控体系。部分机构对产品信息披露不充分，致使发生客户投诉的情况，对客户权益和机构声誉造成损害。此外，部分机构与合作机构缺乏有效的协调机制，客户投诉及应急补偿机制不够健全，致使风险无法得到及时化解。

三、金融市场与金融稳定

（一）货币市场

2011 年，随着国家宏观调控力度的不断加大以及稳健货币政策的持续实施，债券市场业务稳步发展但交易量增速在下半年呈现放缓趋势，全省 3 家银行间债券市场成员债券累计成交金额 27 971.16亿元，增长 55.4%。银行间债券市场非金融企业直接融资量快速增长，社会融资总量不断扩大。全年全省有 11 家企业累计通过中国银行间市场交易商协会债券发行注册 277.3 亿元，截至年底已成功发行 193 亿元，增长 69.3%。定向工具在甘肃首次通过注册登记，额度为 30 亿元，截至年底已发行 15 亿元。非金融企业债务融资工具的推广应用，拓宽了企业直接融资渠道，降低了银行风险；商业汇票签发量平稳增长，贴现余额年末翘尾，同比增加较多。12 月末，全省金融机构签发商业汇票余额为 291.08 亿元，增加 32.47 亿元；年累计发生额为 697.58 亿元，增加 198.25 亿元；贴现余额为 151.2 亿元，增加 43.65 亿元。2011 年全省金融机构票据贴现和转贴现利率持续上升，全年平均贴现利率达到 9.03%，较 2010 年提高 4.82 个百分点，转贴现利率 6.52%，较 2010 年提高 2.61 个百分点。

（二）外汇市场

2011 年，全省实现进出口总值 87.64 亿美元，增长 18.62%，跨境收支总额 93.67 亿美元，增长 23.4%，银行结售汇 68.72 亿美元，增长 19.41%。全省进出口货物流带动的跨境资金流是外汇收支的主体，货物贸易跨境收支和银行结售汇分别占总跨境收支和银行结售汇的 90.3% 和 73%。全省进出口贸易较快增长，拉动贸易跨境收支和银行结售汇快速增长。2011 年，全省跨境收支和银行结售汇分别增长 23.4% 和 19.41%。甘肃省进出口贸易发展不平衡导致外汇收支分布呈现不均衡，从银行结售汇构成来看，主要集中在经常项目。2011 年全省银行结售汇中经常项目、资本与金融项目占银行结售汇总额的比例分别为 76.53% 和 23.47%。全年全省进出口继续大幅增长，带动银行间外汇交易更加频繁，但受汇率波动影响，交易额有所下滑。外商投资企业外汇资金实际流入 6 724.98 万美元，下降 50.14%，境外投资企业外汇资金实际汇出 6.35 亿美元，增长 5.24 倍；国内外汇贷款余额

39.6 亿美元，增长 101.13%，为上年同期的 2.45 倍。

四、金融基础设施与金融稳定

（一）支付结算体系

2011 年，甘肃省支付结算体系保持安全平稳运行。非现金支付工具应用更加广泛，支付清算系统向边远农村的延伸，畅通了资金汇划渠道。随着公务卡、军人保障卡和金融医保卡等专用银行卡的广泛应用，银行卡在便利社会管理方面的作用日益凸显。2010 版银行票据在全省顺利启用，防伪技术水平的提高，有效增强了银行票据流通和使用的安全性。非现金支付工具的广泛应用，对减少现金使用、培育社会信用、促进区域金融稳定发挥了重要作用。人民银行以“监管型服务”为指引，加强对支付系统参与者的日常监督，强化参与者风险意识；按照《非金融机构支付业务管理办法》对非金融机构支付服务组织开展行政许可初审，保障客户资金安全及广大消费者的正当权益，有力支撑了区域金融稳定与经济金融运行。但是，支付结算法规制度建设的滞后，削弱了监管部门对支付机构各项支付业务的监督管理力度，降低了对支付机构的约束力，增加了支付体系运行的风险。

（二）征信体系

2011 年，全省中小企业信用档案及“实验区”建设取得新进展，农户信用档案建设及农村青年信用示范户试点工作成效明显，信贷市场信用评级进展较快。征信系统信息采集电子化水平有所改善，征信数据质量明显提高，企业和个人信用信息基础数据库覆盖面不断扩大。在做好以银行信贷信息为基础，全省质检、环保、社保、电信、税务等多个部门信息连续报送的同时，实现了全省法院执行案件信息的采集。征信系统已为全省 8.3 万户企事业单位和 1 387.5 万个自然人建立了信用档案。农户信用档案建立电子化程度提高，实现了涉农金融机构为每个信贷农户建立电子信用档案和开展信用评价的目标，开展了与贷款相挂钩的农户信用等级评定，共建立农户信用档案 332.54 万个，评定信用农户 286.95 万户。信贷市场信用评级业务发展迅速，已为全省 555 家借款企业和信用担保机构进行了专业化外部评级，同比增长了 4.72 倍。但是，征信立法缺位、有关部门协调机制尚未有效建立、电子化网络技术应用水平低以及社会公众、金融机构对征信工作的认识不到位等因素依然制约着征信体系建设的快速推进和运行。

（三）反洗钱

2011 年，甘肃省反洗钱监管体系进一步完善，银、证、保“三位一体”的金融机构反洗钱监管机制有效运行，反洗钱监管整体合力明显增强。加大非现场监管预警力度，对金融机构业务操作中存在的风险隐患进行预警提示。探索建立了反洗钱现场走访制度，督促金融机构不断完善反洗钱内部管理合规体系。深入开展反洗钱执法检查，实施了对 8 家金融机构 354 个分支机构的反洗钱现场检查，推动各项反洗钱政策切实落实。全年协助侦查机关开展反洗钱调查和案件协查 21 起，调查对象 75 个，调查可疑账户 320 余户，涉及可疑交易资金 10 余亿元，协助侦破国家安全部督办的甲级和乙级专案各 1 起。但同时，反洗钱工作有关法律法规亟待进一步修订完善，对保险业金融机构的监管力度需进一步强化，银行金融机构的电子交易业务、第三方支付组织交易行为的反洗钱监管有待加强。

（四）应急管理

2011 年，甘肃省“一行三局”结合各自业务发展和内外部金融管理环境变化的具体情况，指导全省金融机构全面修订完善应急预案，排查各类风险点，应急预案的针对性、操作性和实效性进一步提高。人民银行兰州中心支行充分发挥职能作用，组织辖内分支机构和各金融机构广泛开展各类突发事件专项应急演练，有效提高了应急处置能力。甘肃省“一行三局”进一步加强与省政府相关部门间的联系沟通，建立了涵盖反假币、反洗钱、金融稳定职能的应急演练协作机制，增强了应对突发金融风险事件的整体联动性和实战能力。但是，金融系统应急预案间的衔接、应急演练实战化水平有待提高，业务系统应急灾备建设还需进一步强化。

五、总体评估与政策建议

（一）计量分析

运用区域金融稳定定量评估模型对 2011 年甘肃省金融稳定状况进行量化评估，从评价结果看，2011 年甘肃省金融稳定综合评价得分 0.765 分，较 2010 年小幅提高 0.01 分，金融稳定状况基本与上年持平。分析板块组成时间序列变化，可以看出甘肃省金融稳定状况的总体提升主要归功于宏观经济、证券业与金融生态环境的逐步向好，而银行业、保险业等金融板块稳定指数较上年有所下降，对全省金融稳定状况形成了一定的负向效应（见图 2）。

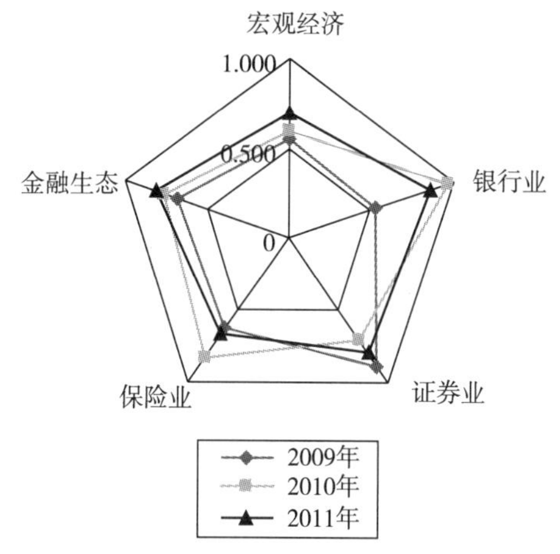

数据来源：计算所得。

图 2　2009—2011 年甘肃省金融稳定总体状况及组成部分的比较

（二）总体评估

2011 年，面对复杂多变的国内外经济金融形势，甘肃省加快推进经济结构调整和发展方式转变，深入实施区域发展战略，全省经济呈现出增长较快、价格趋稳、效益较好、民生改善的良好态势，但是经济发展中不平衡、不协调、不可持续的矛盾和问题依然突出，经济增长下行压力和物价上涨压力并存，部分企业生产经营困难，企业效益面临较大下滑的压力。

金融业在改革中稳步发展，金融机构数量和资产规模日益增加，经营效益稳步提升，抗风险能力和综合实力不断提高，市场融资功能显著增强，金融业总体呈现稳健发展的态势。但同时，复杂形势下银行潜在信贷风险增加、期限错配风险进一步加剧；证券业经营模式单一，市场依赖性较强，上市公司直接融资较弱，后备资源匮乏；保险业退保风险加大、保险机构运行不规范、案件风险苗头出现；跨市场交叉性业务的快速发展与相关法规制度建设滞后存在较大矛盾，对全省金融业稳健运行造成了潜在影响。金融市场平稳健康发展，在拓宽融资渠道、调剂资金余缺、提高资金利用效率、优化资产负债结构等方面发挥了积极作用，但市场广度和深度仍然有限，市场参与主体和工具的单一局面仍未改善。金融基础设施建设稳步推进，但相关法律制度建设滞后，严重制约了金融基础设施的运行和完善，进而影响其对甘肃省金融稳定保障作用的有效发挥。总体来看，尽管存在一些不利因素，但甘肃省经济在平稳运行中加快增长，金融体系稳健运行，区域金融继续保持稳定。

（三）政策建议

一是强化重要领域的风险防控，有效防范系统性金融风险。建立健全风险预警监测管理体系，发挥各有关部门合力，切实防范重点领域潜在的风险隐患。密切监测地方法人金融机构、新型农村金融机构、影子银行体系和民间融资活动等的突出问题，防范体系外风险向体系内蔓延。密切关注综合经营机构的运行情况，防止金融风险跨行业、跨市场、跨地区传染。

二是加快经济结构调整，切实防范实体经济风险向金融体系传递。在产业发展方向上，既要瞄准发展高精尖产业，也要因地制宜发展特色优势产业。努力将经济发展所依托的投资增长方式从单纯的外延扩张型增长转向内涵提高式增长，积极推动经济发展方式转型，切实防范实体经济风险向金融体系传递。

三是深化金融体系改革创新，提升金融支持实体经济发展的能力和水平。继续深化金融体制改革，督促各金融机构积极转换经营机制，提升内部控制水平，实现可持续发展，并加大金融创新力度，提高专业化服务水平，引导各金融机构围绕“三农”、中小企业、经济转型、结构调整等领域，加大金融支持力度，切实提高金融服务实体经济发展的能力和水平。

四是推动投融资体系多元化建设，优化融资结构。加大银行间债券市场宣传力度，积极做好企业融资推荐工作。推动有条件企业发行中期票据、短期融资券以及中小企业集合票据，提升债券融资规模。立足甘肃省特优产业，推动骨干企业发行上市，支持民营企业、科技型中小企业在中小板和创业板发行上市，努力扩大社会融资总量，缓解信贷依赖度过高的局面，优化甘肃省融资结构。

总　　纂：张志暹
统　　稿：董　丽
执　　笔：陈宇峰　边永平　陈恒有　王丽娟　杨　柳
其他参与写作人员（按姓氏笔画排序）：
王　煜　史林东　田震坤　刘红艺　刘海申
李　静　张　莉　张　峰　张　乾　张　锋
杨文彦　邹　磊　赵林虓　康　洋　梁丽萍
景小娟　傅海生　管晓岩　樊隽辰

宁夏回族自治区金融稳定报告摘要

2011年是国家和宁夏经济社会“十二五”规划的起步之年，面对复杂多变的国内外经济金融环境，宁夏全面落实国家各项宏观调控政策，经济社会总体保持平稳较快的发展态势。三次产业全面发展，工业主导作用进一步增强；投资需求快速增长，消费品市场持续活跃，对外贸易平稳较快增长；财政收入快速增长，城乡居民收入稳定增加；民生保障力度不断加大，经济运行环境持续改善，区域金融稳定的基础更加坚实。宁夏金融业保持平稳较快的发展态势，金融生态环境持续改善，为金融业的安全运行和金融体系的稳定提供了必要的支持。

一、区域经济运行与金融稳定

2011年，面对复杂多变的外部经济环境，宁夏宏观经济总体呈现“增速较快、效益提升、民生改善、价格波动”的运行特征，经济总量跨上新台阶。全年实现地区生产总值2 060亿元，同比增长12.0%，实现了宁夏经济“十二五”的良好开局。

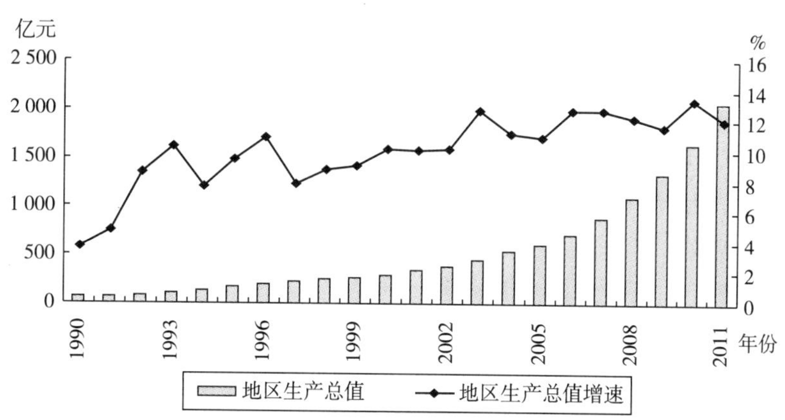

图1 1990—2011年宁夏地区生产总值及其增长率

（一）经济继续保持平稳较快发展，为金融业稳健运行奠定良好基础

1. 内外需求稳步扩大，促进经济发展均衡性增强

一是投资结构继续优化。全年实现固定资产投资1 648亿元，同比增长30.8%。三次产业投资协调增长，第一、第二、第三产业投资分别增长37.1%、34.9%和26.3%，民间投资增速高于国有投资增速1.8个百分点。全年完成房地产开发投资330.6亿元，同比增长29.9%，增速同比回落26.4个百分点。二是消费市场持续活跃。全年城镇居民人均可支配收入、农村人均纯收入分别增长

14.6%和15.7%，城镇居民收入增幅达到近三年最高水平，农民人均纯收入连续六年保持两位数。中央和自治区扩大内需、促进消费、改善民生的一系列政策有效促进了消费增长，全年实现社会消费品零售总额478亿元，同比增长18.3%。三是外贸增势良好。全年外贸进出口总额22.86亿美元，增长16.6%。其中，出口16亿美元，同比增长36.7%；进口6.86亿美元，同比下降13.1%；贸易顺差9.14亿美元。

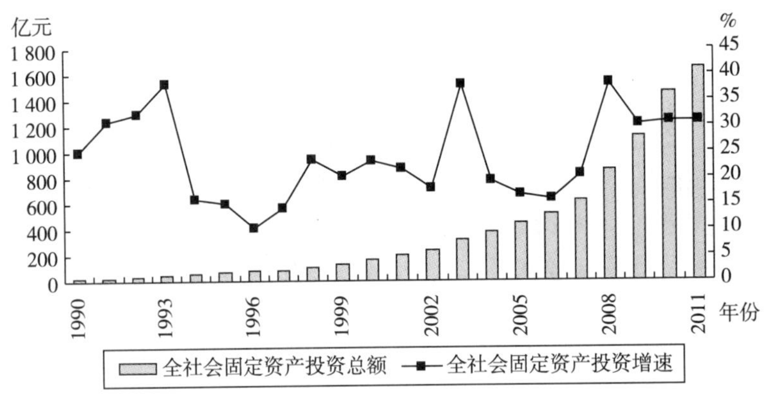

图2 1990—2011年宁夏全社会固定资产投资额及其增长率

2. 产业发展可持续性增强，工业化程度显著提升

一是农业产业化进程加快。全年农业增加值同比增长5.0%，粮食总产实现连续8年增产。120个农业示范基地引领作用进一步增强，设施农业面积继续扩大，特色产品产量持续增加。二是工业主导作用进一步增强。全年规模以上工业增加值增长18.1%，比上年加快1.3个百分点，工业对经济增长的贡献率上升为55.2%。重、轻工业分别增长19.8%和6.5%，重工业对工业经济的贡献率为95.4%，规模以上工业实现利润增长13.2%。三是服务业稳步发展。全年服务业增加值增长7.0%，铁路、公路、航空运输能力和宁夏沿黄经济区统筹辐射作用进一步增强，城市化率达49.8%；依托"节会"，力促"会展经济"迅速发展；建成六大物流园区支持物流业服务发展能力提升；旅游业蓬勃发展，旅游收入快速增长。

3. 物价涨幅波动较大，劳动力价格水平稳步提高

一是居民消费价格高位回落。2011年前三个季度宁夏居民消费价格高位运行，6月和7月CPI同比上涨7.6%，达到本轮物价涨幅最高点。随着中央和自治区采取的一系列控制物价过快上涨政策效应进一步显现，12月宁夏CPI涨幅回落至2.3%。全年居民消费价格上涨6.3%，涨幅比上年扩大2.1个百分点。二是生产价格涨幅继续保持高位。12月，农业生产资料价格同比上涨13.0%，工业生产者出厂价格和购进价格分别上涨4.0%和7.2%，涨幅有所收窄。三是劳动力价格水平稳步上升。全年城镇居民人均工资性收入增长14.6%，农民人均务工收入增长21.0%。

4. 财政收入快速增长，民生投入力度加大

全年地方一般预算收入220亿元，一般预算支出711亿元，分别增长43.2%和27.9%。地方一般预算收入增幅继1996年之后再次升至40%以上，一般预算支出增幅持续五年保持在25%以上。用于农业、教育、社保、医疗、保障性住房、公共安全等领域的财政支出占总支出的近七成，民生投入力度明显加大。实施中南部生态移民规划，建成移民新村75个、住房2万套，3万移民入住新家。

5. 深入推进节能减排，生态环境继续改善

继续加强节能减排的预警和调控，严格执行节能减排综合措施，加快淘汰落后产能，大力推进循环经济试点。沿黄绿色景观、贺兰山东麓生态防护、中部干旱带防风固沙和六盘山水源涵养四大绿色屏障建设稳步推进，新造林地150万亩，森林覆盖率提高到了11.9%。推进引黄灌区节水改造，成为全国首个通过节水型社会建设试点验收的省区。

（二）区域经济运行中需要关注的问题

1. 第一产业和第三产业发展相对缓慢

2011年，全区第一产业增长是近六年的最低水平，第三产业增长近六年来首次低于10%。第一产业和第三产业对经济增长的贡献率为28%，较上年显著下降，经济发展依靠工业特别是重工业的趋势加重。

2. 节能降耗压力较大

2011年，全区规模以上六大高耗能行业工业增加值增长21.4%，比规模以上企业增速快3.3个百分点，六大高耗能行业占工业增长值的比重升至55.0%。工业经济增长的现实状况，将进一步加剧完成“十二五”节能降耗目标任务的难度。

3. 密切关注物价走势

在上年物价高位运行和经济内在扩张的动力依然强劲的背景下，推动物价上涨的因素依然较多。劳动力成本、服务业及非贸易品价格等将会保持持续和刚性上升，资源性产品价格机制也有待理顺，全球极度宽松货币的环境将导致输入性通胀压力持续存在，这些因素都将会推动物价上涨。

二、金融业与金融稳定

2011年，宁夏金融业认真贯彻国家宏观调控政策，金融机构数量和资产规模日益增加，资产质量持续改善，经营效益稳步提升，改革成效日益显现，整体抗风险能力和综合竞争力不断提高，金融体系结构更加完善，金融业总体呈现稳定发展的态势，金融服务经济社会发展的作用日益突出。

（一）银行业与金融稳定

2011年，宁夏银行业金融机构认真执行稳健的货币政策，积极支持宁夏经济平稳较快发展，着力改善金融服务，加快推进金融改革，发展实力逐步增强，抗风险能力稳步提高，银行业整体安全稳健运行。

1. 银行业发展基本情况

（1）资产规模稳步扩大，利润保持快速增长。2011年，宁夏银行业继续保持良好发展势头，全区银行业金融机构总资产达到4 133.3亿元，同比增长23.0%。银行信贷资产质量继续保持较好水平，全区银行业不良贷款余额37.2亿元，比年初增加6.4亿元；不良贷款率1.3%，与年初持平。法人银行机构不良贷款余额20.13亿元，比年初减少0.16亿元，同比减少0.77%；不良贷款率2.50%，同比下降0.6个百分点，继续保持双降态势。银行业利润增长继续保持较快水平，全年实现账面利润87.6亿元，同比增长44.5%，实现了促进经济增长与提高经营效益的双赢。

（2）存款总量稳步扩大，存款结构变化显著。全年银行业人民币各项存款余额2 967亿元，同比增长15.3%，比全国平均水平高1.7个百分点。新增存款393亿元，同比少增123亿元。其中，非金融企业存款增长8.5%，增长较为缓慢；储蓄存款增长前高后低，全年增长15.5%；财政存款增长承接了上年的放缓趋势，同比下降3.8%；机关团体存款保持快速增长势头，同比增长27.7%。存款持续活期化的趋势发生了变化，全年新增储蓄存款中定期存款的比重为56.2%，比2010年、2009年分别高出13.3个百分点和23.1个百分点。

（3）各项贷款较快增长，信贷结构不断优化。全年银行业人民币各项贷款余额2 861亿元，同比增长19.3%，排全国第12位，比全国平均水平高3.3个百分点。新增人民币贷款462亿元，同比少增19亿元。短期贷款新增242亿元，占全部新增贷款的52%，比上年同期提高38个百分点。新增中长期贷款193亿元，其中73%为固定资产贷款，支持了在建和续建项目的顺利实施。房地产贷款余额405亿元，同比增长22.2%，增速同比回落21.8个百分点。新增中小企业贷款256亿元，余额增速高于各项贷款13.4个百分点。累计发放小额担保贷款10.2亿元，同比增长41%，带动5万人就业。涉农贷款余额同比增长20.1%，全年新增155亿元。全年累计发放支农再贷款236亿元，同比多发放91亿元。

（4）外汇收支顺差快速增长，银行结、售汇小幅下降。按国际收支统计口径，全年国际收支总计28.6亿美元，同比增长7%。其中，外汇收入19.2亿美元，同比增长15.9%；外汇支出9.4亿美元，同比下降8.1%；外汇收支顺差9.8亿美元，同比增长54.4%，外汇资金呈持续净流入状态。全年各外汇指定银行结售汇总额28.7亿美元，同比增长20%。其中，结汇19.2亿美元，同比增长26.3%；售汇9.5亿美元，同比增长8.9%。银行结售汇顺差总额为9.7亿美元，同比增长49.8%。结售汇总额增速呈逐季度小幅下降的趋势。

（5）地方性银行业改革有序推进，金融服务体系更趋完善。2011年，宁夏银行逐步实施风险管理规划，持续优化股权结构，综合竞争实力稳步提高。石嘴山银行加大小微企业金融服务力度，小微企业贷款余额同比增长27.7%。黄河农村商业银行逐步完善公司治理机制，不良贷款降控成效明显。农信社改革成效显著，资本实力不断增强。吴忠市、中卫市及平罗县三家农村信用联社改制为农村商业银行。全区新增4家村镇银行，地方法人银行机构达到29家。融资性中介机构数量和规模迅速扩大，截至2011年末，宁夏小额贷款公司、担保公司、典当行共有268家，注册资本金总计73

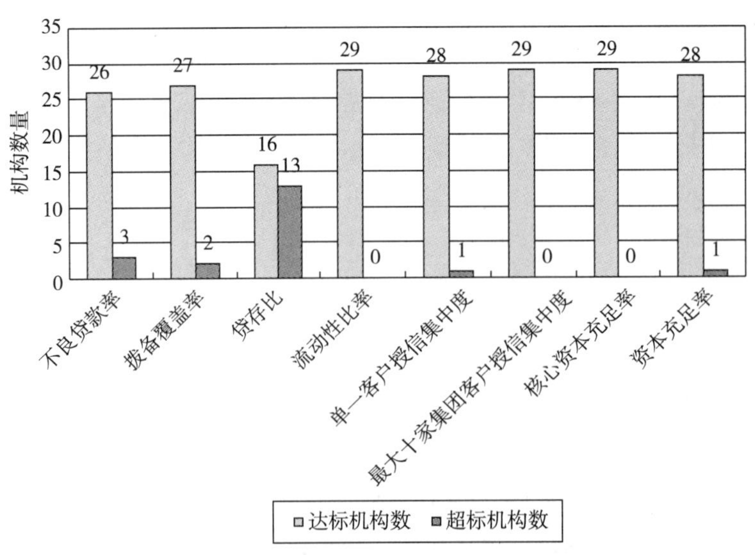

图3 2011年12月宁夏地方法人银行类机构主要监测指标状况图

亿元。金融服务体系日益完善，金融产品和服务方式创新稳步推进，有效满足了“三农”、中小企业和民生等领域的信贷需求。

2. 银行业发展中需要关注的问题

（1）存贷比长期居于高位带来的流动性压力。“十一五”期间，宁夏各项存款年均增速低于各项贷款年均增速2.5个百分点，新增贷款规模和新增存款规模基本保持一致。2011年宁夏新增人民币存款393亿元，比新增各项贷款少69亿元。各项存款增速为15.3%，比贷款增速低4个百分点。贷款余额占存款余额的比重达到96.4%，继续为全国最高水平，也达到了宁夏近年来的最高水平。存款增速持续低于贷款增速，需要密切关注银行业机构的流动性风险。

（2）关注存贷期限结构的快速变化。2008—2010年适度宽松货币政策期间，宁夏信贷结构呈现明显的长期化趋势，2010年末中长期贷款余额所占的比重达到了67.0%。2011年信贷长期化趋势发生了较大的变化，全区新增贷款中，中长期贷款占41.6%，仅为上年的一半。而“十一五”期间，定期存款余额仅增长了53%，活期存款余额则增长了2倍。2011年，存款持续活期化的趋势发生了变化，企业和储蓄存款中定期存款增幅均高于活期存款。存贷款期限结构的变化有利于缓解银行业资产负债期限错配问题，但由于宁夏投资驱动型经济增长方式仍将持续，因此中长期信贷资金需求依然强烈。

（二）证券业与金融稳定

2011年，宁夏证券业稳步发展，证券期货经营机构稳健运行，机构数量有所增加，上市公司实力稳步提升。

1. 证券业发展基本情况

（1）证券期货市场交易量有所萎缩，市场投资者数量不断增多。全年受沪深A股指数低位运行的影响，市场交易金额有所萎缩，全年证券市场累计交易额1 116.4亿元，同比下降24.0%。全年期货市场累计成交111.5万手，累计交易额1 126.0亿元，同比分别减少8.9%和5.8%。全区开设证券账户50.74万户，同比增加13.3%。全区共有期货投资者1 428户，同比增加6.9%。

（2）证券期货经营机构不断增加，上市公司资本实力稳步提升。面对较为低迷的股票市场，证券期货经营机构在继续加强风险防控的基础上，加快网点布局。截至2011年末，全区共有1家证券分公司，20家证券营业部，3家期货营业部，另有4家证券营业部和1家证券投资咨询分公司正在筹建中。上市公司继续深化治理，规范运作水平，经营质量稳步提升。截至2011年第三季度末，12家上市公司净资产达到119.08亿元，同比增长22.3%；实现净利润为10.3亿元，同比增长66.6%。平均每股收益0.27元，同比增长47.9%。

2. 证券业发展中需要关注的问题

（1）上市公司数量少且规模小。2011年末，全国A股上市公司数量达到2 342家，年内新增279家，增长13.5%，但宁夏上市公司数量在年内没有新的进展，仍为12家。2011年，由于股价下跌导致上市公司市值缩水，宁夏资产证券化率为18.54%，比上年下降14.1个百分点，低于全国平均水平27个百分点。

（2）行业竞争加剧，券商营业收入下滑。2011年，宁夏证券经营机构数量不断增加，使行业竞争加剧。全年证券市场的股票交易额下降24.0%，各证券经营机构营业收入仅为2.45亿元，同比下降33.6%。主要依靠经纪业的证券营业部，将同时面对营业收入下降和经营成本上升的双重压力。

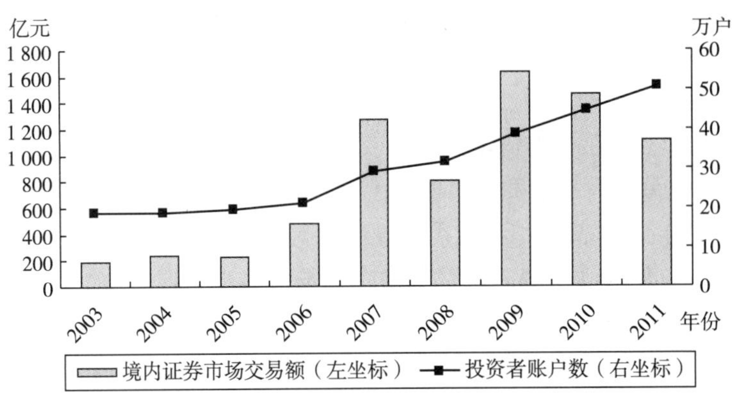

图4　2003—2011 年宁夏证券市场交易额及投资者账户数变化情况

（三）保险业与金融稳定

2011 年，宁夏保险业平稳较快发展，保险业务结构调整稳步推进，公司经营效益持续改善，服务覆盖面不断拓宽，保障服务民生作用日益彰显。

1. 保险业发展基本情况

（1）保险业规模不断扩大，保费收入稳步增长。截至 2011 年末，全区共有保险公司主体 15 家，各级分支机构 309 家，保险从业人员 16 250 人。全区保险公司总资产 127.9 亿元，较年初增长 21.1%。全区实现原保险保费收入 55.3 亿元，同比增长 14.5%。其中，全区财产保险公司全年实现原保险保费收入 22.9 亿元，占全区原保险保费收入的 41.4%；全区人身保险公司原保险保费收入 32.4 亿元，占全区保险保费收入的 58.6%。

（2）保险赔付支出增加，服务经济功能加强。全年保险赔付支出 14.8 亿元，同比增长 25.6%。其中，财产保险金额承担的风险保额达 7 266 亿元，财产险赔付支出 9.3 亿元，同比增长 20.8%；人身保险期末有效保险金额达 2 570 亿元，人身险赔付支出 5.5 亿元，同比增长 44.6%。全区保险公司期末有效承保人次达 809.9 万，保险深度 2.69%，同比下降 0.52 个百分点，保险密度 866 元/人，同比增加 32.7 元/人。保险业覆盖面不断扩大，服务经济社会功能有效发挥。

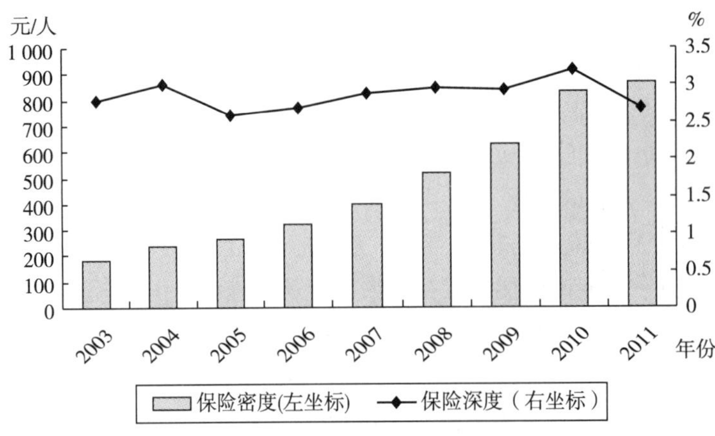

图5　2003—2011 年宁夏保险密度及保险深度变化情况

2. 保险业发展需要关注的问题

（1）保险产品集中度不断上升。2011 年，宁夏财产险业务中车险在财产险业务保费收入中占比为 88.1%，同比上升 0.6 个百分点，高于全国平均水平 12.2 个百分点。除企财险、农业保险和保证保险较快增长外，一些占比小的险种保费规模继续呈现下降趋势。宁夏人身险业务中分红寿险在寿险业务保费收入中占比为 83.4%，同比上升了 1.4 个百分点，而普通寿险、万能寿险占比均有所下降。

（2）各地区保险市场发展不平衡的程度加剧。2011 年，宁夏各市保费收入中，银川市增速最快，实现保费收入同比增长 15.9%，市场份额同比上升 0.7 个百分点。其他四市全部实现保费收入同比增长，除固原保费收入市场份额小幅上升外，其余各市市场份额均较上年有所下降，保险市场发展依然呈现向首府城市集中的趋势。

三、金融市场与金融稳定

2011 年，宁夏金融市场交易保持活跃，市场融资功能有效发挥，同业拆借和债券交易量稳步上升，票据融资规模快速扩大，银行间外汇市场交易量继续保持快速增长。

（一）金融市场发展基本情况

1. 直接融资取得进展，融资结构显著改善

全年非金融部门融资规模稳步增加，融资量为 558 亿元，同比多增 47.9 亿元。其中，贷款融资量、债券融资量、股票融资量分别占融资总量的比重为 87.4%、7.7%、4.9%。直接融资比例显著增长，较上年提高 8.6 个百分点。

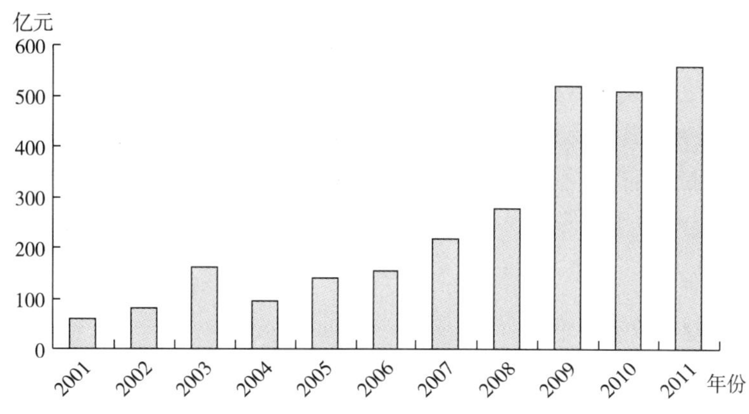

图 6　2001—2011 年宁夏非金融部门融资规模

2. 同业拆借和债券交易活跃，资金融入规模缩小

全年银行间同业拆借市场和债券市场累计成交量同比增长 29.8%，增幅较上年回落 69.1 个百分点。其中，拆借交易量增长最快，同比增长 1.9 倍。资金流向继续呈现净融入趋势，净融入量较上年下降 22.4%。货币市场利率继续上行，同业拆借和质押式回购加权平均利率同比分别上涨 225 个和 146 个基点。

3. 票据融资规模扩大，市场利率波动上行

全年商业汇票承兑及贴现量均大幅增长，增幅分别为68.4%和59.4%。票据市场利率震荡上行，贴现和转贴现利率同比分别上涨4.4个和3.5个百分点。

4. 外汇交易快速增长，黄金交易有所放缓

全年银行间市场外汇交易量同比增长38.2%。在国际金价持续高位运行且波动较大的背景下，商业银行黄金交易增速有所放缓，纸黄金、实物金交易量分别同比增长14%、56.7%，增速较上年回落7.4个和81.6个百分点。

（二）金融市场发展需要关注的问题

关注融资结构优化难问题。2006年宁夏债券处于零融资，2007—2010年债券融资额分别为16亿元、6亿元、15亿元和10亿元。2011年，全年实现债券融资43亿元，与新增贷款的比例达到了历史最高的9.3%。债券融资依然主要集中于神华宁煤、国有投资公司等少数大型企业，中小企业债券融资未实现零的突破，其他融资方式发展仍较为缓慢。

四、金融基础设施与金融稳定

2011年，宁夏金融基础设施建设有序推进，现代化支付系统安全高效运行，征信体系建设成效逐步显现，反洗钱和反假货币机制不断巩固，金融管理与服务取得实效，金融生态环境持续改善，为全区金融稳定提供了重要的保障。

（一）现代化支付系统安全高效运行

2011年，宁夏现代化支付系统保持平稳高效运行，支付体系基础设施建设稳步推进，非现金支付工具业务量快速增长，清算效率进一步提高，支付体系监管工作不断加强。全年大额支付系统共处理业务388万笔，金额突破5万亿元，同比增长33.2%；小额支付系统共处理业务407万笔，金额469亿元，同比增长41.9%。银行卡累计发卡1 096.9万张，同比增长26.9%，银行卡消费金额达到523.78亿元，占社会消费品零售总额的比例再创历史新高。电子支付业务快速发展，业务量与金额分别同比增长79.2%和42.1%。人民币银行结算账户持续快速增长，共有各类银行结算账户1 922.71万户，增长20.5%。

（二）征信体系建设成效逐步增强

2011年，宁夏征信体系建设逐步完善，征信系统运用效果进一步增强，信用环境有效改善，征信信息覆盖面稳步扩大。中小企业信用体系建设取得积极成效，累计为11 193户中小企业建立了信用档案，银行累计信贷支持534.8亿元。农村信用体系建设工作有序推进，推动农村金融机构累计为54.45万户农户建立了信用档案，全年共为信用农户发放贷款新增32.3亿元。积极组织开展生态移民信用区建设，全面推进农村青年信用示范户创建，深入开展征信宣传活动，营造了良好的社会信用环境，对经济金融协调健康发展的促进作用进一步显现。

表 1　　2009—2011 年宁夏征信系统基本情况表

系统名称	年份	入库户数（万人）	贷款余额（亿元）	日均查询次数（次）
企业征信系统	2009	2. 33	1 337. 1	227
	2010	2. 51	1 605. 1	271
	2011	2. 74	1 925. 2	322
个人征信系统	2009	253. 14	379. 3	3 053
	2010	296. 28	640. 8	3 305
	2011	309. 08	791. 6	3 230

数据来源：中国人民银行银川中心支行。

（三）反洗钱、反假货币工作进展顺利

2011 年，宁夏反洗钱协调机制进一步强化，反洗钱工作的主动性、针对性和有效性稳步提高。全年对 201 家县级以上金融机构反洗钱工作进行了综合考评，对 21 家金融机构开展了现场检查，监管水平和监管效果进一步得到提升。继续加大反洗钱培训和宣传力度，全年共组织 15 场（次）培训，对金融机构近 2 000 人进行反洗钱业务培训。组织开展全区金融系统反洗钱知识技能测试活动，共有 3 600 多人参加了测试。充分利用多种形式全方位、多角度宣传反洗钱工作，营造金融稳定的良好氛围。

2011 年，宁夏充分发挥和强化反假货币联席会议机制作用，确保形成防范和打击假币犯罪活动的整体合力。建立各类反假货币工作站 2 840 家，培训反假货币工作一线人员 3 472 人次，颁发反假货币上岗资格证书 4 342 本，开展反假货币工作督导活动，强化反假货币宣传和培训力度，增强了全社会的反假合力及反假、防假意识。全年假币收缴量较 2010 年增长 23. 30%，其中，公安机关成功破获假币面额 60 万元以上的特大出售假币案件 3 起，涉案假币面额 220 万元，假币收缴量增长 102. 95%；金融机构柜面收缴量下降 7. 51%，有效净化了人民币的流通环境。

（四）金融生态环境持续改善

2011 年，宁夏金融生态环境持续改善，人民银行银川中心支行加大与宁夏金融办及相关部门的协调沟通力度，积极推动金融生态环境建设考核评价工作，不断夯实社会信用意识、法制环境等金融运行的外部基础，金融生态环境对金融发展的支持作用进一步显现。人民银行、金融监管部门、司法部门、金融机构之间的联动机制促进部门合力有效发挥，共同打击各类非法金融活动，有效净化了金融市场环境。为保护金融消费者合法权益，人民银行银川中心支行制定《金融消费者权益保护办法》，开展专题宣传活动，着力提高金融服务质量，促进了金融市场平稳健康发展。

（五）金融管理与服务推向深入

2011 年，人民银行银川中心支行创新履职方式，积极开展金融机构开业管理、重大事项报告、综合执法检查和综合评价工作，先后制定了《宁夏辖区银行业金融机构开业报告和重大事项报告制度》《宁夏回族自治区银行业金融机构综合评价办法（试行）》。自 2009 年以来，已先后对宁夏 27 家银行业金融机构开展了综合执法检查，提出整改建议 150 条，100% 得到了整改落实。举办了 10 期金融业务培训班，24 家银行机构 410 人参加了培训。2011 年，针对部分银行机构在金融稳定、支付结

算、征信和反洗钱工作方面存在的问题及风险隐患，专门组织召开金融管理与服务工作座谈会1次，受理金融机构开业申请13件，金融机构重大事项报告12件，金融机构合规经营意识显著提高。

五、总体评估与政策建议

（一）总体评估

运用区域金融稳定定量评估模型，从宏观经济、金融机构、金融生态环境三个方面构建指标体系，对2011年宁夏金融稳定状况进行量化评估。从总体评估结果看，2011年全区金融稳定综合评估值为0.6053，与2010年基本持平，金融稳定总体形势保持良好。分析板块组成可看出，宏观经济综合评估值为0.5217，经济继续保持平稳较快发展，产业结构得到优化升级，经济运行质量不断提高，有力地支撑了宁夏金融业稳健发展，经济与金融呈现出良性互动、协调发展的态势。金融机构综合评估值为0.6641，较上年下降0.0369。其中，银行业综合评估指为0.8477，较上年上升0.0244，反映在资本实力和盈利能力方面不断增强；证券业综合评估值为0.1084，较上年下降0.0884，主要因为投资者账户数增长率和证券市场交易额增长率双双下降；保险业综合评估值为0.3628，较上年下降0.2768，主要因为保费收入增长率下降和寿险公司退保率上升。金融生态环境综合评估值为0.3943，在2010年大幅提高的基础上仍较上年提高了0.034，反映了宁夏经济金融发展软环境得到不断优化。总体来看，全年宁夏金融业整体稳健运行，区域金融稳定形势保持良好。

表2　　2009—2011年宁夏金融稳定综合评估值表

模块名称	2009年	2010年	2011年
总体评估	0.5866	0.6062	0.6053
宏观经济	0.5192	0.5262	0.5217
金融机构	0.6952	0.7010	0.6641
银行业	0.6810	0.8233	0.8477
证券业	0.8811	0.1968	0.1084
保险业	0.5755	0.6396	0.3628
金融生态环境	0.2647	0.3603	0.3943

数据来源：根据相关部门数据计算所得。

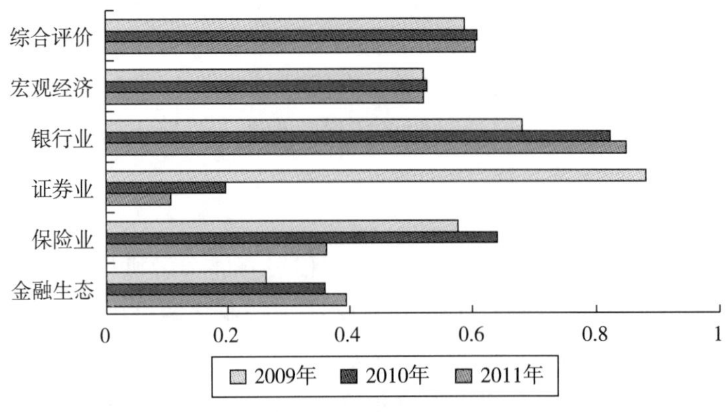

图7　2009—2011年宁夏金融稳定总体状况及组成部分对比图

（二）政策建议

维护区域金融稳定是涉及面广、层次多的复杂问题，国内外宏观经济金融形势的复杂性和不确定性对维护金融体系的安全稳健运行提出了更高的要求。结合2011年宁夏经济金融运行的现实情况，有以下几方面的政策建议。

1. 推进经济增长方式转变，加快经济结构调整步伐，保持经济平稳较快增长

以扩大投资和消费为重点，推进重点项目和基础设施建设，不断优化投资结构，促进民间投资快速增长，不断提高投资效益。改革收入分配制度，引导合理消费和新型消费，促进消费总量快速增长。调整优化产业结构，加快传统优势产业升级改造，以高新技术、深度加工和节能环保为取向推进新型工业化发展，大力发展循环经济、低碳经济，抑制高耗能、高污染、产能过剩。大力支持现代农业发展和新农村建设，稳步推进生态移民工程和特色农业发展。积极培育新兴产业，以附加值高、就业容量大的服务业为重点大力发展第三产业。

2. 认真落实稳健货币政策，完善金融组织体系，促进金融业做大做强

按照“总量适度、审慎灵活、定向支持”的要求，坚持金融服务实体经济的本质，积极调整优化信贷结构，加大对重点项目、优势产业的支持力度和对县域、“三农”、中小企业、民生领域的信贷投入。增多做强金融市场主体，吸引国内外金融机构来宁夏设立分支机构，加快推进新型农村金融组织发展，建立完善多层次的金融服务体系。继续加大银行业金融创新力度，积极开发金融产品，延伸金融服务；加强证券市场政策辅导，鼓励和推动企业通过上市融资、发行债券等方式扩大直接融资规模；转变保险业发展方式，开发特色产品及业务，发挥保险服务保障功能。

3. 深入推进金融改革，加强金融监管力度，有效防范和化解金融风险

巩固大型银行已有改革成果，充实地方中小法人金融机构实力，推进新型农村金融机构改革，强化金融机构内部控制和风险防范机制，提升金融机构的综合竞争能力和抵御风险能力。建立健全金融稳定协调机制和金融监管协调机制，加大对金融业运行的监测分析和管理力度，发挥金融监管合力作用。密切关注影子银行体系、房地产信贷风险，加强可能引发系统性风险的重点领域的调研分析。认真开展金融机构综合执法检查和综合评价，执行金融机构开业管理和重大事项报告制度，促进金融机构规范发展和金融业的稳健运行。

4. 强化金融基础设施建设，优化金融生态环境，提升金融服务水平

继续推进农村支付服务环境建设，大力发展现代化支付体系提升支付服务水平。加强货币发行管理，合理满足市场现金需求，多方联动形成合力打击假币犯罪，净化人民币流通环境。扩大征信数据覆盖面，提升企业和个人征信系统建设成效，引导社会形成“诚实守信”的良好环境。不断完善反洗钱监管方式，有效防范洗钱风险。增强外汇服务功能，促进贸易投资便利化，积极支持有条件的企业“走出去”。按照宁夏金融生态环境建设考核评价办法的要求，继续推动地方政府对金融生态环境建设的管理考核。加大金融知识宣传和教育力度，深入推进金融消费者权益保护，增强社会公众的风险意识、法治意识和诚信意识。

总　　纂：李　宁
统　　稿：李云晖　杨淑玲　闫广宁
执　　笔：李　斌　周　豹　杨　瑞　王奇志　行　颖
提供素材：人民银行银川中心支行金融稳定分析小组各成员部门

新疆维吾尔自治区金融稳定报告摘要

2011年，在中央和自治区各项政策支持下，新疆经济发展主要经济指标好于预期，部分指标增速居全国领先水平，经济运行呈现总量快速跃升，发展质量、效益、速度同步提高的特点。金融业不断深化改革，完善内控管理，风险防控能力显著提高，综合实力明显增强。金融基础设施平稳运行，金融生态环境进一步改善，金融体系整体保持健康平稳发展态势。

一、宏观经济环境

（一）经济平稳较快增长，为区域金融稳定提供了良好外部环境

2011年，新疆全年实现地区生产总值6 574.54亿元，增长12%，增幅比上年提高1.7个百分点，高于全国平均增幅约3个百分点。人均生产总值29 924亿元，增长10.7%。第一、第二、第三产业分别实现增加值1 139.02亿元、3 289.84亿元、2 145.68亿元，分别增长6.5%、12.2%、15.2%。其中第三产业增幅比上年提高5.1个百分点，增幅创1994年以来新高。

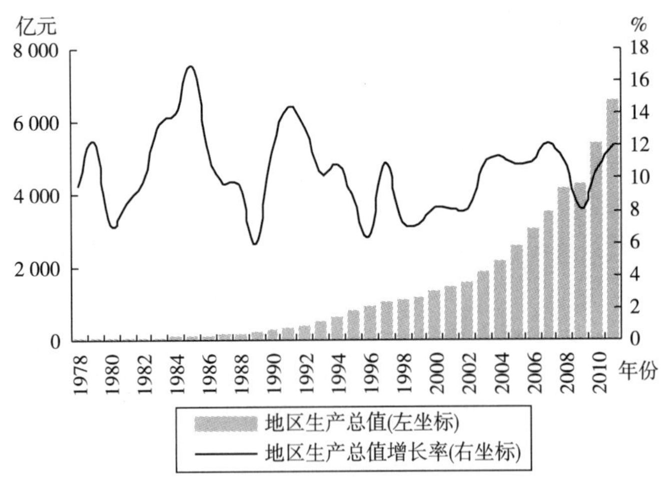

数据来源：政府工作报告、《新疆统计年鉴》。

图1 1978—2011年新疆生产总值及其增长率

1. 三次产业全面增长，第三产业发展迅速

农业生产稳步增长，产业化步伐加快。农业生产克服了自然灾害频发、市场风险加大、农资价格上涨等不利因素，总体保持平稳发展。全年完成农林牧渔业总产值1 955.39亿元，增长6.9%。

其中粮食产量1 224.7万吨，增长4.6%，高于全国平均水平。

工业生产稳中有快，结构调整成效显现。规模以上工业企业实现利润910.42亿元，增长13.4%。非公有制、非石油、地方工业、中小型企业和园区工业同步快速增长。其中，非石油工业增长17.9%，非公有制工业增长16.2%，中小型企业增长20.7%。

服务业迅速发展，旅游市场持续活跃。全年实现增加值2 145.68亿元，增长15.2%，创历史新高，增幅仅次于天津和西藏，居全国第三位，西部第二位。全年接待国内外游客3 961万人次，旅游总收入442亿元，分别增长26%和44%。

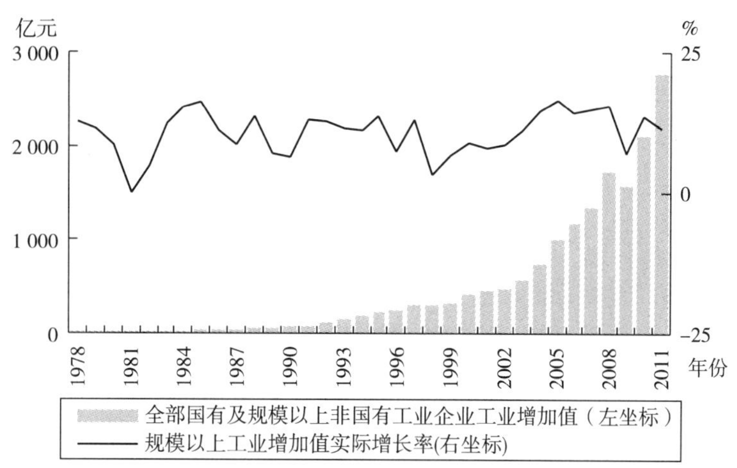

数据来源：政府工作报告、《新疆统计年鉴》。

图2 1978—2011年新疆工业增加值及其增长率

2. 三大需求增长强劲，对外贸易快速增长

固定资产投资再创新高，投资结构进一步优化。全年完成固定资产投资4 712.77亿元，增长33.1%，创1994年以来新高。地方项目投资占据主导地位，对全区投资增长的贡献率为87.1%。工业投资领先增长，民生类投资积极活跃，增长53.9%，约占全区固定资产投资的21.4%，民间投资在上年高速增长65.6%的基础上继续增长59.6%。

消费市场繁荣稳定，城乡居民收入大幅增长。全年实现社会消费品总额1 557.10亿元，增长17.5%，增速高于全国平均增速0.4个百分点。全区农民人均纯收入5 442元，人均增加789元，增长17.2%；城镇居民家庭人均可支配收入15 514元，增长13.7%，同比加快2.4个百分点。

外部需求持续增长，对外贸易增势良好。全年完成进出口总额228.22亿美元，增长33.2%，高于全国平均水平10个百分点，创历史最高水平。其中，出口总额168.29亿美元，增长29.8%，同比加快12.1个百分点，高于全国增速9.5个百分点。进口总额59.93亿美元，增长44.1%，高于全国增速19.2个百分点。

3. 物价水平高位趋稳，涨幅逐渐回落

2011年，新疆居民消费价格上涨5.9%，比前9个月回落0.2个百分点，与全国的差距由2010年的1.0个百分点收窄至0.5个百分点。12月当月上涨4.1%，为全年当月涨幅新低。在实施物价补贴、建立农产品绿色通道、节日投放储备牛羊肉和乌鲁木齐市设立432个便民蔬菜直销点的作用下，食品类价格涨幅连续3个月回落，尤其是蔬菜价格11—12月当月涨幅同比分别下降4.9个和3.7个百分点，蛋类价格涨幅同比分别回落7.6个、0.8个百分点。

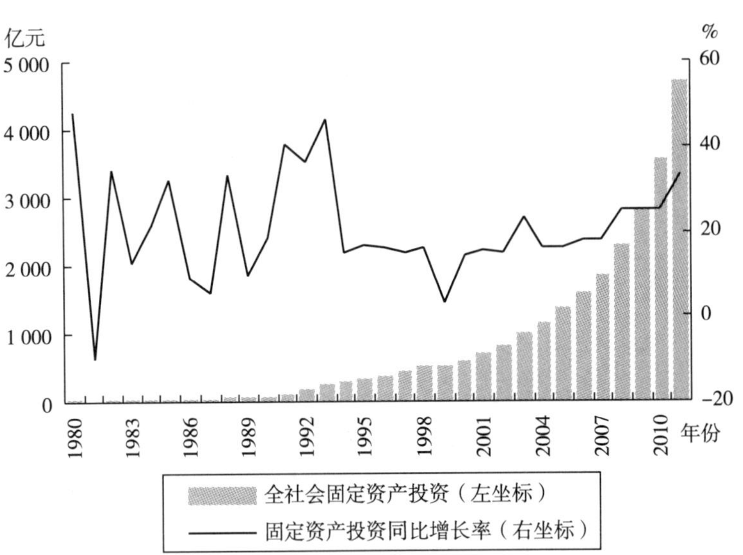

数据来源：政府工作报告、《新疆统计年鉴》。

图3 1978—2011 年新疆固定资产投资及其增长率

工业品出厂价格上涨 14.8%，比前 9 个月回落 1.9 个百分点。

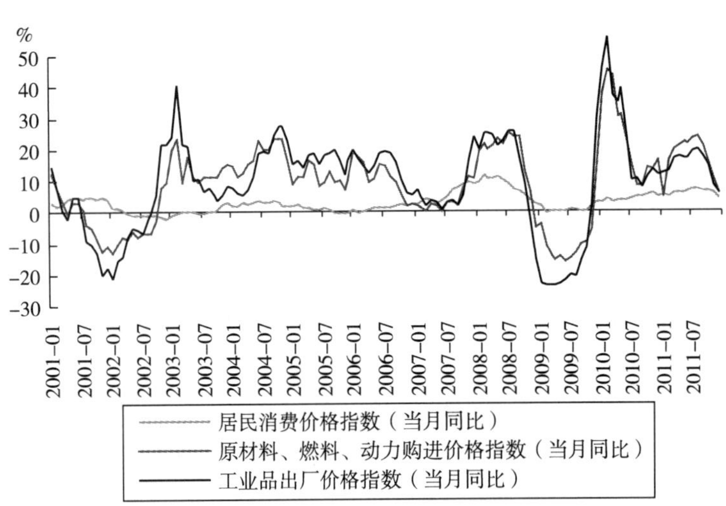

数据来源：政府工作报告、《新疆统计年鉴》。

图4 2001—2011 年新疆居民消费价格和生产者价格变动趋势

4. 财政收支同创新高，民生状况显著改善

2011 年，新疆全口径财政收入 1 646.18 亿元，增长 38.2%。地方财政一般预算收入 720.91 亿元，增长 44%，增速创近三十年新高。其中，各项税收收入 593.36 亿元，增长 42.6%，资源税增长 1 倍。地方财政一般预算支出 2 282.68 亿元，增长 34.4%，增速创近十年新高。民生支出占地方财政一般预算支出的 73.2%。安居富民、定居兴牧、天然气利民、廉租公租房、棚户区改造、就业再就业、社会保障等 22 类 80 项重点民生工程顺利完成。

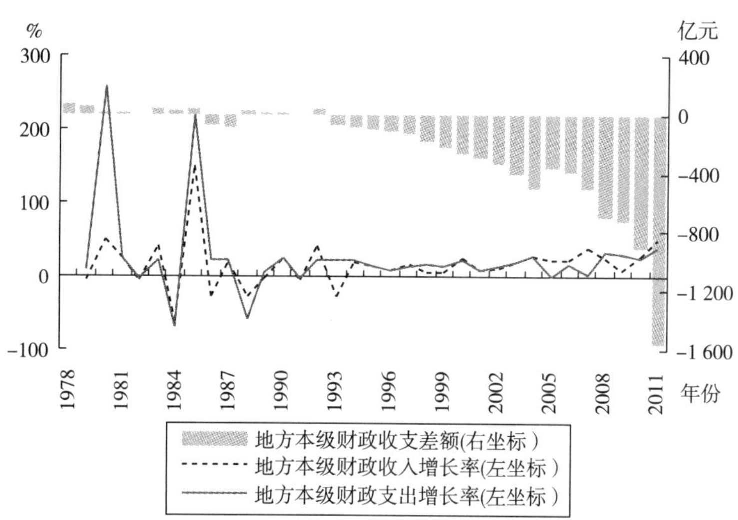

数据来源：政府工作报告、《新疆统计年鉴》。

图5　1978—2011 年新疆财政收支变动趋势

5. 房地产投资波动增长，市场交易“量缩价滞”

在国家房地产调控政策和银行信贷规模紧缩的共同作用下，新疆房地产市场波动明显。2011 年，新疆房地产开发投资 518.3 亿元，同比增长 50.3%，高于全国平均增速 22.4 个百分点，但增速较上半年回落 17 个百分点。乌鲁木齐市房地产开发投资 195.6 亿元，同比增长 34.3%，增幅较上年降低 4.5 个百分点。呈现第一、第二、第三季度快速增长，第四季度增速明显下滑的特征。

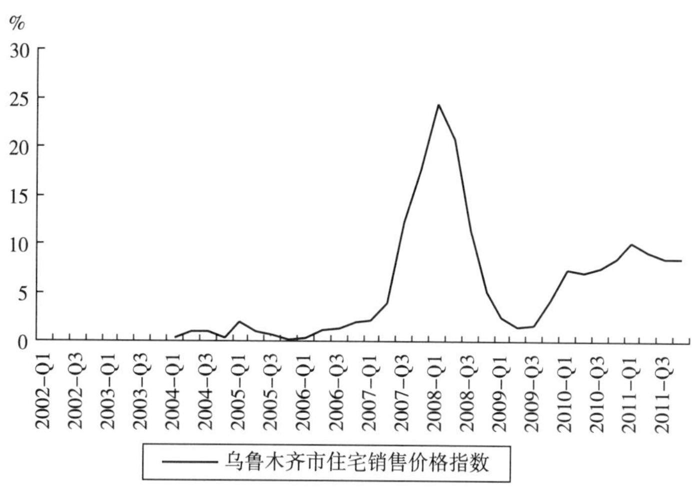

数据来源：政府工作报告、《新疆统计年鉴》。

图6　2002—2011 年新疆主要城市房屋销售价格指数变动趋势

（二）宏观经济运行中需要关注的问题

1. 产业结构调整面临较大压力，经济增长不确定性增加

一是轻重工业、大中小企业发展比例不协调。规模以上工业增加值中，轻重工业比为 7:93，比

上年下降0.9个百分点。大中型企业增加值占比89.8%，比上年提高1.4个百分点。二是大多数工业产品仍以资源初加工为主，产品附加值低，拉动经济增长作用有限。工业经济增幅持续下滑至11%。企业利润空间收窄，全区43%规模以上企业利润同比减少。三是石油工业“一业独大”，其增加值占全区规模以上工业增加值的60%以上，对新疆经济发展具有较强的制约性。四是外向型经济缺乏产业支撑。加工贸易发展滞后，出口产品中仅有30%为新疆本地生产。随着俄白哈关税同盟的成立，5 044种商品的进口关税平均税率由6.2%提高10.6%，新疆对中亚市场出口下降4%，中亚市场外贸形势严峻。

2. 物价持续高位运行，通胀压力依然较大，不可控因素增多

2011年新疆CPI持续高位运行，涨幅连续四个季度超过市场预期和全国平均水平。工业品出厂价格和购进价格指数前三个季度持续保持两位数的高位运行。农业生产资料价格涨幅比上年扩大4.2个百分点，所涉及的10类农产品价格全面上涨。在当前原材料、资金、劳动力等生产要素价格持续较快上涨的大环境下，物价调控任务难度大。

3. 农民持续增收不确定因素增加

受灾害性天气、病虫害大面积发生、农资价格普遍上涨、棉花价格剧烈波动等因素影响，农民持续增收不确定因素增加。2011年新疆棉花播种面积约占全国棉花种植面积的40%，棉花产量预计增长16.5%，棉花种植亩均成本增长31.53%，但棉花销售价格却下降30%左右。由于棉花收入占新疆农民收入的比重较大，销售价格下降对农民实际增收产生不利影响。

4. 多年积累的深层次矛盾和问题依然突出，经济发展制约因素较多

基础设施落后，经济发展滞后，结构不合理，区域发展不平衡问题依然存在。重点项目和领域建设资金短缺，地方政府资金配套能力不足，影响到一些重点项目的开工建设，导致部分已开工建设重点项目工程进度缓慢。信贷资金供需矛盾和困难加剧，特别是中小企业融资难问题依然突出。社会形势复杂，稳定基础薄弱。

二、金融业发展与金融稳定

（一）银行业资产规模不断扩大，综合实力显著增强

1. 银行业运行情况

资产规模平稳增长，质量稳步提高。截至2011年末，新疆辖区银行类金融机构资产总额14 051.89亿元，比上年增长26%。其中，本外币各项贷款6 603.4亿元，增长26.7%，增幅较上年降低5.2个百分点。全区银行业金融机构不良贷款率1.68%，比上年降低0.52个百分点。

存款突破万亿元大关，中小法人银行机构流动性趋紧状况有所缓解。2011年末，新疆银行类金融机构负债总额13 623.32亿元，增长25%。其中本外币各项存款10 442.8亿元，增长17.4%，较上年同期下降12个百分点。新疆法人银行机构流动性比例、超额备付金比例分别为51.64%、9.32%，比上年分别上升2.29个、6.91个百分点。存贷款比例为52.37%，流动性压力趋于缓解。

盈利能力持续向好，投资收益大幅增长。2011年，新疆银行业金融机构实现净利润159.96亿元，增长31.74%。投资收益20.81亿元，增长75%。利息收入率88.54%，降低1.46个百分点。中间业务收入比例11.90%，降低0.25个百分点。成本收入比例37.43%，增长2.72个百分点。

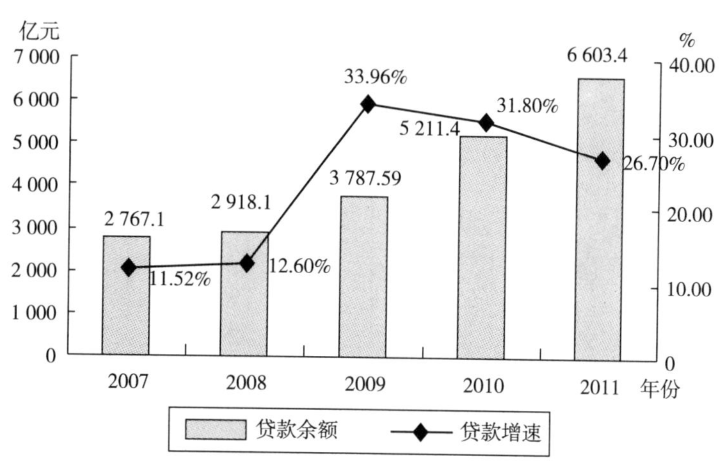

数据来源：人民银行信贷统计月报。

图7　2007—2011 年新疆银行业金融机构贷款变动趋势

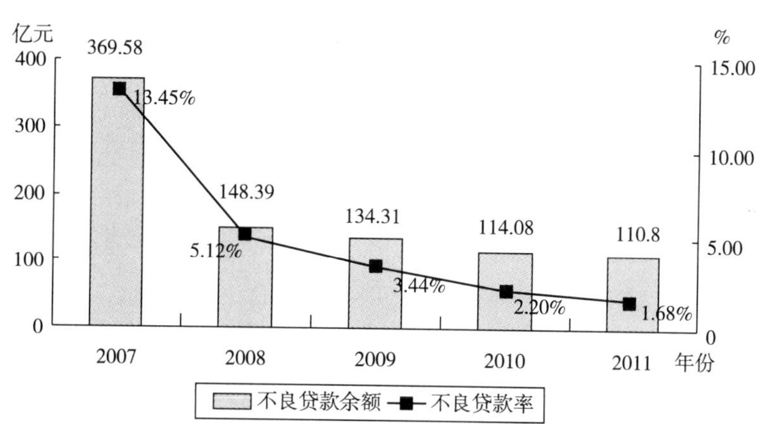

数据来源：新疆银监局。

图8　2007—2011 年新疆银行业金融机构不良贷款变动趋势

法人机构资本充足率稳步上升，资本实力显著增强。2011 年末，新疆法人银行业金融机构资本净额 310.53 亿元，增长 70.12%。农村信用社、昆仑银行合计完成增资扩股 71.31 亿元，拉动全区中小法人银行机构资本实力上升。全区法人银行资本充足率 14.17%，上升 2.29 个百分点。核心资本充足率 14.98%，上升 2.16 个百分点。全区 96 家法人银行机构中有 84 家机构资本充足率超过 8%。从资本结构看，核心资本与资本的比例为 97.35%，资本质量较高。

金融改革持续深化，成效明显。国有大型商业银行进一步深化改革，完善经营机制，强化内控管理，盈利能力持续增强，资产质量不断提高，资产规模和经营效益分别增长 17.1%、22.4%；股份制全国性银行推动经营战略转型，各项业务发展迅猛，资产规模、经营利润分别增长 53.3%、1.1 倍；中小法人银行完善公司治理，强化资本、成本和风险约束，积极实施增资扩股，资本实力增强，风险防控能力提升。城市商业银行加快全疆网点布局，新设 4 家异地支行。新型农村金融组织发展迅猛，成立了首家农村资金互助社，新设小额贷款公司 64 家、农村扶贫资金互助组 67 家，农村信用社 54 个流动服务站转为固定营业机构，金融服务基础进一步夯实。

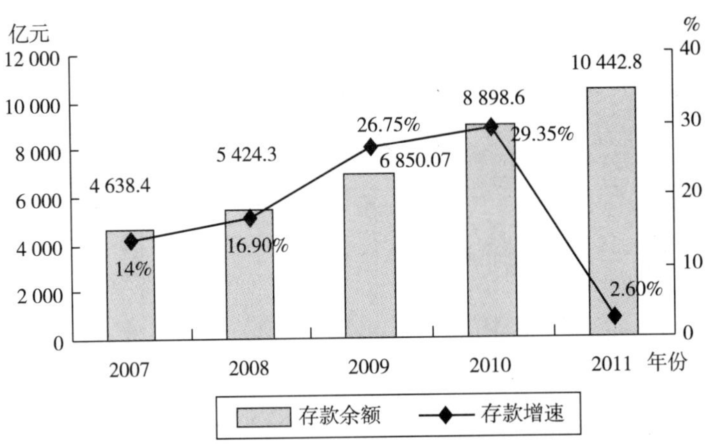

数据来源：人民银行信贷统计月报。

图9 2007—2011年新疆银行业金融机构存款变动趋势

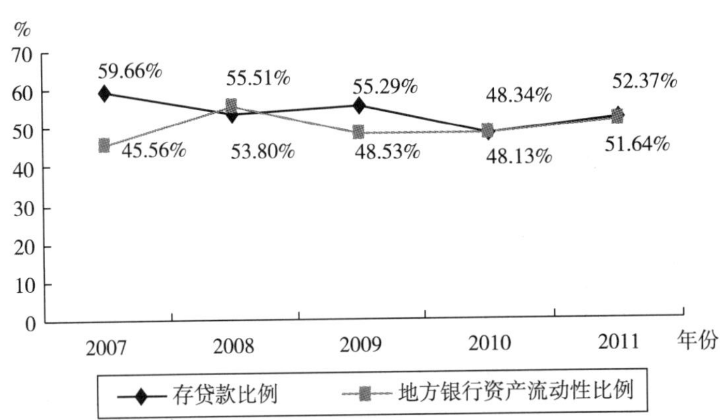

数据来源：人民银行信贷统计月报。

图10 2007—2011年新疆银行业金融机构流动性变化趋势

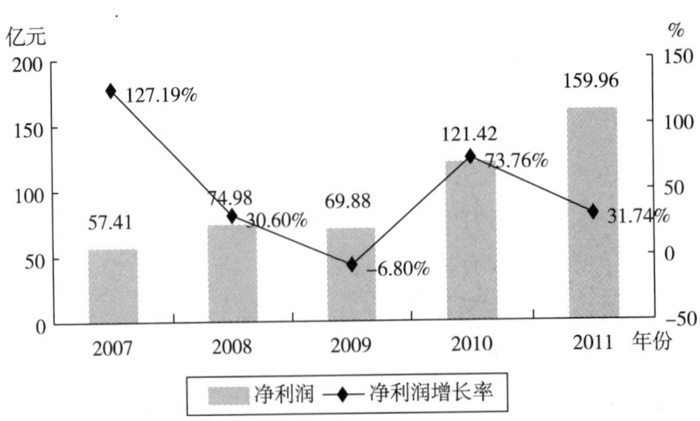

数据来源：新疆银监局。

图11 2007—2011年新疆银行业金融机构利润变化趋势

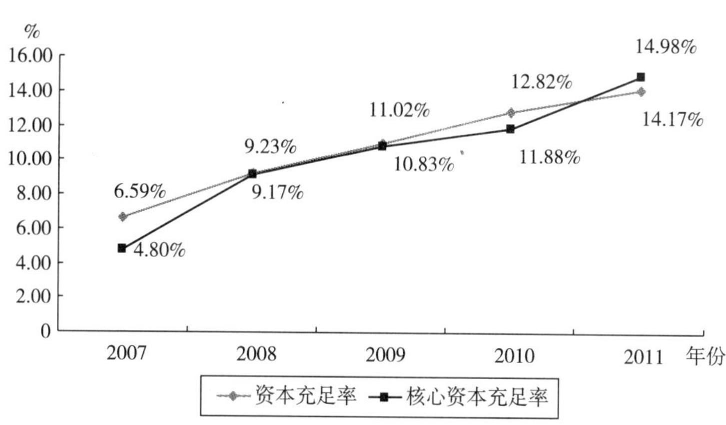

数据来源：新疆银监局。

图 12　2007—2011 年新疆银行业金融机构资本充足率变化情况

2. 银行业运行中需要关注的问题

（1）旺盛的资金需求与资金紧缺之间矛盾突出。目前，新疆贷款总体基数小，2011 年新增贷款绝对量不到 1 300 亿元，仅占全国增量的 1.7%，无法有效满足新疆实施跨越式发展的资金需求。在贯彻稳健货币政策背景下，新疆全年贷款增势稳中趋缓，前三个季度贷款增速逐季下降；票据融资连续 23 个月负增长，资金供给不足。资金需求与资金供给矛盾较为突出。

（2）中小法人银行面临较大经营管理压力。一是受国家对中小金融机构实施差别存款准备金率的影响，新疆中小法人银行机构中有 5 家被实施差别存款准备金率，信贷节奏、结构管理面临较大压力。二是风险管控水平亟需提高，资产负债期限结构匹配不合理。2011 年末，全区有 15 家机构流动性缺口率小于 -10%，7 家机构在 -100% 以下。有 15 家机构中长期贷款比例超过 120% 的监管要求，3 家机构高达 1 000% 以上。三是资金来源渠道有待加强。全年有 10 家中小法人机构存款连续 6 个月以上负增长，导致中小法人银行机构流动性偏紧。四是部分机构流动性指标超过监管要求。2011 年末，新疆地方中小金融机构中有 20 家机构存贷比超过监管要求。

（二）证券业稳步发展，市场功能进一步发挥

1. 证券业运行情况

证券交易波动趋缓，证券经营机构盈利下降。2011 年末，新疆有地方证券法人机构 1 家，证券营业部 62 家，新增 5 家。投资者开户数累计 114.8 万户，较上年增长 5.4%。受国际国内市场波动影响，股市低迷，证券交易量大幅萎缩，交易总额 5 047.19 亿元，下降 33.1%。证券业实现净利润 5 亿元，其中宏源证券公司营业收入、净利润分别减少 26.4%、50.1%。

期货交易市场波动下行，交易量大幅下滑。2011 年，新疆期货交易规模缩小，全年期货累计交易 895.77 万手，下降 22.4%，期货交易总额 8 695.9 亿元，下降 12%。22 个交易品种中有 17 个交易量下降，其中燃料油、锌降低 85.7%、69.7%。棉花、天胶、股指期货、豆油、铜 5 个品种的交易量占比总计达 58%，同比下降 4 个百分点。

上市公司再融资稳步推进，重组有序进行。截至 2011 年末，新疆共有上市公司 39 家，其中 A 股 37 家，H 股 2 家，家数位居西北五省首位。上市公司总股本 231.77 亿股，较 2010 年同期增长 12.8%。总市值 2 233.71 亿元，同比下降 39.7%。通过增发、公司债等方式融资 156.77 亿元，下降

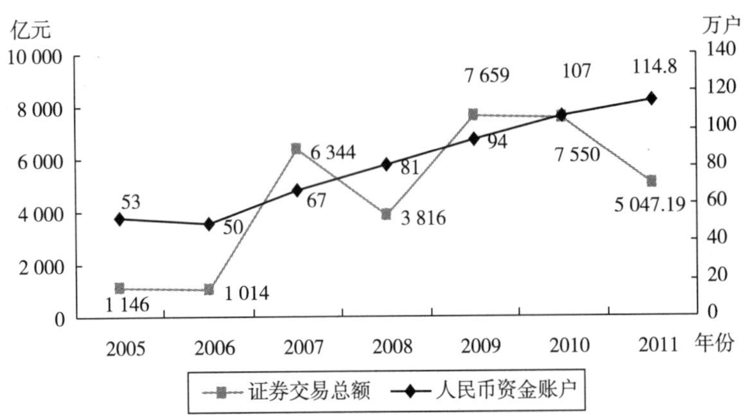

数据来源：新疆证监局。

图 13　2005—2011 年新疆证券交易、资金账户变化情况

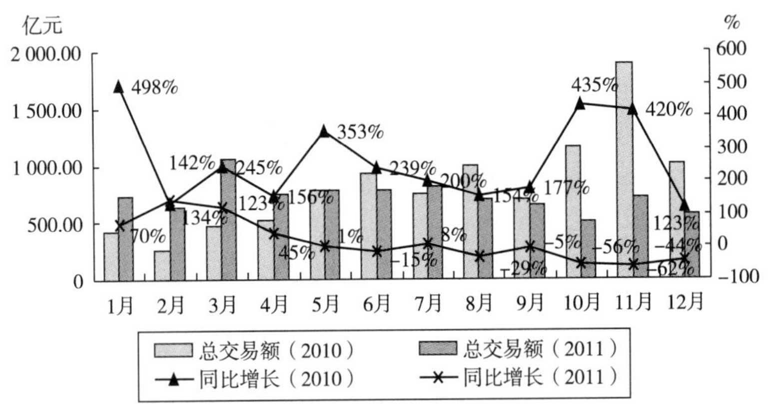

数据来源：新疆证监局。

图 14　2011 年新疆期货交易情况

26.4%。广汇股份、汇通集团、新疆众和、北新路桥实现增发融资 98.1 亿元，服务地方经济功能显著增强。公司百花村、汇通集团实施重大资产重组，主业得以转型，资产质量明显提高。

2. 需要关注的问题

（1）证券经营机构收入结构亟待调整，综合竞争力有待进一步加强。新疆证券经营机构业务创新能力不足，盈利模式主要依赖市场经纪业务收入，自营证券、资产管理等风险业务涉足较少，粗放式经营尚无有效改变，主营业务收入受股票市场行情影响较大，综合竞争能力不强，业务收入结构和抗风险能力有待提高。

（2）上市公司整体规模偏小，后备资源匮乏，后续发展能力不足。2011 年末，新疆 37 家 A 股上市公司家数占全国上市公司总数不到 2%，总市值不到全国上市公司总市值的 1%。目前正式备案进入辅导期的企业也仅 17 家，与内地及中部城市相差较大。后备资源不足，直接制约新疆利用资本市场融资的能力和规模，进而影响新疆资本市场的后续发展和壮大。

（三）保险业规模进一步扩大，整体实现平稳发展

1. 保险业运行情况

保险市场体系不断完善，保险公司经营效益不断提高。2011 年末，新疆有保险主体 27 家，其中，产险公司 15 家，人身险公司 12 家。分支机构 1 514 家，新增 45 家。专业保险中介机构 29 家，保险兼业代理机构 2 748 家，增加 791 家。保险公司总资产 432 亿元，增长 18.8%。保险深度 3.1%，保险密度 933.61 元/人。实现税前利润 -2.16 亿元，较上年减亏 1.24 亿元。其中，财产险公司预计利润 7.92 亿元，增长 80.11%。

保费收入和赔付支出稳步增长，社会保障功能不断增强。2011 年末，新疆保费规模突破 200 亿元大关，位居西北五省第二位。财险和人身险保费收入同比分别增长 34.8% 和 -7.2%。全年累计赔款给付同比增长 16.5%。农业保险支付赔款 8.04 亿元，共有 28.27 万户次的受灾农户受益。责任险支付赔款 0.78 亿元。保险服务民生、保障民生作用得到有效发挥。

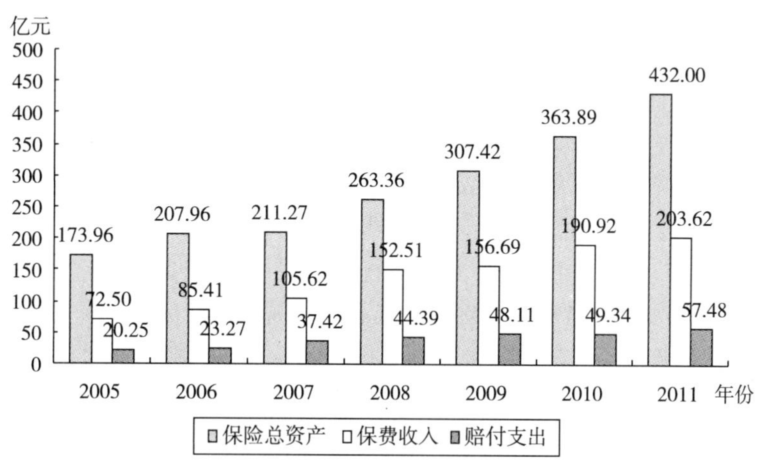

数据来源：新疆保监局。

图 15　2005—2011 年新疆保险业变化情况

结构调整持续优化，区域发展趋向协调。非车险业务呈现均衡较快发展态势，成为产险业务增长的重要动力。健康保险、意外伤害险等保障型险种发展较快。银保渠道发展减速明显，个险渠道稳步发展，电话销售、网络销售、相互代理等新兴渠道有所发展。各地区保险市场发展差距逐步缩小，区域市场发展趋于协调。

保险监管不断加强，市场秩序持续好转。保险监管部门市场监督和检查力度加大，各公司收付费执行情况总体较好，资金风险处在可控范围，销售误导隐患逐渐减少，手续费结算逐步规范，资金流向日趋透明，保险机构主要监管指标持续向好。2011 年末，财产险综合赔付率、综合成本率下降 8.3 个和 7.1 个百分点，承保利润率增加 7.1 个百分点。

2. 需要关注的问题

（1）行业发展基础仍较薄弱。目前新疆保险业仍处在发展初期，粗放式发展模式仍未根本转变。主要表现为保险覆盖面有限，保险功能作用未能充分发挥，行业自主创新能力不强，高素质专业人才匮乏，服务质量有待进一步提升。保险业总资产在整个金融总资产中占比较小。

（2）寿险遭遇发展瓶颈，增速放缓。《商业银行代理保险业务监管指引》新规再次重申“保险

公司银保专管员不得在银行网点驻点销售保险”，传统的银保展业模式受阻；银行五年期定期存款利率大幅高于保险公司的分红水平和万能结算利率，银保产品发展空间受到一定挤压；保险行业营销员增员困难，寿险业务增速放缓，全年实现人身险保费收入118.68亿元，在上年负增长基础上，持续下降7.2%。

（3）服务地方经济社会发展的能力较弱。保险服务与援疆项目的对接工作有待提高。“三农”保险、养老保险、医疗保险、责任保险等关系到老百姓生产生活基本保障的保险保障程度和参与度还不高。

（四）金融业综合经营

1. 金融业综合经营基本情况

银证合作业务大幅增长。2011年末，新疆有11家银行与券商签订了第三方存管合作协议，新增2家。银行机构代理股票业务648.01亿元，较上年增长38.4%。第三方存管业务客户资金余额5 173.77亿元，实现中间业务收入0.12亿元。4家大型商业银行占据主导地位，市场份额达95%。

银保合作业务平稳发展。2011年，新疆有15家商业银行和25家保险公司合作办理银保业务，代理销售实现保费收入48.25亿元，较上年增长8.5%，占保费总收入的23.7%，较上年增加0.4个百分点。银行机构代理销售保险实现中间业务收入2.79亿元，较上年增加1.14亿元。

银信合作业务发展趋缓。2011年末，新疆有2家法人信托机构，新疆华融信托和长城新盛信托公司，均积极与银行合作开展跨市场信托业务。全年新增信托项目141个，新增信托资金规模326.9亿元，分别较上年减少47.6%、64.8%。当年发行并成功实施全口径集合产品60个，发行规模229.53亿元，分别增长114.3%、180%；实现信托业务收入11.96亿元，增长1.23倍。

银基合作业务大幅下降。目前新疆尚无基金管理公司，银基合作业务主要是代理销售总行开发的各类基金。2011年，各银行机构共计代理基金6 407只，较上年增长79.7%。募集资金165.85亿元，较上年降低51%。

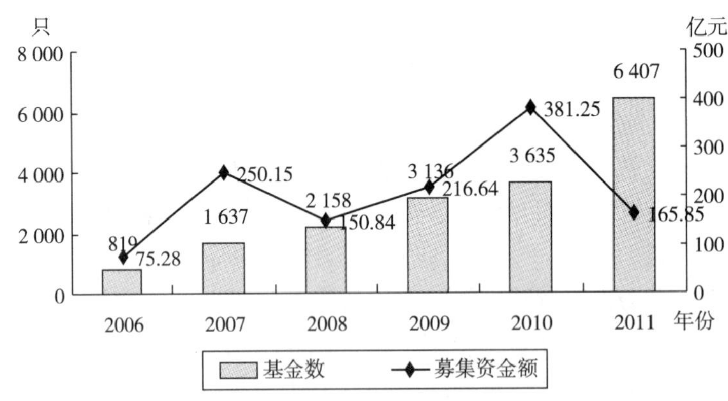

数据来源：新疆保监局。

图16 2006—2011年新疆基金业务变化情况

企业年金业务增长较快。2011年，新疆有7家开办了企业年金业务，较上年增加1家，保险机构主要是平安养老保险公司。银行机构托管年金资产19.4亿元，较上年增长16.9%。企业年金客户数33.03万人，是上年的2.16倍。

银行综合理财业务发展迅速。2011 年，新疆 15 家银行机构累计发行个人理财产品 6 831 款，较上年增长 6.9 倍。10 家银行机构发行机构理财产品 220 款，累计发行额 4 679.76 亿元，是上年 5.4 倍。理财产品多为混合型，主要是“债”类产品，预期收益率远高于同期存款利率。网银专属、夜市理财产品、个性化理财服务逐渐兴起。

2. 需要关注的问题

（1）金融产品同质化严重。目前，商业银行理财产品名目众多，但产品实质大同小异，营销的目标市场和目标客户基本一致，仅局限于利率、汇率、国债、央行票据投资组合而成的几种产品。

（2）外部监管体系及运行机制不畅。由于金融业实施分业监管，监管机构间沟通协调不足，监管信息无法及时交流共享，工作未形成合力，监管有效性难以发挥，跨市场、跨行业交叉金融业务监管存在“真空”。

（3）交叉性金融市场秩序不规范。个别银行为规避银信合作的限制，通过受益权转让方式将自营资金持有的资金信托计划与银行理财产品相互转让，混淆自营、代客理财业务。银行保险手续费恶性竞争依然存在，变相高额支付手续费方式更加多样、手段更加隐蔽，销售误导行为时有发生。

（4）交叉性金融业务风险管理水平不足。部分银行缺乏相关的风险管理制度，没有将风险管理覆盖到整个业务运作过程。因缺乏统一的技术标准和技术平台，各商业银行与非银行金融机构的业务合作中，存在数据标准不统一的问题。

三、金融市场与金融稳定

（一）货币市场交易活跃

2011 年，新疆银行间债券交易累计成交 2 1783.07 亿元，增长 85.59%。其中，质押式回购累计成交 9 913.56 亿元，同比增长 183.31%，是银行间债券市场的主要融资方式；买断式回购业务累计交易金额 356.82 亿元，增长 3.9 倍；现券累计交易 11 512.69 亿元，增长 41.0%。累计完成同业拆借 24 笔，拆借金额 48 亿元，同比增长 15.66%。拆借主体主要为金融租赁公司、农村信用合作社和证券公司。区域资金总体呈流出态势，全年正、逆回购加权平均利率分别为 4.403% 和 3.823%，同比分别提高 64 个和 156 个基点。

（二）票据市场交易稳步增长

受信贷规模紧缩影响，新疆银行票据直接贴现业务明显收缩，商业汇票签发量稳步增长。2011 年，累计签发商业汇票 680.92 亿元，增长 18.0%。其中，累计签发银行承兑汇票 660.76 亿元，增长 16.1%；累计签发商业承兑汇票 20.16 亿元，增长 85.6%；累计票据贴现 1 308.70 亿元，下降 0.2%；累计再贴现 36.58 亿元，降低 29.2%。

（三）黄金市场交易量快速增长

2011 年，受欧债危机和流动性等因素的影响，新疆金融机构黄金交易量明显增加，现货延期品种交易量快速增长。黄金累计交易 58.88 吨，增加 26.7%。

（四）外汇市场交易创历史新高

2011 年，在涉外经济增长的带动下，跨境收支总额 269.39 亿美元（含现钞），同比增长 34.21%。实现收支顺差 80.25 亿美元，同比下降 6.2%。银行结售汇总额 167.75 亿美元，同比增长 13.79%。实现结售汇顺差 104.38 亿美元，同比增长 22.75%，增速较 2010 年同期下降了 16 个百分点。

四、金融基础设施与金融稳定

（一）支付结算体系稳步推进

2011 年，新疆网上支付跨行清算系统应用工作进一步拓展，大小额支付系统共处理业务笔数和金额分别较上年增长 22.7% 和 44.1%。农村地区银行机构营业网点大小额支付系统接入率已达 79.88%。特约商户、ATM、POS 机增长快速。电子商业汇票业务成倍增长，全区共有 17 家银行机构加入电子商业汇票系统，业务笔数和金额分别比上年增长 10.8 倍和 7.5 倍。

（二）金融法制环境日趋完善

2011 年，新疆各级地方政府更加注重市场环境的营造和市场秩序的维护，规范行政执法行为，依法行政、公正执法的意识进一步增强。人民银行和各监管部门针对新疆金融业发展中存在的问题，修订和完善相关监管制度，加强监督检查力度，金融机构合规经营意识进一步增强。金融机构积极配合司法部门做好案件执行工作，主动参与打击银行卡犯罪、非法集资活动，金融风险防范和处置力度加大。各级司法机关金融案件执行率和结案率不断提高。

（三）反假币、反洗钱、预防和打击银行卡犯罪工作成效突出

全年共收缴假人民币 799.58 万元，同比下降 12.15%，是 2006 年以来的最低值。收缴假外币 4.94 万元，同比下降 11.79%；破获假币犯罪案件 6 起，立案 7 起，抓获犯罪嫌疑人 9 人。反洗钱累计发现或接收重点可疑交易报告 30 起，涉及银行账户 111 个，涉及资金约 31.29 亿元人民币、0.11 亿美元，向公安、检察院等部门移送线索 40 起；协助公安部门进行涉恐资金调查 11 起、166 次；全年银行卡犯罪案件立案 69 起，破获 34 起，抓获犯罪分子 82 人，处理涉案金额 2.29 亿元。

（四）征信体系作用积极发挥

全年全区企业征信系统共收录 14.3 万余条借款人信息，累计查询系统 23.39 万次，较上年增加 4.46 万次；个人征信系统共收录 626.48 万个人的信息，累计查询系统 270.34 万次，较上年增加了 20.58 万次。目前辖区建立农户信用档案 210.12 万户，已评定信用农户数为 172.85 万户，对已建立农户信用档案的农户累计发放贷款 1 065.62 亿元，农户贷款余额 288.10 亿元。

五、总体评估与对策建议

（一）总体评估

2011 年，在中央各项援疆政策的支持下，新疆按照“稳增长、控物价、惠民生、促和谐”的工作目标，加快经济方式转变，着力改善民生，实现了经济发展和民生建设的重大突破。结构调整成效显现，经济增长质量和效益提高，主要经济指标创历史新高，综合实力不断增强。全区银行业、证券业、保险业持续深化改革，大力开展业务创新，进一步加强内控管理，风险防控能力不断增强，总体健康平稳发展。金融基础设施成效显著，信用司法环境不断改善，维护金融稳定的内外部环境进一步优化，新疆金融体系总体保持稳定。

（二）计量评估

以人民银行上海总部的区域金融稳定定量评估指标体系为依据，结合新疆实际对指标进行了调整和修正，运用模糊隶属度对指标进行了标准化处理，通过调查问卷和层次分析法分别计算主客观权重，用综合赋权法计算评价目标的最终得分，再将宏观经济、银行业、证券业、保险业和金融生态环境指标评价得分加总得到金融稳定状况综合评价指数，以此计量评估新疆区域金融稳定状况。

表 1　　2007—2011 年新疆金融稳定综合评价表

年份	2007	2008	2009	2010	2011
宏观经济	0. 1224	0. 0968	0. 0885	0. 1186	0. 1318
金融业	0. 1467	0. 2685	0. 2183	0. 4769	0. 5186
金融生态环境	0. 1026	0. 0919	0. 0810	0. 0919	0. 1014
综合得分	0. 3716	0. 4572	0. 3877	0. 6874	0. 7518

从定量评估的结果来看，2011 年新疆宏观经济、金融业、金融生态环境指标得分均较上年提升，合计增长 9. 4%。其中，宏观经济、金融生态环境分别比上年提升 11% 和 10%，主要归因于固定资产投资、第三产业、外贸进出口增长较快，以及财政收入占地区生产总值的比重稳步提高，反映出新疆跨越式发展稳步推进，经济结构逐步优化，经济金融环境逐步改善，为金融业健康运行夯实了外部基础。

（三）对策建议

1. 加快产业结构调整和经济发展方式转变，促进新疆跨越式发展

优化产业结构，促进企业集约化经营，提高金融资源的转化效率和质量。金融机构稳健经营和持续发展环境，是维护区域金融稳定的根本。为此，加快产业结构优化升级，加快推进新型工业化进程，积极培育和引进大企业、大集团，带动中小企业、非公有制经济发展，壮大地方工业实力。大力发展地方石油、天然气、化工、煤电煤化工和下游产品深加工，做大做强现有优势产业和支柱产业，积极承接东部加工产业转移，发挥对口支援优势，推进产业集群化发展。着力抓好轻纺、建材、食品、农牧产品深加工，充分延长产业链，扩大产业规模，提升产业层次。强化管理体制和经济体制改革，促进城镇化和区域经济协调发展，采取措施稳控物价，努力改善民生，增加城乡居民

收入，夯实社会稳定的基础。

2. 深化金融改革，推动金融业协调发展，提高金融机构综合抗风险能力

引导金融机构树立逆周期管理理念和自我约束意识，提高风险管理能力。加快新型农村金融机构培育步伐，稳步发展非银行金融机构，推动地方法人金融机构增资扩股，提高流动性风险管理水平，巩固和深化金融机构改革成果，推动金融机构完善公司治理，积极推进经营方式调整，改变过度依赖贷款增长的粗放型发展模式，增强发展的可持续性。积极培育上市公司后备资源，努力改善已上市公司质量和结构，完善证券经营机构内控和风险管理体制，提高企业股权融资和债权融资比例。进一步规范保险市场秩序，引导保险公司调整业务结构，加大产品创新和开发力度，扩大保险与金融机构合作范围与层次，强化保险公司风险管控体系建设和信息系统建设，促进金融业科学发展，提升金融业整体抗风险能力，增强服务地方经济的综合实力。

3. 加强金融基础设施建设，优化金融生态环境，夯实经济金融共同发展基础

大力发挥地方政府在金融生态环境建设中的积极作用，建立银政企金融合作机制，构建多层次、高效区域金融服务体系。加强区域金融稳定合作，打击非法金融活动，明确行业规范和监督标准，加强对准金融机构风险管理，隔绝风险传递渠道。进一步健全应急处理机制，确保金融突发事件应急体系快速运转。加强金融法制建设，深化金融业投资者教育，提高投资风险意识，加强各类金融投资管理，规范投资有序竞争，提高司法维权效率，积极维护金融债权。完善信用体系建设，积极建立解决农户和中小企业融资担保问题机制，创新信用信息产品，发展信用评级，整合信息资源，畅通信息传递渠道，提高征信体系覆盖面，营造良好的社会信用环境。

总　纂：程　刚
统　稿：庞小红
执　笔：杨长伟　白文梅　李宏林　赵　强
其他参与写作人员（按姓氏笔画排序）：
马　红　马雅琼　付　聘　李泽华
李　影　张志超　杨荣涛　严文静
邹兴军　郑永忠　曹　振　温　波

大连市金融稳定报告摘要

2011年，大连市抓住东北老工业基地振兴和辽宁沿海经济带开发建设的重大机遇，以经济结构调整促进发展方式转变，取得了经济较快增长、结构持续优化、质量全面提升的突出成绩，实现了“十二五”良好开局，为区域金融稳定创造了良好的外部环境。面对内需不足、外需疲软的不利影响，大连市积极应对，经济发展逐步步入正常轨道。然而在世界经济增长放缓、欧债危机不断深入、房地产调控仍然持续的情况下，大连市经济增长主要依靠投资，消费对经济的拉动作用有待进一步提高。

一、区域经济运行与金融稳定

（一）经济运行平稳有序，金融稳定基础坚实

1. 经济结构调整稳步推进，经济运行质量不断提高，科技创新带动经济增长能力有所增强

2011年，全市实现地区生产总值6 150.1亿元，按可比价格计算同比增长13.5%，比2010年下降1.7个百分点。在经济增速平稳回落的同时，经济运行质量不断提高，产业转型升级和集约发展取得进展，全年规模以上工业完成增加值2 500亿元，同比增长16.3%，万元工业增加值综合能耗降低5.5%。装备制造、石化、造船、电子信息等千亿级产业集群加速形成，德豪光电、航天软件研发基地、云计算智慧展示中心、5兆瓦级风电机组等一批战略性新兴产业项目取得进展，科技创新带

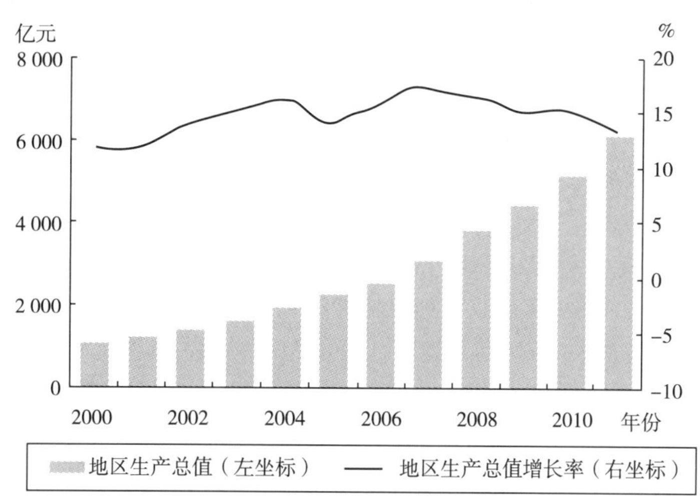

数据来源：大连市统计局。

图1　历年大连市地区生产总值增量及增速情况图

动经济内生增长能力有所提高。2011 年，全市高新技术产品增加值同比增长 29.7%，科技创新对经济社会发展的引领和支撑作用日益突出。

2. 固定资产投资和社会消费品零售总额增速稳中有降，进出口增速下滑

2011 年，大连市完成全社会固定资产投资 4 563 亿元（按老口径统计为 6 500 亿元），同比增长 30%，比上年下降 0.6 个百分点；社会消费品零售总额 1 919 亿元，同比增长 17%，比上年下降 1.5 个百分点；汽车、家电、文化等消费需求持续旺盛，全市旅游总收入同比增长 18.2%。在外部需求下滑、产品出口量萎缩影响下，全年实现进出口收入 585.2 亿元，同比增长 16.6%，比 2010 年下降 7.8 个百分点，其中外贸出口 303.5 亿美元、同比增长 16%，出口拉动增长的形势好于预期。

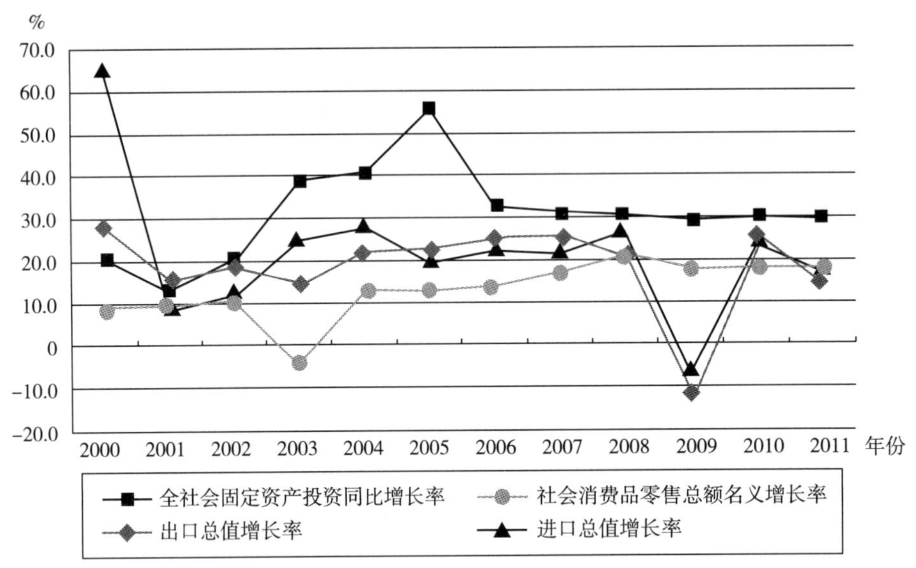

数据来源：大连市统计局。

图 2 大连市三大需求增速变动趋势图

3. 财政预算收入和支出继续较快增长，重点领域支出得到有效保障

2011 年，全市财政一般预算收入达到 651 亿元，同比增长 30%，其中，市本级完成 242 亿元，同比增长 30.1%，县区级完成 409 亿元，同比增长 29.9%；全市财政一般预算支出完成 740 亿元，同比增长 21%，教育、农业、科技、社保等重点支出得到有效保障。国税系统共组织税收收入 962 亿元，同比增长 11%；地税系统实现各项收入 685 亿元，其中税收收入 506.5 亿元，同比增长 29%。

4. 全市居民人均可支配收入不断提高，农村增速高于城镇，全年居民消费价格指数上涨较快，与全国 CPI 指数同比涨幅持平

2011 年，全市城镇居民人均可支配收入 24 300 元、农民人均纯收入 14 150 元，同比分别增长 14%、15%，全年城市居民人均可支配收入与农村居民人均纯收入之比为 1.71:1，2010 年该收入比为 1.73:1。收成好、价格高是推动农村居民农业收入增长的主要原因，人口老龄化带动城市居民人均转移性收入增加。全年居民消费价格指数（CPI）上涨 5.8%，高于全国 0.4 个百分点。

（二）区域经济运行中不利于金融稳定的因素

1. 经济增长内生动力不足，结构性矛盾仍然存在

2011 年，大连市经济持续较快增长，主要经济指标保持上升态势，但从经济增长的主要驱动力

来看，投资主导且靠政府推动的特征依然明显，居民消费对经济拉动作用仍旧不足；此外，受欧洲债务危机、人民币升值、国内生产要素成本上升等综合因素影响，今后一段时期的出口形势不容乐观。总体来看，大连市经济增长的内在动力不足，一旦投资增速下滑，会对经济金融稳定产生潜在影响。

2. 房地产市场调控持续，房价下降预期增强

受房地产市场调控政策影响，大连市房地产市场交易量低迷，成交价格涨幅趋缓，库存量显著增加，销售资金回笼明显放缓，房地产企业现金流紧张，由于银行信贷在房地产企业资金来源中占有较大比重，一旦房地产企业资金链断裂，将对银行的资金安全产生不利影响。

3. 中长期物价上涨压力仍然存在

从居民消费价格总指数的构成看，与2010年相比，大连市八大类商品和服务价格呈现全部上涨的态势，其中食品类和居住类上涨最快，分别上涨10.7%、5.9%，同比提高3.3个和1.6个百分点。从影响未来价格走势的因素判断，外部输入性通胀压力依然较大，国际市场流动性过剩依然突出，国内生产要素等初级产品上涨的压力较大；随着全域城市化进程的加快，劳动力、土地、资源等成本上升压力变大，中长期物价上涨压力仍然存在。

二、金融业与金融稳定

2011年大连市金融业运行平稳，银行、证券、保险各业迅速发展，市场秩序进一步改善，金融机构改革稳步推进，盈利水平和抗风险能力显著增强。

（一）银行业运行状况及风险分析

2011年大连市银行业金融机构总体发展平稳，存款增速放缓，贷款投放稳步回落，不良贷款实现双降，盈利能力增强。但同时，存款增长乏力、商业银行同业竞争加剧的矛盾依然存在，政府融资平台和房地产项目的信贷风险需引起持续关注。

1. 银行业运行状况

（1）存款增长乏力，增量明显减少。截至2011年末，大连市金融机构本外币各项存款余额9 395.1亿元，同比增长5.6%，增速比2010年同期低17.6个百分点，为十年来最低。全年仅增加513.8亿元，同比少增1 165.8亿元，月均增量42.8亿元，1月、4月、7月三度出现负增长，分别减少144.8亿元、34.5亿元和110.5亿元；9月、10月仅分别增加2.9亿元和3.3亿元，增长明显乏力。其中，人民币各项存款余额9 092.7亿元，同比增长6.9%，全年增加598.8亿元，同比少增1 031.7亿元；外币各项存款余额48.0亿美元，同比下降18.0%，全年减少10.5亿美元。

（2）信贷投放向常态回归，贷款结构持续调整。截至2011年末，大连市银行业机构本外币各项贷款余额7 918.9亿元，同比增长16.3%，全年增加贷款1 110.9亿元，同比少增311.7亿元。其中，人民币各项贷款余额7 165.8亿元，同比增长16.4%，全年增加1 010.8亿元，同比少增253.9亿元；外币各项贷款余额119.5亿美元，同比增长21.2%，全年增加20.9亿美元，同比少增5.2亿美元。从贷款结构看，中长期贷款余额5 087亿元，同比增长13.5%，比上年末低22.6个百分点，增速呈现持续下降趋势。短期贷款余额2 616.1亿元，同比增长22.5%，比上年末高10.7个百分点，短期贷款增量占比和余额占比分别由上年的19.8%和28.7%，上升到年末的43.8%和33.0%。

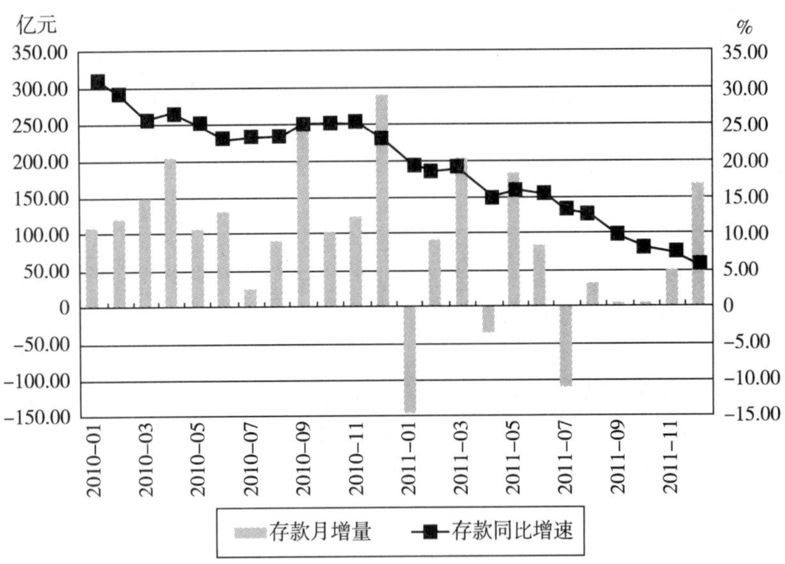

图3 2011年金融机构存款增量、增速走势图

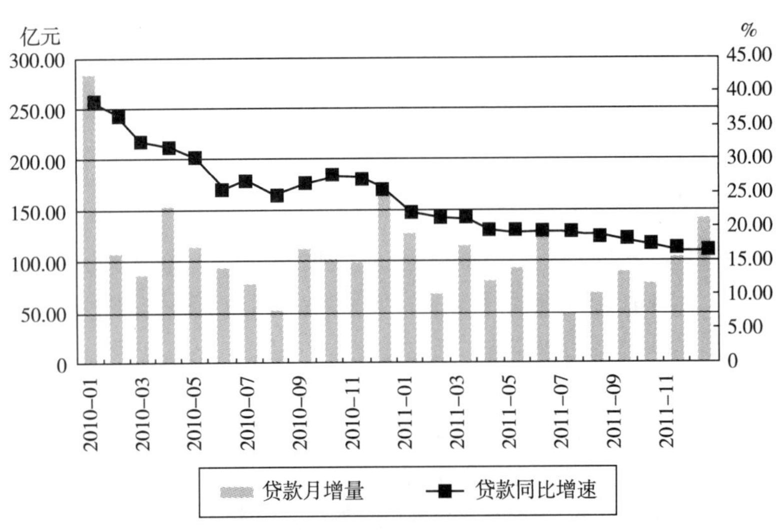

图4 2011年金融机构贷款增量、增速走势图

（3）不良贷款余额和比例实现双降。2011年，大连市各商业银行普遍加大不良贷款处置力度和呆坏账核销力度，金融机构资产质量继续向好，不良贷款继续保持双降态势。年末全市金融机构不良贷款余额74.7亿元，比年初减少19.3亿元，同比下降20.5%；不良贷款率0.94%，比年初减少0.44个百分点，同比下降31.9%。

（4）盈利能力显著提升。2011年，大连市金融机构盈利水平大幅提高，全年金融机构实现税前利润183.4亿元，同比增加39.5亿元，增长27.4%。分类别来看，实现净利息收入273.8亿元，同比增加40.6亿元，增长17.4%，对税前利润增长的贡献度为102.8%；实现中间业务收入48.3亿元，同比增加11.5亿元，增长31.3%，对税前利润增长贡献度为29.1%。

2. 银行业风险情况分析

随着政府融资平台清理工作的逐步深入、房地产市场调控的持续和企业融资压力的不断增大，市场变化的不确定性大大增加，银行业前期投入的大量信贷资金在经济结构调整中将面临诸多风险，各种问题也会逐步暴露。

（1）存款增长乏力，商业银行存在揽存竞争风险。2011 年存款增长乏力是大连市各银行普遍面临的问题。与全国及同类型城市相比，大连市的存款总量少增较多，增幅下滑较大。存款下降过快已对宏观审慎管理产生叠加效应，放大了稳健货币政策的紧缩效应，银行机构间对存款的争夺日趋激烈，存款大户在多家银行开立账户，资金在各行间频繁调度，造成银行间资金大进大出，稳定性较差。

（2）政府融资平台贷款集中还款压力将逐步显现。截至 2011 年末，大连市 20 家银行业金融机构平台贷款余额 1 017 亿元，较年初减少 295.0 亿元，全年各季度均保持净下降趋势。与 2010 年 9 月末平台贷款规模峰值相比，大连市平台贷款余额已减少 315.5 亿元，下降 23.7%。监测数据显示，近 250 亿元的平台贷款将在 2012 年集中到期，占 2011 年末融资平台贷款余额的 24.6%。在 2012 年到期贷款中有相当一部分属于短贷长用，贷款期限与项目建设及还款期限错配，能否筹措资金按期偿还值得关注。

（3）房地产市场低迷将对银行经营带来风险。2011 年大连市商品房销售面积同比下降 25.1%，销售额同比下降 14.4%。房地产市场持续低迷，观望气氛浓重。一方面房地产企业在银行系统以外募集的资金来源较为复杂，一旦发生资金抽离行为，将会对企业产生冲击；另一方面规模小、实力弱的开发商将面临被市场洗牌的风险，一旦房地产市场发生连锁风险事件，银行贷款将面临风险。

（二）证券业运行状况及风险分析

2011 年，大连市证券业保持平稳发展，上市公司融资规模稳步扩大，证券交易规模有所下降，证券公司盈利水平有所降低。与经济发达地区相比，大连市证券、期货业市场仍然存在经营业务种类单一、行业竞争激烈等风险。

1. 2011 年资本市场运行情况

（1）上市融资稳步推进。2011 年，大连市新增 2 家上市公司，境内上市公司数量达到 27 家，其中 A 股公司 24 家，B 股公司 2 家，发行 A、B 两种股票公司 1 家。全年累计实现融资总额 365.0 亿元，比 2010 年多出 143.6 亿元。大连电瓷、大连三垒机械实现中小板上市，首发融资 10.3 亿元。截至 2011 年末，上市公司总市值 1 660.8 亿元，同比下降 14.9%。

（2）证券交易量有所下降，法人证券公司收入水平同比降低。截至 2011 年末，大连市共有证券公司 1 家，证券营业部 54 家，证券投资咨询机构 3 家。全年证券交易总额 7 525.9 亿元，同比下降 12.5%。法人证券公司资产总额 59.7 亿元，同比下降 30.2%，营业收入 3.2 亿元，同比下降 33.2%。

（3）期货中心建设步伐加快，成交金额有所回落。大商所新增焦炭期货新品种，全年成交 2.9 亿手，成交金额 16.9 万亿元。在国家宏观经济调控政策的大背景下，受各期货交易所推出的提高保证金、取消手续费优惠等抑制过度交易措施的影响，期货市场与 2010 年同期相比，成交有所下降。大连市 4 家期货公司和 71 家营业部全年共成交 16.5 万亿元，同比下降 25.9%，客户保证金 72.3 亿元，基本与上年持平。

2. 证券、期货经营机构风险分析

（1）证券行业竞争加剧。大连近半数证券机构通过了经纪人制度的资格验收，短期内从业人员快速增加。同时当年新增7家证券经营机构，在增量客户有限、整体佣金水平降低的情况下，进一步加剧了行业竞争。法人机构虽然业务结构逐渐完善，但由于专业人才缺乏等因素的限制，盈利来源较为单一，无法摆脱过于依赖经纪业务的困境。

（2）期货机构违规经营风险增加。受宏观调控影响，各期货交易所积极采取措施抑制过度投机，造成期货经营机构的总体盈利水平有所下降。期货公司股东对净资产收益率的追求并没有降低，经营管理者经营压力较大。虽然目前大连辖区尚未发现违规事件，但有必要加强监管，防范违规事件发生。

（3）法人期货公司与先进地区相比存在差距。在全国期货公司分类监管评价中，大连市期货公司排名中等，与国内一流期货公司相比，辖区期货公司存在主营业务能力不突出，核心竞争力不强等问题。

（三）保险业运行状况及风险分析

2011年，大连市保险业继续保持平稳健康发展。年末共成立中外资保险公司37家，其中法人机构3家，保险专业中介机构57家，兼业代理机构超过1 500家，保险从业人员超过3万人。

1. 保险业运行状况

（1）市场继续保持平稳运行。2011年，大连保险业实现保费收入148.8亿元，同比增长18.4%，保费规模在5个计划单列市中排第2位，在全国36个地区居第27位。其中，财产险业务保费收入52.2亿元，同比增长19.8%；人身险业务保费收入96.7亿元，同比增长17.6%。赔付支出44.6亿元，同比增长32.4%。保险业资产总额（含三家总公司）535.7亿元，同比增长20.4%。辖内保险主体40家，专业中介机构57家，从业人员3.2万人，辖内3家法人机构已在16个省、直辖市设立20家省级分支机构，实现保费收入36.8亿元，同比增长54.6%。

（2）财产险业务质量和效益显著改善。2011年，大连财产险公司实现保费收入53.2亿元，同比增长19.5%。利润总额4.4亿元，同比增长70.4%。财产保险公司综合赔付率和综合费用率分别为56.1%和33.8%，低于全国5.1个和0.2个百分点，连续三年下降。实现车险保费收入36.7亿元，同比增长21.6%，较上年回落24.3个百分点。全年车险承保利润3.1亿元，车险承保利润率9.9%，位居全国36个省区市第8位。实现非车险保费收入15.5亿元，同比增长15.7%。农业险方面，实现保费收入2 487.9万元，增长3.5倍，保额达到19.4亿元。信用险方面，出口信用公司、平安财险公司加大对出口支持力度，保障额度达到947.0亿元，同比增长93.1%。保证险方面，大力开展个人消费、小微企业信贷保证类产品，全年实现保费收入2 983万元，同比增长332.5%。责任险方面，保费收入1.3亿元，同比增长25%。

（3）人身险业务保持平稳发展，增速趋缓。2011年，大连市人身险公司实现保费收入95.7亿元，同比增长17.8%，增幅较上年回落11.3个百分点。辖内人身险新单业务保费收入46.3亿元，同比增长10.2%，团险业务实现保费收入2.1亿元，同比增长9.6%；健康险和意外险业务保费收入9.9亿元，同比增长18.9%。分红险占比继续提升，全年分红产品保费收入75.2亿元，同比增长21.4%，占比87.7%，较上年提升2.5个百分点。普通保障型产品实现保费收入8.8亿元，同比增长4.1%，占寿险保费收入的10.3%，较年初上升5.2个百分点。投连险、万能险保费收入分别下降

20.6%和10.5%，合计占寿险保费收入的2.1%。个险渠道方面，实现保费收入56.8亿元，同比增长17.5%。银保渠道方面，银行保费收入33.2亿元，同比增长18.3%，增速位居全国第四位。

2. 保险业风险分析

（1）业务发展压力加大。从财产险来看，行业过于依赖车险特别是车辆增量实现保费增长的模式面临挑战，随着市场逐步趋于饱和，财险公司应转向内涵式增长的发展轨道。从人身险来看，受银保新政、货币政策紧缩、银行理财产品竞争等影响，对行业发展贡献率较高的银行渠道受到冲击，2011年下滑了31.9个百分点，保险行业高增长的可持续性面临挑战。

（2）退保风险不容忽视。2011年，大连保险业退保5.8亿元（新口径14.8亿元，同比增长43.6%），同比增长56.0%，尽管简单退保率低于全国4.3个百分点，但连续四个季度上升，退保率的持续上升，对保险业的稳健经营和盈利水平提高产生不利影响。

（3）市场秩序有待进一步规范。违规贴费揽业务的苗头有所抬头，对销售的贴费力度有所加大，导致保险业费用率不断上升，侵蚀承保利润；寿险公司以高手续费激励大力推动短期性、趸缴型产品销售的行为，致使保险业务质量有所下降。

三、金融市场运行与金融稳定

2011年，大连市金融市场总体呈现健康发展态势，资金交易量平稳增长，票据业务持续上升，外汇、黄金市场加速发展，为地区金融的稳定运行提供了良好的市场环境。

（一）金融市场配置资源功能日趋完善

1. 同业拆借市场运行平稳

2011年，大连市金融机构网上同业拆借53笔、金额95.3亿元，交易类型以融入资金为主，融出资金仅为0.2亿元。网上同业拆借利率受市场间资金供求关系影响呈现震荡走势，第一至第四季度的加权平均利率分别为4.5%、2.5%、3.6%和3.0%。网下同业拆借6笔、金额0.9亿元，加权平均利率为4.9%。2011年末，网下同业拆借余额0.8亿元。

2. 债券市场交易活跃

2011年，大连市金融机构参与银行间债券市场债券交易4 638笔，金额21 667.5亿元。其中，回购交易累计成交1 674笔，金额12 213.5亿元，累计净融入资金11 338.1亿元，现券交易累计成交2 964笔，金额9 454亿元，累计净融入资金14 303.3亿元。全年债券现券交易加权平均利率为4.7%，回购式交易加权平均利率为3.4%。金融机构债券结算代理户30户，代理户数量与2010年相比没有变化。全年完成各类代理业务148笔，代理结算金额148.8亿元，同比下降70.1%。债券市场交易未发现债券异常交易情形。

3. 票据业务呈上升趋势

金融机构票据签发大幅度上升，累计签发商业汇票2 329.6亿元，同比增长51.8%，其中，银行承兑汇票2 303.4亿元，同比增长52.8%，商业承兑汇票26.2亿元，同比下降5.4%。截至2011年末，票据签发余额1 141.9亿元，同比增长42.1%。金融机构票据贴现平稳增长，累计办理贴现2 979.0亿元，同比增长46.2%。其中，银行承兑汇票2 855.6亿元，同比增长47.8%，商业承兑汇票123.5亿元，同比增长17.0%。截至2011年末，贴现余额152.4亿元，同比增长4.4%。

4. 外汇和黄金市场快速发展

2011 年，大连市银行间外汇市场共成交 726 笔，成交金额折合 20.1 亿美元，同比增长 34.9%。其中，卖出外汇 15.7 亿美元，占总成交量的 78%；买入外汇 4.4 万美元，占总成交量的 22%，顺差绝对值 11.3 亿美元。商业银行代理上海黄金交易所黄金交易、账户金和实物黄金三种业务类型累计交易黄金 30 053.8 千克，同比增长 21.9%，成交金额 101.4 亿元，同比增长 52.5%。其中，代理上海黄金交易所场内黄金交易 8 842.5 千克，同比下降 13.8%；人民币账户金成交 18 802.6 千克，同比增长 46.2%；美元账户金成交 87 285.5 盎司，约合 2 714.9 千克，同比增长 65.7%；实物黄金成交 2 408.7 千克，同比增长 56.4%。

（二）金融市场运行中的风险值得关注

1. 对债券结算代理业务中的问题应予以关注

债券结算代理是指金融机构法人受市场其他参与者的委托，为其办理债券结算等业务的行为。结算代理人应在公平的原则下为委托人提供市场报价并进行交易，不但具有为委托人办理开销户、根据委托人指令办理结算、利息支付和本金兑付等的义务，也有收取结算代理佣金的权利。随着结算代理业务量的增长，结算代理交易中暴露的问题有增加的趋势。应加强对债券结算代理人业务的风险控制与监督，密切关注结算代理业务行为，防范结算代理资金风险。

2. 对商业银行黄金业务应加强规范和引导。近年来黄金价格持续走高，黄金避险功能凸显，居民和机构对黄金投资需求日趋旺盛，商业银行黄金市场业务高速发展的同时，地下炒金活动也趋于活跃，给市场投资者带来了较大风险。在鼓励业务发展和市场创新的同时，应加强对黄金业务的监测与监督，督促商业银行不断健全黄金交易风险管理和内控制度，完善黄金业务交易管理系统。加大对投资者的教育培训力度，做好黄金市场政策宣传和风险提示，引导投资者通过合法正规渠道进行黄金投资。

四、金融基础设施与金融稳定

（一）支付结算体系建设稳步推进

2011 年，人民银行大额实时支付系统、小额批量支付系统、同城票据清算系统、人民币账户管理系统、电子商业汇票系统和网上支付跨行清算系统等支付系统运行稳定。全年，大额实时支付系统处理业务 283 万笔，金额 12.3 万亿元，同比分别增长 21.6% 和 41.6%；小额批量支付系统处理业务 457 万笔，金额 441.1 亿元；同城票据交换完成场次 500 场，清分票据 746 万笔，清算金额 13 059.4亿元；开立账户 661.1 万户，其中个人账户 654.2 万户，单位银行结算账户 6.8 万户。2011 年大连市银行卡发卡量继续保持快速增长，交易规模迅速扩大，支付渠道日益扩展，联网通用不断深入。截至 2011 年末，全市银行卡发卡总量达 2 973 万张，同比增长 14.0%；联网商户 30 205 户，同比增长 35.7%；POS 机具 44 462 台，同比增长 35.6%；ATM 4 009 台，同比增长 19.5%；POS 机交易金额 1 032 亿元，同比增长 21.2%，占社会消费品零售额的 53.8%。积极组织辖内有支付业务的非金融机构申请支付业务许可证，大连中鼎资讯有限公司成功取得支付业务许可证，成为辽宁省首家获得支付业务许可证的非金融机构。

（二）反洗钱体系建设效果显著

2011 年，大连市金融机构认真贯彻落实反洗钱法律、法规，依法履行反洗钱工作职责，有力地保证了辖区金融环境的稳定。金融机构反洗钱意识逐步提高，反洗钱内控制度不断完善，风险防范能力不断增强，大额交易和可疑交易数据上报的有效性日益提高。居民反洗钱意识显著提高，形成了良好的反洗钱社会氛围。2011 年全年共上报人民币可疑交易 26.4 万份，上报外币可疑交易 1.0 万份。共对 21 家金融机构组织开展反洗钱检查，其中银行业金融机构 7 家，证券业金融机构 3 家，期货业金融机构 2 家，保险业金融机构 9 家。对辖区银行、证券、期货、保险业 200 余家金融机构全面开展反洗钱非现场评估。检查金融机构账户 12 200 余户，交易约 300 万笔。注重做好对非金融机构支付清算组织和新成立金融机构的反洗钱业务指导工作。在反洗钱工作的实践中，注重多部门沟通协调，积极配合相关部门开展案件协查和破获工作，成功破获大连中国银行网银诈骗洗钱案，对 2 起案件组织了反洗钱调查 23 次，反洗钱协查 1 次，涉及金额约 617 万元。

五、总体评估及对策建议

（一）总体评估

对大连市金融稳定状况的总体评估，依据相关性、准确性、可比性、区域性和可行性的标准建立指标体系，分别从宏观经济、金融机构和金融生态环境三方面分三个层次来考察金融稳定状况，以模糊隶属度对指标进行标准化处理，通过问卷调查、层次分析法分别计算主客观权重，用综合赋权法计算评价目标的最终得分。

1. 金融稳定定量评估的计算

采用压力测试测算利率风险。选择大连市全部 17 家地方法人银行机构，根据 2010—2011 年 5 次调整存贷款利率幅度计算出在利率变化 0.25 个百分点时，大连市地方法人银行机构应对利率风险的利息收入变化的时间权数，分别是 1 个月以内净利息收入的时间权数 0.019，1 ~ 3 个月净利息收入的时间权数 0.017，3 ~ 12 个月净利息收入的时间权数 0.008。据此得到 2010—2011 年的银行业对利率风险的敏感程度，其中 2011 年为 -0.065。

采用问卷调查法计算法制环境综合得分。调查对象确定为大连市地方法人银行机构、法人证券公司、法人保险公司和人民银行大连市中心支行相关部门。共发出问卷 255 份，收回有效问卷 255 份，根据问卷汇总得到 2011 年大连市法制环境综合得分为 91.25 分。

2. 金融稳定定量评估结果及分析。

（1）定量评估结果。大连市近年金融稳定综合评估得分和稳定状况如表 1 所示。

表 1　　近年大连市金融稳定综合评估表

年份	2004	2005	2006	2007	2008	2009	2010	2011
得分	71.50	72.01	85.09	86.50	84.16	84.44	89.94	88.11
稳定状况	较好 -	较好 -	良好 +	良好 +	良好 -	良好 -	良好 +	良好 +
所属类别	B 类地区	B 类地区	A 类地区	A 类地区	A 类地区	A 类地区	A 类地区	A 类地区

从中可以看到，大连市金融稳定状况 2004—2008 年逐步向好，稳定状况由“较好 -”上升到

“良好 +”，所属类别由 B 类地区上升到 A 类地区。2008 年以来，受国际金融危机影响，大连市金融稳定状况有所回落，稳定状况下降到“良好 -”。2010 年，在国内外经济形势逐渐好转的局面下，大连市金融稳定状况再次上升到“良好 +”，显现出回升势头。2011 年大连市金融稳定状况继续保持在“良好 +”，但较 2010 年略有下降，主要是全年证券业整体表现持续低迷所致。

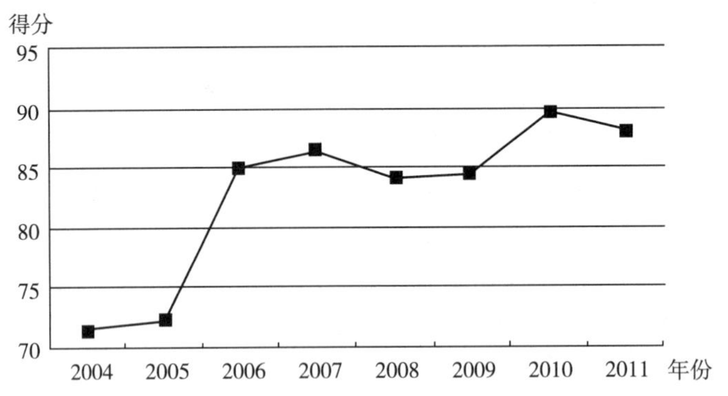

图 5　近年大连市金融稳定综合评估得分趋势图

（2）定量评估结果分析。具体看宏观经济、金融机构和金融生态环境三部分，如图 5 所示，呈现出不同的变化趋势。三类一级指标中金融生态环境得分逐年稳步提高，由 2004 年的 12.81 分上升到 2011 年的 16.06 分，显示出大连的金融生态环境逐年改善。金融机构得分受改革影响，呈阶段式上涨，大通证券改革后，得分升幅达到 10.7%；之后金融机构得分保持平稳，但 2011 年证券业经营效益的大幅下滑，导致金融机构综合得分较 2010 年下降了 1.81 分。宏观经济得分波动较大，2007 年以前整体呈 U 形上升趋势，2008 年在国际金融危机影响下出现下降，跌幅为 7.8%，2010 年，在经济不断复苏的影响下出现回升；2011 年，大连市经济发展成功克服了内需不足、外需低迷的不利影响，加快转变经济发展方式，深入调整优化产业结构，实现了经济平稳较快增长，宏观经济得分较高，仅比 2010 年低 0.24 分。

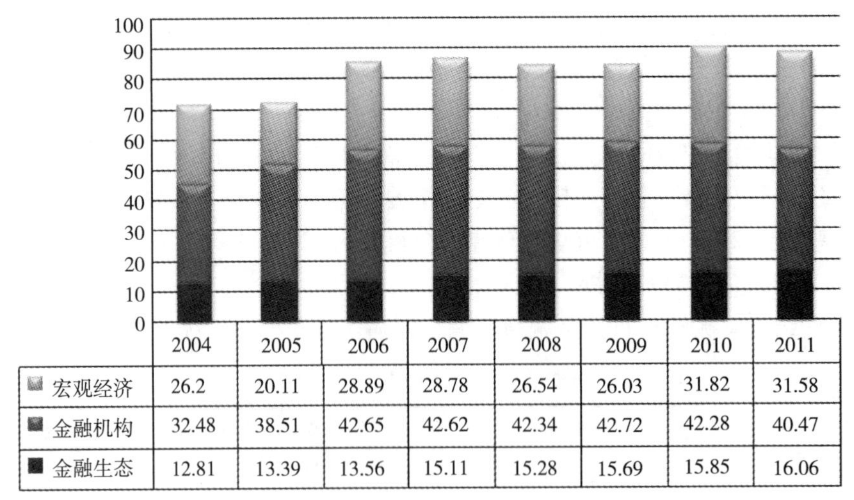

	2004	2005	2006	2007	2008	2009	2010	2011
宏观经济	26.2	20.11	28.89	28.78	26.54	26.03	31.82	31.58
金融机构	32.48	38.51	42.65	42.62	42.34	42.72	42.28	40.47
金融生态	12.81	13.39	13.56	15.11	15.28	15.69	15.85	16.06

图 6　2011 年金融稳定定量评估三方面指标变化趋势图

为分析 2011 年大连市金融稳定状况变化，具体细分金融机构指标，从宏观经济、银行业、证券

业、保险业和金融生态环境五方面，得到雷达图

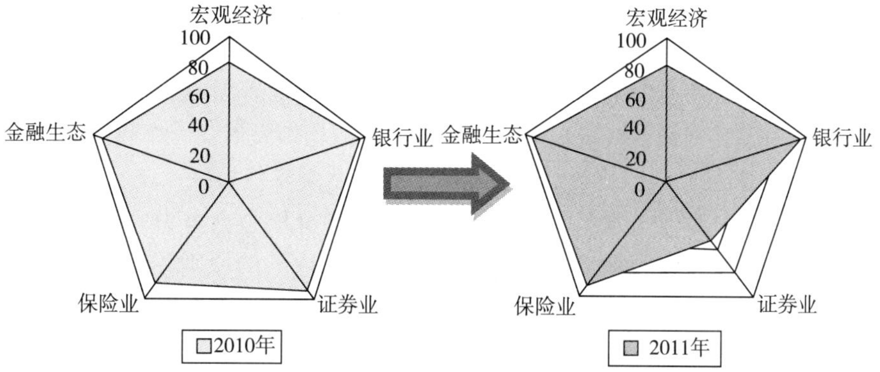

图7　2010—2011 年大连市金融稳定定量评估雷达图

从定量评估结果看，大连市 2011 年金融状况继续保持平稳运行，但金融机构内部发展不均衡的问题有所显现。银行业、保险业继续保持平稳较快发展，得分稳步上升，金融生态环境持续改善，得分逐年提高，宏观经济平稳较快发展，得分稳定，但证券业得分却显著下降，由 2010 年的 94.51 迅速下降到 2011 年的 53.29，降幅达 43.61%。2011 年，全国证券市场表现低迷，大连地区的证券交易量也持续下降，营业收入和利润水平大幅减少，致使 2011 年金融状况表现的极不均衡，证券业得分明显低于其他方面。

表 2　　近年大连市金融稳定分指标得分极差表

年份	2004	2005	2006	2007	2008	2009	2010	2011
得分级差	16.61	43.22	25.19	25.26	31.09	32.82	15.81	43.59

2011 年，在“保持经济平稳较快发展，调整经济结构，管理通胀预期”宏观政策的指导下，我国经济发展进行了持续深入调整，大连市金融稳定状况也处于持续优化调整过程中。在宏观经济方面，2011 年大连市地区生产总值增长 13.5%，较 2010 年下降 1.7 个百分点，但第三产业增加值增长 11.3%，比 2010 年同期高 0.4 个百分点，说明大连经济结构持续调整，经济发展质量持续改善，经济增速虽然有所放缓，但第三产业却得到了充分发展。2011 年实际利用外资增长率和进出口总额增长率仅为 10% 和 16.6%，比 2010 年分别低 56.7 个和 7.8 个百分点，而固定资产投资依然保持在 30% 的高位运行，说明在外需疲软的背景下，大连市的经济发展依然依靠投资拉动。在金融生态环境方面，2011 年指标得分进一步提高，财政收入占地区生产总值比重、银行服务密度、征信数据库覆盖率等指标得分均较高，说明大连市信用环境和市场体系逐步完善。在金融机构方面，银行业和保险业继续保持平稳发展，法人金融机构经营效益显著提高，抗风险能力日益增强。证券业在整个市场环境的影响下，经营效益持续下降，未来稳健经营面临较大压力，业务发展风险需要持续关注。

（二）对策建议

1. 紧抓机遇，实现地区经济发展

紧紧抓住国家实施振兴东北老工业基地和辽宁沿海经济带开发开放战略双重机遇，围绕着实施全域城市化战略、推进“三个中心、一个聚集区”建设、构筑现代产业体系、加快经济社会转型发展等长远发展问题，推动经济结构转型升级，提高经济增长质量和效益，全面促进民生改善和社会

和谐，为率先实现老工业基地全面振兴打下坚实的基础，实现地区经济又好又快发展。

2. 调整优化产业机构，提高消费对经济的拉动作用

以发展优势产业集群和培育新兴产业为依托，实现产业优化升级；以推进全域城市化和新农村建设为驱动，实现县域经济快速发展；以扩大内需、稳定外需为着力点，稳步提高消费在经济中所占比重，降低对投资的过度依赖，实现消费、投资、出口的均衡发展。

3. 认真贯彻落实国家宏观调控政策，加大对实体经济金融支持力度

金融机构应不断提高自身经营水平和管理能力，提高自身核心竞争力和风险抵御力。继续贯彻落实稳健的货币政策，按照“总量适度，审慎灵活，定向支持”的原则，把握好信贷投放总量和节奏，优化信贷结构。加大对实体经济支持力度，满足在建续建工程资金需求，重点支持战略性新兴产业，全力做好“三个中心、一个聚集区”金融服务，重点加大对“三农”和小微企业等经济发展薄弱环节的金融支持力度。

4. 逐步拓宽融资渠道，扩大直接融资比例

推动更多的优质企业进入资本市场，加大对已符合条件上市企业推荐力度，积极培育上市后备资源，努力扩大国内股市筹资总量。大力发展债券市场，充分利用银行间市场融资平台发债程序简便、业务透明、期限灵活、成本低、自主性强的特点，推动辖区更多企业利用短期融资券、中期票据、中小企业集合票据等直接融资工具在银行间市场融资。积极探索产权交易、股权交易的有效方式，深入研究利用资产证券化、私募等方式扩大直接融资的途径。综合运用财政税收手段，建立直接融资奖励机制，引导辖区企业扩大直接融资规模。

总　　纂：姜风旭
统　　稿：符　林　朱　焱　王晨姝
执　　笔：王成龙　陈家宁　李　森　杨　洋　侯　英　安　娜
其他参与写作人员：谭振宁　刘　洵　朱嘉鑫　卢铁英　余方平　吴　绪

青岛市金融稳定报告摘要

2011年，青岛市经济金融稳定发展，经济总量总体保持了较快增长，经济结构调整不断深化，居民消费物价总体稳定，涉外经济不断向好，金融业运行平稳，金融机构综合实力增强，信贷资产质量稳步提升，金融基础设施进一步完善，金融生态环境得到有效改善。但是，物价上涨的压力加大，外部环境对进出口企业仍存在不利影响，房地产市场风险逐渐积累，部分渠道外汇资金流出压力加大，银行信贷结构调整难度加大，宏观经济复杂多变，银行信贷风险管控能力面临挑战等潜在风险因素需加以重视。

一、宏观经济环境

（一）区域经济运行情况

2011年，青岛市实现生产总值6 615.6亿元，比上年增长11.7%，增速同比回落1.2个百分点，三次产业结构由上年的4.9:48.7:46.4调整为4.6:47.6:47.8。

固定资产投资稳定增长，三次产业投资增速均呈上升趋势。2011年，青岛市实现规模以上固定资产投资3 502.5亿元，同比增长23.4%，增幅同比提高0.5个百分点，其中第一产业同比增长106.8%，第二产业同比增长23.4%，第三产业同比增长21.6%。工业生产平稳增长，企业利润增加。2011年，青岛市规模以上工业企业增加值3 081.04亿元，同比增长13.5%。规模以上工业企业实现利税总额1 146.07亿元，增长2.1%，实现利润总额627.9亿元，增长15.41%。市场物价同比上涨，食品价格涨幅较大。2011年，居民消费价格累计同比上涨5.0%，其中食品价格上涨11.1%。全年工业生产者出厂价格同比上涨4.9%，工业生产者购进价格上涨9.4%。进出口贸易实现较快增长，进口增长快于出口。2011年，青岛市实现进出口总额712.63亿美元，同比增长27.2%。其中，出口400.56亿美元，进口312.07亿美元，同比分别增长20.5%和36.9%。房地产开发投资增长放缓，商品房销售面积下降。2011年青岛市完成房地产开发投资782.7亿元，增长29.9%。2011年，青岛市商品房施工面积5 690.4万平方米，同比增长12.5%，商品房销售面积1 028万平方米，同比下降11.2%。财政收支增长较快，人均可支配收入增长。2011年青岛市实现地方财政一般预算收入566亿元，增长25.1%，地方财政一般预算支出658.7亿元，增长23.7%。城市居民人均可支配收入28 567元，增长14.3%，城市居民人均消费性支出19 297元，增长10.1%，农民人均生活消费支出7 661元，增长15%。涉外经济总体向好，外商直接投资快速增长。2011年，青岛市外汇收支总额1 011.6亿美元，增长31.1%，其中各项外汇收入588.6亿美元，增长28.3%，外汇支出423亿美元，增长35.3%，外汇收支顺差165.6亿美元，增长13.5%；青岛市银行结汇352.2亿美元，增长

24.1%，银行售汇187.9亿美元，增长24.8%，结售汇顺差164.3亿美元，增长23.3%。据验资询证口径统计，2011年青岛市外商直接投资出资额36.8亿美元，增长29.52%。

（二）宏观经济环境中影响金融稳定的风险因素

经济增长逐步放缓。2011年青岛市实际地区生产总值增速呈下降趋势，然而青岛市的社会消费品零售总额增长率保持平稳，说明经济增速下滑主要是由投资增速下滑和进出口贸易增速下滑引起的。就全社会固定资产投资来看，尽管青岛市的固定资产投资总额不断增加，但是增速已经明显放缓。另外，欧美债务危机导致的外需疲软、人民币持续升值、原材料和劳动力成本持续上涨等因素对青岛市国际贸易造成的影响不容忽视。青岛市2011年进出口贸易增速逐月下滑，出口额月增速由年初的57.44%下滑至年末的9.82%，进口额月增速由年初的63.62%下滑至年末的5.97%。

出口企业经营困难。2011年，全球经济增长持续低迷，面临外需不振、原材料价格波动、用工成本提高、资金紧张等多重困难，出口企业经营压力不断加大。一是企业订单短期化现象增多，部分企业迫于成本压力主动“弃单”。二是收款期限被迫延长，部分涉外企业以“融资换市场”。由于欧美客户普遍存在资金紧张等困难，企业出口货款回收期限明显延长。此外，随着欧美市场需求下降，部分企业加大对非洲、拉美、东南亚、中东等市场的开拓力度，通过给国外客户一定还款期限优惠来拓展市场。三是小微出口企业经营困难增多。作为青岛市涉外经济的重要构成，小微出口企业数量占青岛市出口企业家数的80%以上，由于出口商品附加值不高、议价能力较低，小微出口企业利润空间受到明显挤压。

部分渠道外汇资金流出压力加大。受全球经济增长放缓和欧洲债务危机加深等因素影响，国际资本加快从新兴市场国家的股市、债市以及银行间市场撤出，利润汇出、外商直接投资撤资、归还境外金融机构贷款和个人旅游购付汇金额快速增长，增速分别为86%、45%、206%和45%。外商投资企业将以前年度留存境外的外汇利润集中汇出的现象明显增多，预计今后一段时期，受市场避险情绪上升、美元持续升值、我国经济增长放缓等因素影响，国际短期资本有可能持续流出。

房地产市场风险逐渐积累。2011年9月以来，国家严格房地产政策调控效果开始显现，青岛市房地产销售下滑、房价走低，部分地区楼盘销售出现停滞，开发商若无法及时回笼资金，可能出现资金链断裂的风险，从而威胁商业银行的贷款安全。2011年第四季度，房地产企业景气指数为76.55，较上期降低34.47个百分点；房地产企业家信心指数为33.83，较上期降低51.10个百分点。在物价趋缓的背景下，房地产调控政策依然不放松，楼市悲观情绪蔓延，进一步加大了房地产运行风险。受房地产调控政策影响，房地产行业融资难度陡增，一些房地产商不得不借助高利率的民间借贷保持流动资金，加大了信贷风险的调控难度。

二、金融业

（一）银行业

1. 银行业基本情况

2011年青岛市共有银行业金融机构48家，其中政策性银行分行3家，国有商业银行4家，股份制商业银行10家，外资银行11家，城市商业银行、农村合作金融机构（包括4家农村合作银行和4

家农联社）各1家，城市商业银行分支机构5家，农村商业银行分支机构1家，邮政储蓄机构、信托投资公司、资产管理公司各1家，财务公司4家，村镇银行5家。

业务快速增长。2011年末，青岛银行机构本外币各项存款余额8 901.27亿元，比年初增加1 002.59亿元，各项贷款余额7 495.25亿元，比年初增加1 145.40亿元。全年新增信用总量余额11 027亿元，比年初增加1 874.9亿元，同比多增79.3亿元。

综合实力不断增强。2011年末，青岛辖区银行机构资产总额11 450.22亿元，比年初增加1 754.97亿元，负债总额11 103.61亿元，比年初增加1 664.02亿元，全年累计实现账面利润184.45亿元，同比增加38.5亿元。

银行业风险抵御能力增强。2011年，辖区银行机构贷款损失准备金余额161.17亿元，比年初增加36.69亿元，平均拨备覆盖率214.66%，比年初提高70.92个百分点。2011年，辖区银行机构新提贷款损失准备金42.42亿元。

不良贷款整体保持双降。2011年12月末，辖区银行机构五级分类不良贷款余额75.08亿元，比年初减少7.0亿元，不良贷款率为1.0%，比年初下降0.29个百分点。

2. 银行业风险分析

大客户信用风险和平台贷款到期风险增大。一是大客户信用风险集中暴露。2011年，在宏观经济增速放缓、企业经营面临更大困难的情况下，大客户信用风险呈明显上升势头，特别是在12月集中显现。到12月末，青岛市不良贷款余额和不良率比年初实现双降，但12月比上月出现了明显反弹，不良贷款新增13.87亿元。截至12月末，青岛市大客户贷款中不良贷款36.57亿元，比年初增加10.93亿元，逾期贷款22.04亿元，比年初增加9.48亿元，大客户不良贷款率和逾期贷款率均较年初出现双升，分别提高了0.17个和0.18个百分点。二是平台偿债压力和潜在违约风险不容忽视。截至12月末，青岛市中长期平台贷款占全部平台贷款的比重达75%，未来三年内到期的平台贷款余额占全部平台贷款的比重达到25%。平台贷款主要集中于城市基础设施改造、交通基础设施建设、土地储备、开发新园区等项目，以土地作为抵押或以土地收益权作为质押的占比接近60%，在地方政府财政收入放缓和房地产市场下行的双重压力下，平台贷款违约风险增大。

房地产市场下行趋势下相关信贷风险逐步显现。一是限购政策持续与去库存压力加大的矛盾显现。2011年底青岛市政府出台政策明确2012年继续执行限购政策。截止到12月末，市场可售房源11.03万套，存量连续6个月增加，以每个月7 200套的销售速度，消化已有的市场存量需要15个月，未来去库存压力十分巨大。市场去库存的过程往往伴随着价格的持续下跌和成交量的大幅萎缩，目前青岛市房地产行业、建筑业及以房产为抵押的贷款占全部贷款余额的四成左右，房价如果出现深度下调将极大地考验银行风险管控能力。二是房地产企业贷款违约风险上升。2011年以来，房地产企业面临银根收紧、成本大幅提升、价格趋降、资金回笼缓慢的局势，许多负债率较高的房地产公司可能由此产生资金链断裂的风险，房地产行业的风险正在聚集。12月末，青岛市房地产开发不良贷款余额8.94亿元，比年初增加3.77亿元。对项目主体尚未完工或基本完工但配套建设服务尚未展开的开发商来说，面对借款成本不断上升和贷款规模的逐渐减少，一旦房地产市场发生逆转，极可能出现融资链条中断，工程无法按期交付，形成开发商偿贷风险。三是房地产信贷合规风险隐患加大。在从紧的房地产调控政策下，房地产开发企业经营压力增大，加上信贷规模紧张，企业资金链流转普遍放缓，信贷业务合规性降低，存在房地产集团企业通过挪用拆借集团内其他企业贷款来“补贴”房地产开发业务的情况，信贷资金挪作他用风险上升。

银行业流动性管理和存款增长面临较大压力。一是部分中小型银行过度依赖保证金存款，流动性风险较大。2011 年以来，由于货币政策的收紧，部分银行将保证金存款作为拉动各项存款增长的重要手段，通过大力发展表外业务来实现保证金存款持续快速增长。中小型金融机构由于受网点等资源的限制，对保证金存款的依赖程度较高，特别是近几年新成立的异地城市商业银行保证金存款占各项存款比例一直保持在 50% 以上，如青岛市威海银行青岛分行的保证金占比在部分月份甚至超过 80%。根据人民银行相关通知，保证金存款从 9 月开始纳入存款准备金缴存范围。存款准备金缴存范围的扩大将会加大银行的流动性管理难度并提高银行的经营成本，特别是保证金存款依赖程度较高的中小商业银行受到的影响将会更大。二是存款持续增长动力不足，稳定性下降。2011 年，青岛市各项存款同比少增 454.11 亿元，部分中小银行剔除保证金存款增长，一般对公存款实际呈现负增长，且各类存款稳定性均出现下降。在核心客户储备不足、吸存吸储难度加大、异地客户占比高、结算存款沉淀困难、近两年大幅增长的机关团体存款波动性大的情况下，通过募集理财资金或采取不当营销等方式进行存款“冲时点”的问题更加突出。从日均存款情况看，青岛市 12 月末存款余额比当月日均存款余额高 259 亿元，部分银行机构存款月末余额与日均相比差异幅度超过 10%。一些银行机构为吸收存款不计成本地开展“价格战”，形成实质上的违规揽储，激化了行业内的恶性竞争。

民间借贷、委托贷款等业务风险可能向银行业传导。一是民间借贷利率高企，资金主要流向小微企业和银行贷款还旧借新。据调查，目前民间放贷平均利率水平相当于银行基准贷款利率的 7～8 倍，一些小微企业生产经营急需资金或流动资金贷款到期后需通过民间借贷途径解决，这些高成本的民间借贷资金加重了盈利能力较弱的小企业的财务负担。当前部分地区民间借贷市场凸显的资金链断裂等问题，极有可能波及银行机构，银行机构与之建立防火墙难度进一步加大。二是委托贷款违约风险上升，信用风险可能向银行机构传导。2011 年以来，青岛市委托贷款资金主要流向中小制造业企业、房地产业和采矿业，这些企业的利润空间低，受原材料价格波动和宏观调控政策的影响大，经营风险相对较大。委托贷款在非集团内部贷款或没有合理担保模式的情况下，一旦出现违约现象，有可能通过企业间资金链条波及银行信贷资金回笼，造成信用风险。2011 年，青岛市新增的逾期委托贷款集中反映在房地产及建筑等相关行业，其中房地产企业 4 家，合计新增逾期贷款 2.05 亿元，建筑安装企业 1 家，新增逾期贷款 0.36 亿元。这些行业的银行信贷资金较为集中，关联性高，在委托贷款环节暴露的违约风险将进一步反映到银行的信贷资产上，导致银行信用风险增加。

（二）证券业

1. 证券期货业基本情况

2011 年青岛市共有证券公司 1 家，证券营业部 58 家，比年初增加 4 家。期货营业部 30 家，比年初增加 1 家，基金管理公司 1 家，证券投资咨询公司 2 家，证券期货经营机构不断增加。

证券交易量下降。受我国股市波动影响，辖区所有品种交易额总计 11 133.47 亿元，同比减少 9.93%。其中 A 股交易额 8 590.47 亿元，同比减少 20.16%。A 股基金交易额 9 350.46 亿元，全国占比 2.13%，同比减少 21.77%。截至 2011 年末，投资者资金账户数 113.2 万户，同比增长 7.2%，股东账户数 169.54 万户，同比增长 7.32%，辖区营业部客户资产合计 979.2 亿元，同比增长 0.65%。

辖区期货市场规模稳步发展。截至 2011 年末，辖区 30 家期货机构的期末客户权益为 32.20 亿元，其中法人户客户权益为 9.08 亿元，占 28.20%，部均客户权益为 1.07 亿元；代理成交额为 36 588.51亿元，全国占比 2.7%；代理成交量为 3 131.51 万手，全国占比 3%；累计利润额 3 981.2 万元；期货从业人员 393 人，期货居间人 1 487 人。

上市公司队伍与规模迅速扩大。2011 年末，辖区境内上市公司家数从年初的 14 家增加到 19 家，其中沪市主板 7 家，深市主板 3 家，深市中小板 5 家，深市创业板 4 家。新增 5 家上市公司首发募集资金 38.6 亿元，创辖区 IPO 融资数额历史新高，为公司后续发展提供了强劲动力。19 家上市公司总市值为 1 386.72 亿元，受市场整体下滑影响同比减少了 267 亿元。

2. 存在的问题

证券营业部盈利能力下滑。2011 年青岛辖区证券营业部全年营业收入 8.9 亿元，同比减少 31.06%。利润总额 2.77 亿元，净利润 2.66 亿元，同比分别减少 59.56% 和 60.06%。当前，随着机构的不断增加，市场竞争愈加激烈，佣金费率不断下滑，券商收入同比减少。为了争夺有限的客户资源，辖区大部分营业部都建立了自己的营销团队，有的人数多达上百人。大规模的营销人员队伍在增强客户开发能力的同时，其所需的大量人员经费也给营业部带来了沉重的经济负担，同时管理成本和合规成本也直线攀升。大规模人海战术、银行驻点等传统的营销模式越来越难以奏效，营销人员素质的良莠不齐也给营业部带来极大的违规风险。

经纪业务收入仍过度依赖通道业务。从辖区市场发展数据分析，2011 年受市场行情影响，证券行业客户总资产仅有微涨，在储蓄存款向证券资产转化方面进展不大。证券机构业务转型虽然取得了一定进展，但是收入结构未发生根本改变，行业整体竞争力不强，经纪业务收入仍过度依赖通道交易收入。

操作风险防范需进一步提高。青岛辖区证券营业部逐年增多，营业部的操作风险主要集中在以下几方面。一是如何判断客户身份资料的真伪和资金来源；二是如何保证开户资料信息的完整性；三是市场宣传是否合规；四是应规避不符合执业条件经纪人的展业风险。

（三）保险业

1. 保险业基本情况

2011 年青岛市共有保险公司分公司 50 家。其中，产险 26 家，寿险 24 家；中资 40 家，外资 10 家。共有保险专业中介法人机构 54 家。其中，保险专业代理机构 35 家，保险经纪机构 10 家，保险公估机构 9 家。另有 8 家保险代理分支机构、8 家保险经纪分支机构和 8 家保险公估分支机构。全年共处罚保险机构 21 家次、个人 20 人次，其中罚款 171.9 万元，警告 26 次，吊销经营保险代理业务许可证 1 次。全行业为经济社会承担各类风险责任 3.8 万亿元，同比增长 1.9%。

资产规模快速上升。2011 年末，青岛市保险业总资产达到 327.71 亿元，比 2010 年末增加了 57.54 亿元。其中，财产保险公司资产总额 30.29 亿元，比 2010 年末增加了 6.72 亿元；寿险公司资产总额 297.42 亿元，比 2010 年末增加了 50.83 亿元。

保费收入快速增长。2011 年青岛市累计实现保费收入 145.73 亿元，其中，产险公司保费收入 57.15 亿元，占总保费收入比重为 39.21%；寿险公司保费收入 88.58 亿元，占总保费收入比重为 60.78%。2011 年，财产保险中机动车辆保险保费收入 42.78 亿元，占财产保险的比重为 74.86%。寿险保费收入 77.69 亿元，健康险保费收入 8.73 亿元，意外伤害险保费收入 2.15 亿元。从中外资公司看，中资保险公司保费收入 141.44 亿元，市场份额为 97.06%，外资保险公司保费收入 4.29 亿元，市场份额为 2.94%。

保险对经济稳定运行的保障作用进一步提升。2011 年，各项赔付支出 46.37 亿元。其中，财险公司赔付 29.10 亿元，财险公司中机动车辆保险赔付 18.46 亿元，人寿险公司赔付 17.27 亿元。风险保障职能得到进一步发挥，医疗责任险、城镇职工大额医疗补助保险、新型农村合作医疗受托管理继续稳步发展。

保险中介业务稳步增长。截至 2011 年末，全市保险专业中介机构注册资本达到 1.34 亿元，总资产达到 1.59 亿元。2011 年，青岛市保险专业代理机构和保险经纪机构实现保费收入 8.95 亿元，同比增加 29.15%，占全部保费收入的 6.14%，同比增加 1.64 个百分点。2011 年，保险专业中介机构共实现经营收入 1.21 亿元，同比增长 26.5%。总体盈利 166.87 万元，其中保险专业代理机构盈利 253.83 万元，保险经纪机构亏损 105.86 万元，保险公估机构总体盈利 18.9 万元。

2. 存在的问题

保险业社会形象亟待改善。2011 年，青岛市保监局受理反映保险公司问题的 70 个信访事项中，投诉保险公司违法违规的 40 个，占比 57.1%。其中销售违规信访事项 20 个，占违法违规类投诉的 50%。人身险领域的销售误导问题，如缩短保险期间、隐瞒退保损失、夸大产品收益等问题，仍然是广大保险消费者反映的热点问题。理赔难、销售误导、推销扰民等损害保险消费者利益的问题严重损害保险行业形象，如果不及时采取有效措施加以解决，很可能会引发信任危机，制约行业的可持续发展。

保险人才队伍素质需继续提高。整体上看，保险业准入门槛低，人员学历低，精通保险、擅长管理的中高端人才，特别是核保、核赔、风险管理等专业型人才，以及管理、营销、培训等经验型人才严重不足。2011 年末，青岛市共有保险营销员 25 990 人。其中，寿险营销员 23 013 人，产险营销员 2 977 人。营销员队伍中很大一部分只有高中学历，很多是下岗再就业人员，能力和素质不能适应现代保险业发展的要求，与银行、证券等其他金融行业相比更是有较大差距。保险公司片面追求眼前利益，习惯于“挖角”，对人才使用有余、培育不足。保险公司在人员管理上忽视制度约束和品德考察，在人员任用上片面追求业绩导向，在高薪高职的诱惑下，部分高管人员与业务骨干缺乏长远职业规划，在保险公司之间频繁跳槽，拉高了经营成本。

保险业发展的外部环境需要进一步改善。近年来，全社会对保险的认识不断加深，各级政府也越来越重视发挥保险业的作用，但随着保险业的快速发展，外部环境不适应的问题也越来越突出。在法律环境方面，部分业务领域的法律不健全，比如，农业保险缺乏专门的法律制度，农业保险巨灾风险准备金制度还没有建立，农业保险运行存在较大风险隐患；交强险亏损的问题日益突出，制度设计需要调整。在政策环境方面，商业健康保险、养老保险等与国计民生密切相关的业务领域缺乏相应的财税政策支持，业务发展存在政策瓶颈。国家政策支持的巨灾保险体系还没有建立，自然灾害风险分散转移和补偿救助机制缺失。在社会环境方面，社会公众的保险意识和风险意识有待加强，一些政府部门通过保险这种市场化手段进行风险管理的观念还没有真正树立，保险知识普及和风险教育的任务比较重。

（四）金融业综合经营

1. 综合经营基本情况

截至 2011 年末，青岛市并无纯粹意义的金融控股公司。

证券交易结算资金第三方存管业务有所下降。2011 年，青岛辖区共有 13 家银行机构开办了证券交易结算资金第三方存管业务。全年新增开户量 71 257 户，期末累计开户量 660 763 户；存管资金发生额 1 942. 13 亿元，比上年减少 289. 19 亿元；实现手续费收入 730 万元，比上年减少 186 万元。

银行本外币理财产品飞速发展。2011 年，青岛辖区银行机构共发行理财产品 14 088 只，比上年增加 8 014 只；募集资金 5 100. 5 亿元，比上年增加 2 967. 3 亿元；购买客户数 313 256 户，比上年增加 137 388 户；实现手续费收入 1. 9 亿元，比上年增加 0. 7 亿元。从发行方式看，98. 6% 为代销总行和分行开发的产品，本机构自行开发的产品不足 2%。

银保类交叉性金融工具交易稳步发展。2011 年，青岛辖区共有 18 家中外资银行机构代理了保险业务，代理保险公司的家数由 1 家到 27 家不等，开办代理保险业务的营业网点数达 1 050 家。全年代理业务金额 35 亿元，比上年增长 14. 52%；实现手续费收入 1. 4 亿元，比上年增长 7. 86%；平均手续费比例为 3. 88%。

外汇衍生业务发展快速。2011 年，青岛辖区共有 7 家银行机构开办了外汇衍生产品业务，外汇衍生产品主要包括远期外汇交易、外币利率互换、货币互换、外汇期权和结构性存款等金融衍生产品。全年外汇衍生品交易额 190. 54 亿元，是上年的 2. 82 倍；年末业务余额 112. 29 亿元，是上年的 3. 77 倍；累计实现经营收益 3 795 万元，比上年增长 10. 44%。

2. 存在的问题

目前国内金融市场前景不明朗。2011 年以来，随着国家对楼市宏观调控的深化以及为抑制日益严重的通货膨胀而不断提升存贷款利率和存款准备金率，导致资本市场流动性明显减弱，投资者对未来中国经济出现滞胀进而导致经济硬着陆的担忧加剧，加上全球经济复苏的波折及欧债危机的不断蔓延，国内投资者深切担忧全球经济的二次探底，这些都影响了银行的基金、保险、券商集合理财计划等产品的销售。

产品创新落后于市场需求。由于金融产品没有专利权，创新产品极易被模仿，为了保持和扩大对客户的吸引力，商业银行就必须不断地进行产品创新。目前我国的理财机构在产品策略上存在以下几方面的问题。一是由于受政策、配套环境和自身能力诸多方面的限制，理财新产品的开发无论是在速度上还是在功能上均滞后于市场需求，各商业银行推出的理财产品大多是将原有的存贷款产品及中间业务重新组合，或在服务上做一些提升，在观念和内容上有实质性突破的产品并不多。二是渠道受限，银行主要销售自己的产品，相互联系、沟通不够。三是理财服务尚未创立“品牌”，无法取得品牌竞争优势。

法律保障制度滞后于金融业务创新速度和发展规模。一是混业经营的法律禁区没有打破。对跨领域的中间区域界定不清，监管判断没有明确的法律依据，如“银证通”业务运作中，银行机构的双重代理事实，至今没有对其采取有效规定。二是监管立法的步伐滞后。不能有效监管现有金融风险，制约了金融创新。

综合性金融业务监管工作存在“盲点”。由于体制等无法克服的原因，在综合性金融业务监管上存在部分“盲点”。一是分业监管形成监管信息交流障碍。各监管部门之间的沟通成本较高，难以统一协调行动。二是分业监管导致交叉金融业务监管“真空”。由于各自监管的目的、标准、手段与方法有明显差异，对各监管对象的资本要求、风险甄别方式和风险管理手段等相去甚远。三是协调机制运行不畅，难以形成对交叉性金融工具监管的合力。

三、金融基础设施

（一）金融基础设施建设的进展情况

支付体系建设日益完善。2011 年，青岛市大、小额支付系统、商业银行行内汇兑系统、同城票据交换、全国支票影像系统、电子商业汇票系统等支付清算系统运行稳定，资金汇划高效、安全、快捷，支付服务市场繁荣发展。全年，青岛市各银行业金融机构通过大额支付系统办理支付往来业务 852.34 万笔，清算资金 192 622.05 亿元，分别同比增长 35.70%、29.62%；通过小额支付系统办理各类支付往来业务 1 605.44 万笔，清算资金 1 593.48 亿元，分别同比增长 54.30%、68.67%；通过影像交换系统共办理支票提出、提入业务 49 063 笔，涉及资金 30.71 亿元，分别同比下降 7.7% 和同比增长 0.43%。青岛市共布放 POS 机 76 223 台、ATM4 580 台，发卡 3 206 万张，分别同比增长 77.53%、20.15% 和 15.53%；实现银行卡消费额 397.92 亿元，占青岛市社会消费品零售总额比重的 63.59%。2011 年末，青岛市共有 16 家非金融机构从事支付服务，其中开展预付卡发行与受理业务的有 11 家，开展网络支付业务或银行卡收单业务的有 5 家，有 6 家总公司已取得支付业务许可证的分支机构开展支付业务。

反洗钱工作取得积极进展。一是反洗钱内控制度措施不断完善。2011 年以来，辖内金融机构对反洗钱内控制度建设的重视程度普遍提高。辖区 164 家金融机构均建立了反洗钱内控制度，为反洗钱工作的深入开展奠定了制度基础。二是客户身份识别工作力度不断加大。2011 年，辖区金融机构 2011 年初次识别客户 11 656 295 个，重新识别客户 700 672 个，客户身份识别工作质量的不断提高为后续可疑交易分析等工作开展打下了良好的基础。三是金融机构报送可疑交易报告的意识和能力逐步提高。2011 年，金融机构总对总报送人民币可疑交易 1 126 545 份，涉及金额 11 599 747 091.5 万元，外币可疑交易 58 614 份，涉及金额 21 882 266.73 万美元。四是加强监测分析和行政调查。对历年破获案件进行归纳，建立并发布 19 个犯罪研究模型，指导金融机构提可疑交易分析和报告工作，全年共接收金融机构重点可疑交易报告 30 份，开展行政调查 10 次，通过网络等渠道开展可疑信息核实工作 524 次。围绕交易数据和交易背景剖析犯罪行为，充分利用历史资料和互联网等公众信息平台，监测发现并向侦查机关移送有价值线索 7 条，立案 6 起，破案 5 起，移送线索破案率达 71.4%，较 2010 年同期提高 29 个百分点。

信用体系建设稳步推进。一是中小企业信用体系和农村信用体系建设进一步加强。2011 年，全辖共采集中小企业信用信息 25 456 份。评定农村信用户 18.2 户，覆盖率达 33%。二是信用评级工作的关注度和影响力进一步提高。全年参评企业 571 户，完成报告 436 份，比上年增长 1.15 倍；融资性担保评级 42 户，比上年增长 7.7%，评级业务发展势头较好。三是切实提升征信数据质量。企业征信系统数据报文通过率稳定在 98% 以上，数据质量综合一致率 96% 以上；个人征信系统数据报文通过率在 99% 以上，综合一致率达 99%。完成了对青岛市公积金中心公积金贷款数据接口程序验收，有望成为山东省首家报送公积金贷款数据的城市。四是征信服务不断改进和提高。利用第二代身份证识别仪为社会公众提供信用报告查询服务的做法节省了社会公众复印证件、填表的环节，节省了物力和时间，有效防范了利用虚假身份证违规查询情况的发生，该做法在山东省内推广。全年辖内共新办贷款卡 4 757 张，自然人和境外担保人贷款卡编码 2 094 个，贷款卡年审 15 658 户，查询个人信用报告 29 506 人次，企业信用报告 42 户次。

（二）金融基础设施建设的薄弱环节

金融机构行内业务系统风险应予关注。防范支付清算系统风险，维护支付体系安全运行是人民银行的法定职责与重要任务，目前受功能设计不完善、“有章不循”、人员素质参差不齐、安全防范机制不健全等主客观因素的影响，金融机构行内业务系统的运行风险仍然存在，一定程度上影响支付体系健康稳定的运行，应对其予以高度关注。

反洗钱工作开展行业不平衡。从现场检查和非现场监管情况看，2011 年，辖内金融机构未发生重大违规行为，总体上青岛市洗钱风险可控，但反洗钱工作开展行业不平衡。银行业金融机构反洗钱工作起步较早，比较规范；证券期货业、保险业金融机构反洗钱工作开展相对滞后。

社会信用体系建设的有关体制机制需继续完善。一是信用信息传递和共享机制亟需建立。当前，各单位基本都建立了自己的系统网络，但部门之间缺乏畅通的信息沟通机制，制约了各部门各行业信用建设。二是信用惩戒和激励机制有待完善。一方面，让失信者受到惩罚，付出失信代价；另一方面，让守信者得到褒奖，获得更多的市场机会。三是全社会联防机制尚未建立。推行行政性、监管性、市场性、社会性和司法性失信惩戒机制建设，真正使守信者畅行无阻，失信者寸步难行。四是信用服务市场有待多方共同培育。社会各界要共同坚持以市场为导向，大力扶持信用服务中介机构，加强对信用服务市场的监督管理，扩大信用产品的使用范围，满足多层次、多元化的信用服务需求。要对信用优良企业和个人给予相应的政策倾斜与支持，营造良好的信用环境。

四、综合评估

根据人民银行青岛市中心支行金融稳定评估方案，从宏观经济、金融机构及金融生态环境等方面对青岛市 2011 年金融稳定状况进行综合评估。评估结果显示，青岛市金融稳定状况良好。

2011 年，面对复杂的国内外经济形势，青岛市全面落实中央一系列宏观调控政策，以科学发展为主题，以加快转变经济发展方式为主线，全市经济实现了平稳较快发展，各项指标快速增长。青岛市实现生产总值 6 615.60 亿元，比上年增长 11.7%，其中，第一产业增加值 306.38 亿元，增长 5.0%；第二产业增加值 3 150.72 亿元，增长 11.6%；第三产业增加值 3 158.50 亿元，增长 12.4%，三次产业的比例关系进一步得到优化。工业生产平稳增长，经济效益进一步提升。青岛市规模以上工业企业增加值同比增长 13.5%，工业经济效益综合指数达到 294.43%，比上年提高 8.26 个百分点。市场物价同比上涨，食品价格涨幅居前，社会消费市场趋旺，进出口贸易实现较快增长，进口增长快于出口。2011 年，青岛市银行业金融机构认真贯彻落实各项宏观调控政策，积极采取有效措施，调整和优化信贷结构，保持货币信贷适度稳定增长。2011 年青岛辖区金融机构本外币各项存款余额 8 901.27 亿元，比年初增加 1 002.59 亿元，同比少增 454.11 亿元；各项贷款余额 7 495.25 亿元，比年初增加 1 145.40 亿元，同比少增 8.76 亿元，存、贷款总量均超历史最高水平。全年新增信用总量余额 11 027 亿元，比年初增加 1 874.9 亿元，同比多增 79.3 亿元。证券业经营机构数量不断增加，证券交易小幅回落。期货市场规模稳步发展，上市公司队伍与规模迅速扩大，成为支持区域经济发展的中坚力量。保险业发展较快，保险对经济稳定运行的保障作用进一步提升。金融基础设施不断完善，支付体系建设进程加快，反洗钱工作取得积极进展，信用体系建设日趋完善，金融生态环境进一步改善。

在经济金融平稳运行的同时，经济发展仍面临比较复杂的内外形势，银行业大客户信用风险和平台贷款到期风险增大；房地产市场下行趋势下相关信贷风险逐步显现；银行业流动性管理和存款增长面临较大压力；民间借贷、委托贷款等业务风险可能向银行业传导。2011 年受市场行情影响，证券业客户总资产仅有微涨，在储蓄存款向证券资产转化方面进展不大；证券机构业务转型虽然取得了一定进展，但是收入结构未发生根本改变，经纪业务收入仍过度依赖通道交易收入。保险业人才队伍建设、保险服务质量等尚不能完全满足社会的需求。金融基础设施也存在诸多薄弱环节，这些问题需要进一步完善和解决。

总　纂：顾延善
统　稿：郝龙敬
执　笔（按姓氏笔画排序）：
丁小然　王　珞　付　欣　孙洪义
吴丽君　辛俊杰　赵国靖　赵　萍

宁波市金融稳定报告摘要

2011年，宁波市克服各种困难和挑战，实现了地区经济总量的平稳增长和经济效益的稳步提升。全年银、证、保各行业运行总体稳健，各类影子银行组织快速发展，金融市场交易持续活跃，各项金融基础设施建设深入推进。定量评估结果显示，2011年宁波金融运行仍处于健康平稳区域，但稳健水平较上年略有下降。

一、区域经济运行与金融稳定

（一）区域经济运行状况

1. 经济保持较快增长，投资成为主要拉动力

据初步核算，2011年，宁波全辖实现地区生产总值6 010.5亿元，按可比价计算比上年增长10.0%，增速较上年回落2.4个百分点。其中固定资产投资2 392.9亿元，同比增长17.6%，增速提高6.5个百分点；受国际局势持续动荡的影响，宁波全年外贸自营进出口总额981.9亿美元，同比增长18.4%，增速回落明显；全年社会消费品零售总额2 018.9亿元，增长18.4%。

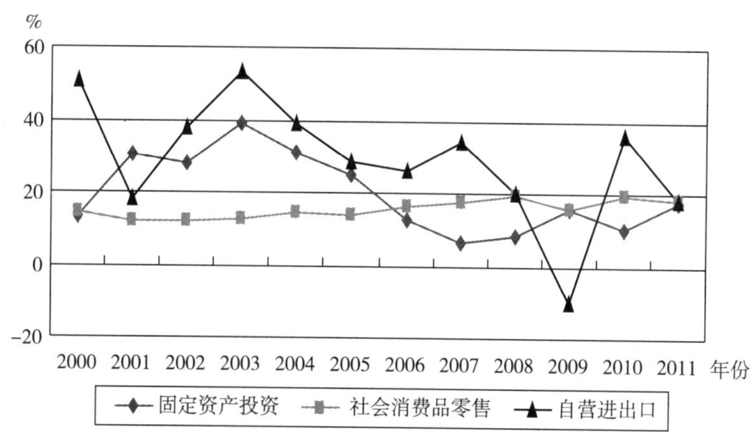

图1　宁波经济“三驾马车”年均增速

2. 外贸进出口增速回落，跨境资本流动保持活跃

2011年，宁波进出口额分别为373.6亿元和608.3亿美元，同比增长20.6%、17.1%，增速分别较上年下降19个和17个百分点，全年外贸依存度和出口依存度分别为105.5%和65.4%，均较上年有所下降。2011年，宁波资本项目的跨境流动进一步活跃。全年实际外资流入29.7亿美元，同比

上升 13.5%。其中房地产业流入 10.3 亿元，同比增长 45%。全年国际收支顺差 349.6 亿美元，增长 7.4%，增速同比下降 46.2 个百分点，收支不平衡状态得到改善。

3. 工业经济增速放缓，政府与居民财富积累较快

2011 年，宁波全年实现全部工业总产值 15 389.8 亿元，增长 18.4%，增速同比下降 14.1 个百分点，工业经济增速显著放缓。其中规模以上工业企业实现利润 614.9 亿元，同比下降 2.0%。社会财富持续较快增长，2011 年全市地方财政一般预算收支分别完成 657.6 亿元和 750.7 亿元，同比增长 23.8% 和 25.0%。城乡居民收入稳定增长，差距进一步缩小，但受物价持续高位影响，市区和农村恩格尔系数均较上年提高。

4. 价格水平总体上涨，涨速趋缓基本形成

2011 年，宁波全年居民消费价格指数（CPI）比上年上涨 5.3%，其中食品类价格涨幅最高，总体上涨 12.4%。全年工业生产者购进价格上涨 8.6%，而工业品出厂价格指数（PPI）仅上涨 5.9%，产销价格的倒挂，压缩了企业的利润空间。2011 年宁波房地产交易量持续萎缩，成交价也出现了明显回落态势。12 月新建商品住宅销售价格同比下降 1.3%，二手住宅价格跌幅达到 3.3%，房地产成交价总体呈稳中趋跌态势。

（二）经济运行中需关注的问题

1. 国际经济形势不断恶化，影响涉外经济平稳发展

2011 年，国际金融危机的后续影响持续发酵，一方面，欧美等主要经济体纷纷实施量化宽松的货币政策，引发整体性的货币超发；中东北非政治局势持续动荡，带动全球性通货膨胀压力日渐显著。另一方面，危机过后的经济增长乏力，多个欧元区国家爆发主权债务危机，财政开支紧缩，政府和公众消费能力削弱，并引发贸易保护主义。预计国际形势的不确定性，还将在未来一段事件内对出口和涉外企业的经营产生影响。

2. 部分企业经营压力增大，资金紧张局面亟待缓解

2011 年，辖区部分民营中小企业遭遇经营困难，资金链显著吃紧。其一，有效订单不足，加上原材料、工人工资等成本上升明显，人民币汇率波动等影响，多数企业营收规模下降，发展能力不足；其二，市场流动性的快速反转，导致许多前期投资扩张的中小企业资金周转困难，只得转向高成本的民间借贷市场，加剧了其资金链的脆弱性；其三，一些民营企业主冒险参与房地产投资、民间借贷甚至赌博等高风险活动，加剧了企业资金链断裂的风险，并影响担保或关联企业的生产经营。

二、金融业与金融稳定

（一）银行业稳健性评估

1. 行业整体运行状况

（1）市场主体不断增多，存贷款规模持续增长。截至 2011 年末，辖内已开业的各类银行业金融机构（组织）共 56 家，较上年新增 7 家。全年宁波银行业金融机构的存贷款余额分别为 10 659.3 亿元和 10 676.8 亿元，较年初增长 9.1% 和 13.4%，增速均有所下降。年末存贷比和新增存贷比分别为 100.2% 和 140.0%。随着竞争的白热化，市场集中度持续走低，各机构份额日渐分散。

表1　宁波银行业金融机构类别及数量　单位：家

政策性及国有银行宁波分行	股份制及城市商业银行宁波分行	农村合作银行及联社法人	村镇银行法人	外资银行法人及宁波分行	城市商业银行及城市信用社法人	财务公司法人	信托公司法人	融资租赁公司宁波分公司	农村资金互助社
8	19	9	9	5	2	1	1	1	1

注：本表数据截至2011年末。

（2）存款月际波动增大，贷款结构变化显著。2011年，市场流动性和监管政策的趋紧，使各机构对存款资源的竞争愈加激烈，存款的月际间波动性明显加剧，存款"冲时点"、存款搬家以及存款"过山车"式的变化增多。全年有4个月的存款负增长，同比增速一路走低。造成存款波动的原因一方面是流动性紧张和监管部门推行的"实贷实付"政策，造成贷款派生存款减少，另一方面是CPI居高不下加剧了储蓄存款分流速度。贷款短期化趋势明显，全年新增短期贷款占全部的71.5%，票据融资和银团贷款规模显著放大。

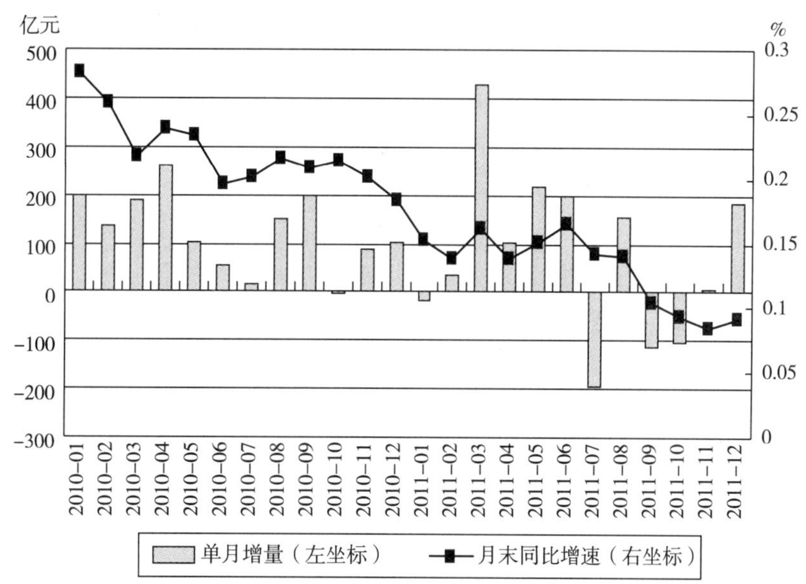

图2　2010—2011年宁波银行业各月存款增量及同比增速

（3）不良贷款有所反弹，拨备覆盖总体充足。2011年，因下半年信用风险事件增多，银行业金融机构不良贷款有所反弹，年末不良贷款余额为94.72亿元，较年初增加7.86亿元。年末不良率0.89%，较年初下降0.03个百分点。因此，宁波辖区信贷资产质量总体良好，但信用风险压力有所增大。拨贷比和拨备覆盖率水平在监管部门的要求下普遍提高，银行业信用风险的拨备覆盖总体充足。

（4）盈利规模持续扩大，收入增长点仍待挖掘。在净息差扩大和中间业务的推动下，2011年宁波银行业金融机构经营利润持续增长。全年辖区银行业金融机构共实现净利润251.3亿元，同比增幅达22.3%。其中利息净收入占营业收入的81.4%，较上年下降2.6个百分点，但仍是银行业盈利的主要来源。手续费及佣金净收入72.2亿元，同比增长46.1%，但仅占营业收入的14.0%，对盈利增长的贡献较小。随着市场竞争的日渐激烈，辖内银行业金融机构对创新与同业合作的重视程度加强。

（5）法人银行机构保持稳健运行。2011 年，辖内法人银行业机构资本规模保持充足，部分机构增资重组工作有序开展。受利率上调、净息差扩大影响，多数机构存贷款规模较快增长、盈利水平不断提高，但受风险事件明显多发影响，各机构信用风险有所增大。村镇银行、农村资金互助社等新型农村金融机构在服务市区中不断壮大。信托和财务公司的专业金融服务功能逐渐得到发挥。

2. 银行业发展需关注的问题

（1）各种形式的高息揽存危害市场秩序。在存贷比考核日趋严格、储蓄存款增长乏力的背景下，组织存款成为各银行负债管理的第一要务，各种形式的高息揽存屡见不鲜。其一，高收益率理财产品周期性、大规模发行，引发资金大规模搬家，不仅造成存款统计数据失真，也加大了银行业机构流动性压力。其二，部分银行从业人员与资金中介（掮客）合作，由后者高息揽存后，让授信企业“认领”，分担部分高息存款成本和中介返点，增大了企业的融资成本。

（2）多个领域的信用风险增大。2011 年，全年辖内银行业机构授信风险事件较上年明显增多，反映了全行业信用风险压力增大。一方面是部分民营中小企业过度担保、过度负债情况突出，提高了授信银行的损失风险；另一方面是房地产信贷风险持续积聚。在房地产调控政策下，宁波房地产交易量缩价跌，导致部分房地产相关企业资金周转压力增大。此外，地方政府融资平台偿还贷款本金高峰即将到来，此类贷款的收回和续贷也面临一定压力。

（3）多手段规避信贷规模中暗藏合规风险。2011 年，人民银行加强了银行业机构信贷投放规模和节奏的窗口指导，但部分机构为牟取短期利益，打“擦边球”逃避规模约束，存在严重的合规与操作风险。一些机构通过表外或中间业务手段，将应纳入信贷收支规模的资产移至表外，以逃避监管、隐藏规模，不仅妨碍了监管部门的正规监管，影响了金融统计的准确性，也为合规操作风险埋下了隐患。

（4）个别法人银行业机构仍面临较高风险。随着市场主体的增多和竞争的日趋激烈，部分地方法人银行业机构市场份额不断下降，生存压力越发突出，经营风险增大。个别机构贷款不良率偏高，资产质量堪忧，而存款吸收能力的不足，加剧了其流动性风险。此外，由于金融产品和服务单一，管理效率偏低、人才资源匮乏，操作风险和违规事件时有发生，部分机构未来发展面临较大不确定性。

（二）证券业稳健性评估

1. 行业运行状况分析

（1）市场主体呈现不同程度增长，证券体系进一步丰富。一是期货经营机构快速增加。截至 2011 年末，宁波共有期货业机构 28 家，证券分公司和营业部 60 家。二是投资者平稳增长。年末辖区证券投资者开户数为 89.09 万户，期货投资者开户数 15.11 万户，分别较上年增长 8.6% 和 1.4%。三是上市公司数量较快增长。截至 2011 年末，全辖共有上市公司 50 家，其中 A 股上市公司 38 家，同比新增 6 家。

（2）创新业务趋向多元化发展，主要创新业务风险控制较好。2011 年，辖区证券、期货经营机构相继开始向综合理财服务转型，寻找新的利润增长点。同时加强了与通讯运营商、高档楼盘开发商等合作，积累潜在客户群体。在创新业务方面，2011 年，融资融券业务、IB 业务和股指期货代理业务都进一步开展，相关营业部加强客户风险教育，提高风险控制效果。全年未出现客户穿仓、爆仓及坏账情况，同时，强制平仓较少发生。

（3）上市公司融资持续稳步增长，经营活动具有稳定的流动性支撑。在企业资金链趋紧、授信风险增多的情况下，辖区上市公司仍获得各类市场的融资支持。一是资本市场融资当年新增56.1亿元，同比增长12.9%；二是从银行取得各类融资余额318.77亿元，新增44.53亿元，同比增长16.2%；三是银行间市场发行短期融资券22亿元，有效改善了各公司的流动性。辖区上市公司类金融业务、对外投资活动增多。一方面是委托贷款、担保业务活跃等，另一方面是参与上市公司非公开发行、并购等形式股权类投资较多。

（4）法人机构稳健性分析。宁波杉立期货经纪有限公司（以下简称杉立期货）为宁波辖区唯一一家证券行业法人金融机构。2011年，杉立期货进一步实施内部控制、风险管理、薪酬福利等制度建设，促进研发、交易、风控、结算、财务、技术等各个环节紧密度提高，全年主要风险管理指标符合监管标准，客户风险控制良好，创新业务得到拓展，整体呈现出相对稳定的状态。

2. 需关注的问题和风险

（1）经纪业务萎缩明显，集合资管业务低迷。2011年，证券市场行情大幅震荡向下，致使传统通道业务趋向萎缩。同时，辖区期货经营机构也进入调整时期，特别是下半年其交易规模一直处于负增长状态。2011年，辖区有60%的营业部办理销售集合理财产品业务，但从总体上看业务发展疲软。一是市场不景气，多数集合理财产品出现亏损，对投资者吸引力较低；二是与银行理财业务相比，投资者对该类销售渠道较为陌生；三是有些营业部开办业务的目的仅为完成考核指标。

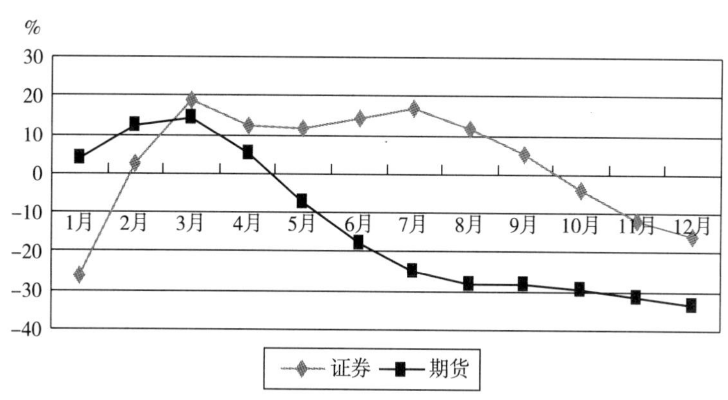

图3 2011年宁波辖内证券、期货累计成交量同比增幅变化

（2）价格战屡禁不止，盈利水平不断降低。随着证券、期货经营机构不断增多，同业价格战屡屡出现，造成经营机构盈利水平不断下降，特别是证券代理交易利润率近两年始终处于下滑状态。统计数据反映，2011年，辖区证券、期货经营机构手续费收入分别为11.55亿元、3.61亿元，同比分别减少34.4%、14.6%；利润总额分别为5.14亿元、4 286万元，同比分别减少51.6%、30.1%。全年证券营业部亏损面为20%，期货经营机构亏损面接近40%。

（3）客户保证金大幅波动向下，客户风险意识有待提高。2011年，辖区行业客户保证金不断波动向下，年末证券、期货经营机构客户保证金余额分别为79.53亿元、21.69亿元，同比分别减少48.3%、15.4%。这一方面与市场震荡调整资金相继撤离相关，另一方面与银行机构“冲时点”吸存导致资金转移有关。新股发行、客户流动导致客户保证金结构性波动，也影响了资金稳定性。同时，存在部分客户对风险揭示不重视、风险控制不力等一些较为突出的问题，给风控工作造成一定阻碍。

（4）系统保障有待增强，银证合作有待规范。2011 年，用于支持交易、转账等相关系统仍有一些突发事件发生，在三方存管业务中，一些银行转账系统尚不完善，对证券机构业务的平稳开展构成潜在的风险隐患。另外，银证合作还存在以下问题。一是银证自动批量转账（三方回转业务）业务易造成对客户的迷惑并形成投诉，出现风险，目前该业务已被监管部门发文禁止。二是银行员工为完成第三方存管任务开立空账户的情况依然存在。

（5）部分上市公司违规行为时有发生，中小创业板上市公司业绩迅速下滑。2011 年，辖区部分上市公司在信息披露、财务管理等多方面存在问题，违规经营事项时有发生，内部治理需要进一步改善。同时，上市公司业绩参差不齐，盈利和预期相差较远、业绩下滑明显等现象突出，尤其以中小、创业板公司最为典型，增添了市场的不稳定性。另外，一些上市公司因业绩、政策调整等因素，原拟定的激励、募资计划相继取消。

（三）保险业稳健性评估

1. 行业整体运行状况

（1）机构主体升级改善，保费规模稳定增长。截至 2011 年末，辖内共有保险业经营机构 47 家，较上年新增 1 家，即慈溪市龙山镇伏龙农村保险互助社，此为全国首家农村保险互助社，多家保险营销机构升格为分公司或中心支公司。保险兼业代理机构 3 013 家，全年累计实现原保费收入 148.60 亿元，同比增长 16.37%。年末行业总资产达 258.90 亿元，较年初增长 21.91%。全辖保险密度 1 877 元/人，保险深度 2.48%。

（2）部分业务产品结构发生积极变化，行业风险集中度高的情况有所调整。财产险方面，赔付支出相对较少的非车险业务增长较快。2011 年，辖内财产险市场非车险业务实现保费收入 24.26 亿元，同比增长 24.30%，高于车险业务 13.99% 的增速，人身险方面，继续率不断提升。一是新单期缴占比较高。2011 年，辖内人身险公司实现新单期缴保费 14.90 亿元，新单期缴率 47.18%，较上年提高 0.81 个百分点。二是续期保费增长较快。人身险公司全年共实现续期保费 37.17 亿元，同比增长 38.66%。

（3）保险中介继续发挥主渠道作用，专业代理机构呈现恢复性发展态势。2011 年，辖内保险中介继续发挥销售主渠道作用。全年通过保险中介渠道实现保费收入 95.32 亿元，占总保费收入的 64.15%，较上年提高 1 个百分点。从各类中介渠道看，专业代理机构与保险公司合作加深，全年总代理保费 2.69 亿元，同比增长 147.66%，占总保费收入的 1.81%。保险兼业代理机构渠道实现保费收入为 53.34 亿元，同比增长 2.62%，增幅明显趋缓，较上年同期下降 39.56 个百分点。

（4）政策性保险覆盖面扩大，政策性功能进一步发挥。2011 年，政策性农业保险覆盖面进一步扩大，承保品种较上年增加 3 个，总数达到 20 个。全年共实现保费收入 6 339.52 万元，同比增长 39.70%；政策性农村住房保险承保 138.34 万户农房，保费收入 1 383.38 万元。小额贷款保证保险实现保费收入 3 124.7 万元，同比增长 151.61%，实现银行融资 14.2 亿元，同比增长 230.20%。政策性出口信用保险继续快速增长，全年实现短期险（政策性保险）保费收入 3.36 亿元，同比增长 27.76%。

2. 需关注的问题和风险

（1）财产险市场份额集中度较高，寿险机构保费增减明显分化。2011 年，辖内财产险市场集中度较高。人保、太保和平安三家机构合计占辖区财产险市场保费收入的 65.92%，承保利润占财产险市场盈利总额的78.59%。寿险机构业务发展分化明显，21家寿险机构中，有6家保费收入负增长，而一些机构保费收入快速增长，原因是受到银保代理新政中“1对3”的排他性规定影响，使一些掌握资源较多、溢价能力较强的保险机构获得了更多的销售发展空间，寿险市场竞争日渐激烈，机构经营分化更加明显。

（2）财产险赔付支出快速增长，机构偿付能力降低。2011年，辖内财产险机构赔付支出38.24亿元，同比增长35.42%，其中车险赔付支出占78%。全年财险综合赔付率60.53%，同比上升2.52个百分点。赔付增长的主要原因是车险事故案件增加、人伤赔付标准提高，火灾较为频繁发生，政策性保险的脆弱性明显显现等。另外，财产险的理赔资源总体不足，如车险人员及车辆配置比均有所下降。

（3）寿险退保率有所反弹，退保风险须重视。2011年，辖内寿险机构退保金支出8.34亿元，同比增长53.74%。退保率3.06%，较上年上升了1个百分点，简单退保率（退保金/保费）达到12.13%。主要原因包括：一是加息导致保险产品相对银行理财产品吸引力下降；二是到达一定期限后一般选择自动退保的人情单、贷款捆绑业务增多；三是销售误导现象仍在一定范围内存在。

（四）金融综合化经营

1. 金融控股公司

目前，宁波辖区没有纯粹的金融控股公司，但现有4家被非金融机构控股的金融机构，即宁波港集团财务公司、昆仑信托、协和银行、杉立期货。其控股股东普遍投资了2家（或以上）金融机构。这些机构在发挥财务协同效应、集团规模优势的同时，如何防范风险在不同机构、行业间的蔓延，将决定其未来的稳健运行情况。

2. 产融结合

经济环境的日渐复杂，激发了企业投资参股金融的热情。2011年，辖区多家城乡合作金融机构开展增资扩股，吸引了众多企业投资入股。此外，民营企业对发起设立村镇银行以及小额贷款公司、典当行等也表现出较高的积极性。但是，一些企业参股金融动机不纯，加上投资人对金融业管理经验缺乏、风险意识不强，影响被投资机构的长远稳健发展。

3. 银证保交叉业务

2011年，宁波金融机构跨行业交叉业务平稳开展，但受监管加强、创新不足影响，交叉业务品种相对集中、业务规模有限。主要包括银证（期货）第三方存管业务、代售基金和代理保险费等。此外，在地方政府和行业监管部门的推动下，出口信用保单项下贸易融资和小额信贷保证保险得到积极发展，并逐渐成为辖区的新型融资担保模式。

三、影子银行与金融稳定

（一）小额贷款公司

2011年，辖区小额贷款公司数量继续增长。截至年末，辖区共有小额贷款公司23家，较年初增加5家。注册资本合计46.30亿元，年末贷款余额67.8亿元，同比增长12.28%。小额贷款公司从银行业金融机构融资比例一直保持在40%，上下波动，小额贷款公司利率逐步走高，加权平均年利率最高达到23.21%。值得注意的是，各公司贷款集中度不断提高，违背了“小额、分散”的政策要求，同时，小额贷款公司不良贷款增加，资产质量值得关注。

（二）担保机构

2011年末，辖区在经济委员会备案登记的融资性担保机构为79家，比年初增加37家，数量增长迅速。79家机构注册资本合计41.9亿元，比年初增长71.2%。全年共实现担保总额242.9亿元，在保责任余额167.5亿元，同比增幅均超过60%。目前多数担保机构资本规模较小，抵御风险能力较弱。部分担保机构主营业务收益与风险不匹配，在银保合作中处于弱势，加上部分机构自身管理相对薄弱，违规经营时有发生，合规性值得关注。

（三）典当行

2011年，辖区典当行新增1户，总量达到64户。全行业经营业绩稳步上升，盈利水平不断增长。全年典当总额37.7亿元，同比增长18.9%。年末典当余额8.6亿元、综合服务收入0.98亿元，分别同比增长11.8%和27.7%。目前多数典当行的规模普遍偏小，员工人数少，缺乏完整、有效的内控管理机制，业务操作规范性欠缺，存在诸多漏洞，并且过于倚重个人的知识经验，业务上存在一定的风险隐患。

（四）股权投资

作为人民银行上海总部确定的长三角地区股权投资的试点城市之一，宁波股权投资发展迅速。目前共有股权投资（含创业投资，下同）机构152家，其中2011年新设94家，增长1.62倍。全部股权机构注册资金共计116.7亿元，注册资金规模超2亿元的机构有14家。随着股权投资机构不断增加，该行业改善当前的融资体系、调整融资风险结构的意义正逐步显现，但仍需加快探索相关监管制度和监管体制，以促进其持续健康发展。

四、金融市场运行

（一）同业拆借增速加快，隔夜品种交易活跃

2011年，辖内金融机构同业拆借交易量达到4 070.99亿元，较上年增加1 707.16亿元，增幅72.2%，月均交易量达339亿元。从交易品种看，主要集中在1天品种，全年累计交易3 806.09亿元，占总交易量的93.5%，同比增长85.4%。从交易主体看，宁波银行、鄞州银行两家法人机构各占约50%。

（二）票据签发快速增长，贴现利率持续高位

受信贷规模收紧影响，银行承兑汇票的签发量持续快速增长。2011年全辖银行业金融机构累计签发银行承兑汇票4 917.1亿元，同比增长25.7%，增速显著高于贷款。全年累计办理票据贴现2 535.4亿元，同比增长7.5%，其中商业承兑汇票累计贴现占比从上年的20.8%提高至24.2%。贴现利率持续不断走高，其中在流动性最紧的9月、10月，票据年化直贴利率超过10%。

（三）债券交易增减互现，债券发行量上升

1. 债券回购交易量升价跌，现券交易量回落

全年宁波金融机构债券回购累计交易2.22万亿元，同比增长72.4%。全年回购量震荡上升，而回购利率震荡下行，其中1天品种占总交易量的89.8%。2011年，全辖累计成交现券3.35万亿元，同比增长82.4%，其中以央行票据成交量最大。全年成交量先升后降，5月为年内高点，收益率呈震荡上行趋势。

2. 债券发行量同比上升

2011年辖内累计有7家企业注册短期融资券47亿元，发行46亿元，另有2家企业发行中期票据28亿元，债券发行量的增长，反映了辖区企业直接融资渠道的拓宽，对改善融资结构、优化资金配置有积极意义。

（四）外汇即期交易量回落，其他品种交易量上升

2011年，宁波辖区外汇即期交易累计折合2 521.26亿美元，较上年减少3.3%，全年呈震荡下行趋势；外汇远期交易成交折合23.28亿美元，同比大幅增长104.4%，掉期交易折合576.27亿美元，同比增长9.6%。从交易主体看，宁波银行完成了即期交易量的95.6%，而外汇远期、掉期交易则全部由其完成。

（五）黄金交易量价齐升

2011年，宁波各商业银行累计完成各类黄金交易34 367.9千克，较上年增长28.9%，成交金额117.02亿元，较上年增长62.5%。从结构上看，账户金的成交量和成交金额均占62%。分机构看，全年交易量最大的为工商银行和建设银行，两家机构分别占总成交量的40.1%和21.9%。黄金交易的持续走热，反映了当前投资者避险保值需求的增强。

五、金融基础设施建设

（一）支付清算体系

2011年，宁波辖区支付系统稳定运行，清算业务稳步增长。支付体系建设深入推进，对各类支付清算系统参与者的管理审核得到强化，电子商业汇票得到有效推广。通过加强对新型非金融机构支付服务组织的审查和管理，维护了支付市场秩序的稳定。各类票据支付工具管理继续加强，银行账户开立和使用的规范性有所提高。目前银行卡违法犯罪活动仍时有发生，网上支付安全问题形势严峻，境外机构人民币结算账户管理等也面临新的挑战。

（二）征信体系

2011年，宁波继续推进“信用宁波”建设。其一是信用信息采集和应用范围进一步丰富，提高了征信数据库的应用价值；其二是中小企业信用档案征集、更新工作深入进行，引导银行机构对已建档案企业提供信贷支持；其三是农村信用体系建设继续推进，在增强农村居民信用意识的同时，

提高了金融支农成效。此外，通过信用评级业务管理和征信宣传方式的不断创新，提高了信用评级的科学性，增强全社会爱信、守信意识，优化辖区信用环境。

（三）反洗钱体系

2011 年，辖区全面开展反洗钱非现场监管评价，实行反洗钱分类监管，并初步开展非金融支付行业反洗钱监管，扩大监管覆盖面。金融机构通过加强针对性监测，提高反洗钱资金监测和可疑报告水平和情报价值。辖区部分金融机构创新开发监测模型，挖掘重点可疑交易线索，提高了可疑交易报告质量和反洗钱工作综合效能。全年社会公众对反洗钱工作认知得到强化，反洗钱和反恐怖融资工作能力得到增强。

（四）货币发行与反假币体系

2011 年，辖区开展人民币流通管理年活动，切实提升反假货币管理和货币发行流通工作水平，安全高效地完成发行基金的投放与回笼，引导金融机构、社会公众做好假币收缴与公安部门查缴假币实物的解缴工作，有效保障人民币流通秩序。全年辖区现金净投放规模再创历史新高，而假币收缴量显著减少，反假币工作成效显现。随着不法分子制假、贩假手段的变化，反假币工作仍需持续加强。

（五）金融生态

2011 年，在复杂的经济金融环境下，辖区金融生态总体健康，但也受到一些不利影响，表现为企业资金链断裂事件多发，民间借贷持续活跃，非法集资案值增大等。辖区各相关部门、金融机构协调配合，创新探索更为科学有效的手段和方式。通过实践“两管理、两综合”、试点金融消费者权益保护和金融知识宣传教育等手段，优化区域金融生态环境。

（六）审慎性监管

2011 年，宁波银监局加大了银行业风险监管惩处强度。通过设定监管目标、层层落实责任制、鼓励外部举报等手段，加强银行业机构经营的合规性；通过构建差异化监管体系、促推“长牙监管”等，加大银行业服务地方经济的力度，提高监管的科学性和效率。

2011 年，宁波证监局按照“放松管制、加强监管、鼓励创新、防范风险”的原则，出台多项政策措施，不断提升监管职能。一是推进转型升级、加强合规管理；二是深化内幕交易防控工作；三是规范同业竞争与合作，提高行业合规稳健发展水平。

2011 年，宁波保监局加大对指标异常机构的预警和监管力度，重点加强保险公司理赔服务监管，指导保险行业加强和完善自律，推动政策性农险业务和产品不断增加、信用保险覆盖面不断扩大，深入推进小额贷款保证保险试点工作，增强保险的保障服务能力。

六、定量评估

（一）稳定状况综合评估

结合辖区经济金融特点及指标数据的可得性，本报告选取了宏观经济、金融业、非金融部门、金融生态等 6 大类、36 项指标，构建了区域金融稳定评价指标体系。并采用权重测算方法，沿用层次分析法，得到各层指标的权重与综合得分。

通过对辖区 2004—2011 年金融稳定状况的评估，2011 年辖区金融稳定得分为 30.20 分，较上年有所提高，表明不稳定因素有所增加，但得分仍处于稳定区域。其中因整体环境发生不利变化，区域经济运行、证券业和金融生态评估有所恶化。银行业、保险业略有改善。

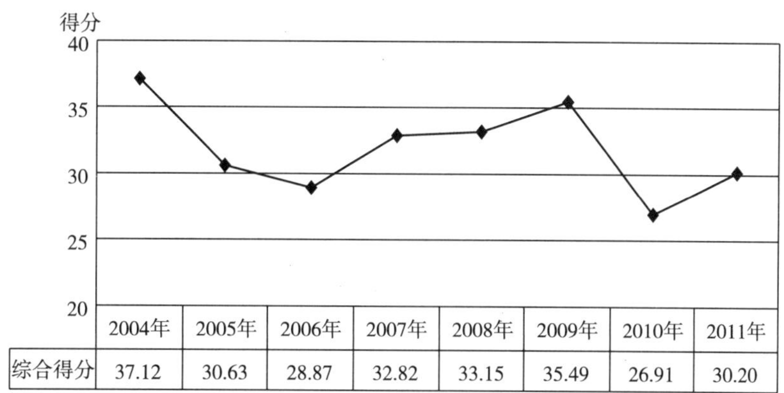

	2004年	2005年	2006年	2007年	2008年	2009年	2010年	2011年
综合得分	37.12	30.63	28.87	32.82	33.15	35.49	26.91	30.20

注：分值越小，表示风险越低，稳定状况越好。

图 4　宁波辖区 2004—2011 年金融稳定状况趋势图

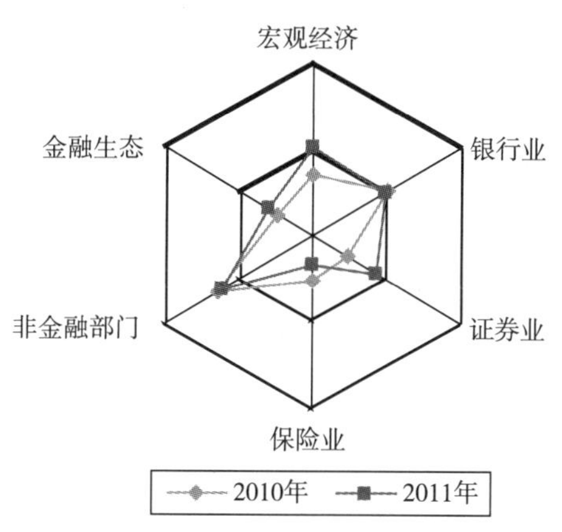

图 5　宁波辖区 2011 年和 2010 年金融稳定得分雷达图

（二）情景压力测试

1. 法人银行机构利率风险压力测试

本压力测试以 2011 年末辖区 5 家中小法人银行机构为样本，假定利率下降 200 个基点的情景。测试结果表明，除宁波银行外，其余样本机构对利率下调的反应均为负面。多数机构的资产负债配置为资产敏感型，对可能出现的降息风险防范不足，可能导致净利息收入的减少和资本净额的下降。

2. 银行业金融机构房地产贷款压力测试

本压力测试设定的风险因素仅为房地产价格一项，测试对象为 12 家样本机构 2011 年末的个人住房贷款和房地产开发贷款余额。测试结果表明，在各种压力情景下，样本机构对房地产贷款承受压力能力普遍较上年下降。此外，部分银行未对房地产类贷款计提损失进行专项准备，也成为房地产贷款面临的潜在风险。

七、政策建议

（一）加强跟踪国内外复杂形势变化，坚守不发生系统性和区域性金融风险底线

2012年，需要密切关注、科学分析国内外经济金融形势新动向，准确评估，及时预警。增强金融风险应对合力，防止风险的传导与扩散。继续关注房地产、政府融资平台，以及高关联度企业等重点领域金融风险变化情况，合理运用压力测试等手段，提高对这些风险的敏感性，坚持守住不发生系统性和区域性金融风险的底线。

（二）促进以创新带动经营模式转型，不断提高IT系统技术保障

在日益充分竞争的同业市场，银证保金融机构应加强产品和业务创新，实现收入多元化和风险分散化。同时，应增强全面风险管理意识，建设全方位的内部控制、风险管理体系。推动小法人机构加快改革创新步伐，提升市场竞争力，夯实可持续发展基础。同时，应不断推进IT系统建设和各类情景测试，杜绝因系统突发故障而发生的群体性事件。

（三）牢固合规经营防线，加大对客户端风险管理

金融机构应始终增强合规经营、诚信经营的意识，高度重视对客户经理、营销团队的建设，保持从业人员的相对稳定，严密防控各类内幕交易、账外经营、犯罪案件等，防止操作风险、道德风险、信誉风险等多个风险叠加。各相关管理部门应进一步明确政策规定和行业自律公约，加强监管，促进行业稳健、可持续发展。

（四）促进上市公司改善内部治理，加快推进IPO改革

要督促上市公司增强规范运作意识，完善内部治理，严格执行信息披露制度，增强企业信息透明度。切实提高上市公司质量、增强证券市场运行的稳健性，避免相关指数大起大落，提高投资者对市场的信心。加强上市后公司业绩追溯调查，打击和防控资本市场内幕交易，保护证券行业中小投资者利益。

（五）规范影子银行经营活动，改善区域金融生态

加快推进影子银行相关法律制度建设，研究建立其与正规金融机构之间的防火墙机制，防范风险交叉性传递和感染。加强投资者教育，增强判断与风险辨别能力。相关部门要加强沟通协调，开展对非法金融活动的监测和打击，优化区域金融生态，切实维护辖区金融稳定。

总　　纂：周伟军
统　　稿：鲍　雯
执　　笔：邓忠斌　蒋晓亮　陈志强
其他参与写作人员：马喜中　陈　达　郭乐琴　胡　国　徐翰挺
黄　健　阮晓东　温小敏

厦门市金融稳定报告摘要

2011年，厦门市把握历史发展机遇，投资、出口和消费“三驾马车”稳步增长，实现经济增长速度和质量双提高，为区域金融稳定提供了有利条件。银行业信贷投放总量、结构和节奏均不断优化，资产规模、质量和效益持续提升；证券期货业在逆境中保持稳定运行，资本市场融资功能稳定发挥；保险业保持快速增长，业务结构、质量和效益均向好发展；金融市场运行平稳，交易总体保持活跃，投融资功能持续发挥；厦门市金融基础建设持续推进，各项设施运行安全高效。但是，经济金融面临的风险和挑战有所增加，下行风险加大。

一、区域经济运行与金融稳定

（一）区域经济运行情况

2011年，厦门市积极推进海峡西岸经济区建设，经济运行保持良好态势，实现了“十二五”时期经济社会发展良好开局。但是，区域经济运行仍然面临诸多不确定因素，经济的持续快速增长面临较大挑战。

1. 经济增长企稳，经济结构调整艰难复杂

全年实现地区生产总值2 535.80亿元，同比增长15.1%，增速连续两年保持在15%以上，经济增长恢复到2008年金融危机之前的水平，呈现较快发展态势。但同时，经济结构呈复杂而艰难调整之态，供给结构继续延续上年的调整趋势，第二产业贡献上升，三次产业增加值同比分别增长-4.0%、17.4%、13.1%，三次产业比例为1.0:51.4:47.6；需求结构方面，“三驾马车”对经济的拉动作用有所微调，社会消费品零售总额未再延续上年增势，而固定资产投资重拾增势。

2. 工业生产规模稳步提高，经济效益稳定增长

2011年，厦门市工业经济保持良好运行势头。全市累计实现工业总产值4 569.97亿元，同比增长18.2%，实现工业增加值1 116.40亿元，同比增长19.5%，占地区生产总值的比重为44.0%，对其增量的贡献率为52.7%，仍为拉动经济增长的主动力。全年规模以上工业经济效益综合指数达211.34%，同比提高9.64个百分点，再创历史新高；实现利润294.30亿元，同比增长8.24%。

3. 固定资产投资快速增长，投资结构有所改善

2011年，在重点项目带动下，固定资产投资快速增长。全年完成全社会固定资产投资1 126.28亿元，同比增长30.2%，增速比上年提高15.7个百分点，比全国水平高出6.4个百分点。同时，受宏观调控政策导向影响，投资结构有所改善，工业投资继续延续上年的良好增势，同比增长29.5%，占全社会固定资产投资的比重为20.5%，基础设施和房地产投资的比重则出现较大幅度下降，同比

分别下降3.1个、7.1个百分点。

4. 消费市场较快增长，市场物价高位企稳

2011年，受物价上涨影响和居民收入增长拉动，消费市场保持较快增长，较好地发挥了拉动经济增长的作用。全市实现社会消费品零售总额810.69亿元，同比增长16.4%；全年居民人均消费支出22 314元，同比增长11.8%，增幅同比提高0.8个百分点。

2011年，各类物价水平表现出不同走势，但总体上高位企稳。一是居民消费价格涨幅持续扩大的态势得到遏制，全年居民消费价格总水平（CPI）同比增长5.2%，低于全国水平0.2个百分点。二是工业品出厂价格（PPI）由近年的负增长转为正增长，全年指数为100.2，比上年提高1.0个百分点。三是在惠农政策以及各类成本上升的作用下，农产品价格上涨较快，同比上涨8.6%。四是房地产政策调控效应显现，房地产市场观望氛围渐浓，房价上涨势头得到遏制。

5. 对外贸易取得重大突破，对台贸易优势提升

2011年，厦门市实现外贸进出口总额701.67亿美元，突破700亿美元大关，同比增长23.0%，比全国增速高出0.5个百分点。其中，出口、进口和贸易顺差同比分别增长20.7%、26.8%和11.1%。厦门市新签外商直接投资项目368个，合同利用外资22.42亿美元，同比增长36.4%；实际利用外资17.26亿美元，居福建省九地市首位，同比增长1.7%。

2011年，厦门市对台贸易总额72.4亿美元，同比增长13.4%，占全省比重提高至62.4%。特别地，ECFA项目下对台贸易呈快速增长，出口、进口同比分别增长73.1%和14.6%，占全部对台贸易比重为10.5%。

6. 居民收入稳步增长，财政收入迈上新台阶

2011年，在个人所得税政策调整、工人工资提高、农产品价格上涨等因素带动下，居民收入增长较快。厦门市城镇居民人均可支配收入33 565元，同比增长14.7%，农民人均纯收入11 928元，同比增长18.9%，城乡居民收入差距缩小。

2011年，厦门市财政总收入达到651.61亿元，同比增长26.2%，其中地方级财政收入370.68亿元，同比增长32.6%。同时，厦门市继续加大民生工程投入，提升公共生活水平，保障民生福利，全年财政支出389.59亿元，同比增长26.9%。

7. 就业形势持续好转，用工难现象倒逼产业转移

2011年，在工业经济快速发展的带动下，企业用工需求有所增加，就业形势处于较好状况。全年企业用工需求236.74万个次，同比增加2.20万个次；年末厦门市城镇登记失业率为3.19%，同比降低0.14个百分点；年末就业登记在岗职工148.39万人，同比增加18.22万人。同时，招工难、用工难现象依然存在，不少企业反映劳动力成本上涨、招工难、工人队伍不稳定等影响了企业正常经营，甚至出现部分企业内迁至西部或者外迁至东南亚国家的现象。

（二）区域经济运行需关注的问题

1. 区域比较优势发挥不足

近年来，随着长三角、珠三角、京津冀和成渝经济圈的快速发展以及东北、中西部的振兴，作为海西经济区龙头的厦门市，在政策、人才、资金、技术、腹地等各方面的区域比较优势都渐趋弱化，导致厦门市在国内同类城市中的竞争力下降。2006年以来，厦门市主要经济指标在同类城市中的份额呈现下降趋势。

2. 经济持续稳健增长动力有待提升

一方面，厦门市新增工业企业数量少、规模小，工业投资规模偏小、工业投产项目偏少，工业企业各类成本持续上升、内需提振不足，未来工业经济增长动力不足。2011 年，厦门市规模以上工业增加值同比增长 19.5%，增速比上年回落 5.0 个百分点，同时，亏损企业亏损总额增长 127.62%。另一方面，外贸企业既面临全球经济疲弱，经济复苏缓慢、国际金融市场动荡等恶劣的外部环境，还面临原材料、劳动力和财务成本等持续上升的压力，2011 年出口同比降低 7 个百分点，未来出口增速可能进一步放缓。

3. 经济增长模式转型尚未完全

收入结构方面，城乡居民虽然在一定程度上分享了经济增长的收益，但是在国民收入分配格局中仍处于偏弱位置。财政收入的增速长期高于城乡居民收入增长和地区生产总值增长，财政收入占地区生产总值的比重不断提高，截至 2011 年末，该比重为 25.70%，比全国平均水平高出 6.67 个百分点。支出结构方面，虽然近两年“投资拉动型”的增长模式有所改善，但是以消费带动经济增长的方式仍未建立起来。2011 年，厦门市社会消费品零售总额增速仅为 16.4%，比上年降低 4.6 个百分点，也落后于同期固定资产投资增速 13.8 个百分点。

二、金融业与金融稳定

（一）银行业

1. 银行业运行情况

（1）银行体系机构主体不断增加，资产负债规模持续壮大。2011 年末，厦门市共有各类银行业金融机构主体 37 家，比上年增加 3 家；其中中资金融机构 21 家，外资金融机构 16 家（含代表处 4 家）。银行业金融机构资产总额 6 921.84 亿元，同比增长 27.02%，负债总额 6 696.53 亿元，同比增长 26.81%。

（2）存款增速回落，贷款投放向常态回归。2011 年，厦门市中外资金融机构本外币存款年末余额 4 957.46 亿元，比年初增加 521.78 亿元，同比增长 11.76%，增量和增速均出现回落，吸储难度增加。同时，各季度间存款增量波动剧烈，且季末冲高特征再次显现。

2011 年，厦门市中外资金融机构本外币贷款年末余额 4 340.70 亿元，比年初增加 562.91 亿元，同比增长 14.90%，增量和增速均向常态回归。年末本外币存贷比为 87.56%，比年初提高 6 个百分点。全年贷款投放节奏基本平稳，新增贷款以短期贷款和票据融资等短期性融资为主，年末中长期贷款比重为 57.40%，比年初下降 2.85 个百分点。房地产宏观调控效果明显，房地产贷款增速回落，新增贷款较多投向实体经济并进一步向中小企业倾斜。

（3）银行业快速健康发展，风险总体可控。2011 年，厦门市银行业金融机构风险管理能力不断提升，利润水平不断提高，各项主要风险指标保持良好水平。一是资产质量保持较优水平。2011 年末，不良贷款余额 26.78 亿元，同比增加 0.90 亿元，不良贷款率 0.62%，同比下降 0.10 个百分点。二是流动性风险可控。法人银行业金融机构平均存贷比持续走低，2011 年末为 55.18%，同比下降 3.43 个百分点；平均流动性比例为 58.86，同比小幅提高 3.85 个百分点。三是盈利水平大幅提高。厦门市银行业金融机构全年实现税后利润 104.99 亿元，同比增长 57.18%。平均资产利润率、资本利润率都同比明显提高。四是法人银行机构资本比较充足。年末法人银行机构资本净额同比增长26.74%，整体资本充足率为13.12%，比年初降低1.01个百分点。五是风险抵补能力继续高位提升。截至2011年末，厦门市银行业贷款损失准备充足率为259.55%，比年初提高33.51个百分点；拨备覆盖率为271.96%，比年初提高23.73个百分点。

2. 银行业改革继续推进

2011年，国有控股商业银行不断推进现代金融企业建设，市场竞争力持续增强，中小法人金融机构改革取得重要成果。厦门市农村信用合作联社（以下简称农信社）的农村商业银行改制工作取得阶段性进展，新股东的入股资金到位并完成验资工作。厦门银行股份有限公司（以下简称厦门银行）继续推进跨区域发展，加强与台湾富邦金控的战略合作，强化内部流程梳理和风险控制。厦门国际银行改革稳步推进，启动了老股东股权转让、与意向投资者洽谈、与主要投资者签署谅解录和谈判等工作。

3. 银行业运行需关注的问题

（1）受外部复杂环境影响，银行业潜在信用风险可能进一步暴露。2011年下半年，银行业信用风险暴露增加，不良贷款连续两个季度出现反弹。在经济下行压力增大、体系外资金冲击等背景下，以往被经济高速增长掩盖的大量信贷投放风险将可能进一步暴露，主要体现在房地产开发商资金链吃紧，中小房地产开发商贷款面临较大的坏账风险；部分中小企业在恶劣市场环境下产生的经营风险将向银行业传递；个别企业因民间融资资金链断裂产生的风险也可能向银行蔓延。

（2）存款稳定性减弱，银行业存款营销和流动性管理面临较大压力。在金融市场不断发展、金融创新日新月异、投资理财渠道趋于多元化和长期通胀压力背景下，存款实际负利率导致社会资金产生脱媒现象，同时，商业银行固化的存贷比考核机制导致商业银行操纵社会资金在表内和表外大规模对流，造成人民币存款季度波动剧烈。2012年，随着存贷比考核监管进一步严格，银行间竞争更加激烈，高息揽存和变相揽存问题可能更为加重，银行业存款营销和流动性管理压力将进一步增大。

（3）银行业经营总体粗放，盈利内生动力有待提升。从盈利增长持续性看，在目前经济增速缓慢回落背景下，过去银行业依靠政策红利和经济增长的盈利增长模式难以为继。从盈利增长来源看，净利息收入快速增长，而中间业务收入贡献不足。从盈利模式看，银行业深化改革和防范风险的内生动力不足，战略定位不够科学合理，同质化竞争较为严重，迫切需要进行内部转型，改变粗放经营方式，提升内生动力，实现科学发展和稳健经营。

（二）证券期货业

1. 证券业运行情况

（1）证券期货市场经营主体持续增加，多层次的服务体系基本形成。截至2011年末，厦门市共有证券公司1家，期货公司2家，证券投资咨询公司4家，证券公司分公司1家，基金公司分公司1家，证券投资咨询分公司1家，证券营业部49家，期货营业部20家，外资证券公司代表处3家。与上年末相比，新增上市公司3家，证券公司分公司、基金公司分公司、证券投资咨询分公司各1家，证券、期货营业部9家。同时，还有3家期货营业部正在筹建中。

（2）投资者户数持续增长，市场交易清淡。2011年，证券期货市场的投资者开户数继续保持增加，截至2011年末，厦门市证券账户总数为141.01万户，资金账户总数为87.43万户，同比分别增长9.62%、7.33%；期货投资者户数为6.04万户，同比增长23.27%。但是，受2011年证券期货市场表现疲软影响，投资者交投积极性不高，交易相对清淡，全年证券和期货交易总额同比分别减少4.85%、13.83%；截至2011年末，投资者证券托管市值和客户交易结算资金同比分别减少17.38%、48.47%。

（3）市场规模持续扩大，融资工作成绩喜人。2011年厦门市企业累计从资本市场募集资金40.44亿元，其中首发融资35.88亿元、再融资4.56亿元。2011年，厦门市有4家企业先后IPO上市，此外，还有13家企业处于证监会审核或辅导备案阶段。

（4）上市公司质量整体提升，参与期货市场企业大幅增加。2011年前三个季度，厦门市上市公司整体业绩稳步增长。截至9月末，厦门市28家上市公司总资产较上年末增长28.76%；前三个季度累计实现营业收入和归属上市公司股东的净利润同比分别增长54.24%和34.81%。同时，产业企业利用期货市场进行风险管理的能力大大提高，参与期货市场的企业达到511家，比年初增加了200多家；郑州商品交易所还在厦门翔鹭石化股份有限公司设立PTA交割仓库，成为福建省第一个期货交割仓库。

2. 证券期货业运行需关注的问题

（1）证券期货经营机构经营风险持续积累。2011年，市场持续低迷、机构之间竞争加剧、佣金率持续下降等给证券期货机构经营带来明显的不利影响，继2010年后，经营业绩再次出现大幅下滑。2011年，厦门市证券经营机构实现营业收入和利润总额同比分别减少25.53%、50.86%。期货经营机构实现营业收入和利润总额同比分别减少4.78%和9.33%。

（2）资本市场融资功能有待深化。与间接融资相比，直接融资仍处于配角地位，2011年的市场低迷对直接融资更是产生不利影响，未来资本市场融资功能的稳定发挥有待继续强化。截至2011年末，当年厦门市境内股票筹资与当年银行贷款增加额的比为5.62∶100，同比降低了2.41个百分点；厦门市境内上市公司总市值占地区生产总值的比重为41.30%，同比降低25.96个百分点。

（3）海外上市公司监管亟待加强。作为市场经济活跃、经营理念较先进的地区，厦门市有不少企业远赴中国香港、新加坡、美国等地上市融资，但是，目前没有明确部门负责对这些海外上市企业的监管或备案，这类企业在国际资本市场上遭遇围堵或冲击后，其风险极有可能向境内传递，导致一些不可控的负面影响。

（三）保险业

1. 保险业运行情况

（1）业务增长名列前茅，市场体系不断完善。2011年厦门市保险业在地区生产总值快速增长的推动下，实现保费收入82.03亿元，同比增长24.6%。其中财产险和人身险保费同比分别增长23.0%和25.8%。同时，市场体系不断完善，机构数量稳步增加，全市现有保险公司主体35家、经营机构165家，专业中介机构30家。进入大陆的5家台资保险公司，已有4家在厦门市设立机构，厦门市呈现台资保险机构聚集地的发展态势。

（2）产险盈利能力大幅增强，寿险业务质量明显提升。产险盈利能力进一步提升。全年实现承保利润3.39亿元，同比增长74.9%。产险公司综合成本率为87.6%，低于全国7.7个百分点。寿险业务质量进一步提升，寿险业务新单期缴率44.5%，同比上升2.4个百分点。寿险公司APE折标率57.6%，下降1.8个百分点，高于全国15.1个百分点。

（3）风险指标保持稳定，中介业务真实性提高。产险公司应收保费率5.6%，同比上升2.8个百分点，高于全国1.5个百分点。寿险公司退保率1.7%，同比下降0.7个百分点，低于全国0.9个百分点。中介业务真实性提高。产险公司直销业务占比39.5%，上升9.3个百分点，高于全国9.1个百分点；个人代理业务占比12.8%，下降6.2个百分点，低于全国12.4个百分点。

（4）市场集中度有所下降，市场格局总体向好。保费规模前三位的产险公司市场占比合计为78.5%，同比下降0.5个百分点。中小产险公司平均市场份额依然不足，18家产险公司中9家市场占比合计仅达到4.3%，平均市场份额不到0.5%。保费规模前五位的寿险公司市场占比合计84.3%，同比下降0.4个百分点。同时，一些中型公司市场份额有所上升，总体而言，市场格局向好。

2. 保险业运行需关注的问题

（1）产险公司业务增速有所放缓。2011年，厦门市产险公司保费增长23.02%，增速同比下降22个百分点，其中，车险、企财险和信用险同比分别下降30个、2.7个和13个百分点。主要原因是由于汽车销量增速下降和车险费率改革以及国内外经济金融形势的影响，部分企业投保意愿和投保能力有所下降。

（2）寿险业务退保压力较大。寿险公司退保金同比增长44.3%，高于保费增速18.7个百分点。从险种看，分红险退保金增速较快，同比增长78.5%，占比高达84.1%。如果2012年公布的分红险收益率无法达到预期，可能引发集中退保风险，需引起关注。

（3）业务结构调整仍存在压力。在厦门市保险市场中，险种单一、对兼业代理渠道依赖度过高的问题仍较突出。财产险中车险市场占比接近70%，寿险中分红险市场占比超过85%，险种依赖度过高。同时，车行渠道提供了车险近50%的业务，寿险公司业务超过35%来源于银行渠道，渠道结构调整压力犹存。

（四）准金融业

1. 融资性担保业

（1）融资性担保行业秩序不断规范，公司资产负债规模不断扩大。2011年，厦门市融资性担保公司监管委员会开展了对辖区担保公司的清理整顿，截至2011年末，有45家公司获得融资性担保公司经营许可证。融资性担保公司[①]资产、负债同比分别增长21.01%、9.64%。

（2）担保业务规模稳步增长，增信作用进一步发挥。2011年，全市融资性担保机构累计担保总额为210.91亿元，其中，融资性担保总额116.85亿元，同比增长37.13%。全年担保业务收入2.05亿元，同比增长14.78%，其中，融资性担保费收入1.50亿元，同比增长12.77%。

（3）银担合作环境恶化，担保机构经营状况不容乐观。厦门市银行业对银担合作较谨慎，银担合作门槛较高，全市融资性担保公司担保放大倍数仅为1.12倍。融资性担保公司整体经营情况不容乐观，2011年，全市44家融资性机构实现净利润4 908万元，同比减少2 624万元，下降34.84%。

（4）担保公司经营风险加大，不规范经营现象仍然存在。随着中小企业经营环境的日趋严峻，担保公司风险管控压力也加大。截至2011年末，全市担保公司担保代偿余额同比增长约3倍。此外，仍然存在个别担保公司偏离主业违规运作担保资金的现象，形成较大的应收账款。

① 仅为向系统报送数据的44家融资性担保公司的数据。下同。

2. 典当业

（1）典当机构运行平稳，整体实力不断增强。截至2011年末，厦门市共有典当机构36家。根据对已报送数据的34家典当机构的统计，典当机构资产、负债总额同比分别增长36.3%、28.6%。全行业典当（含利息及综合服务费）收入同比增长44.2%，净利润同比增长52.3%。

（2）典当环境恶化，典当业在夹缝中保持增长。受行业间竞争激烈、活跃的民间借贷等内外因素影响，原本狭小的典当业务空间发生裂变，个别典当企业开始出现经营性亏损，甚至关门停业的现象。即使如此，2011年，典当业仍然在夹缝中保持增长，全年典当总额同比增长21.1%。

（3）经营业务品种单一，典当业务有待开拓创新。房地产典当业务无论在业务量还是盈利水平上都是各典当行的支柱业务。随着国家加大对房地产行业的宏观调控，典当业如果固守房地产业务，不仅局限了盈利空间，也加大了自身风险。

（4）大部分典当机构规模不大，面临着资金短缺的问题。从注册资金规模看，小于3 000万元的典当机构占63.3%，大部分典当机构规模不大，面临着资金短缺的问题，制约了典当行业的发展。

三、金融市场与金融稳定

（一）金融市场运行情况

1. 同业市场

2011年，受宏观调控影响，市场流动性较上年收紧，为满足流动性管理需求，银行间资金融通业务较活跃。全年，厦门市法人银行业金融机构通过全国银行间同业拆借市场累计成交额同比增长22.2%，同业存放累计发生额同比增长1.2倍，存放利率总体呈上升态势，反映了市场资金需求强劲。

2. 票据市场

2011年，受市场及政策因素影响，票据市场交易清淡，尤其是转贴现和再贴现业务颇受冷落。全年累计承兑商业汇票同比增长9.8%，贴现同比增长9.64%，票据回购同比增长36.27%，转贴现同比下降19.13%。此外，金融机构办理质押回购式再贴现业务意愿不高，到年末再贴现业务已降为零。

3. 债券市场

2011年，债券市场在调剂银行体系流动性、实现投融资功能等方面继续发挥积极作用。全年3家法人银行在全国银行间债券市场累计成交额同比增长1.3倍，国债柜台交易同比快速增长66.5%。此外，厦门市企业积极拓展融资渠道，利用债券市场融资，全年在银行间债券市场累计发行一级债券68.0亿元，同比增长30.77%。

4. 黄金市场

2011年，在欧洲主权债务危机和美联储量化宽松政策的影响下，全年黄金价格呈震荡上行态势，黄金市场也相应得到投资者的青睐，业务继续呈快速增长之势。全年各类黄金交易总额达345.8亿元，同比增长2.5倍。

5. 外汇市场

2011年，厦门市外汇收支和银行结售汇保持“双顺差”格局，资金流动规模进一步扩大，但外汇净流入和净结汇增幅明显收窄。全年外汇净流入174.35亿美元，同比增长15.51%，比上年同期下降37.5个百分点；银行净结汇198.76亿美元，同比增长15.61%，比上年同期下降62个百分点。此外，银行间外汇市场交易量扩容，全年厦门市会员行在银行间外汇市场交易总量为64.41亿美元，同比增长28.7%。

（二）金融市场运行需关注的问题

1. 金融体系竞争尚不充分

一是缺乏针对中小微企业需求提供融资的金融机构或市场。信贷市场尚未形成对小微企业贷款的盈利模式，市场主体在风险与收益的权衡下不愿服务高风险客户；资本市场对企业上市融资具有一定的门槛，不少小微企业达不到条件；债券市场虽然推出了中小企业集合票据，但是由于小微企业缺乏增信手段、竞争力较弱、融资时间成本较高等因素，也难以取得规模化效应。二是正规金融市场仍然存在一定的利率管制，正规金融市场与民间借贷市场出现巨额利差，大量急于寻找快速增值渠道的民间资金出于逐利需求纷纷涌入民间借贷市场，导致一些社会问题。

2. 外汇收支形势面临复杂变局

尽管2011年外汇收支仍保持双顺差，但是逆转风险加大。受人民币汇率单边升值预期减弱、人民币跨境结算、发达经济体陷入僵局、外贸结构优化等因素影响，外汇资金流出压力明显增加。2011年下半年，厦门市净结汇连续两个季度环比下降，未来外汇收支形势面临改变，风险防范方向将由单方向防范流入转为流入流出双向防范。

四、金融基础设施与金融稳定

（一）支付体系

2011年，厦门市支付清算体系继续保持安全、平稳、高效运行。一是支付清算系统运行安全平稳，进一步发挥核心基础设施作用。支付清算系统处理各类支付业务笔数和金额同比分别增长8.41%、74.07%；银行卡ATM跨行交易笔数和金额同比分别增长16.79%、22.15%，银行卡POS机消费交易笔数和金额同比分别增长28.25%、36.74%。二是非现金支付工具的应用继续深入，服务经济发展和民生支付便利的水平不断提升。全年厦门市签发的票据金额同比增长1.42%，银行卡应用范围进一步拓展，银行卡支付服务民生水平进一步提升，全市累计发行银行卡同比增长11.26%，全年银行卡刷卡消费额保持全国领先水平。三是金融支付安全水平不断提升，支付结算环境持续优化。支付密码应用不断深入，非金融机构从事支付服务业务的行为得到有效规范，金融IC卡应用领域逐步拓展至民生服务项目和公共服务领域。但是，厦门市支付清算系统需进一步完善以适应两岸区域性金融服务中心建设的深化；农村地区支付服务环境需进一步改善以满足岛内外一体化建设需要；同时，打击银行卡犯罪活动需持续推进。

（二）征信体系

2011年，厦门市征信体系建设取得进一步发展。一是征信系统覆盖面继续扩大。截至2011年末，企业信用信息基础数据库共收录借款企业27 581户，个人信用信息基础数据库共收录约143万人，同时完成22 886户中小企业信用档案信息征集工作。二是征信系统功能进一步发挥。商业银行对申请人信用报告的重视度日益增强，对中小企业信用体系平台的认同度也持续提升。三是非银行信息采集工作不断推进。已成功将个人住房公积金缴存信息、企业拖欠工资信息、企业环保信息等纳入征信数据库。四是企业信用评级体系进一步发展完善。全年共完成381户借款大户、370户中小企业和35户担保机构的信用评级。但是，随着征信管理工作的不断深入，征信上位法缺失的问题日趋突出；以人民银行、企业和个人征信系统为基础平台的全面、完整的征信体系尚待健全；评级市场推动工作有待加强。

（三）反洗钱

2011年，厦门市反洗钱工作有序开展，不断加大反洗钱非现场监管力度，积极开展反洗钱行政调查，以多种形式开展反洗钱宣传，增强社会各界反洗钱意识。2011年，人民银行厦门市中心支行接收金融机构报送的重点可疑交易报告109份，发起反洗钱行政调查10起，向金融机构发出非现场核查通知书72份，涉及相关交易主体34个（家）。但是，厦门市反洗钱工作尚待完善，金融机构的反洗钱内控制度落实有待加强；部分金融机构的反洗钱业务系统存在缺陷，反洗钱法律法规滞后，在现有以规则为本的反洗钱框架体系下，难以推进以风险为本的反洗钱监管，部分洗钱高危领域游离在反洗钱监管之外。

（四）货币发行

2011年，厦门市人民币发行体系保持健康平稳运行，现金供应呈现整体平稳增长趋势，确保了央行发行基金与特区经济发展同步变动，满足了宏观调控与经济发展的需要。同时，发行基金调拨计划准确性提高，从总量和券别结构上确保了现金供应；严厉打击假币制贩活动，依法合规管理，货币流通环境不断净化。但是，仍需进一步加强货币发行管理和运行分析水平，提高公共宣传水平，防止误导公众。

（五）国库体系

2011年，厦门市国库工作秉承服务社会、服务地方经济的宗旨，全面推动服务创新，优化业务流程，深化内部管理，严格外部监督，切实防范国库资金风险，有力保障政府预算收支的顺利执行，充分发挥国库促进经济发展和财税改革的重要作用，促进现代化服务型国库体系建设再上新台阶。尤其是，国库信息化建设取得突破，地方横联系统向国库信息处理系统（简称TIPS）迁移工作取得重要进展，出口退税批量系统完成升级及数据加密，全面实现出口退税批量支付，大大提高了工作效率，加快退税资金到账速度，提高出口企业资金效益，实现为企业的高效服务，切实促进地方经济发展。但是，国库业务电子化程度有待进一步提高，服务措施有待丰富，各代理支库综合业务能力有待加强。

（六）司法环境

2011年，厦门市各级司法机关进一步加强与各家金融机构、金融监管机构及地方政府相关部门协作，稳步推进量刑规范化改革，深化执行机制改革，组建常态化的“金融合议庭”，探索建立了业务和资产托管、被占资产保全和反保全、管理人离任审计等多项新制度，依法妥善高效审理各类金融商事案件，共同打击金融违法犯罪活动，构建良好的金融法制环境。需关注的是，信用卡透支等卡类执行案件近年来数量呈剧烈上升趋势，虽金额较小，但由于借款人的住址、联系方式易发生变更，基本无法联系，存在故意逃避债务的倾向，难于查找可供执行的财产，致使通过执行方式收回的难度较大。

（七）审慎监管

2011 年，人民银行厦门市中心支行积极贯彻落实稳健的货币政策，建立法人金融机构差别存款准备金动态调控体系和监测制度，大力推动跨境人民币业务，扎实开展金融机构稳健性现场评估，加强统计监测与研究，以“控流入、促流出、减顺差”为目标完善外汇管理与服务，通过加强支付环境建设、提高国库经理水平、推进征信体系建设等进一步提高金融服务水平。同时，各金融监管部门进一步创新监管理念，提高审慎监管的科学性，强化风险防控，积极引导金融创新，提升金融服务水平，维护消费者权益，共同保障了区域金融安全。

五、总体评估与建议

（一）总体评估

运用因子分析法构建区域金融稳定定量评估模型，对厦门市区域金融总体稳定状况进行评估。

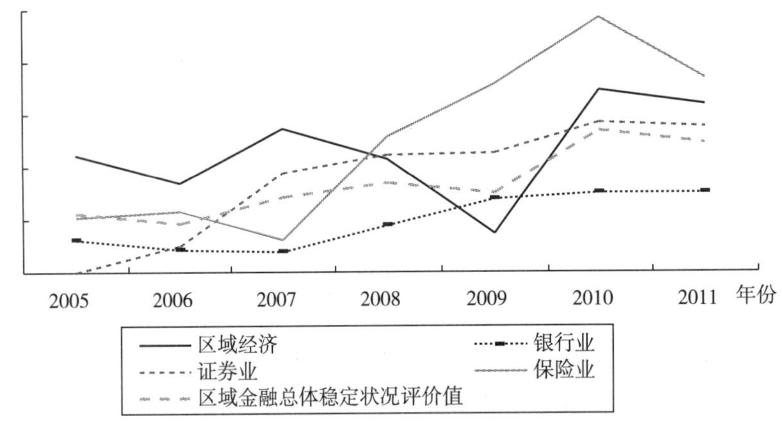

图 1　2005—2011 年厦门市区域经济、银行业、证券业、保险业和区域总体稳定状况评价值走势图

结果显示，2011 年，厦门市牢牢把握国家支持经济特区深化改革开放和批准厦门市实施综合配套改革的宝贵机遇，大力推进岛内外一体化和厦漳泉同城化建设，投资、出口和消费“三驾马车”稳步增长，实现经济增长速度和质量双提高。金融业保持安全稳健运行，市场主体持续增加，资产规模和质量双提升，整体盈利水平有所提高，各项风险得到有效防范，充分发挥了促进了区域经济发展的重要作用。但是，区域经济金融发展中仍存在较多的矛盾和问题，可能对未来厦门市金融稳定状况带来深远影响。经济增长后劲不足、下行风险加大、结构性矛盾等仍待破解，制约了区域金融的进一步发展；金融机构竞争趋于白热化，银行业盈利快速增长的持续性不强，信用风险可能进一步暴露；证券期货和保险机构还面临较高的经营风险，发展方式有待转变。

总体上，厦门市面对复杂形势，战胜了各种不利影响，区域金融总体稳定状况评价值仍处于较高水平，但较上年有所下降，反映面临的风险和挑战有所增加，下行风险加大。

（二）展望

1. 区域经济方面

随着国务院批复《厦门市深化两岸交流合作综合配套改革试验总体方案》以及岛内外一体化和厦漳泉同城化建设的推进，厦门市迎来了宝贵发展机遇，但从国内外环境来看，经济下行的风险有所加大。国际经济复苏总体疲弱，欧债问题尚未得到解决，金融市场波动较大，资本流动方向多变，不稳定、不确定因素较多，并可能通过贸易、资本流动以及预期等渠道影响中国。国内经济保持平稳较快发展具备不少有利条件，消费扩张势头较好，服务业潜力巨大，经济长期增长的基本面没有发生变化，但发展中的不平衡、不协调、不可持续的矛盾和问题仍很突出，经济增长下行风险加大。对于厦门市，2012 年是机遇与挑战并存的一年。面临的机遇主要有综合配套改革方案的实施、岛内外一体化及厦漳泉同城化的加快推进，轨道交通、翔安机场等一批重大配套基础设施的投资；面临的困难主要是国内外经济增速放缓带来的宏观影响。根据统计模型（ARMA），对 2012 年厦门主要经济指标的发展趋势进行初步预测，从预测结果看（见表 1），各项指标增长率比 2011 年都有所回落，表明 2012 年经济下行的压力增大。

表 1　2012 年厦门市主要指标增长趋势预测　单位：%

时 间	财政总收入	进出口	固定资产投资	消费品零售额	工业用电
2011 年实际	26.2	23.0	30.2	16.4	11.5
2012 年第一季度	22.0	18.4	15.7	13.7	9.0
2012 年第二季度	19.8	19.7	9.2	13.7	7.7
2012 年第三季度	19.7	17.9	11.2	15.4	9.6
2012 年全年	19.7	18.6	12.3	15.4	10.1

注：根据 ARMA 月度模型预测。

2. 区域金融方面

在区域经济总体仍保持增长的背景下，厦门市金融业和金融市场稳健运行的大趋势不会改变，但是，受宏观环境、政策调整、历史遗留问题等多重因素影响，金融领域也存在一些不容忽视的潜在风险。2012 年，稳健货币政策的继续实施以及政策预调微调的灵活性增强，预示着厦门市银行业仍将保持一定的信贷增速及利差空间，利润的稳定增长可期，但是，前期信贷大规模投放掩盖的一些问题可能进一步显现，信贷风险防控压力较大。证券期货业方面，在直接融资鼓励政策、资本市场基础性制度改革、规范佣金费率竞争等措施影响下，资本市场的投融资功能将进一步深化，证券期货经营机构经营状况有望改善，但是，机构之间仍会存在激烈竞争。保险业方面，2012 年，随着保险改革发展试验区建设的推进，厦门市保险市场服务经济的功能将进一步增强，保险业将继续保持稳健运行态势，同时，经济增长下行风险、稳健货币政策可能对保险业发展带来深刻影响，保险业的退保风险、中小保险公司经营风险均值得关注。金融市场方面，2012 年，在全球流动性宽松格局延续、大宗商品物价高位波动、人民币单边升值预期弱化以及稳健性货币政策维持不变等环境下，我国市场流动性仍将保持适度、合理水平，不会出现过度宽松的局面，因此，货币市场交易将继续保持活跃，外汇净流出风险仍将存在，而民间借贷市场风险可能进一步暴露。

总　　编：李伟平
总　　纂：郑卫国
统　　稿：丘筱文
执　　笔：潘望春
其他参与写作人员：黄师今　蔡海斌　施海松　肖　维　翁舒颖
赖民祥　盛佩红　王国新　刘雅琦　黄肇伟
王庭成　周　超　林志伟　张　颖　景翠莲
吴　沙　王全毅　刘　真　朱剑峰　林　榆

深圳市金融稳定报告摘要

2011年，深圳经济持续、稳定发展，金融业总体稳健经营，金融市场运行虽有波动但整体平稳，金融基础设施建设持续推进，多部门共同努力维护金融市场秩序和发展环境。但同时，深圳经济运行中不平衡、不协调、不可持续的问题依然存在，金融行业发展不够均衡，金融市场运行局部性风险依然存在，金融生态和发展环境有待继续优化。

一、区域经济运行

2011年，深圳以加快转变经济发展方式为主线，努力促转型、稳增长、提质量，地区经济实现持续、稳定发展，为维护金融稳定营造了良好环境。

（一）区域经济运行状况

地区经济增速平稳，质量提升。初步核算，全年地区生产总值突破万亿元大关，达11 502.06亿元，同比增长10%。高新技术、金融、物流、文化四大支柱产业增加值超过60%。生物、互联网、新能源三大战略性新兴产业成为新的经济增长点，全年产值增长38.1%。

社会总需求协调增长，但外贸需求有减弱趋势。全年完成社会固定资产投资2 136.39亿元，增长10.1%；改建和更新改造投资286.43亿元，增长10.4%。全年累计实现社会消费品零售总额3 520.87亿元，同比增长17.8%。外贸进出口走势前高后低，全年进出口总额4 141亿美元，增长19.4%，增速同比下降9个百分点。

工业增长前高后稳，经济效益有所回落。深圳工业规模保持增长，全年规模以上工业企业实现增加值5 228.78亿元，同比增长12.6%。经济效益有所回落，总资产贡献率10.35%，下降2.2个百分点。主营业务收入增长10.2%，实现利税减少3.5%，利润减少13.3 %。

财政收支稳步增长，居民收入有所提高。全年地方财政一般预算收入累计1 339.59亿元，增长21%；一般预算支出1 590.64亿元，增长25.6%。深圳职工劳动报酬有所增长。全年居民人均可支配收入36 505.04元，增长12.7%。

（二）区域经济运行值得关注的方面

实体经济增长压力较大。一是产业结构优化升级任务迫切，第三产业比重仍相对较低。二是企业生产经营出现困难，生产成本上升，利润空间缩小，亏损面扩大。三是中小企业融资增速虽较快，但融资额仅约占大型企业融资额的1/3。

外贸发展方式亟待转变。深圳外贸发展方式仍较粗放，主要表现为加工贸易比重大而一般贸易、服务贸易比重偏低，出口产品中真正自主掌握核心和关键技术的产品比重不大，金融和物流等配套产业及设施与外贸实际需求相比还有差距。

要素资源、能源和环境承载力约束加剧。深圳土地等资源和能源出现短缺，区域环境承载力下降成为制约地区经济可持续发展的瓶颈。用地约束愈加明显，使许多优质、高端、重大项目难以落地。在用电和用水方面，深圳供电阶段性缺口较为突出，水资源保障能力也已接近最大值，要素资源和区域环境约束加剧。

（三）重点行业分析：房地产业

房地产业发展趋稳。2011 年，深圳新建商品住房开发投资稳步增长，全年完成新建商品住房开发投资 393.35 亿元，同比增长 29.01%。全年新建商品住房成交面积同比下降 13.52%，二手住房成交面积同比下降 44.64%。商品住房成交价格小幅回落，全年新建商品住房成交均价为 19 469 元/平方米，同比下降 2.97%。房地产开发和个人购房贷款增速均有所下降，个人住房贷款利率全面提升。年末，房地产贷款不良率 0.41%，比年初下降 0.29 个百分点。

房地产业发展值得关注的问题。一是关注政策调控背景下房地产企业资金面状况。房地产市场销售显著下降，商品房成交萎缩使房地产开发企业资金回笼减少，资金压力加大。二是关注商品房价格大幅波动对银行信贷资金安全的影响。2011 年下半年，深圳商品房价格持续微幅下跌。如果商品房价格出现较大降幅，对银行按揭房贷款质量将有显著的不利影响。

二、金融业与金融稳定

2011 年，深圳积极贯彻落实稳健的货币政策，对法人银行实施差别准备金动态调控措施，银行信贷增长向常态回归。金融行业发展不够均衡，其中银行业和保险业平稳、较快发展，资本充足水平或偿付能力较高，盈利水平提升，风险抵御能力提高，但证券业发展经历波动和调整，资产规模和盈利能力显著下降。

（一）银行业

1. 银行业运行状况

2011 年，深圳新增银行机构 6 家，分行（分公司）以上机构达 80 家。年末，银行机构总资产 3.85 万亿元，较年初增长 10.56%；总负债 3.73 万亿元，增长 10.31%。本外币存款余额 2.51 万亿元，增长 14.83%；本外币贷款余额 1.92 万亿元，增长 15.11%。全年实现营业净收入 1 033.16 亿元，增长 29.64%；税前利润 603.61 亿元，增长 26.35%。年末不良贷款余额 202.68 亿元，较年初减少 46.58 亿元；不良贷款率 1.05%，下降 0.43 个百分点。

2. 银行业稳健性评估

银行机构资本充足水平整体良好。深圳 4 家中资法人银行资本充足水平整体保持良好。招商银行、深圳发展银行、农村商业银行三家法人银行资本充足水平较年初均有不同程度提高，平安银行核心资本充足率较年初虽小幅下降，但仍保持在监管标准之上。4 家外资法人银行资本充足状况维持在较高水平，短期无须补充资本金。

不良贷款向下迁徙，资产质量潜藏风险。2011 年深圳银行机构不良贷款余额和比率呈现双降，但12月变化呈双升态势。同期，银行机构存量不良贷款质量向下迁徙，年末可疑类不良贷款余额及不良贷款率较年初有所增加。银行不良贷款行业集中度偏高，交通运输业、制造业和房地产业三大行业不良贷款累计占对公不良贷款的比重高达63.28%。

中长期贷款占比和贷款行业集中度均较高。中长期贷款占全部贷款的比例为71.65%，较年初提高2.23个百分点，中长期贷款增加额占全部贷款增加额的62.62%。另一方面，贷款增量主要集中在制造业，租赁和商务服务业，交通运输、仓储和邮政业等六大行业，六大行业增量贷款占全部行业增量贷款的九成以上。

流动性压力渐显，流动性管理难度加大。2011年，深圳发展银行、招商银行和农村商业银行流动性覆盖率同比分别下降124.47个百分点、10.52个百分点和446.24个百分点，净稳定资金比例同比分别下降21.14个百分点、9.54个百分点和17.43个百分点。外资银行流动性保持稳定，但主要依赖同业拆借来调配头寸和缓解流动性压力的情况并未改变。

（二）证券业

1. 证券业运行状况

2011年末，深圳有法人证券公司17家，资产总额3 740.52亿元，同比下降19.03%；净资产1 632.61亿元，增长11.62%。有法人基金公司17家，管理基金267只。基金总份数8 265.72亿份，同比增长2.96%；基金资产净值6 772.29亿元，同比下降17%。有期货公司13家，资产总额195.77亿元、净资产30.76亿元，同比分别增长19%、26.66%。法人证券公司全年实现营业收入393.39亿元，下降23.50%；净利润180.57亿元，下降38.63%。期货公司全年手续费收入7.15亿元，增长14.96%；实现净利润2.08亿元，增长11.83%。

2. 证券业稳健性评估

证券机构资本实力有所增强。2011年末，深圳法人证券公司净资本额同比增长9.33%。相关经营风险控制指标表现良好，净资本与负债比率为52.75%，净资产与负债比率为77.47%，流动资产与流动负债比率为135.57%，上述指标分别比监管标准高出44.75个、35.57个、57.47个百分点。年末，深圳法人期货公司净资本额30.91亿元，同比增长27%。

证券公司经营收入与费用支出不匹配。2011年，证券公司营业收入和净利润同比分别下降23.5%和38.63%。但与此相反，证券公司成本支出难以下降，全年各项营业支出合计217.37亿元，降幅仅为1.89%。近几年来，法人证券公司业务及管理费率（业务及管理费支出/营业收入）持续走高，多数公司的业务及管理费率均高于行业标准。

基金公司和期货公司经营发展面临困境。期货公司核心问题是业务和收入结构单一，制约了行业发展空间。大部分期货公司必须将净资本存放在银行，增大了资本金投资的机会成本。基金公司资产管理能力欠缺逐步暴露，深圳基金公司的基金单位平均净值下降幅度接近20%。

（三）保险业

1. 保险业运行状况

2011年末，深圳有法人保险机构15家，各类经营主体61家。全年实现保费收入359.9亿元，同比增长20.98%，产险和寿险保费收入同比分别增长16.11%和24.45%。保险市场结构不断优化，非车险占比为34.7%。寿险市场10年及以上期限的新单期缴占比达47.44%。全年产险市场实现承保利润7.54亿元，增长16.21%。承保利润率7.33%，提高0.13个百分点。风险保障功能进一步发挥，全年累计提供各类风险保障14万亿元，支付赔款和给付85.77亿元。

2. 保险业稳健性评估

法人保险公司偿付能力波动。深圳9家纳入偿付能力监测的法人保险公司中，有5家2011年出现较大幅度的波动。多家公司通过股东紧急注资、发行次级债等方式在第四季度内将偿付能力充足率拉升到150%以上。偿付能力不稳定已成为影响保险公司经营发展的掣肘因素。

保险业务结构不均衡依然较为突出。产险方面，非车产险保费收入占比虽有所增加但盈利能力普遍较差，产险业务的可持续发展受制于机动车数量的持续增长能力。寿险方面，分红型寿险产品"一险独大"问题日益突出，保费收入占比达87.86%，投连险和万能险几乎被挤出市场。

寿险保费收入同比增速明显下滑。2011年，深圳寿险保费收入增速出现明显下滑，寿险市场受劳动力成本上升、利率调整及投资收益不稳定等因素影响，保费收入出现较大波动。全年有5个月寿险保费收入同比呈负增长态势。

（四）金融业与金融稳定值得关注的方面

一是金融发展服务于实体经济存在不足。主要表现在，银行机构依然偏好选择大型、国有企业作为信贷客户，信贷"垒大户"现象持续存在；中小银行经营机构和信贷机构不断涌现，但中小企业融资难、融资贵现象并未根本改观；社会资金偏好选择投资虚拟资产，不投向实体经济、不支持产业发展；保险业保障社会经济发展的覆盖面不足。

二是金融机构业务规模扩张面临资本约束。当前，金融机构的顺周期经营行为仍较为普遍。银行机构信贷增速有所回落，但仍处于较高水平，加大了对银行储备资本的侵蚀。新的资本管理和流动性风险监管规则对商业银行资本充足水平提出更高要求。多家保险公司通过股东紧急注资、发行次级债等方式维持偿付能力充足，但仍有个别公司偿付能力持续处于监管底线边缘。

三是证券业发展滞缓制约金融业均衡发展。与深圳银行业和保险业平稳较快发展相比，证券业发展滞缓的问题日益突出。近几年法人证券公司总资产呈逐年下降趋势，证券公司业务结构不平衡、收入结构不合理、融资融券交易主体范围和对手有限、投行领域存在较多的道德风险等问题，阻碍了证券公司的发展壮大。

四是影子银行机构和业务潜藏风险较大。深圳影子银行机构和业务较为发达，参与主体多，资金来源和运用与商业银行关联性强，有大量资金投向资本市场、投机性交易活动等，潜藏较大的风险隐患。部分融资性中介机构快速扩张，经营不规范现象持续存在，有的甚至涉嫌违规经营，已形成一定的风险因素。

五是金融机构内控水平仍待提高。整体看金融机构内控水平和内控有效性有待提高，内控制度不健全，无法适应复杂经营环境下的内控要求；内控制度执行不力，内控制度和相关治理机制流于形式；迫于竞争压力，部分金融机构重业务拓展、轻风险防范。

三、金融市场与金融稳定

2011年，深圳金融市场总体平稳发展，银行间货币市场、外汇市场、黄金市场等交易和投资活跃，证券市场发展滞缓。金融市场运行存在局部性、短暂性波动，但未发生重大风险和信用违约事件。

（一）货币市场

银行间货币市场。2011 年，银行间货币市场合计成交 17.98 万亿元，同比增长 20.91%，深圳参与机构全年通过银行间本币市场净融出资金 1.65 万亿元。全年市场利率大多数时段高位运行，隔夜和 7 天质押式回购的全年加权利率分别达到 3.17% 和 4.1%，比年初分别高出 148 个和 181 个基点，升幅为 80% 左右。

票据市场。2011 年，深圳票据市场贴现量大幅下降，其中银行承兑汇票累计贴现额为 6 411.7 亿元，同比下降 43.07%；商业承兑汇票累计贴现额为 921.3 亿元，增长 18.48%。票据贴现利率屡创新高，第四季度深圳银行承兑汇票加权平均贴现利率达 11.96%，同比增长 143.58%，达近年来最高水平。

（二）证券市场

股票市场行情震荡走弱，成交显著下降。2011 年深证成分指数开盘 12 458.55 点，收盘 8 918.82 点，全年下跌 3 539.73 点，跌幅 28.41%。市场运行震荡加剧，波幅达 4 677.9 点。全年股票交易额 18.41 万亿元，较上年下降 23.72%；日均成交额 754.51 亿元，下降 26.2%。

市场规模继续扩大，市场融资稳步增加。年末，深圳证券市场上市证券总数 1 938 只，其中股票 1 453 只，基金 151 只，另有多个国债、企业债券和可转换债券品种。全年新增上市公司 242 家，增长 20.7%。全年股票筹资总额 4 483.49 亿元，增长 9.79%。其中，主板市场增发和配股筹资 2 207.96亿元，中小板首发和增发筹资 1 482.15 亿元，创业板筹资 793.38 亿元。

证券市值与上市公司估值水平明显回落。年末，深圳证券市场总市值 6.64 万亿元，同比下降 23.18%；流通市值 4.21 万亿元，下降 17.14%。上市公司市场估值水平有所回落，年末平均市盈率为 23.11 倍，较上年降低 48.29%。

（三）外汇市场

跨境收支顺收和结售汇顺差均创历史新高。2011 年，深圳跨境收支总额 4 233.12 亿美元，同比增长 28.9%；收支顺收 681.03 亿美元，增长 10.27%。全年外汇净流入显示出从大量净流入到趋于平稳的明显变化。银行结售汇总额 1 904.24 亿美元，增长 26.2%；顺差 616.13 亿美元，增长 1.55%。深圳银行结售汇规模和顺差持续增长，主要由外贸进出口强劲增长带动所致。

银行间外汇市场成交量显著增长，各品种交易差异较大。2011 年，深圳银行间外汇市场合计成交 4 857.96 亿美元，同比增长 34.89%。人民币外汇即期市场交易量同比下降 11.40%，外汇市场外币对外币交易量同比下降 33.61%。汇率衍生品市场交易量翻倍增长，人民币外汇远期交易量同比增长 5.36 倍，人民币外汇掉期交易量同比增长 3.78 倍。

（四）金融市场与金融稳定值得关注的方面

银行间货币市场隐含一定的信用风险。目前银行间债券市场信用风险有所凸显。城投债偿付压力增大，中期票据支付集中，部分公司信用评级可能下降，个别发债企业可能出现利息支付困难或出现信用违约事件。

股票市场制度性缺陷风险较为突出。现阶段股票市场面临深化改革和实行转型发展的重要任务，股票发行审核、上市交易、市场退出等制度设计存在诸多需要改进之处。当前尤为突出的制度性缺陷主要有发行定价机制不够完善，股票上市交易过程中上市公司高管减持问题，创业板股票退市机制不完善等。

跨境资金异常流动的风险犹存。2011 年，深圳跨境资金流动明显波动，出现从净流入增加到净流入减少的显著变化。1—8 月，深圳跨境收支顺差和结售汇顺差同比分别增长 45.8% 和 68.2%，而 9—12 月则同比下降 42.7% 和 82.5%。当前，欧债危机未得到有效控制，人民币升值预期出现分化，未来深圳跨境资金流动仍可能出现短暂波动。

四、金融基础设施、生态环境与金融稳定

2011 年，深圳支付结算体系建设持续推进，支付结算系统安全、高效运行，有力支持了地区经济金融稳定增长。《深圳市企业信用体系建设“十二五”规划》助推社会信用体系建设迈上新台阶。多部门努力共同维护区域金融市场秩序，金融生态和发展环境进一步优化。

（一）支付结算体系

支付结算业务较快增长，支付结算秩序进一步好转。2011 年，深圳各支付清算系统累计处理跨行支付业务 1.78 亿笔，金额 123.35 万亿元，同比分别增长 24.5% 和 15.9%；日均处理 71.06 万笔，金额 4 934 亿元。支付清算秩序继续好转，支付系统全年共发生清算业务排队 9 476 笔，同比下降 23%，资金流动性风险进一步降低。

非金融支付市场逐步纳入监管，风险得到初步控制。2011 年，深圳辖内共有 9 家非金融支付机构获得支付业务许可证，另有 6 家机构通过初审后已上报人民银行总行，非金融支付市场步入规范化发展轨道。已获许可的机构业务运行平稳，网络支付业务交易总笔数 10.42 亿笔，总金额 5 430.11 亿元，发行预付卡 3.02 亿元，银行卡收单 1 792 亿元，沉淀客户备付金 30.87 亿元。

（二）社会信用体系

社会信用平台网络成为构建良好社会信用体系的重要载体。目前深圳已建成由人民银行企业和个人信用信息基础数据库、借款企业风险预警系统以及地方政府信用信息系统等组成的社会信用平台网络。各相关部门加强协调和信息资源共享，进一步整合各行业、各部门信用信息资源，推动建立金融业统一征信平台。

信用系统有效发挥促进金融机构稳健经营、防范信用风险的作用。金融机构依托人民银行的企业和个人征信平台了解和评价借款人信用风险，已被纳入金融机构基本信贷流程。截至 2011 年末，深圳地区征信系统共受理本人查询 3.5 万份，同比增加 40.05%；异议申请 168 笔，同比增加 27.27%。

（三）金融生态环境

加大对支付结算违法犯罪活动的打击力度。一是加大对信用卡犯罪的打击力度。先后破获了一起特大跨境银行卡诈骗案、若干起银行卡信息测录盗刷案，摧毁了多个信用卡套现窝点。二是加大

对空头支票的处罚力度。全年发出行政处罚意见告知书同比增长14.07%，发出行政处罚决定书同比增长5.09%。

强化外汇管理，有效打击地下钱庄等非法金融活动。严厉打击地下钱庄非法汇兑活动，减少非法金融活动对金融业正常经营发展的影响和冲击。2011年，共破获6宗钱庄案件，捣毁地下钱庄非法交易窝点27个，涉案金额高达16亿美元。

加大反洗钱监测和监管力度，防范洗钱犯罪对金融体系的冲击。深圳扩大反洗钱监测和监管的覆盖面，将银行、证券、保险等各类金融机构纳入监测范围，对洗钱风险高、有涉案记录、有违规记录的金融机构进行重点检查和监测，提高反洗钱监管的针对性和有效性。

（四）金融基础设施、生态环境与金融稳定值得关注的方面

利用金融支付工具实施违法犯罪活动有所抬头。近年来，利用银行支付结算系统进行信用卡套现、银行卡信息测录盗刷、使用假冒网站和“钓鱼”网站盗取客户资金以及地下钱庄等违法犯罪屡禁不止，票据诈骗、盗窃客户资金等金融体系内犯罪活动有所抬头。

社会信用体系和信用环境建设仍需强化。当前社会信用体系的硬件设施逐步完善，但社会诚信意识等软环境仍有较大改善空间。社会诚信机制不健全，社会诚信文化建设相对薄弱，诚信激励和失信惩戒机制尚未有效建立，征信活动缺乏必要的法律依据等。

五、总体评估与政策建议

（一）总体评估

2011年，深圳以科学发展为主题，以加快转变经济发展方式为主线，努力促转型、稳增长、提质量，地区经济实现持续、稳定发展。金融业总体实现稳健经营和发展，银行业机构多数指标稳步向好，证券业发展经历波动和调整，保险业平稳、快速发展。银行间货币市场运行虽有一定波动但整体平稳，证券市场行情震荡走弱，跨境收支顺收和结售汇顺差均创历史新高。支付结算体系安全、高效运行，社会信用体系建设再上新台阶，多部门努力优化区域金融生态和发展环境。

深圳经济金融运行存在一些值得关注的方面，主要是地区经济发展中不平衡、不协调、不可持续的问题依然存在。实体经济增长压力较大，外贸发展方式亟待转变，要素资源、能源和环境约束加剧。金融服务实体经济存在明显不足，金融机构经营方式总体粗放，经营规模扩张面临资本约束，证券业发展滞缓制约金融业均衡发展，影子银行机构和业务潜藏风险较大，金融机构内控水平整体不高。金融市场运行中结构性、局部性风险依然存在，市场运行波动性加大。金融基础设施和生态环境还有较大的改善空间。

（二）政策建议

努力提升金融服务实体经济的质量和水平。银行机构应扩大服务覆盖面，大力提升服务功能，加大对薄弱领域的金融支持。中小金融机构应合理开展金融产品和信贷模式创新，主要为中小微企业提供融资支持。进一步拓宽直接融资渠道，开展区域集优债务融资和小企业集合债券等融资工具创新，引导社会资金真正服务于企业发展。

加强金融宏观审慎管理，坚决守住不发生系统性、区域性金融风险的底线。应持续将宏观审慎管理转化和落实在微观审慎经营活动中，通过提高资本充足水平和偿付能力、扩大风险资产计提拨备和逆周期资本拨备等措施，增强抵御系统性金融风险的能力。密切关注、监测和防范可能出现的局部金融风险，坚决守住不发生系统性、区域性金融风险的底线。

推动金融机构切实转换发展模式和经营机制。持续推动金融机构从追逐规模的粗放型发展模式向重视平衡风险与利润、重视质量与效益的集约型模式转变，在完成短期利润增长目标与实现有效风险控制之间取得平衡，将强化经营管理作为金融机构实现可持续发展的永恒主题。

加强监测影子银行机构和业务风险，防范体系外风险向金融体系传导。应从宏观审慎管理和微观审慎监管两方面着手加强对影子银行体系的风险监测和监管。评估影子银行体系的融资脆弱性和风险传导特征，研判不同影子银行机构和业务的市场影响和风险程度，重点关注可能引起系统性风险的影子银行体系风险，切实防范影子银行机构和业务风险向金融体系传导。

总　　纂：崔　瑜
统　　稿：余　钢　吴　燕
执　　笔：王继权
其他参与写作人员：蔡瑞文　熊　伟　刘川巍　王晓坤　孟　浩
王建党　周前新　屠　卫　朱明君　陈　曦
范　潇　李小琪　许嘉琪　彭兆波　赵　灵
王翔宇　祝　劲　胡春冬　杨　丹